駒場東邦中学校

〈収録内容〉

2024 年度 ………………………… 算・理・社・国
2023 年度 ………………………… 算・理・社・国
2022 年度 ………………………… 算・理・社・国
2021 年度 ………………………… 算・理・社・国
2020 年度 ………………………… 算・理・社・国
2019 年度 ………………………… 算・理・社・国
平成 30 年度 ………………………… 算・理・社・国

※国語は問題に使用された作品の著作権者が二次使用の許可を出していないため、問題を掲載しておりません。

平成 29 年度 ………………………… 算・理・社・国
DL 平成 28 年度 ………………………… 算・理・社・国
DL 平成 27 年度 ………………………… 算・理・社・国
DL 平成 26 年度 ………………………… 算・理・社・国
DL 平成 25 年度 ………………………… 算・理・社・国
DL 平成 24 年度 ………………………… 算・理・社・国

便利な DL コンテンツは右の QR コードから

解答用紙

過去年度

国語の問題は
紙面に掲載

⇒

※データのダウンロードは 2025 年 3 月末日まで。
※データへのアクセスには、右記のパスワードの入力が必要となります。 ⇒ 526285

〈合格最低点〉

2024年度	233点	2019年度	236点
2023年度	262点	2018年度	226点
2022年度	215点	2017年度	249点
2021年度	238点	2016年度	228点
2020年度	242点	2015年度	252点

本書の特長

実戦力がつく入試過去問題集

- ▶ 問題 …………… 実際の入試問題を見やすく再編集。
- ▶ 解答用紙 …… 実戦対応仕様で収録。
- ▶ 解答解説 …… 詳しくわかりやすい解説には、難易度の目安がわかる「基本・重要・やや難」の分類マークつき（下記参照）。各科末尾には合格へと導く「ワンポイントアドバイス」を配置。採点に便利な配点つき。

入試に役立つ分類マーク

基本 確実な得点源！
受験生の 90%以上が正解できるような基礎的、かつ平易な問題。
何度もくり返して学習し、ケアレスミスも防げるようにしておこう。

重要 受験生なら何としても正解したい！
入試では典型的な問題で、長年にわたり、多くの学校でよく出題される問題。
各単元の内容理解を深めるのにも役立てよう。

やや難 これが解ければ合格に近づく！
受験生にとっては、かなり手ごたえのある問題。
合格者の正解率が低い場合もあるので、あきらめずにじっくりと取り組んでみよう。

合格への対策、実力錬成のための内容が充実

- ▶ 各科目の出題傾向の分析、合否を分けた問題の確認で、入試対策を強化！
- ▶ その他、学校紹介、過去問の効果的な使い方など、学習意欲を高める要素が満載！

解答用紙ダウンロード 解答用紙はプリントアウトしてご利用いただけます。弊社ＨＰの商品詳細ページよりダウンロードしてください。トビラのＱＲコードからアクセス可。

UD FONT 見やすく読みまちがえにくいユニバーサルデザインフォントを採用しています。

駒場東邦中学校

生徒数　716名
〒154-0001
東京都世田谷区池尻4-5-1
☎03-3466-8221
京王井の頭線駒場東大前駅、
東急田園都市線池尻大橋駅　各徒歩10分

完全中高一貫教育で学習の効率化を図る。難関大学へも多数進学

URL	https://www.komabatoho-jh.ed.jp

プロフィール　建学の精神で着実な発展

1957（昭和32）年、学校法人東邦大学が設置した学校。

「科学的合理的精神と自主自律の気概をもって、人類の福祉に貢献する人材」を育成することを教育目標にかかげ、生徒の個性や能力を伸ばしている。

６年間一貫教育を実践し、高校の外部募集は行っていない。

環境　９室ある実験室と室内温水プール

およそ２万㎡の敷地に、普通教室33室、分割授業教室６室、理科実験室９室、講堂、美術室、音楽室、トレーニングルーム、体育館、25m×７レーンの室内温水プール、柔道場、剣道場、真新しい人工芝グラウンドなどがある。

７万４千冊の蔵書を誇る図書室は、自主的な研究調査や学習の場として、情報、勉学の中心。250名収容の食堂は、メニューも豊富だ。また、東邦大学医療センター大橋病院が近くにあり、生徒の健康と安全に協力してくれるのも心強い。

カリキュラム　一貫教育の利点をいかした授業展開

学習方針は、全教科で「自分で考え、答えを出す」習慣をつけること、そして早い時期に「文・理」に偏ることのないように、各教科でバランスの取れた能力を身につけることを第一にかかげている。中学では自分で作成するレポート提出が多く、受験のために「文系・理系」のコースに分かれるのも高３になってから。分割授業も積極的に取り入れ、少数教育による理解の徹底と実習の充実を図る。

国語は、中１で表現活動を中心とした独自の科目を設け、対話力・伝える力を養う。中２以降は現代文で文庫本を１冊丸ごと扱うなど、独自性の高い授業を実施。高３では問題演習を主としながら、高度な国語力を養成する。　数学は、自ら学ぶ姿勢を確立するため、「必ず予習してから臨む」ということを指導の柱として徹底。高２までに高校課程を修了し、その後は入試に即した演習問題を中心とした授業となる。

英語は、中１・２はすべて20人での少人数授業を行い、教科書は６年一貫校用のNEW TREASUREを使用している。外国人講師による英会話およびライティングの指導も行い、読解力のみに偏ることのない総合的な英語力の育成を目指している。

伝統の紺の詰襟制服

学校生活　様々なクラブ　自主的なイベント

学校生活の基本は、生徒が主役であると考え、生活指導の基本は生徒の自主、自律の精神を尊重している。

クラブ活動、文化祭、体育祭などの運営において、上級生が下級生をしっかりと導き、よく面倒をみるのが伝統となっている。

また、非常に多彩なクラブおよび同好会が存在する。文化部は、化学部、囲碁部、ブラスバンド部など16部、体育部は、軟式野球部、サッカー部、アーチェリー部、ラグビー部など16部。同好会は、日本之城、航空、釣り、ゴルフなど14種ある。

食堂は楽しい語らいの場

進路　理想の実現が進路指導の目標

有数の進学校として知られ、生徒一人ひとりの志望に沿った行き届いた指導の結果、毎年の進学実績は堅調。

2023年３月には、東大72名、京都大11名、東京工業大８名、一橋大13名、その他の国公立大に45名、慶應義塾大105名、早稲田大127名、その他の私立大に315名が合格している。

東邦大学医学部へは、東邦大学付属東邦高校と合わせて20名程度の内部特別選考制度がある。

国際化　短期交換留学制度など

卒業生の寄付金で設立された交換留学生基金を利用して、米国スティーヴンソン校との短期交換留学制度を1983年から実施している。2012年より中華民国国立台南第一高級中学との間でも、交換留学を実施。現在、単なる語学研修ではない本校ならではの留学制度について検討中。

2024年度入試要項

試験日　2/1
試験科目　国·算·理·社

募集定員	受験者数	合格者数	競争率
240	627	297	2.1

過去問の効果的な使い方

① **はじめに**　ここでは，受験生のみなさんが，ご家庭で過去問を利用される場合の，一般的な活用法を説明していきます。もし，塾に通われていたり，家庭教師の指導のもとで学習されていたりする場合は，その先生方の指示にしたがって，過去問を活用してください。その理由は，通常，塾のカリキュラムや家庭教師の指導計画の中に過去問学習が含まれており，どの時期から，どのように過去問を活用するのか，という具体的な方法がそれぞれの場合で異なるからです。

② **目的**　言うまでもなく，志望校の入学試験に合格することが，過去問学習の第一の目的です。そのためには，それぞれの志望校の入試問題について，どのようなレベルのどのような分野の問題が何問，出題されているのかを確認し，近年の出題傾向を探り，合格点を得るための試行錯誤をして，各校の入学試験について自分なりの感触を得ることが必要になります。過去問学習は，このための重要な過程であり，合格に向けて，新たに実力を養成していく機会なのです。

③ **開始時期**　過去問との取り組みは，通常，全分野の学習が一通り終了した時期，すなわち6年生の7月から8月にかけて始まります。しかし，各分野の基本が身についていない場合や，反対に短期間で過去問学習をこなせるだけの実力がある場合は，9月以降が過去問学習の開始時期になります。

④ **活用法**　各年度の入試問題を全問マスターしよう，と思う必要はありません。完璧を目標にすると挫折しやすいものです。できるかぎり多くの問題を解けるにこしたことはありませんが，それよりも重要なのは，現実に各志望校に合格するために，どの問題が解けなければいけないか，どの問題は解けなくてもよいか，という眼力を養うことです。

算数

どの問題を解き，どの問題は解けなくてもよいのかを見極めるには相当の実力が必要になりますし，この段階にいきなり到達するのは容易ではないので，この前段階の一般的な過去問学習法，活用法を2つの場合に分けて説明します。

☆偏差値がほぼ55以上ある場合

掲載順の通り，新しい年度から順に年度ごとに3年度分以上，解いていきます。

ポイント1…問題集に直接書き込んで解くのではなく，各問題の計算法や解き方を，明快にわかるように意識してノートに書き記す。

ポイント2…答えの正誤を点検し，解けなかった問題に印をつける。特に，解説の 基本 重要 がついている問題で解けなかった問題をよく復習する。

ポイント3…1回目にできなかった問題を解き直す。同様に，2回目，3回目，…と解けなければいけない問題を解き直す。

ポイント4…難問を解く必要はなく，基本をおろそかにしないこと。

☆偏差値が50前後かそれ以下の場合

ポイント1～4以外に，志望校の出題内容で「計算問題・一行問題」の比重が大きい場合，これらの問題をまず優先してマスターするとか，例えば，大問2までをマスターしてしまうとよいでしょう。

理科

理科は①から順番に解くことにほとんど意味はありません。理科は，性格の違う4つの分野が合わさった科目です。また，同じ分野でも単なる知識問題なのか，あるいは実験や観察の考察問題なのかによってもかかる時間がずいぶんちがいます。記述，計算，描図など，出題形式もさまざまです。ですから，解く順番の上手，下手で，10点以上の差がつくこともあります。

過去問を解き始める時も，はじめに1回分の試験問題の全体を見通して，解く順番を決めましょう。得意分野から解くのもよいでしょう。短時間で解けそうな問題を見つけて手をつけるのも効果的です。くれぐれも，難問に時間を取られすぎないように，わからない問題はスキップして，早めに全体を解き終えることを意識しましょう。

社会

社会は①から順番に解いていってかまいません。ただし，時間のかかりそうな，「地形図の読み取り」,「統計の読み取り」,「計算が必要な問題」,「字数の多い論述問題」などは後回しにするのが賢明です。また，3分野(地理・歴史・政治)の中で極端に得意，不得意がある受験生は，得意分野から手をつけるべきです。

過去問を解くときは，試験時間を有効に活用できるよう，時間は常に意識しなければなりません。ただし，時間に追われて雑にならないようにする注意が必要です。“誤っているもの”を選ぶ設問なのに“正しいもの”を選んでしまった，“すべて選びなさい”という設問なのに一つしか選ばなかったなどが致命的なミスになってしまいます。問題文の“正しいもの”,“誤っているもの”,“一つ選び”,“すべて選び”などに下線を引いて，一つ一つ確認しながら問題を解くとよいでしょう。

過去問を解き終わったら，自己採点し，受験生自身でふり返りをしましょう。できなかった問題については，なぜできなかったのかについての分析が必要です。例えば,「知識が必要な問題」ができなかったのか,「問題文や資料から判断する問題」ができなかったのかで，これから取り組むべきことも大きく異なってくるはずです。また，正解できた問題も,「勘で解いた」,「確信が持てない」といったときはふり返りが必要です。問題集の解説を読んでも納得がいかないときは，塾の先生などに質問をして，理解するようにしましょう。

国語

過去問に取り組む一番の目的は，志望校の傾向をつかみ，本番でどのように入試問題と向かい合うべきか考えることです。素材文の傾向，設問の傾向，問題数の傾向など，十分に研究していきましょう。

取り組む際は，まず解答用紙を確認しましょう。漢字や語句問題の量，記述問題の種類や量などが，解答用紙を見て，わかります。次に，ページをめくり，問題用紙全体を確認しましょう。どのような問題配列になっているのか，問題の難度はどの程度か，などを確認して，どの問題から取り組むべきかを判断するとよいでしょう。

一般的に「漢字」→「語句問題」→「読解問題」という形で取り組むと，効率よく時間を使うことができます。

また，解答用紙は，必ず，実際の大きさのものを使用しましょう。字数指定のない記述問題などは，解答欄の大きさから，書く量を考えていきましょう。

駒場東邦の算数

――出題傾向と対策　合否を分けた問題の徹底分析――

出題傾向と内容

出題分野1　〈数と計算〉

「数の性質」の問題が，毎年，出題されている。「四則計算」は，年度により，出題されたりされなかったりするが，近年は毎年，出題されていた。

2　〈図形〉

「平面図形」の問題は毎年，出題されており，年度によって，難度にばらつきがあるが，型通りの出題内容にはなっていない。「立体図形」，「図形や点の移動」の出題率も高い。「相似」もよく出題されている。

3　〈速さ〉

「速さ」の問題は，それほど出題率が高くなく，近年，「通過算」は出題されていない。

4〈割合〉

「割合」の問題も，それほど出題率が高くないが，他の分野との融合問題として出題され，「速さの三公式と比」など，「比」の利用法に慣れておくと，解法が楽になる。

5　〈推理〉

「論理・推理」の問題が出題されているほか，「場合の数」や「数列・規則性」の問題も出題されており，「統計と表」の問題が，「平均算」と組み合わされて出題されることもある。

6　〈その他〉

これといった分野は，近年，出題されていない。

出題率の高い分野

❶平面図形・面積　❷数の性質　❸場合の数　❹図形や点の移動・対称な図形

来年度の予想と対策

出題分野1　〈数と計算〉…奇数・偶数，約数・倍数，商・余りに関する「数の性質」が出題される。演算記号の問題式にあてはまる整数を求める問題は，他の上位校でも出題が見られ，解き方を練習すべきである。

2　〈図形〉…「平面」「立体」「相似」の応用問題，融合問題を徹底して練習しよう。過去問で「図形」の問題だけ，連続して解いてみると，年度による難度の差がわかり，参考になる。かなり難しい「図形」問題でも，小問によっては基本レベルの出題があるので，問題をよく読み，ヒントを探して，1問でも多く解くように，試行錯誤することが重要である。

3　〈速さ〉…比を使う「旅人算」の解き方を練習しよう。出題率が高くない「時計算」・「通過算」・「流水算」の応用レベルの練習も必要である。

4　〈割合〉…「速さの比」「面積比」「比の文章題」の応用問題を練習しよう。

5　〈推理〉…「論理・推理」・「場合の数」・「数列・規則性」，その他の応用問題を練習しよう。

6　〈その他〉…「差集め算」・「鶴カメ算」，「消去算」その他の応用問題を練習しよう。

学習のポイント

●大問数4題　小問数15～25題前後　　●試験時間60分　満点120点

●「平面図形」・「図形や点の移動」の問題と「数の性質」の問題がポイントになる。

年度別出題内容の分析表 算数

（よく出ている順に，☆◎○の3段階で示してあります。）

	出　題　内　容	27年	28年	29年	30年	2019年	2020年	2021年	2022年	2023年	2024年
数と計算	四則計算	○		○	○	○	○	○	○		
	単位の換算	○	○			◎					○
	演算記号・文字と式				☆	☆	◎				☆
	数の性質	☆	☆	☆	☆	☆	◎	☆	☆	☆	☆
	概　数										
図形	平面図形・面積	☆	☆	☆	☆	☆	☆	☆	☆	☆	☆
	立体図形・体積と容積			☆	☆	☆		◎	☆	☆	
	相似（縮図と拡大図）		☆			☆				☆	
	図形や点の移動・対称な図形	☆	☆	☆	○	◎	○		☆	☆	☆
	グラフ										
速さ	速さの三公式と比	◎	○				○				◎
	旅人算										
	時計算		○			◎					◎
	通過算										
	流水算	◎									
割合	割合と比	○	○	◎	○	☆	◎	◎		☆	☆
	濃　度										
	売買算										
	相当算										
	倍数算・分配算										
	仕事算・ニュートン算										
	比例と反比例・2量の関係										
推理	場合の数・確からしさ	☆	◎	○	☆		○	☆	☆		☆
	論理・推理・集合		○	○			○	○	◎	○	
	数列・規則性・N進法				☆	◎	◎	☆	☆	○	☆
	統計と表		○								
その他	和差算・過不足算・差集め算										
	鶴カメ算										
	平均算							○			
	年令算										
	植木算・方陣算					○					
	消去算										

駒場東邦中学校

2024年度 駒場東邦中学校 合否を分けた問題 算数

4 (2)〈演算記号，数列，数の性質〉

> 「平方数」に関する問題であり，問題文中に「○を用いて答えなさい」という表現があり，これををどう理解するかが1つのポイントである。

【問題】

同じ整数を2回かけてできる数を平方数という。平方数を次のように○を用いて表すことにする。例えば，45×45＝2025であるから，2025は45の平方数であり，これを2025＝㊺と表す。

(2)　2024を2から連続する偶数の平方数の和で表すことができる。その表し方を，○を用いて答えなさい。ただし，途中を「……」で省略してもかまいません。

問題文中の「平方数」の表記法であることに気づこう（←「○を用いて答えなさい」を指す）

【考え方】

②＋④＋⑥＋⑧…4＋16＋36＋64＝120
⑩＋⑫＋⑭…100＋144＋196＝440
⑯＋⑱＋⑳…256＋324＋400＝980

← 最後の平方数を理論で求めるのではなく，実際に計算してみる！

㉒…484
和…120＋440＋980＋484＝2024
したがって，式は②＋④＋…＋㉒

受験生に贈る「数の言葉」――――――――――「ガリヴァ旅行記のなかの数と図形」
作者　ジョナサン・スウィフト(1667～1745)
…アイルランド　ダブリン生まれの司祭

リリパット国…1699年11月，漂流の後に船医ガリヴァが流れ着いた南インド洋の島国
①人間の身長…約15cm未満　②タワーの高さ…約1.5m
③ガリヴァがつながれた足の鎖の長さ…約1.8m　④高木の高さ…約2.1m
⑤ガリヴァとリリパット国民の身長比…12：1　⑥ガリヴァとかれらの体積比…1728：1

ブロブディンナグ国…1703年6月，ガリヴァの船が行き着いた北米の国
①草丈…6m以上　②麦の高さ…約12m　③柵(さく)の高さ…36m以上
④ベッドの高さ…7.2m　⑤ネズミの尻尾(しっぽ)…約1.77m

北太平洋の島国…1707年，北緯46度西経177度に近い国
王宮内コース料理　①羊の肩肉…正三角形　②牛肉…菱形　③プディング…サイクロイド形
④パン…円錐形(コーン)・円柱形(シリンダ)・平行四辺形・その他

2023年度 駒場東邦中学校 合否を分けた問題 算数

1 (2)〈平面図形，相似，割合と比〉

> 相似に関する問題であり，②「二等辺三角形の面積」をどう解くかが課題である。①「直角二等辺三角形」をヒントにしよう。

【問題】

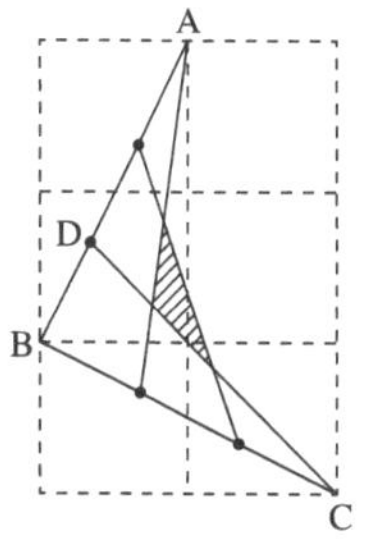

右図のように1辺1cmの正方形を6個並べ，3点A，B，Cをとる。AB，BCを結び，それぞれ3等分した点をとって結ぶ。

①三角形BCDの面積を求めなさい。

②斜線部分の面積を求めなさい。

【考え方】

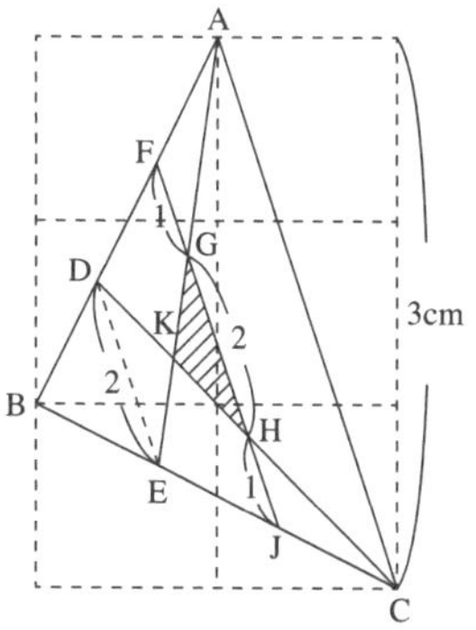

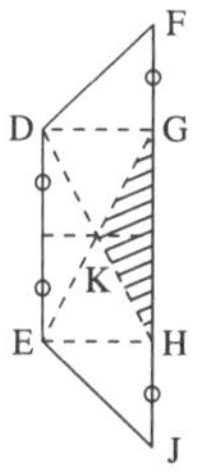

①直角二等辺三角形ABC…$2\times3-(1\times2+1\times3\div2)=2.5(\mathrm{cm}^2)$

したがって，直角三角形DBCは$2.5\div3=\dfrac{5}{6}(\mathrm{cm}^2)$

②直角二等辺三角形BED，BJF，BCA

…相似比は1：2：3，面積比は1：4：9

直角二等辺三角形BCAと等脚台形DＥJF

…面積比は9：(4－1)＝3：1

注意

したがって，右図より，求める面積は$\dfrac{5}{6}\div6=\dfrac{5}{36}(\mathrm{cm}^2)$

受験生に贈る「数の言葉」―――――――――――バートランド・ラッセル(1872～1970)が語るピュタゴラス(前582～496)とそのひとたちのようす(西洋哲学史)

①ピュタゴラス学派のひとたちは，地球が球状であることを発見した。

②ピュタゴラスが創った学会には，男性も女性も平等に入会を許された。
財産は共有され，生活は共同で行われた。科学や数学の発見も共同のものとみなされ，ピュタゴラスの死後でさえ，かれのために秘事とされた。

③だれでも知っているようにピュタゴラスは，すべては数である，といった。
かれは，音楽における数の重要性を発見し，設定した音楽と数学との間の関連が，数学用語である「調和平均」，「調和級数」のなかに生きている。

④五角星は，魔術で常に際立って用いられ，この配置は明らかにピュタゴラス学派のひとたちにもとづいており，かれらは，これを安寧とよび，学会員であることを知る象徴として，これを利用した。

⑤その筋の大家たちは以下の内容を信じ，かれの名前がついている定理をかれが発見した可能性が高いと考えており，それは，直角三角形において，直角に対する辺についての正方形の面積が，他の2辺についての正方形の面積の和に等しい，という内容である。
とにかく，きわめて早い年代に，この定理がピュタゴラス学派のひとたちに知られていた。かれらはまた，三角形の角の和が2直角であることも知っていた。

2022年度 駒場東邦中学校 合否を分けた問題 算数

[1] (4)〈平面図形，場合の数〉

「マス目を塗る」問題であり，よく出題されるが，「回転すると同じ模様になるもの」は同じ1つの図として計算する。これがポイントであり，重複やモレがないように注意しないと，ミスしやすい。

【問題】

3×3のマス目があり，マスを塗る塗り方を考える。ただし，回転すると同じものは同じ塗り方とみなす。
右図のように，マスを塗る場所が1つの場合，3通りがある。

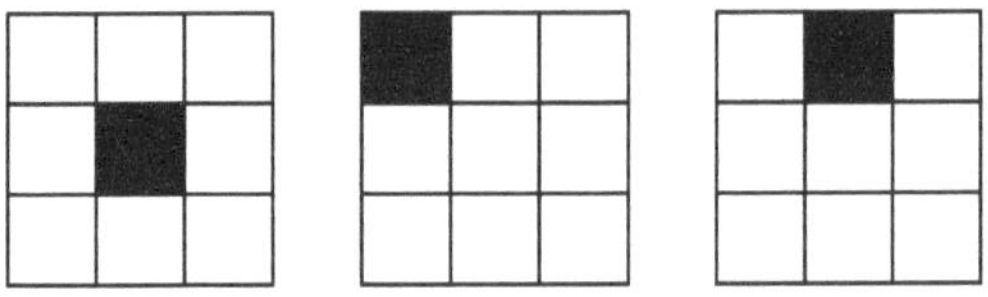

(a)　マスを塗る場所が2つの場合…中心のマスを塗る場合は[ア]通り，それ以外は[イ]通り

(b)　マスを塗る場所が3つの場合…中心のマスを塗る場合は[ウ]通り，それ以外は[エ]通り

【考え方】

(a) 下図より，アが2通り，イが8通り

ア

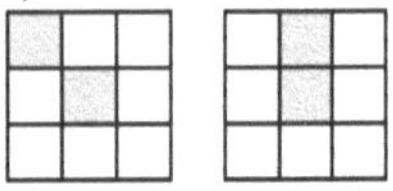

イ

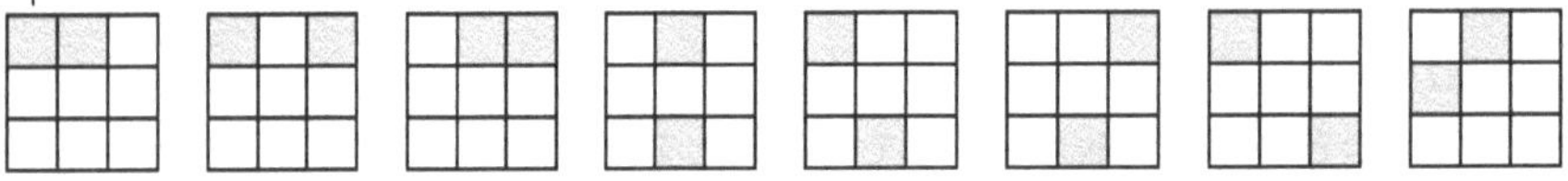

(b) 下図より，ウが8通り，エが14通り

ウ

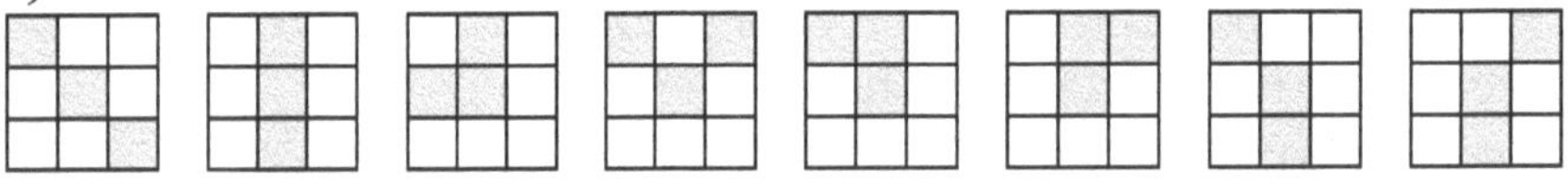

エ

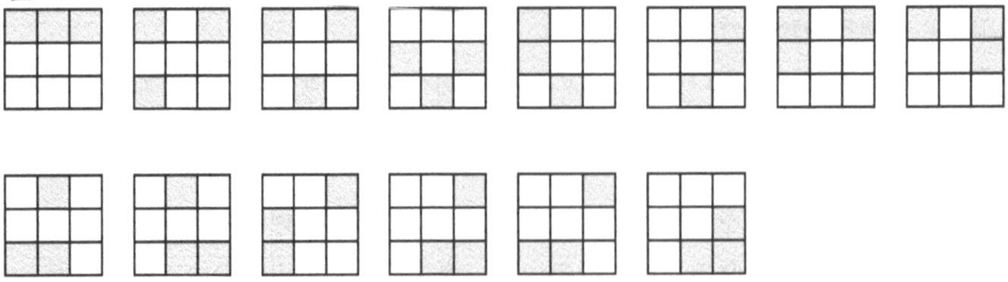

駒場東邦の理科

――出題傾向と対策
合否を分けた問題の徹底分析――

出題傾向と内容

多くの年度では，1が各領域の小問集合で，2以降が物理，化学，生物，地学の4領域から1大問ずつの計5大問となった。解答形式は，数値計算に加え，文記述も多く出題されており，グラフや模式図など描図を含む年度も多い。試験時間に対する設問数は35問程度で適量だが，できぱき解く必要がある。

生物的領域　多くの年度で，豊富な図表と問題文から新たな知識を吸収し，想像力を駆使して考えるタイプの問題が出される。受験参考書にとどまらず，広く本や科学雑誌，テレビ番組や科学館等を利用して基礎知識を膨らませておくのがよい。一問一答のような安易な勉強に陥ることなく，考察を主体とする良問を数多く解いておきたい。

地学的領域　天文や地質の出題が多いが，気象が出題される年もある。例年とも，テーマそのものは入試問題でよく見かけるものが多いものの，個々の設問内容は決して型通りのものではなく，数量的な思考力や図形的な処理力が求められる。そこで，様々な場面を図解し，モデル化して考える練習が必要である。図表中心の学習を心がけたい。

化学的領域　水の状態変化や，空気の温度変化と体積変化を主題にした年度が多く，水溶液や気体などの項目も出題されており，全分野にわたる丁寧な学習が必要である。実験装置の図や文から，問われている要点は何なのか見抜けるように学習を積んでいきたい。また，実験の操作には必ず理由があるので，ただ覚えこむのではなく，よく考え納得する習慣をつけておきたい。

物理的領域　問題に実験結果が示されていて，そこからグラフを作成したり，表の数値から規則性を見出したりする作業が必要な年度が多い。あらかじめ法則を知っていると有利であるが，それでも，図表から法則性を発見し応用するという「学習能力」が問われている。作図を含めた作業型の問題を数多くこなすとよい。

学習のポイント

●問題文および図表をよく読み，科学的に分析する力を身につけよう。

来年度の予想と対策

本校の問題では，幅広い範囲の知識を確認する問題と，1つの素材を詳しく考える問題の両方が出されている。特に後者では，実験のデータを整理し類推して解き進める問題も多い。自然科学での各種資料の分析の問題も頻出で，理科の学習能力そのものが問われている。実験や観察をレポートにまとめる経験のある受験生は有利である。この傾向は踏襲されていくだろう。

ふだんから，基本用語や基本解法は，原理から理解して確実に身につけたい。基礎をある程度身につけたら，思考力を要する問題を数多く解くことが必要である。1つは，問題文から新たな知識を得て，その場で考えるタイプの問題である。もう1つは，与えられた実験結果から法則性を導く問題である。

文記述の問題はたいへん多い。自分ではわかっているつもりでも，答案を読む人に伝わらなければ意味がない。「何が」「なぜ」ということをわかりやすく書く練習をしておこう。

年度別出題内容の分析表 理科

（よく出ている順に，☆◎○の3段階で示してあります。）

	出 題 内 容	27年	28年	29年	30年	2019年	2020年	2021年	2022年	2023年	2024年
生物的領域	植物のなかま		○	◎	○	○	○	○	○	◎	
	植物のはたらき		◎	◎		○			○	○	
	昆虫・動物	☆			☆	☆	◎	○	◎	◎	◎
	人 体		○		○		◎		○	○	◎
	生態系	○	○		○	◎		◎	◎	○	
地学的領域	星と星座	☆			○						☆
	太陽と月		○	☆		○	☆		○	○	○
	気 象		☆	○	○	☆		☆	○		
	地層と岩石		○	○	◎		○		☆	☆	
	大地の活動				○	○	○			○	
化学的領域	物質の性質	○		◎			○		○	○	
	状態変化			○			◎	☆	○		○
	ものの溶け方			○	☆	○			○	◎	
	水溶液の性質	☆	☆	◎		☆			◎	◎	
	気体の性質	○	○				◎		○	○	
	燃 焼						◎			○	◎
物理的領域	熱の性質				○	○	◎	○	☆		○
	光や音の性質		☆	○	☆					○	☆
	物体の運動			○			○			☆	
	力のはたらき	☆	○		○	☆	○	☆		○	
	電流と回路			☆		○			○		○
	電気と磁石		○			◎					
その他	実験と観察	◎	◎	◎	◎	◎	◎	◎	◎	◎	◎
	器具の使用法	◎	◎	○		○			○		○
	環 境		○			○		○	◎		
	時 事					○		○	○	○	
	その他										

駒場東邦中学校

2024年度 駒場東邦中学校 合否を分けた問題 理科

■この大問で，これだけ取ろう！

[1]	小問集合	標準	基礎的な知識と理解があれば難しくない。短時間でミスなく解きあげて，全問正解を狙いたい。
[2]	星座早見のしくみ	標準	(5)は図を上手に活用する。(6)(7)は，実際の空を思い浮かべて考えること。失点は2つまで。
[3]	音速の測定	やや難	実験の手順と意味をよく読み取り把握しないと間違いやすい。失点は3つまで。
[4]	水の加熱とガスの使用量	やや難	計算方法はすべて問題文中にあるので，それにしたがう。長大な問題なので，解く時間も気にしたい。失点は2つまで。
[5]	動物の心臓	標準	(6)～(8)は，図中の血液の動きを鉛筆でたどって，理解してから答えを出そう。失点は1つまで。

■鍵になる問題は[3]だ！

例年通り，[1]の小問集合と，[2]～[5]の各分野の大問からなる構成であったが，[1]が例年よりやや少なめで，[2]～[5]の分量が増加した。その[2]～[5]では，問題文の実験操作や図表から，必要な情報を読み取って処理し考察する学力が強く求められた。探求を中心とした理科学習の本道を行く問題構成であり，丸暗記とパターン訓練一辺倒の学習ではなかなか太刀打ちしにくい問題である。

[4]は長い問題文と表の読解である。実験では，温度が上がりきってしばらくしてから火を消している。1分あたりのガス使用量を求めるには，火を消すまでの時間を考えるが，温度が上がりきったのはそれより前なので，湯が沸くガスの量は，ガス使用量よりも少ない。その意味が分かれば，計算しやすいだろう。

[5]では，魚類とハ虫類(ワニ)の心臓の図を理解する必要がある。魚類の心臓を通るのは静脈血だけである。また，ヒトの胎児の心臓を学習したことがある受験生ならば，ワニの心臓のつくりについても理解しやすかっただろう。

差が付きやすい[3]は音速の3通りの測定に関する問題であった。(1)(2)は難しくないが，実験の手順をよく把握していないと，思わぬ失点をしてしまいそうな設問である。

(3)以降について。はじめ回路に電流は流れていないが，金属ブロックで音を出した瞬間に回路に電流が流れ，オシロスコープには瞬時に階段状の信号が記録される。同じ瞬間，金属棒の右端で出た音は，金属棒の左端まで伝わって空気中へ出てマイクに入る。マイクが拾ったときにオシロスコープには曲線の信号が記録される。また，金属棒の左端と右端では音の反射も起こる。音が金属棒を伝わる時間をT，金属棒とマイクの間の空気を伝わる時間をSとすると，図7の最初の曲線の信号はT＋Sの時間を表し，次の信号はT＋T＋T＋Sの時間を表す。(3)では，Sが誤差につながる。しかし，次の信号との間隔で計算した(4)では，(T＋T＋T＋S)－(T＋S)＝T＋Tのように差を取ったことと同じになるので，Sがなくなって，測定の精度がよくなったと考えられる。

2023年度 駒場東邦中学校 合否を分けた問題 理科

■この大問で，これだけ取ろう！

[1]	小問集合	標準	ふだんから科学の世界に目を向け，さまざまな情報を仕入れておきたい。失点は2つまで。
[2]	5種類の白い粉の区別	標準	実験結果をていねいに見ていく必要があるが，内容は基本的である。全問正解を狙いたい。
[3]	化石からわかること	やや難	知識とともに，広い知識と想像力も必要な問題であり，特に(7)は考えにくい。失点を3つまで。
[4]	フクジュソウの生活	やや難	動植物の細かな知識が必要で，得意な受験生と苦戦した受験生の差が開きやすい。失点は3つまで。
[5]	振り子の周期	標準	典型的な設問が多く取り組みやすい。(4)は小数に誤差が含まれていることに注意する。全問正解を狙いたい。

■鍵になる問題は[4]だ！

本年も，[1]の小問集合と，[2]～[5]の各分野の大問からなる構成であった。どの大問も，理科の基本的な考え方に習熟しておかねばならない。さらに，身の回りの科学的な経験，図鑑や映像などの記憶，ニュースでの知識など，日ごろから広く理科的な事物を見聞きし考える機会も重視されている。例えば，[3](7)は，海で隔てられている世界各地で，同じなかまの恐竜の化石が出てくるのはなぜか，という発想から考えを進めていけば，解答の糸口がつかめるだろう。

[4]はフクジュソウに関する動植物の総合的な問題である。問題文で与えられる知識を，ふだんの学習で得ている知識に上手に重ねて，解き進めていきたい問題である。

森林の内部は，樹木の葉に日光がさえぎられて暗いため，そこで生活する植物にはいろいろな特徴が備わっている。フクジュソウや，(2)の解答であるカタクリは，落葉樹の森林に生息し，春の初めで樹木の葉が生える前のわずかな期間に，1年じゅうの光合成をおこない，花を咲かせて種子をつくる。1年の残りの期間は，地上部分は枯れてしまう。このような植物は，「スプリング・エフェメラル」(春の妖精)などと呼ばれることもある。

(4)で，フクジュソウはみつをもたないが，花粉をエサに昆虫をおびき寄せる。ただ，花の時期はまだ気温が低いため，昆虫の活動は活発でない。そこで，花をパラボラアンテナの形にして中の温度を高め，その温かさでも昆虫をおびき寄せている。昆虫から見れば，温度が高く花びらの多いフクジュソウの花の中は，単なるえさ場ではなく，すみかとして機能する。小型の昆虫は，花の中で生活をする。すると，花の中でオスとメスの交配もおこなわれ，子孫を増やすこともできる。

(6)で，植物は生息範囲を広げるため，できるだけ遠くに種子を運びたい。しかし，フクジュソウは花の時期が短く，昆虫の活動が活発でない季節なので，あまりに散らばった場所で花が咲いてしまうと，受粉に失敗しかねない。離れた場所だが集中的に花を咲かせるのが望ましく，ここでアリの習性がうまく利用され，アリの巣穴の近くに群生できている。

2022年度 駒場東邦中学校 合否を分けた問題 理科

■この大問で，これだけ取ろう！

[1]	小問集合	標準	基本的な内容が多いものの，問題文や選択肢が長いので，案外に手間取る。時間を節約しつつ全問正解を狙いたい。
[2]	重曹の加熱	標準	前の設問の問題文に，後の設問への情報が書かれている。上手に読み取って活かしたい。失点は1つまで。
[3]	水中の生物と環境	やや難	書きにくい記述問題が並ぶ。日ごろからの興味や関心のある受験生が圧倒的に有利。失点を3つ以内に。
[4]	川と地形	標準	(2)は書きにくく，(4)は理解力が必要だが，他はよく見かける設問である。失点は1つまで。
[5]	電流による発熱	標準	(1)の作業を正しくできたかどうかで，あとの出来が決まるので，得点差が付きやすい。失点は2つまで。

■鍵になる問題は[5]だ！

2021年度は出題されなかった[1]の小問集合が復活し，従来の形式に戻った。どの大問も，問題文は長く図表は豊富で，理解力や考察力を試す設問が並ぶところは，例年の傾向通りである。

[2]や[4]は，類題を解いたことのある受験生も多かっただろうが，必要な知識が設問ごとに与えられるので，上手に利用していけば高得点が狙える。[3]は，受験勉強で目にした各生物の基礎知識とともに，生物界や環境問題についての興味や関心が得点差に表れる問題である。受験勉強は机の上だけではなく，日常のさまざまな場面につながっていることを意識しておきたい。

[5]について取り上げる。問題文に実験操作が細かく書かれているが，てきぱきと要点をつかんで作業に取り掛かる必要がある。

(1)は，理科学習で欠かせないグラフ作成の問題である。温度を1℃上昇させるための時間をグラフ化するので，問題の図1のグラフを読めばよいが，たて軸1℃のときの時間を横軸で読み取ろうにも，値が半端で，正確には読み取れない。このような場合は，比例のグラフであることを利用して，計算で求めなければならない。例えば，水が100gのとき，5分間＝300秒で6℃上昇しているので，1℃上昇する時間は300÷6＝50(秒)である。4つの水量についてそれぞれ求めて，その4つの点を明確にグラフ用紙にプロットし，直線を描けばよい。この計算過程が，あとの問題に響いていくので，作業ができたかどうかで大きな得点差ができるだろう。

(2)の②では，10gの場合を考えなければならない。50gのときのデータで計算する場合と，他のデータで計算する場合で，値に少し差が出る。実験結果には誤差があるのが当然なので，できれば200gのときのように値の大きな方を使えば，誤差の影響を減らすことができる。

(5)は，水だけの場合と「水＋金属」の場合の比較である。ここで，水だけの場合のデータとして(1)の作業が活きてくる。温度を1℃上げるのに，水100gだけならば50秒，図2のグラフでは60秒だから，金属100gだけなら10秒と分かる。このように，金属はたいへん温まりやすい。

駒場東邦の社会

――出題傾向と対策 合否を分けた問題の徹底分析――

出題傾向と内容

大問数は平成22年以降1題のみで，その中で小問が15～25題出されている。1～2行程度の記述が5～10題ほど，残りは記号選択と用語記述で，記号問題の方が例年多い。

今年も大問は1題で，小問が枝問を含めて21題，記述問題は1行程度が2題，2行程度が4題となっている。分野的には歴史分野の比重が高く，全体の約5割の10題，地理分野と政治分野が5題ずつ，そしてリード文の読み取り問題が1題だった。

地　理　例年，暗記で対応できる基礎的な問題はあまり出題されず，むしろその実態や関連する事柄を理解していることを前提に，予備知識を動員して考える問題が多い。地形図の読み取りは頻出であるが，これも単に読み取れるというだけでなく，読み取った内容から考える問題が多い。

今年度は例年より知識の問題が若干増え，新しい地図記号や温室効果ガス，再生可能エネルギーについての問題が出された。

歴　史　歴史も地理と同様，暗記問題はあまり多くなく，資料を読み取って考える記述問題の割合が大きい。得点のためには，資料をいかに正しく，深く読み取れるかの読解力と，問題を通してどのような解答を求めているのかを判断する思考力，考えを的確な日本語で書く表現力が要求される。

今年度は全10題中，知識を答える問題は5題のみで，残る5題は読解力の問題であった。問題数は地理や政治の2倍と多く，出題された範囲は例年通り古代から近現代までと広い。

政　治　教科書に載っているような日本の政治についての問題はあまり多くなく，身の回りのさまざまな社会問題や近年話題になった時事問題を絡めた問題が多いのが例年の傾向である。

今年度は知識を要求されたのが3題，読解力・思考力の記述問題が2題だった。記述の内容は，社会の平等・不平等に関わるもので，時事問題としての色合いが濃かった。

学習のポイント

- ●三分野ともに，暗記だけに特化するのではなく，知識を因果関係や周辺知識と関連付けて考え，自分の言葉で説明できるように訓練をしていこう。
- ●時事問題については日ごろから意識的に情報を収集しておこう。

来年度の予想と対策

地　理　地形図の読図は必須なので，地図記号などの常識はマスターしておきたい。また各種統計資料の読み取り問題も多いので，単に数値や順位を覚えるだけでなく，その数値の背景を分析できるようにすることも必要。世界地理について，日本との関係なども注意したい。

歴　史　年号や人名，出来事などの暗記だけでなく，因果関係やその後の影響なども理解しておく必要があるため，教科書や参考書などをよく読みこんで理解を深めておきたい。純粋な知識の問題は，数こそ少ないが基本レベルのものが多いため，失点を重ねると危険。漢字で正確に書けるよう，日ごろから練習する。

政　治　日本の政治の仕組みも出されるが，人権や国際関係を意識した問題に特に注意が必要。受験前年の時事問題について，それを背景とした分析問題・記述問題が出る可能性があるので，日ごろから意識しておくとよい。

年度別出題内容の分析表　社会

（よく出ている順に，☆◎○の３段階で示してあります。）

分野	区分	細分	出題内容	27年	28年	29年	30年	2019年	2020年	2021年	2022年	2023年	2024年
地理	日本の地理	テーマ別	地形図の見方		◎	◎	○		○	○		○	○
			日本の国土と自然		○	○	○	○					○
			人口・都市	◎	○	○			○	○			
			農林水産業	○		◎	○	◎	○	◎	◎		○
			工　業	◎	○	○		◎	○				
			交通・通信		○		○				◎	○	
			資源・エネルギー問題										○
			貿　易			○		○			○	○	
		地方別	九州地方					○					
			中国・四国地方				○						
			近畿地方										
			中部地方										
			関東地方							○			
			東北地方										
			北海道地方										
	公害・環境問題						○			○			
	世界地理					○			○	○		◎	
日本の歴史	時代別		旧石器時代から弥生時代		○								
			古墳時代から平安時代	○		◎	◎	○		◎	◎	◎	☆
			鎌倉・室町時代	○			○	○		◎			☆
			安土桃山・江戸時代	◎	◎	◎	○	◎		◎	◎	◎	
			明治時代から現代	☆	◎	☆	○	☆	☆	◎	◎	◎	◎
	テーマ別		政治・法律		○	◎	◎	○	○	☆	◎	☆	◎
			経済・社会・技術	☆	☆	◎	○	○	○		☆	◎	○
			文化・宗教・教育	☆		○	○	○			◎		☆
			外　交					☆	○	◎			
政治	憲法の原理・基本的人権			○	○		○	○		◎	○	○	○
	国の政治のしくみと働き			◎	○	○	○		◎	◎	○	◎	◎
	地方自治												
	国民生活と社会保障			○		○				◎			○
	財政・消費生活・経済一般					○	○						
	国際社会と平和							☆	○			◎	○
時事問題					○	○		○	○		○	○	
その他						◎			○	○	◎	○	◎

駒場東邦中学校

2024年度 駒場東邦中学校 合否を分けた問題 社会

問3(2)②，問4(2)，問6，問8(3)，問9(2)

今年は問題全体が「『社会』という言葉」に関連した三分野の融合問題となっている。この中で大まかに分けると，問8と問9の5題が地理分野，問1から問6までの10題が歴史分野，問7の5題が政治分野，そして問10がリード文の読み取り問題となっている。計21題のうち，純粋な知識で解く問題は約5割で，残りは本文や資料を読み取る思考力の問題である。解答形式で分類すると，記号で答える問題が11題，語句記入が4題，論述問題は2行のものが4題，1行のものが2題である。論述問題は，基本的な予備知識こそ必要にはなるが，深い知識がないと答えられないものではなく，本文や設問，各種資料を読み取って考え，適切に表現するものである。以上のように，本校は記述問題の割合が大きいうえ，推定配点も高いと思われる。よって，合格点突破のためには記述問題への対策，練習が必要不可欠である。合否を分けた問題として，詳しく解説をしていこう。

問3(2)②は，1213年以降の宴会準備の担当者がどのように移り変わったのかを書く問題。移り変わりを答える場合は，変化前と変化後を合わせて書き，その原因も書くことを意識する。表1より，1213年以前は北条氏以外の御家人が主に担当をしていたが，史料1を見ると，和田氏と三浦氏が北条氏によって滅ぼされたことがわかる。その結果，1213年以降の宴会担当は北条氏がほぼ独占するようになったのである。

問4(2)は，室町時代の村で行われる祭りが村人たちにとって重要だった理由を説明する問題。理由が問われているので，答えの文末は「から。」「ため。」にすること。①から④までを読み取ると，設備の共同管理，戦乱や他の村との争い，幕府の守護や地域の有力者などに対する抵抗のためには村人間の結束が必要不可欠であり，結束を強めるために祭りという共同作業が重要だったのだと推測する。

問6は，日中戦争以降の総力戦のなか，国が国民に貯蓄を求めた理由を答える問題。図1と図2，史料3と，年を追うごとに目標額が増えていることを読み取り，年表では，年を追うごとに食料や生活必需品の不足が激しくなり，戦局も日本が劣勢に立たされていることを読み取って，この二つをリンクさせる。そうすると，国民の貯蓄を増やすことで兵器や軍需物資を増産し，敗色を挽回しようとする政府や軍部の意図が読み取れる。

問8(3)は，再生可能エネルギーの発電量についての問題。北陸電力管内が日本海側の気候で，冬の北西の季節風の影響を受けるという予備知識が必要になる。冬の季節風が，沿岸を流れる対馬海流の上を通るさいに水分を含むせいで，北陸地方は曇りの日が多い。そのため，太陽光発電による発電量は夏に比べて少なくなる。また，この季節風が一定方向から安定して吹くため，風力発電による発電量は多くなる。

問9(2)は，大規模太陽光発電が設置された理由について述べる問題。設問内に「福島県や宮城県が上位にきている」,「2011年に発生した，ある出来事」とあることで，2011年3月11日の東日本大震災の発生と，地震に伴う津波の発生という知識が必要になる。資料2の1993年の地形図より，太平洋沿岸部には水田が広がっていたことがわかるが，現在の衛星写真では，かつて水田があった太平洋沿岸部に大規模太陽光発電所が設置されている。これらのことより，東日本大震災により発生した津波によって沿岸部が荒れてしまったと記述したうえで，その土地を有効活用しようとしたため，あるいは，震災からの復興対策とするため，などの文末で終えるとよい。

以上，来年度以降も同じタイプの記述問題が出る可能性が非常に高い。設問や資料を正確に読み取り，それを適切な表現で説明する練習は意識的にしていくといいだろう。

2023年度 駒場東邦中学校 合否を分けた問題 社会

問1，問2，問5(2)，問7(4)

今年は問題全体が「人間の戦争や争い」に関連した三分野の融合問題となっている。この中で大まかに分けると，問2と問10が地理分野，問1，問3，問4，問5と問6が歴史分野，残りが政治分野となっている。本校の問題は知識偏重のものは少なく，本文や資料類の読解力と思考力が問われるものがほとんどであり，今年の問題もその傾向は変わらない。論述問題が2行のものが3題，1行のものが1題。論述問題の中身は，知らないと書けないというものではなく，与えられた資料類をよく見て，この学校を受ける受験生なら持っていて当たり前レベルの知識と照らし合わせてどう考え表現するかということが問われるものがほとんど。

今回ここで選んでいるのはいずれも記述問題。問1，問5(2)は歴史分野のもの。いずれも資料を見て書くものだが，問1は江戸時代の名主や庄屋といった村のとりまとめの役を幕府や領主から命じられた人々が村人との間で抱えていた問題について書くもの。これに関する知識を持っている受験生はまずいないと思うので，ここは素直に問題の資料を読み込んで書いた受験生が多いのではないだろうか。問5(2)は要注意の問題。長篠の合戦の説明を書かせる問題はよくあるので，その手の問題は受験生の多くがやったことがあると思う。問題は，ここでは図3のチャルディラーンの戦いと長篠の合戦の両方で，「どのような武器を使ったどのような兵の軍が，どのような兵を中心とした軍を破った」かを説明するもの。両方の戦いに共通することを説明することが求められているので，長篠の合戦の説明を書いたらバツか減点になると思った方が良い。この場合は鉄砲を使う徒歩の兵隊たちが，騎馬軍中心の軍を破った戦いとするべきであろう。

問2は1980年代のアメリカで，日本製の自動車をアメリカの労働者がハンマーでたたいて破壊している様子の写真と日米間の貿易の推移の表，日米間の貿易の主な品目と金額が載せられた表をみて，写真にあるようなアメリカでの日本製品への反発や不買運動がおこった理由を説明せよというもの。解答を考えるにあたって，だいたいの方向性などはあまり悩まないでも思いつくであろう。問題は二つの表に示されていることをうまく盛り込んで書けるかどうかといったところ。表1からは日本とアメリカの間での貿易で日本の対米貿易が1970年代までは輸出入の差があまりなく，日本が輸入超過であったり輸出超過であったりの変化があるが，1980年代は一方的に日本の輸出が超過であり，85年，87年のものを見ると輸出が輸入の2倍以上になっていることが読み取れる。表2は87年の日米間の貿易の品目ごとの金額と割合が出ており，その中で自動車の輸出を見ると，トップの機械ほどではないが輸出額の3割ほどであることがわかる。これらのことを踏まえて書く内容を考えれば，1980年代の日米貿易では日本が圧倒的な貿易黒字になっており，特に自動車産業に関して言えば全輸出額の3割ほどにもなっており，この日本製の乗用車がアメリカで売れていることから，アメリカの自動車産業が苦戦しており，だから自動車工場の労働者が日本車の破壊のデモンストレーションをやっているのではと推察することはできよう。

問7(4)は核兵器の戦争抑止力について，核兵器を持つことが戦争を防ぐことにつながると考えられた理由を説明するもの。これもだいたいのことは思いつくかもしれないが，いざ言葉にして説明を書いてみると難しいかもしれない。この問題は参考にする資料は特にないので，受験生が思うことをそのまま書くだけなのだが，ある程度は論理的に，採点者が納得できるような答えを考えていかないとならない。通常の兵器ではなく核兵器が抑止力を持つというのは，核兵器が実際に使われた場合にどれぐらい悲惨な状態になるのかということを全ての国々が理解し，核兵器保有国に攻撃を加えた場合に，核兵器で報復される事の恐怖で核保有国を攻撃できないということが書ければそれでよい。

今回取り上げた設問はいずれも，何となくは答えを思いつくことはできるかもしれないが，実際に書いてみると難しく感じるのではないだろうか。普段からこの手の問題のパターンに慣れるために類題のある他校の入試問題などで演習をつむことが合格への必要なステップと言えよう。

2022年度 駒場東邦中学校 合否を分けた問題 社会

問4，問5，問9

今年は問題全体が「人やモノの移動」に関連した三分野の融合問題となっている。この中で大まかに分けると，問1と問7が地理分野，問2，問3，問4，問5と問6が歴史分野，残りが公民分野となっている。この学校の問題は知識偏重のものは少なく，本文や資料類の読解力と思考力が問われるものがほとんどであり，今年の問題もその傾向は変わらない。論述問題が1行のものが4題，2行のものが3題。論述問題の中身は，知らないと書けないというものではなく，与えられた資料類をよく見て，この学校を受ける受験生なら持っていて当たり前なレベルの知識と照らし合わせてどう考え表現するかということが問われるものがほとんどである。

問4は歴史分野のもので，江戸時代の開国後に生糸が国内で価格が上昇したことに関して，表やグラフなどの資料と本文を手掛かりに2行程度で説明するもの。1858年に開国した後，アメリカ，イギリス，オランダ，ロシア，フランスなどが日本の開港した港に来て，生糸や蚕卵紙を買っていったため，国内で品薄となり価格が上昇したわけだが，このあたりのものの値段の動き方に関して理解していれば，比較的容易に類推することは可能だが，知っていても説明するとなると難しいかもしれない。この学校に限らず，近年，経済に関する初歩的な事柄を問う問題は私立中の入試の中にもたまに出てくるので，このあたりまで理解を深めていた生徒には利になる問題かもしれない。

問5は幕末の文久遣欧使節のルートに関する内容で，その様子を描いた絵と日本からイギリスにいたる当時の航路の例を図に示したものを見て，スエズ運河の開通がヨーロッパとアジアとの間の行き来にどのような影響を与えたのかについて，その利点を2つ説明せよという問題。地図を見れば単純にルートが短くなるということは割と容易に読み取れると思う。スエズ運河開通前は，ヨーロッパから東アジアへ船で行くには，アフリカ大陸の南端を回って，インド洋を通り，東南アジアの島々のところを抜けて東アジアへ来るしかない。このルートは，日露戦争の際のバルチック艦隊が通ってきたコースでもあり，赤道付近の熱帯のところを通る時間が長いため，乗組員や乗客の肉体へのダメージや食料や飲用水の保存などの面での問題などが生じてくる。このあたりに思い至ることができれば，まずは一点は書ける。問題はもう一つで，本文にあるようにスエズ運河がない頃には，後にスエズ運河となる場所のそばまでは船で来て，そこから陸上を鉄道などで通り，再び海のところへ出てから再度船旅をするというものであった。このことについて書かれているものを読み，船と鉄道，その後また船と乗り継いでいくということが単純に乗り物が変わるというだけではなく，乗客とその荷物なども積み下ろし，積み込みを何度か行わなければならないという事態に思い至るかどうかがカギと言えよう。日帰りの日常的な通勤通学とは異なり，長期間の移動なのでそれなりに荷物類は多くなっているであろうし，また，国の使者の一行の旅であれば，それなりの物品も運んでいるであろうから，人と荷物の乗り降りは大変な作業であったことは容易に想像できる。

問9では廃プラスチック類の海外への輸出に関する記述問題が2問出されている。(1)はNGOを答えさせる問題で，ここはほとんどの受験生は得点できたかもしれない。厄介なのが(2)，(3)で，(2)は昨今の情勢により国内の廃プラスチックを削減せざるを得ない状況の理由を統計資料に基づいて説明させるもの。

本文や資料より，かつては日本は廃プラスチックを大量に中国に輸出していたが，中国が2017年に廃プラスチックの輸入を原則禁止したことで，中国への輸出は減り，東南アジアのマレーシアやベトナムへの輸出が伸びているが，中国が禁止したのと同じ理由でマレーシアやベトナムも輸入を禁止してくる可能性もあるので，廃プラスチックを日本の中でも削減することが必要であるといったことが書ければよいであろう。(3)は文中の空欄に入りそうな言葉を答えるもので，文脈から判断すればわかりそうな問題ではあるが，結構難しい。

この学校の設問は全般に問題の本文並びに設問の文章や資料類を細かく見て把握した上で考えさせられるものが多いので，この手の訓練をしているかどうかで勝敗が決まると言える。

駒場東邦の国語

――出題傾向と対策
合否を分けた問題の徹底分析――

出題傾向と内容

文の種類：物語

大問一題のみで，物語文の読解であることは例年と変わらない。小中高生を主人公として，家庭や学校，社会でのさまざまな葛藤を通して成長する姿を描く内容の作品が出されることが多い。今年度は，顔立ちが女子っぽくケーキ作りを趣味とする男子が主人公となる作品が出題された。

解答形式：記述と選択式

今年度は，小問12のうち，選択式が4，書き抜きが0，記述式が6，語句関連が2問。記述式のうち，50字以上のものが2問である。50～130字程度の記述に慣れておくことは必須である。また今年度，文章に関連した身近な具体例を見つけて記述するという問題が出題された。駒場東邦中では新しい傾向の出題である。来年以降も同様の出題に注意していきたい。

漢字：基本～標準レベル。特に難解なものはなく，基本的な学習をくり返していく中で覚えられるものがほとんどである。同音異義語・同訓異字などを意識した出題もある。文中での意味を考えながら答えることが大切である。

出題頻度の高い分野

❶物語文　❷場面・心情の読み取り　❸文章の細部の読み取り　❹記述・表現力
❺漢字の書き取り　❻ことばの意味

来年度の予想と対策

出題分野　物語文の一題構成

1 小中高生を主人公とする長文の物語文が出題されるだろう。
2 記述重視の構成：今年度と同様，記述式と選択式の併用が中心で，記述式の中には，50～130字のものが数題含まれるだろう。
3 登場人物の行動や，それにともなう心情理解を中心に，文章全体のテーマを把握することが要求される。また登場人物どうしの関係，それぞれの人物の性格なども的確に読みこなす練習をしておくことが重要である。
4 文章に関連した工夫された記述問題として，体験や感想などの記述を求められることもあるだろう。どんな出題があっても，柔軟に対応できるようにはしておきたい。
5 漢字：同音異義語や同訓異字なども確実におさえておく。
6 ことばの意味はそのまま覚えるだけでなく，文脈からも判断できるようにしておきたい。

学習のポイント

●出題と解答の形式に習熟しておこう。
●小中高生を主人公にした物語文を中心に，幅広く読書経験を積んでおこう。
●感じたことや考えたことを文章に表現する習慣をつけよう。
●本文も長く，解答の記述量も多いので，時間配分に注意し，素早く解答する力も養うこと。

年度別出題内容の分析表 国語

（よく出ている順に，☆◎○の３段階で示してあります。）

出題内容		27年	28年	29年	30年	2019年	2020年	2021年	2022年	2023年	2024年
設問の種類	主題の読み取り	○	○	○	○	○	○	○	○	○	○
	要旨の読み取り										
	心情の読み取り	☆	☆	☆	☆	☆	☆	☆	☆	☆	☆
	理由・根拠の読み取り	◎	○	○	○	○	○	○	○	○	○
	場面・登場人物の読み取り	○	○	◎	◎	◎	◎	◎	◎	◎	◎
	論理展開・段落構成の読み取り										
	文章の細部表現の読み取り	☆	☆	☆	☆	☆	☆	☆	☆	☆	☆
	指示語										
	接続語										
	空欄補充	○			○			○	○		○
	内容真偽					○	○	○	○	◎	◎
	根拠 文章の細部からの読み取り	☆	☆	☆	☆	☆	☆	☆	☆	◎	◎
	根拠 文章全体の流れからの読み取り	◎	◎	◎	◎	◎	◎	◎	◎	◎	◎
設問形式	選択肢	☆	◎	☆	☆	☆	☆	☆	☆	☆	☆
	ぬき出し	○			○	○	○	○			
	記　述	☆	☆	☆	☆	☆	☆	☆	☆	☆	☆
記述の種類	本文の言葉を中心にまとめる	◎	◎	☆	☆	☆	☆	☆	☆	☆	☆
	自分の言葉を中心にまとめる	☆	☆	◎	◎	◎	◎	◎	◎	◎	◎
	字数が50字以内	◎	○	☆	☆	☆	☆	◎	○	○	◎
	字数が51字以上	☆	☆	◎	◎	◎	◎	◎	☆	☆	◎
	意見・創作系の作文										○
	短文作成										
語句・知識	ことばの意味		○	○	○	○	○	○	○	○	○
	同類語・反対語										
	ことわざ・慣用句・四字熟語	○			○						
	熟語の組み立て										
	漢字の読み書き	◎	◎	◎	◎	◎	◎	◎	◎	◎	◎
	筆順・画数・部首										
	文と文節										
	ことばの用法・品詞								○		
	かなづかい										
	表現技法										
	文学史										
	敬　語										
文章の種類	論理的文章(論説文，説明文など)										
	文学的文章(小説，物語など)	○	○	○	○	○	○	○	○	○	○
	随筆文										
	詩(その解説も含む)										
	短歌・俳句(その解説も含む)										
	その他										

駒場東邦中学校

2024年度 駒場東邦中学校 合否を分けた問題 国語

問10

★合否をわけるポイント（駒場東邦に頻出の「変化の記述」）

駒場東邦中にはよく出題される，本文全体から登場人物の変化を読み取る設問である。この設問の場合は，「女子たちに対する『今までずっと押さえこんできた思い』」を明確にして記述しなさいと設問の条件がある。設問の条件をおさえて，虎之助（ぼく）の変化を明確に記述したい。

★これで「合格」！

おさえこんできた思いがどのようなものかを読み取り，「勝手にイメージを決めつける女子たちへの不快感に耐えてきた」ことを最初に書く。そして「祇園寺先輩と交流して思いを知る」ことを中心に，変化のきっかけを書く。最後に，「自分のままでいたいと思えるようになる」「闘う強さを持ちたいと思えるようになる」という変化した後の虎之助(ぼく)の様子に続ける。

変化の記述は，駒場東邦中では頻出である。設問の条件をおさえたうえで，しっかりと記述できるようにしたい。

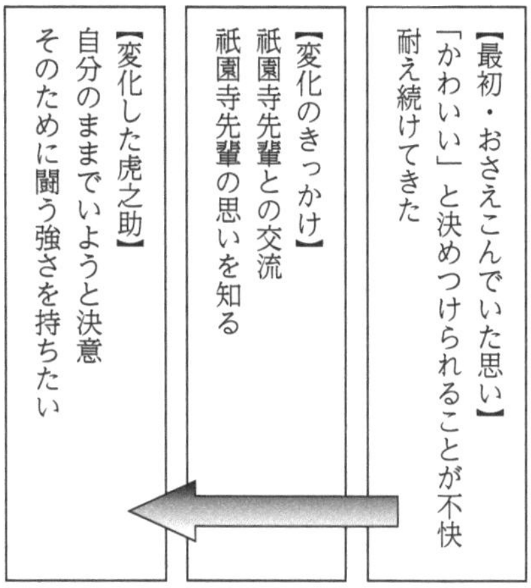
【最初・おさえこんでいた思い】
「かわいい」と決めつけられることが不快
耐え続けてきた
【変化のきっかけ】
祇園寺先輩との交流
祇園寺先輩の思いを知る
【変化した虎之助】
自分のままでいようと決意
そのために闘う強さを持ちたい

問12

★合否をわけるポイント（発想していく力が問われる！）

「枠組みから外れたやつがいるのがこわい」「マニアックな趣味」「受験生らしく」「性別をめぐる問題」「社会や身の回り……あちこちで起こっている」など，解答の手がかりになる部分は複数ある。解答の手がかりをふまえて，身近なものを思いつき，適切に解答して欲しい。

★合格のために必要なこと！（設問の条件に気をつける）

「長い髪だと，男らしくない」「洗顔後の化粧水など，女のすること」「人形で遊びたがるなんて，女の子みたい」などという内容は，すべて性差に結びつく。【 ★ 】直前には「それだけじゃない」とある。性差以外で記述したい。

★さまざまな正解がある！

「日本人らしい」「子どもらしい」「先生らしい」など。実社会では身近なところに，さまざまな「らしい」に結びつく枠組みがある。その枠組みを見つけて，記述していきたい。

2023年度 駒場東邦中学校 合否を分けた問題 国語

問10

★合否をわけるポイント（選択肢の構造の把握が合否をわける！）

物語の最後の方に設けられた傍線部に関係する設問である。そのため，文章全体に目を向けて，書くべき内容を考えたい。サーリャの抱えていた悩み，サーリャと父とのやり取り，そして，大地を踏むということの意味。以上の点に目を向けたい。

★これで「合格」！

サーリャは「(父の)私の故郷を尊重してくれようとする思いを，しっかりと受け取らなければいけない」という気持ちになった。そして，「大地を踏んでいる」とは，ここでしっかり生きようとするサーリャの思いの表れである。また，生きるためには，さまざまな困難にも立ち向かわないといけない。

以上をおさえて，解答をまとめるとよい。

右のようなポイントをふまえて，指定字数でまとめることが大切だ。

私の大切な故郷を尊重してくれた父の思いを受け取る

困難に負けない

大切なものを守り，ここで力強く生きていく

問12

★合否をわけるポイント（文章の展開の把握が合否をわける！）

設問内に，難民問題に関する資料1～3がある。選択肢ア～オは，その資料をもとにした発言である。適切でない発言を見つけなければならないが，資料と選択肢の内容をていねいに比較する必要がある。合格のために，細かい分析力が問われる。

★合格のために必要なこと！

資料から想像しているような発言。資料をもとに断定している発言。物語の比ゆ的な言葉と資料を結びつけようとしている発言。選択肢は様々である。それぞれの発言内の「表現」に着目して，そのように発言することが可能なのか，慎重に見極めて欲しい。

★これで「合格」！

資料2から日本におけるトルコ出身者の難民申請者数(1,010)が，アメリカ合衆国(674)，イギリス(933)，イタリア(276)よりも多いことがわかる。「トルコ出身者が難民申請をするケースが他国に比べて少ない」とある，Bさんは適切ではない。発言内の表現を細かく見ることで，このような部分に気づくことができる。

2022年度 駒場東邦中学校 合否を分けた問題 国語

問6

★合否をわけるポイント（選択肢の構造の把握が合否をわける！）

それぞれの選択肢の最後は心情表現で終わっている。ただし，心情の対象は，すべてが同じという訳ではない。選択肢をていねいに分析して，それぞれの心情が何を対象にしているのかを把握する。そうすることで，問6は解きやすくなる。

★これで「合格」！

アの「腹を立てている」とイの「うっとうしく感じている」は，母親に対する心情である。ウの「いらいら」とエの「不安」は，自分自身に対する心情である。オは「訳もなく」とあり，「むしゃくしゃ」の対象となるものは良くわからない。

傍線部④直前で,「あたし」は母親をクソババアと呼んだ。そして，思いを伝えることができずにきたない言葉を使った自分に対して，否定的な感情を抱いた。傍線部④でも，自分に対する否定的な感情は続いているのだから，母親に対する心情が書かれているア・イや，対象がよくわからないオは，誤答であるとわかる。その後は，場面を読んで把握した内容をもとに，ウ・エのどちらが正しいのかを明らかにすればよい。

例　問6の選択肢
ア　……二度と口をきくまいと、腹を立てている。
イ　……お母さんの態度をうっとうしく感じている。
ウ　……きたない言葉を言うだけになってしまって、いらいらしている。
エ　……自分のことを、不安に思っている。
オ　……訳もなくむしゃくしゃしている。

問12

★合否をわけるポイント（この設問がなぜ合否をわけるのか？）

求められている字数は110字から130字。設問には「本文全体をふまえて」との条件もある。指定字数と設問の条件をふまえて，文章全体から正解の要素を見つけて書く必要がある。例年のように出題される形式の設問である。合格のためには，ここで高得点を目ざしたい。

★こう答えると「合格できない！」

最初の場面に，「あたし」の抱える悩みが書かれている。「あたし」は，自分の思いを母親にうまく伝えることができないのだ。この悩みを抱えた「あたし」の気持ちが，どのようなきっかけを経て，どのように変わっていくのか。文章の展開を正確に把握したい。

★これで「合格！」

記述の際には,「自分の思いを母親にうまく伝えることができなくて悩んでいた」という背景を書き，「しおり先生に教えられた」「実際に言葉にしてみた」という変化のきっかけを書き，最後に「自信が生まれ，母親に思いを伝えられると思うようになった」と書き進めるとよい。

MEMO

大切なことはメモしておこうネ！

2024年度

★★★★★★★★★★★★★★★★★★★★★★★★

入　試　問　題

2024年度

駒場東邦中学校入試問題

【算　数】（60分）　＜満点：120点＞

1

(1)　①　□ にあてはまる１以上の整数の組は何個ありますか。

$11\times$ ア $+23\times$ イ $=2024$

②　□ にあてはまる１以上の整数の組を１つ答えなさい。

$8\times$ ウ $+11\times$ エ $+23\times$ オ $=2024$

(2)　現在，時計の針は10時 カ 分 キ 秒を指しています。長針と短針のつくる角度が現在と20分後で変わらないとき，カ，キ にあてはまる数を（カ，キ）の形ですべて答えなさい。ただし，キの値《あたい》は分数《ぶんすう》で答えなさい。

(3)　右の図のような正方形のタイルを並べて模様をつくります。次の形に並べるとき，何通りの模様が考えられますか。ただし，タイルは回転して使ってもよいですが，裏面は使いません。また，回転して同じ模様になるものは１つの模様とみなします。

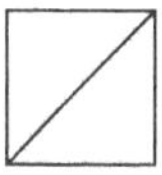

①

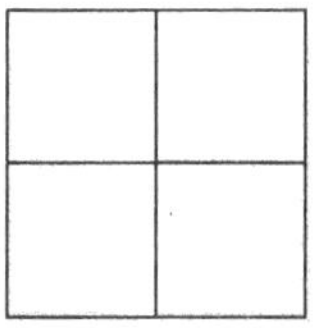

②

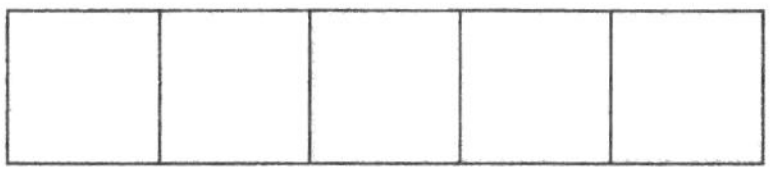

③

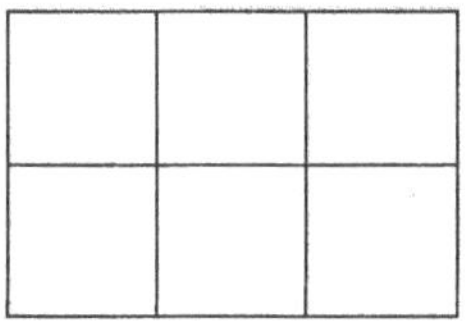

(4)　①　右の図のように，１辺の長さが４cmの正三角形ABCと１辺の長さが３cmの正三角形DEFがあり，辺ACと辺DEが交わる点をGとします。三角形AGDにおいて角Aの大きさが30°のとき，三角形AGDと三角形GECの面積の比を最も簡単な整数の比で表しなさい。

②　１辺の長さが３cmの正三角形と１辺の長さが４cmの正三角形の面積の和は，１辺の長さが５cmの正三角形の面積に等しいことを，①を利用して説明しなさい。

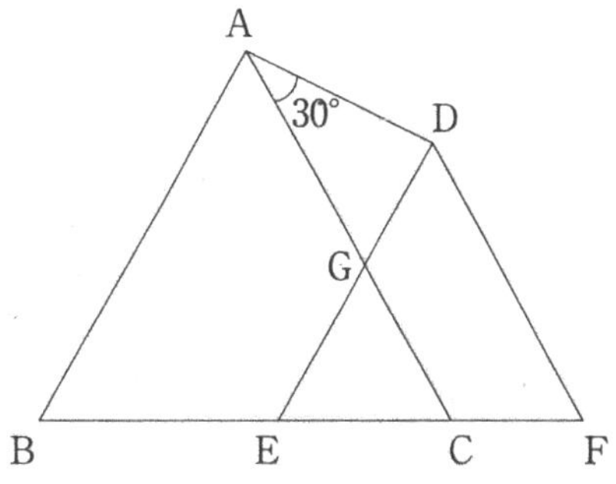

2

1辺の長さが6㎝の正十一角形があります。この正十一角形の各頂点を中心として半径6㎝の円をかき，11個の円の内側全体を図形**ア**とします。

このとき，次の問いに答えなさい。ただし，円周率は3.14とします。

⑴　正十一角形の11個の角の大きさの和を求めなさい。

⑵　正十一角形の内側にあり，**ア**の外側にある部分のまわりの長さを求めなさい。

⑶　**ア**を正十一角形によって2つの部分に分け，それらの面積を比べます。正十一角形の内側にある部分を**イ**，外側にある部分を**ウ**とします。

このとき，**イ**と**ウ**のうち，どちらの方が何㎠大きいですか。

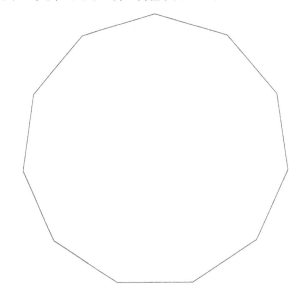

3

たて1㎝，横2㎝の長方形**ア**を，下の図のようにピラミッド状に10段並べた図形**イ**を考えます。

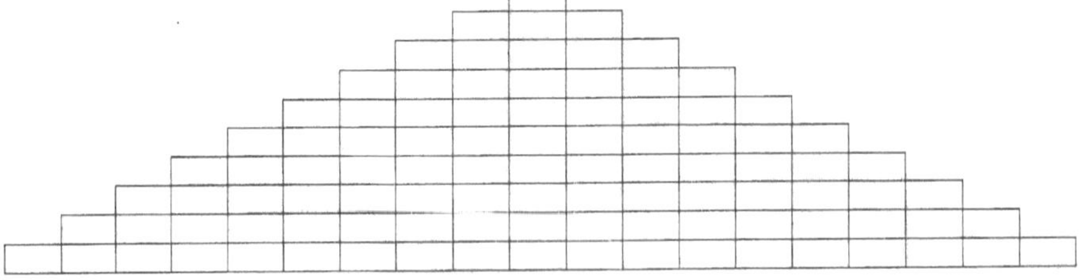

このとき，あとの問いに答えなさい。

⑴　長方形**ア**を何個並べましたか。

⑵　図形**イ**において長方形**ア**の頂点を結んでできる正方形のうち，正方形の辺が長方形**ア**の辺に平行なものは全部で何個ありますか。

⑶　図形**イ**において長方形**ア**の頂点を結んでできる正方形のうち，図形**イ**からはみ出さず，正方形の辺が長方形**ア**の辺に平行でないものを考えます。

① そのような正方形のうち，大きさが異なるものを解答欄《らん》の枠《わく》にすべてかきなさい。ただし，1つの枠にかける正方形は1つとし，すべての枠を使うとは限りません。

② そのような正方形は図形イの中に全部で何個ありますか。

4

同じ整数を2回かけてできる数を平方数といいます。平方数を次のように○を用いて表すことにします。例えば，45×45＝2025 ですから，2025は45の平方数であり，これを2025＝㊺と表します。

このとき，次の問いに答えなさい。

⑴ [　　] にあてはまる数を答えなさい。

1から5までの連続する整数の平方数の和 ①＋②＋③＋④＋⑤ を，次のような考え方で計算します。

①＋②＋③＋④＋⑤

＝1×1＋2×2＋3×3＋4×4＋5×5

＝1＋(2＋2)＋(3＋3＋3)＋(4＋4＋4＋4)＋(5＋5＋5＋5＋5)

＋で結ばれている15個の数を図1のように並べます。これらの数を，120°反時計回りに回転させた位置（図2）と時計回りに回転させた位置（図3）に並べます。

```
        1                  5                  5
      2   2              4   5              5   4
    3   3   3          3   4   5          5   4   3
  4   4   4   4      2   3   4   5      5   4   3   2
5   5   5   5   5  1   2   3   4   5  5   4   3   2   1
```

図1　　　　図2　　　　図3

3つの図において，同じ位置にある3個の数をたすと，どの位置でも [ア] になります。このことを利用して ①＋②＋③＋④＋⑤ を計算すると [イ] になります。

同じように考えて，1から11までの連続する整数の平方数の和 ①＋②＋……＋⑪ を計算すると [ウ] になります。

⑵ 2024は2から連続する**偶数**の平方数の和で表すことができます。その表し方を，○を用いて答えなさい。ただし，途中を「……」で省略してもかまいません。

⑶ 3から連続する**3の倍数**の平方数の和で表すことができる5けたの整数のうち，最も大きいものを求めなさい。

【理　科】（40分）　＜満点：80点＞

1　次の(1)～(5)の問いに答えなさい。

(1)　次のａ～ｃについて，正しければ○，間違っていれば×を書きなさい。

ａ．乾電《かんでん》池《ち》に２個の豆電球を並列につないだとき，片方の豆電球が切れていても，もう一方の豆電球は点灯する。

ｂ．電気用図記号の電池の＋と－の向きは，図１のように対応する。

ｃ．電気用図記号の電球は，図２のように対応する。

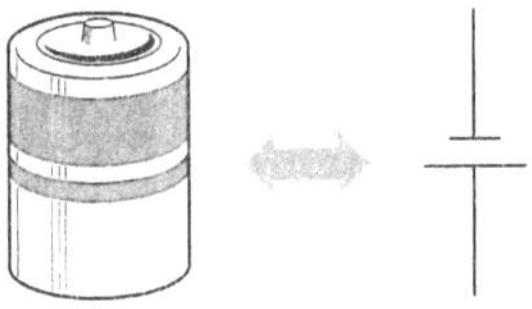

図１

図２

(2)　雨量や降水量を表す単位として適切なものを次の**ア**～**カ**から１つ選び，記号で答えなさい。

ア．kg　　**イ**．g　　**ウ**．dL　　**エ**．mL　　**オ**．mm　　**カ**．cm

(3)　日本国内では，約1300か所の気象観測所において，降水量などが自動で観測され，天気予報などで利用されています。このような気象観測システムの名前を，カタカナで答えなさい。

(4)　図３は，ろ過の実験を示しています。ろ過についての説明として，適切なものを次の**ア**～**オ**から２つ選び，記号で答えなさい。なお，BTB溶液《ようえき》は酸性で黄色，中性で緑色，アルカリ性で青色に変化します。

ア．ミョウバンの水溶液をろ過すると，水だけを取り出すことができる。

イ．砂つぶの混ざった食塩の水溶液をろ過すると，水溶液から砂つぶを取り除くことができる。

ウ．ビーカー**A**にコーヒーシュガー（茶色い砂糖）の水溶液を入れた。この水溶液をろうとに注ぐと，ビーカー**B**には無色の水溶液がたまる。

エ．ビーカー**A**にアンモニア水を入れ，BTB溶液を加えた。この水溶液をろうとに注ぐと，ビーカー**B**には青色の水溶液がたまる。

オ．ビーカー**A**に水を入れ，溶《と》け残りができるまで食塩を加えた。この水溶液をろうとに注ぎ，ビーカー**B**にたまった水溶液には，さらに食塩を溶かすことができる。

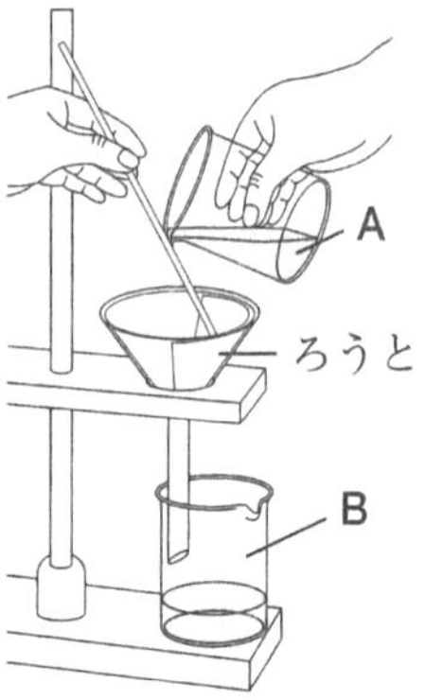

図３

(5)　植物は葉に日光を受けて栄養をつくり，成長しています。そして，日光をたくさん受けるために，植物によって茎《くき》や葉のつくりが違います。ツルレイシは茎が細く，図４（次のページ）のようにまきひげで棒《ぼう》につかまって茎を支えています。

ツルレイシと同じようにまきひげで茎を支える植物として，適切なものを次の**ア**～**オ**から１つ選び，記号で答えなさい。

ア．アサガオ　　**イ**．フジ　　**ウ**．ヘチマ　　**エ**．ツタ　　**オ**．イチゴ

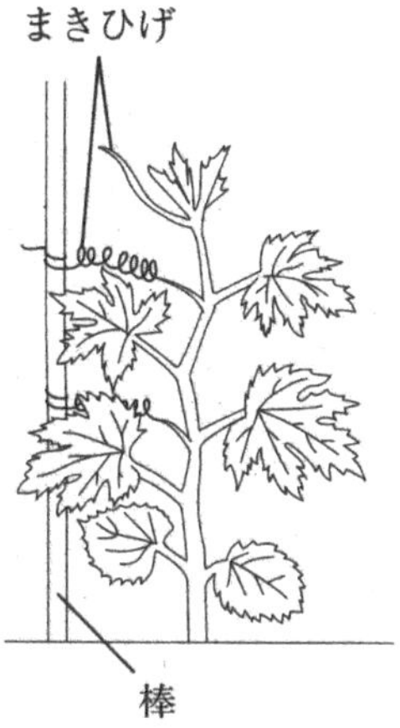

図4

2 東京で使用する星座早見は，図１に示した円盤《えんばん》（パーツA）に星座を描《えが》き，図２に示したような窓の開いた用紙（パーツB）を重ねることによって作成することができます。なお，パーツBの窓の部分は，図２では白色で示しています。

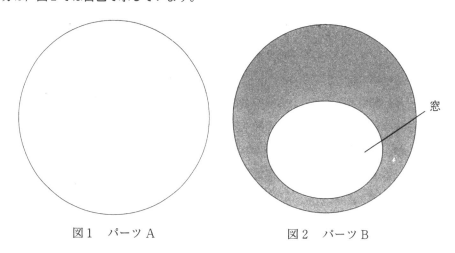

図１　パーツ A

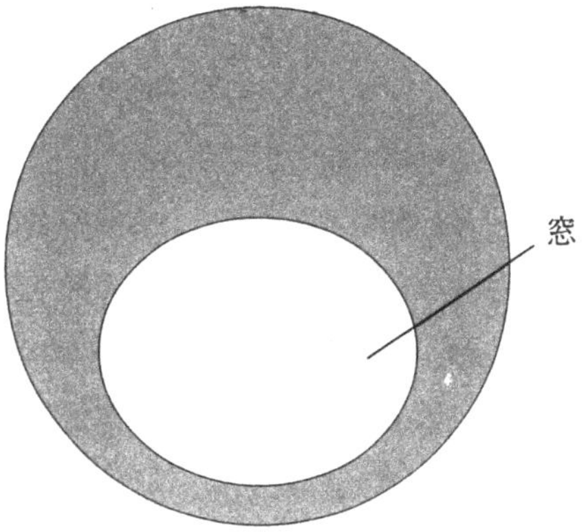

図２　パーツ B

(1) 星座早見を見ながらオリオン座を観察しました。オリオン座をつくる明るい星を白丸で示したとき，夜空で見える並び方として，適切なものを次の**ア**～**エ**から１つ選び，記号で答えなさい。

ア

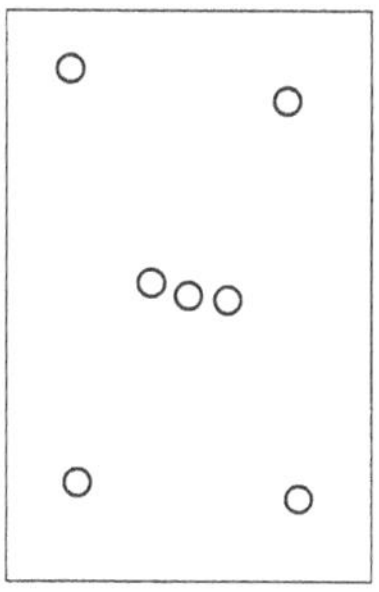

イ

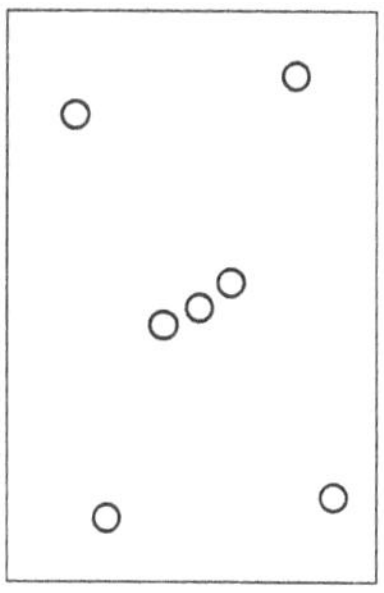

ウ

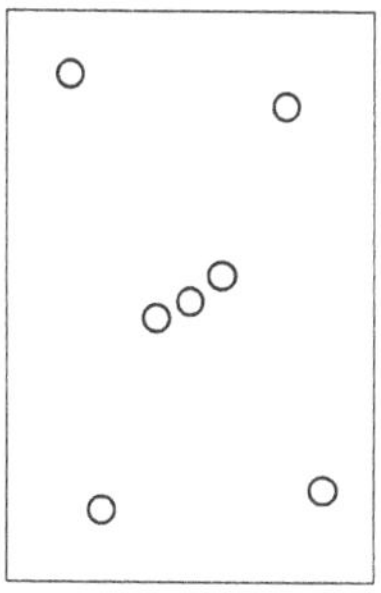

エ

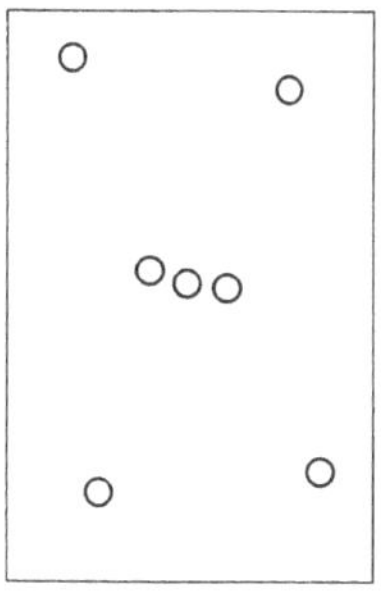

⑵　夏の大三角をつくる星の名前を，すべて答えなさい。

⑶　パーツＡの中心付近にある星の名前を，漢字で答えなさい。

⑷　パーツＢには東と西が記入されています。東と西が記入されている位置として，適切なものを図３の**ア**～**カ**からそれぞれ１つ選び，記号で答えなさい。

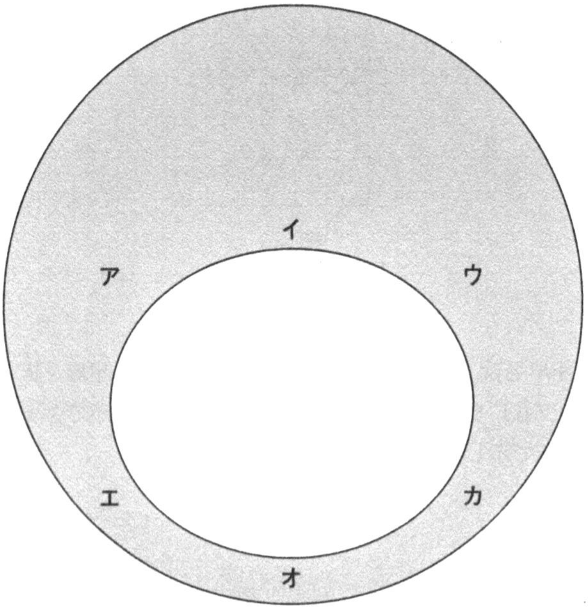

図３　パーツＢ

⑸　図４に星座早見の一部を示します。次の文中の（　）にあてはまる整数を答えなさい。

２月10日の０時に見える星空は，３月（　　）日の21時30分に見える星空とほぼ同じである。

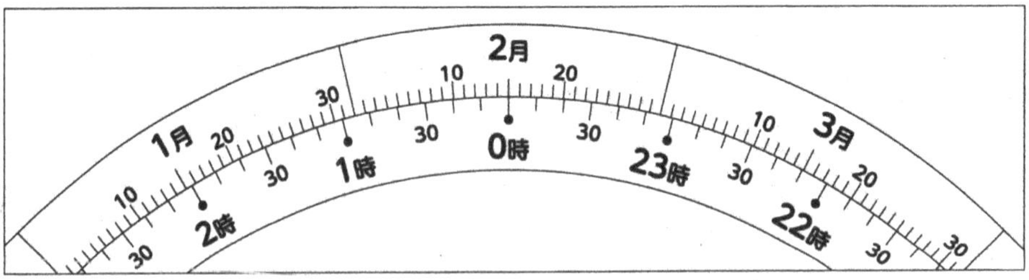

図４　星座早見の一部

⑹　星座早見でも，太陽の位置を示すことが可能ですが，その位置は季節によって異なり，線として表現されます。パーツＡに，東京で見られる太陽の位置を点線で表したとき，適切な配置となっているものを，次のページの**ア**～**ク**から１つ選び，記号で答えなさい。なお，黒い点はパーツＡの中心を，内側の実線はパーツＢを重ねたときの窓の位置を示しています。

ア

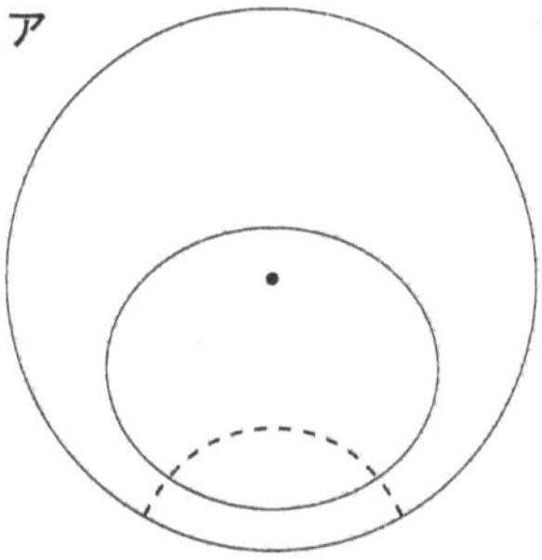

イ

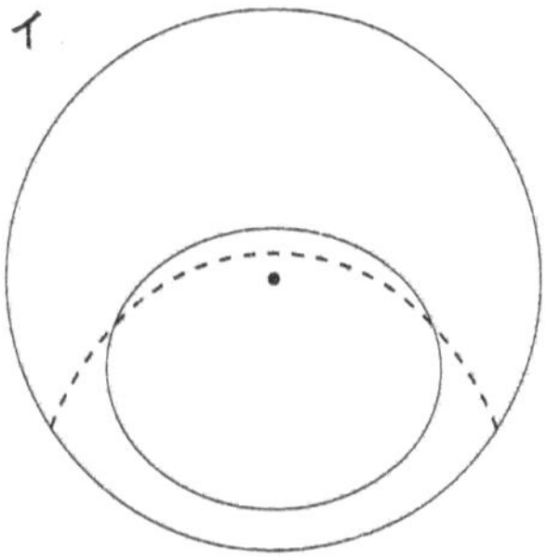

ウ

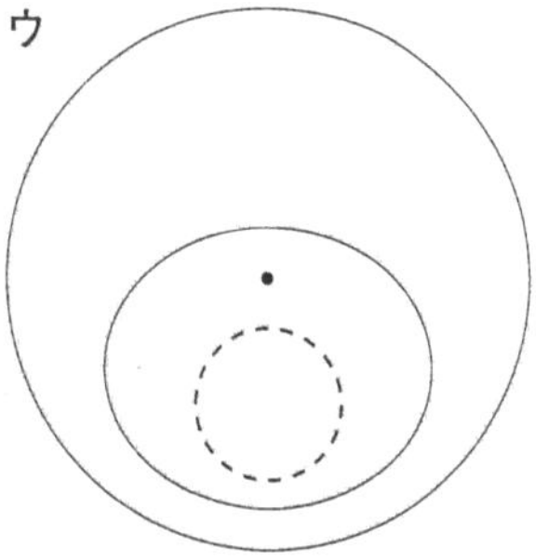

エ

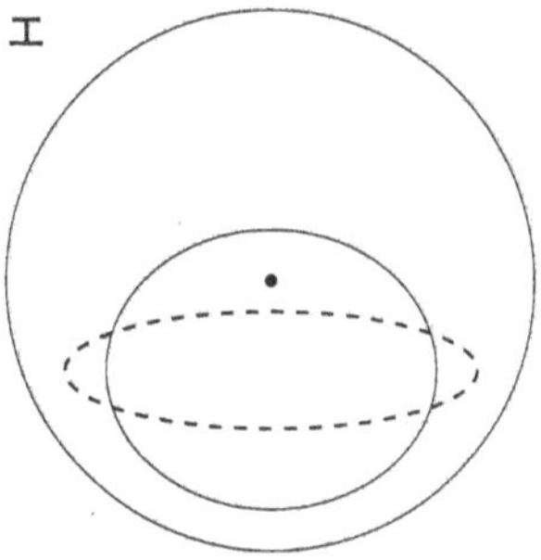

オ

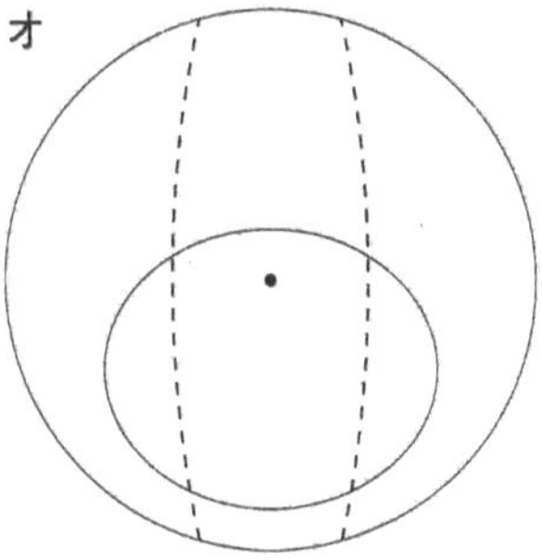

カ

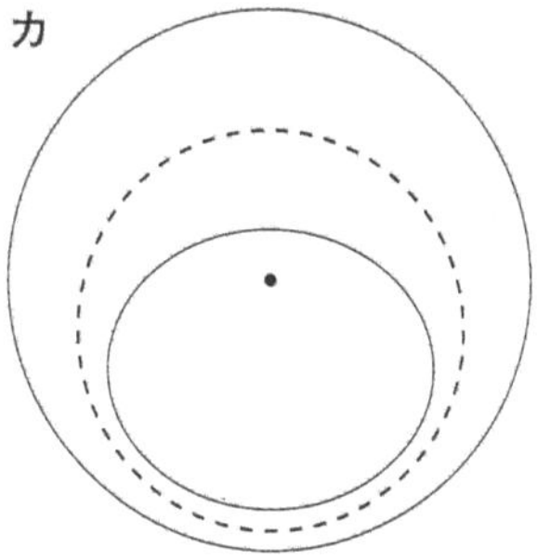

キ

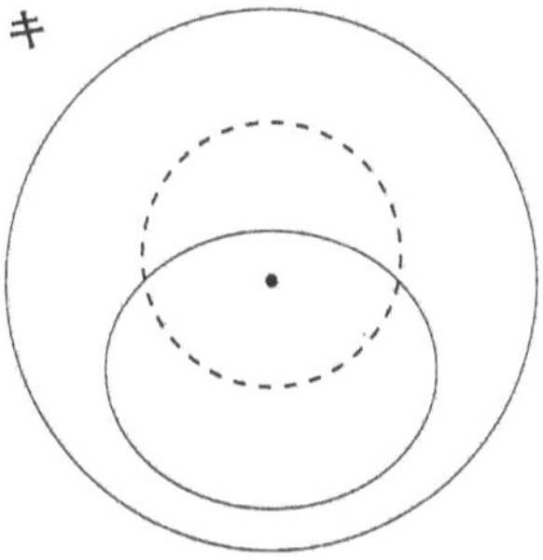

ク

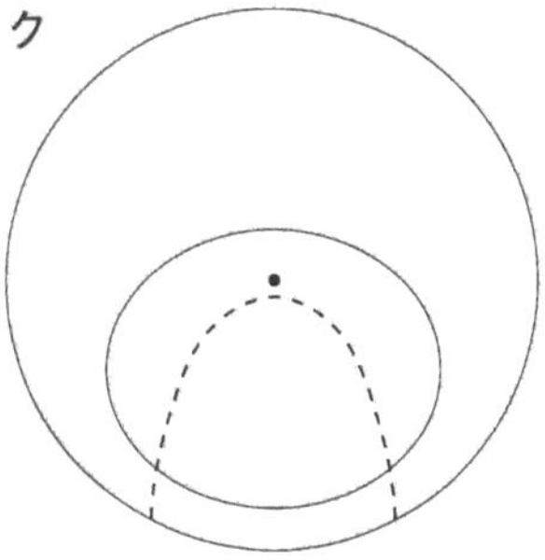

(7) 国や地域が変わると，東京で使用している星座早見が，そのまま使用できないことがあります。しかし，パーツBの窓の形を変えることで，ある程度まで対応できます。次のページの図5は，北極のある地点（N地点）に対応させたパーツBであり，白い部分が窓です。この窓の形から推測できることとして，間違っているものを次の**ア**～**カ**からすべて選び，記号で答えなさい。ただし，北極では1日中太陽が沈まない期間がありますが，その期間は考えないものとします。

ア．パーツAの中心にある星は，東京とは異なる。

イ．N地点では，真上（頭上）がパーツAの中心である。

ウ．N地点で見える星座は，1年間ほとんど変わらない。

エ．N地点では，地面の近くに見える星座は，一晩中地面の近くに見える。

オ．N地点と東京では，同じ星座が見えることがある。

カ．1年間で比べたとき，N地点では日本よりも多くの種類の星座を見ることができる。

図５　Ｎ地点に対応したパーツＢ

3 小学校では糸電話などを使い，音が振動《しんどう》として糸や空気を伝わっていく様子を観察しました。ところで，音が伝わるのにも時間がかかります。駒場東邦中学校の授業で，音の伝わる速さ（以下，音速と呼ぶ）を測定する実験を行った様子を紹介《しょうかい》しましょう。

＜実験１＞

３ｍ間隔《かんかく》で21人の生徒が立ち，一番端《はし》の人がホイッスルを鳴らす。ホイッスルを「ピッ」と鳴らし，ホイッスルの音が聞こえたら手を挙げてもらうようにし，その様子をビデオカメラで撮影《さつえい》した。

図１　実験１の様子

図２

教室に戻《もど》り，その動画を８分の１倍速でスロー再生した。一番手前で音を聞いた人（Ａさん）が手を挙げてから最後の人が手を挙げるまでにかかった時間をストップウォッチで測定し，その測定を５回くり返したところ，次の表のようになった。

測定回数	１回目	２回目	３回目	４回目	５回目	平均
測った時間〔秒〕	1.74	1.55	1.25	1.46	1.60	1.52

⑴　実験１の結果から，空気中での音速を以下のように求めました。次の文章中の空欄《くうらん》①～③にあてはまる数値を答えなさい。

測った時間の平均1.52秒を用いて計算する。動画は８分の１倍速でスロー再生しているので，実際に音が伝わるのにかかった時間は（　①　）秒である。一番手前の手を挙げた人（Ａさん）から最後の人までの距離《きょり》が（　②　）mなので，音速は秒速（　③　）mである。

続いて，別の方法でも空気中での音速を測ってみました。

＜実験２＞

全長190mの水道用ホースの片方にペットボトルをつけ，もう片方にはマイクとスピーカーをつけた。ペットボトルを叩《たた》くと，叩いた音がホース中の空気を伝わってホースの端まで届き，スピーカーから音が聞こえた。叩いてから音が聞こえるまで，少しだけ時間があった。

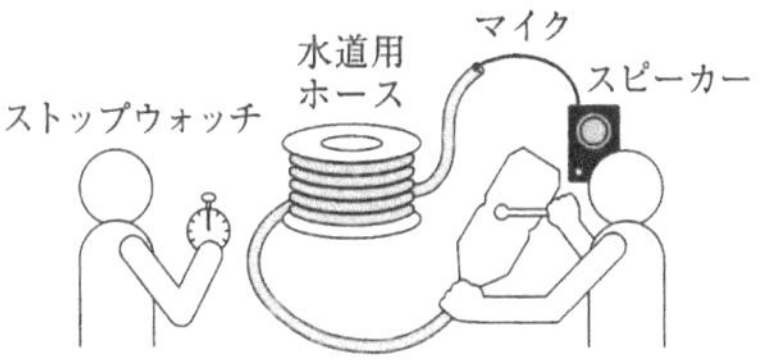

図３　実験２の様子

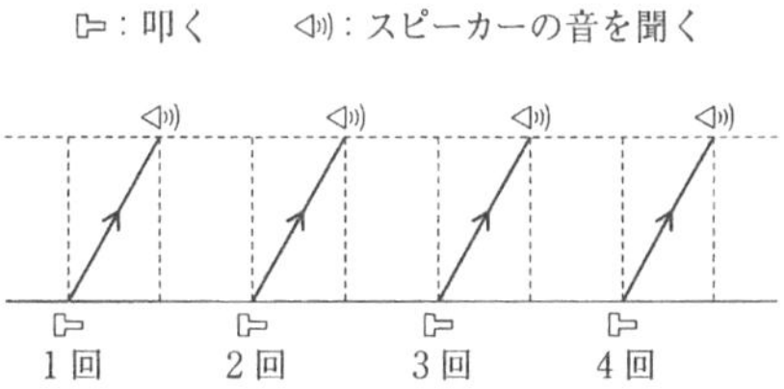

図４

図４のように，ペットボトルを叩いてからスピーカーの音を聞くまでの時間と，スピーカーの音を聞いてからペットボトルを叩くまでの時間が等しくなるよう，規則正しく繰り返しペットボトルを叩いた。

⑵　ペットボトルを叩いた１回目から10回目までにかかった時間を測ると，10.0秒でした。音速は，秒速何mですか。

今度は，空気中を伝わる音速ではなく固体を伝わる音速を調べることにしました。

＜実験３＞

1.00mの金属の棒にオシロスコープという電気信号を測定する装置を図５のようにつなぎ，電池をつないだ金属のブロックで棒の端を叩く。すると，金属のブロックと金属の棒がふれることで抵抗に電気が流れる。

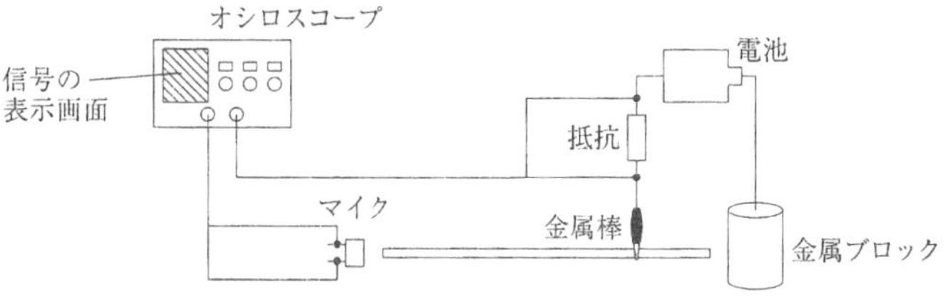

図５

抵抗の両端をオシロスコープで計測すると，オシロスコープに電気信号が入り，時間と共にその電気信号がどうなるかが画面に表示される。

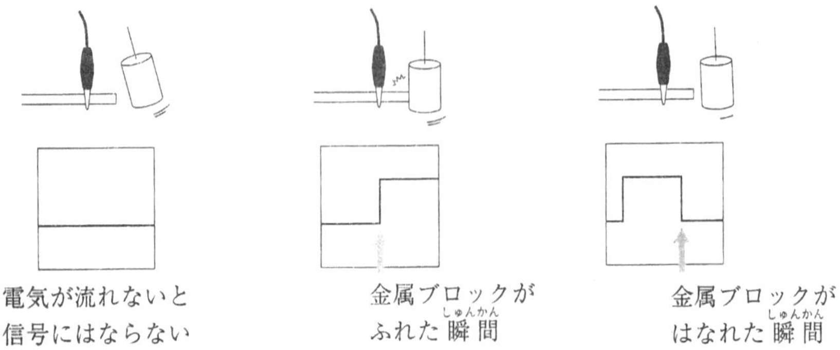

図6

棒の反対側の端にはマイクを置く。マイクが拾った音もオシロスコープへ電気信号として入り，時間と共に電気信号がどうなるかが画面に表示される。

⑶　金属棒を叩いてから，マイクで音が聞こえるまでのオシロスコープの画面の表示は右図のようでした。金属の棒を伝わる音速は，秒速何mですか。必要があれば小数第1位を四捨五入して整数で答えなさい。

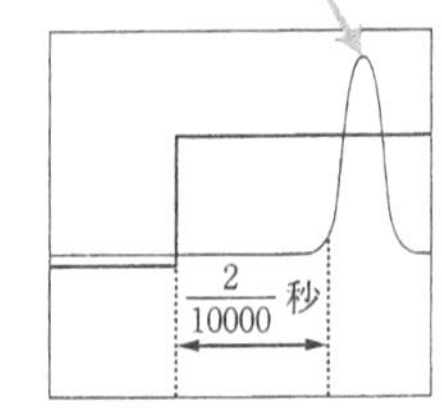

画面に表示する時間の幅を変えると，図7のように複数の電気信号が現れたので，棒の両端で音が反射して往復していると想像できます（図8）。例えば図7中の※の信号は，音が棒の端で4回反射したあとにマイクが拾ったときのものです。

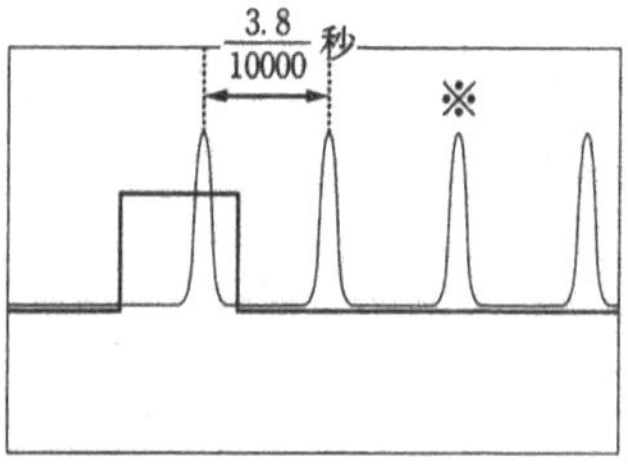

図7

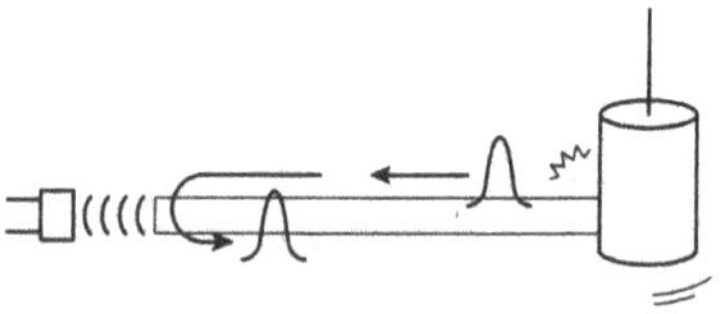

図8

⑷　図7の信号の間隔から金属の棒を伝わる音速を求めると，音速は秒速何mになりますか。必要があれば小数第1位を四捨五入して整数で答えなさい。

⑸　金属棒を別の種類の金属Aに変えて同じ実験をしました。金属Aを伝わる音速は，先ほどの金属よりも遅いことがわかっています。オシロスコープに表示されるものとして，適切なものを次のページのア～エから1つ選び，記号で答えなさい。なお，表示される時間の幅はどれも図7と同じです。

ア
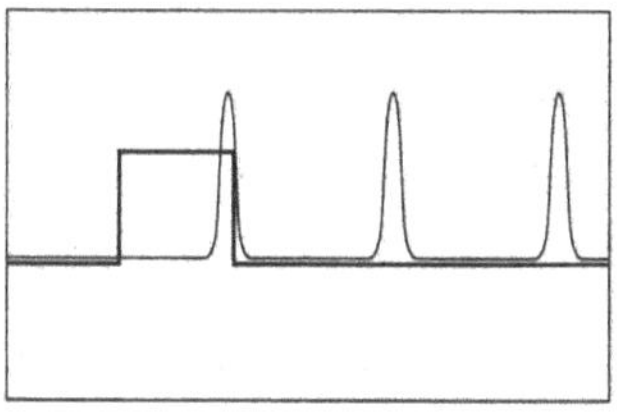

イ
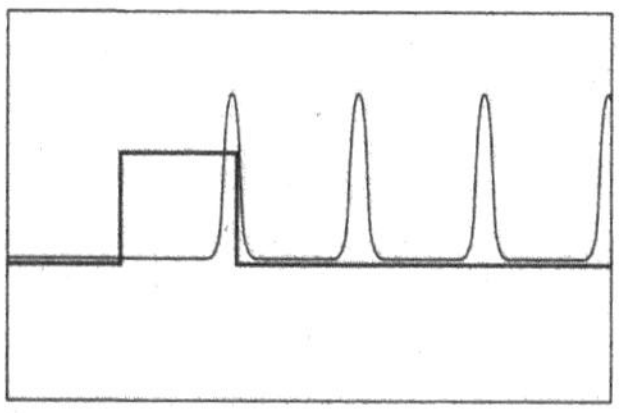

ウ
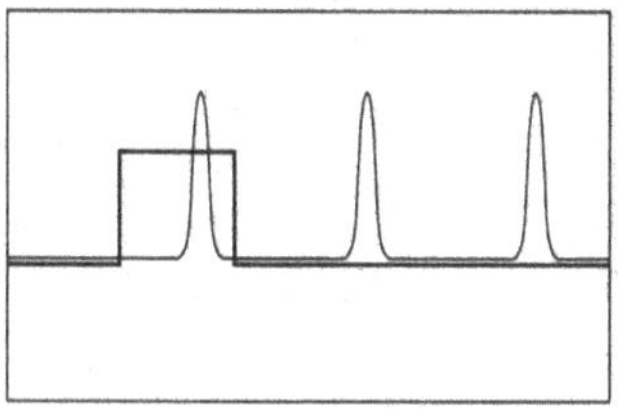

エ
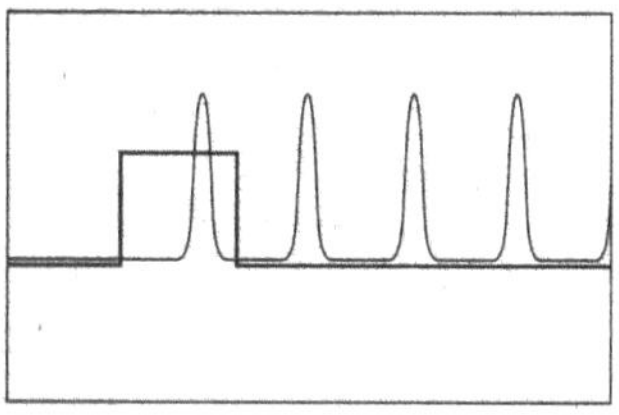

⑹　⑶の求め方と⑷の求め方を比較し，より正確に金属中の音速を測れている求め方に○をつけなさい。また，そのように判断した理由を答えなさい。

4　実験用ガスコンロで水を温めたときの温度変化を調べるため，図１のような器具を使い，以下の実験を行いました。なお，ビーカー内の水はよく混ざっており，温度のばらつきはないものとします。

【方法】

[1] ガスボンベの始めの重さをはかってから，ガスコンロに取り付けた。

[2] ビーカーに水を300mL入れてアルミニウムはくのフタを付け，ガスコンロに乗せ，温度計を入れた。

[3] ガスコンロに点火して火の強さを調整し，水を温めながら30秒ごとに水の温度をはかった。

[4] 水が沸騰《ふっとう》し，温度が上がりきって変化しなくなったことを確認してから，ガスコンロの火を消した。

[5] ガスボンベを取り外し，終わりの重さをはかった。

この [1] ～ [5] を，**A**火の強さ，**B**ビーカーのフタの２点について，それぞれ条件を変え，６通りの組み合わせで行った。

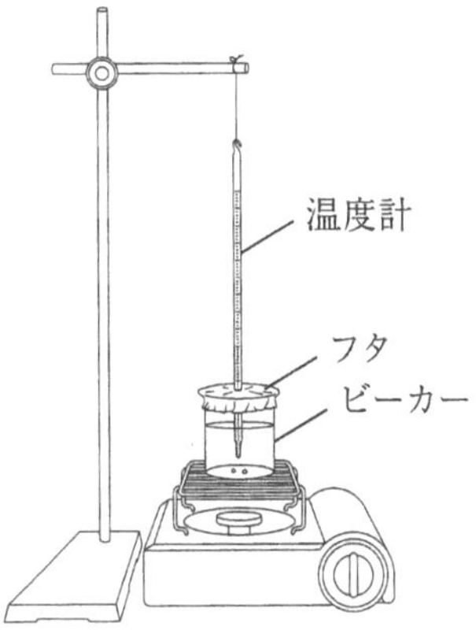

図１

A火の強さ・・・「強火」，「中火」，「弱火」の３通り（図２）。なお，火の強さは［３］で調整してから消すまで変えなかった。

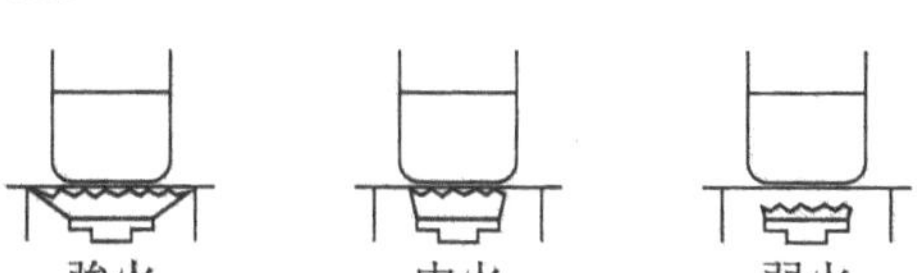

図２

Bビーカーのフタ・・・「フタあり」，「フタなし」の２通り。「フタなし」は［２］でビーカーにアルミニウムはくのフタを付けなかった。

測定した値や記録した時間から，次のような計算をした。

「ガス使用量」＝「ガスボンベの始めの重さ」−「ガスボンベの終わりの重さ」

「１分あたりガス使用量」＝「ガス使用量」÷「火を消すまでの時間」

「湯が沸《わ》くガスの量」＝「１分あたりガス使用量」×「温度が上がりきるまでの時間」

【実験の結果】

結果をまとめた表は，下のようになった。

A 火の強さ	強火		中火		弱火	
B ビーカーのフタ	あり	なし	あり	なし	あり	なし
ガスボンベの始めの重さ(g)	345.3	309.6	320.2	340.2	319.8	333.4
ガスボンベの終わりの重さ(g)	309.6	273.9	302.2	319.8	308.9	319.1
ガス使用量(g)	35.7	35.7	18.0	20.4	10.9	14.3
温度が上がりきるまでの時間(分)	6.0	6.5	6.0	7.0	11.0	15.0
火を消すまでの時間(分)	7.5	7.5	7.5	8.5	12.5	16.5
湯が沸くガスの量(g)	28.6	30.9	14.4	〈a〉	9.6	〈b〉

また，「中火フタあり」と「中火フタなし」について，水の温度変化をグラフにすると，図３のようになった。

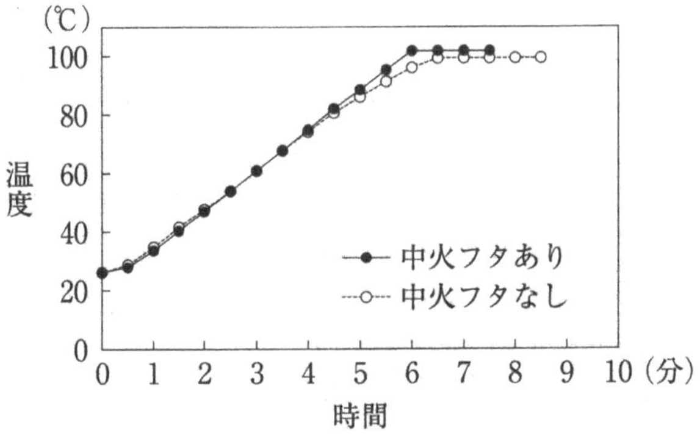

図３

(1) 実験で用いたガスボンベのガスやガスコンロに関する説明として，適切なものを次の**ア**～**オ**から２つ選び，記号で答えなさい。

ア．ガスは，本来は臭《にお》いのない気体だが，安全のため臭いが付けられている。

イ．ガスボンベの中には，押し縮められて体積が小さくなったガスが，気体のまま閉じこめられている。

ウ．正常なガスコンロでは，炎《ほのお》はオレンジ色で外側の方が温度が高い。

エ．ガスコンロを使うときは平らな場所に置き，火がついているときは動かさない。

オ．ガスコンロの火を消したら，すぐにガスボンベを外して片付ける。

(2) ガスコンロに点火したすぐ後に，ビーカーの外側がくもるのが観察されました。その理由を説明した次の文中の空欄①と②にあてはまる言葉として，適切なものを下の**ア**～**オ**からそれぞれ１つずつ選び，記号で答えなさい。

（　①　）が，ビーカーに（　②　）水滴となり，外側に付いたから。

①にあてはまる言葉	②にあてはまる言葉
ア．空気中の水蒸気 **イ**．ガスが燃えてできた水蒸気 **ウ**．ビーカーの水が蒸発して出た水蒸気	**エ**．冷やされて **オ**．温められて

⑶　12ページの表の空欄〈ａ〉と〈ｂ〉の値を，小数第１位まで求めなさい。また，求めた値と表の値を使い，「湯が沸くガスの量」のグラフを，右の例にならって作成しなさい。グラフの縦軸《じく》の題，目盛り，単位も記入すること。

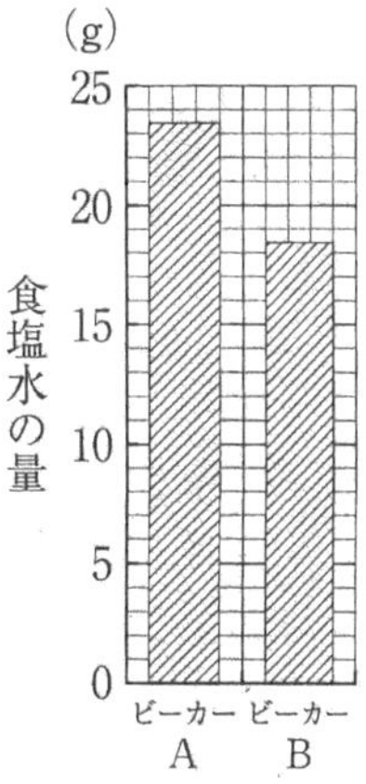

例　ビーカーの食塩水の量

⑷　実験で用いたフタに関する結果のまとめや考察として，適切なものを次の**ア**～**オ**から１つ選び，記号で答えなさい。

ア．どの火の強さでも，フタを付けた場合「温度が上がりきるまでの時間」が短くなり，「湯が沸くガスの量」が多くなった。

イ．中火では，フタを付けなかった場合「温度が上がりきるまでの時間」が長くなり，上がりきったときの温度が高くなった。

ウ．フタがない場合，温められた水が水蒸気となってビーカーから出て行きやすく，水の温度が上がりにくくなる。

エ．アルミニウムはくは水蒸気を通さないので，フタを付けたビーカーでは，沸騰した水から出た水蒸気が完全に閉じこめられている。

オ．アルミニウムは金属なので熱を伝えやすいため，実験中もフタの温度はほとんど変化しない。

⑸　「強火フタあり」と「中火フタあり」の結果をくらべると，「温度が上がりきるまでの時間」は同じなのに，「中火フタあり」の方が「湯が沸くガスの量」は少なくなりました。中火の方が少ないガスの量で湯が沸いた理由を，11ページの図２を参考にして答えなさい。

⑹　実験と同じ器具を使い，ゆで卵を作ることにします。ガスボンベのガス1.0ｇが燃えるとき3.0ｇの二酸化炭素が出るとすると，次の［1］～［3］の手順でゆで卵を作るときに出る二酸化炭素は何ｇですか。小数第１位を四捨五入して整数で答えなさい。

［1］300mLの水を，中火でフタをして温める。

［2］水の温度が上がりきったら，すぐ弱火にしてフタを外し，卵を入れる。

［3］弱火にしてから９分間，卵をときどき転がしながら，フタをせずにゆでる。

5　次のページの図１，図２は，ヒトの心臓を前（腹側）から見た断面図と表面図です。

ヒトの心臓は左右の肺の間にあり，心臓からは肺につながる血管と肺以外の各臓器へとつながる血管が出ており，心臓から出ていく血液が流れる血管を動脈，心臓へ戻ってくる血液が流れる血管を静脈といいます。

心臓は血管内の血液を流すためのポンプであり，筋肉でできています。ポンプは，①心臓の壁が収縮して中の血液を心臓の外へ押し出す「部分Ｘ」と，「部分Ｘ」に流し込む血液を一時ためておく「部分Ｙ」からできています。

また，図２のように，②心臓の周りを取り囲んでいる血管も見られます。

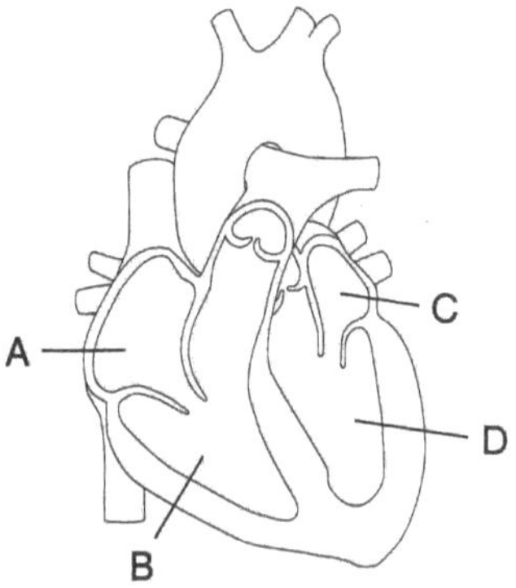

図１　心臓を前から見た断面図

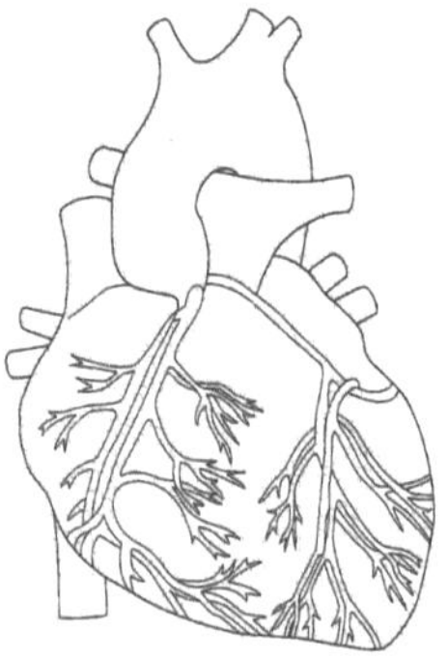

図２　心臓を前から見た表面図

⑴　図１の**Ａ～Ｄ**のうち，下線部①の「部分Ｙ」にあてはまるものとして，適切なものをすべて選び，記号で答えなさい。

⑵　下線部②の血管は，心臓の周りを取り囲み，枝分かれして細くなり，心臓をつくる筋肉の中にまで入る血管です。この血管の役割を答えなさい。

心臓の動きを拍動《はくどう》といい，それによっておこる血管の動きを脈拍といいます。拍動と脈拍の関係を調べるために，校庭を１周走った直後に，１分間の拍動数と脈拍数を同時に測ったところ，拍動数が140，脈拍数が（　③　）でした。

⑶　上の文章の空欄③に入る数値として，適切なものを次の**ア～オ**から１つ選び，記号で答えなさい。

ア．40　　**イ**．80　　**ウ**．100　　**エ**．140　　**オ**．180

⑷　脈拍について述べた文として，適切なものを次の**ア～エ**から１つ選び，記号で答えなさい。

ア．手首で脈拍を測るとき，静脈は腕《うで》の表面の方にあり，動脈は内側の方にあるため，静脈の動きを測っている。

イ．静脈は動脈に比べて血管の壁が薄いので，脈拍は静脈の動きである。

ウ．動脈は血液の流れるいきおいが規則正しく変化しているので，脈拍は動脈の動きである。

エ．からだをめぐる血液は常に同じいきおいで流れるため，脈拍は動脈と静脈のどちらの動きでもある。

図３（次のページ）は魚の心臓と血管の様子を模式的に示したものです。矢印は血液の循環《じゅんかん》経路を示しています。魚の心臓は，ヒトとは違い２つの部屋（**ｆ**，**ｇ**）に分かれていますが，ヒトと同じように心臓の壁が収縮して中の血液を心臓の外へ押し出す「部分Ｘ」と，「部分Ｘ」に流し込む血液を一時ためておく「部分Ｙ」からできています。

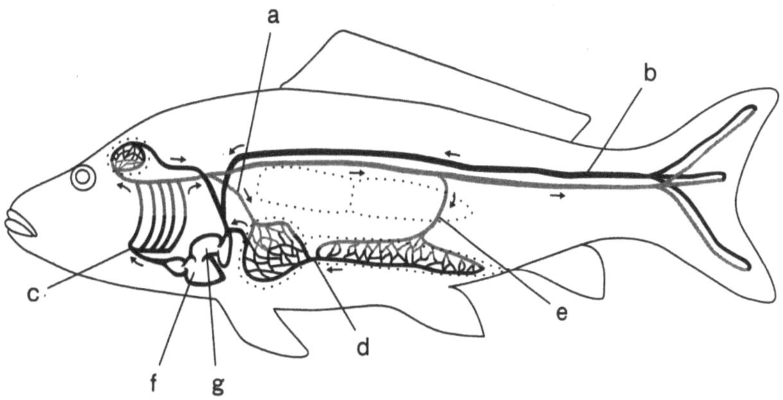

図３　魚の心臓と血液循環経路

⑸　魚の心臓で，「部分Ｘ」はｆとｇのどちらですか。記号で答えなさい。

⑹　図３のａ～ｅを流れる血液について述べた文として適切なものを，次のア～オからすべて選び，記号で答えなさい。

ア．ａ，ｂ，ｅには，酸素が多く含まれた血液が流れている。

イ．ｃ，ｄには，二酸化炭素が多く含まれた血液が流れている。

ウ．ｅには，栄養分が最も多く含まれた血液が流れている。

エ．ｆ，ｇには，酸素が多く含まれた血液が流れている。

オ．ｆ，ｇには，二酸化炭素が多く含まれた血液が流れている。

は虫類の心臓はふつう３つの部屋に分かれていますが，は虫類の中でもワニの心臓はヒトと同じように４つの部屋に分かれています。しかし，ヒトの心臓（図４）とは違い，図５に示すようにＢから２本の血管ＧとＪが出ていて，血管ＪはＤから出ている血管Ｉと，④パニッツァ孔《こう》といわれる部分でつながっています。ワニの心臓では図５のＢに入った血液の大部分は，陸上で活動しているときには⇗へ流れ，水中に潜《もぐ》っているときには⬈へ流れています。ワニの心臓から送られる血液は，このような特殊《とくしゅ》な心臓により，⑤陸上と水中で血液の流れが変わります。

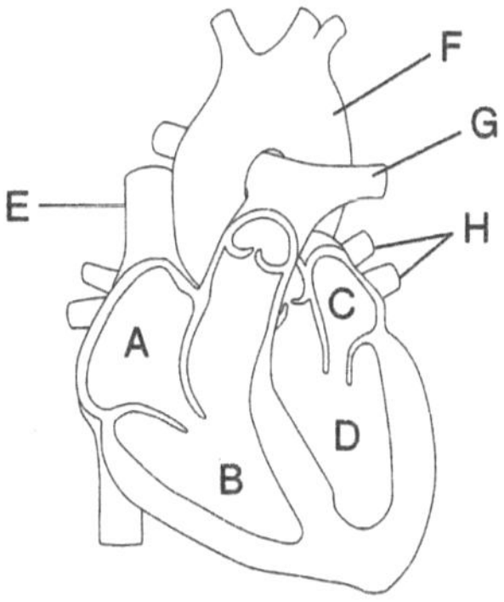

図４　ヒトの心臓（断面図）

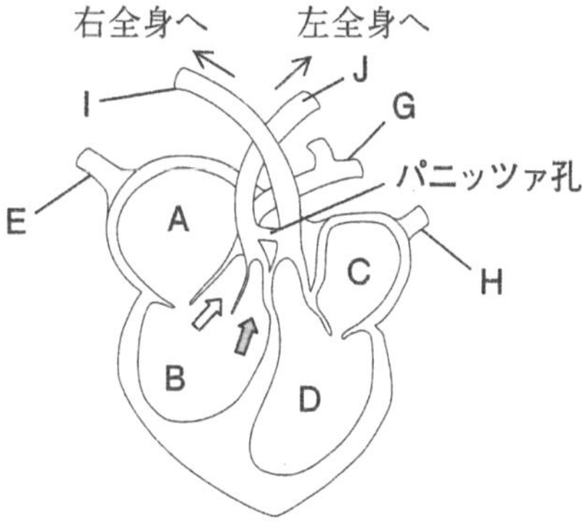

図５　ワニの心臓（断面図）

⑺　下線部④について，陸上で活動しているときにパニッツァ孔を流れる血液の向きを矢印で表すと，下の拡大図ア，イのどちらになりますか。記号で答えなさい。

ア

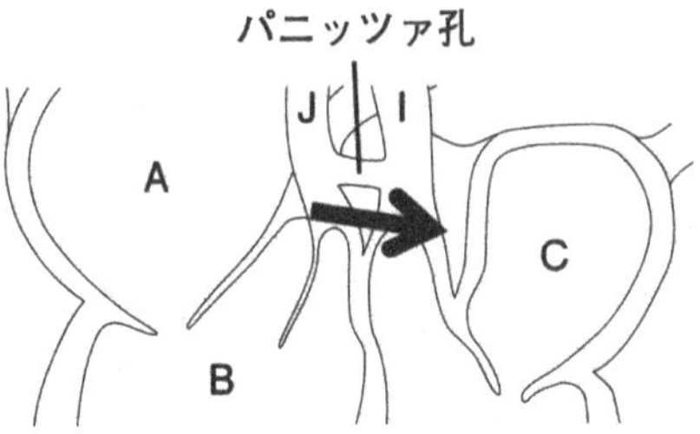

イ

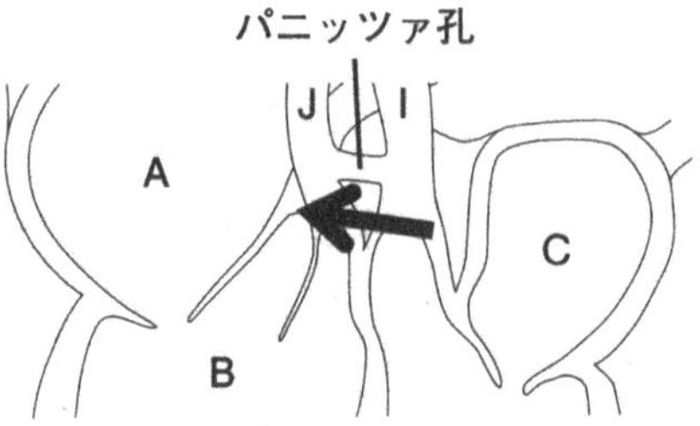

⑻　下線部⑤について，水中に潜っているときに，血液の流れが変わる利点を説明しなさい。

【社　会】（40分）　＜満点：80点＞

次の文章を読み，問いに答えなさい。

皆《みな》さんは「社会」という言葉で何を思い浮《う》かべますか。

家族も学校も会社も，国も「社会」です。国際「社会」という言葉もありますね。「社会」の姿は，時代により地域により，さまざまな変化を見せてきました。では「社会科」とは何を学ぶ科目なのでしょう。

英語の“society（ソサイエティ）”を「社会」と訳したのは福沢《ふくざわ》諭吉《ゆきち》だと言われています。ただ，福沢自身は「社会」のほかに，「人間交際」，「仲間連中」などの訳語もあてててきました。なぜなら“society（ソサイエティ）”は，大小さまざまな人間の集団や人間の関わり合いをそもそもの意味として持つ言葉だからです。もととなったフランス語では，society の形容詞である“social”（ソシアル）は，「相互扶助《そうごふじょ》」の意味で，他者を仲間として接し，特に困った人々を援助する考え方を含《ふく》んでいます。「社会」とは，皆さんがその一員として，そこで関わり，助け合うことが想定されている動的なものなのです。だとすれば，社会で起きる問題の原因や解決を，問題を抱えている個人の責任だと考え放置したり，あたかも「部外者」に対するように一時的に同情し，終わらせるやり方は正しいといえるでしょうか。「当事者」として，問題の背景を探り，解決への道筋を協同で考えることが，「社会科」の学びの意味なのではないでしょうか。

そんな「社会」で，「連帯」，「共生」という言葉が盛んに唱えられています。それは「分断」，「対立」が問題視されていることの裏返しなのかもしれません。「社会」がわたしたちの相互作用で変化することを忘れてしまうと，「社会」はいつのまにか巨大なかたまりとなって，「異質」な存在を排除《はいじょ》したり，複数のかたまり同士がぶつかる「分断」の場となり，わたしたちにはなすすべもない気持ちになってしまうでしょう。でもその「社会」が，わたしたちの関わり合い・助け合いでできていることを考えれば，わたしたちにも何かできることが見つかる気がしませんか。

問１　福沢諭吉は，欧米の発展の原動力とみなされた思想や文化を日本に積極的に紹介《しょうかい》した一人です。彼の思想をまとめた次の文の空欄《くうらん》（**Ａ**）にあてはまるものとして適当なものを，**ア～エ**から１つ選びなさい。

人間は生まれながらに平等であるが，現実の社会の中には，賢《かしこ》い人も愚《おろ》かな人も，貧しい人も豊かな人もいる。このような差が生じる理由は（　**Ａ**　）。

ア　両親の財産の多い少ないによる　　**イ**　もってうまれた素質による

ウ　学問をしたかしないかによる　　**エ**　物事を前向きにとらえるかとらえないかによる

問２　社会を構成する人々を結びつけるもののひとつに宗教があります。その宗教について述べた文として正しいものを，**ア～エ**から１つ選びなさい。

ア　仏教が日本に伝わる前の日本列島では，豊かな収穫《しゅうかく》を約束する神が，唯一《ゆいいつ》の神として君臨し，人々の信仰を集めていた。

イ　聖武天皇の時代に活躍《かつやく》した行基は，仏教を広めながら，橋や道，ため池や水路をつくる活動を推進し，人々の支持を得ていた。

ウ　藤原道長は，この世で苦しむ民衆一人一人が阿弥陀仏《あみだぶつ》に救われることを願って，京都宇治の地に平等院鳳凰《ほうおう》堂を建設した。

エ　島原・天草の地で，宣教師たちの主導により発生した島原の乱が鎮圧《ちんあつ》された後，幕府はキリスト教の取りしまりを全国規模で強化した。

問３　食事も社会において重要な意味を持ちます。皆さんも友人と一緒《いっしょ》に食事を取りながら会話することで，より交友が深まった経験があると思います。このことは，歴史上，さまざまな時代でも見られました。

⑴　各時代の食事や食料事情の特徴《とくちょう》について述べた文として**誤っているもの**を，**ア**～**エ**から１つ選びなさい。

ア　縄文時代には，地域ごとの自然環境《かんきょう》に応じながら，クリなど木の実の採集，魚や貝の漁，そして動物を狩ることで食料を確保したと考えられている。

イ　平城京跡《あと》などから出土した木簡から，全国各地の食料品や特産品などが租として納められたことが明らかになった。

ウ　明治時代になると，西洋の文化を取り入れたことで人々の食生活にも変化が起こり，東京などの都市部では牛鍋《ぎゅうなべ》を食べる人も登場した。

エ　1960～1970年代に，家電の「三種の神器」のひとつである電気冷蔵庫が普及《ふきゅう》したことで，生鮮《せいせん》食品を貯蔵できるようになり，買い物の回数や買い方が変化した。

⑵　鎌倉幕府では，将軍と御家人《ごけにん》が参加する年始の宴会《えんかい》が重要な行事とされ，一部の有力な御家人が準備を担当しました。以下の**表１**はその宴会の準備を担当した御家人を整理したものです。

表１　正月１日～５日の宴会を準備した鎌倉幕府の御家人

西暦(年)	正月１日	正月２日	正月３日	正月４日	正月５日
1191	千葉《ちば》常胤《つねたね》	三浦《みうら》義澄《よしずみ》	小山《おやま》朝政《ともまさ》	宇都宮《うつのみや》朝綱《ともつな》	―
1213	大江広元《おおえのひろもと》	北条《ほうじょう》義時《よしとき》	北条時房《ときふさ》	和田《わだ》義盛《よしもり》	―
1226	北条泰時《やすとき》	北条朝時《ともとき》	三浦義村《よしむら》	―	―
1244	北条経時《つねとき》	北条時定《ときさだ》	北条朝時	―	―
1248	北条時頼《ときより》	北条重時《しげとき》	―	―	―
1265	北条時宗《ときむね》	北条政村《まさむら》	北条時盛《ときもり》	―	―

※担当者が確認できない日付の欄には「―」を記している。（『吾妻鏡《あづまかがみ》』より作成）

①　**表１**のなかで，下線を引いた人物が就いた地位の名称を**漢字**で答えなさい。

②　1213年以降，**表１**の宴会準備の担当者はどのように移り変わったのでしょうか。その背景をあとの**史料１**から読み取った上で，説明しなさい。

史料１　鎌倉幕府内で起きた御家人どうしの争いに関する文

・（1213年５月２日）和田義盛（初代将軍源頼朝に最初から従っていた有力な御家人）が挙兵して北条義時を討《う》とうとし，将軍の御所《ごしょ》（住まいのこと）などで合戦になったが，義時に協力する御家人が多く，義盛は敗れて和田一族は滅亡《めつぼう》した。　　（『北条九代記《ほうじょうきゅうだいき》』）

・（1247年６月５日）三浦泰村《やすむら》（三浦義澄の孫）が挙兵したので，北条時頼は軍を派遣《はけん》して合戦となり，三浦一族を滅亡させた。（同月15日）泰村に協力した千葉秀胤《ひでたね》（千葉常胤のひ孫）を滅ぼした。

（『葉黄記《ようこうき》』）

※引用の際に，わかりやすく改めたところがある。

問４　室町時代に入って，特に現在の近畿地方とその周辺では，それまでとは異なり，力を付けた農民たちが自立して村の運営に関わるようになりました。そのあり方は，その後の日本の村の原型になり，現代の地域社会につながったとされています。

また，室町時代の村では，農民だけではなく武士や商人など，さまざまな人々が生活していました。そして，個人では解決できない問題やもめごとを解決するため，ルール（掟《おきて》）を定めました。以下の**史料２**は，1489年に近江国今堀郷《おうみのくにいまぼりごう》（現在の滋賀県東近江市《ひがしおうみし》）で定められた掟の一部です。

⑴　**史料２**から読み取れる内容を述べた文のうち，室町時代の村の特徴として**誤っているもの**を，**ア**～**エ**から１つ選びなさい。

史料２　室町時代の村の運営について書かれた掟

① 村より屋敷《やしき》を借り受けて，村人以外の者を住まわせてはならない。

② 村人のなかに保証人がいなければ，よそ者を住まわせてはならない。

③ 村の人々が共同で利用できる森の樹木や木の葉を，燃料や肥料にするため勝手に取った者について，村人だった場合は村人としての身分をはく奪《だつ》する。村人ではない者だった場合は村から追放する。

（「今堀日吉神社文書《いまぼりひえじんじゃもんじょ》」）

※引用の際に，わかりやすく改めたところがある。

ア　村人としての身分を持つ者と，村人ではない者との間に格差はなかった。

イ　一定の条件を満たせば，村人以外の者でも，村のなかで暮らすことができた。

ウ　村の人々が共同で利用する資源は厳しく管理され，自由に利用できなかった。

エ　村で定められた掟に違反《いはん》した場合，追放などの処分が下されることがあった。

⑵　室町時代には，神社を中心とした祭りも村人が自分たちで運営するようになりました。掟にも，村で行われる祭りに関する条文がしばしば書かれています。室町時代の村の特徴をまとめた以下の①～④の内容もふまえ，祭りが村人たちにとって重要だった理由を説明しなさい。

① 農作業に必要な水路や水車などの設備を，自分たちで維持《いじ》・管理した。

② 戦乱や他の村との争いでは，自分たちや村を守る必要があった。

③ 不当な課税･要求をする幕府の守護や地域の有力者などに対し，まとまって抵抗《ていこう》した。

④ 自然災害が起きた場合，年貢《ねんぐ》などの負担を減額・免除《めんじょ》することを幕府の守護や地域の有力者などに集団で訴《うった》えた。

問５　江戸時代は身分や地域ごとに人々はまとまって互《たが》いに助け合って暮らしていましたが，全国を結びつける商業の発達，識字率の上昇《じょうしょう》，印刷物の出版などにより，多様なものの考え方（思想）や学問が発達しました。そうした学問のひとつに国学があります。国学が成立した背景について説明した次のページの文の空欄（**A**）と（**B**）にあてはまる語句を**漢字**で答えなさい。

国学は，奈良時代に成立した歌集である『（　A　）』や神話から奈良時代までの天皇の歴史などを記した『（　B　）』，『日本書紀』の本当の意味の理解を目指すところからはじまりました。そうすることで，儒教《じゅきょう》や仏教の影響《えいきょう》を受ける前の日本人のものの考え方や感じ方を知ることができると考えたのです。こうした発想には，日本は中国をはじめとする他の国々とは異なる独自性をもっているという認識が含まれており，時に，日本が他国より優れていることを信じて疑わない姿勢と結びつくことがありました。

問6　戦争が発生すると，社会はひとつの「かたまり」になることを求められます。特に太平洋戦争は総力戦でした。総力戦の特徴は，利用できるあらゆる資源や労働力，科学技術を，戦争に必要な武器や物資の生産に優先的にまわし，国民が自ら進んで戦争に協力するような雰囲気をつくり出そうとするところにあります。そのために，日中戦争がはじまった頃からたくさんのポスターや広告などが作成され，人々の目につくところに掲示《けいじ》されたり，新聞に掲載《けいさい》されたりしました。

下の**図1**，**図2**の2枚のポスター，そして**史料3**のハガキは，作成された年は異なりますが，いずれも国民に積極的な貯蓄《ちょちく》をうながしています。国が，貯蓄を求めた理由は何でしょうか。目標額の変化をふまえた上で，次ページの**年表**も参考にしながら説明しなさい。

図1　1939年のポスター

図2　1942年のポスター

（田島奈都子《なつこ》編著『プロパガンダ・ポスターにみる日本の戦争』より）

史料3　ある銀行が国の方針に従い預金者に送ったハガキの文面と裏面のイラスト

ただいま「270億貯蓄総攻撃」期間中であります。敵撃滅《げきめつ》の飛行機，軍艦《ぐんかん》を一機，一艦でも多く前線※へ送るため，是非《ぜひ》この総攻撃戦にご参加をお願いいたします。

昭和18(1943)年　12月　十五銀行

※戦争において敵と直接接している場所

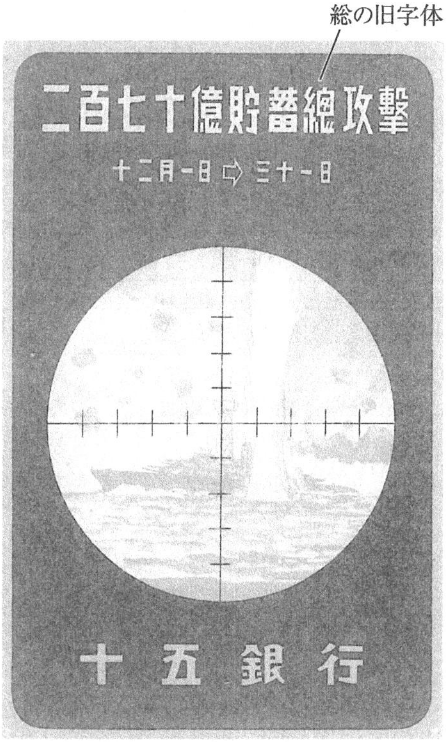

年表

1937年 7月	日中戦争が始まる。
1940年 6月	砂糖・マッチの配給制開始。以降，食料や生活必需品《ひつじゅひん》は次々と配給制に。
1941年12月	日本軍，マレー半島，真珠湾《しんじゅわん》を奇襲《きしゅう》攻撃し，太平洋戦争が始まる。
1942年 6月	日本軍，ミッドウェー海戦で敗北。日本軍の劣勢《れっせい》は決定的。
1944年 7月	サイパン島の陥落《かんらく》以降，アメリカ軍機による本土空襲が激化。

問7 「学校」も「社会」です。そこで起きるさまざまな問題を解決するためにルールがつくられます。X中学校では，昼休みの校庭，体育館と音楽室の使用者ルールをめぐり議論が起きています。次は，X中学校の基本情報と簡単な見取り図，生徒会長選挙に立候補した生徒がそれについて掲《かか》げた公約と学年別得票数をまとめたものです。これらに関する中1生徒の会話を読み，続く問いに答えなさい。

図3　X中学校の基本情報と見取り図

	5階：音楽室，美術室，技術家庭科室，その他	
	4階：中1教室（生徒数100名）	
	3階：中2教室（生徒数150名）	
体育館	2階：中3教室（生徒数120名）	
※体育館への通用路は1階	1階：理科室，食堂，職員室，その他	校庭

表２　生徒会長選挙の候補者・公約と学年別得票数まとめ

候補者の学年／部	公約	中１	中２	中３
候補者Ａ -中３／サッカー部	校庭と体育館は，３学年それぞれが同じ日数になるように学年別使用日を設定する。音楽室は昼の使用はなしとする。	70	5	5
候補者Ｂ -中２／部所属なし	校庭，体育館，音楽室とも，生徒数に比例させた学年別使用日を設定する。	0	75	20
候補者Ｃ -中３／野球部	校庭と体育館は，運動部の生徒，音楽室は文化部の生徒に限定して使用できることとする。	20	20	10
候補者Ｄ -中２／合唱部	校庭はソフトボール部，体育館はダンス部，音楽室は合唱部と，全国大会に出場するなどの実績をあげている団体が優先的に使用できることとする。	5	5	5
候補者Ｅ -中３／科学部	特にルールは定めず，現状通り先着順とする。	1	5	65
候補者Ｆ -中２／卓球部	全校生徒による投票でルールを決める。	4	40	15

中１生徒の会話

生徒１：会長選挙，中１の支持がひとりも得られなかったＢ先輩《せんぱい》が当選したのはおかしいと思うんだよね。学年ごとの使用日の数を同じにするのが平等でしょ。

生徒２：でも生徒数に比例して決めるのが平等だという考え方も，実績をあげている団体を優先するという考え方も，一理あるとは思うな。

生徒１：それを言うなら，下級生で立場も弱く，場所も条件の悪い僕《ぼく》たち中１に不利にならないようなルールを決めるのが①平等だよ。

生徒３：僕はサッカー部だからＡ先輩に入れたいし，学年ごとに同じ日数という公約にも賛成なんだけど，音楽室が使用できなくなるのは嫌《いや》で，投票先を迷ったんだよね。

生徒１：それって国会議員を選ぶ選挙の時にもありそうだよね。ある議員や政党の，この政策には賛成だけど，別の政策には反対という場合。

生徒２：それを考えると，特定の政策や法案に限っての賛否を直接問うような国民投票ができるといいよね。夏の自由研究でスイスの例について調べたけど，国民の政治に対する関心も高まるし，スイスだと議会の決定を国民投票でくつがえすこともできるから，議員も真剣《しんけん》に議論したり説明したりと，良いことづくしだと思ったな。

生徒１：でも②国民投票にも問題があるでしょ。だからＦ先輩は中１の得票数がのびなかったわけだし。

生徒３：Ｆ先輩の提案って，どういう選択肢《せんたくし》で投票にかけるかもすごく重要だよね。もし「生徒数に比例させた学年別の使用日を設定する」に賛成か反対かを聞く２択だったら，結果はどうなっただろう。先輩たちの「賛成」キャンペーンを前に弱気になる中１も出てきたかな。

生徒２：Ｅ先輩の提案で思ったんだけど，現状のままで困らない人っているんだよね。僕たちが現状を変えたいのなら，中１も誰か立候補すべきだったね。

生徒３：選挙が終わったからといって遅くはないんじゃない。③生徒議会もあるんだし，僕たちの意見をどう反映させられるか考えようよ。

⑴　下線部①について，生徒１が述べた「平等」と同じ考え方をしているものを，**ア**～**エ**から１つ選びなさい。

ア　性別を理由に仕事の募集《ぼしゅう》や採用，給料などの面で差別的な扱《あつか》いをしないこと。

イ　会社に勤める年数が同じ人には同じ額の給料を支払《しはら》うこと。

ウ　実績を多くあげた人にはより多くの給料を支払うこと。

エ　女性の議員や会社役員を増やすために，あらかじめ一定数を女性に割り当てること。

⑵　下線部②について，生徒１は何が国民投票の問題点だと考えているかを推測して答えなさい。

⑶　2016年に行われたEU（ヨーロッパ連合）からの離脱《りだつ》の是非《ぜひ》を問う国民投票の結果を受けて，すでにEUから離脱した国の名前を答えなさい。

⑷　日本における国民投票に関連する説明として**誤っているもの**を，**ア**～**エ**から１つ選びなさい。

ア　日本国憲法では，憲法改正には国民投票での過半数の賛成が最終的に必要だと定められている。

イ　日本国憲法が施行《しこう》されて以降，国民投票は一度も実施されたことがない。

ウ　成人年齢が18歳に引き下げられたのと同時に，国政選挙の選挙権と国民投票の投票権年齢も18歳以上に引き下げられた。

エ　都道府県や市区町村においては，住民が条例の制定や改廃《かいはい》を直接請求《せいきゅう》する仕組みがある。

⑸　下線部③に関連して，日本の国や地方での議会や行政に関する説明として正しいものを，**ア**～**オ**から１つ選びなさい。

ア　都道府県知事は都道府県議会における指名で決定する。

イ　内閣総理大臣を指名できるのは衆議院のみである。

ウ　国の税金の集め方や使い方の案を考えるのは財務省だが，決定するのは内閣である。

エ　市の税金の集め方や使い方の案を考えるのは市役所だが，決定するのは市議会である。

オ　区が使うお金は区民から税金として集めており，都や国からまわってくるお金はない。

問８　地球環境問題やエネルギー問題では，国際社会は「連帯」の必要に迫《せま》られています。温室効果ガスの削減《さくげん》や再生可能エネルギーの導入もその課題のひとつです。

⑴　二酸化炭素をはじめとする温室効果ガスの排出《はいしゅつ》量から，植林や森林管理などによる吸収量を差し引いて，合計を実質的にゼロにする考えを，**ア**～**エ**から１つ選びなさい。

ア　トレーサビリティ　　**イ**　カーボンニュートラル

ウ　モーダルシフト　　**エ**　エコツーリズム

⑵　再生可能エネルギーには，農作物を利用したバイオ燃料も含まれます。このバイオ燃料に用いられる農作物の日本国内における現状について述べた文として**誤っているもの**を，**ア**～**エ**から１つ選びなさい。

ア　砂糖の原料で，台風や強風で倒《たお》れても立ちあがり，水不足でも育つ自然災害に強いテンサイは，沖縄で主に栽培《さいばい》される。

イ　水田は，日本の耕地面積の半分以上を占《し》めているが，米の消費量は減少傾向が続いている。

ウ　日本は，飼料として世界で最も多くトウモロコシを輸入しているため，世界のバイオ燃料需要《じゅよう》による価格変動の影響を大きく受ける。

エ　日本は，大豆の多くをアメリカからの輸入に頼っており，遺伝子組み換《か》え品種には表示が義務付けられている。

⑶　再生可能エネルギーによる発電は，季節により発電量が安定しにくいという弱点があります。次の**資料１**は，北陸電力管内における冬季と夏季の再生可能エネルギーの発電実績を示したものです。北陸電力管内で夏季に比べ，冬季に太陽光発電による発電量が少なくなり，風力発電による発電量が多くなる理由を説明しなさい。

資料１　北陸電力管内における再生可能エネルギーの発電量の推移

【冬季】

2023年1月1日～31日までのデータを破線で，各時刻の31日間における中央値を実線で示す。

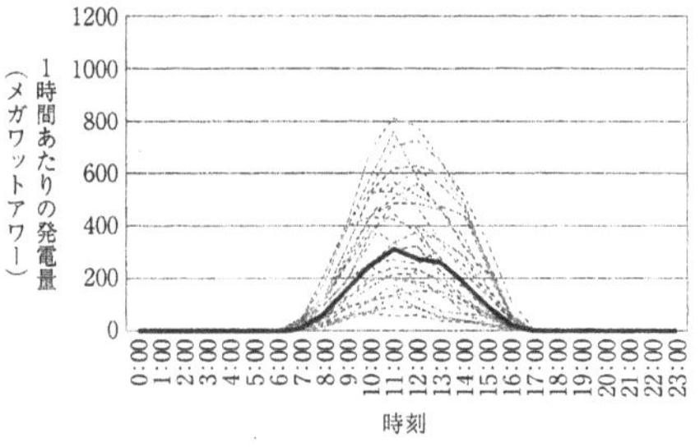

太陽光

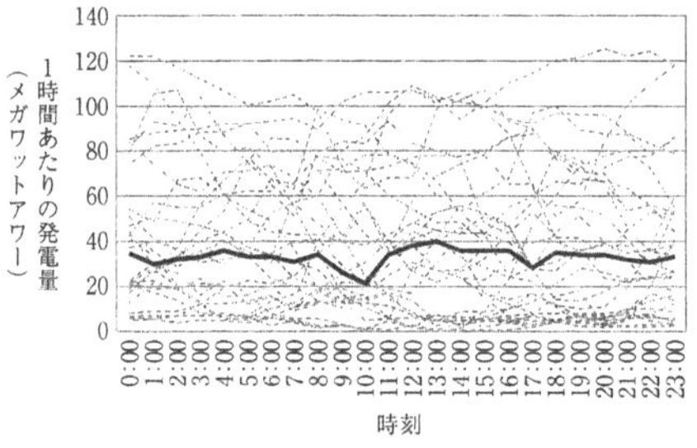

風力

【夏季】

2022年8月1日～31日までのデータを破線で，各時刻の31日間における中央値を実線で示す。

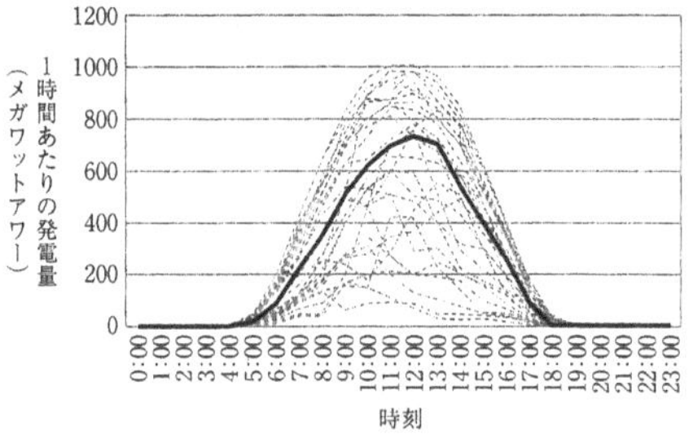

太陽光

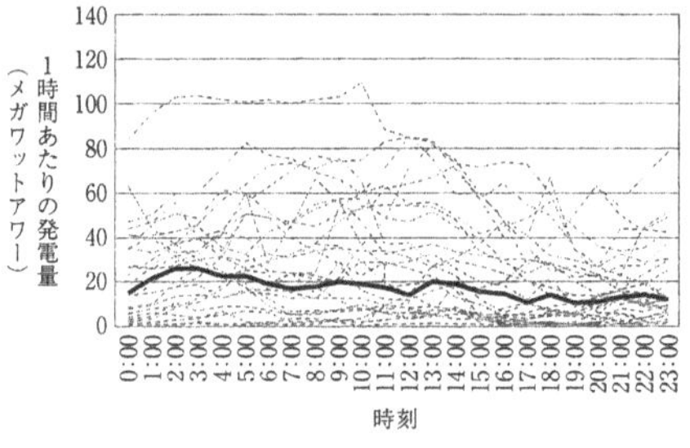

風力

※中央値＝数値を小さい順に並べた時にちょうど真ん中にくる値

（北陸電力送配電ホームページより作成）

問９　この社会のどこかで起きた出来事は，決して他人事ではなく，さまざまな変化となってその後のわたしたちの生活に関わってきます。**資料２**（次のページ）は，福島県のある地域の過去の地形図と現在の衛星写真を並べたものです。

資料 2

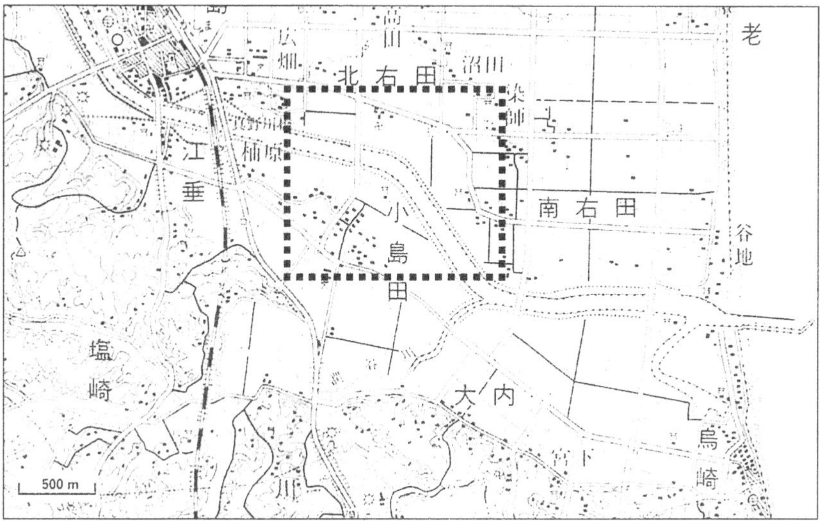

国土地理院発行５万分の１地形図(1993 年)

現在の衛星写真(地理院最新写真)

※白い太枠内が大規模太陽光発電所　(今昔マップオンザウェブより作成)

(1)　**資料 2** の四角で記した範囲《はんい》を拡大し，最新の地理院地図で示したものが**図 4** です。この地図には，**図 5** の地図記号が2019年以降みられるようになりました。この地図記号が示すものとして正しいものを，**ア**～**エ**から１つ選びなさい。　　　(**図 4**，**図 5** は次のページにあります。)

ア　博物館　　**イ**　老人ホーム　　**ウ**　自然災害伝承碑《でんしょうひ》　　**エ**　図書館

図 4

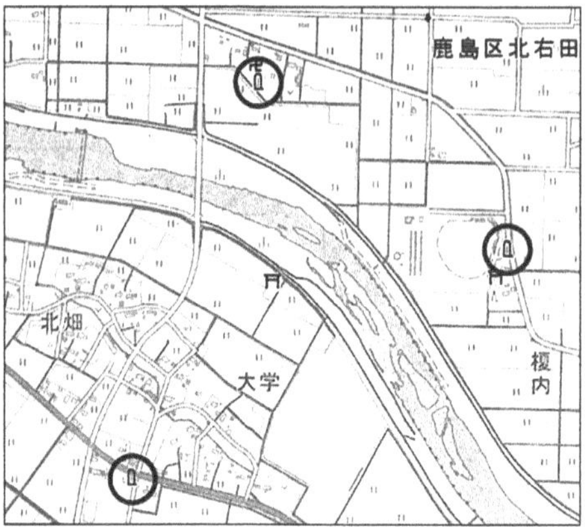

図 5

⑵　**表 3** は2021年度の都道府県別発電実績（太陽光）の上位 5 道県を示しています。ここから太陽光の発電実績において福島県や宮城県が上位にきていることがわかります。背景の一つには，2011年に発生した，ある出来事により海岸付近の平野に大規模太陽光発電所が多く設置されたことがあります。**資料 2** はそうした地域の一つです。なぜ大規模太陽光発電所が設置されたのか，ある出来事が何かを示し，土地利用の変化にも注意しながら，説明しなさい。

表 3　太陽光の都道府県別発電実績(2021 年度)

順位	都道府県名	発電量
1	福島県	1,549,150
2	茨城県	1,372,329
3	岡山県	1,346,434
4	北海道	1,186,774
5	宮城県	1,126,874

単位：メガワットアワー

問10　17ページの文章における「社会」に関する考え方に基づけば，次の説明のうち最も適当なものはどれか，**ア～オ**から 1 つ選びなさい。

ア　「社会」とは，政治や経済の制度のことであるため，「社会」を変えるには選挙権や働く権利が不可欠である。

イ　国際「社会」とは，国家同士による話し合いの場のことであるため，個人やＮＧＯなどの市民団体，国を持たない民族がその場に参加することはできない。

ウ　「社会」とは，複数の集団により構成されるものであるため，個人の働きかけで社会の分断をなくすことはできない。

エ　社会保障とは，「社会」において「相互扶助」の考えに基づいて行われる助け合いのしくみであるため，その財源にあたる保険料を負担できない人は，社会保障のさまざまな給付を受けることができない。

オ　世界でも日本でも子どもの貧困が問題となっているが，それを個人の問題とはせず「社会」の問題として，貧困を生み出し固定化する構造を考え解決することが重要である。

Bさん「で、結局、自分たちが正しい側にいると思うんだよね」
Aさん「そう」
Bさん「そういえば、私も何かと『受験生らしくしなさい』って言われて腹が立ったな。自分は自分のやり方で勉強しているのに」
Aさん「『受験生らしさ』って型にはまらなくても、自分なりに努力していればそれでいいのにね」

Aさん「この文章には性別をめぐる問題が出てくるけれど、それだけじゃないよね。社会や身の回りを見渡《みわた》すと、黒野が言うことと同じことがあちこちで起こっている」
Bさん「本当にそうだ」
Aさん「たとえば【　　　　★　　　　】というのも同じパターンだよね」
Bさん「さすが、鋭《するど》い」
Aさん「受験が終わったら色々な体験にチャレンジしようね」
Bさん「うん、一緒《いっしょ》にね」

問い

　AさんとBさんの話し合いが成立するように、あなたが考える28ページの□の具体例を、前後の文脈をふまえて、【★】に入る形で答えなさい。字数指定はありませんが、解答用紙の枠内に一行で収めること。

オ　祇園寺先輩の今までの葛藤《かっとう》や本当の気持ちに触《ふ》れ、自分の中で形をなしてきた思いを先輩に伝えようとしている。

問10　――線部⑧「今までずっと押《お》さえこんできた思いが、明確な言葉となって夕日の下に響《ひび》く」（30ページ）とありますが、この箇所《かしょ》から分かる虎之助の変化はどのようなものですか。本文全体をふまえて、女子たちに対する「今までずっと押さえこんできた思い」がどのようなものか分かるようにして、百字以上、百二十字以内で説明しなさい。

問11　……線部から読み取れることとして適切なものを、次の中から**二つ**選び、記号で答えなさい。

ア　周囲から「ウサギ王子」（38ページ）と呼ばれる祇園寺羽紗《うさ》をはじめ、轟《とどろき》虎之助、その兄である龍一郎は、いずれも本人の性格と名前に含《ふく》まれる動物のイメージが一致《いっち》していないため、人から理解されにくいという悩《なや》みを抱えている。

イ　「なんだろうね、この人」（36ページ）、「そういうこと？」（同ページ）のように、会話文以外でも祇園寺や黒野の思っていることがはさみこまれ、物語にリズムと面白味《おもしろみ》を与えている。

ウ　「きみだって、自分が食べるために焼いているんじゃないのか？」（35ページ）、「ケーキを食べるやつははずかしいやつなのか？」（同ページ）のように、黒野は他人の心中を察知して発言し、話を展開する役割を持っている。

エ　タルトタタン一つを取っても、「お店の味じゃだめだった」（35ページ）と言うように、自分自身の作り方にこだわる祇園寺は、既《き》製品《せいひん》の味で満足してしまう多くの人々に対して、もどかしさを感じていることが読み取れる。

オ　「ケーキ型から外す」（32ページ）、「それを切り分け、一切れずつお皿に取った」（同ページ）という一連の流れは、人間は誰《だれ》もが最初は「型」に従っているが、いずれは一人立ちしていかねばならないという虎之助の強い信念を示している。

カ　「においますね」（31ページ）、「においますねえ」（同ページ）という女子たちの言葉は、「ケーキのあまいにおいがする」と「何かを隠《かく》しているのではないかと感じる」という二つの意味を持っている。

問12　本文を読んだAさんとBさんが次のような話し合いをしました。これを読み、後の問いに答えなさい。

Aさん「この文章、とても他人事とは思えなかったな。いろんな意味で」
Bさん「うん、自分のこととして考えてしまった」
Aさん「私が気になったのは、32ページの黒野先輩のこのセリフ」

「人は、枠組《わくぐ》みから外れたやつがいるのがこわいんだよ。だから、自分がわからないものに出会うと、おかしいって言って攻撃《こうげき》したり、わかりやすいでたらめに押しこんで、わかった気になったり、する」

Aさん「クラスにマニアックな（一つの事に異常なまでに熱中する様子）趣味を持っている人っているじゃない？」
Bさん「いる、いる」
Aさん「自分たちにはその人の趣味が理解しきれないから、へんなやつだと決めつける」

から。

イ　友だちの女の子に作ってくれたケーキが美味《おい》しいと伝えただけで、今の自分のありように関わらず、やはり女の子だと当たり前のように決めつけられてしまったから。

ウ　今まで性別を気にせず好きなように過ごし、自由でいたいと思っていたが、友だちになった女の子と仲良くするには自分を変えないといけないと思ったから。

エ　いくらかっこいいキャラクターを演じ、女の子らしさから逃《のが》れようとしても、自分は女子であるという事実は変えることができないと分かったから。

オ　自由であるために強くあろうと心掛《こころが》けてきたが、今回あまいケーキを食べたことで、苦労して作り上げたそのイメージを壊《こわ》してしまったことに気が付いたから。

問6　――線部④「わかってるんだ。本末転倒《ほんまつてんとう》だってことは」(32ページ)とありますが、祇園寺《ぎおんじ》がどのようになったことが「本末転倒」なのですか。八十字以内で答えなさい。

問7　――線部⑤「だれかに『人がなんて言おうと関係ない』なんて、言えない」(31ページ)とありますが、その理由として最も適切なものを次の中から一つ選び、記号で答えなさい。

ア　虎之助《とらのすけ》はそもそも自分のイメージを他人に決めてほしいと思っており、龍一郎《りゅういちろう》のように周囲を気にせず一人で自分の道を歩めるほどの強さを持っていないから。

イ　龍一郎は優等生であるためなかなか自分の心情を理解してくれないが、虎之助は普通の人にはなじみのない趣味《しゅみ》を持っているため、その趣味を周囲に認めてもらう必要があるから。

ウ　虎之助はいつも比較《ひかく》されてきた優等生の龍一郎に劣等感《れっとうかん》を抱《いだ》いており、兄の言うことをそのまま受け入れて自分の言葉として口にするのは気が進まないから。

エ　龍一郎は優等生で周囲に認められ、他人の言葉に左右されず意志を貫《つらぬ》き通せるが、生きづらさを抱《かか》えている虎之助は周囲の小さな言葉にも影響《えいきょう》を受けてしまうから。

オ　龍一郎は弱い立場にある人の気持ちが分からず鈍《にぶ》いところがあるが、虎之助は人の本音を気にしてしまい、好意的な意見ですら素直《すなお》に受け取れないほど自分に自信がないから。

問8　――線部⑥「ぼくらは自分のままでいたいだけ」(31ページ)とありますが、虎之助が「ぼくら」と思ったのはなぜですか。四十五字以内で答えなさい。

問9　――線部⑦「ぼくは、もっと先輩と話がしたいです」(31ページ)とありますが、このときの虎之助の心中の説明として最も適切なものを後の中から一つ選び、記号で答えなさい。

ア　祇園寺先輩のはっきりしない生き方にとまどいを覚え、心に浮《う》かんだ自分の疑問をたずねてみたいと思っている。

イ　自分が今までより強くなることで、見た目とちがって傷つきやすい祇園寺先輩を守ってあげたいと思っている。

ウ　正直に内面を打ち明けてくれた祇園寺先輩のことが頭を離《はな》れず、この恋愛《れんあい》感情に似た気持ちを伝えたいと思っている。

エ　自分よりも男らしく生きる祇園寺先輩に憧《あこが》れ、もっと親しくなって対等に話せる間柄《あいだがら》になろうとしている。

「あれ、待ってよ虎。なに？　おこっちゃった？」

頭の中がぐらぐらする。胸のおくでなにかが燃えている。ちりちりとのどをこがす、不愉快《ふゆかい》な熱。口の中に残っているタルトタタンの味。断りもなく頭をなでてくる手の感触。どこからかこだまする、今にも泣きそうな祇園寺先輩の声。

――ばかみたい。こんなにおいしいのに。むかつく。

「虎ちゃん、かわいい顔が台なしですよ～？」

「ほんとほんと！　ほら、いつもみたいに笑って！」

ぼくはふり返って、さわいでいる女子たちをにらみつける。

それから、大きく息を吸いこみ、精いっぱいの声でさけんだ。

⑧今までずっと押さえこんできた思いが、明確な言葉となって夕日の下に響く。

女子たちの表情が固まるのを見ながら、ぼくは思った。

強くなりたい。ゆれないように。

自分が自分であるために、闘《たたか》えるように。

（村上雅郁《まさふみ》『きみの話を聞かせてくれよ』「タルトタタンの作り方」より）

問1　＝＝線部1～15のカタカナを漢字に直しなさい。

問2　～～線部A「凛《りん》とした」（38ページ）、B「おごそかな」（32ページ）、C「黄色い笑い声」（31ページ）とありますが、この言葉の本文中の意味として最も適切なものを次の中からそれぞれ一つずつ選び、記号で答えなさい。

A「凛とした」（38ページ）

ア　抑揚《よくよう》のない　イ　引きしまった

ウ　かぼそい　エ　かろやかな

オ　優雅《ゆうが》な

B「おごそかな」（32ページ）

ア　近寄りがたく重々しい　イ　とまどいおびえた

ウ　明るくはればれとした　エ　いつも通り落ち着いた

オ　おだやかで充実《じゅうじつ》した

C「黄色い笑い声」（31ページ）

ア　ばかにしたような笑い声　イ　元気いっぱいの笑い声

ウ　照れたような笑い声　エ　ほがらかな笑い声

オ　かん高い笑い声

問3　――線部①「黒野《くろの》先輩《せんぱい》がため息をついた」（37ページ）とありますが、それはなぜですか。二十五字以内で答えなさい。

問4　――線部②「『スイーツ男子』より『お菓子《かし》作りが好きな女子』のほうが、ずっと理解されやすい」（37ページ）とありますが、それはなぜですか。三十字以内で答えなさい。

問5　――線部③「私《わたし》はぶんなぐられたようなショックを受けた」（33ページ）とありますが、その理由として最も適切なものを後の中から一つ選び、記号で答えなさい。

ア　自分の中では心地《ここち》よく誇《ほこ》りでもあった男勝《おとこまさ》りであることが、友だちの女の子にとってはこわい印象を与《あた》えていたことに気付かされたサッカー部のキャプテン。13ブンブ両道の優等生。あの人はいつもぼくに言う。

「人がなんて言おうと関係ない。自分の道を行けよ」

でも、龍一郎はきっと、ぼくが歩いている道の14ケワしさを知らない。ぼくの歩幅《ほはば》を、体力を、道に落ちているちいさな石のひとつひとつが、はだしの足をきずつける感触《かんしょく》を……それは、おたがいにそうなのかもしれないけれど、少なくともぼくは、⑤だれかに「人がなんて言おうと関係ない」なんて、言えない。

人になにかを言われることは、つらい。

自分の道を歩いているだけで、その道に勝手な名前をつけられるのは、歩き方に文句をつけられるのは、どんなに好意的でも笑われるのは、ほんとうにつらい。

祇園寺先輩の思いつめた表情。ウサギ王子の抱《かか》えた秘密。

――女の子みたいって、女の子らしいって、そう言われるの、ほんとにこわい。

そうだ。

⑥ぼくらは自分のままでいたいだけ。そうあるように、ありたいだけ。

それを、関係のないだれかに、勝手なこと、言われたくなかった。

ポケットでスマホがふるえる。ぼくはそれを取りだして、ラインアプリを開いた。

「今日はありがとう。いろいろぐちを言ってしまってごめん」

祇園寺先輩からのメッセージ。

ぼくはしばらく考えて、ちいさくうなずいた。フリック入力（スマホなどで文字を入力する方法）で、画面に文字をつむぐ。

「先輩。また、タルトタタンを焼きに行ってもいいですか？」

「⑦ぼくは、もっと先輩と話がしたいです」

既読《きどく》はすぐについた。だけど、返信はなかなか来なかった。

「あれ、虎じゃん。どこ行ってたの？」

その声に顔をあげると、クラスメイトの女子たちがこっちを見ていた。

部活帰りだろうか。数人、かけよってきて、勝手に頭をなでてくる。

「家、こっちのほうじゃないよね？　お出かけ？　いいなあ」

「……秘密」

ぼくはかわいた声で答える。すると、女子のひとりが言った。

「あれ？　なんか、あまいにおいがする。もしかしてケーキ焼いた？」

ぼくは無視する。女子たちがキャッキャと言いあう。

「においますね」

「においますねえ」

「どこで焼いたんだろ。よそのおうち？」

「よそのおうちって、だれのおうちよ」

「そりゃあ……あれですよ、彼女《かのじょ》、とか」

C黄色い笑い声。はじけるような笑顔《えがお》。

無邪気《むじゃき》にはしゃいでいる、自覚のない加害者の15ムれ……。

ぼくは歯を食いしばった。

背中を向けて、その場を立ち去る。一刻も早く。

うな気持ちになった。

心はしんとしていて、だけど、そこのほうではふつふつとなにかが燃えている。

男の子らしさ。女の子らしさ。自分らしさ。

ボーイッシュ女子。スイーツ男子。

虎は虎だから。羽紗は羽紗だから。

轟くん、かわいいし。ケーキ焼く男子とか、アリよりのアリっしょ。

今はいろんな趣味があっていいと思う。羽紗を見てると勇気が出る。自由でいていいんだって思える。なあんだ、やっぱり女の子なんだ……。

いろんな言葉が、声が、ぼくの内側で響《ひび》いては消える。

黒野先輩が言った。

「『ボーイッシュな女子らしさ』にとらわれてないか?」

ぼくはおずおずとうなずいた。祇園寺先輩はちいさく笑った。

「そうだね。④わかってるんだ。本末転倒《ほんまつてんとう》だってことは。私はけっきょく、べつのらしさにとらわれていて、ぜんぜん自由なんかじゃない。でも……」

紅茶の入ったマグを両手で包むように持って、先輩は続ける。

「無理なの。私、女の子みたいって、女の子らしいって、そう言われるの、ほんとにこわい。そんなの、その人の偏見だってのも、わかってる。だけど、だめなんだよ。そう言ってくる人たちは、私のことを『無理して男子ぶってる女の子』っていうふうに見る。そういうありふれた話に落としこもうとする。それが、ほんとうにいやなんだ」

黒野先輩は言った。

「人は、枠組《わくぐ》みから外れたやつがいるのがこわいんだよ。だから、自分がわからないものに出会うと、おかしいって言って攻撃《こうげき》したり、わかりやすいでたらめに押しこんで、わかった気になったり、する」

くっくと笑う先輩。ぼくはなにも言えなかった。

焼きあがったタルトタタンをすこし冷まして、ケーキ型から外す。

ぼくたちはそれを切り分け、一切れずつお皿に取った。黒野先輩がいそいそと、あめ色のリンゴを頬張《ほおば》って笑う。

「ふぐふぐ。すばらしいね」

祇園寺先輩は、Bおごそかな表情でタルトタタンを口に運んだ。

ひと口。もうひと口。

しずしずと味わうようにそれをかんで、こくんとのみこむ。

「……おいしい」

先輩はつぶやいた。そうして、泣きそうな声で続けた。

「ばかみたい。こんなおいしいのに。むかつく」

そのまま、祇園寺先輩はうつむいて、なにかを考えこんでいた。ぼくはやっぱり、なにも言えなかった。だまってタルトタタンを食べた。リンゴとカラメルの香り。

あまずっぱい味が口いっぱいに広がって、だけど、今日はただただ、かなしい。

帰り道。

黒野先輩と別れたあと、学校の近くを歩きながら、ぼくは龍一郎（虎之助の兄）のことを考えた。

先輩は口を開いた。
「私はさ、うれしかったんだよ。小三で剣道をはじめて。どんどん強くなって。ボーイッシュだとか、かっこいいとか、そういうふうに言われるのが」
紅茶をひと口飲んで、先輩は続けた。
「誇《ほこ》らしくてならなかった。べつに女子らしくなくていいんだって、いや、こういう女子もいるんだって、私が生きていることで、11ショウメイできている気がした。羽紗を見てると勇気が出るって、自由でいていいんだって思えるって、そんなふうに言ってくれる子もいた」
大切な思い出をなぞるように、そう言う祇園寺先輩。
「だけど……」と、ぼくは言いよどんだ。
先輩はだまってぼくの言葉を待っている。だけど、なんだろう。言っていいのかな。失礼かもしれない。迷っていると、黒野先輩が笑った。
「そうだな。あんまり、今の王子は自由には見えないよな」
そのとおりだった。
今まで作りあげてきたイメージを守ろうとするあまり、ケーキを食べることすら、自分にゆるせずにいる。少なくとも、それを他人に知られたくないと思っている。
「そうだね。こんなのはもう、呪《のろ》いみたいなもの」
祇園寺先輩はしみじみとうなずいて言う。
それからちいさく笑った。なつかしむように、だけどかなしそうに。
「六年生のころ、友だちになった女の子がいたの。世間一般《いっぱん》に言われている意味で、つまりはそれも偏見《へんけん》だけど、女の子らしい女の子だった。フリフリしたかわいい服を着て、絵を描《か》くことと、お菓子作りが好きで。その子が私にタルトタタンの味を教えてくれた」
そう言って、祇園寺先輩は、ぎゅっと眉間《みけん》にしわをよせる。
「その子の家で、その子が作ってくれたタルトタタンを食べたとき。こんなにおいしいものがあるのかって、そう思った。だから、そう伝えた。そしたら、あの子、ほっとしたように笑って、言ったんだ」
――私さ、羽紗ちゃんのこと、ちょっとこわいって思っていたけど、気のせいだった。
――なあんだ。やっぱり羽紗ちゃんも女の子なんだ。
「その声はひどく弾《はず》んでいて。だけど③私はぶんなぐられたようなショックを受けた」
ぼくは黒野先輩の顔をちらりとうかがった。とくに感想はないようだ。もしかすると、すでに知っている話なのかもしれない。祇園寺先輩は続けた。
「それから、私はその子と距離《きょり》を置いた。ううん、その子だけじゃない。あまいものや、女の子らしいとされるものからも、ますます距離を置くようになった」
私は「らしさ」にとらわれたくなかったんだ――そう、先輩は言った。
自由でありたかった。そんな自分のことが好きだった。
「……だから、やっぱり女の子じゃんとか、女の子らしいところもあるんだねとか、言われたくなかった。そういう目で見られるくらいなら、死んだほうがまし」
思いつめた顔で、先輩は言った。
ぼくは、いつになくしずかな、なにか、12シンセイなものにふれたよ

かった。

「そんなのとっととこわせばいいって、ずっと言ってるんだけどな」

黒野先輩はそう言って、漫画のページをめくった。

リンゴを煮つめている間に、タルトの生地《きじ》を作る。鍋を混ぜるのは黒野先輩に任せた。

「こがすなよ、黒野」

「皮むきも満足にできない王子に、言われたくはないな」

薄力粉《はくりきこ》、塩、砂糖をボウルにふるい入れ、冷たいバターをくわえて切るように混ぜる。そこに、水で溶《と》いた卵黄《らんおう》をすこしずつ入れ、混ぜながらまとめていく。

「あ、こねる感じじゃなくて、切るように……」

祇園寺先輩の手つきを見ながら、ぼくは言う。粉が飛び散っている。

「なかなかむずかしいね」

そう言って、10ヒタイの汗《あせ》を袖《そで》でぬぐう祇園寺先輩。

「リンゴ、あめ色になってきたぞ」

「わかりました。火を止めちゃってください」

「IHだけどな」

「黒野、揚《あ》げ足《あし》をとるなよ」

あめ色に煮つまったリンゴをケーキの型に敷《し》きつめる。そのとき、先に汁《しる》を入れておく。これがカラメルになる。リンゴの上に三ミリほどにのばしたタルト生地をのせ、フォークでまんべんなく穴をあける。そして百九十度に熱したオーブンで、一時間半、焼く。

「一時間半。長いな」

黒野先輩は言った。オーブンのふたをしめて、スイッチを入れる。

「でも、なんとなく、やりとげた気分だ」

祇園寺先輩の言葉に、黒野先輩が肩をすくめる。

「まあ、王子にしては及第点《きゅうだいてん》だろ」

「えらそうに言わないの」

祇園寺先輩は紅茶をいれてくれた。

それから、ケーキが焼けるまで、ぽつぽつとぼくらは話をした。

なんでもないような話。どうでもいい、くだらない話。

だけど、時間とともに、それは大切な話に変わっていく。

「私さ、むかしから、男勝《おとこまさ》りって言われてたんだ」

祇園寺先輩はそんなことを言った。

「男子相手にけんかもしたし、スポーツも得意だったし。ほら、見た目もこんなだし。名前はウサギなのに、ライオンみたいって、みんなに言われてた」

ぼくはうなずいた。

「ぼくは虎なのにハムスターみたいだって言われます」

「まじでよけいなお世話だな」

うんざりしたようにそう言って、黒野先輩が紅茶をすする。

ぼくは、気になっていたことをたずねた。

「あの……だけど、先輩はどうして、そこまで自分のイメージにこだわるんですか？」

祇園寺先輩はしばらくだまっていた。黒野先輩もなにも言わない。

聞いちゃまずかったかなと、心配になってきたころ、ようやく祇園寺ぼくはカバンからレシピを印刷した紙と、ケーキの型を取りだす。

「えっと、祇園寺先輩」

ぼくは言った。

「基本的には、レシピどおりに作るだけです。だから、教えられることはとくにないです。レシピも、ネットで適当に8ヒロってきたやつだし」

先輩はうなずいた。

「はずかしながら、レシピどおりに作るってこと自体が、すでに私にはむずかしいんだ」

真剣《しんけん》な顔だった。ぼくはなんて答えればいいのかわからなかった。

「……じゃあ、はじめましょうか」

まず、リンゴを四つ切りにして、皮をむき、芯《しん》を取る。鍋《なべ》にバターと砂糖を入れて、リンゴがしんなりしてくるまで炒《いた》める。水気が出てきたら弱火にして、一時間ほどこげないように混ぜながらあめ色になるまで煮《に》つめる。

というわけで、リンゴの皮むきがはじまったのだけれど、祇園寺先輩の手つきを見るに、もうしわけないけど納得《なっとく》してしまった。不器用だ。皮をむいているだけなのに、実が半分くらいになりそう。それを黒野先輩があおるあおる。

「へいへい、ウサギ王子。知ってます？　皮をむくのは、実を食べるためなんだぜ？」

「うるさい。包丁投げるぞ」

祇園寺先輩はリンゴから目を離《はな》さずにおそろしいことを言う。けらけら笑う黒野先輩。

「っていうかさ、ピーラー（皮むき器）あるじゃん。ピーラー使えよ」

「あれは一度指をスライスしたから二度と使わない」

ぼくは気になっていたことをたずねた。

「どうして、タルトタタンを作りたいんですか？」

先輩の答えは端的《たんてき》だった。「食べたいから」

「自分で？　だれかにあげたいとか、そういうことじゃなくて？」

黒野先輩が笑う。

「きみだって、自分が食べるために焼いているんじゃないのか？」

ぼくはとまどった。そうだけど、そうなんだけど……。

「だったら、食べに行くとか、買ってくるとか、すればいいんじゃ」

リンゴと格闘《かくとう》しながら、祇園寺先輩は言った。

「試《ため》したけどお店の味じゃだめだった。それに、人に見られたらはずかしいし」

ぼくはだまりこんだ。ケーキを食べるのは、はずかしいことなんだろうか。

「ケーキを食べるやつははずかしいやつなのか？」

黒野先輩が代わりにたずねる。「はずかしいやつ」ってすごい表現だ。

「そうじゃない」

手元から視線をあげて、祇園寺先輩が言う。

「でも、私みたいなやつが、ケーキが好きだと、へんでしょ。イメージがこわれる」

その声にはきりきりと痛みの9ケハイがあって、だけどぼくには、先輩がなぜそこまで自分のイメージにこだわるのか、さっぱりわからなそんなふうに言おうかとも思ったけど、言えなかった。
先輩がひどく思いつめた顔をしていたから。
「……とりあえず、ライン（メッセージを送るためのソフト）のＩＤ（連絡先を示す文字列）を交換《こうかん》しとこうか」
黒野先輩が言って、ポケットからスマホを取りだした。

《数日後、虎之助と黒野はタルトタタンの材料を買って祇園寺の家に向かう。》

会計を終え、ぼくは黒野先輩についてスーパーを出た。学校の近くだし、どうしても人の目が気になってしまう。きょろきょろしてしまう。
そんなぼくの様子を見て察したのか、黒野先輩が言った。
「だいじょうぶ。だれにも会わない」
「……いや、わからない、でしょ？」
「いいや、会わない。おれといっしょにいれば、めんどうなことは起こらない。だから安心していい。楽しく行こうぜ」
そう言って、すこし猫背《ねこぜ》ですたすたと歩いていく黒野先輩。
ぼくはそれからもびくびくしていたけれど、けっきょく祇園寺先輩の家に着くまで、だれにも会わずにすんだ。黒野先輩はインターフォンを押すと、低い声で言った。
「警察だ。おとなしくドアを開けろ」
なんだろうね、この人。
『わかった。今開ける』
平然とこたえる祇園寺先輩の声。
黒野先輩はぼくのほうをふり返って、顔をしかめた。
「おい、あいつノーリアクションだよ」
一応うなずいておく。
しばらくして、ドアが開いた。顔を出した祇園寺先輩はＴシャツにハーフパンツをはいている。ラフな格好だ。ぼくが会釈《えしゃく》すると、先輩はちいさくうなずいた。
「よく来た。入って」
「おじゃましまーす」
黒野先輩がそう言って、玄関《げんかん》でスニーカーをぬぎ、そそくさと家にあがる。
ぼくもそれに続いた。
「王子、親御《おやご》さんは？」
「王子って言うな。ふたりとも出かけた」
「ほうほう。タルトタタン焼き放題ですね。轟虎之助、洗面所こっちだぜ」
黒野先輩は何度も来ているのだろうか。なれている感じがする。
念入りに乎を洗って、それからキッチンに通された。
よそのお宅のキッチンって、なんだか緊張《きんちょう》する。ガスコンロじゃなくてＩＨ（電子コンロ）だ。
「じゃ、さっそくはじめようぜ、シェフ」
黒野先輩が言った。どこから出してきたのか、漫画《まんが》を読んでいる。
「シェフじゃないだろ」
あきれたように祇園寺先輩が肩《かた》をすくめる。「こういう場合は、パティシエ（お菓子職人）だ」
そういうこと？

祇園寺先輩は首を横にふってそう言うと、ぼくをまっすぐに見た。

「これから言うことは、5タゴン無用。私たちだけの秘密にしてほしい」

その目力というか、気迫《きはく》のようなものに、ぼくは何度もうなずく。

「あと、こうやって私たちが会っていることも、もちろんだれにも言わないで」

「わ、わかりました」

ぼくの返事に、祇園寺先輩はちいさく息をついた。

それから、きゅっとくちびるをひき結んで、また視線を落とす。

再び沈黙。

しびれを切らしたように、①黒野先輩がため息をついた。

「……轟虎之助。祇園寺先輩はさ、おまえさんに頼みがあるんだと」

祇園寺先輩が6サッキのこもった目でそっちをにらむ。関係ないぼくまで思わずすくみあがってしまうほどの迫力。しかし、涼しい顔で、黒野先輩は続けた。

「タルトタタン（リンゴを用いたケーキ）の作り方を、教えてほしいそうだ」

「え……？」

タルトタタンの作り方を教える？　ぼくが？

祇園寺先輩の顔を見ると、それこそ、リンゴのようにまっ赤になっている。

「作れるんだろ？　タルトタタン。このまえそう言ってたよな。教えてやってくれ」

黒野先輩が言う。ぼくはたずねた。

「な、なんで、ぼくなんですか？」

祇園寺先輩は言った。

「知りあいには頼めないから。きみと私に7セッテンはない……今までは。これからは隠《かく》しとおせばいいし。だから、表面上、私たちは知らない者同士ということにしてほしいの」

どうして、そこまで秘密にしたいんだろう。

その疑問が顔に出ていたのかもしれない。祇園寺先輩は、自嘲的《じちょうてき》に笑って言った。

「私なんかが、ケーキを焼いていたら、へんでしょ」

「どうしてですか？」

べつに、いいんじゃ。だれがケーキ焼いても。

それに、祇園寺先輩は……女子じゃないか。

ボーイッシュとか、「ウサギ王子」とか、言われているけれど、女子にはかわりない。

タルトタタンくらい、作っても、なにもおかしくないでしょ？

もちろん、そんなのは性差別だ。わかってる。男子だろうが女子だろうが、ケーキを焼きたければ焼けばいい。あまいものが食べたいなら食べればいい。

それをなんだかんだ言う人がいるなら、そっちのほうがおかしい。

よけいなお世話、というやつだ――そのことは、ぼくがいちばんよく知っている。

だけど、それでも……。

女子なら、ケーキを焼いても、どうこう言われたり、しないでしょ？

②「スイーツ男子」より「お菓子《かし》作りが好きな女子」のほうが、ずっと理解されやすい。

【国　語】（六〇分）〈満点：一二〇点〉

次の文章を読み、後の問いに答えなさい。

中学一年生の轟虎之助《とどろきとらのすけ》は、ケーキ作りを趣味《しゅみ》にしている。昨年卒業した兄の龍一郎《りゅういちろう》は、在校時サッカー部のキャプテンで学校の有名人だったが、虎之助は兄とちがって背が低く、顔立ちが女子っぽい。ある日の放課後、剣道《けんどう》部に所属している一学年上の黒野《くろの》に呼び止められ、生徒会室に連れて行かれる。

三階の廊下《ろうか》に出て、先輩《せんぱい》といっしょに角を曲がる。手洗い場の流しを通りすぎ、パソコン室のとなり、生徒会室の扉《とびら》を、黒野先輩はノックした。

生徒会室？

「連れてきましたー」

「入って」

A凛《りん》とした声。黒野先輩はドアを開け、ぼくを見た。

「どうぞ、お先に」

ためらいながらも、おずおずと中に入るぼく。

「轟虎之助くん」

アルトの声（低めの女性の声）で、その人が女子だとわかった。

背が高い。薄暗《うすぐら》い部屋に窓からの1ギャッコウで、顔はよく見えない。だれだろう。

「電気くらい、つけとけよ」

そう言って、黒野先輩が蛍光灯《けいこうとう》のスイッチを押《お》した。部屋にいた女子の顔が照らされる。

短くした髪《かみ》に、きりっとした眉《まゆ》。涼《すず》し気《げ》な一重《ひとえ》のまぶた。するどい瞳《ひとみ》。きゅっと結んだ口元。スカートではなくスラックス（ズボン）をはいていて、それがひどく似あっている。

ぼくは、その人がだれかに気づいて、ぎょっとした。

「祇園寺《ぎおんじ》先輩……」

先輩は2イガイそうに眉をあげた。「私《わたし》のこと、知ってるんだ？」

「いや……まあ」

生徒会長の名前くらい、さすがに知っている。

祇園寺羽紗《うさ》。

新船《あらふね》中学校生徒会長兼《けん》剣道部副部長。有名人だ。ボーイッシュな（少年のような）雰囲気《ふんいき》と整った3ヨウシから、学校中の女子たちのあこがれの的となっているカリスマ。通称《つうしょう》「ウサギ王子」……。

そんな人が、ぼくなんかになんの用だろう？

「ウサギ王子よ、轟虎之助はたいそういそがしいらしい」

黒野先輩がそう言って、パイプ椅子《いす》に腰《こし》かける。

「さっさと用事をすませて、4カイホウしてやりましょう」

祇園寺先輩はうなずいた。「ああ、そうだね……うん、わかってる」

そう言って、視線を落とす。足元をじっと見つめ、先輩はだまりこんでいる。

沈黙《ちんもく》が苦しくなって、ぼくはたずねた。

「あの……ぼく、なにかしましたか？」

「いや、そうじゃない。ちょっと、頼《たの》みたいことがあって」

2024年度

解　答　と　解　説

《2024年度の配点は解答欄に掲載してあります。》

＜算数解答＞　《学校からの正答の発表はありません。》

1　(1)　①　7個　　②　解答例(ウ，エ，オ)＝(23，23，69)

(2)　(カ，キ)＝$\left(11,\ 49\frac{1}{11}\right)$，$\left(44,\ 32\frac{8}{11}\right)$　　(3)　①　6通り　　②　20通り

③　36通り　　(4)　①　1：2　　②　解説参照

2　(1)　1620度　　(2)　31.4cm　　(3)　ウのほうが226.08cm^2大きい

3　(1)　100個　　(2)　141個　　(3)　①　解説参照　　②　96個

4　(1)　ア　11　　イ　55　　ウ　506　　(2)　②＋④＋…＋㉒　　(3)　93744

○推定配点○

4　各8点×5　　他　各5点×16(3(3)①完答)　　計120点

＜算数解説＞

1　(数の性質，速さの三公式，時計算，割合と比，単位の換算，平面図形，図形や点の移動，場合の数)

(1)　①　11×ア＝23×(88－イ)…88－イが11の倍数

したがって，0を含まない(ア，イ)の組は7個

やや難　②　2024…8×ウ＋11×エ＋23×オ＝23×88＝23×(8＋11＋69)

したがって，ウ＝23，エ＝23，オ＝69

184…8×$\boxed{12}$＋11×$\boxed{8}$＝23×$\boxed{8}$

この関係より，(ウ，エ，オ)＝(11，15，77)，(23，23，69)，～，(119，87，5)

※他の組もありうる。

重要　(2)　20分で長針と短針が動いた角度の差

…(6－0.5)×20＝110(度)

20分後の図

…□＋110＋□＝□×2＋110＝360より，□＝250÷2＝125(度)

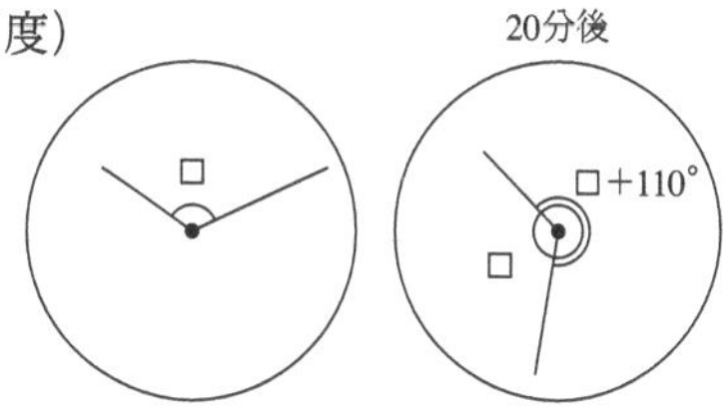

10時のときの長針と短針の間の角度

…60度

長針と短針の間の角度が125度になるとき

…(125－60)÷(6－0.5)＝$11\frac{9}{11}$(分)

すなわち $\boxed{11分49\frac{1}{11}秒}$

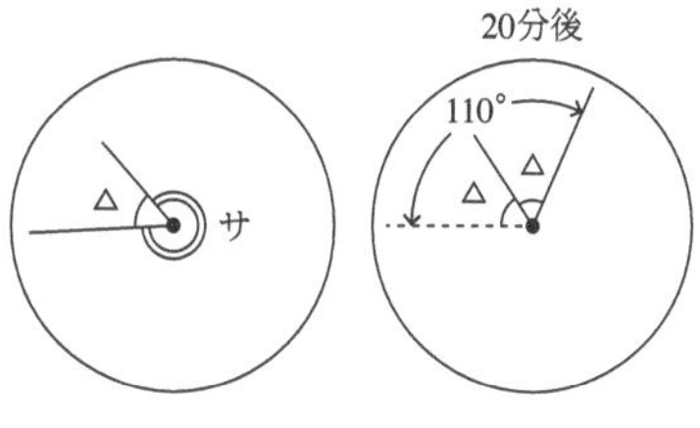

長針が短針を追い越すとき

△…110÷2＝55(度)

サ…360－55＝305(度)

長針と短針の間の角度が305度になるとき

…$(305-60)\div(6-0.5)=44\frac{6}{11}$(分)　すなわち $\boxed{44分32\frac{8}{11}秒}$

(3)　①　下図の6通り

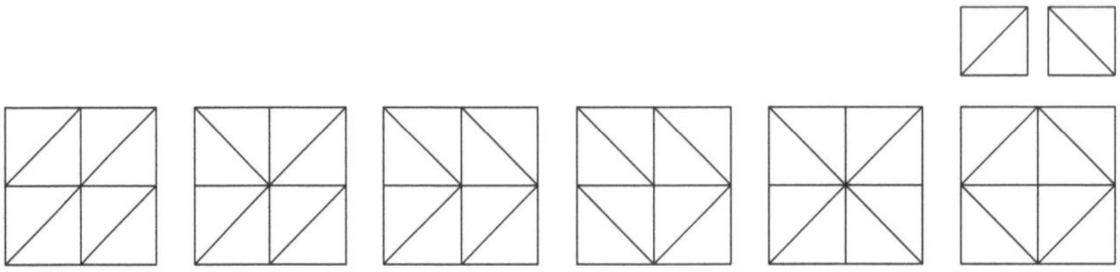

②　下図の10通りについて，向きをいれかえた場合をふくめると10×2＝20(通り)

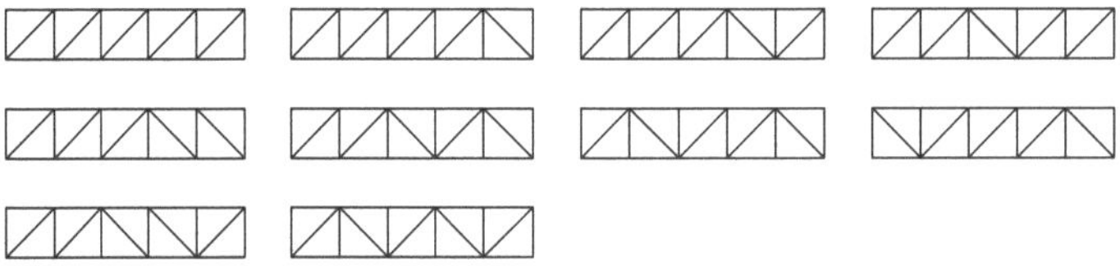

やや難　③　A…13×2＝26(通り)

B…10通り

したがって，全部で26＋10＝36(通り)

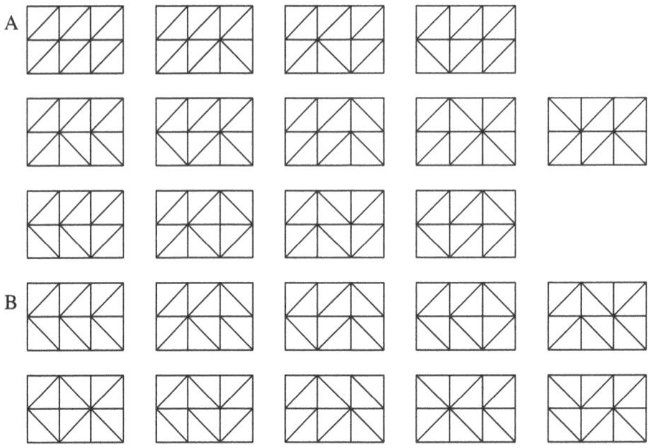

重要　(4)　①　直角三角形AGDとGEH

…図アより，合同

したがって，三角形AGDとGEC

の面積比は1：2

②　正三角形GECの面積

…図イより，④

正三角形ABCの面積

…⑯

正三角形DEFの面積

…⑨

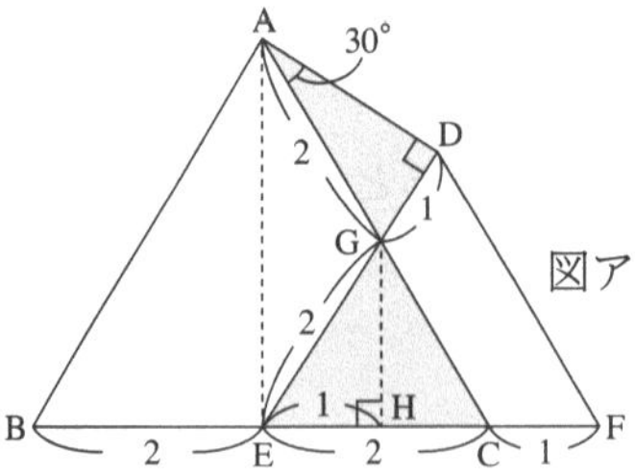

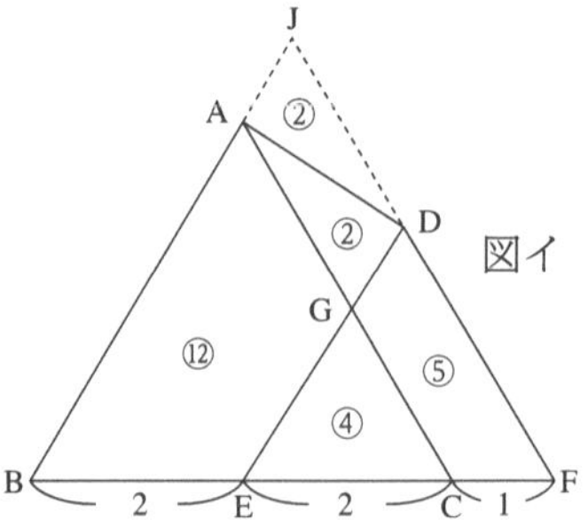

正三角形JBFの面積

…⑯＋⑨－④＋②×2＝㉕

したがって，1辺が3cmの正三角形と1辺が4cmの正三角形の面積の和は，1辺が5cmの正三角形の面積に等しい。

2 （平面図形，割合と比）

基本 (1) 図1

$(180-360\div11)\times11=1980-360$

$=1620$(度)

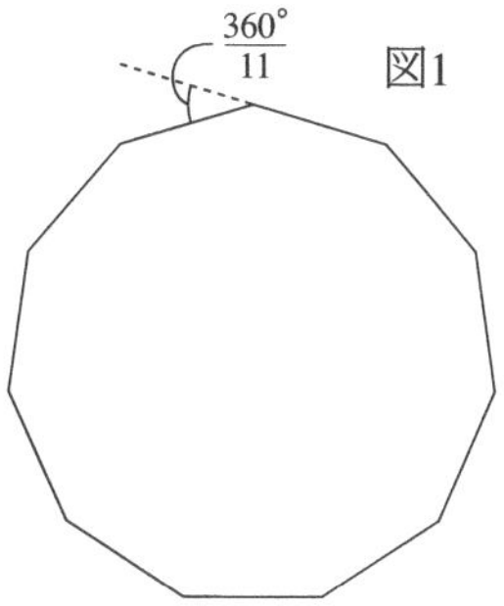

図1

重要 (2) 図2

角カ…(1)より，$180-\left(\dfrac{360}{11}+60\times2\right)$

$=\dfrac{300}{11}$(度)

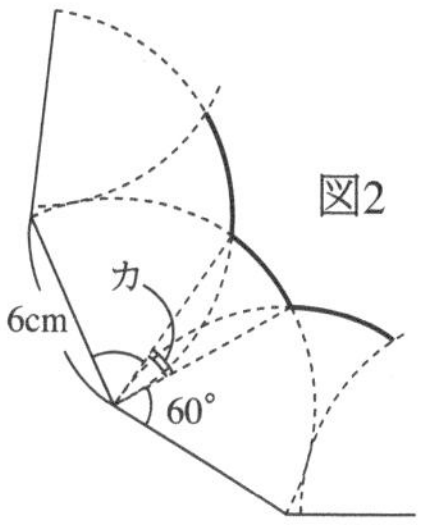

図2

したがって，求める長さは$12\times3.14\div360\times\dfrac{300}{11}\times11$

$=10\times3.14=31.4$(cm)

やや難 (3) 図3

角カ×11…(2)より，300度

角キ×11…(1)より，$(360-60\times2)\times11-1620$

$=1020$(度)

したがって，外側部分の面積の合計と内側部分の面積の合計の差は$6\times6\times3.14\div360\times(1020-300)=72\times3.14=226.08$($cm^2$)

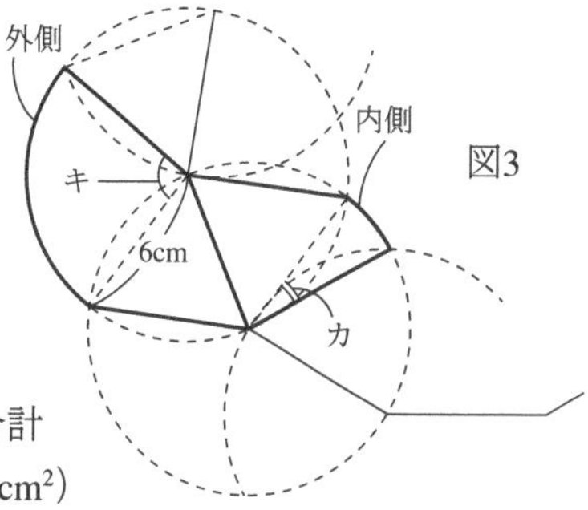

図3

重要 3 （平面図形，数列，数の性質）

(1) 10段目の長方形の個数…$2\times10-1=19$(個)

奇数の和…$1+3+\sim+19=20\times10\div2=10\times10=100$(個)

(2) 1辺が2cmの正方形…$1+3+\sim+17=9\times9=81$(個)

1辺が4cmの正方形…$2+4+6+8+10+12=14\times3=42$(個)

1辺が6cmの正方形…$1+3+5+7=16$(個)

1辺が8cmの正方形…2個

したがって，全部で$81+42+16+2=81+60=141$(個)

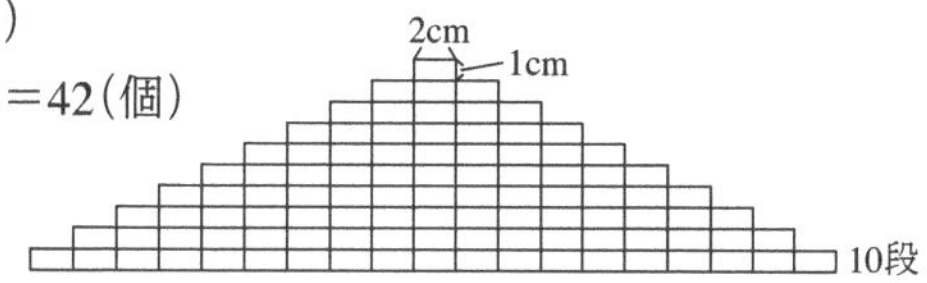

(3) ① 正方形は，下図のように4種類ある。

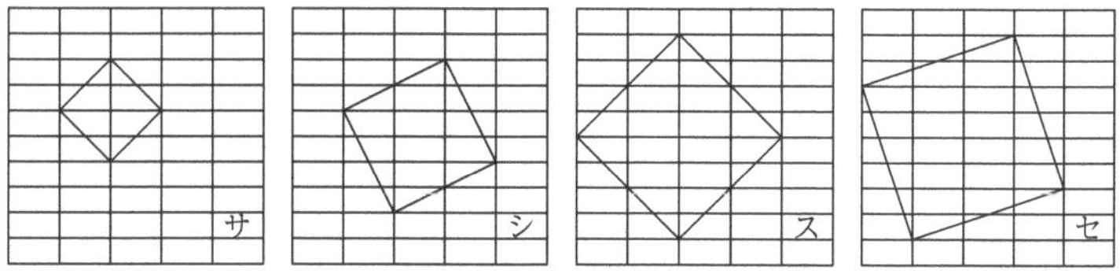

② 正方形サ…$2+4+6+8+10+12=14\times3=42$(個)

正方形シ…$(2+4+6+8)\times2=40$(個)

正方形ス…$2+4=6$(個)

正方形セ…$(1+3)\times2=8$(個)

したがって，全部で$42+40+6+8=96$(個)

4 （演算記号，数列，数の性質）

重要 (1) ア…$1+5\times2=11$

イ…$11\times15\div3=55$

ウ…$(1+11\times2)\times(1+11)\times11\div2\div3$

図1	図2	図3
1	5	5
2 2	4 5	5 4
3 3 3	3 4 5	5 4 3
4 4 4 4	2 3 4 5	5 4 3 2
5 5 5 5 5	1 2 3 4 5	5 4 3 2 1

＝23×22＝506

（2）　②＋④＋⑥＋⑧…4＋16＋36＋64＝120

⑩＋⑫＋⑭…100＋144＋196＝440

⑯＋⑱＋⑳…256＋324＋400＝980

㉒…484

和…120＋440＋980＋484＝2024

したがって，式は②＋④＋…＋㉒

やや難　（3）　△番目までの3の倍数の平方数の和…3×3＋6×6＋9×9＋～＋(3×△)×(3×△)

＝9×(1＋4＋9＋～＋△×△)

1＋4＋9＋～＋△×△の範囲…99999÷9＝11111

1，4，9，～，△×△の個数…(1＋△)×△÷2

1＋4＋9＋～＋△×△の和…(1＋△×2)×(1＋△)×△÷2÷3

＝(1＋△×2)×(1＋△)×△÷6

(1＋△×2)×(1＋△)×△の範囲…11111×6＝66666

△＝31のとき…（1＋31×2）×32×31＝62496

△＝32のとき…（1＋32×2）×33×32＝68640

したがって，求める数は62496÷6×9＝93744

★ワンポイントアドバイス★

[2]（1）・（2）「正十一角形」，[3]「平面図形，数列」，[4]（1）「演算記号，数列」を優先して取り組むことがポイント。[1]（1）①「2つの整数の組」は取り組みやすいが②「3つの整数の組」が難しく，（2）「時計算」，（3）「タイル」も難。

＜理科解答＞ 《学校からの正答の発表はありません。》

[1]　（1）　a　○　　b　×　　c　○　　（2）　オ　　（3）　アメダス　　（4）　イ，エ　　（5）　ウ

[2]　（1）　ウ　　（2）　ベガ，デネブ，アルタイル　　（3）　北極星　　（4）　東　ア　　西　ウ

（5）　20　　（6）　キ　　（7）　ア，カ

[3]　（1）　①　0.19　　②　57　　③　300　　（2）　秒速342m　　（3）　秒速5000m

（4）　秒速5263m　　（5）　ア

（6）　（4）（3）の時間には，金属棒からマイクまでの空気を音が伝わる時間も含まれるが，（4）の時間には金属棒を伝わる時間しか含まれないから。

[4]　（1）　ア，エ　　（2）　①　イ　　②　エ

（3）〈a〉　16.8　　〈b〉　13.0　　グラフ　右図

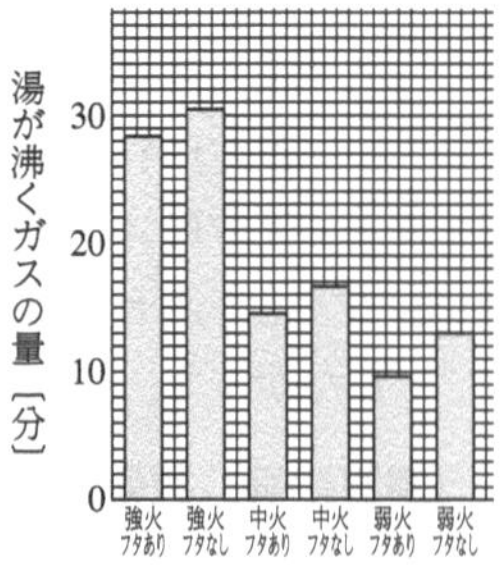

（4）　ウ　　（5）　強火では炎がビーカーの下面より広がって熱量が逃げてしまうが，中火では逃げる熱量が少ないから。

（6）　67g

[5]　（1）　A，C　　（2）　心臓の筋肉に酸素や栄養分を送り，二酸化炭素や不要物を回収する血液を運ぶはたらき。　　（3）　エ　　（4）　ウ　　（5）　f　　（6）　イ，オ　　（7）　イ

(8)　水中では肺で酸素を取り込むことができないので，肺に流す血液量を減らし，全身により多くの酸素を送ることができる。

○推定配点○

[1]　各2点×5((1)・(4)各完答)　　[2]　各2点×7((2)・(4)・(7)各完答)

[3]　各3点×6((1)・(6)各完答)　　[4]　(1)・(2)　各2点×2(各完答)　　他　各3点×6

[5]　各2点×8((1)・(6)各完答)　　計80点

＜理科解説＞

[1]　(総合―小問集合)

(1)　bは，記号の長いほうが＋極で，短いほうが－極である。

(2)　雨量や降水量は，降った雨がその場にたまったときの深さで表し，単位はmmである。

(3)　約1300か所の無人のアメダス(AMeDAS)。降水量，気温，日照時間，風向・風速，積雪の深さのうち，場所によって一部の要素あるいはすべての要素が観測される。

重要　(4)　ろ過では，溶けた物質はろ液に通過し，溶けていない物質だけがろ紙に取り除かれる。ア，ウは溶けているので誤りである。エは溶けているのでアルカリ性であり正しい。オは飽和水溶液でありそれ以上は溶けないので，誤りである。

(5)　ツルレイシはウリ科の植物である。ウリ科の植物はヘチマやカボチャなど，巻きひげを持つものが多い。ウリ科以外では，エンドウやブドウなどにも巻きひげがある。アサガオやフジは茎そのものが巻き付く。ツタは吸盤で他のものにくっつく。イチゴは地下茎がのびている。

[2]　(星と星座―星座早見のしくみ)

(1)　オリオン座の形はウで，左上が赤色のベテルギウス，右下が青白色のリゲルである。

(2)　夏の大三角は，こと座のベガ，はくちょう座のデネブ，わし座のアルタイルの3つの白色の星を結んだ形である。

(3)　パーツAの中心付近にある星は，空全体が東から西へ動いても，ほとんど動かない。つまり，北の空にある北極星である。

重要　(4)　パーツBの，外側の大きな円の中心にあるのは北極星である。そして，星の見える窓が空を表す。北極星に最も近いイが北で，逆のオが南である。また，星座早見は空を見ているので，地面を見ている地図とは東西が逆である。つまり，アが東で，ウが西である。

(5)　図4を読み取ると，2月15日の0時に見える星と，3月25日の21時30分に見える星が同じである。よって，それぞれの5日前である，2月10日の0時に見える星と，3月20日の21時30分に見える星が同じである。

やや難　(6)　太陽は，夏には冬の南の空の星座の中にあり，冬には夏の南の空の星座の中にある。このような位置を結ぶと，円の道すじができ，その円の中心は北極星から少しずれている。この道すじは黄道とよばれ，黄道の上にある星座は，占いでよく知られている。

(7)　北極星は北極(N地点)の真上にある。すべての星は北極星を中心に回るため，地面に平行に動くように見える。星座早見のパーツAは，北半球のすべての場所で同じであり，パーツBの窓が，北極星を中心とする円形になる。そのため，季節によって見える星座は変わらず，見える時刻が変わるだけである。

[3]　(音―音速の測定)

(1)　①　8分の1の速さで再生して1.52秒だから，実際の時間は1.52÷8＝0.19秒である。

②　鳴らす人を除いて，Aさんから最後の人まで20人が並ぶと，間の数は19なので，距離は3×

19＝57mである。

③　音の速さは，距離を時間で割って，57÷0.19＝300m/秒となる。

(2)　1回目を叩いてから10回目を叩くまでに，音が伝わる時間と音のない時間が9回繰り返している。だから，ホース内の空気を伝わる時間は，$10.0\div 9\div 2=\frac{5}{9}$秒である。音の速さは，$190\div\frac{5}{9}=$ 342m/秒となる。

(3)　金属ブロックが触れて音が出始めた瞬間に，オシロスコープには角形の信号が記録される。次に，金属が棒を伝わった音がマイクに入った瞬間に，オシロスコープには曲線の信号が記録され始める。その時間差が，1.00mの金属棒を音が伝わる時間である。よって，金属棒を音が伝わる速さは，$1.00\div\frac{2}{10000}=5000$m/秒となる。

やや難　(4)　マイクに聞こえるのは，反射せず直接届いた音，棒の左端と右端で計2回反射した音，左右左右の計4回反射した音，…というように，偶数回だけ反射した音である。つまり，図7の$\frac{3.8}{10000}$秒間に，音は金属棒を往復の2.00m伝わっている。よって，金属棒を音が伝わる速さは，$2.00\div\frac{3.8}{10000}=5263.1\cdots$で，四捨五入により5263m/秒となる。

(5)　音速が遅いと，最初の音が聞こえるのが遅くなる。また，往復する時間も長くかかるので，信号の間隔も長くなる。

(6)　(3)の方法は，計測した時間のうちに，金属棒の端からマイクまでの空気の部分を音が伝わる時間も含まれてしまう。(4)の方法だと，最初の音，2回反射した音，4回反射した音の時間の差を計測しているので，空気の部分を音が伝わる時間は含まれない。そのため，(4)の方がより正確な方法といえる。

4　**(燃焼―水の加熱とガスの使用量)**

(1)　ア…正しい。ガス漏れがすぐわかる。イ…誤り。ガスボンベには液体と気体の両方が入っていて，使うときは液体が少しずつ気体に変化している。ウ…誤り。正常な炎は青色である。エ…正しい。他の物に引火しないようにする。オ…誤り。使用直後はガスコンロが高温なので，冷めてから片付ける。

(2)　ガスが燃えると二酸化炭素と水蒸気ができる。その水蒸気が，まだ温まっていないビーカーに触れて冷やされると，細かな水滴となってくもって見える。アだと実験前からくもっているはずであり，ウは点火直後には多くない。

重要　(3)　表で，Aが中火，Bがなしの場合，1分あたりガス使用量は，20.4÷8.5＝2.4g/分である。7.0分で温度が上がりきっているので，湯が沸くガスの量〈a〉は2.4×7.0＝16.8gである。また，Aが弱火，Bがなしの場合も同じように計算すると，〈b〉は14.3÷16.5×15.0＝13.0gである。グラフの縦軸は，湯が沸くガスの量〔g〕である。最大の30.9gが入るように縦軸の値を設定し，例のように棒グラフを描く。

(4)　ア…誤り。湯が沸くガスの量は少なくなった。イ…誤り。上がりきったときの温度はどれも100℃である。ウ…正しい。水蒸気が逃げるとともに，熱も逃げている。エ…誤り。できる水蒸気の体積はたいへん大きいため，完全に閉じ込められているとは考えられず，すきまから出て行っている。オ…誤り。アルミニウムは熱を伝えやすいので，ビーカーの温度が上がるとともに，アルミニウムの温度も上がる。

(5)　図2を見ると，強火の場合は炎がビーカーの下面の外にも達しており，熱量の一部が逃げてしまっているが，中火の場合は熱量の損失が少ない。

(6)　最初の実験と同じ300mLの水を温める。はじめは中火でフタをして温度を上げるので，表から，湯が沸くガスの量は14.4gである。次に，弱火にするので，1分あたりガス使用量は14.3÷16.5であり，9.0分間で使ったガス使用量は，14.3÷16.5×9.0＝7.8gである。以上から，ガス使用量の合計は14.4＋7.8＝22.2gである。ガス1.0gあたり二酸化炭素が3.0g出るので，ガス22.2gの場合は，22.2×3.0＝66.6で，四捨五入により67gとなる。

5　**（動物，人体―動物の心臓）**

(1)　心臓から血液を押し出す部分Xは，肺に押し出す右心室Bと，全身に押し出す左心室Dである。その血液を一時的にためておく部分Yは，右心房Aと左心房Cである。

(2)　心臓は筋肉でできている。体の各部と同様に酸素や栄養分を必要とし，二酸化炭素と不要物を放出する。心臓を取り巻く血管(冠動脈)は，心臓に酸素や栄養分を送り，そこから戻る血管では，二酸化炭素と不要物を回収する。

(3)　心臓が拍動するごとに，動脈に血液が流れるので，心臓の拍動数と脈拍数は同じである。

(4)　手首では動脈が表面近くを流れている。脈拍は動脈の動きである。静脈は毛細血管を通った後の血管なので，脈拍ははっきりしない。

重要　(5)　図3の心臓で，全身から血液が集まって流れ込むgが心房で，部分Yにあたる。えらに向かって血液を押し出すfが心室で，部分Xにあたる。

(6)　図3の血管のうち，cがえらの直前の血管である。aとeは，えらから出て各部に向かう血液であり，酸素が多い。それ以外の血管はすべて二酸化炭素が多い。心臓のf，gも二酸化炭素が多く，ヒトのように酸素が多い血液は心臓に戻ってこない。また，eは消化管を通る前の血液なので，特に栄養分が多いわけではない。

(7)　ワニが陸上で活動するときは，ヒトと同じようにDから押し出された血液が左右の全身に送られるため，IとJの両方に流れる。

(8)　ワニが水中にもぐっているときは，肺で血液中に酸素を取り込むことができない。その場合，血液をわざわざ肺に回す必要性が小さく，直接に全身に回した方が，限られた酸素を有効に活用できる。そのため，Bから出た血液では，Gから肺に送る量を減らして，左全身のJに送る量が増やされる。

★ワンポイントアドバイス★

問題文や図を分析して解く問題が並んでいる。問題文や図の意味をよく理解し，活用して解き進めよう。

＜社会解答＞ 《学校からの正答の発表はありません。》

問1　ウ　　問2　イ　　問3　(1)　イ　　(2)　①　執権　　②　(例)　1213年以前は，さまざまな御家人が担当したが，1213年以降は有力な御家人が滅ぼされ，北条氏一族がほぼ独占するようになった。　　問4　(1)　ア　　(2)　(例)　設備の維持・管理や争い，権力者への抵抗には，村人が団結する必要があり，祭りを通してつながりを強めようとしたから。　　問5　A　万葉集　B　古事記　　問6　(例)　戦争が激しくなり，日本が劣勢になっていくなかで，国民の貯蓄を使ってより多くの兵器や物資を作る必要があったから。　　問7　(1)　エ　　(2)　(例)　多数派に有利で，少数派には不利になってしまうこと。　　(3)　イギリス　　(4)　ウ　　(5)　エ問8 (1) イ (2) ア (3) (例) 北陸電力管内は，冬の日照時間が少ない一方，北西の季節風が吹くから。 問9 (1) ウ (2) (例) 東日本大震災の津波で荒れた土地を有効利用するため。 問10 オ

○推定配点○

問3(2)②・問4(2)・問6・問8(3) 各6点×4 問7(2)・問9(2) 各5点×2 問10 4点
他 各3点×14 計80点

＜社会解説＞

(地理・歴史・政治―「社会」という言葉にまつわる総合問題)

問1 福沢諭吉は1872年に出版された『学問のすゝめ』の中で，生まれながらに平等である人間に，賢い人と愚かな人の差や貧富の差が生じるのは，「学ぶと学ばざるとによりてできるものなり」と著している。つまり，学問をしたかしないかによるという，ウが正しい。

基本 問2 行基は，奈良時代に諸国を回って仏教を民衆に広め，各地で橋や水路を作ったり，東大寺の大仏建立にも尽力し，聖武天皇から初めて大僧正の地位を与えられた。よってイが正しい。なお，アについて，仏教が伝来する前の日本では，身の回りのあらゆるものに魂が宿るというアニミズム信仰が存在していた。ウについて，京都宇治の地に平等院鳳凰堂を建設したのは藤原道長の子の藤原頼通である。エについて，1612～13年に禁教令を出すなど，江戸幕府がキリスト教の取りしまりを強化した後の1637年に島原の乱(島原・天草一揆)が発生した。

基本 問3 (1) 律令制下で，各地の特産品を都に納める税は租でなく調であるので，イが誤っている。
(2) ① 鎌倉時代，北条氏が世襲で就いた地位は執権である。1219年に3代将軍源実朝が暗殺され，源氏の血筋が途絶えたあとは，実質上の最高権力者として政治を行った。 ② 1191年には，三浦氏などさまざまな御家人が担当をしていたが，北条氏が和田氏や三浦氏など有力な御家人を次々と滅ぼしていった結果，北条氏が担当を独占するようになっていった。

問4 (1) 史料2より，村人以外のよそ者が居住を禁じられたり，罰則が重かったりしていることから，村人との間には格差があったことがわかる。よって，アが誤っている。 (2) ①～④より，設備の維持・管理や村の防衛，権力者への抵抗は，村人が結束して行う必要があった。村人たちが団結力や連帯意識を強めていくのに祭りは重要だった。

基本 問5 A 奈良時代の8世紀後半に成立した，日本最古の和歌集は万葉集である。 B 奈良時代までの天皇の歴史などを記した歴史書は，712年成立の古事記と720年成立の日本書紀である。

重要 問6 図や史料では，年を追うごとに目標額が増えていて，年表により，年を追うごとに戦争が激しくなったり日本が不利になったりしていることと符合する。史料3の文面から，兵器の増産が求められていることがわかるので，国民の貯蓄を軍事費に回そうとしていることが判断できる。

問7 (1) 下線部①を含む部分で，「下級生で立場も弱く，場所も条件の悪い僕たち」とあり，これは現在の日本の政治・経済分野で数が少なく，立場が弱いとされる女性にあらかじめ一定数を割り当てる考え方と同じである。この考え方に基づく法や制度として，候補者男女均等法やクオータ制などがある。 (2) 候補者Fの公約である，全校生徒による投票でルールを決める方法は，多数の集団には有利だが，少数の集団には不利となる。3学年のうち，中1の生徒数は100名と他の学年と比べて少ないため，中1の得票数がのびなかったと考えられる。 (3) イギリスでは，2016年の国民投票でEU(ヨーロッパ連合)からの離脱が決定し，2020年に正式に離脱した。
(4) 2022年の民法改正で成人年齢が18歳に引き下げられたが，国政選挙の選挙権や国民投票の投票権年齢は2015年の公職選挙法改正で18歳以上に引き下げられていたので，ウが誤っている。

(5)　市の税金の集め方や使い方の案を考えるのは市役所など執行機関だが，決定するのは議決機関の市議会であるので，エが正しい。なお，アについて，都道府県知事は住民の直接選挙で選ばれ，イについて，内閣総理大臣の指名は衆議院・参議院ともに行える。また，ウについて，国の税金の集め方や使い方の案を決定するのは国会で，オについて，区など地方公共団体へは，地方交付税交付金や国庫支出金などの補助金が支給されるので誤り。

重要　問8　(1)　温室効果ガスの排出量と，植物の吸収量を差し引いて，合計を実質的にゼロにする考えをカーボンニュートラルという。なお，アは，食品などの商品が生産者から消費者まで流通する過程を追跡できる制度で，ウは，貨物の輸送を自動車でなく，二酸化炭素排出量の少ない船や鉄道で行うこと，エは，自然環境や歴史文化の学習・保全と観光を合わせたもののことである。

(2)　砂糖の原料のうち，沖縄で主に栽培されるのはサトウキビで，テンサイは冷涼な北海道で生産されているので，アが誤っている。　(3)　中部地方の日本海側である北陸地方では，冬の北西の季節風が日本海を通って吹いてくる影響で，冬期は雨や雪が多く，日照時間が少ない。そのため，太陽光発電による発電量は少なくなる一方，風力発電による発電量は多くなる。

重要　問9　(1)　図5の地図記号(　)は，自然災害伝承碑である。自然災害伝承碑とは，過去の自然災害による被害や教訓を後世に伝えるためのもので，2019年より新たに地図記号となった。

(2)　2011年3月11日の東日本大震災では大規模な津波が発生し，福島県や宮城県の沿岸部では大きな被害を受けた。かつて集落や水田が広がっていた場所は広い範囲で荒れてしまったため，ソーラーパネルを敷きつめて発電を行う場所として有効利用することとなった。

問10　文章の3段落目半ばの，「もととなったフランス語では，…」以降の部分より，現代のさまざまな問題を，個人の問題とはせず「社会」の問題として解決することが重要であるとわかるので，オが最も適当である。

★ワンポイントアドバイス★

どの分野も知識で解ける問題を先に解こう。記述や資料の読み取りなど，時間がかかる問題についてはいったん飛ばして後で時間をかけて取り組むとよい。

＜国語解答＞ 《学校からの正答の発表はありません。》

問1　1　逆光　2　意外　3　容姿　4　解放　5　他言　6　殺気　7　接点　8　拾　9　気配　10　額　11　証明　12　神聖　13　文武　14　険　15　群

問2　A　イ　B　ア　C　オ　問3　(例)　用件を言い出せない祇園寺先輩の姿にあきれたから。　問4　(例)　ケーキ作りは女の子らしい行為だと世間に受け取られているから。

問5　イ　問6　(例)　「女子らしさ」から自由になろうと「女子らしさ」を避けることに一生懸命になり，「ボーイッシュな女子らしさ」という別の「らしさ」にとらわれて自由でなくなったこと。　問7　エ　問8　(例)　自分と同じように周囲の決めつけによって自由になれない苦しみを抱く祇園寺先輩に共感したから。　問9　オ　問10　(例)　趣味や容姿から女子たちに「かわいい」と決めつけられることの不快感に耐え続けてきたが，同じような悩みに苦しむ祇園寺先輩と交流してその思いを知ったことで，我慢せずに自分のままでいようと決意して，そのために闘う強さを持ちたいと思えるようになった。　問11　ウ・カ　問12　(例)　桜の花を見て楽しめないなんて，日本人らしくない

○推定配点○
問1　各1点×15　　問2　各3点×3　　問3・問4　各9点×2　　問5・問7・問9　各7点×3
問6　13点　　問8　10点　　問10　16点　　問11　各5点×2　　問12　8点　　計120点

＜国語解説＞

(物語文―主題・心情・理由・場面・細部表現の読み取り，記述，ことばの意味，漢字の書き取り)

基本

問1　1　物の背後から差し照らしてくる光線のこと。反対に物を正面から照らすような光線のことを「順光(じゅんこう)」という。　2　前もって考えていたこととちがうということ。同じような意味の言葉に「案外」がある。「意外」を三字熟語で表すと「予想外」となる。　3　顔かたちと体つきのこと。容姿がととのっていて美しいことを「容姿端麗(ようしたんれい)」という。
4　束縛や制限をなくして自由にさせること。「開放」は窓，戸，門などを開きっ放しにすることを意味する。　5　内緒にすべき内容を他人に話すこと。他人に話してはいけないという意味で，「他言無用」という。　6　ここでは，荒々しく緊張した気配のこと。祇園寺先輩の目つきから，荒々しく緊張した気配が感じられたのである。　7　ここでは，接触する場のこと。祇園寺先輩と「ぼく」の間に交流がないことが読み取れる。　8　落ちているもの。散らばっているものを，取り上げること。反対の意味の言葉は「捨てる」である。　9　なんとなく感じられる様子のこと。「気」には，ばくぜんとした感じという意味がある。その意味で「気配」「雰囲気」という言葉がある。　10　ここでは，おでこのこと。汗を流してせっせと働くことを，「額に汗する」という。　11　理由や根拠を示して，それが正しいことを明らかにすること。「照明」は，光をあてて明るくすることである。　12　清らかで，けがれがなく尊いこと。「神」には，人間の力でははかり知れないという意味がある。その意味で「神秘」「神通力」という言葉もある。　13　学問と武芸のこと。「文武両道」の場合，学問と武芸の両方という意味がある。　14　困難があること。「険」にはあぶないという意味もある。その意味で「危険」「冒険」「保険」などの言葉もある。　15　ここでは，多くの人が集まっている状態。傍線部の「群れ」は，「集団」と言い換えることもできる。

問2　A　「凛とした」とは，態度などが引き締まっている様子を意味する。波線Aの前後から祇園寺先輩の様子を読み取ることでも解答できる。「引きしまった」とある，イが解答になる。アの「抑揚のない」は，声の調子を上げたり下げたりする様子がないこと。ウの「かぼそい」は，細くていかにも弱々しい様子。ともに，祇園寺先輩のはきはきしたものの言い方に合わない。エの「かろやかな」は，かるがると気持ちよくものごとを進める様子。オの「優雅な」は上品な様子。この二つも，祇園寺先輩の堂々としていてしっかりとした様子を表してはいない。
B　「おごそかな」とは，格式や威厳を感じさせ，近づきにくい様子を表す。ここでは，祇園寺先輩がタルトタタンを口に入れる様子を表している。威厳を感じさせるような動きで口に運んでいて，近づきにくいのである。解答はアになる。イの「おびえた」，ウの「はればれとした」，エの「いつも通り」，オの「おだやか」は，威厳を感じさせて近づきにくい祇園寺先輩の様子を正確に表しているものではない。
C　「黄色い声」とは，子供や女性のかん高い声を意味する。「かん高い笑い声」とある，オが解答になる。アの「バカにしたような」，イの「元気いっぱい」，ウの「照れたよう」，エの「ほがらか」は，すべて「黄色い」という表現に合わない。

問3　傍線部①を含む場面に着目する。黒野先輩は「さっさと用事をすませて，解放してやりましょう」と言った。だが祇園寺先輩は「ちょっと頼みたいことがあって」「私たちだけの秘密にしてほしい」「もちろんだれにも言わないで」とは言うものの，なかなか頼みごとを言い出せない。ちいさく息をついたり，視線を落としたりするばかりなのである。そのような祇園寺先輩の様子を見てあきれたことが，傍線部①の黒野先輩のため息につながる。黒野先輩は，なかなか頼みごとを言い出せない祇園寺先輩にあきれたのである。「頼みごとを言い出せない祇園寺先輩」＋「あきれた」というような形でまとめていくと良い。指定字数が二十五字以内と短い。言葉を短く，的確にまとめるとよい。

問4　傍線部②直前には「女子なら，ケーキを焼いても，どうこう言われたり，しないでしょ？」とある。「なんだかんだ言う人がいる」ともあるが，言う人は，女の子でないとケーキ作りはおかしいというのであろう。ケーキ作りは女の子らしい行為だと世間には認識があるのだ。だから，「お菓子作りが好きな女子」のほうがずっと理解されやすいのである。以上の点をふまえて，解答をまとめる。記述の際には，「ケーキ作りは女の子らしい」＋「世間の認識」という表現を中心にする。

問5　傍線部③前後をおさえ，「私」が「ぶんなぐられたようなショックを受けた」背景をおさえる。「私」は，「らしさ」にとらわれることなく自由であろうとした。「女の子らしい」と言われたくなかったのである。そのため，スポーツも見た目も，男勝りと言われるほど頑張った。ところが，タルトタタンを食べたとき，そのおいしさを「友だちになった女の子」に伝えた。そこで，「羽紗ちゃんも女の子なんだ」と弾んだ声で言われてしまったのだ。①　「らしさ」から自由でありたかった。そのために，努力をしていた。②　ケーキのおいしさを口にした。③　「女の子」と見なされてしまった。以上がショックの背景である。「ケーキが美味しいと伝えただけで」（②の部分），「今の自分のありようにも関わらず」（①の部分），「やはり女の子だと……決めつけられてしまった」（③の部分）と，ショックの背景をすべておさえたイが正解になる。アは「友だちの女の子にとってはこわい印象を与えていたことに気付かされたから」とあるが，おかしい。「女の子」と見られてショックを受けたことをまるでおさえていない。ウは「友だちになった女の子と仲良くするには自分を変えないといけないと思った」とあるが，おかしい。ウも，「女の子」と見られてショックを受けた祇園寺先輩の様子を表していない。エは「女子である事実を変えることができない」とある。この物語の中で，祇園寺先輩は「らしさ」から自由になろうとしているが，自分が女であることを否定したいわけではない。エは誤答になる。オは「今回あまいケーキを食べたことで」とあるが，おかしい。「こんなにおいしいものがあるのか」と伝えたことが，その後の展開につながるのである。

重要　問6　「本末転倒」とは，大切なこととそうでないことを取り違えること。傍線部③から傍線部④の展開をおさえ，祇園寺先輩がどのように大切なこととそうでないことを取り違えたのかを把握する。祇園寺先輩は「らしさ」にとらわれたくなかった。「らしさ」から自由でありたかった。そのため，「女の子らしいところもあるんだね」と言われることを避け，「ボーイッシュだとか，かっこいい」と言われることで喜ぶようになり，結果的に「ボーイッシュな女子らしさ」にとらわれることになってしまったのである。以上の点をおさえて，解答をまとめる。記述の際には，「『女の子らしさ』から逃れようとした」＋「『ボーイッシュな女子らしさ』にとらわれるようになった」＋「不自由になった」という内容を中心にまとめるとよい。

問7　傍線部⑤が含まれる場面の情報をおさえて，解答することができる。傍線部⑤より前には，兄の龍一郎が優等生であり，「人がなんて言おうと関係ない。自分の道を行けよ」と言い，「ぼく」の歩いている道の険しさを理解できない様子が書かれている。一方，「ぼく」は道に落ちているちいさな石のひとつひとつに傷つけられ，耐えられない。傍線部⑤直後には「人になにかを言われることは，つらい」とある。そこから，「ちいさな石のひとつひとつ」は「ぼく」を傷つける他人の小さな発言だとも読み取れる。女子っぽい顔立ちという困難を抱えた「ぼく」は，他人の小さな発言でも傷つき耐えられない。だから，「人がなんて言おうと関係ない」とは言えないのだ。「龍一郎は優等生で周囲に認められ」「他人の言葉に左右されず」と傍線部⑤よりも前に書かれた龍一郎の様子をおさえ，「生きづらさを抱えている」「周囲の小さな言葉にも影響を受けてしまう」と女子っぽいという困難を抱え，周囲の小さな言葉に傷つく虎之助(ぼく)の様子を記した，エが正解になる。アは「自分のイメージを他人に決めてほしいと思っており」とあるが，おかしい。傍線部⑤直後に「人になにかを言われることは，つらい」とあるように，決められたくないのである。イは「その趣味を認めてもらう必要があるから」とあるが，おかしい。なにかを言われるのがつらいという文脈であり，認めてもらいたいという話ではない。ウは「兄の言うことをそのまま受け入れて自分の言葉として口にするのは気が進まない」とあるが，おかしい。言うことをそのまま受け入れるかどうかの話ではない。オは「好意的な意見ですら素直に受け取れない」とあるが，おかしい。この場面では，好意的でない意見に傷ついている様子が問題視されているのである。

問8　「ぼくら」とは，虎之助(ぼく)と祇園寺先輩のこと。顔立ちが女子っぽく，ケーキ作りを趣味にしている「ぼく」は，傍線部④よりも前の部分や傍線部⑤直前の「きずつける感触」から読み取れるように，「かわいい」存在と周りから決めつけられることに苦しんでいる。「女子らしさ」から自由になろうとしている祇園寺先輩も，傍線部⑥直前に書かれているように，「女の子みたい」「女の子らしい」と周囲から見なされることに恐れを抱いている。二人はともに，周囲からの決めつけに恐れを抱いているのだ。祇園寺先輩が「ぼく」と同じような悩みを抱き，そこに共感した。それが，虎之助(ぼく)が「ぼく」ではなく，「ぼくら」という言葉を用いて，「自分のままでいたいだけ」と続けた理由である。記述の際には「自分と同じように決めつけに苦しむ祇園寺先輩に共感した」という方向性でまとめる。

基本　問9　傍線部⑦までの展開をふまえて，虎之助(ぼく)の心の中を明らかにし，それぞれの選択肢を比較する。祇園寺先輩の家でタルトタタンを作った際，「ぼく」は祇園寺先輩の苦しみについて聞いた。そして帰り道，「ぼく」は自分自身も人から決めつけられることに苦しみ，だれかに勝手なことを言われずに「あるように，ありたい」と思うようになった。そのように自分自身の考えをまとめることができ，「もっと先輩と話がしたい」と送信するようになったのだ。「祇園寺先輩の今までの葛藤や本当の気持ちに触れ」「自分の中で形をなしてきた思い」「伝えようとしている」とある，オが正解になる。アは「祇園寺先輩のはっきりしない生き方にとまどいを覚え」とあるが，おかしい。むしろ，決めつけられることに苦しむ様子に共感している面もある。イの「祇園寺先輩を守ってあげたい」，ウの「恋愛感情に似た気持ちを伝えたい」も，おかしい。この物語で「ぼく」には「強くなりたい」という思いが生まれるが，それは「自分が自分であるために，闘えるように」強くなりたいのであって，祇園寺先輩を守るためではない。エは「男らしく生きる祇園寺先輩に憧れ」とあるが，おかしい。男らしさに憧れるような文章ではない。

やや難　問10　「女子たちに対する『今までずっと押さえこんできた思い』」に関しては，傍線部⑧を含む場面の虎之助(ぼく)と女子たちの様子をおさえて，書くべき内容を判断する。女子たちは「虎ちゃん，かわいい顔が台なしですよ」などと，虎之助を「かわいい」とからかう。虎之助は，頭の中がぐらぐらして不快な熱まで感じられる。傍線部⑤直後から読み取れるように，このような状況に虎之助(ぼく)は不快感を抱いている。しかし，今までは耐え続けてきた。「趣味や容姿から女子たちに「かわいい」と決めつけられることが不快」というのが，「今までずっと押さえこんできた思い」である。だが，同じように決めつけられることに悩み苦しむ祇園寺先輩の思いを知ることで，自分の心の中にも「自分のままでいたい」と思えるようになった。そのために闘う強さを持ちたいと思えるようになった。以上の展開をおさえて，記述する。記述の際には，「勝手にイメージを決めつける女子たちへの不快感に耐えてきた」＋「祇園寺先輩と交流して思いを知る」＋「自分のままでいたいと思えるようになる」＋「闘う強さを持ちたいと思えるようになる」という内容を中心にする。

問11　ア　本人の性格と名前に含まれる動物のイメージが一致していないのは，「祇園寺羽紗」と「轟虎之助」の二人である。「羽紗」は，名前はウサギなのにライオンみたいと言われている。「虎之助」は，名前は虎なのにハムスターみたいだと言われている。「龍一郎」は文武両道の優等生。まさに「龍」のような存在である。　イ　「なんだろね，この人」は，「ぼく」の思ったことである。「警察だ」と低い声で言う黒野先輩の様子に対して思ったことである。「そういうこと？」も，「ぼく」の思ったことである。この部分で，「ぼく」は祇園寺先輩の行動の意図を読み間違えた。そして「そういうこと？」と驚いたのである。　ウ　「きみだって，自分が食べるために焼いているんじゃないのか？」は，黒野がぼくの心の中の思いを見抜いて述べた言葉である。「ケーキを食べるやつははずかしいやつなのか？」も，ぼくの心の中を見抜いて，黒野が代わりに口にした言葉である。黒野は他人の心中を察知する人物として書かれている。　エ　「既製品の味で満足してしまう多くの人々に対してのもどかしさ」とあるが，そのような点で多くの人に対して不満を抱いている訳ではない。　オ　虎之助(ぼく)は，「そうあるように，ありたい」という強い信念を持つようになっていったが，最初は型に従うことに納得したわけではない。型から外して切り分けるという動作は，単にケーキを食べる前の流れを表しているのだと考えられる。

カ　タルトタタンを焼いていたので，この場面の「ぼく」はケーキのにおいがしていたと考えられる。だがその後，女子たちは「どこで焼いたんだろ」「だれのおうちよ」「彼女，とか」と発言している。つまり，どこかの女の子のためにケーキを焼いたのではないかと疑惑の目を向けているのである。ケーキの甘いにおい。何かを隠しているのではないか。この部分の「においますね」は二つの意味を持つ。

重要　問12　設問には，「具体例」を前後の文脈をふまえて答えなさいとある。そのため，前後の文脈を意識して，【　★　】にあてはまる内容を記述する。

「人は，枠組みから外れたやつがいるのがこわい」という黒野の発言にも着目する。【　★　】直前には「この文章には性別をめぐる問題が出てくるけれど，それだけじゃない」とあり，「社会や身の回りを見渡すと，黒野が言うことと同じことがあちこちで起こっている」ともあるので，性別以外で，社会や身の回りにある，「らしさ」に結びつく枠組みを見つける。一例として，春のお花見に関して記す。日本では，桜を楽しむ習慣があり，開花時期には日本中が花見などで盛り上がる。「桜の花などを見ても楽しめない」という様子は，日本人としての枠組みから外れるものであり，「おかしい」とされる時もある。「桜の花を楽しめない」＋「日本人らしくない」などと記述することもできる。【　★　】以降で，AさんとBさんは，受験後の体験について話を進める。花見という体験について記述することは，文脈の「後」の方を意識したことにもなる。

★ワンポイントアドバイス★

文章で扱われた題材をもとに身近な具体例を述べる記述問題が出題された。「らしさ」に関わる具体例は，日常生活の中で目にすることがあるだろう。設問の条件に従って，適切に記述したい。

MEMO

大切なことはメモしておこうネ！

2023年度
★★★★★★★★★★★★★★★★★★★★★★★★

入　試　問　題

2023年度

駒場東邦中学校入試問題

【算　数】（60分）　＜満点：120点＞

1

(1)　1より大きい整数Nについて以下の操作を考えます。

・Nが偶数《ぐうすう》のときNを2でわる

・Nが奇数《きすう》のときNを3倍して1をたす

この操作を1ステップとし，整数が1になるまでこのステップをくり返します。例えば，5は

5→16→8→4→2→1

となるので，5ステップで1になります。

7ステップで1になる整数をすべて答えなさい。

(2)　図のように，1辺の長さが1㎝の正方形を6個並べ，3点A，B，Cをとります。AとB，BとCをそれぞれ結び，それぞれ3等分した点をとり，結びます。ここで，ABを3等分した点のうち，Bに近いほうをDとします。

①　三角形BCDの面積を求めなさい。

②　斜線《しゃせん》部分の面積を求めなさい。

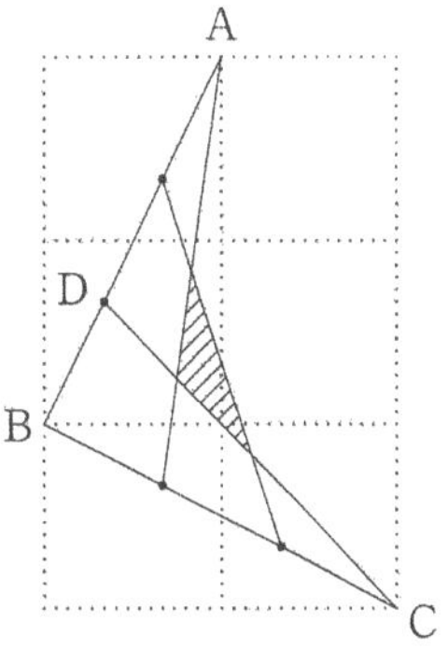

(3)　整数Aに対してAの各位の数の和をBとするとき，BがAの約数である整数Aを考えます。例えば，$A=48$のとき$B=4+8=12$より，BはAの約数なので条件を満たします。

①　4つの数字0，2，2，3を並べかえた4けたの整数は全部で何個ありますか。また，それらの整数のうち，条件を満たす整数をすべて答えなさい。

次に，条件を満たす整数Aをその各位の数の和Bで割った商を考えます。例えば，41から50までの整数について，条件を満たす整数は42，45，48，50であり，それぞれの商を考えると

$42 \div (4+2) = 7$

$45 \div (4+5) = 5$

$48 \div (4+8) = 4$

$50 \div (5+0) = 10$

となります。このとき，一番小さい商は4，一番大きい商は10です。

②　2001から2050までの整数について，同じように商を考えると，一番小さい商は［ア］，一番大きい商は［イ］です。

［ア］，［イ］にあてはまる数を答えなさい。

2 次の問いに答えなさい。ただし，円周率は3.14とします。

(1) 1辺の長さが1㎝の正方形**ア**のまわりを，1辺の長さが1㎝の正方形を図の位置から矢印の方向にすべらないように，点Pがもとの位置にもどるまで転がします。

点Pが動いてできる線を解答用紙の図にコンパスを用いてかきなさい。また，その線で囲まれた図形の面積を求めなさい。

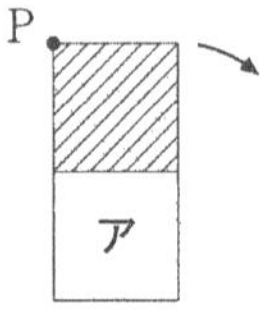

(2) 1辺の長さが1㎝の正方形**ア**のまわりを，たての長さが1㎝，横の長さが2㎝の長方形を図の位置から矢印の方向にすべらないように，**点Qがもとの位置にもどるまで**転がします。

点Qが動いてできる線を解答用紙の図にコンパスを用いてかきなさい。また，その線で囲まれた図形の面積を求めなさい。

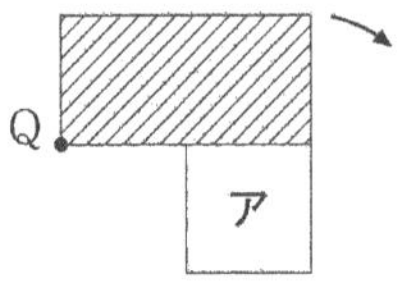

〈下 書 き 用 紙〉

(1)

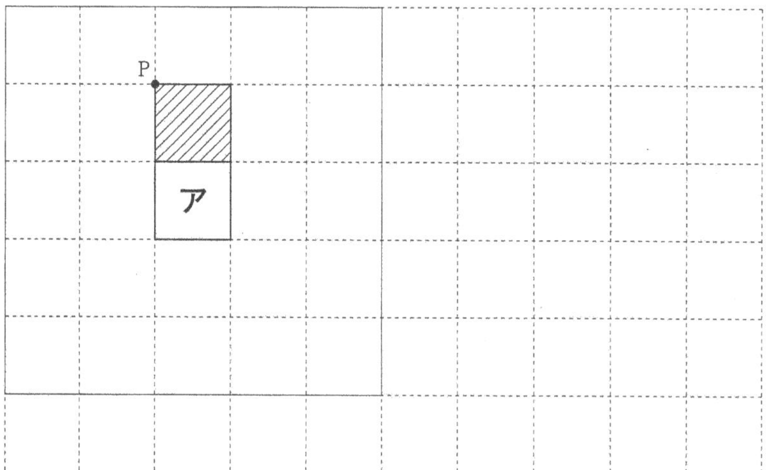

(2)

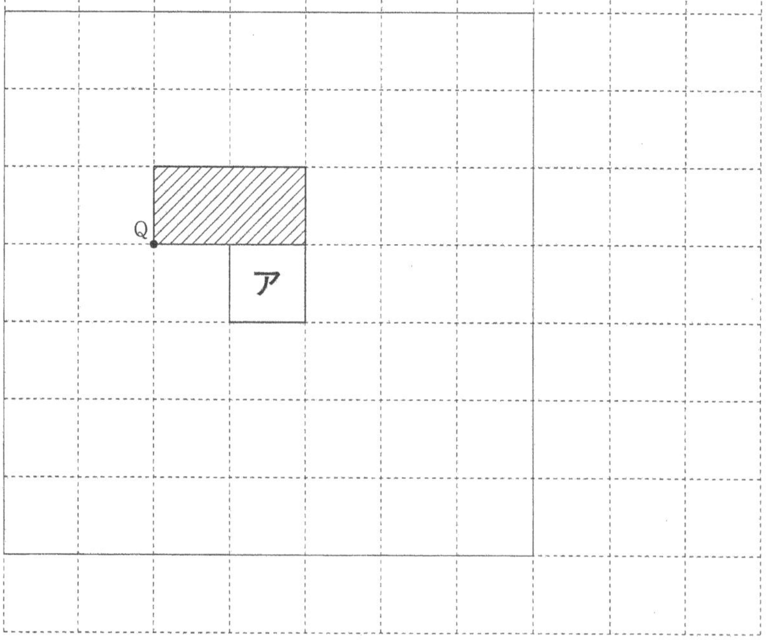

3 次の問いに答えなさい。

(1) 1から70までのすべての整数の和を求めなさい。

(2) 1から70までの整数のうち，［ア］から［イ］までの連続した整数を除きます。残った整数の和を求めたところ2023になりました。

［ア］，［イ］にあてはまる整数の組みあわせをすべて求めなさい。ただし，［ア］が1，［イ］が10のときは（1，10）のように答えなさい。

4 1辺の長さが6㎝の立方体ABCD－EFGHがあります。次の点を含む平面で切ったときの切り口を解答用紙の図に斜線《しゃせん》で示しなさい。また，2つに分けられた立体のうち，大きいほうの体積を求めなさい。ただし，角すいの体積は

(底面積)×(高さ)÷3

で求めることができます。

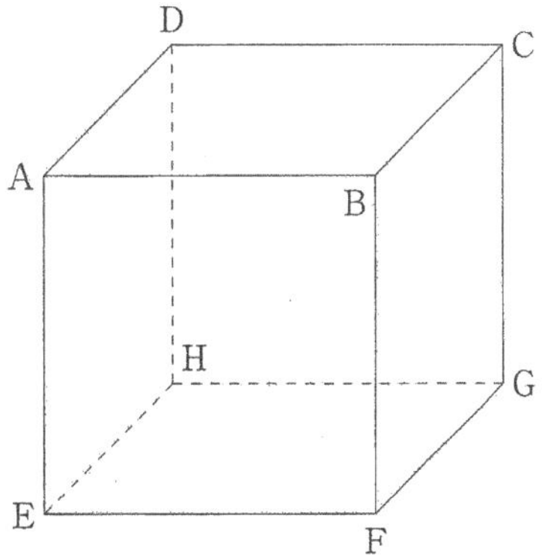

(1) BC，CDを2等分した点をそれぞれM，Nとしたとき，3点F，M，N

(2) 各辺を3等分して，

AD上でAP：PD＝2：1となる点をP，

EF上でEQ：QF＝1：2となる点をQ，

CG上でCR：RG＝2：1となる点をR

としたとき，3点P，Q，R

〈下　書　き　用　紙〉

(1)

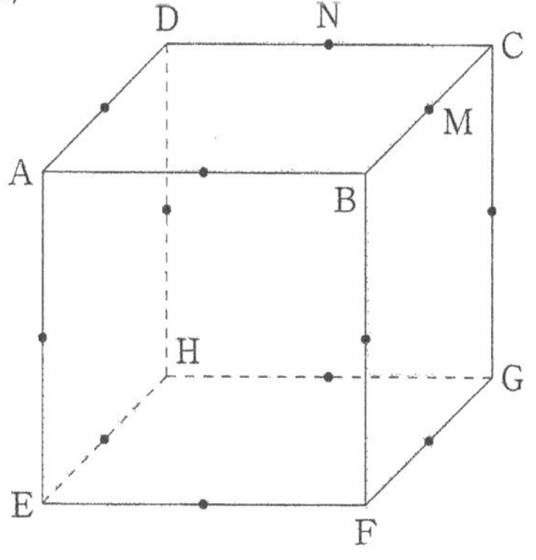

(2)

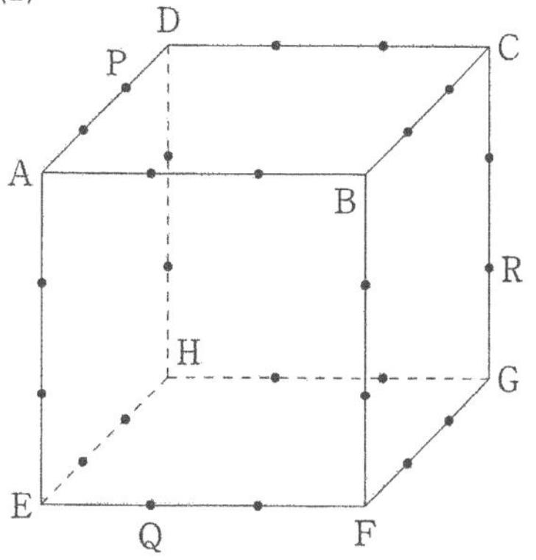

【理　科】（40分）　＜満点：80点＞

1　次の(1)～(7)の問いに答えなさい。

(1)　図１はヒトのおへその上あたりの腹部横断面の模式図です。あとの問いに答えなさい。

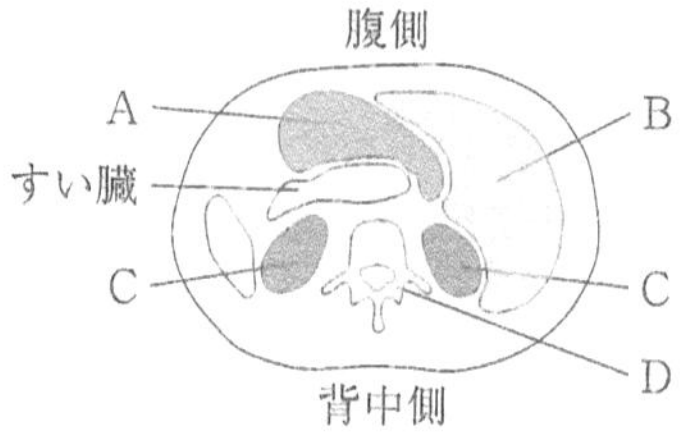

図１

①　図１のA，B，Cの器官の名前を次の**ア～オ**から１つずつ選び，記号で答えなさい。

ア．心臓　　**イ**．かん臓　　**ウ**．肺　　**エ**．胃　　**オ**．じん臓

②　図１のB，C，Dの器官のはたらきを説明した文として適切なものを次の**ア～オ**から１つずつ選び，記号で答えなさい.

ア．からだの中の不要になったものや余分な水分を血液中からこし出す。

イ．小さな骨が縦につながり，頭やからだを支える。

ウ．養分をたくわえたり，その養分を必要なときに血液中に送り出したりする。

エ．消化された食べ物の養分を水分とともに，血液中に吸収する。

オ．血液を全身に循環《じゅんかん》させて，酸素や養分，からだに不要なものを運ぶ。

(2)　下図はキアゲハのさなぎの模式図です。さなぎから成虫が出てくることを羽化《うか》といいます。羽化するとき，さなぎのどの部分に切れ目ができ，成虫が出てくるでしょうか。次の**ア～エ**から１つ選び，記号で答えなさい。なお，図の中の太線は切れ目を表しています。

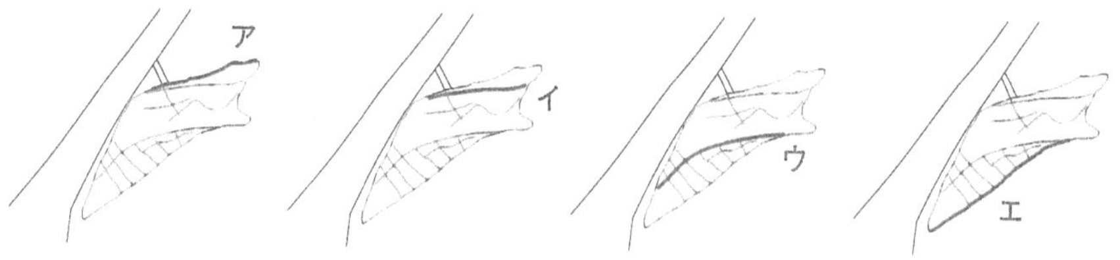

(3)　2021年12月25日にギアナ宇宙センターから打ち上げられた新型宇宙望遠鏡によって，これまで以上にくわしい宇宙の観測が可能になりました。2022年７月12日には，新型宇宙望遠鏡が得たフルカラーの画像が初めて公開されました。この新型宇宙望遠鏡の名前を次の**ア～エ**から１つ選び，記号で答えなさい。

ア．ケプラー宇宙望遠鏡　　　　**イ**．ハッブル宇宙望遠鏡

ウ．ジェイムズ・ウェッブ宇宙望遠鏡　　**エ**．すばる望遠鏡

(4)　2020年12月６日，小惑星《しょうわくせい》探査機「はやぶさ２」が地球へもどってきました。現在，小惑星リュウグウから回収された粒子《りゅうし》を使ってさまざまな調査が行われています。2022年には，生命の起源に結びつくアミノ酸や水の存在が確認されました。リュウグウから回収された粒子を調べた結果

として，誤っているものを次のア～エから１つ選び，記号で答えなさい。

ア．2010年にはやぶさが小惑星イトカワから回収した粒子よりも量が多かった。

イ．人工的なクレーターの形成によって，表面だけでなく内部の試料を採取できていた。

ウ．うま味成分であるグルタミン酸が含《ふく》まれていた。

エ．生きているバクテリアがたくさん含まれていた。

(5)　以下はある洗剤《せんざい》のパッケージに書かれていた成分です。あとの問いに答えなさい。

成分／塩酸（9.5%），界面活性剤，洗浄助剤《せんじょうじょざい》

①　この成分の洗剤を保存する容器の材質として適切でないものを次のア～エから１つ選び，記号で答えなさい。

ア．プラスチック　　**イ**．アルミニウム　　**ウ**．ガラス　　**エ**．陶器《とうき》

②　①で選んだ材質の容器にこの洗剤を入れたとき，どのようなことが起こりますか。最も適切なものを次のア～エから１つ選び，記号で答えなさい。

ア．容器が高温になって発火する。　　**イ**．容器がすぐに割れる。

ウ．容器が洗剤によって溶《と》ける。　　**エ**．容器から黒いけむりが発生する。

(6)　図２のように，Ｌ字の矢印をかいた紙があります。水を入れたコップのすぐ後ろに矢印をかいた紙を置くと，水を通して見える矢印は図３のようになりました。この紙をコップから遠ざけると，図４のようになりました。

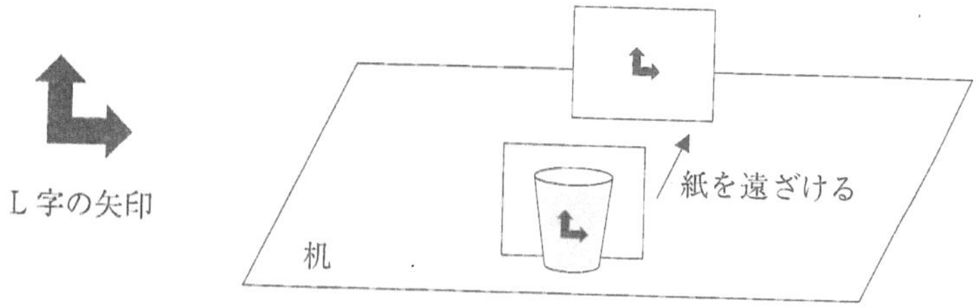

図２　実験のようす

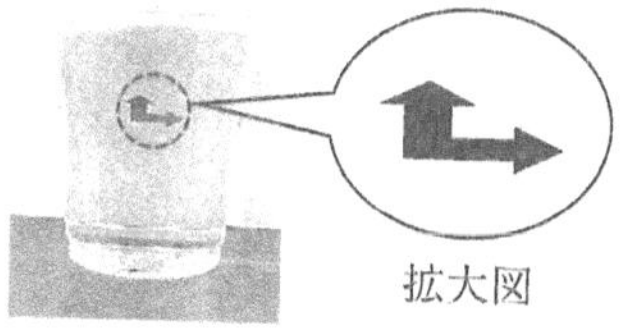

図３

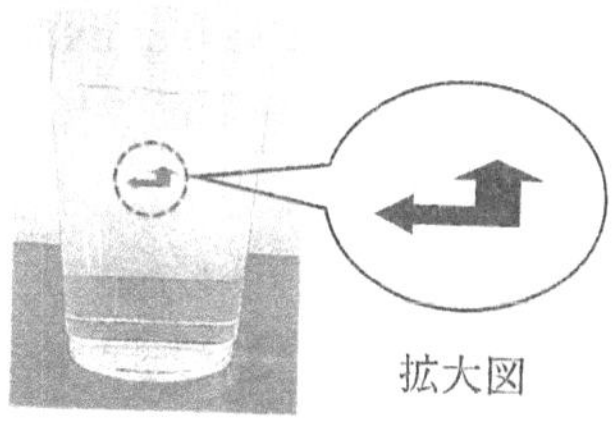

図４

次に，虫めがね（とつレンズ）を紙の前に置くと，虫めがねを通して見える矢印は次のページの図５のようになりました。上の実験と同じようにして，紙をレンズから遠ざけると虫めがねを通して見える矢印の向きに変化がありました。このとき，矢印はどのように見えますか。最も適切な図を次のページのア～キから１つ選び，記号で答えなさい。

拡大図

図５

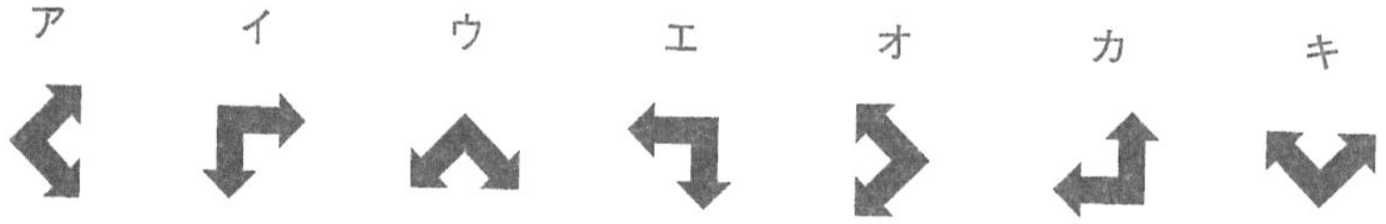

(7) 図６のように，重さ10ｇ，長さ40㎝の棒の端《はし》に，金属球Ａ（重さ30ｇ，体積10㎝^{3}）と金属球Ｂ（重さ80ｇ，体積10㎝^{3}）をつるし，糸で棒をつるしました。その後，ゆっくりと水そうの水の中に入れて水平に静止するように糸の位置を調整しました。２つの金属球が水中にあるとき，棒をつるしている糸は左端から何㎝の位置でしょうか。

なお，水中にしずんでいる金属球は，水から上向きの力（浮力《ふりょく》）を受けます。その力の大きさは，水中にある金属球の体積と等しい体積の水の重さに等しくなります。また，水１㎝^{3}の重さは１ｇとし，糸の重さと体積は無視できるものとします。

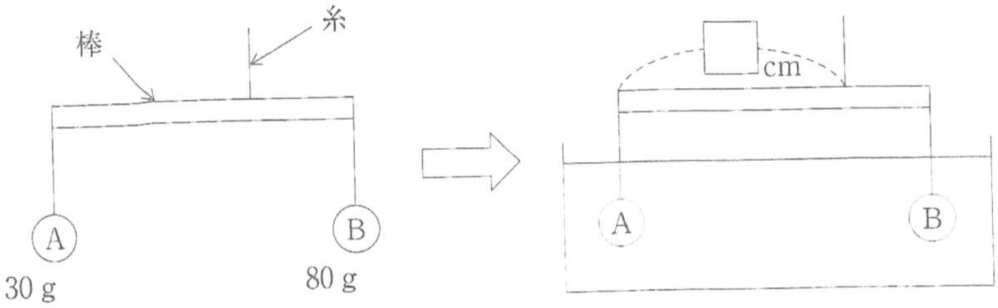

図６

2 以下の文章を読み，あとの問いに答えなさい。

実験室にあるものを整理しているときに，ビンにラベルをつけ忘れたため「食塩」「砂糖」「小麦粉」「ミョウバン」「消石灰《しょうせっかい》（※）」の５種類の白い粉の見分けがつかなくなってしまいました。そこで，これらのものを見分けるために，５種類の白い粉をＡ，Ｂ，Ｃ，Ｄ，Ｅとして，それぞれのものの性質を調べる実験を行いました。

（※消石灰は水に少量溶かすことができて，その水溶液《すいようえき》を石灰水と呼んでいます。）

実験①　水100ｇを入れたビーカーを５つ用意し，そこにＡ～Ｅの粉をスプーンですり切り１杯《ぱい》加えて十分によくかき混ぜた。

実験②　実験①で粉を加えた液体をそれぞれ一部取って赤色のリトマス紙につけた。

実験③　それぞれの粉を燃焼さじにのせて，アルコールランプの火であぶったときに，黒くこげるかどうかを観察した（次のページの図１）。

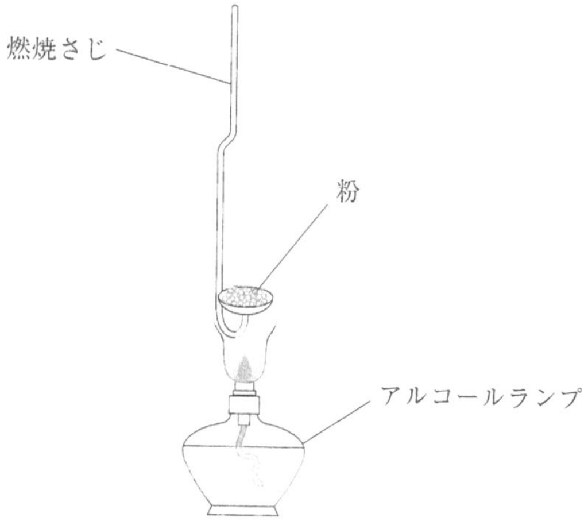

図１

実験①～③の結果

実験①　Ｂ，Ｃ，Ｅは全部溶けたが，ＡとＤは溶け残りが出た。

実験②　Ａのみ赤色のリトマス紙が青く変化した。

実験③　ＤとＥは黒くこげたが，Ａ，Ｂ，Ｃはこげなかった。

(1)　水に粉を入れてかき混ぜ，溶け残りがない水溶液のようすにはどのような特徴《とくちょう》がありますか，その特徴を１つ答えなさい。

(2)　実験②ではＡのみが赤色のリトマス紙を青く変化させました。この水溶液は酸性，中性，アルカリ性のどれと考えられますか。

(3)　実験③ではＤとＥが黒くこげました。なお，これらはどちらも植物からつくられたものです。これらを燃焼させたときに発生する気体について説明した文として適切なものを次の**ア**～**オ**から１つ選び，記号で答えなさい。

ア．水によく溶ける。

イ．食塩水を白くにごらせる。

ウ．この気体で満たした容器の中に火のついた線香《せんこう》を入れると激しく燃える。

エ．植物は，葉に日光があたっているときに，この気体をよく取り入れる。

オ．この気体は肺で体内に取り込《こ》まれたあと，赤血球によって全身に運ばれる。

実験①～③のみではＢとＣが特定できなかったので，以下のような手順で実験④を行いました（次のページの図２）。

手順Ⅰ　室温が20℃のもとで，20℃での水100ｇを入れたビーカーを用意し，そこにＢの粉を５ｇ加えてガラス棒で十分によくかき混ぜる。全部溶けたらもう５ｇ加えてかき混ぜる。５ｇずつ加えてかき混ぜる作業を溶け残りが出るときまでくり返す。Ｃについても同様の操作を行う。

手順Ⅱ　40℃での水100ｇを入れたビーカーを用意し，ＢとＣについて手順Ⅰと同様の操作を行う。

手順Ⅲ　60℃での水100ｇを入れたビーカーを用意し，ＢとＣについて手順Ⅰと同様の操作を行う。

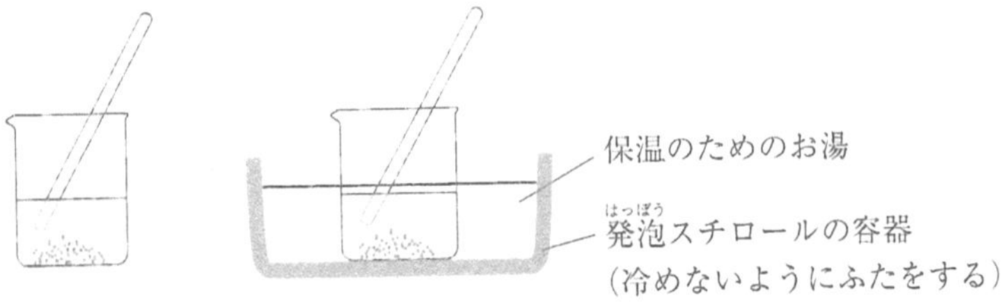

図2　手順Ⅰ(左)，手順ⅡとⅢ(右)

実験④の結果を表1および表2に示しました。

表1　実験④の結果：粉B

加えた量の合計〔g〕	20℃	40℃	60℃
5	○	○	○
10	○	○	○
15	×	○	○
20		○	○
25		×	○
30			○
35			○
40			○
45			○
50			○
55			○
60			×

表2　実験④の結果：粉C

加えた量の合計〔g〕	20℃	40℃	60℃
5	○	○	○
10	○	○	○
15	○	○	○
20	○	○	○
25	○	○	○
30	○	○	○
35	○	○	○
40	×	×	×

○：全部溶けた

×：溶け残りが出た

(4)　A，C，Dはそれぞれどの粉ですか。適切なものを次の**ア**～**オ**から1つずつ選び，記号で答えなさい。

ア．食塩　　**イ**．砂糖　　**ウ**．小麦粉　　**エ**．ミョウバン　　**オ**．消石灰

(5)　食塩の水溶液を蒸発皿へ入れて，実験用ガスコンロで加熱してすみやかに水を蒸発させると食塩の白い固体を得ることができます。あとの問いに答えなさい。

①　砂糖の水溶液で同じ実験を行ったらどうなりますか，次の**ア**，**イ**から1つ選び，記号で答えなさい。

ア．砂糖の白い固体を得ることができた。

イ．砂糖の白い固体を得ることができなかった。

②　①の答えを選んだ理由を答えなさい。

3 以下の文章を読み，あとの問いに答えなさい。

大昔の生きものが地中にうもれて，そのからだや，すんでいた生活のあとなどが残っているものを化石といいます。かたい骨や貝殻《かいがら》など，こわれにくく分解されにくいものが化石になりやすいといわれています。

地層を直接観察できるがけや切り通し，川や海岸に転がっているれきの中に化石を見つけることができます。また，化石を含《ふく》む岩石を使って建てられたビルの柱や床《ゆか》にも化石を見つけることができます。

(1) 地層がたい積した当時の環境《かんきょう》を知ることができる化石を示相化石といいます。ある地層からは，サンゴの化石ばかりが見つかりました。当時の環境として適切なものを次の**ア**～**エ**から１つ選び，記号で答えなさい。

ア．寒い地域の浅い海

イ．寒い地域の深い海

ウ．あたたかい地域の浅い海

エ．あたたかい地域の深い海

(2) 地層がたい積した年代を決めるのに用いられる化石を示準化石といいます。たがいに離《はな》れた３地域Ａ～Ｃにおいて，化石**ア**～**エ**がどこにうまっているのかを調べました。図１は，その結果を示したものです。矢印は化石がみられた範囲《はんい》を示しています。また，火山灰①～③は，それぞれ同じ時代に同じ火山から噴出《ふんしゅつ》した火山灰です。**ア**～**エ**の化石のうち示準化石として適切なものを１つ選び，記号で答えなさい。

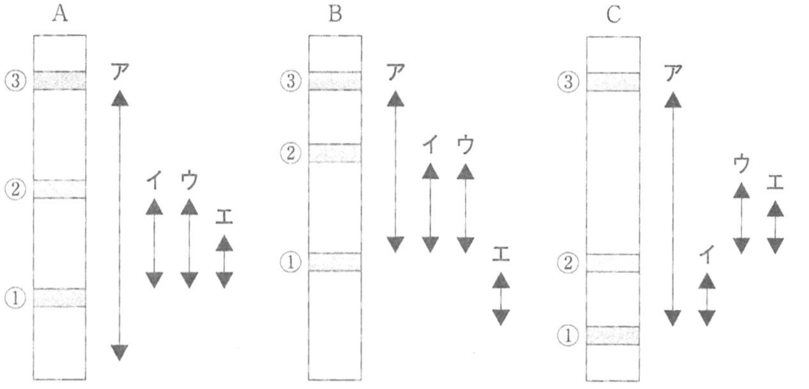

図１　柱状図(図の中の白色はどろや砂，灰色は火山灰)

(3) ロッキー山脈のカンブリア紀の地層などから産出する化石動物群をバージェス動物群と呼んでいます。カンブリア紀以前の化石には見られない，眼《め》や口，あし，かたい殻《から》やトゲをもつ化石が多く見つかっています。このことから，カンブリア紀について説明した文として適切なものを次の**ア**～**エ**から１つ選び，記号で答えなさい。

ア．「食べる・食べられる」の関係が成立していた。

イ．海から陸へ生きものが進出した。

ウ．太陽の光が地球にとどいていなかった。

エ．カンブリア紀以前に生物はいなかった。

(4) 図2は古生代の示準化石です。この化石の名前を次の**ア**～**エ**から1つ選び，記号で答えなさい。

ア．アノマロカリス　　**イ**．オパビニア

ウ．サンヨウチュウ　　**エ**．ハルキゲニア

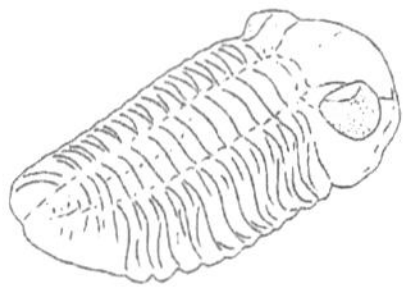
図2

(5) 図3はアンモナイトの化石です。アンモナイトについて説明した文として誤っているものを次の**ア**～**エ**から1つ選び，記号で答えなさい。

ア．形が棒状のものやU字状のものがある。

イ．日本では発見されていない。

ウ．右巻きのものや左巻きのものがある。

エ．恐竜《きょうりゅう》と同じ時代（中生代）の示準化石である。

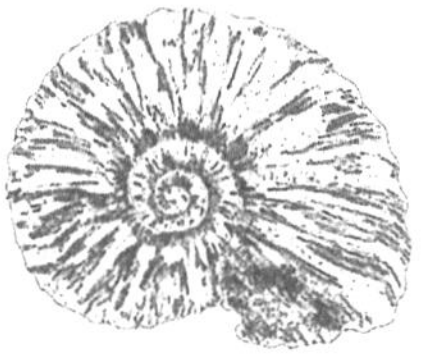
図3

(6) 図4はサメの歯の化石です。サメの歯は，アンモナイトと同じように，世界中でよく見つかる化石です。一方，サメの骨の化石はほとんど見つかっていません。サメの骨の化石がほとんど見つかっていない理由を答えなさい。

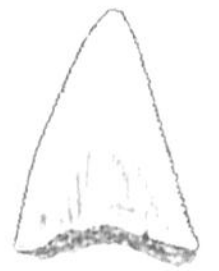
図4

(7) 2019年，「むかわ竜《りゅう》」として知られていた恐竜の学名が「カムイサウルス・ジャポニクス」となりました。一部欠けていますが，全身の骨格がほぼそろっている化石です。カムイサウルスを含むハドロサウルス類は草食恐竜で，白亜紀《はくあき》後期の世界中に分布していました。世界中のハドロサウルス類の化石を比べることで，どのようなことが分かりますか，3つに分けて，それぞれ一行で答えなさい。

4 以下の文章を読み，あとの問いに答えなさい。

ウメの花が咲《さ》くころ，明るい林の中の地面では，フクジュソウの黄色い花が咲き始めました（図1）。花を支えている茎《くき》が伸《の》び，細く切れ込んだニンジンのような葉が広がります。花には多数の花びら，おしべ，めしべ，がくはありますが，みつはありません。花はご飯茶わんやパラボラアン

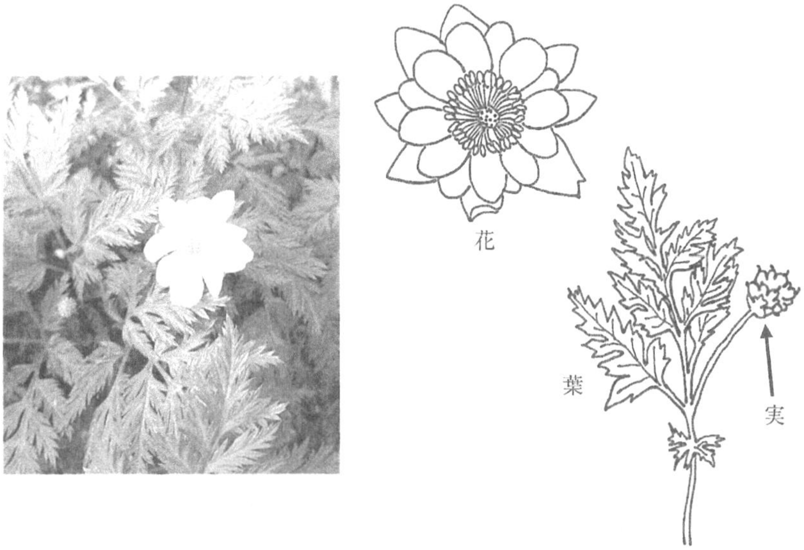

図1　フクジュソウの花・葉・実

テナのような形になっていて，太陽の日ざしを正面から受け止めるように太陽を追いかけて向きを変えます。しばらく見ていると，ハナアブやハエのなかまがやってきて花粉を食べたり，花の上で動き回ったりじっとしていたり，小さなハエは花の中に入ったりしていました。花が散った後，金《こん》平糖《ぺいとう》のような実ができ，6月ごろになると熟してパラパラと地面に落ちました。落ちた「たね」は，そのまま土の中にうもれるものもあれば，はたらきアリによって巣に運ばれたり，巣に運び込まれた後に巣の周りに捨てられたりするものもありました。そして，林の木々が葉を広げる初夏には，フクジュソウは枯《か》れて地面から姿を消してしまいました。図鑑《ずかん》で調べたところ，「たね」は翌年の春に発芽し，ふたばを広げた後に地上に出ている部分は枯れてしまうことがわかりました。

(1) 植物の花には，花びらが1枚1枚離《はな》れているものと花びらがくっついているものがあります。フクジュソウと同じ花びらのつくりをもつ植物を次の**ア**～**オ**からすべて選び，記号で答えなさい。

ア．ウメ　**イ**．ユリ　**ウ**．ツツジ　**エ**．アサガオ　**オ**．アブラナ

(2) フクジュソウのように早春に活動を始め，初夏には葉を落としてしまう植物を次の**ア**～**オ**から1つ選び，記号で答えなさい。

ア．タンポポ　**イ**．ハルジオン　**ウ**．ナズナ　**エ**．カタクリ　**オ**．カタバミ

(3) ハナアブもアリも昆虫《こんちゅう》ですが，生活のしかたが違《ちが》うので体の構造も違う部分があります。フクジュソウを訪《おとず》れるハナアブとはたらきアリの体のつくりを説明した文として適切なものを次の**ア**～**エ**から1つ選び，記号で答えなさい。

ア．ハナアブは4枚の翅《はね》をもつが，はたらきアリは翅をもたない。

イ．ハナアブは左右の眼が小さくて離れているが，はたらきアリの眼は大きくて上部が接している。

ウ．ハナアブの口はブラシのようになっているが，はたらきアリの口には大きなあごがある。

エ．ハナアブの触角《しょっかく》は頭と同じくらいの長さで細いが，はたらきアリの触角は短く太い。

(4) 文章中の下線部について，フクジュソウの花は太陽を追いかけて向きを変えることで日中の花の温度が高くなります。そのため，ハナアブやハエのなかまは花を訪れることにより体を温めることができます。このこと以外に，ハナアブやハエのなかまが得られる利点を答えなさい。

(5) フクジュソウの「たね」と呼ばれるものは「痩果《そうか》」と呼ばれる果実で，うすくてかたい果実の皮の中に1つの種子が包まれています。果実の皮と種子の皮が密着しているので種子のように見えますが果実の一種です。次の**ア**～**オ**の果実の中から痩果をすべて選び，記号で答えなさい。

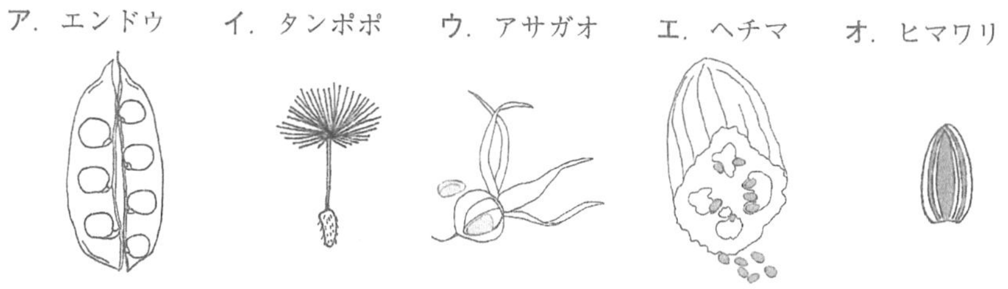

(6) 植物の種子散布には，風に乗って遠くへ運ばれる風散布や，動物にくっついたり，鳥に食べられフンとともに排《はい》せつされたりすることで遠くへ運ばれる動物散布など，いろいろなものがあります。フクジュソウの「たね」には，アリが好むエライオソームという部分があり（次のページ

の図２），アリはエサとして「たね」を巣まで運び，エライオソームだけを切り取って食べ，残った「たね」を巣の中や外に捨てます。このようなアリによる種子散布をアリ散布と呼んでいます。フクジュソウにとってアリ散布の利点の１つは生息域を広げることですが，これ以外にどのような利点が考えられますか，具体的に説明しなさい。

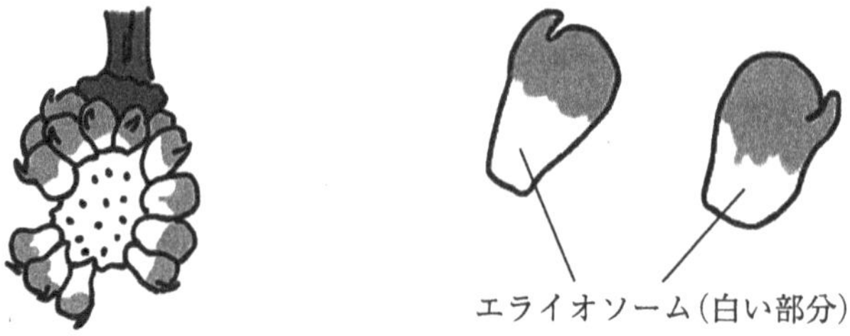

図２　フクジュソウの実（左）と「たね」（右）

5　以下の文章を読み，あとの問いに答えなさい。

駒太郎《こまたろう》君は重さの無視できる軽い糸を天井《てんじょう》からつり下げて，その先におもり（重さ50ｇ）をつけて振《ふ》り子を作りました（図１）。

振れはば（角度）は10°で一定にし，振り子の長さを変えて10往復する時間を計り，5回測定して平均しました。その結果を表１に示しました。ただし，振り子が振れているときに，糸がたるんだり伸び縮みしたりしないものとします。

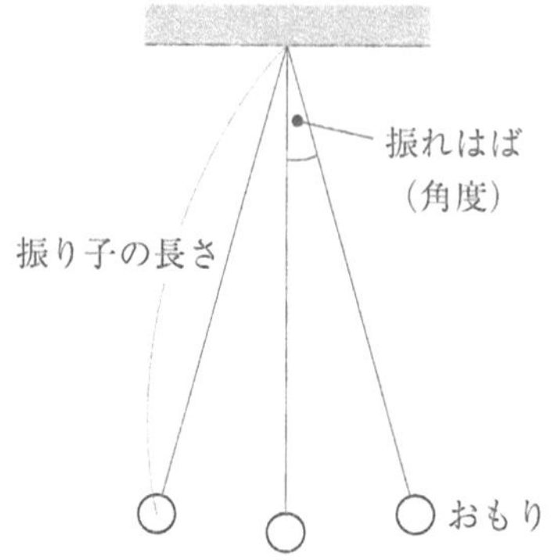

図１

表１．おもりの重さ50ｇにおける実験結果

振り子の長さ〔cm〕	20	30	40	45	50	60
10往復の時間〔秒〕	9.0	11.0	12.7	13.5	14.2	15.5
振り子の長さ〔cm〕	70	80	90	100	110	120
10往復の時間〔秒〕	16.8	18.0	19.0	20.0	21.1	22.0

(1)　10往復するのに27秒かかる振り子をつくりました。あとの問いに答えなさい。

①　この振り子の長さは何cmですか。

②　おもりを静かにはなしてから８分経過すると，振れはばが小さくなりゆっくりとした動きに

なりました。このときに10往復する時間を測定すると，何秒ですか。次の**ア**～**ウ**から適切なものを１つ選び，記号で答えなさい。

ア．27秒より短い　　**イ**．27秒　　**ウ**．27秒より長い

(2)　振り子の長さを50cmにして，図２のように手でおもりをもち上げて図の矢印の向きに少し勢いをつけてはなし，その後に最高点に達したところから10往復する時間を測定すると，何秒ですか。次の**ア**～**ウ**から１つ選び，記号で答えなさい．

ア．12.8～13.7秒　　**イ**．13.8～14.7秒　　**ウ**．14.8～15.7秒

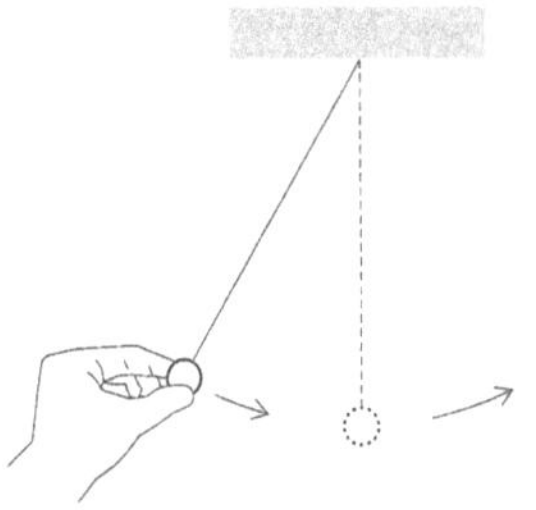
図２

(3)　１分間に48回往復する振り子Ａ，１分間に60回往復する振り子Ｂがあります。この２つの振り子のおもりを同時に静かにはなします。その後，往復する回数が一方に比べて他方が１回だけ多くなるのは何秒後ですか。

(4)　振り子の長さ80cm，おもりの重さ50ｇで振り子を作り，おもりをはなす高さを変えて，図３のように最下点でおもりの速さを機械で測定すると，結果は表２のようになりました。この値《あたい》をグラフにすると次のページの図４のようになり，高さと速さは比例していないことが分かります。しかし，高さを変えると速さも変わるので何か関係がありそうです。そこで，速さの値にある工夫をして横軸《じく》におもりをはなす高さ，縦軸に速さを工夫した値でグラフをかくと，その２つが比例していることを示せます。速さの値をどのように工夫した値をグラフにすればよいか，簡潔に説明しなさい。

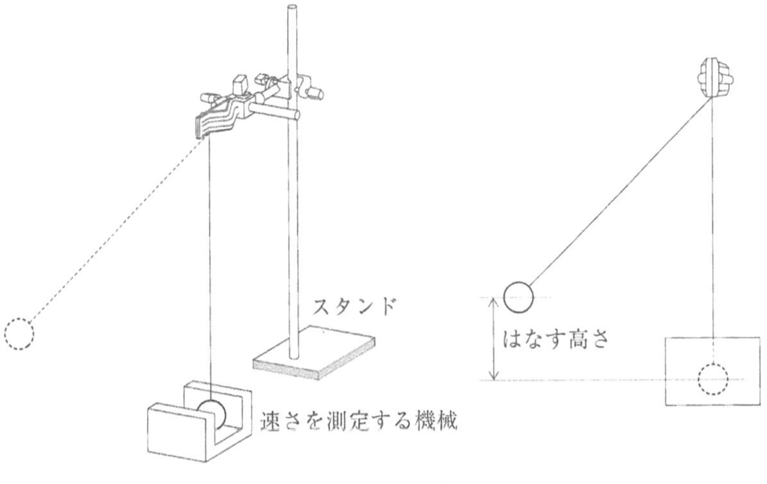

図３　実験のようす

表２．振り子の長さ 80 cm，おもりの重さ 50 g における実験結果

はなす高さ〔cm〕	0	5	10	15	20	25	30	35	40
最下点の速さ〔m/秒〕	0	1.0	1.4	1.7	2.0	2.2	2.4	2.6	2.8

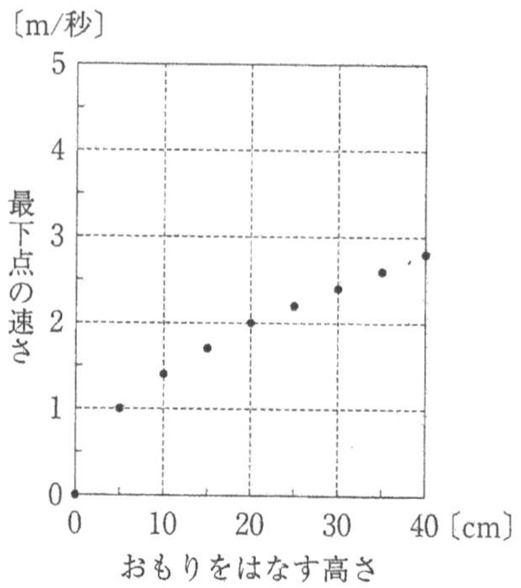

図4　おもりをはなす高さと最下点の速さの関係

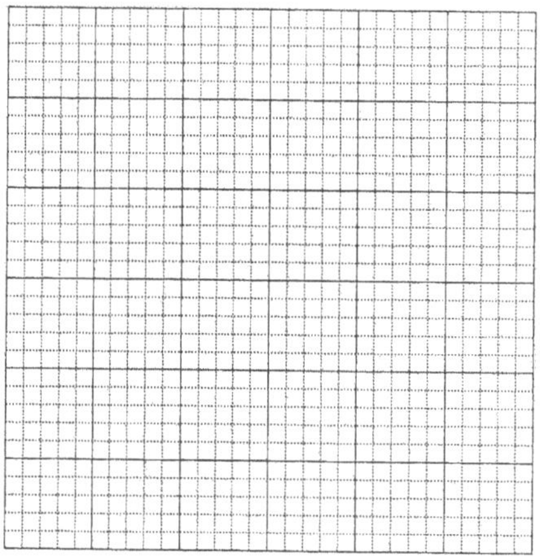

答えを考えるために自由に使ってよい

(5)　振り子を何度も使って実験していたら，振り子が振れているときに糸からおもりがとれてしまいました。駒太郎君の振り子は，最下点でとれました（図5）。一方，友達の邦彦《くにひこ》君の振り子は，最高点でとれました（図6）。それぞれ，糸からとれた後のおもりはどのように動いたでしょうか。図5は**ア**～**オ**，図6は**カ**～**コ**からそれぞれ1つずつ選び，記号で答えなさい。

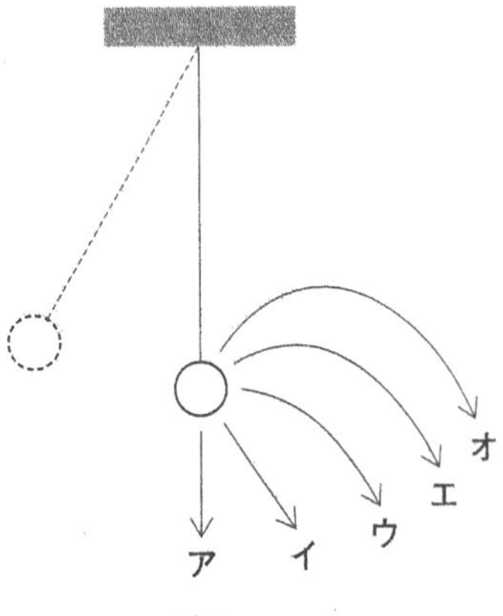

図5

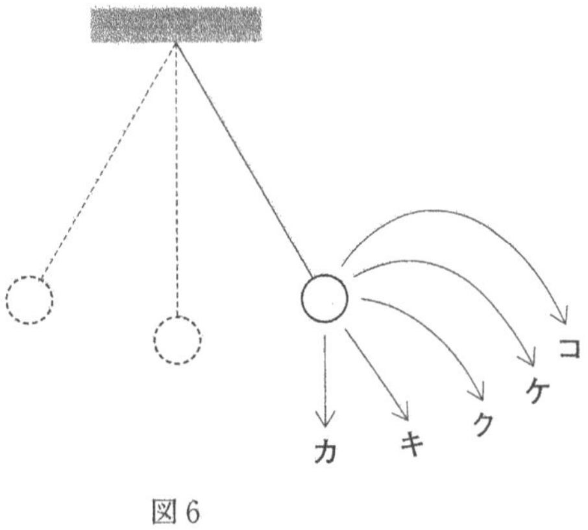

図6

【社　会】（40分）　＜満点：80点＞

次の文章を読み，問いに答えなさい。

2022年２月のロシアによるウクライナ侵攻《しんこう》は，世界に大きな衝撃《しょうげき》を与《あた》えました。しかし人間の歴史は，争いの歴史でもあります。農作物や水の利用をめぐって集落の中で争うこともあれば，土地をめぐって隣接《りんせつ》する集落や豪族《ごうぞく》同士の争いになることもありました。また，資源や貿易といった経済問題が争いの原因になることもあれば，宗教をめぐる争いも起きました。特に近代になると，地域をこえて自国の利益を主張する国家間の戦争が増え，20世紀には２回の世界大戦を経験しました。国家の全てを動員する総力戦は各地に大きな被害《ひがい》をもたらし，人々は核兵器《かくへいき》の威力《いりょく》を目《ま》の当《あ》たりにしました。そして戦争の反省から，さまざまな考え方の国々が一堂に会《かい》してルールを決めたり，国際機関を設立しました。しかし，参加国の全てが合意できる決定をすることは難しく，たとえば軍備の縮小もいっぺんには進みません。近年では，「使えない兵器」となったはずの核兵器についても，あえて威力を落とし使用する戦術が検討されたり，新たな核保有や同盟国との核共有をめざす動きも起きています。

１つの戦争が終わっても争いが続いたり，新たな対立の関係が生まれています。世界中の人々が安心して朝を迎《むか》えることは難しいように思えます。ですが，だからこそ，わたしたちは多くのことを学び，考え，理想を掲《かか》げて，諦《あきら》めずに対話を続けてゆくことが大切なのではないでしょうか。

問１　対立や紛争《ふんそう》の原因はさまざまです。豊臣秀吉《とよとみひでよし》や徳川家康《とくがわいえやす》の登場により，日本では列島社会を統一的に支配するしくみが整っていきました。その過程で，刀狩や検地も進み，各地の支配のしくみも大きく変わっていきました。戦国時代にみられた武士同士の戦いが少なくなる一方で，各地の村では，周辺の村との摩擦《まさつ》や，村内での紛争がみられ，河川・山林・資源をめぐる争いなどが多く発生しました。紛争のひとつは，村の運営方式をめぐって生じました。次の**文１・２**は，江戸幕府《えどばくふ》の支配のしくみについて述べたものと，村の運営方式をめぐって実際に起こった紛争の事例を説明したものです。

文１　江戸幕府の支配のしくみ

①幕府や大名などの領主《りょうしゅ》は，村の百姓の中の有力な者を名主《なぬし》(東日本の言い方)・庄屋《しょうや》(西日本の言い方)という役職に設定し，村の管理者(村役人)とした。

②幕府や領主は，①のような村の百姓の中の有力者である名主・庄屋を通じて，年《ねん》貢《ぐ》の徴収《ちょうしゅう》と納入を義務《ぎむ》づけた。

③幕府や領主は，名主・庄屋に対し，法度《はっと》(命令)を村内に伝達する責任を負わせた。

④各地の村では，名主・庄屋(村役人)が中心となり，自分たちの村を運営した。

⑤名主や庄屋は，村の構成員である惣百姓《そうびゃくしょう》(一般百姓)を統括《とうかつ》する役割をになった。

⑥名主・庄屋は，役職に対する見返りとして，屋敷地《やしきち》(住宅とその周辺地のこと)の年貢免除や，給米《きゅうまい》(給料《きゅうりょう》となる米)の支給などの特権を一部認められていた。

文２　摂津国《せっつのくに》芥川郡《あくたがわぐん》東天川村《ひがしあまかわむら》における紛争の事例
（1608年，現在の大阪府《おおさかふ》高槻市《たかつきし》）

①東天川村の惣百姓は，自分たちの村の庄屋となった弥次郎兵衛《やじろうべえ》を批判する運動を展開し，幕府の役人にあてて12条の内容を訴《うった》えた。庄屋は幕府の聞き取りに応じて，反論を展開した。

②第１条では，庄屋が年貢を徴収するときに，惣百姓の同意をえずに１パーセント分を上乗《うわの》せし，自分のものにしていると批判した。それに対して庄屋は，上乗せは村民が同意したことであると説明した。

③第２条では，検地をする際に，測定の間違いが発生した場合に備えて，不足分をおぎなうために検地役人から預けられていた土地を，庄屋が自分のものにしたと訴えた。庄屋は，その土地は自分が検地に際して負担した出費への見返りだと主張した。

④訴状《そじょう》では，他の問題点も指摘されたが，訴状にみられる惣百姓の言《い》い分《ぶん》と，庄屋の反論にはかなりの開きがあり，認識の食い違いが大きかった。

⑤庄屋の弥次郎兵衛は，1608年以降も話し合いを重ね，1615年に村役人となりうる人たちと協議し，今後はどの百姓が庄屋に任命されても，少しも苦情を申し上げることはしないと約束した。そしてあまりに惣百姓の言い分が身勝手だと主張し，庄屋の役職をやめたいと幕府の代官に訴え出た。

支配のしくみにみられるように，江戸時代には各村に名主や庄屋の役職が設定されています。しかし，江戸時代のはじめ各地の村では，有力な百姓が名主・庄屋の役職への就任《しゅうにん》を避《さ》けようとしています。それはどのような理由によると考えられるでしょうか。**文１**をふまえ名主・庄屋がおかれた立場に注目し，**文２**にみられる問題点に関連づけながら説明しなさい。

問２　下の**図１**は，1980年代にアメリカ合衆国《がっしゅうこく》（以下アメリカ）で労働者が日本製の自動車をハンマーでたたいて壊《こわ》している様子です。この頃アメリカでは日本の製品に対する反発や不買運動が起きていました。その理由を，日本とアメリカとの間の輸出入額と，日本の輸出入総額に占めるアメリカの割合の移り変わりを示した次のページの**表１**，日本とアメリカとの主な輸出入品目・金額・割合を示した次のページの**表２**を参照して説明しなさい。

図１　日本車を破壊《はかい》するアメリカの労働者

（「東洋経済ONLINE」より）

表1　日本の対アメリカ貿易の輸出入額・割合

	輸出		輸入	
年	金額(千ドル)	割合(%)	金額(千ドル)	割合(%)
1960	1, 101, 649	27. 2	1, 553, 534	34. 6
1965	2, 479, 232	29. 3	2, 366, 146	29. 0
1970	5, 939, 819	30. 7	5, 559, 579	29. 4
1975	11, 148, 605	20. 0	11, 608, 066	20. 1
1980	31, 367, 269	24. 2	24, 407, 981	17. 4
1985	65, 277, 567	37. 2	25, 793, 009	19. 9
1987	83, 579, 939	36. 5	31, 490, 462	21. 1

(『日本国勢図会《こくせいずえ》 1988 年版』より)

表2　日本の対アメリカ貿易の輸出入品目・金額・割合(1987 年)

輸出			輸入		
品目	金額(千ドル)	割合(%)	品目	金額(千ドル)	割合(%)
機械類	33, 118, 512	39. 6	機械類	6, 600, 550	21. 0
自動車	25, 223, 414	30. 2	木材	1, 960, 868	6. 2
自動車部品	5, 153, 903	6. 2	航空機	1, 578, 433	5. 0
精密機械	4, 325, 048	5. 2	魚介(ぎょかい)類	1, 449, 938	4. 6
鉄鋼	2, 360, 503	2. 8	とうもろこし	1, 194, 489	3. 8
金属製品	1, 232, 973	1. 5	肉類	1, 006, 935	3. 2
磁気テープ	786, 983	0. 9	有機薬品	948, 558	3. 0
有機薬品	776, 565	0. 9	大豆	920, 588	2. 9
二輪自動車	651, 610	0. 8	たばこ	836, 472	2. 7
プラスチック	589, 534	0. 7	果実	712, 121	2. 3

(『日本国勢図会 1989 年版』より)

※輸出の「機械類」は主に事務用機器，通信機器，ビデオテープレコーダー，エンジン，半導体など。
輸入の「機械類」は主に事務用機器。

問3　日本の原始・古代社会でも，人々はさまざまな形で争い・戦いをくり広げました。原始・古代社会で生じた争い・戦いなどについて述べた文として**誤っているもの**を，**ア**～**エ**から１つ選びなさい。

ア　弥生《やよい》時代に米作りが広がると，土地や田へ引く水，たくわえた食料，鉄の道具などをめぐって村同士の争いが起こるようになり，人々は集落の周囲をほりやさくで囲むようになった。

イ　古墳《こふん》に納められたひつぎからは，豪族の遺骨とともに，鏡や剣《つるぎ》，よろい，かぶと，刀をもったはにわなどが出土することから，すぐれた武力をもつ人が大きな力をにぎった社会であったことがわかる。

ウ　聖徳太子《しょうとくたいし》の死後，蘇我《そが》氏の力が天皇《てんのう》をしのぐほど強くなったため，天皇中心の政治を実現しようと考えた中大兄皇子《なかのおおえのおうじ》や中臣鎌足《なかとみのかまたり》は，645年に蘇我氏をたおし，中国から帰国した留学生や僧《そう》らとともに新しい国づくりを始めた。

エ　８世紀の中ごろ，都では病気がはやり，多くの人々がなくなり，各地でききんや災害が起こり，さらに貴族の反乱が起こるなど混乱していたため，桓武《かんむ》天皇は仏教を通して世の中の不安をしずめようとした。

問 4　平安時代には武芸を職業として朝廷《ちょうてい》や貴族に仕え，合戦や警備にあたる武士が登場します。武士はやがて，地方の反乱や都の権力争いの中で勢力をのばしていきました。平泉《ひらいずみ》（現在の岩手《いわて》県《けん》）で少年時代を過ごした源義経《みなもとのよしつね》もその一人で，義経は東国の武士団などをうまく使い，平氏との戦いを進めました。下の**説明文**①～③は，源義経が関わった戦いについて述べたものです。また，下の**図 2** は，①～③の戦いが起こった場所を記号 **A** ～ **C** で示したものです。**説明文**①～③と記号 **A** ～ **C** の組み合わせとして正しいものを，下の**ア**～**カ**から 1 つ選びなさい。

説明文

①　戦いの当初，潮《しお》の流れに乗った平氏軍が優勢だったが，潮の流れが変わると形勢も逆転し，義経らの源氏軍が優勢になった。

②　平氏軍は急ながけの下に陣《じん》をしき，守りを固めたが，義経は陣地のがけを鹿《しか》が通ることを聞いて，がけの上から奇襲攻撃《きしゅうこうげき》を行った。

③　屋島へにげこんだ平氏軍に対して，義経は暴風雨に乗じて，通常よりも短い時間で一気に平氏の背後にまわり，平氏を追いやった。

図 2

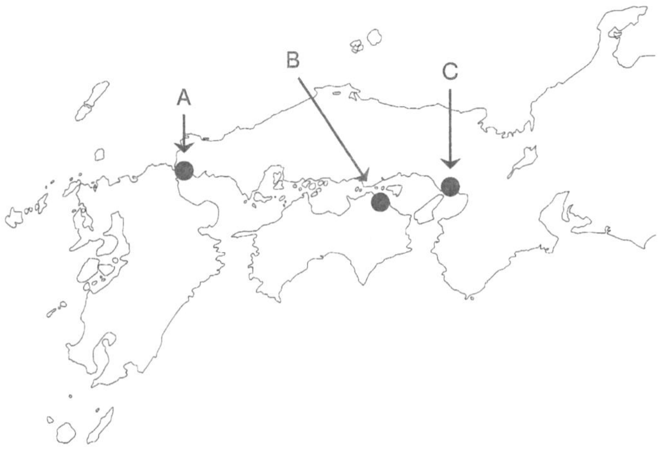

ア　①－A　②－B　③－C　　**イ**　①－A　②－C　③－B

ウ　①－B　②－A　③－C　　**エ**　①－B　②－C　③－A

オ　①－C　②－A　③－B　　**カ**　①－C　②－B　③－A

問 5　戦うためには兵士や武器が必要ですが，それらは時代や場所により変化し，戦い方や国のあり方に影響を与えました。これについて，次のページの**図 3 ・ 4** を見て問いに答えなさい。

(1)　新しい武器の登場は，戦術を変えたことで知られています。次のページの**図 3** は1514年に現在のイラン北西のチャルディラーンで，現イランの地を中心とした王朝と，現トルコの地を中心とした王朝がぶつかった時の様子です。1575年に日本で起きた，**図 4** の合戦にたとえられることが多い戦いです。**図 4** の合戦を何といいますか。

(2)　**図 3 ・ 4** の戦いの後には，軍の主力となる兵や武器がそれ以前とは変化しました。これらの戦いでは，どのような武器を使ったどのような兵の軍が，どのような兵を中心とした軍を破ったのでしょうか。

(3)　明治時代になると政府は富国強兵策《ふこくきょうへいさく》をとり，近代的な軍隊をつくろうとしました。それまでの兵力は各藩《はん》の武士の力にたよっていましたが，新たに「国民」を兵力とする軍隊（国民軍）をつくろうとします。国民皆兵《こくみんかいへい》を原則として1873年に出された，兵役《へいえき》の義務を定めた法令は何ですか。

図3

（『セリム＝ナーメ』より）

図4

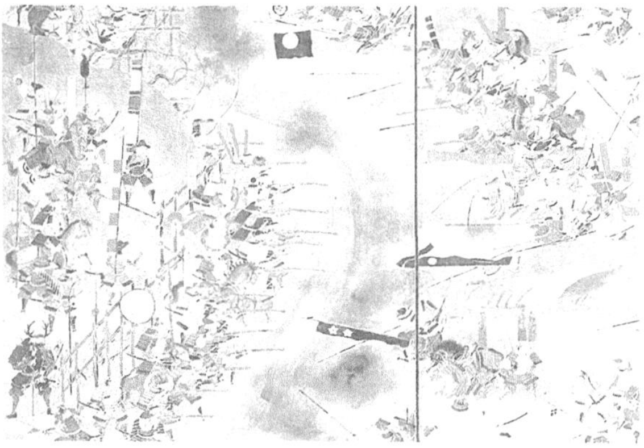

（徳川美術館所蔵資料より）

問6　近代になると，戦争は国家間の大規模なものになり，二国間だけでなく多国間の世界大戦が起きました。第一次世界大戦は，国民を戦争へと動員する総力戦として戦われました。総力戦の中，欧米《おうべい》諸国では労働者の権利を広げたり，国民の政治参加を求めたりする声が高まり，国際的な民主主義の動きは日本にも及びました。人々は政治への参加や，①生活環境《かんきょう》の改善，労働条件の改善，立場の向上など，②よりよく生きる権利を求めて立ち上がりました。

(1)　下線部①について，この時期より前の明治時代に足尾《あしお》銅山の鉱毒《こうどく》問題に取り組み，鉱山の操《そう》業《ぎょう》停止と被害を受けた人々の救済を政府に訴える活動をした元国会議員は誰ですか，人物名を**漢字**で答えなさい。

(2)　下線部②について，この動きに関連する出来事について述べた文として**誤っているもの**を，**ア～エ**から1つ選びなさい。

ア　政府は，政治や社会のしくみを変えようとする運動や思想を保護するため，治安維持法《ちあんいじほう》を定めた。

イ　京都市《きょうとし》で全国水平社《ぜんこくすいへいしゃ》の創立大会が開かれ，差別をなくす運動がしだいに全国へと広がっていった。

ウ　普通《ふつう》選挙を求める運動が広く展開された結果，1925年には25才以上の全ての男子が，衆議院議員の選挙権をもつことになった。

エ　平塚《ひらつか》らいてう《(ちょう)》は，仲間とともに，これまで男性よりも低く見られていた女性の地位の向上をめざす運動を続けた。

(3)　世界大戦は，国家が人々の生活を管理し，物資だけではなく国民の感情もふくめて国家のあらゆるものを動員した戦争でした。そうした中，戦争中には次のような出来事も起きました。

1942年8月末，九州《きゅうしゅう》に台風（昭和《しょうわ》17年台風第16号）が接近し，死者・行方不明者約1000人の被害が出ました。この大きな被害の原因の一つは，戦時体制下の情報統制にあったとされます。これは戦争の際には，どのような情報が，なぜ規制されていたからでしょうか。これについて述べた次の文の空欄《くうらん》【　】にあてはまる適切な語句を答えなさい。

【　1　】は【　2　】を決める大切な情報なので，敵国に知られてはならないから。

(4)　戦争中はさまざまな物資が必要となり，生産量が急に増えるものがあります。**図5**は，日本における地下資源**X**の産出量の移り変わりを示したもので，第二次世界大戦中に最も多くなりました。**図6**の長崎《ながさき》県にある端島《はしま》(軍艦島《ぐんかんじま》)は，地下資源**X**を採掘《さいくつ》していた場所の一つです。この地下資源**X**は，日本では明治時代に本格的な採掘が始まり，**図7**をみると，当時の主な輸出品にもなっていました。端島を含め，筑豊《ちくほう》や三池《みいけ》などの九州北部，茨城《いばらき》県から福島《ふくしま》県にかけての太平洋《たいへいよう》沿岸である常磐《じょうばん》地区，石狩《いしかり》や釧路《くしろ》などの北海道《ほっかいどう》各地が主要な産地であった地下資源**X**を答えなさい。

図5　日本の地下資源Xの産出量の移り変わり

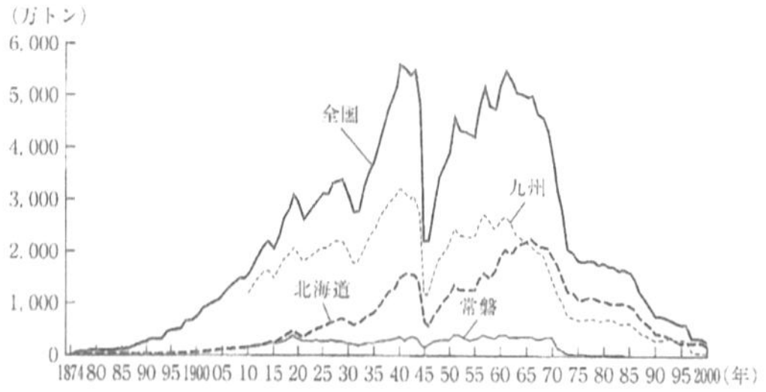

(杉山伸也《すぎやましんや》『日本経済史 近世－現代』より)

図6

(「長崎市公式観光サイト」より)

図7　1890(明治23)年の日本の主な輸出品の割合(%)

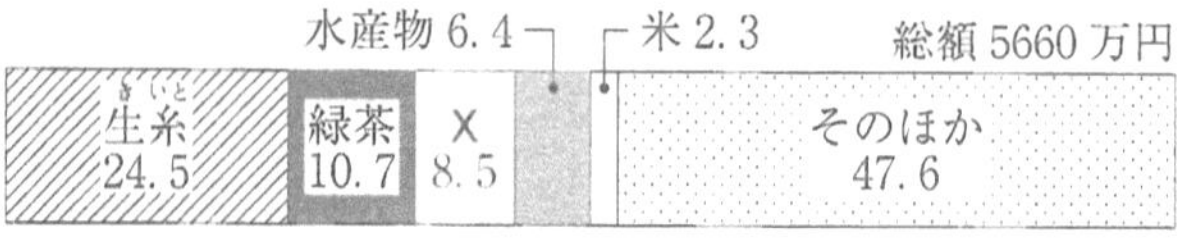

(『日本貿易精覧』より作成)

問7　紛争や国家間の対立が戦争に発展しないように，または防衛のために，各国は外交や軍備でさまざまな政策をとり，国際社会において条約を結びます。

(1)　現在の日本において外国と条約を結ぶ仕事をする機関と，外国と結んだ条約を認める仕事をする機関の名前を**漢字**で答えなさい。

(2)　(1)は三権分立の一例ですが，このほかに現在の日本で採用されている三権分立の例として正しいものを，**ア～カ**から**2つ**選びなさい。

ア　衆議院で内閣不信任決議案が可決されたら，内閣はただちに総辞職しなければならない。

イ　内閣は，臨時国会の召集《しょうしゅう》を決定できる。

ウ　天皇は内閣に対して，国事行為の助言と承認を与える。

エ　最高裁判所の全ての裁判官は，内閣により指名される。

オ　裁判所は，国会の定める法律が憲法に違反《いはん》していないかを調べる。

カ　国民は，最高裁判所の裁判官がその任に適しているかを審査する。

(3) 隣《とな》り合い対立するＡとＢの２国があるとします。両国の軍事力は同程度ですが，この先，相手国を信用し軍備を縮小するか，信用せず軍備を拡大するか，その選択《せんたく》の組み合わせによる結果をまとめたのが**表３**です。表から読み取れることとして正しいものを，あとの**ア～オ**から１つ選びなさい。

表３　両国の選択とその結果

	Ｂ国　軍縮	Ｂ国　軍拡
Ａ国　軍縮	両国とも軍事費を節約できる可能性が高く，地域の平和も保たれる。	Ａ国：軍事費は節約できても，軍事力で差がつき，攻撃《こうげき》の危険に脅《おびや》かされる。 Ｂ国：軍事費の負担は増えても，軍事力や外交で優位に立てる。
Ａ国　軍拡	Ａ国：軍事費の負担は増えても，軍事力や外交で優位に立てる。 Ｂ国：軍事費は節約できても，軍事力で差がつき，攻撃の危険に脅かされる。	両国とも軍事費の負担が増える可能性が高く，地域の緊張も高まり，戦争に発展した場合に被害が大きくなる。一方で，軍事力の差により戦争が始まる危険性は弱まる。

ア　「軍縮」を選択して良い結果につながることはない。

イ　お互《たが》いに相手国の出方がわかれば，必ず「軍縮」を選択する。

ウ　お互いに相手国の出方がわかれば，必ず「軍拡」を選択する。

エ　相手国に出しぬかれるのではという疑念があるかぎり，「軍縮」を選択するのは難しい。

オ　「軍拡」の内容が核兵器を持つことである場合，「軍縮」「軍拡」がどの組み合わせになっても核保有が自国民を守ることにつながる。

(4) 核兵器の開発，実験，保有，使用や使用するとおどすことなどを禁止する核兵器禁止条約が2021年に発効しましたが，日本は参加していません。唯一の被爆国で，核兵器も持っていない日本がこの条約に参加していない理由に，核保有国が主張する「核抑止《よくし》論（核を保有することがかえって戦争抑止につながるという理論）」と，日本もその恩恵《おんけい》にあずかっているという考えがあります。核兵器に他の兵器と異なるどのような性質があるから，核を持つことが戦争を防ぐことにつながると考えられてきたのか，説明しなさい。

問８　日本国憲法の平和主義は，前文と第９条に書かれていますが，そこに**書かれていない内容**はどれですか。**ア～エ**から１つ選びなさい。

ア　政府の行為によって，再び戦争が起こらないようにする。

イ　武力で他国との争いを解決することはしない。

ウ　核兵器を作らず，持たず，持ちこませない。

エ　陸海空軍などの戦力を持たない。

問９　１つの戦争が終わっても争いが解決するとは限りません。戦いが続いたり，より激しくなる場合もあれば，戦争の結果で，新たにさまざまな問題も生じています。

(1) 第二次世界大戦後，新たにイスラエルが建国されると，もともとその地に暮らしていたアラブ人（パレスチナ人）は居場所を奪《うば》われてしまいました。これをきっかけに，西アジアの諸国を巻き込んで何度も戦争が起きているパレスチナ問題は，現在も解決されないままです。次のページの**図８**は，パレスチナ人の子どもがイスラエルの戦車に石を投げている様子です。こうした写真や映像は，世界に衝撃を与え，パレスチナ問題への国際的な関心を高めました。この理由について述べた次のページの文の空欄【　】にあてはまる適切な語句を答えなさい。

図8

（インサイド・アラビアより）

パレスチナの人々のイスラエル軍への【　1　】の方法が，石を投げるという原始的なやり方で，石と戦車は両勢力の【　2　】の差を象徴《しょうちょう》している。このように，パレスチナの人々の石を投げざるをえない苛酷《かこく》な現実があきらかになったから。

(2)　国連難民高等弁務官事務所（UNHCR）によると，2021年末時点で，世界で紛争や迫害《はくがい》で故郷や祖国を追われた人は8930万人に達しています。このうち，UNHCRに難民として支援《しえん》されている人などの約7割は**表4**の5か国に集中しています。**表4**中の**A**と**B**の国についてそれぞれ下の説明文を読み，国名を答えなさい。

表4　難民の出身国上位5か国（2021年）

順位	国名	人数
1位	シリア	約680万人
2位	ベネズエラ	約460万人
3位	**A**	約270万人
4位	南スーダン	約240万人
5位	**B**	約120万人

（UNHCR日本「数字で見る難民情勢（2021）」より）

A　2001年に起きた同時多発テロの首謀者《しゅぼうしゃ》をかくまっているとして，タリバン政権だったこの国にアメリカ合衆国が軍事侵攻して攻撃をしました。新たな政権が誕生しましたが，その後も続くテロ活動で多くの人が難民になりました。日本人の中村哲《なかむらてつ》医師がこの国の医療《いりょう》や農業の発展に尽力《じんりょく》していました。

B　長く軍事政権が続いていた国でしたが，アウン・サン・スー・チーさんらの運動で近年民主化が進みました。しかし2021年に軍のクーデターが発生し，国内が混乱しています。また，国民の大半が仏教を信仰《しんこう》するこの国では，イスラム教の少数民族であるロヒンギヤが迫害され，数十万人が隣国《りんごく》などに難民として逃《のが》れています。

問10　駒場東邦《こまばとうほう》中・高の周辺地域は，かつて日本軍の施設《しせつ》が多くあった場所でした。**図9・10**は1939年発行の2種類の地形図，**図11**は2015年発行の地形図で，それぞれ駒場東邦中・高の周辺地域を示したものです。3つの**図**から読み取れることを説明した文として**誤っているもの**を，24ページの**ア**～**カ**から1つ選びなさい。

（**図9**，**10**は次のページ，**図11**は24ページにあります。）

図 9

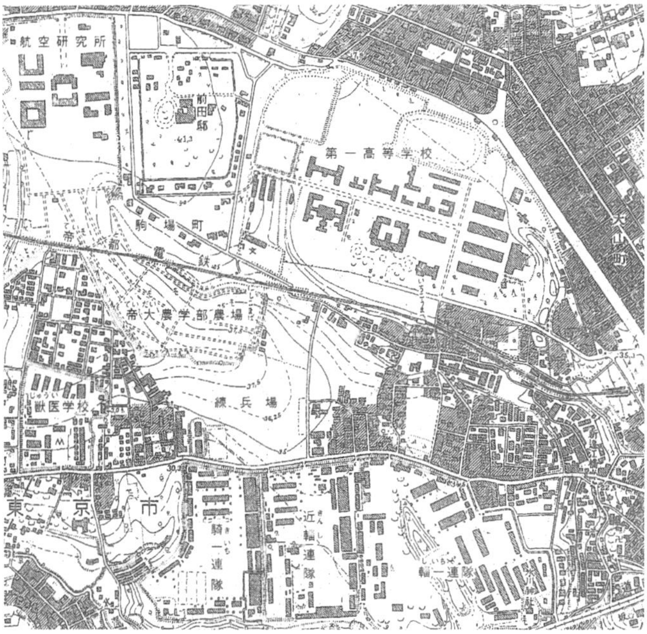

図 10

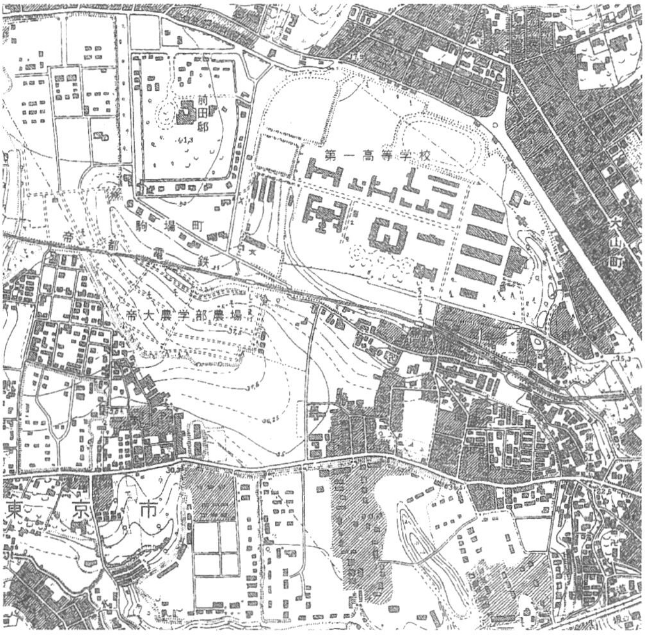

（山田《やまだ》 誠《まこと》『戦時《せんじ》改描《かいびょう》図論考《ずろんこう》』より）

図 11

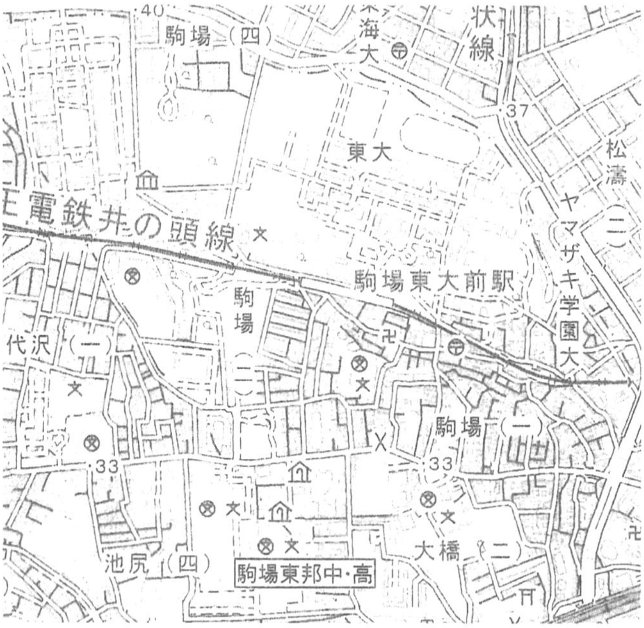

（国土地理院発行　2万5千分の1地形図より。縮尺は変更《へんこう》されています。）

ア　1939年には帝都《ていと》電鉄（現在の京王《けいおう》電鉄井《い》の頭《かしら》線）の駅が2つあったが，現在は1つになっている。

イ　前のページの**図9**には詳《くわ》しく描《えが》かれているのに，前のページ**図10**では名前が省略されたり，建物などが簡略化されているのは，主に日本軍の関連施設だったからである。

ウ　帝都電鉄（京王電鉄井の頭線）の線路の南側には，戦後に高校が6校できた。

エ　かつて前田邸《まえだてい》があった場所の南西の角に，現在，図書館がある。

オ　かつて練兵場があった場所には，現在，多くの住宅が建てられている。

カ　駒場東邦中・高の北側に老人ホームが2つある。

ことが9日、代理人弁護士への取材で分かった。抑圧《よくあつ》を逃《のが》れて来日したクルド人を支援《しえん》する「クルド難民弁護団」によると、トルコ国籍のクルド人が難民認定されたのは全国で初めて。

ア　Aさん「資料1を見ると、日本は難民の認定率が他の先進国に比べて著《いちじる》しく低くなっているね。この小説でサーリャの家族が難民として認定されなかったのも珍《めずら》しいケースではなかったんだね。」

イ　Bさん「資料2を見ると、トルコ出身者は日本ではまったく難民認定されていないね。そもそも日本ではトルコ出身の人が難民申請《しんせい》をするケースが他国に比べて少ないのかもしれないけど。」

ウ　Cさん「資料1と資料2を見ると、日本の難民認定率がそもそも高くない上、とりわけトルコ出身者の難民認定が難しいことがわかるね。何か特別な理由があるのかもしれないから、トルコやクルドについて調べてみた方がいいかも。」

エ　Dさん「日本でこれだけ難民認定がされていないのには、小説内で出てきた『血統主義』（32ページ）以外にも他の理由もあるかもしれないね。もう少し、難民について調べてみないと、簡単に日本の難民政策に問題があるとは言えないよね。」

オ　Eさん「資料3を見ると、これは小説の中でサーリャのお父さんが言っていた『あなたと私たちの未来に、光がありますように』（28ページ）というお祈《いの》りの『光』にあたる出来事だと言えるんじゃないかな。」

ウ　「急に風が吹《ふ》いて、水の音が高く響《ひび》いてきた」（34ページ）・「川は激しい流れを止めず、強い風が木々を揺らす」（34ページ）では、サーリャと聡太を取りまく状況が急激に悪化し、二人の心がすれちがってゆくことを暗示している。

エ　「それからの一週間で、気温が一気に下がった。もう薄手《うすで》のコートでは寒いくらいになった」（33ページ）・「冬の寒さ」（31ページ）とあるように、父親との面会をこれから一層寒くなっていく時期に設定することで、サーリャたちにとってより困難な状況が待ち受けていることを暗示している。

オ　作品中で「荒川《あらかわ》」（29ページ）はサーリャの住む埼玉県《さいたまけん》川口市と聡太の住む東京都北区赤羽の県境として描《えが》かれているが、サーリャにとってはただの県境ではなく、クルドと日本の境界線のようなところとして描かれている。

カ　「小学校があって、高層マンションがあって、住宅街があり、工場もある。川口の街」（29ページ）というように、目に映るものを一つ一つ確かめるように挙げていることから、それらが立ち並ぶ自分の暮らしてきた街をあらためて見つめようとするサーリャの様子がうかがえる。

問12　この小説を読み終えたAさん・Bさん・Cさん・Dさん・Eさんが日本における難民制度について調べたところ、次の資料1・2・3を見つけた。この小説と資料をもとに述べられた意見として、**適切でないもの**を次の中から一つ選び、記号で答えなさい。

資料1

	難民認定処理数(人)	難民認定数(人)	難民認定率
カナダ	29,951	16,904	56.44%
アメリカ合衆国	99,409	35,207	35.42%
イギリス	37,013	12,050	32.56%
ドイツ	245,585	56,586	23.04%
イタリア	95,200	6,506	6.83%
フランス	151,057	29,078	19.25%
日本	16,596	43	0.26%

先進7カ国の難民認定率（2018年）　UNHCRのデータを元に作成

資料2

	難民認定処理数(人)	難民認定数(人)	難民認定率
カナダ	1,662	1,486	89.41%
アメリカ合衆国	674	502	74.48%
イギリス	933	472	50.59%
ドイツ	9,093	3,786	41.64%
イタリア	276	85	30.80%
フランス	2,549	665	26.09%
日本	1,010	0	0%

トルコ出身難民申請者の難民認定率（2018年）　UNHCRのデータを元に作成

資料3

クルド人を難民認定《にんてい》　札幌《さっぽろ》入管、トルコ国籍《こくせき》は全国初　代理人「大きな一歩」

（二〇二二年八月一〇日　北海道新聞）

トルコ出身のクルド人で札幌在住だった男性（30）を「難民に該《がい》当《とう》する」と判断し、国の不認定処分を取り消した5月の札幌高裁判決（確定）を受け、札幌出入国在留管理局が男性を難民と認定したサーリャの悲痛な態度を見て、とうとうこのときが来たと覚悟《かくご》するとともにサーリャが受け入れられるか心配している。

ウ　サーリャの家族をこのような状況《じょうきょう》に追《お》い込《こ》む日本の難民制度について触《ふ》れないようにしてきたが、興奮しているサーリャの様子を見て、今この話をして受け止められるかはかりかねている。

エ　サーリャのお父さんの意志をここまで尊重してきたが、お父さんが隠していることを白状してほしいと強く訴《うった》えるサーリャの剣幕《けんまく》に押《お》され、もうごまかせないと観念している。

オ　サーリャのお父さんの思いに感服していたが、そんなことも知らず子どものように聞き分けのないことを言うサーリャの口ぶりに、いらだちながらもなんとか平静を保とうとしている。

問7　――線部⑤「私は、それを自分の力で読みたい、と思った」（32ページ）とありますが、サーリャはなぜこのように思ったのですか。その理由を八十字以内で答えなさい。

問8　――線部⑥「目を閉じて」（30ページ）、⑦「今、何か思《おも》い浮《う》かぶ？」（30ページ）とありますが、ここでの父の思いの説明として最も適切なものを次の中から一つ選び、記号で答えなさい。

ア　自分との別れを受け入れられていないサーリャに、サーリャの母の眠《ねむ》る故郷の風景を思い出させることで、クルドに帰りたいという自分の意志を分かってほしいという思い。

イ　長らく故郷に帰っていないサーリャに、親子三人でオリーブの樹《き》を植えた故郷での出来事を思い出させることで、クルドでの幸せだったひとときを忘れないでほしいという思い。

ウ　家族が離《はな》れることに反対するサーリャに、家族で過ごした時間を思い出させることで、どんな時でも家族の絆《きずな》は消えることがないことを伝えたいという思い。

エ　自分を引き止めようとするサーリャに、サーリャ自身にとって大切な場所はどこなのかを確かめさせ、その場所がどこであろうとも尊重してあげようという思い。

オ　自分のために裁判を起こそうとするサーリャに、今まで家族で築いてきた自由な生活を確かめさせ、これからも波風を立てずに自分の望む場所で生きていってほしいという思い。

問9　――線部⑧「私は、壊《こわ》れた水道みたいに涙《なみだ》と鼻水が流れ出すのを止められなかった」（29ページ）とありますが、ここでのサーリャの気持ちはどのようなものですか。百字以上百二十字以内で説明しなさい。

問10　――線部⑨「私は、自分の足で、大地を踏《ふ》んでいる」（29ページ）とありますが、ここでのサーリャの気持ちはどのようなものですか。六十字以内で説明しなさい。

問11　……線部の表現について述べたものとして、**適切でないもの**を次の中から**二つ**選び、記号で答えなさい。

ア　「秩父《ちちぶ》」（36ページ）や「赤羽」（35ページ）など実在する地名を用いることにより、この話の中でサーリャの家族に起きたことに現実感を加えている。

イ　「私には、わからない故郷を」（36ページ）・「たとえそれが他の誰《だれ》かに許されなくても」（33ページ）では、特徴的《とくちょうてき》な語り方をすることで、今自分が置かれている状況を受け止めようとしながらも動揺《どうよう》を隠しきれないサーリャの様子を表している。

Insallah《インシャーラー》 em《エム》 ê《エィ》 rojên《ロジェン》 ronahî《ロナヒ》 bîbînin《ベィビーヌン》
あなたと私たちの未来に、光がありますように。
（川和田恵真《かわわだえま》『マイスモールランド』）

問1　═══線部1～15のカタカナを漢字に直しなさい。

問2　〰〰線部A「唇《くちびる》を噛《か》んだ」（34ページ）・B「無機質な」（31ページ）とありますが、この言葉の本文中の意味として最も適切なものを次の中からそれぞれ一つずつ選び、記号で答えなさい。

A「唇を噛んだ」（34ページ）
ア　不思議に思った
イ　不満そうにした
ウ　怒《いか》りにふるえた
エ　感情を抑《おさ》えられなかった
オ　悔《くや》しさをこらえた

B「無機質な」（31ページ）
ア　大きくない
イ　あたたかみのない
ウ　個性的な
エ　頑丈《がんじょう》な
オ　古びた

問3　――線部①「その時、私は、ずっと寂《さび》しかったんだ、と気がついた」（35ページ）とありますが、サーリャはどのようなことについて「寂しい」と思っていたのですか。四十字以内で答えなさい。

問4　――線部②「その瞬間《しゅんかん》、揺《ゆ》れ動《うご》いていたはずの心が、急にぴたりと固まった」（33ページ）とありますが、ここでのサーリャの心の動きの説明として最も適切なものを次の中から一つ選び、記号で答えなさい。

ア　バイトをやめさせられてしまい、これからの生活に不安を感じていたが、どんな時でも自分の味方をしてくれる聡太と見つめ合うことで、日本で生きていけるという自信が芽生えたということ。
イ　聡太と別れなければならないことにためらいを感じていたが、聡太の真《ま》っ直《す》ぐな視線から変わらぬ愛情を感じ取り、このまま聡太と別れることなく共に生きていこうと固く決意したということ。
ウ　いろいろな問題が起こり、これからどうしたらいいか分からずにいたが、自分のことを大事に思ってくれる聡太と見つめ合う中で、自分が何を守り大切にしたいのか、はっきり分かったということ。
エ　家族との関係について長い間悩《なや》んでいたが、同じような悩みを抱《かか》えていた聡太と率直《そっちょく》に語り合い、見つめ合うことで、家族を大切に思う気持ちは万国《ばんこく》共通なのだとはじめて気づいたということ。
オ　自分がクルド人なのか日本人なのか分からずにいたが、クルド人であることを受け入れてくれた聡太の優《やさ》しい眼差《まなざ》しを前にして、自分はクルド人として生きていいのだと確信したということ。

問5　――線部③「お父さんの強い意志」（33ページ）とありますが、これはどのようなものですか。三十字以内で答えなさい。

問6　――線部④「山中先生はふーっと息を吐《は》く」（33ページ）とありますが、ここで山中先生はどのようなことを考えていますか。その説明として最も適切なものを次の中から一つ選び、記号で答えなさい。

ア　サーリャのお父さんから口止めされていたことをサーリャに話していいか悩んでいたが、サーリャの真剣《しんけん》な申し出を受け、もうこれ以上隠《かく》すことはできないとあきらめている。
イ　いつかサーリャのお父さんの思いを伝えねばと考えていたが、

　もう少し、話していたかった。今なら、やっと、お互いの思いを包《つつ》み隠《かく》さずに話すことができるんじゃないかと思う。でも、お父さんは、これ以上面会室に居られなかった。

「自転車、解体の置場の倉庫にある」

　お父さんの両手のひらが、目の前に現れる。お父さんは、目をつぶり、ふーっと息を吐き出す。その姿は蛍光灯《けいこうとう》の光に照らされて、神々《こうごう》しい。

「Insallah《インシャーラー》 em《エム》 ê《エィ》 rojên《ロジェン》 ronahî《ロナヒ》 bibînin《ベイビーヌン》」

　いつものクルド語のお祈《いの》りの言葉だ。お父さんは、顔を洗い流す、いつものお祈りの動作をすると、優しく微笑んだ。

　毎日13トナえた言葉の意味さえ、私は知らない。でも今、なんとなくだけれど、私は、それがどんな意味だったのか、わかった。⑧私は、壊《こわ》れた水道みたいに涙と鼻水が流れ出すのを止められなかった。

　お父さんは立ち上がり、部屋を出ていく。その大きな背中が小さくなり、足音が遠くなっていく。

　私はしばらく立ち上がることができず、電池切れしたみたいに座ってた。涙と鼻水と一緒に身体の力が流れ出してしまったみたいで、入管の職員が、14タイシュツしてくださいと呼びにくるまで、そのままそこに座ってた。

　でも、私はきっちりと意志を持って立ち上がった。それからは、涙は出なかった。

　帰り道も、はっきりと覚えている。どうしてか、いつもよりもむしろ、物事がクリアに見えている。街の看板や道路の脇《わき》に咲《さ》く15ザッソウ、当たり前にそこにある存在に目がいく。今だからこそ、見たい景色があった。

　そのために、私はまず、大事な相棒を取《と》り戻《もど》しに行った。お父さんの働いていた、解体の置場。その片隅《かたすみ》にある倉庫に自転車は隠《かく》されていた。埃《ほこり》がついたサドルとハンドルを手で払《はら》い、私は、自転車にまたがって、ペダルを漕《こ》ぎ始めた。

　あの、荒川にかかる大きな橋を渡る。

　埼玉から、東京に渡った。誰がここに、国境を引けるんだ。私には、それを越《こ》える力がある。私が、自分の進む道のハンドルを握《にぎ》ってる。自動車にも、大きなトラックにも負けない。流れには、流されない。立ち漕ぎをして、思いっきりスピードを出して力強くペダルを踏《ふ》み続ける。踏めば踏むだけ、前に進む。

　東京側の河川敷に着くと、自転車を降りた。聡太くんと、二人で来た場所だ。

　川の反対側に、私たちが暮らしてきた街がよく見える。小学校があって、高層マンションがあって、住宅街があり、工場もある。川口の街。

　お父さんとお母さんと一緒にここへやってきて、ここでアーリンとロビンが生まれた。いじめられたこともあったけど、友達もたくさんできた。いっぱい勉強もして、いろんな人に会った。秘密のバイトをして、初めて好きな子ができた。

　⑨私は、自分の足で、大地を踏んでいる。息を吸って、吐く。

　私を見ている人は、今、誰もいない。

　それでも、今、ここで、たしかに生きている。

と言った。思いがけない話題で、会話の流れを変えられてしまった。

私は、今暮らしているアパートのベランダにあるオリーブの樹しか知らない。お父さんが言った、クルドのオリーブの樹を思い出すことができずに、ただ無言でお父さんを見つめた。

「サーリャが生まれた時、ファトマと二人で植えた。毎年一本ずつ植えて、いつか林にしようって。でも、五本しか植えられなかった。それ以上、居られなくなったから」

お父さんは、少し俯《うつむ》いて目を閉じて、何かを思い浮かべていた。それから目を開けて言った。

「お前のお母さんは、オリーブの樹のすぐ近くで眠《ねむ》ってる。一人きりで。だから、そばに行くんだ。今の季節なら実がついてるかもしれない。覚えてる？　ここに来る前、一本、一緒に植えたの？」

お父さんにとって、それが大切な記憶であることが伝わってくる。オリーブの苗《なえ》を植える、お父さんとお母さんと、小さい私。でも、私には、どうしても、そのことが思い出せない。

⑥「目を閉じて」

急に言われて、戸惑《とまど》っていると、早くつぶって、と促《うなが》される。

⑦「今、何か思い浮かぶ？」

目をつぶって、私は素直に、一番初めに思い浮かんだ光景を口にした。

「……なんでだろ……ラーメン……みんなで行ったとこ」

仮放免（働いたり自由に移動したりできなくなる状態）になって、もう希望がなくなったと思った時に、家族でラーメンを食べた。あのひとときの幸福が、私が今、一番欲《ほ》しいものだ。お父さんは私の答えを聞いて微笑んだ。

「お腹《なか》空いたの？」

「ううん」

お父さんが、人差し指と中指をお箸《はし》みたいにして、ずずーっと音を立てて、ラーメンを食べるふりをした。

私も、おんなじようにする。指の箸を上下させて、ずずっとラーメンを食べる。アクリル板を挟《はさ》んで、お互《たが》いにその動作を繰《く》り返した。笑いながら、目から涙《なみだ》がこぼれ落ちた。

子どもの頃に戻《もど》ったみたいだった。私も、お父さんも。お父さんを心から信じて、大好きでたまらなかったあの頃。いや、今だって、本当はそうなんだ。

でも、親子であっても、私とお父さんが一番に心に思い浮かべる風景は違う。私にとっての故郷は、クルドではなくて、ここでしかないことが、お父さんにも、伝わっている。お父さんは笑って言った。

「これからは好きなように食べて」

「……うん」

私は、確信を持って答えた。お父さんは、自分を犠牲《ぎせい》にしてでも、私たちにとっての故郷を守りたいと思ってくれた。故郷は、お父さんにとって、すごく大事なものだからこそ、そう思ってくれたんだ。

こんなことを強いる社会は間違ってる。お父さんを犠牲にしてしまうことなんておかしい。いろんな思考が頭を駆《か》け巡《めぐ》る。でも、何より強かったのは、お父さんの、私の故郷を尊重してくれようとする思いを、しっかりと受け取らなければいけないという気持ちだった。それは、お父さんにとってのクルドを大切にすることにも繋がる気がした。

面会の終了《しゅうりょう》時間です、と職員が部屋の外から声をかけた。

「まだ……」

なかったことを後悔《こうかい》したのも、これが初めてだった。これまでずっと、あんなにそばに居たのに。いつでも話せたはずだったのに。

＊

入管の周囲の風景は季節がめぐっても、ほとんど変わらない。アスファルトの道路と倉庫街にはトラックだけが行《い》き交《か》い、生きている自然や、そこで生活をしている人が、ほとんど存在しないからだ。相変わらずB無機質な入管の建物の中に、お父さんはもう四ヶ月もいる。もっともっと長く、何年も収容されている人もたくさんいる。その中で、病気になったり、将来に絶望して自ら命を絶つ人もいるらしい。夏だってエアコンが効いてなかったのだから、冬の寒さはさらに12キビしくなるだろう。

そのことを改めて感じながら、面会の受付を終えた。

今日は、お父さんの冬服を差し入れた。山中先生にお願いして、私一人で来させてもらった。二人だけで、話がしたかったから。

お父さんと二人だけで話すのは、すごく久しぶりだった。

面会室に入ってきたお父さんは、前回会ったときより、さらに痩《や》せてしまっていた。髪《かみ》も髭《ひげ》も、白髪《しらが》が増えて、ボサボサのまま広がっている。この面会室からは見えないけれど、お父さんのこの姿を見ただけで、入管施設の環境《かんきょう》の辛《つら》さがよくわかる。こんなところから、早く出してあげたい。でも、お父さんだけトルコに帰るのは、嫌《いや》だ。今日はそれを、伝えるつもりで来た。私はノートを取り出して見せた。

「これ……お父さんのノート、見たよ。日本語、練習してたんだね。日本で生きていこうって思って、練習したんでしょ？」

お父さんは、ノートを見て、驚《おどろ》いたように目を大きく開けた後に、ふっと息を吐いた。

「それを書いたときは、まだ、難民申請もだめになってなかったからね」

ノートの最後に書かれたクルド語の文章をお父さんに見せる。

「これは？　何が書いてあるの」

「それは……俺が、クルドに居たときにあったこと。子どものころにあったこととか……家族がされたこと……」

そう言うと、お父さんは言葉を詰まらせた。ずっと奥《おく》のほうに仕舞《しま》っていた記憶《きおく》の扉《とびら》を開けることが、苦しいのかもしれない。

「私、自分の力で読む。クルド語、勉強するから。教えてよ」

お父さんは、優しく微笑《ほほえ》んでから言った。

「もうすぐ、国に帰ることになる。俺が帰っても大丈夫なように、いろいろ準備してる。ロナヒに頼んであるから、しばらく一緒《いっしょ》に暮らしなさい」

「お父さん、帰らないで。ここに居て」

私は、真っ直ぐにお父さんの目を見て、はっきりと伝えた。お父さんの瞳の奥が揺れたのを感じた。固い決意だって、私ならば崩《くず》せるかもしれない。そのとき、そう思った。

「裁判しよう。一緒にいられるように。きっと、いつか大丈夫になるから」

続けて私がそう言うと、しばらく間があった。お父さんは、私の言葉を飲み込んで、それにどう応《こた》えるか、ゆっくりと考えているようだった。

数分後、口を開くと、

「……クルドの家のそばに、オリーブの樹《き》があったの、覚えてる？」

ビザが出たんだ。お父さんは入管の中でそのことを知って……自分だけ帰ると言い出したんだ」

「……」

私は言葉を失った。

山中先生の話では、そもそも日本は血統主義だから、日本で生まれても、日本人の血が流れていないと国籍《こくせき》が取れない。でも、あるタイ人の親子は、滞在《たいざい》資格を失ってしまった親が帰国することで、日本で生まれ育った子どもにのみビザが出たらしい。クルド人でも、日本の大学や8センモン学校に進むことができた人にだけ、留学ビザとして滞在許可が出て、そこから9シュウショクにも繋げることができた例があるのだと。

そういう例があることに希望をかけて、お父さんは自分一人で帰ることを望んでいるのか。私の頭は真っ白になった。

私たちのために、わずかな可能性に賭《か》けて、自分の命を危険にさらしてまで帰国を決めるなんて……。そんなこと、私にはとても受け入れることはできない。

「君たちのことは、ロナヒさんとメメットさん（近所に住む母方のいとこの夫婦《ふうふ》）に任せるとお父さんは言っている。これまで助けてくれたお返しをしたいと言ってくれているそうだ……」

その優しさは、身勝手だ、と怒《いか》りさえ湧《わ》く。

「お父さんは……勝手すぎます」

「確かに、そうとも言える。でもね、今の日本がお父さんにそうさせることを、僕たちは理解しなくちゃいけないんだ。家族を別々にすることで、一方を居させるなんて、あってはならない。なんて残酷《ざんこく》なんだと僕は思うよ。子どもが安全に家族と暮らす10ケンリは、世界中の誰にでも認められているんだ」

山中先生の言葉が、私の胸を突《つ》いた。お父さんの決断も、それを強《し》いる社会も、どちらも、私には納得《なっとく》ができない。

誰が、なんのためにそんなことを強いるのだろうか？

ふと気づいて、お父さんのノートを反対から開いた。

横書きでびっしりと、長い文章が書いてある。それは、小さく、11コマかな文字で、二十ページ以上続いていた。ページによって、インクの色が違うから、長い期間、たぶん何年にもわたって、少しずつ書き継《つ》がれたようだ。これは、クルド語だ。

私は、そこにはきっとお父さんの本当の気持ちが書かれていると感じた。

山中先生は、それをしばらく見て言った。

「きっとお父さんは、忘れないために書いたんだ。クルドのことを。自分が誰であるか。遠くの土地にいても、自分であり続けるために」

私もアーリンも聞こうとしないから、お父さんはクルドのことを話さなかった。お父さんは長い間、一人でどんなことを、どんな思いで書き続けていたのだろう。

クルド語だということだけはわかっていても、そこに、何が書いてあるのか、私には読むことができない。誰かに聞けば、内容はわかるだろう。でもその時、⑤私は、それを自分の力で読みたい、と思った。お父さんを、自分の力で知りたい。

クルド語を覚えたいと思ったのは、生まれて初めてだった。

お父さんと向き合っていなかったこと、お父さんの思いを知ろうとし私も真っ直ぐに見ると、聡太くんの瞳《ひとみ》の中にいる自分と目が合った気がした。②その瞬間《しゅんかん》、揺《ゆ》れ動《うご》いていたはずの心が、急にぴたりと固まった。

私は、自分の大切な人、大切な場所、大切なものを、自ら手放すことはしない。聡太くんも、ロビンも、アーリンも、お父さんも、暮らす場所も全部、守りたい。

たとえそれが他の誰《だれ》かに許されなくても。

家に帰ってから、ぐちゃぐちゃになっていた部屋を、アーリンとロビンと三人で綺麗に掃除《そうじ》した。ゴミは私とロビンで片付け、洗濯物《せんたくもの》はアーリンがやった。足の踏《ふ》み場《ば》もなかったのに、三人で協力し合えば、あっという間に普通《ふつう》に暮らせる空間になった。

三人で、いつもお父さんが作ってくれていたクルドの料理を作ってみたけど、教わった通りに作ったのに、やっぱり少し違《ちが》う味がした。

＊

それからの一週間で、気温が一気に下がった。もう薄手《うすで》のコートでは寒いくらいになった。お父さんは、変わらず入管施設《しせつ》に収容されている。夏から初冬へと季節が変わる間、何も変わらず、何もできず、あの場所で過ごしていることを思い知る。山中先生（サーリャ一家を支《し》援《えん》している弁護士）が、お父さんに冬物の差し入れをしようと、家まで手伝いに来てくれた。

冬物のお父さんの7サギョウズボンのポケットから、初めて見る手帳のようなものを山中先生が見つける。

「これ、見て」

その手帳を、山中先生は私に渡した。小さな古いノートだ。毎日解体（建築関係の仕事）の現場に持っていっていたのか、ずいぶん長く使っていたのか、表紙がすっかり黒ずんでいる。

中を開くと、日に焼けたページには、日本語で、私たち家族の名前がぎっしりと書いてあった。

サーリャ、アーリン、ロビン、マズルム（サーリャの父親）、ファトマ（サーリャの母親）。

日本語を覚えるため、何度も練習したのか、最初は変な形だったけど、だんだんときちんとした文字になっている。鉛筆《えんぴつ》で書いた字を手で擦《す》ったのだろうか、綺麗とは言えないけれど、何度も書かれた文字に、③お父さんの強い意志を感じた。

お父さんは、ここで、生きようとしていたんじゃないのか。私は、山中先生に、心からの願いを伝えた。

「お父さん、帰らせないようにできませんか？」

鞄《かばん》にセーターを詰《つ》めていた山中先生は困ったように眉毛《まゆげ》を下げた。

「もちろん、僕《ぼく》だってそうさせたい。でも、意思が固いんだ……」

「どうしてですか？　帰ったら捕《つか》まる危険があるのに。おかしいじゃないですか。止めてください。先生、お願いです」

山中先生は、しばらく考《かんが》え込《こ》んでいた。私は、もう引かないつもりだった。真っ直ぐに山中先生を見つめ続けた。

④山中先生はふーっと息を吐《は》くと、腹を決めたように話し始めた。

「言わないでと頼まれていたんだけど……。在留資格を失ってしまった外国人でも、日本で育った子どもにだけビザ（入国許可証）が出たケースがあるんだよ。その家族の場合はね、親のビザを諦《あきら》めた代わりに、子どもに私たちは川の近くの岩場に座った。いつもの河川敷《かせんじき》で、そうしているように。

石だらけの河原で、私はひとつ、思い出した。

「小さい頃《ころ》、トルコで、お父さんが、2タンジョウ日に石をくれたことがある。村で一番綺麗《きれい》な石だって」

「面白《おもしろ》いね、お父さん」

聡太くんが笑って言う。

「……そうかな。ほんと、何考えてるのかわからない」

「俺も。母さんが何考えてんのか、全然わかんない」

「……お母さん、聡太くんの幸せが一番って、言ってたよ……」

私は、のりこさん（聡太の母親）と二人で料理を作ったときに、愛《いと》おしそうにそう言った、優《やさ》しい顔を思い出していた。

「それなのにサーリャのバイトを辞《や》めさせるなんておかしいよ」

聡太くんは、そう言ってA唇《くちびる》を噛んだ。

「うまくいかないね」

すべての愛が、自分の思う通りに相手に3トドくわけではない。

「そうだね。うまくいかない」

私は、自分とお父さんの関係を思い浮かべながら、そう答えた。

私たちは少しの間、そのままでいた。ずっとこのままで居られればいいのに、と私は思う。

聡太くんは立ち上がると、足元の石を拾って、川に投げて水切りを始めた。水面をちゃちゃちゃ、と軽《かろ》やかに跳《は》ねていく石を見て、おー4新キロクだ、と喜ぶ。

私も投げてみるけれど、ぜんぜんうまくいかず、ぼちゃんと沈《しず》んで、下手くそ！　と笑われてしまう。

私は、すごく、聡太くんが好きだと思った。これがみんながいう恋《こい》とか愛とか、そういうものなのかはわからない。でも人として、この人が大好きだ。

初めて、クルド人であることを話して、そのまま、受け入れてもらえた。自分が知らないことを知ろうとしてくれた。

遠くから列車の音がガタンゴトンと近づいて来て、私はその音に、背中を押《お》される。聡太くんと向き合うと、その頰《ほお》に、自分の頰を、右、左の5ジュンでくっつける。

さようならの、チークキス（頰と頰をつけるあいさつ）をした。

ここに来た最後の目的は、今日で、聡太くんと会うのをやめることだった。息子《むすこ》を思うお母さんの思いを、聡太くんには6ウラギってほしくない。それに、埼玉《さいたま》から出られない私にとらわれずに、聡太くんには広い世界に、歩み出して行ってほしい。

別れを言葉にはできなかった。それでも、私の気持ちは伝わった。

聡太くんは、私の両手を摑《つか》んだ。離れたくない。その手の力強さから、聡太くんの思いがよくわかった。強く摑みすぎたと思ったのか、すぐに手の力は優しくなった。でも手を放さなかったし、私も、放したくはなかった。時間が止まったみたいに、私たちは手を繫《つな》いだまま固まっていた。急に風が吹《ふ》いて、水の音が高く響《ひび》いてきた。

私たちの隣《となり》で、川は激しい流れを止めず、強い風が木々を揺らす。それでも、二人とも微動《びどう》だにしなかった。繫がった手の温《ぬく》もりはどんどん増していく。真《ま》っ直《す》ぐに私を見る聡太くんから、思わず目をそらしてしまったけれど、それでも聡太くんは真っ直ぐに見つめ続けた。

私は黙《だま》って頷《うなず》いた。

遠くからロビンと聡太くんの笑い声が聞こえてくる。二人で川に足を入れて、水を掛《か》け合《あ》ってはしゃいでいる。

「ねえ、私がロビンといるから、二人で話して来なよ」

「……でも」

昨日の今日だから、ロビンから目を離《はな》すのは少し心配だった。でもアーリンは力強く言ってくれた。

「大丈夫《だいじょうぶ》、私を信じて。時間なくなるよ」

「……ありがとう」

アーリンが頼《たの》もしくて、ありがたかった。私には、聡太くんと話したいことがあったから。アーリンが、あっちの方が良い石あるよ、とか言って、ロビンを連れて行く。二人を見送りながら、聡太くんと、川を見渡《みわた》せる場所を歩きながら話す。

「いつも、この辺でキャンプするの？」

聡太くんがあたりを見回しながら聞く。

「うん。釣《つ》りしたり、ケバブ焼いたり」

「めっちゃ楽しそうじゃん」

聡太くんは、お母さんと二人ではどこかに出かけることもない、と言った。

「ここ、なんか私の生まれたところに似てるらしい。でも、全然、覚えてないんだ」

聡太くんは、足元にあった石を拾って、少し考えてから言った。

「それはちょっと寂しいよね」

「……うん」

寂しい、その言葉が私の心にぴったりと来た。①その時、私は、ずっと寂しかったんだ、と気がついた。

「俺《おれ》はずっと赤羽だから。ずっと生まれた場所にいる」

私も、石を拾った。ゴツゴツしたその小さな石を見て、いつか学校の帰り道にお父さんが拾ってロビンに渡《わた》した石を思い出していた。どこにいても石は変わらないって、お父さんは言ってたけど、クルドの石がどんなだったかも私にはわからなかった。

「故郷って特別？」

「うーん。東京だし、ずっと同じ場所にいるから故郷って、あんまりわからない。赤羽は、地元って感じかな」

「地元……なんか、地元って言ったことないかも」

「サーリャの地元は川口でしょ？」

聡太くんは、当たり前のことみたいに言ってくれた。

「……うん。私の地元は川口。それだけは、はっきりしてるね」

十年以上暮らして来た場所が私の心に思《おも》い浮《う》かんだ。川口に流れる荒川は、濁《にご》っているけれど、そのすぐそばで、私は心の陽《ひ》だまりを見つけて来たんだ。

「たぶん、生まれた場所を離れて、後から懐《なつ》かしく思い出した時に、初めて故郷になるんだよね。そういうの、俺はまだ、ないなあ」

聡太くんの言葉が、心にじんわりと広がる。みんな、そんなにはっきりとした故郷があるわけじゃないんだ。

クルドでも、川口でも、どちらかでも、両方でも、私がどこを自分の故郷だと思うかは、自分だけの感覚に素直《すなお》でいれば良いのだと思えた。

【国　語】（六〇分）〈満点：一二〇点〉

次の文章を読み、後の問いに答えなさい。

主人公のサーリャはクルド人（独自の言語や文化を持ち、特定の国を持たず、トルコ、イラン、イラク、シリアなどにまたがって居住している）で、六歳の時、トルコから追われるように両親と日本にやってきた。日本に来てから十二年の間に、妹のアーリン（中一）、弟のロビン（小一）が生まれたが、二年前に母親は病気で亡くなってしまった。来日時から難民申請《しんせい》（自国で迫《はく》害《がい》を受ける恐れのある外国人が保護を求めること）をしていたが、このたび不認定と決まり、在留資格（外国人が日本に住むことができる資格）も与えられなくなってしまった。今までサーリャは住んでいる埼玉県《さいたまけん》の川口から荒川《あらかわ》を渡った先にある東京の赤羽にあるスーパーでアルバイトをしていたが、在留資格を失ったことでクビになってしまった。父親も規則を破って県外で仕事をしていたため東京出入国在留管理局（入管）に収容されてしまった。最初、父親は裁判を起こすつもりだったが、一転して自分はトルコに帰ると言い出した。父親がいなくなったことで家族が不安な生活を送る中、昨夜ロビンが遅くまで家に帰らなかったため、サーリャとアーリンと、サーリャのアルバイト先の友人の聡太《そうた》で探し回ってロビンを見つけていた。

翌日は、朝早く起きて電車に乗って、毎年家族でキャンプに行く、荒川の上流の河原に向かった。

お菓子《かし》と飲み物を持って、電車のボックス席で食べた。私の横に座《すわ》ったロビンはずっと外の景色を見ていた。いつもはお父さんが座る正面の席に、聡太くんが座っている。聡太くんと目が合うと、嬉《うれ》しそうに笑ってくれて、私はなんだか、とても切ない気持ちになったんだ。

秩父《ちちぶ》の駅から四人で、歩いて川へ向かう。

今日、ここにみんなで来たのにはいくつか目的があった。まずは、ロビンに元気になってもらうため。お父さんがいなくなって、一番寂《さび》しいのはロビンだっただろう。秩父の河原には石がたくさんあるから、好きな石をいくらでも探せる。

もうひとつは、お父さんに会いに行く前に、お父さんの故郷に似ているという場所に行きたかった。そうしたら、お父さんの気持ちが少しでもわかるようになるかもしれないと思って。いつも、この山に囲まれた河辺に来て、お父さんは故郷を思っていた。私には、わからない故郷を。

到着《とうちゃく》すると、ロビンはさっそく聡太くんの手を引いて、お気に入りの石を探し始めた。バケツを持ってきたから、たくさん持ち帰れるんだって張り切っている。

河原には澄《す》んだ川の水が勢いよく流れ、ゴツゴツとした大きな岩場があって、黒や水色やオレンジの小さな石も一面にあって、河岸で風に揺《ゆ》れる緑の木々が、少し黄色く色づいている。すぐ近くに鉄道橋があり、1そこをジョウキ機関車が通る。

お父さんと来ていたときと同じ光景に、私はすごく安堵《あんど》していた。

アーリンが私に近づいてきた。

「来れてよかったね。私は、クルドとか行ったことないし、まじで全然どんなとこか知らないけどさ。ここは結構、好きなんだよね」

アーリンは、少し恥《は》ずかしそうに言った。

「うん……私も好き」

「だよね。でも川口も好きだよ。お父さんが帰るとかまじでありえないし、私は日本に居たい」

2023年度

解　答　と　解　説

《2023年度の配点は解答欄に掲載してあります。》

＜算数解答＞ 《学校からの正答の発表はありません。》

1　(1)　3，20，21，128　　(2)　①　$\frac{5}{6}$cm²　　②　$\frac{5}{36}$cm²

(3)　①　9個，2023，3220　　②　ア　169　　イ　670

2　(1)　図：解説参照　8.28cm²　　(2)　図：解説参照　18.7cm²

3　(1)　2485　　(2)　(3，30)，(12，32)，(33，44)，(37，47)，(63，69)

4　(1)　図：解説参照　153cm³　　(2)　図：解説参照　$134\frac{2}{3}$cm³

○推定配点○

3(2)　各4点×5　　他　各5点×20　　計120点

＜算数解説＞

重要　1　(数の性質，平面図形，相似，割合と比)

(1)　右表より，求める数は3，20，21，128

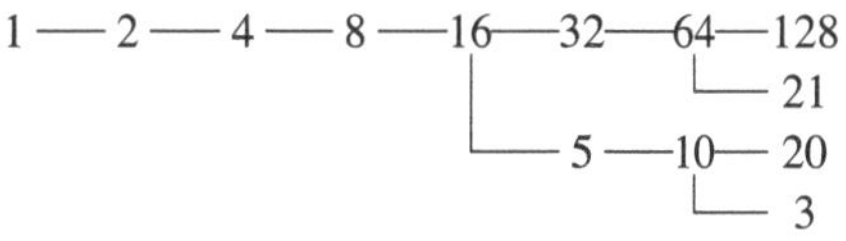

(2)　①　直角二等辺三角形ABC…2×3－(1×2＋1×3÷2)＝2.5(cm²)

したがって，直角三角形DBCは2.5÷3＝$\frac{5}{6}$(cm²)

②　直角二等辺三角形BED，BJF，BCA
…相似比は1：2：3，面積比は1：4：9
直角二等辺三角形BCAと等脚台形DEJF
…面積比は9：(4－1)＝3：1

したがって，右図より，求める面積は$\frac{5}{6}$÷6＝$\frac{5}{36}$(cm²)

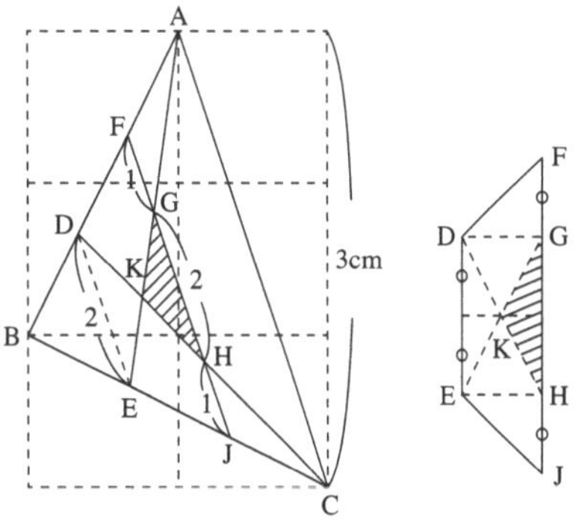

(3)　①　以下の9個について，条件を満たす整数は2023，3220

2023÷7＝289，2032，2203，2230，2302，2320，3022，3202，3220÷7＝460

②　奇数÷偶数は割り切れず，3の倍数は各位の数の和も3の倍数，4の倍数は下2ケタも4の倍数などの性質を利用する。以下より，ア169，イ670

2001÷(2＋1)＝2001÷3＝667　　2004÷(2＋4)＝1002÷3＝334

2007÷(2＋7)＝2007÷9＝223　　2010÷(2＋1)＝2010÷3＝670

2016÷9＝224　2020÷4＝505　　2022÷6＝1011÷3＝337

2023÷7＝289　2024÷8＝253　　2025÷9＝225

2028÷12＝507÷3＝169　　2030÷5＝406　　2034÷9＝226

2040÷6＝340

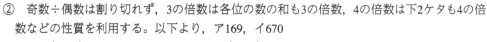

重要 **2** （平面図形，図形や点の移動）

（1） 点Pの軌跡…図1
面積…図2，図カより，2×3.14÷2＋1×1×3.14＋1×1×2＝2×3.14＋2＝8.28（cm^2）

（2） 点Pの軌跡…図3
面積…図4，図カ・キより，2×2×3.14÷2＋2×3.14÷4＋（3×3－1×2×2）×3.14÷2＋1×2÷2＋1×1×2＝（2＋0.5＋2.5）×3.14＋3＝5×3.14＋3＝18.7（cm^2）

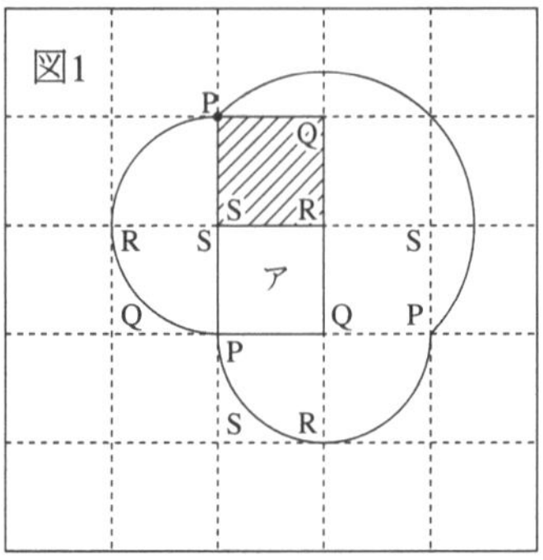

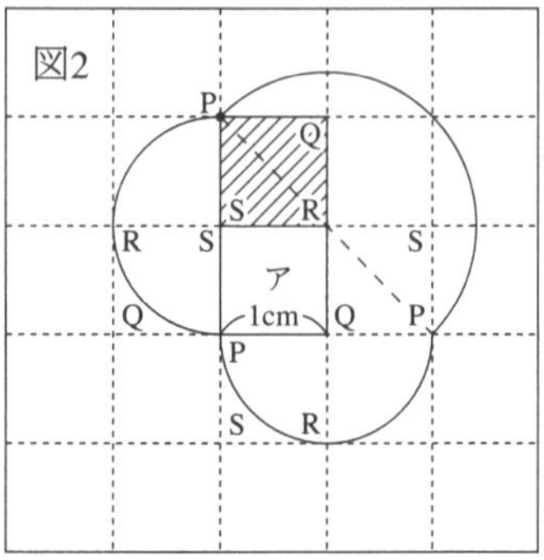

図カ
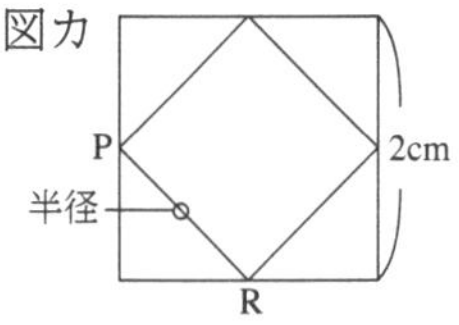

図キ
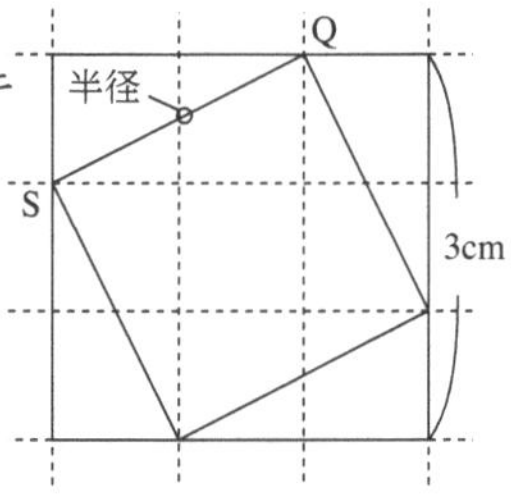

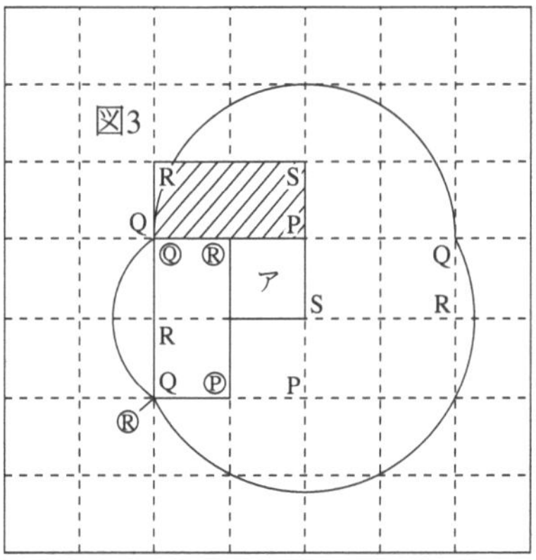

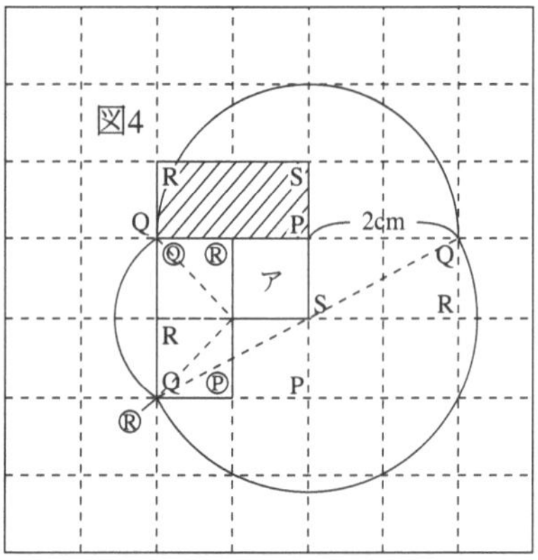

3 （数の性質，規則性，論理）

基本 （1） （1＋70）×70÷2＝2485

やや難 （2） （1）より，2485－2023＝462

462＝1×462，2×231，3×154，6×77，7×66，11×42，14×33，21×22

これらのうち，条件に合うものを選択する。

14×33…個数14×2＝28（個）で最小数△＋最大数（△＋27）＝33

△＝（33－27）÷2＝3より，（3，30）

21×22…個数21個で中央の数が□，最小数（□－10）＋最大数（□＋10）＝□×2

□＝22，22－10＝12より，（12，32）

6×77…個数6×2＝12（個）で最小数△＋最大数（△＋11）＝77

△＝（77－11）÷2＝33より，（33，44）

11×42…個数11個で中央の数が□，最小数（□－5）＋最大数（□＋5）＝□×2

□＝42，42－5＝37より，（37，47）

7×66…個数7個で中央の数が□，最小数（□－3）＋最大数（□＋3）＝□×2

□＝66，66－3＝63より，（63，69）

4 （立体図形，平面図形，相似，割合と比）

重要 (1) 切り口…等脚台形

体積…図1より，計算する。

三角錐O－NMCとO－HFG

…相似比は1：2，体積比は1：8

三角錐台NMC－HFGの体積

…6×6÷2×12÷3÷8×(8－1)＝63(cm^3)

したがって，求める体積は

6×6×6－63＝153(cm^3)

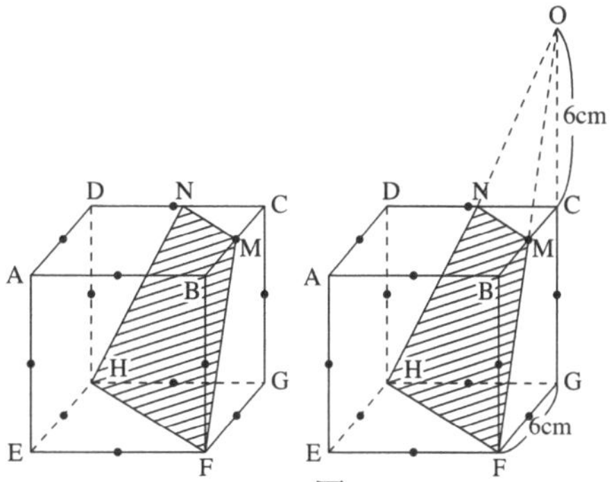

図1

やや難 (2) 切り口…図2より，計算する。

直角三角形RQGとOQK…相似比1：3

三角形OLCとOSJ…相似比2：3

直角三角形DPSとCLS…相似比1：2

したがって，切り口は図3の六角形になる。

体積…図4より，計算する。

三角錐X－DPSとX－HMN

…相似比は1：4，体積比は1：64

三角錐台DPS－HMNの体積

…8×8÷2×8÷3÷64×(64－1)＝84(cm^3)

三角錐台DPS－HMNのうち立方体内部にある部分の体積

…84－2×2÷2×2÷3×2＝$81\frac{1}{3}$(cm^3)

したがって，求める体積は216－$81\frac{1}{3}$＝

$134\frac{2}{3}$(cm^3)

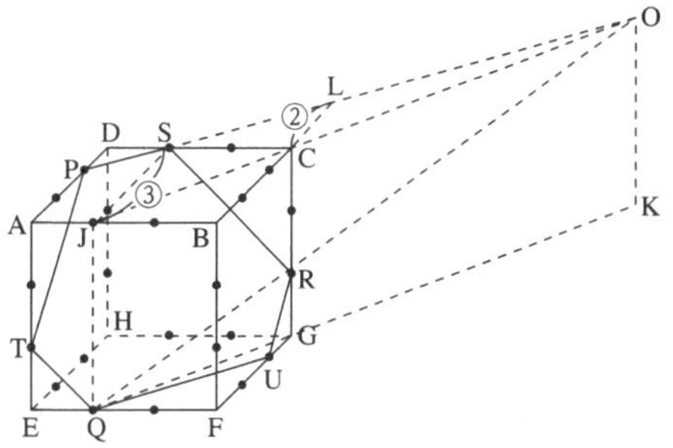

図2

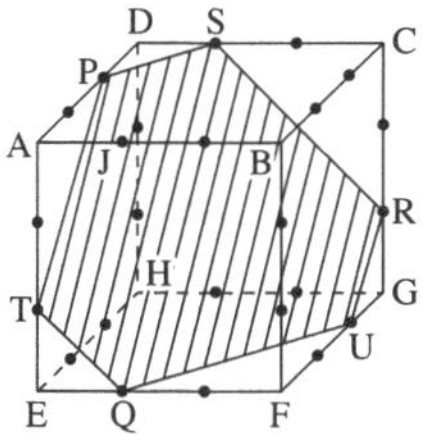

図3

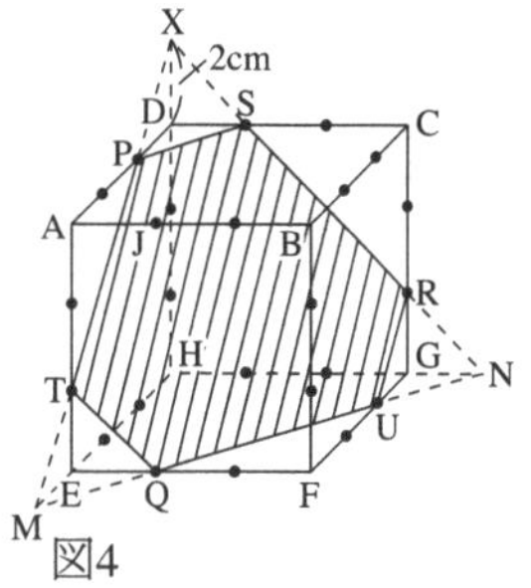

図4

★ワンポイントアドバイス★

1 (2)②「二等辺三角形の面積」は簡単ではなく，(3)②「整数と商」も面倒である。さらに3 (2)「連続した整数」も容易ではなく，4 (2)「2：1に分ける点と切断面の切り口」も簡単ではない。他の問題を優先して解くことが第一。

＜理科解答＞《学校からの正答の発表はありません。》

1　(1)　①　A　エ　B　イ　C　オ　②　B　ウ　C　ア　D　イ　(2)　イ
(3)　ウ　(4)　エ　(5)　①　イ　②　ウ　(6)　エ　(7)　30cm

2　(1)　にごりがなく透き通っている。　(2)　アルカリ性　(3)　エ
(4)　A　オ　C　ア　D　ウ　(5)　①　イ　②　砂糖がこげて黒くなるから。

3　(1)　ウ　(2)　イ　(3)　ア　(4)　ウ　(5)　イ
(6)　サメの骨格は軟骨でできており，分解されやすいから。
(7)　・ハドロサウルスが，どのような道すじを通って世界中に広がったか。
・ハドロサウルスは，どのような環境の場所に多く生息していたか。
・ハドロサウルスのからだの特徴は，環境によってどのように異なるか。
・ハドロサウルスが食べていた植物は，場所によってどのようにちがうか。
・ハドロサウルスの進化は，大陸ごとにどのように異なっているか。　などから3つ。

4　(1)　ア，イ，オ　(2)　エ　(3)　ウ
(4)　温かいすみかとなる。交配の相手が見つけやすい。　などから1つ。
(5)　イ，オ　(6)　アリの巣のまわりに集中して生えるため，受粉がしやすい。

5　(1)　①　180cm　②　イ　(2)　イ　(3)　5秒後
(4)　たて軸に，速さ×速さの値を取る。　(5)　図5　ウ　図6　カ

○推定配点○
1　(1)　各1点×6　他　各2点×7　2　各2点×8　3　各2点×9　4　各2点×6
5　各2点×7　計80点

＜理科解説＞

1　（総合―小問集合）

重要　(1)　①　ヒトのへその上あたりの断面なので，もっと上にある心臓と肺は当てはまらない。大きい器官Bは肝臓である。その腹側にあるAは胃である。そして，背側に2つあるCは腎臓である。
②　アは不要物をこしとり尿をつくる腎臓である。イはからだを支える背骨であり，およそ30個の小さな骨からできている。ウはブドウ糖をグリコーゲンに合成して貯える肝臓である。肝臓のはたらきは他にも多数ある。エは栄養分を吸収する小腸である。オは血液のポンプといえる心臓である。

(2)　アゲハのさなぎは，羽化が近づくと黒っぽくなり，やがて上部がふたのように開いて，中から成虫の頭部が上へよじのぼるように出てくる。

(3)　ジェイムズ・ウェッブ宇宙望遠鏡は，アメリカ航空宇宙局NASAが，ヨーロッパ宇宙機関ESAや，カナダ宇宙庁CSAとともに開発した，赤外線を観測する宇宙望遠鏡である。アは2009年，イは1990年に打ち上げられた。エは，ハワイのマウナケア山頂に設置された，日本の国立天文台の宇宙望遠鏡である。

(4)　ア～ウは正しく，特にグルタミン酸やアスパラギン酸などのアミノ酸が発見されたのは大きな成果である。エで，地球外生物そのものは「はやぶさ2」に限らず見つかっていない。

基本　(5)　トイレ用の洗剤などの表示である。塩酸が含まれているので，アルミニウムなどの金属の容器に入れると，容器が溶けて水素が発生し，容器が破裂したり液が流出したりして危険である。

(6)　水を入れたコップの例では，横方向にはレンズとしてはたらくので，紙を遠ざけると左右が逆になるが，たて方向にはレンズではないので上下は変わらない。虫めがねの場合は，どの向き

もレンズなので，紙を遠ざけると上下左右が逆の像が見える。

(7)　図6の右の状態で，棒の左端にはAの重さ30gからAにはたらく浮力10gを引いた20gの力がはたらく。また，棒の右端にはBの重さ80gからBにはたらく浮力10gを引いた70gの力がはたらく。さらに，40cmの棒の中央には，棒の重さ10gがはたらく。上からつるした糸にかかる力は，これらの合計で，20＋70＋10＝100(g)である。そこで，棒の左端を支点と考えて，棒を傾けるはたらきを考えると，0×20＋20×10＋40×70＝□×100が成り立ち，□＝30cmとなる。

2　**(ものの溶け方─5種類の白い粉の区別)**

(1)　固体すべてが水に溶けた水溶液は，にごりがなく透き通っている。また，水溶液のどの部分も同じ濃さであり，時間が経っても変化しない。

(2)　赤色リトマス紙の色を青く変えるのはアルカリ性の水溶液である。問題の実験では，Aは消石灰を溶かした水溶液である石灰水が当てはまる。

(3)　DとEは，生物からできた物質で，炭素を含む有機物である。燃焼させると炭素と酸素が結びつき，二酸化炭素が発生する。二酸化炭素の性質として，ア…水に少し溶ける。イ…食塩水とは反応しない。ウ…線香の火は消える。エ…正しい。光合成をおこなう。オ…肺で体内から放出される。なお，水に溶けにくいDは小麦粉，水に溶けやすいEは砂糖である。

重要　(4)　表1から，Bは温度を上げると溶ける量が急激に増加するミョウバンである。表2から，Cは温度を上げても溶ける量があまり変わらない食塩である。他は上で解説したとおりである。

(5)　砂糖を加熱すると，実験③のEと同じ結果となる。

3　**(地層と岩石─化石からわかること)**

(1)　サンゴは，温暖で，太陽光が充分に差し込む浅く澄んだ海底に生息する。

(2)　示準化石として最も適しているのはイであり，①と②の間の時期に限定される。アは，①より古いものから③のころまで時期がとても広い。ウは②より古いものや新しいものがある。エは①より古いものから②より新しいものまで時期が広い。

(3)　ア　正しい。この時代，食物連鎖が始まっていたからこそ，食われる側の生物は防御のために，硬い殻を持ったり，とげを持ったりした。　イ　誤り。問題文に陸上生物を示す内容はない。実際，陸上に動物が増えてくるのは，カンブリア紀の3つ後のデボン紀あたりからである。
ウ　誤り。眼を持った生物がいたのだから，海水中に日光は届いていた。　エ　誤り。カンブリア紀に殻や眼をもつ動物が存在しているので，それ以前にはもっと原始的な生物がいたことが推測される。実際は，殻などの硬い部分を持たない生物，さらに前にはバクテリアなどの小さな生物がいたことが知られている。

(4)　図2は古生代の代表的な節足動物である三葉虫である。なお，選択肢はすべて(3)のバージェス動物群の化石である。

基本　(5)　イが誤りで，日本各地の中生代の地層から見つかっている。北海道の中央部や福島県いわき市など，多数の有名な産地がある。なお，アンモナイトには図3のような有名な形以外にも，さまざまな形のものがあるが，それは広い環境に適応していったためと考えられる。

(6)　サメの骨格は軟骨でできているため，すぐに分解されてしまい，化石として残りにくい。一方，歯は硬いため，化石として残りやすい。

(7)　世界中で白亜紀のハドロサウルス類の化石は見つかっているが，その中には似ているものもあり，似ていないものもある。また，白亜紀は現在と大陸の位置が違っており，大陸どうしがつながっていた箇所もあった。日本はまだ大陸の一部であった。これらを前提に考えると，ハドロサウルス類がどのように分布を広げたか，そして，各大陸の異なる環境でどのように進化していったのかなどの課題が見つかる。そのあたりから3つ答えればよい。

4 （植物のなかま—フクジュソウの生活）

(1)　フクジュソウは，図1でも見られるように，花びらが1枚ずつ離れる離弁花である。選択肢では，ウメ，アブラナも離弁花である。一方，ツツジやアサガオは，ろうと状の花びらで，合弁花である。ユリは単子葉類なので，離弁花や合弁花という分類はしないが，品種によって花びらが1枚ずつ離れるものがある。

(2)　葉が生える前の早春の林の中で咲くのはカタクリである。タンポポやカタバミは，春だけでなく夏や秋にも葉があり花を咲かせる。ハルジオンやナズナは，夏に近い時期まで花が咲き，葉は冬の間もロゼットとなるように，一年じゅう見られる。

(3)　ア　誤り。ハナアブの翅は2枚である。はたらきアリは翅を持たない。　イ　誤り。ハナアブの左右の複眼は，頭部のかなりを占めるくらい大きい。アリの左右の複眼は離れている。
ウ　正しい。ハナアブの口は，なめる口である。他のアブは針のような口で刺して吸う。アリはエサをかみ切るために強く大きいあごを持っている。　エ　誤り。ハナアブの触角は，頭部と同じくらいの長さである。アリの触角は，途中で折れ曲がる形で前に長く伸びている。

(4)　問題文の通り，フクジュソウは花びらが多く，花の中が温かいために，小さなハエなどは花びらのすき間をすみかとすることも多い。また，ハナアブやハエが多数集まってくると，オスとメスが会う確率も高いため，子孫を残しやすくなる。

やや難　(5)　多くの植物では，果実は厚くてやわらかく，その内部に硬い種子がある。しかし，瘦果は果実も硬く，その中に1個の種子が入っているため，まるで果実まで含めた部分が種子に見える。あてはまるのはイとオで，種子と思われがちな粒は，「果実＋種子」である。他の選択肢は，1つの果実の中に，いくつもの種子ができる。

(6)　果実や種子が動物のえさになると，種子が離れた場所へ運ばれるので，生息域を広げたりするのに役に立つ。しかし，1つ1つの種子があまりにばらばらに離れてしまうと，花が咲いたときに，ハナアブやハエによる受粉の確率が下がってしまう。フクジュソウの種子は，アリの巣の近くに集中するため，受粉がしやすくなる。

5 （物体の運動—振り子の周期）

重要　(1)　①　表1では，振り子の長さが4倍になると，10往復の時間が2倍になる関係が読み取れる。そこで，10往復の時間の27秒は，13.5秒の2倍だから，振り子の長さは45cmの4倍の180cmである。
②　振り子の1往復の時間（周期）は，振り子の長さだけで決まり，振れ幅には関係がない。そのため，振れ幅が小さくなった振り子でも，10往復の時間は変わらない。

(2)　おもりに勢いをつけても，振り子の長さは変わらないので，振り子の10往復の時間は変わらない。表1から50cmの振り子の10往復の時間は14.2秒である。

(3)　振り子Aは60秒間で48回往復するので，1往復の時間は60÷48＝1.25（秒）である。また，振り子Bは60秒間で60回往復するので，1往復の時間は60÷60＝1（秒）である。よって，1往復の時間の差は1.25−1＝0.25（秒）である。振り子Bが振り子Aよりも1回多く振れるためには，時間の差が1秒になればいい。よって，1÷0.25＝4で，振り子Aが4往復，振り子Bが5往復のときに，条件に合う。その時間は，1.25×4，または，1×5で5秒後となる。

(4)　表2では，はなす高さが4倍になると最下点の速さが2倍になる関係が読み取れる。そこで，最下点の速さの数値を2回掛け算すると，次の通りである。値は小数第2位を四捨五入した。

はなす高さ〔cm〕	0	5	10	15	20	25	30	35	40
最下点の速さ〔cm/秒〕	0	1.0	1.4	1.7	2.0	2.2	2.4	2.6	2.8
最下点の速さ×最下点の速さ	0	1.0	2.0	2.9	4.0	4.8	5.8	6.8	7.8

この値をたて軸にとってグラフにすれば，ほぼ原点を通る直線ができる。これは，はなす高さが2倍になると，「最下点の速さ×最下点の速さ」がほぼ2倍になる関係，つまり，ほぼ比例の関係となる。

重要 (5)　図5の瞬間では，おもりは真横に向かって動いているので，糸からとれたら，そのまま真横に向かって飛び出しながら落下していく。一方，図6の瞬間では，おもりは止まっているので，糸からとれたら，真下へ落下していく。

★ワンポイントアドバイス★

想像力，発想力を要する設問が出題されている。ふだんから身のまわりの科学に目を向け，広く知識を得ていこう。

＜社会解答＞ 《学校からの正答の発表はありません。》

問1　名主や庄屋は惣百姓をまとめる役割を幕府や領主におわされている立場であったが，年貢の納入やその他の役割や特権について，惣百姓に不満を持たれていたため。

問2　日本とアメリカの間の貿易で日本の黒字が大きくなり，日本製自動車がアメリカで多く売られて，アメリカの自動車産業が深刻な打撃を受けたため。　問3　エ　問4　イ

問5　(1)　長篠の戦い　(2)　鉄砲を使う徒歩の軽装の兵たちが，騎馬軍を破った。
(3)　徴兵令

問6　(1)　田中正造　(2)　ア　(3)　【1　気象】は【2　戦術】を決める大切な情報なので，敵国に知られてはならないから。　(4)　石炭

問7　(1)　条約を結ぶ：内閣　条約を認める：国会　(2)　イとオ　(3)　エ　(4)　核兵器は強大な破壊力があるので，核兵器保有国を攻撃して反撃されるのをどこの国も恐れて，攻撃できないと考えられたため。　問8　ウ

問9　(1)　パレスチナの人々のイスラエルへの【1　抵抗】の方法が，石を投げるという原始的なやり方で，石と戦車は両勢力の【2　武力】の差を象徴している。　(2)　A　アフガニスタン
B　ミャンマー　問10　エ

○推定配点○

問1，問2，問7(4)　各8点×3　問5(2)，問6(3)，問7(1)(2)，問9(1)　各4点×5
他　各3点×12　計80点

＜社会解説＞

(人間の戦争，争いに関連する地理と歴史，政治の総合問題)

やや難 問1　江戸時代の農村に置かれていた名主や庄屋が農民と仲たがいしていたことに関する問題。設問は村の有力な農民が江戸時代の初期には名主や庄屋になることを避けていたことについての説明を文1，文2の資料をもとに書くもの。与えられている文1には江戸時代に幕府や大名，領主が農村を治めるために有力な農民を名主や庄屋というものにして，彼らが農民を管理し年貢の徴収，納入や村内への法度の伝達，村の運営などの仕事を課し，見返りに年貢免除や給料として米が与えられていたことが読み取れる。文2からは村の農民が，庄屋は役得を悪用して自分の利益を得ているとして庄屋を批判し，庄屋は批判されていることは農民たちとの合意のことだと反論し，

庄屋が農民たちにわからせようと努力をしていたが，結局，農民たちの言い分が勝手すぎるとして，庄屋は幕府の代官に庄屋の職を辞したいと伝えたことが読み取れる。これらのことを押さえれば，答えを書くことは可能。

やや難 問2　1980年代にあった日本とアメリカの貿易摩擦に関する問題。アメリカで日本の製品への反発や不買運動が起こったことについての説明を与えられている資料をもとに書くもの。表1は日本のアメリカとの貿易の輸出額，輸入額を1960年から87年までの時期で推移をしめしたもの。年を追うごとに輸出額，輸入額がともに大きくなっているが，輸入額よりも輸出額の伸びが著しいことが読み取れる。表2は日米間の輸出入の品目ごとの金額とその割合をしめしたもの。日本の対米貿易では輸出入ともにトップが事務用機器などの機械類であることがわかる。問題は日本からの輸出では大きいのが自動車とその部品などで，全体の36％を超える。一方，アメリカからの輸入品には自動車関連のものはない。このことから，自動車産業に関しては，この時点では日本が一方的にアメリカに自動車を輸出し，アメリカからの自動車の輸入は表に出てこないぐらい小さなレベルでしかないということがわかる。このようなことから考えれば，当時のアメリカでは自動車産業で日本車に押されて不景気となっていたことは想像できるであろうし，そのため日本製商品の不買運動や日本車をアメリカの労働者が破壊するに至ったことも想像できるであろう。

基本 問3　エ　日本の古代の争いに関する正誤問題。エの選択肢の内容は奈良時代の聖武天皇の時代のことで，桓武天皇ではない。

問4　イ　源平の合戦の内容と戦場を組み合わせる問題。設問の地図のCが一の谷の合戦で②の内容，Bが屋島の合戦で③の内容，Aが壇の浦の合戦で①の内容。

問5　(1)　長篠の戦いは武田勝頼の騎馬軍を織田信長と徳川家康の連合軍が鉄砲を使って破った戦いとして有名。図3はオスマン朝トルコとサファヴィー朝ペルシアとのチャルディラーンの戦いで，鉄砲と大砲をもったオスマン朝トルコ軍が騎馬のサファヴィー朝ペルシアの軍を破った戦い。

重要 (2)　長篠の戦では，従来の戦い方に近い武田勝頼の軍勢の騎馬武者が刀や槍を使って攻撃してくるのを，織田信長と徳川家康の軍勢が陣地を築き，馬の突撃を妨げる柵を作っておき，その背後足軽たちが鉄砲を撃って撃退している。鉄砲の登場までは，戦場では腕自慢の武者が戦の中心となっていたが，鉄砲が出てくると戦争のやり方が大きく変化し，鉄砲をある程度の数をそろえて，騎馬ないしは徒歩で突撃してくる兵達に一斉射撃をすることで撃破できるようになると，従来の剣術や槍術などの武術を極めた武士でなくても，鉄砲を持っていれば武士としてはあまり力がない足軽でも大きな力を発揮するようになった。　(3)　1873年に出された徴兵令は20歳以上の男子に3年の兵役を課すもので，従来のような武士の階層だけが兵として戦争に参加するのではなく，広く様々な層の国民から兵をとるものになった。もっとも，徴兵令が出された当時は，徴兵の免除になる項目がかなりあった。

問6　(1)　田中正造は栃木県出身で，第一回衆議院総選挙で当選し衆議院議員となったが，足尾鉱毒事件が発生すると，その解決に奔走し，1901年には議員を辞職し天皇に直訴した。

(2)　ア　第一次世界大戦の頃の日本は大正時代で，人々の政治への関心が高まったり，女性が社会進出するようになってきたり，部落差別を無くすための動きが広まったりしていた。1925年の選挙法改正で財産制限を無くしすべての25歳以上の男子に選挙権を与えるようになるが，一方で，低所得者が政治に参加するようになり社会主義が広まるのを恐れて治安維持法が出されたので，アの内容は逆。　やや難 (3)　気象に関する情報は戦争においては，戦争の作戦などの戦術を考えるうえで重要な情報になるので，戦時下の日本では統制され情報が公開されなかった。

(4)　石炭はかつての日本においては，日本で採れる重要なエネルギー資源であった。

問7　(1)　日本で条約を結ぶのは内閣の役割で，その条約を承認するのは国会の役割。　(2)　アは内閣不信任決議案が可決されたら内閣は10日以内に総辞職をするか衆議院を解散させるので，総辞職だけではない。ウは天皇と内閣が逆。エは最高裁長官は内閣が指名し天皇が任命するが，その他の最高裁裁判官は内閣が直接任命するので誤り。カは国民審査は三権分立とは関係なく，むしろ国民主権の現れである。　(3)　エ　これが軍縮の難しいところで，軍縮をやるにしても，自国以外が約束どおりに軍縮を進めるのかどうか疑心暗鬼の状態になってしまうと軍縮は進まな
やや難 い。　(4)　核兵器は通常の兵器と比べると非常に強大な破壊力や放射線による甚大な被害をもたらすことがわかったことで，核兵器保有国を攻撃して万が一，核兵器を報復として使われてしまうと，自国にも大きな被害が出うるので，核兵器を持つ国を攻撃することをためらうとされている。

基本 問8　ウはいわゆる非核三原則で，これは日本国憲法が1946年11月3日に公布された後の1967年に佐藤栄作首相が国会の答弁で使ったのに始まるので，日本国憲法には含まれていない。

問9　(1)　図8の写真はパレスチナ自治区でイスラエル軍の戦車に向かってパレスチナ自治区の住民の子が石を投げているもの。パレスチナ自治区はイスラエルの北東部のヨルダン川西岸地区とイスラエル南東部のガザ地区の二か所があり，ここにイスラエルのアラブ系の住民が押し込められており，現在パレスチナ自治区はイスラエルからの分離，独立を求めているがイスラエル側はそれを認めておらず，パレスチナの住民たちはイスラエルに対して様々な形での抗議を行っているが，イスラエル側はそれを強行的に弾圧し封じ込めようとしている。このパレスチナの人々は正規の軍隊ではなくろくな武力も持たないで抵抗しているのに対して，イスラエル側は正規軍の
やや難 圧倒的な武力でパレスチナの人々の抗議を封じたり，対抗したりしている。　(2)　A　アフガニスタンはインドの西にあるパキスタンの北，イランの東に位置する内陸国。　B　ミャンマーがタイの西，バングラデシュの東にある国。

問10　エ　この場所に現在あるのは図書館ではなく博物館。

★ワンポイントアドバイス★

問題数は多くないが記述が多い。問の中がいくつかの小問になっているものも多く，記述以外では比較的得点しやすいものもあるので，まずはそれらを先に解いてから残りの設問をやっていくのがよい。

＜国語解答＞ 《学校からの正答の発表はありません。》

問1　1　蒸気　2　誕生　3　届　4　記録　5　順　6　裏切　7　作業　8　専門　9　就職　10　権利　11　細　12　厳　13　唱　14　退出　15　雑草

問2　A　オ　B　イ　問3　(例)　小さい頃トルコから逃げるように日本に来て，生まれ故郷のクルドを覚えていないこと。　問4　ウ　問5　(例)　故郷を離れて家族と一緒に日本で暮らそうという決意。　問6　ア　問7　(例)　子どもの犠牲になろうとする父にこれまで向き合ってこなかったことを後悔して，父の書いたクルド語の文面を自ら読み，父自身や父の思いを本当に理解したいと思ったから。　問8　エ　問9　(例)　自分を犠牲にしてまで子どもたちの日本での安全な生活を望む父の思いを気高く感じるとともに，自らの故郷を大切に思うからこそ子どもたちの故郷も大事にしたいのだと分かり，父の祈りの言葉からも感じられる子どもたちへの深い愛情に，感謝し，感動している。　問10　(例)　私の大切な故郷を尊重してくれた父

の思いを受け止め，困難に負けず，大切なものを守りながら力強く生きようと決意する気持ち。
問11　イ・ウ　　問12　イ

○推定配点○
問1　各1点×15　　問2　各3点×2　　問3　12点　　問5　10点　　問7・問10　各13点×2
問9　15点　　問11　各4点×2　　他　各7点×4　　計120点

＜国語解説＞

（物語文―主題・心情・理由・場面・細部表現の読み取り，記述，ことばの意味，漢字の書き取り）

基本　問1　1　液体や固体が気体になったもののこと。蒸気を利用した機械を動かす仕組みが「蒸気機関」である。　2　生き物が生まれること。「新チャンピオンが誕生した」など，何かが新しくできることも表す。　3　ここでは，思いが伝わること。「手紙が届く」の場合は，送った物が目的地に到達するという意味になる。　4　ここでは，優れた成績のこと。主に，スポーツ競技などで用いられる言葉。「日本新記録」などと表現される。　5　順番のこと。ここでは，右の頬をつけ，その後に左の頬をつけるということ。　6　ここでは人の期待に反すること。裏切る人のことを「裏切り者」と表現する。　7　仕事をすること。「作業ズボン」とは，主に肉体労働をする人が身につけるズボンである。　8　深く関わっている学問や仕事のこと。「専門学校」とは，職業に必要な特定の仕事の能力を育てることを目的とした学校。　9　職業に就くこと。反対の意味の言葉は「退職」である。　10　あるものごとをすることができる資格のこと。「権利」の反対の意味の言葉は「義務」である。「義務」は，しなければならないこと。　11　たいへん小さい様子。「細かい」は，こまかいと読む。「細い」は，ほそいと読む。　12　ここでは，はげしいやひどいの意味。厳しい寒さのことを「厳寒」とも表現できる。　13　特定の言葉などを，節をつけて読むこと。「念仏を唱える」「呪文を唱える」などと使う。　14　役所など，改まった場所から出ていくこと。法廷から出ていくことは，特に「退廷(たいてい)」という。　15　植えていないのに，自然に生えてくるいろいろな草のこと。

問2　A　「唇を噛む」とは，悔しさなどをこらえる様子を意味する。解答はオになる。ここでは，サーリャがバイトを辞めさせられたことを，聡太が悔しがっているのだ。

B　「無機質」とは，有機物を除く物質の性質を意味する言葉。ここでの「無機質な」は，生き物などが持つ温かみがないことを意味する。「あたたかみがない」とある，イが正解になる。

問3　傍線部①までの，サーリャと聡太の会話の中に解答の手がかりを見つけることができる。サーリャの「私の生まれたところに似てるらしい。でも，全然，覚えてないんだ」という言葉に対して，聡太は「それはちょっと寂しいよね」と返している。その聡太の言葉から，サーリャは「寂しかった」と気づく文脈である。物語の初めの部分には，サーリャはクルド人で六歳の時トルコから追われるように日本に来たとある。そのような背景もおさえて考えたい。小さい頃にトルコを離れることになったので，生まれ故郷のクルドを覚えていない。以上の点を中心に解答したい。

基本　問4　傍線部②の直前に「聡太くんの瞳の中にいる自分と目が合った」とある。その瞬間に心の揺れが固まったのである。心の揺れが固まる前後で，サーリャの思いがどうだったのかをおさえて解答を見つけていきたい。サーリャは，父が入管施設に収容され，バイトはクビになり，聡太と会うのをやめようと決めるなど，不安定な状況に置かれていた。だが，聡太と見つめ合い，聡太の瞳の中の自分と目が合ったとき，傍線部②以降に書かれているように，自分の大切な人，大切な場所，大切なものを守りたいと，そのような思いを持つようになったのである。解答は「いろいろな問題が起こり……分からずにいた」「聡太と見つめ合う中で」「何を守り大切にしたいのか，はっきり分かった」とある，ウになる。アの「日本で生きていけるという自信」，イの「聡太と別れることなく共に生きていこう」，エの「家族を大切に思う気持ちは万国共通……気づいた」，オの「クルド人として生きていいのだと確信」は，すべて聡太の瞳の中の自分と目を合わせた後の思いとして，まちがっている。

問5　傍線部③直前には，お父さんが日本語を覚えるために必死だった様子が書かれている。また，傍線部③直後には「お父さんは，ここで，生きようとしていたんじゃないのか」というサーリャの思いが書かれている。さらに，傍線部⑤以降の面会室の場面では，サーリャの「日本語，練習してたんだね。日本で生きていこうって思って」という言葉に，お父さんは「難民申請もだめになってなかったからね」と，同意している。以上の点をおさえて，「お父さんの強い意志」とはどのようなものなのかを明らかにする。故郷のクルドを離れて，日本で家族と一緒に生きていこうと思ったから，必死に日本語を学習していたのであろう。「家族と一緒に日本で暮らそうという決意」という方向で解答をまとめる。

問6　傍線部④を含む場面の内容をおさえて，選択肢を比較する。傍線部④直前で，サーリャは「止めてください。先生，お願いです」とトルコに帰ると言い出した父のことを山中先生にお願いしている。それに対して，山中先生は息を吐き，腹を決めたという文脈である。腹を決めたとは，決心したという意味。山中先生の決心の内容を意識して，解答を考える。傍線部④直後には「言わないでと頼まれていた」とある。サーリャの父は，子どもたちにビザ(入国許可症)が出ることを期待して，自分だけが犠牲になってトルコに帰ろうとしているのである。そのことをサーリャたちに伝えないように，山中先生に口止めしていた。だが，サーリャの真剣な様子を見て，山中先生は打ち明けることを決断する。以上の点をふまえる。「口止めされていたこと」「サーリャの真剣な申し出を受け」「隠すことはできないとあきらめている」とある，アが正解になる。イは，「いつかサーリャのお父さんの思いを伝えねばと考えていた」とあるが，山中先生のそのような様子は文章中から読み取れない。また，「サーリャが受け入れられるか心配」とあるが，傍線部④の時点で，そのようなことを心配している山中先生の様子は読み取れない。ウは「難民制度について触れないように」とあるが，おかしい。傍線部④以降で，山中先生は父の思いをサーリャに伝えている。ウの選択肢は，父の思いにふれていない。エは「お父さんが隠していることを白状してほしいと強く訴えるサーリャ」とあるが，おかしい。傍線部④の時点で，サーリャは父が隠しごとをしているとは知らない。オは「サーリャの口ぶりに，いらだちながらもなんとか平静」とあるが，おかしい。父の思いを話し始める山中先生の様子につながらない。いらだちは読み取れない。

問7　子どものために自らを犠牲にして帰国しようとする父の様子を知った後の場面である。サーリャはノートを反対から開き，クルド語の文面を見つけた。その文面には「お父さんの本当の気持ちが書かれている」とサーリャは感じた。だが，クルド語を知らないのでサーリャには読めない。その後，傍線部⑤直後に「「お父さんを，自分で知りたい」とあるように，サーリャはクルド語を覚えて，自ら父の思いを知りたいと考え始めた。その際に，「お父さんの思いを知ろうとしなかったことを後悔した」とあるように，これまでの父との関わり方も後悔している。サーリャは，これまで父と向き合ってこなかったことを後悔しながら，父のことが知りたい，父の本当の思いを理解したい，と考えたのだ。以上の点をふまえて，解答をまとめる。記述の際には，「父に向き合ってこなかったことを後悔」「父自身や父の思いを本当に理解したい」という内容を中心にする。

重要　問8　傍線部⑥，⑦以降のできごとをおさえて，解答を考える。「目を閉じて」「今，何が思い浮かぶ？」という父の言葉に対して，サーリャは「ラーメン……みんなで行ったとこ」と答える。そのラーメンは家族で食べたものであり，サーリャはそのような幸福が欲しかったのだ。だが，サーリャの回答を聞き，父は微笑んだ。父は「これからは好きなように食べて」とサーリャに返し，サーリャの答えを尊重した。文章中には「自分を犠牲にしてでも，私たちにとっての故郷を守りたいと思ってくれた」「お父さんの，私の故郷を尊重してくれようとする思い」などともある。父はサーリャに何かを思い浮かべさせて，その思い浮かべたサーリャの大切な場所を尊重しようとしていたのだ。以上の点をふまえて，選択肢を比較する。「サーリャ自身」「大切な場所はどこなのかを確かめさせ」「尊重してあげようという思い」とある，エが正解になる。アの「サーリャの母の眠る故郷の風景を思い出させる」はおかしい。母の眠る故郷とは，クルドである。ここでは，父は特定のどこかではなく，サーリャの大切な場所を思い浮かべさせようとしたのだ。イの「親子三人でオリーブの樹を植えた故郷での出来事を思い出させる」もおかしい。父が思い出させようとしたことがまちがっている。ウの「どんな時でも家族の絆は消えることがない」はおかしい。ウは，サーリャの大切な場所を尊重しようとしている父の思いについて書かれていない。オの「これからも波風を立てずに自分の望む場所で生きていってほしいという思い」とあるが，この選択肢も，ウと同様，父の思いの説明として不十分である。

やや難 問9　物語の中に書かれた父との関りについて，すべておさえて考えていきたい。父は，自らを犠牲にしてでも子どもたちが日本で生きていける可能性にかけていた。そしてサーリャは，父が故郷のクルドを大切に思うからこそ，私たちの大切な場所(故郷)を尊重してくれているのだとわかった。傍線部⑧直前で，サーリャの父は祈りの言葉を唱えているが，その祈りの言葉にも，サーリャは父の深い愛情を感じている。その深い愛情に対して，サーリャは感謝するととともに，感激して，涙が止まらないのである。以上の点をおさえて，解答をまとめるとよい。記述の際には「自分を犠牲にしてでも子どもたちが日本で住める可能性にかけよう」「自分の故郷が大切だからこそ，子どもたちの故郷も大事にしよう」という父の思いに関係する内容を書き，「という父の深い愛情に対して，感謝し，感動する」という，涙に直接つながる私の思いをつなげるとよい。

やや難 問10　設問は，文章最後に位置する傍線部に設けられている。そのため，文章全体で起こったできごとをふまえて解答したい。傍線部⑥⑦を含む場面で，サーリャは「(父の)私の故郷を尊重してくれようとする思いを，しっかりと受け取らなければいけない」という気持ちになった。受け取るとは，傍線部⑥⑦を含む場面にあるように，「お父さんにとってのクルドを大切にすることにも繋がる」ものであり，父が尊重してくれた「私の故郷」を大切にしてここで生きることだと考えられる。自分の故郷を大切にしてここで生きるという意味で，傍線部⑨にあるように，サーリャは自分の足で大地を踏んだのである。また，ここで生きるとは，傍線部⑧から傍線部⑨の「私には，それを越える力がある」「…にも負けない。流れには，流されない」という表現などからも読み取れるように，日本国内のさまざまな困難に立ち向かうことも意味する。傍線部②近くには「自分の大切な人，大切な場所，大切なもの……全部，守りたい」という表現がある。サーリャは，困難に立ち向かい，大切なものを守ることも決意したのだ。以上のような点をおさえて，解答をまとめるとよい。「私の大切な故郷を尊重してくれた父の思いを受け取る」「困難に負けない」「大切なものを守り，ここで力強く生きていく」という内容を中心に記述するとよい。

問11　ア～カの各選択肢と，それぞれの点線部の表現を比較して，解答を考えていきたい。

ア　架空の都市名ではなく，秩父(埼玉県)，赤羽(東京都北区)など実在の地名が使われている。確かに，架空の地名が使われるより現実感がある。アは適切である。　イ　「私には，わからない故郷を」という表現は，特にサーリャの動揺に結びついている訳ではない。また，「たとえそれが他の誰かに許されなくても」という表現も，サーリャが決意する場面の中にあり，動揺に結びつく表現ではない。イは適切ではない。　ウ　点線部よりも後の部分で，二人は目を合わせ，サーリャは大切なものを守ろうと固く決意する。二人の心がすれちがっていくような様子は見られない。二人の心のすれちがいを暗示しているとある，ウは適切ではない。　エ　一層寒い時期に面会をしているが，事態は良くなることがなく，困難は継続している。寒さが「困難な状況が待ち受けていることを暗示」とするエは適切である。　オ　例えば，傍線部⑧以降の最後の場面に，「誰がここに，国境を引けるんだ。私には，それを越える力がある」という表現がある。東京と埼玉の県境の荒川を，あたかも国境のように扱っている。それは，越える，つまり，クルドと日本の境界のようなものをサーリャが越えることができるという意味であろう。「クルドと日本の境界線のようなところとして描かれている」とある，オは適切である。　カ　サーリャがここで生きていくことを自覚して決意する場面に点線が引かれている。サーリャは，「小学校」「高層マンション」「住宅地」「工場」と，大切な自分の街の様子をあらためて一つ一つ確かめているのである。カは適切である。

重要　問12　資料と選択肢の内容を比較することで，解答を考えることができる。　ア　「難民の認定率が他の先進国に比べて著しく低くなっている」という部分は正しい。先進7ヶ国の認定率で，日本は最下位である。また，難民認定率から「サーリャの家族が難民として認定されなかったのも珍しいケースではなかった」と考えることは，できないことではない。Aさんの発言を適切でないとは言えない。　イ　資料2からトルコ出身者が「まったく難民認定されていない」ということはわかる。また，資料2からは日本におけるトルコ出身者の難民申請者数(1,010)が，アメリカ合衆国(674)，イギリス(933)，イタリア(276)よりも多いことがわかる。「トルコ出身者が難民申請をするケースが他国に比べて少ない」とある，Bさんは適切ではない。　ウ　Cさんは資料1と資料2から，「日本の難民認定率がそもそも高くない」点と，「とりわけトルコ出身者の難民認定が難しい」点を指摘した。前者は，難民認定率が先進7ヶ国で最下位であることから正しいと言える。また後者は，トルコ出身者の難民認定率が0%であるのだから，「難しい」ともわかる。Cさんの発言を適切でないとは言えない。　エ　Dさんは難民認定率が低い理由を，日本の「血統主義」以外に求めている。そして，「もう少し，難民について調べてみないと……難民政策に問題があるとは言えない」と主張している。資料をもとにして，さらに調べる必要性を主張しているのだが，これを適切でないとは言えない。　オ　資料3は，抑圧を逃れてきたクルド人の男性が難民と認められたという記事である。同じような境遇のクルド人たちにも希望を与えるものである。「光」と表現して問題はない。オを適切でないとは言えない。

★ワンポイントアドバイス★

悩みや問題点を抱えていた登場人物が，何らかのきっかけによって，新しい生き方を見出していく。本校の入試問題では，そのような展開の素材文が特によく用いられる。おさえておきたい。

MEMO

大切なことはメモしておこうネ！

2022年度

★★★★★★★★★★★★★★★★★★★★★★★★

入　試　問　題

2022年度

駒場東邦中学校入試問題

【算　数】（60分）　　＜満点：120点＞

1

(1)　次の計算をしなさい。

$$\left\{0.25+3\frac{9}{14}\div\frac{17}{18}+\frac{8}{21}\times5.625-\left(1\frac{4}{5}+\frac{3}{5}\right)\times\left(1\frac{4}{5}-\frac{3}{5}\right)\right\}\times6$$

(2)　1以上2022以下の整数のうち，各位の数字の和が6である整数は何個ありますか。

(3)　0以上9以下の整数が書かれたコインが1枚ずつあり，

⓪＝1円相当，①＝3円相当，②＝9円相当，③＝27円相当，…のように，書かれた数字が1ふえるごとに相当金額が3倍になる，仕組みになっています。この各コインを1枚ずつ持って買い物をするとき，次の問いに答えなさい。ただし，おつりにおいても同じ種類のコインは1枚ずつしかなく，やりとりするコインの総数もできる限り少なくなるようにするものとします。

(a)　⓪，①，②，③の4枚のコインを使って買い物をするとき，次の空欄《くうらん》ア～ウに適する数を求めなさい。

おつりをもらわない金額は［ア］通り，

おつりで1枚のコインをもらう金額は［イ］通り，

おつりで2枚のコインをもらう金額は［ウ］通りあります。

(b)　2022円の品物をこのコインで買うことができますか。できる場合は，そのコインのやりとりを具体的に答え，できない場合は×を書きなさい。

(4)　3×3のマス目があり，マスを塗《ぬ》りつぶす塗り方を考えます。ただし，回転すると同じものは同じ塗り方とみなします。図はマスを塗る場所が1つの場合の例で，3通りあります。

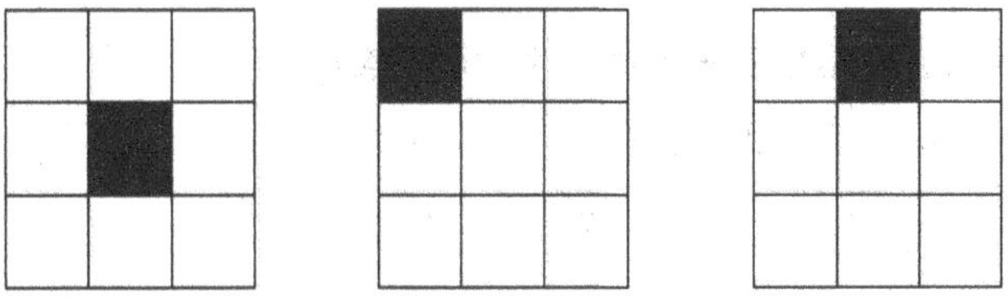

次の空欄ア～エに適する数を求めなさい。

(a)　マスを塗る場所が2つの場合，

中心を塗る場合は［ア］通り，中心を塗らない場合は［イ］通りあります。

(b)　マスを塗る場所が3つの場合，

中心を塗る場合は［ウ］通り，中心を塗らない場合は［エ］通りあります。

2　１辺の長さが16㎝の正方形ABCDについて，次の問いに答えなさい。ただし，円周率は3.14とします。

(1)　図１のように，正方形ABCDの周上にある２点X，Yは，これらを結んでできるまっすぐな線XYの長さが常に16㎝となるように動きます。XYの真ん中の点をMとするとき，Mが動く線を解答用紙に示し，その長さを求めなさい。

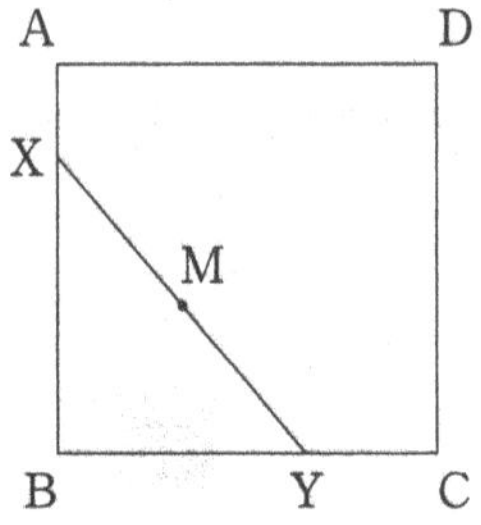

図１

(2)　図２のように正方形の紙を順番に半分に６回折り，三角形を作ります。

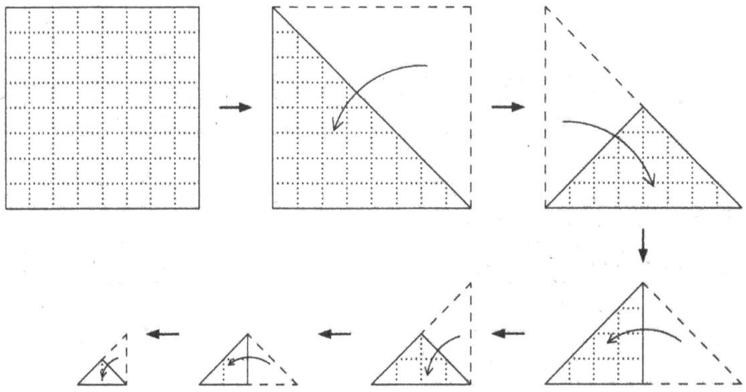
図２

図２の最後の三角形を拡大したものが図３であり，斜線《しゃせん》部分はその三角形から切り取る部分を表します。斜線部を切り取った後，図２の作業を逆に行って広げます。なお図３の半円は三角形の２辺にぴったり接しています。

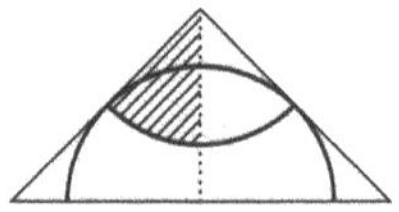
図３

それから図４において，もとの正方形で切り取られた部分を斜線で表します。このとき，四角形EFGHの部分だけを解答用紙に示しなさい。

また，もとの正方形の残った部分（図４で斜線のない部分）の面積を求めなさい。

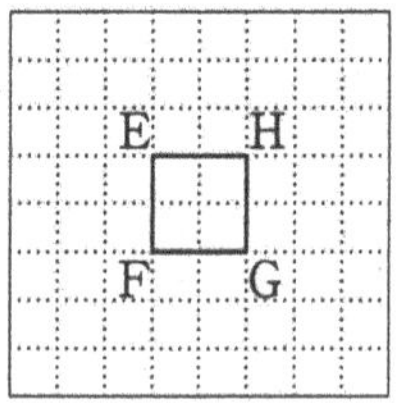

図４

3　図のように円周に沿って等間隔《とうかんかく》に１から４までの４個の整数をひとつずつ並べます。１からスタートして１だけ時計回りに進んで２に，以下同様に２から２だけ進んで３に，３から３だけ進んで４に進みます。このとき２から４までのすべての整数にちょうど一度ずつ到達《とうたつ》することができます。

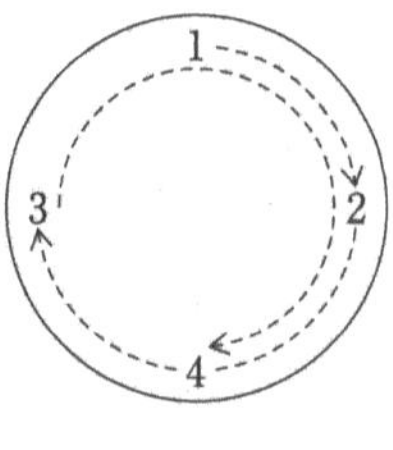

上のように１からAまでの整数を等間隔に並べ，１からスタートして，１だけ時計回りに進み，以下同様にそのとき到達した整数からその数だけ時計回りに進みます。こ

のとき，やはり，２からＡまでのすべての整数にちょうど一度ずつ到達することができるようにします。

⑴　Ａ＝６のとき，最後に到達する整数はいくつですか。また，このとき１の真向かいに並んでいる整数はいくつですか。１から６までの６個の整数のこのような並べ方をひとつ書きなさい。解答用紙の円に１から６までの整数を並べて答えなさい。

⑵　Ａ＝７のとき，１から７までの７個の整数をこのように並べることはできません。その理由を説明しなさい。

⑶　Ａ＝８のとき，１から８までの８個の整数のこのような並べ方をすべて書きなさい。解答用紙の円に１から８までの整数を並べて答えなさい。ただし，すべての円を使うとは限りません。

計算用紙

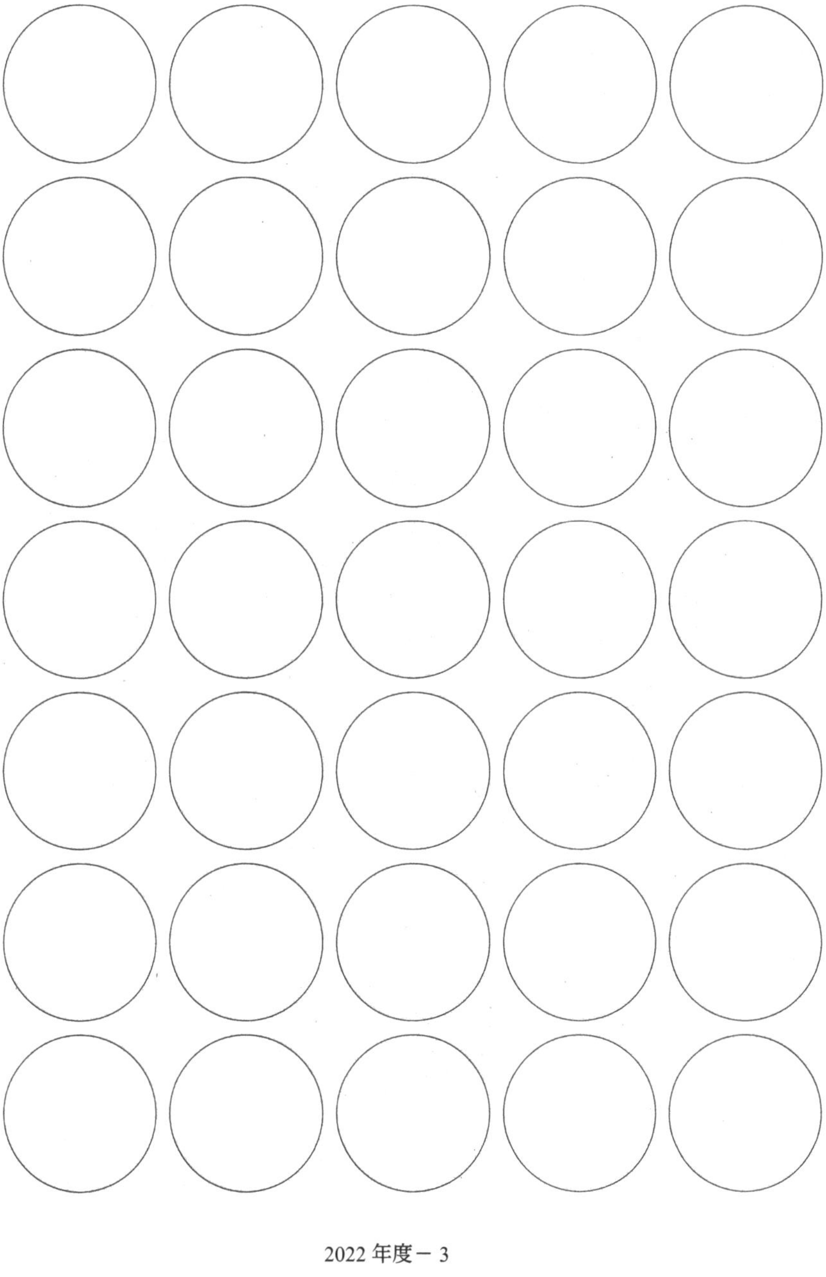

4　図のような立方体X，直方体Yがたくさんあります。X，Yをすきまなく積み上げて１辺の長さが３㎝の立方体ABCD－EFGHを作ります。

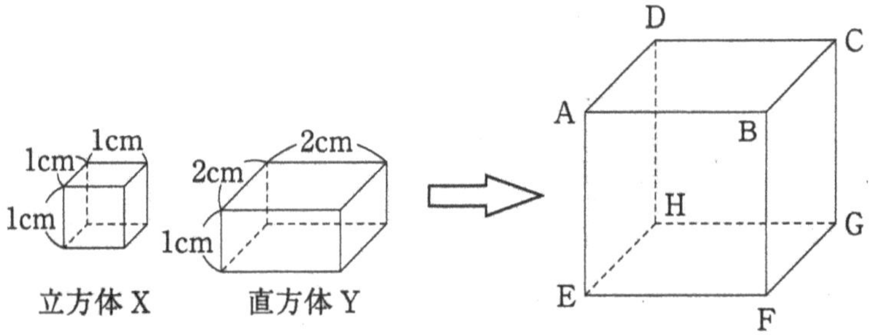

(1)　Yをできるだけ多く使って，X，Yを積み上げて立方体ABCD－EFGHを作りました。このとき，XとYをそれぞれ何個使いましたか。また，作った立方体について，XとYの境界がわかるように解答用紙の図の点線を実線でなぞりなさい。ただし，すべてのYの一部の面がこの図から見えるように実線を書きなさい。

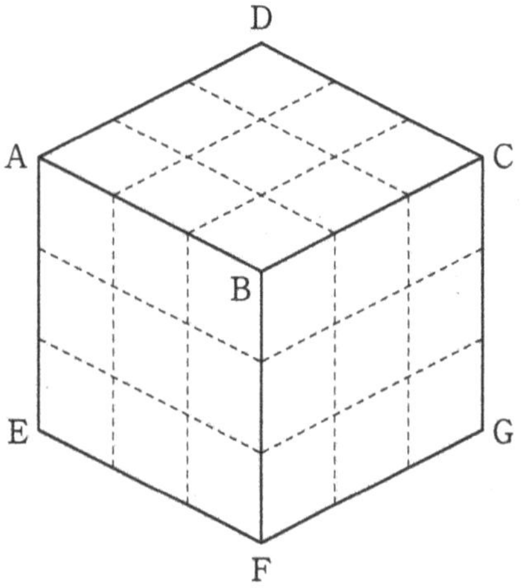

(2)　(1)で作った立方体ABCD－EFGHをA，E，G，Cを含む平面で切断した後，ばらばらにしました。このとき，何個の立体に分かれましたか。

(3)　(2)で分かれた立体のうち，体積が１cm^3であるものの個数を求めなさい。

【理　科】（40分）　＜満点：80点＞

1　次の(1)～(8)の問いに答えなさい。

(1)　植物では，根から茎《くき》を通ってきた水は，主に葉から水蒸気となって出ていきます。葉にある水蒸気が出ていくあなのことを気孔《きこう》といい，気孔を開閉することによって植物は蒸散量を調節しています。植物によって気孔の数にどのような違《ちが》いがあるのかを調べるため，リンゴ，トウモロコシ，ヒマワリ，マメの葉を顕微鏡《けんびきょう》で観察し，葉の表面 1 mm^2 あたりの気孔の数を数えました。下の表は，その結果です。葉の上面と下面のそれぞれにおいて，気孔が一様に分布していると仮定したとき，葉1枚あたりの気孔の数が2番目に多いのはどれですか。次の**ア**～**エ**から1つ選び，記号で答えなさい。

植物名	葉の上面 ［個／mm^2］	葉の下面 ［個／mm^2］	葉1枚の表面積 ［mm^2］
ア．リンゴ	0	290	18
イ．トウモロコシ	52	68	800
ウ．ヒマワリ	175	325	36
エ．マメ	40	280	50

(2)　タンポポやナズナなどは，冬になっても枯《か》れずに，葉が地をはうような姿で，冬を越《こ》します。この姿をロゼットといいます。セイヨウタンポポのロゼットを次の**ア**～**エ**から1つ選び，記号で答えなさい。

ア　　**イ**　　**ウ**　　**エ**

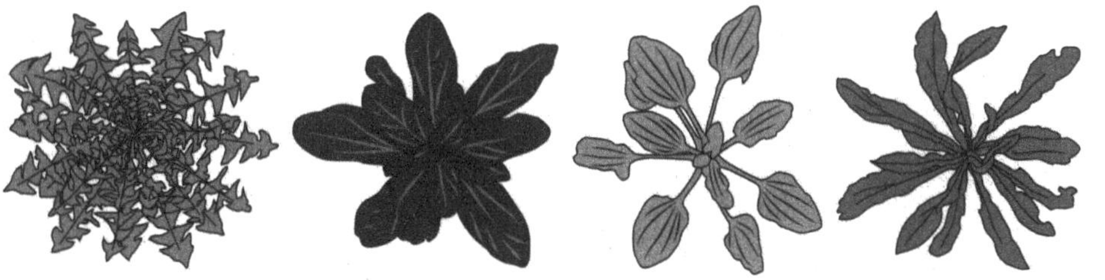

(3)　近年，毎年夏になると各地で大きな爪《つめ》あとを残す豪雨《ごうう》災害が起きています。その要因として考えられているのが「線状降水帯」と呼ばれるものです。線状降水帯は，水蒸気が連続的に供給され，発生する雲が風に流されて列状に連なり，同じ地域に雷をともなう強い雨を長時間降らせ，結果として雨が降った地域に大きな被害をもたらすものです。このようにはげしい雨を降らせる雲は何といいますか。正しいものを次の**ア**～**エ**から1つ選び，記号で答えなさい。

ア．巻雲　　**イ**．積乱雲　　**ウ**．積雲　　**エ**．高積雲

(4)　次の実験Ⅰおよび実験Ⅱを行いました。

実験Ⅰ：次のページの図1のように0℃の水が入ったビーカーの水面の位置に油性ペンで線を引いて印をつけた。この水をゆっくりと冷やした。すべて氷になったとき，氷の上面の位置がどうなるかを観察した。

実験Ⅱ：次のページの図2のように0℃の水に0℃の氷が浮かんでいるビーカーの水面の位置に

油性ペンで線を引いて印をつけた。氷がすべてとけたとき，水面の位置がどうなるかを観察した。

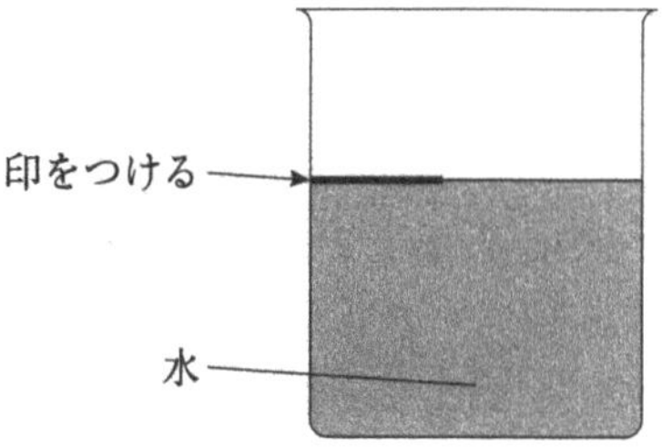

図１

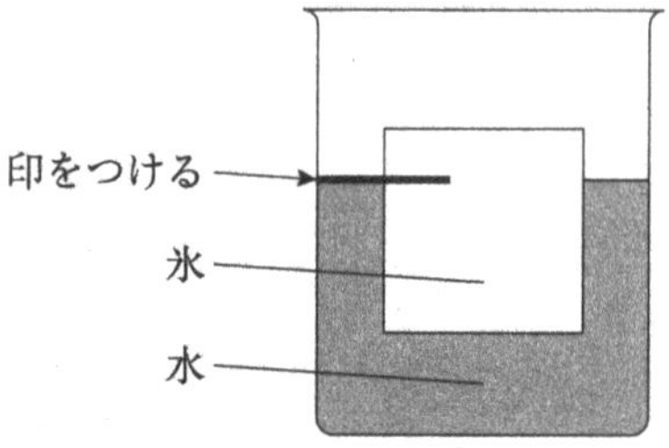

図２

実験Ⅰおよび実験Ⅱの結果として，それぞれ正しいものを次の**ア**～**ウ**から１つずつ選び，記号で答えなさい。同じ記号を２回使っても構いません。

ア．線より上になる　　**イ**．線より下になる　　**ウ**．変わらない

(5)　アルコール温度計の内部（液溜《えきだ》まりの「球部」と温度表示部の毛細管からなる「液柱」）には，着色したアルコールが封入《ふうにゅう》されていて，温度によるアルコールの体積変化を利用して温度を示す仕組みになっています。また，アルコール温度計で液体の温度をはかる時は，温度計内のアルコールがのぼったところまで液体中に入れてはかるのが正しいとされています（図３）。

沸騰《ふっとう》水の温度のはかり方として，正しいと考えられるのは，図４の**A**，**B**のどちらですか。その理由を含め，最も正しいと思われるものを次の**ア**～**カ**から１つ選び，記号で答えなさい。

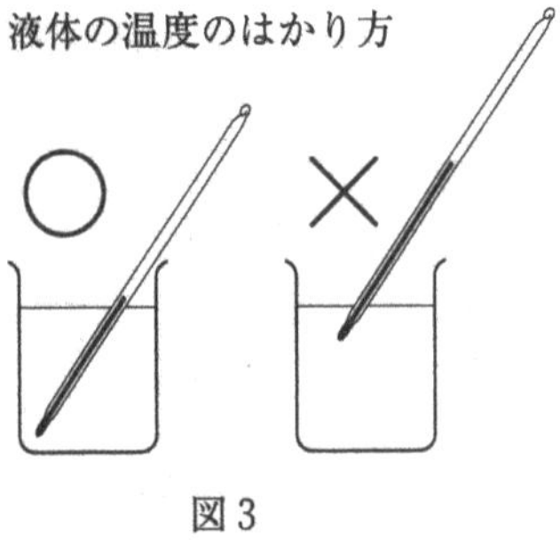

図３

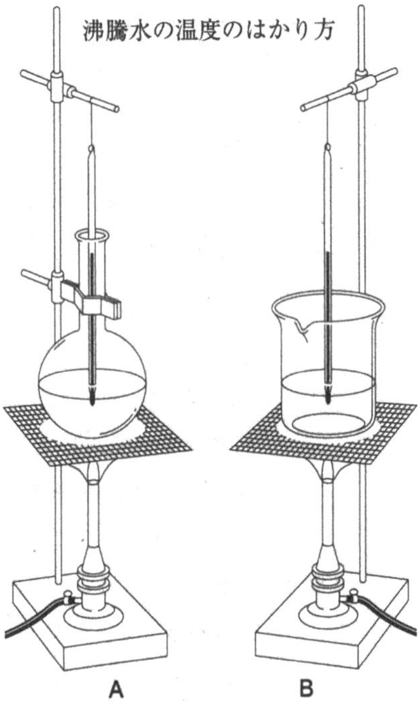

図４

ア．温度計の目盛りは，球部と液柱部分が同じ温度のときに正しい温度を示すようにきざまれている。液柱が水蒸気の中にある状態になる方が良いので，口の部分まで水蒸気で満たされるフラスコを用いた**A**の方が良い。

イ．温度計の目盛りは，球部の温度によって正しい温度を示すようにきざまれている。液柱の周りのガラス管部分が水蒸気の中にない方が良いので，ビーカーを用いた**B**の方が良い。

ウ．温度計の目盛りは，球部の温度によって正しい温度を示すようにきざまれている。水面付近の蒸発の影響を受けにくくするため，フラスコを用いた**A**の方が良い。

エ．温度計の目盛りは，球部と液柱部分が同じ温度のときに正しい温度を示すようにきざまれている。液柱の周りのガラス管部分が高温の水蒸気の中にない方が良いので，ビーカーを用いた**B**の方が良い。

オ．ビーカーを用いると，水面付近の蒸発の影響により，ビーカー内の水温が低めになってしまうので，フラスコを用いた**A**の方が良い。

カ．フラスコを用いると，口の部分まで高温の水蒸気で満たされるため，フラスコ内部の水温も高めになってしまうので，ビーカーを用いた**B**の方が良い。

(6) 図５のような電池と豆電球，スイッチからなる回路について答えなさい。ただし，電池と豆電球は，それぞれすべて同じもので，新しいものとします。

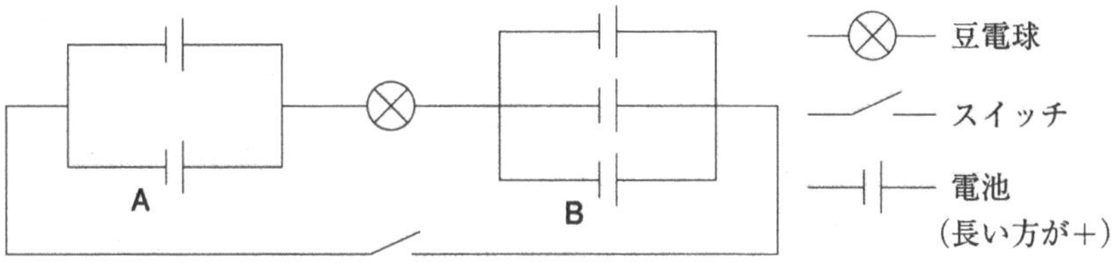

図５

次の(あ)～(う)について，豆電球の明るさを比べると，どうなりますか。あとの**ア**～**ス**から正しいものを１つ選び，記号で答えなさい。ただし，(あ)＝(い)は，(あ)のときと(い)のときで明るさがほとんど等しく，(あ)＞(い)は，(あ)のときの方が(い)のときより明るいことを表します。

(あ)	そのまま，スイッチを閉じたとき
(い)	電池**A**（１つ）を外して，スイッチを閉じたとき
(う)	電池**B**（１つ）を外して，スイッチを閉じたとき

ア．(あ)＝(い)＞(う)　**イ**．(あ)＝(う)＞(い)　**ウ**．(い)＝(う)＞(あ)　**エ**．(う)＞(あ)＝(い)　**オ**．(い)＞(あ)＝(う)
カ．(あ)＞(い)＝(う)　**キ**．(あ)＞(い)＞(う)　**ク**．(あ)＞(う)＞(い)　**ケ**．(い)＞(あ)＞(う)　**コ**．(い)＞(う)＞(あ)
サ．(う)＞(あ)＞(い)　**シ**．(う)＞(い)＞(あ)　**ス**．(あ)＝(い)＝(う)

(7) 図６は，火力発電施設（発電所）のイメージです。あとの文章の空らん（①）～（③）にあてはまる適切なことばを，漢字で答えなさい。

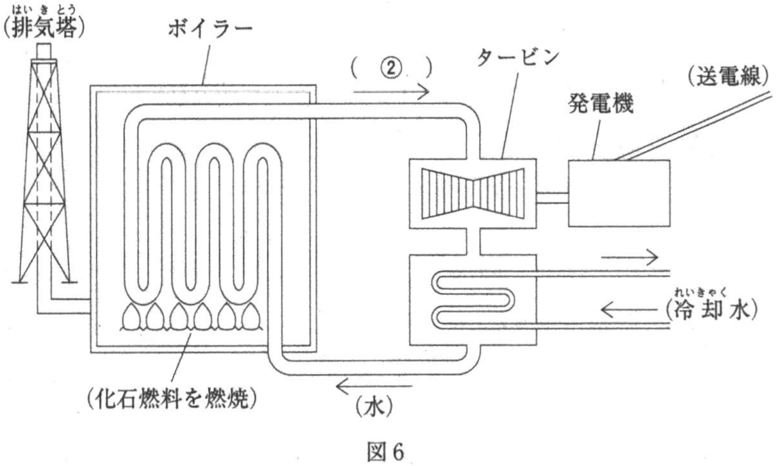

図６

火力発電施設では，石油や石炭，天然ガスなどの化石燃料を燃焼させて生じた（　①　）によって，ボイラーで高温・高圧の（　②　）を発生させる。これを導き，その勢いによって，発電機につながったタービンを（　③　）させている。

なお，化石燃料の燃焼にともなって温室効果ガスが発生すること，資源としての化石燃料の枯渇《こかつ》が危惧《きぐ》されることなどにより，日本でも，火力発電以外の発電方式の研究・開発と実用化が進められている一方，2011年３月11日に発生した東北地方太平洋沖地震に伴う福島第一原子力発電所事故による災害の発生もあり，国内の電力供給に関する今後のあり方については，現在に至るまで，多くの課題・議論が存在する。

(8)　小惑星《しょうわくせい》探査機「はやぶさ２」から切り離されたカプセルが，2020年12月６日に地球に帰還《きかん》しました。「はやぶさ２」が試料を採取した小惑星の名前は何ですか。正しいものを次の**ア**～**エ**から１つ選び，記号で答えなさい。

ア．スサノオ　　**イ**．イトカワ　　**ウ**．ユカワ　　**エ**．リュウグウ

2　駒太郎《こまたろう》君はムラサキイモとパンケーキが好きなので，市販《しはん》のホットケーキミックスにムラサキイモパウダーをまぜてパンケーキを作りました。ところが，完成したパンケーキはむらさき色ではなく緑色になってしまいました。不思議に思った駒太郎君は高校生のお兄さんに理由を聞いてみたところ，それはベーキングパウダーに含まれる「重《じゅう》そう（炭酸水素ナトリウム）」が原因でムラサキイモの色が変化したからだと言われました。お兄さんによると，ムラサキイモに含まれる成分の色は中性付近でむらさき色をしていますが，そこから酸性で赤むらさき色になり酸性が強くなると赤色に変化します。またアルカリ性で緑色，さらにアルカリ性が強くなると黄色に変化するそうです。

(1)　ムラサキイモパウダーの注意書きを見ると，ベーキングパウダーを含むものに使用するときは調理前にレモン汁《じる》を加えるように注意書きがありました。そこで，この緑色のパンケーキにレモン汁をかけてみました。パンケーキの色はどうなりますか。次の**ア**～**オ**から１つ選び，記号で答えなさい。

ア．変化しない　　**イ**．黄色　　**ウ**．白色　　**エ**．赤むらさき色　　**オ**．黒色

(2)　(1)でパンケーキの色が緑色から別の色へ変わったことと同じ理由でおきた変化として正しいものを次の**ア**～**オ**からすべて選び，記号で答えなさい。

ア．水酸化ナトリウム水溶液《すいようえき》にBTB溶液を加えて青色にしたものに，塩酸を加えたら赤色に変化した。

イ．塩酸にBTB溶液を加えて青色にしたものに，水酸化ナトリウム水溶液を加えたら黄色に変化した。

ウ．水酸化ナトリウム水溶液にBTB溶液を加えて青色にしたものに，塩酸を加えたら黄色に変化した。

エ．赤リトマス紙にアンモニア水をかけたら青くなった。

オ．青リトマス紙に炭酸水をかけたら赤くなった。

(3)　重そうは加熱すると炭酸ナトリウムという別なものに変化し，同時に気体が発生するので，重そうを加えて加熱することでパンケーキを膨《ふく》らませることができます。その気体は石灰水《せっかいすい》を白く

にごらせることが知られています。この気体の名称《めいしょう》を答えなさい。

(4)　このパンケーキは加熱してから緑色になりました。加熱後に緑色になった理由として適切なものを次の**ア**～**カ**から１つ選び，記号で答えなさい。

ア．発生した気体が水に溶《と》けて酸性を示すから。

イ．発生した気体が水に溶けてアルカリ性を示すから。

ウ．発生した気体が水に溶けて中性を示すから。

エ．炭酸ナトリウムが水に溶けると，重そうが水に溶けたときよりも強い酸性を示すから。

オ．炭酸ナトリウムが水に溶けると，重そうが水に溶けたときよりも強いアルカリ性を示すから。

カ．炭酸ナトリウムが水に溶けると，中性を示すから。

重そうについて図書館に行って調べたところ，見つけた資料に25℃の水100ｇに対し約10ｇまで溶けるとありました。

(5)　25℃で重そうが限界まで溶けている水溶液が200ｇあります。この水溶液中には重そうは何ｇ溶けていますか。整数で答えなさい。

駒太郎君は，本当に25℃の水100ｇに対し重そう約10ｇが溶ける限界なのか確かめてみようと考えて，次の実験をしました。

実験操作

①　重そう10ｇと水100ｇをビーカーに入れてかき混ぜた。なお，ここから先の操作では常に水溶液の温度を測定しながら実験を行った。

②　まだ重そうが溶け切っていなかったのでビーカーをガスバーナーで温めながら水溶液をガラス棒でかき混ぜた。

③　固体が溶け切ったので，水溶液をガラス棒でかき混ぜながらビーカーを氷水でひやした。

実験結果

・②の操作のとき水溶液の温度は70℃付近まで上がっていた。また，このとき気泡《きほう》が発生しているのが見えた。

・水溶液を10℃まで冷やしたが，固体は出てこなかった。

(6)　実験では，25℃を下回ったときに溶け切れなくなった固体が出てくると考えていましたが，実際には何も出てきませんでした。その原因を簡潔に説明しなさい。

重そうについていろいろ調べていると，お父さんから重そうは一部の胃薬にも入っていると聞きました。

(7)　胃薬の中の重そうのはたらきについて説明している文章として，最も適切なものを次の**ア**～**オ**から１つ選び，記号で答えなさい。

ア．重そうには，胃壁《いへき》のキズを回復させる効果がある。

イ．重そうには，薬の苦みをおさえる効果がある。

ウ．重そうには，胃の中の汚《よご》れを落とす効果がある。

エ．重そうには，薬の副作用をおさえる効果がある。

オ．重そうには，胃液のはたらきを弱める効果がある。

3 水の中で生活している生きものは水生生物と呼ばれています。水生生物は主な生活場所によって，図１のように大きく４つに区分され，水の中をただよって生活しているものをプランクトン(浮《ふ》遊《ゆう》生物)，水面上もしくは水面直下で浮《う》かんで生活しているものをニューストン（水表生物)，水の中を泳いで生活しているものをネクトン（遊泳生物)，砂やどろ，岩などの水底の表面やその中で生活しているものをベントス（底生生物）と呼んでいます。

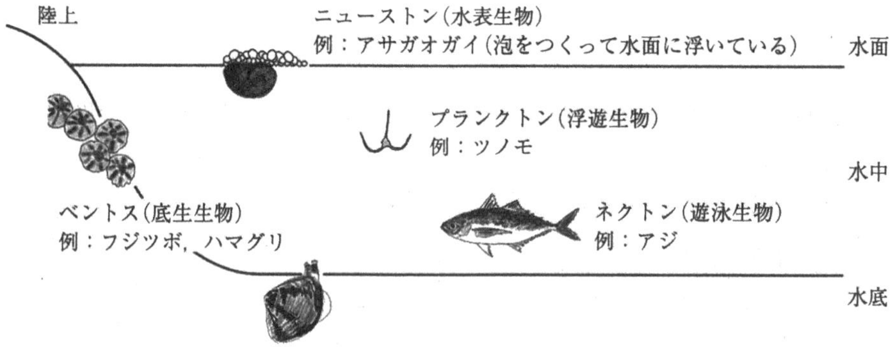

図１．水生生物の区分(図中の生きものは，実際の大きさとは異なります)

(1) ミジンコは，池や沼《ぬま》，水田などでみられる代表的なプランクトンです。ミジンコが食べているプランクトンを次の**ア**～**オ**からすべて選び，記号で答えなさい。

ア．ゲンゴロウ

イ．クンショウモ

ウ．ミドリムシ

エ．イトミミズ

オ．ワラジムシ

(2) 生きものどうしは，「食べる」「食べられる」という関係で，１本の鎖《くさり》のようにつながっています。このようなつながりのことをなんといいますか。

(3) 池や沼，水田などでみられるニューストンを次の**ア**～**カ**からすべて選び，記号で答えなさい。

ア．アメンボ

イ．ドジョウ

ウ．アメリカザリガニ

エ．イネ

オ．ツユクサ

カ．ウキクサ

(4) ハマダンゴムシは，砂浜海岸でみられる生きものです。昼は砂の中にもぐっていますが，夜になると砂の中から出てきます。ハマダンゴムシの幼体は，ときおり打ち上げる波に乗って波乗り行動を行うことが知られています。ハマダンゴムシの幼体が波乗り行動をすることで得られる利点を述べなさい。なお，次のページの図２で示すように，ハマダンゴムシの幼体は，成体よりも波打ち際《ぎわ》に近い砂の中で多くみられます。

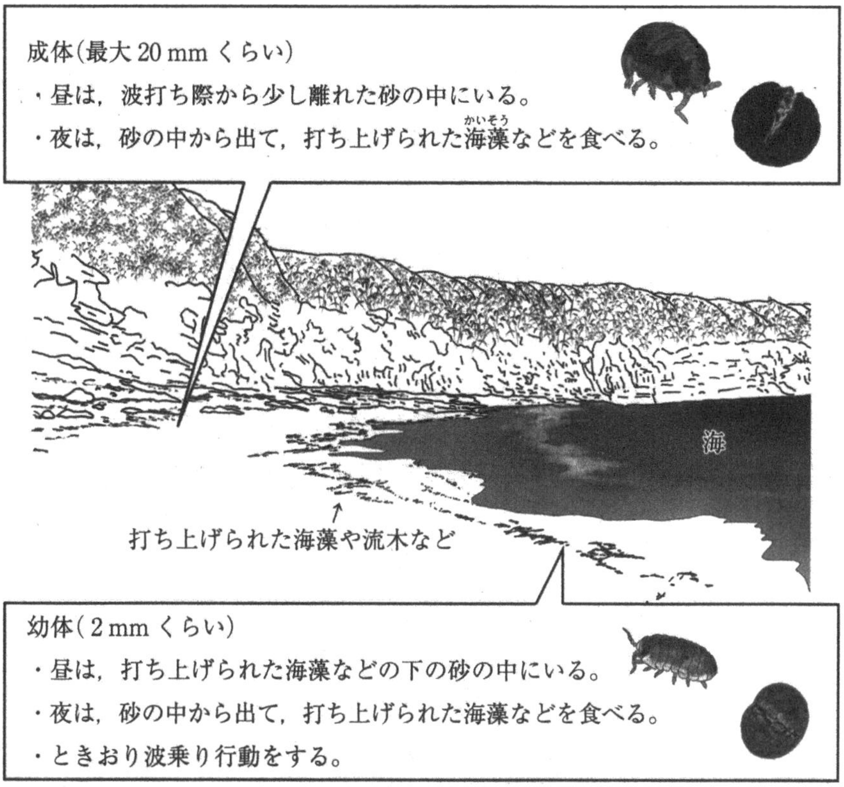
成体(最大20 mm くらい)
・昼は，波打ち際から少し離れた砂の中にいる。
・夜は，砂の中から出て，打ち上げられた海藻《かいそう》などを食べる。
海
打ち上げられた海藻や流木など
幼体(2 mm くらい)
・昼は，打ち上げられた海藻などの下の砂の中にいる。
・夜は，砂の中から出て，打ち上げられた海藻などを食べる。
・ときおり波乗り行動をする。

図2

(5) アジやイワシなどの魚は代表的なネクトンです。海でみられる背骨のあるネクトンを次の**ア**～**カ**からすべて選び，記号で答えなさい。

ア．スルメイカ　　**イ**．アカウミガメ　　**ウ**．ザトウクジラ
エ．シャチ　　**オ**．ミズクラゲ　　**カ**．イセエビ

2016年，ダボス会議で知られる世界経済フォーラムが，世界の海にただようプラスチックごみの量が今後も増え続け，2050年までに魚の量を超《こ》えると予測する報告書を発表しました。海のプラスチック汚染は年々深刻化しています。特に，プラスチックが小さく砕《くだ》けて5㎜以下になったマイクロプラスチックの汚染は，世界的な環境問題として認識されています。現在，海洋におけるプラスチック汚染が，水生生物にどのような影響をあたえるのか，様々な調査が行われています。

(6) 魚が食べたものは，人と同じように，口から食道，胃，腸へと運ばれながら，消化されます。腸から養分として吸収されなかったものが，肛門《こうもん》からふんとして体外に出されます。近年，魚の消化管内からマイクロプラスチックが検出される報告が増えています。魚がプラスチックを誤って直接食べる（飲む）以外に，魚の消化管内にプラスチックが入ってしまうのはどのようなときですか。簡潔に述べなさい。

(7) 水深200m以上の深海では，多くの生きものがくらしています。深海でくらしているベントスの中で，知っている生きものの名前を１つ答えなさい。

(8) 最近，太平洋の水深6,000m付近の海底において大量のプラスチックごみが発見されたことが

ニュースになりました。見つかったごみの大部分（８割以上）は，ポリ袋や食品包装などの「使い捨てプラスチック（ポリエチレン）」でした。また，“昭和59年製造”と記されたむかしの食品包装がほとんどそのまま見つかっていて，深海ではプラスチックがほとんど変化しないこともわかりました。海水に浮くはずのプラスチックごみが深海にまで達した理由を述べなさい。

4 川が形成される前の山に広く露出《ろしゅつ》した岩石の平たん部があるとします。そこは川の上流域になると考えられますが，雨が降ればその表面を水が流れ，晴れれば直射日光に照らされるということが長い年月くり返されることになります。

(1) 岩石の表面を流れる水が，その通り道をつくり，長い時間をかけて川が形成されていったと考えられます。このとき，流れる水が岩石の表面をけずる作用を何といいますか。

川の上流では，流れる水のはたらきだけでなく，岩石がもろくなる現象も起きています。

(2) 山に露出した岩石が花こう岩でできているとします。花こう岩は，図１のように石英，長石，黒雲《うん》母《も》という鉱物が集まってできています。図１(a)は花こう岩表面の写真で，図１(b)はその写真をイラスト化したものです。鉱物は温度が上がると体積が増え，温度が下がると体積が減りますが，鉱物によってそれぞれ体積の変化の大きさが異なっています。川の上流部となる山は寒暖差が大きいことをふまえ，図１を参考にして岩石がもろくなる原因について説明しなさい。

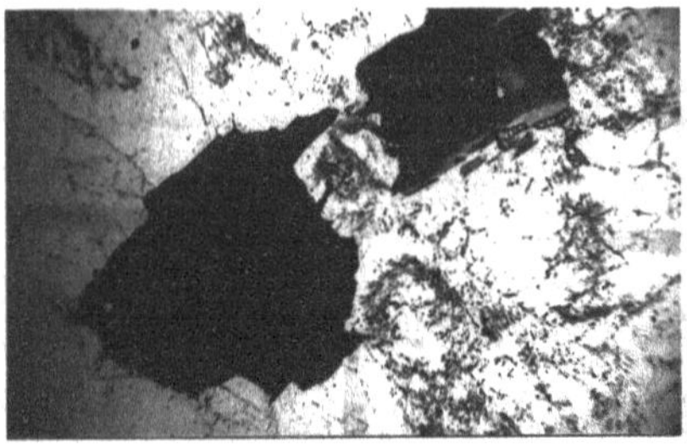

図１(a)

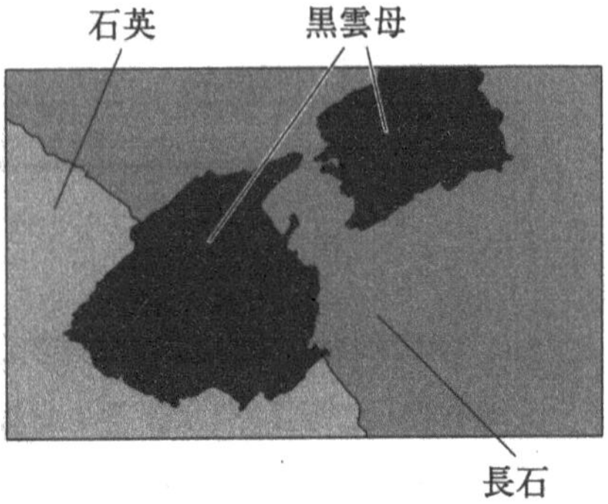

図１(b)

川原にある石などは，様々な大きさや形があり場所によっても異なります。

(3) 川原にある石などの特徴《とくちょう》について説明した次の文章において，空らん（①）～（④）にあてはまる適切なことばを答えなさい。

> 川にころがっている石は，川の上流では形状が（　①　）いて，大きさが（　②　）な石が多くあります。扇状地《せんじょうち》となっている川の中流では，形状が（　③　）いて，大きさが（　④　）な石が目立ちます。

水の流れによって動き出す粒《つぶ》の大きさは，水の流れの速さと関係があります。この関係を調べるために次のような実験を行いました。

水の流れの速さを調節できる特殊《とくしゅ》な水路を用意し，上流と下流を板でせき止めて水を貯《た》め，流れを止めておきます。図２のように板の上にどろ，砂，れきを並べてのせ，これらの粒を霧吹《きりふ》きで十分に湿《しめ》らせてから，水路に貯めた水に静かに沈《しず》めたところ，粒は板の上にのったまま動きませんでした。せき止めていた板をはずし，水路の水を流し始め，徐々に水の流れの速さを大きくしていきました。

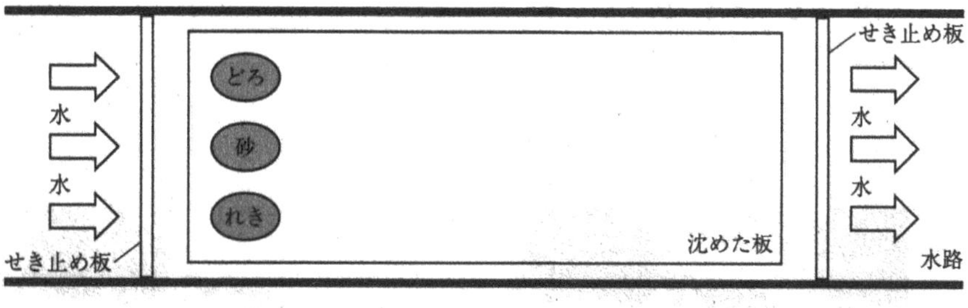

図２　（水路を上から見た図）

⑷　水の流れがある速さより大きくなると砂は動き出しましたが，どろやれきは動き出しませんでした。さらに速さを大きくしていくと，しばらくしてどろとれきも動き出しました。この結果から予想される，粒の大きさに対して，粒が流れ出す水の速さを表すグラフ（縦軸《たてじく》が水の流れの速さ，横軸が粒の大きさ）はどれですか。次の**ア**～**エ**から１つ選び，記号で答えなさい。

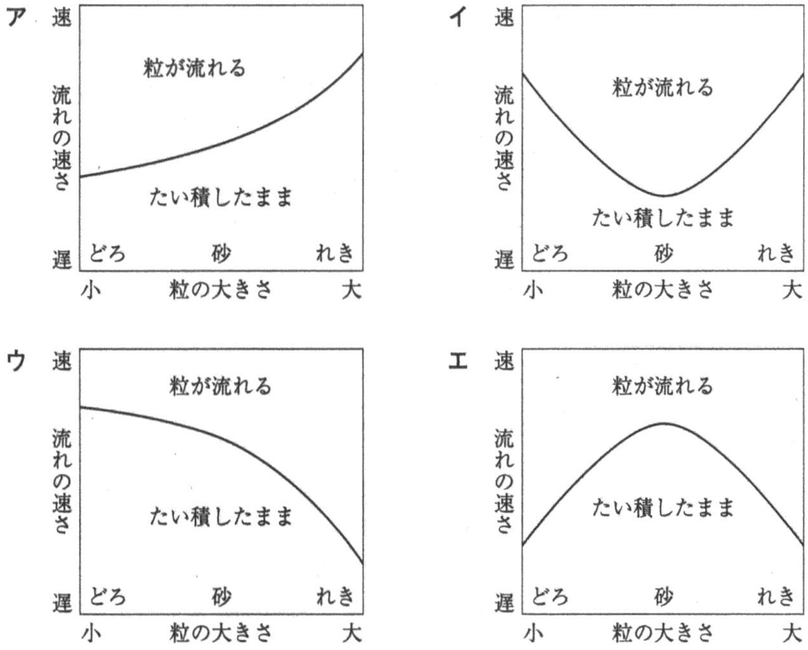

川が山地から平野部に流れ込んだところに扇状地ができます。ここでは，通常は水がゆっくり流れ，降雨などがあったときには激しい流れとなり，これがくり返されることになります。

⑸　次のページの図３のように，川の流れが曲がったところの断面ｃ－ｄは，まっすぐ流れているところの断面ａ－ｂに対してどのように異なりますか。下のまっすぐ流れているところの断面ａ－ｂの例にならって，その違いが分かるように解答用紙の解答らんに図示しなさい。

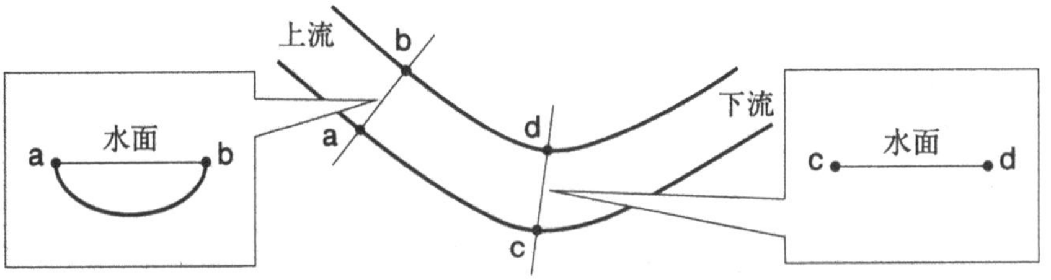

図3

(6) 下図で，川の流路（上が上流で，下が下流だとします）は，時間経過とともにⅠからⅡへと変化していきました。途中，どのように変化していくと考えられますか。次の図の空らんに，あとの**ア～エ**を時間経過の順に並べ直して，あてはめなさい。なお，解答は解答用紙の解答らんに記号で答えなさい。

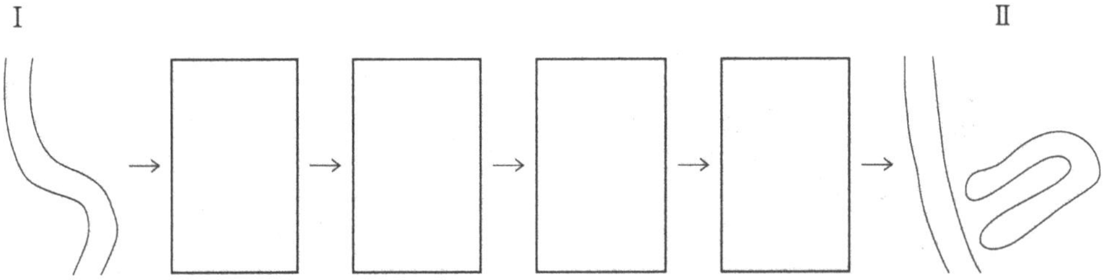

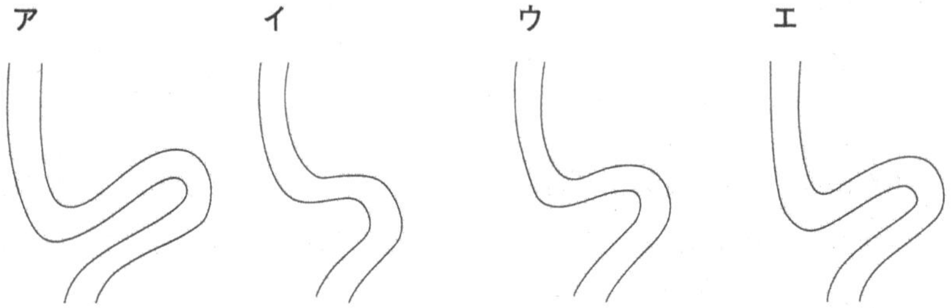

5 「電熱線つき熱量計」という実験器具を用いて，物の温まり方について調べる実験を行いました。この実験器具は，「熱」が内部から外部に漏《も》れないように，断熱容器になっていて，内部に取り付けられた電熱線に一定の電流を流すことで，電熱線において一定の割合で発生した熱を容器内部の液体に与えて温めることができます。

まず，容器に「水」を入れて，実験しました。最初，次のページの図1(a)，(b)のように，容器に，メスシリンダーで量り取った水100mL（100ｇ）を入れ，電熱線に電流を流し始めてから1分ごとに容器内の水の温度を測定したところ，時間の経過とともに，水温が上昇《じょうしょう》する様子が測定されました。続いて，同じ電熱線つき熱量計で，容器に入れる水の量を50mL（50ｇ），150mL（150ｇ），200mL（200ｇ）に変えて，電熱線に水100mLのときと同じ一定の電流を流して同様の実験を行い，水温の変化の様子を測定したところ，容器に入れた水の量によって，水温の変化の様子が異なることがわかりました。時間経過にともなって，初めの温度に対して水温がどのくらい上昇したかをグラフに表したのが，図１(c)です。

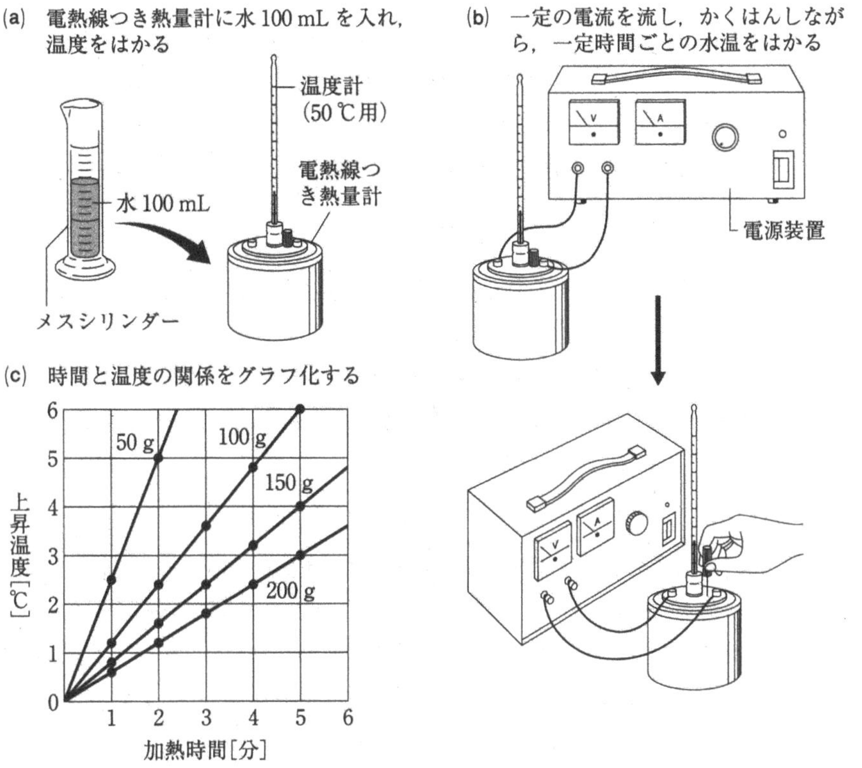

(b) 一定の電流を流し，かくはんしながら，一定時間ごとの水温をはかる

(c) 時間と温度の関係をグラフ化する

図１　(東京書籍／新観察・実験大事典[物理編]②／一部改)

(1) 容器内の水の量［ｇ］に対する，温度を１℃上昇させるのに必要な時間［秒］の関係を表すグラフを作成しなさい。データを表す点をはっきりと・(黒丸) で示すこと。

(2) 図１のグラフと(1)の結果から，この電熱線つき熱量計による水の温まり方について，次のことがわかります。文中の {①} のア～ウから適切なものを選び，記号で答えなさい。また，空らん (②) を適切な数値で埋《う》めなさい。

> この電熱線つき熱量計を用いた実験では，水は電熱線から一定の割合で熱を与えられて水温が上昇するので，水の温まり方は，①{**ア**．水の量が多いほど温まりやすい　**イ**．水の量が少ないほど温まりやすい　**ウ**．水の量に関係なく温まる}。またこのとき，水10ｇ当たり (　②　) 秒で１℃の水温上昇が起こる。

次に，次のページの図２(d)，(e)のように，同じ電熱線つき熱量計に，水100mL（100ｇ）と精密ばかり（電子てんびん）で重さを量った重さ100ｇの実験用の金属（かたまり）を入れ，③しばらく経《た》ってから，電熱線に図１の実験と同じ一定の電流を流して同様の実験を行って，水温の変化の様子を測定しました。時間経過にともなって，初めの温度に対して水温がどのくらい上昇したかをグラフに表したのが，図２(f)です。グラフ中の破線**A**は，比較《ひかく》のため，図１の水だけ200mLのときのグラフを転記したものです。

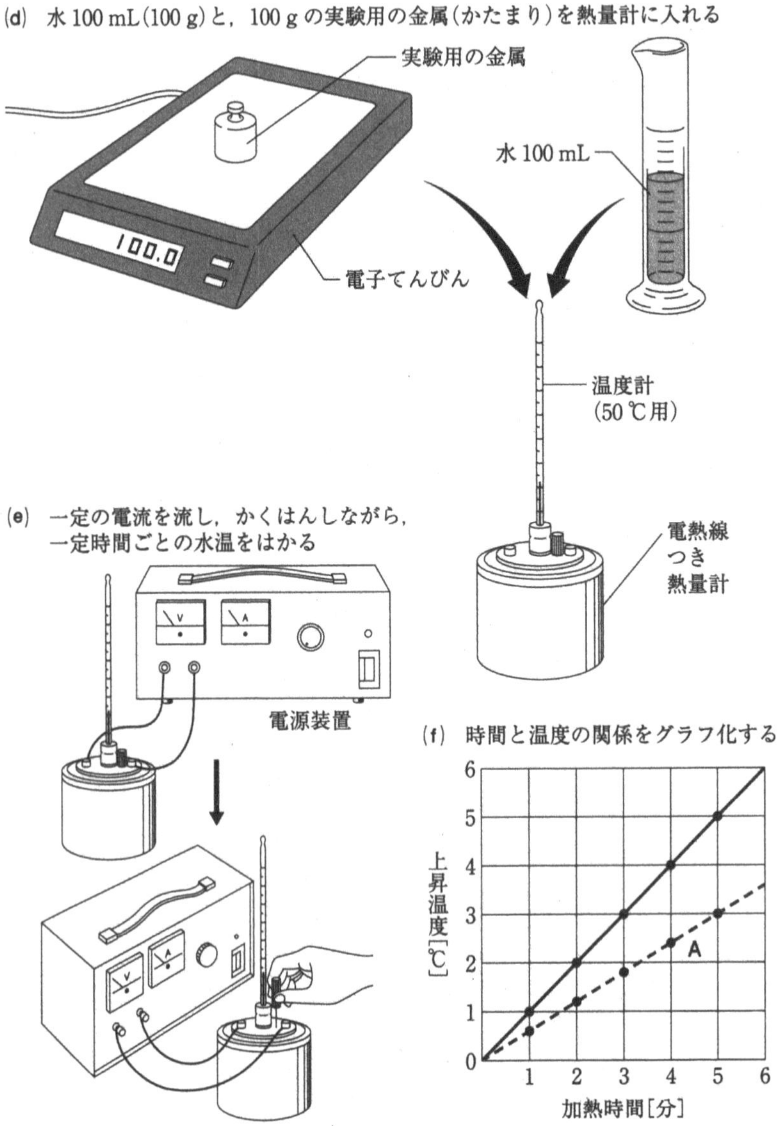

図２　(東京書籍／新観察・実験大事典[物理編]②／一部改)

(3) 下線③で，「しばらく経ってから」電流を流して測定を始めたのはなぜですか。簡潔に，その理由を説明しなさい。

(4) 図２の実験の結果，金属100 g を入れた水100mLで実験したときの方が，水200mLだけのときよりも同じ時間での上昇温度が大きくなりました。このことから，以下のような考察ができます。文中の {④} と {⑤} について，それぞれのア～ウから適切なものを選び，記号で答えなさい。

この電熱線つき熱量計を用いた実験では，電熱線から一定の割合で熱を与えられて水温が上昇するが，同時に，金属が周囲の水から熱を受け取って温まる。容器内の水は，図１の実験のときと比べて，同じおもさでは，④{ア．温まりやすい　イ．温まりにくい　ウ．温まり方に違いはない}。また，同じおもさでは，金属は水と比べて，⑤{ア．温まりやすい　イ．温まりにくい　ウ．温まり方に違いはない}。

(5)　前のページの図２の実験で用いた金属のかたまり全体について，同じおもさの水全体に比べて，同じ温度だけ温度上昇が起こるために必要な時間は何倍になりますか，計算して求めなさい。ただし，結果の数値は，小数第１位までの小数で表しなさい。

【社　会】（40分）　＜満点：80点＞

次の文章を読み，問に答えなさい。

新型コロナウイルス感染症《かんせんしょう》の影響《えいきょう》により，人の移動が大幅《おおはば》に制限される期間が長く続いています。人の動きが制限されたために，インターネット注文の件数がさらに増し，宅配便の利用など日常生活での物流の重要性を意識するようになった人も多いと思います。

現代の日本において，迅速《じんそく》で安全な物流が可能になる背景には何があるのでしょうか。中国《ちゅうごく》の工場で製造された商品の原材料は，東南アジアなど他国から調達されている場合があります。その中国製造の商品は，大阪《おおさか》の貿易会社が輸入し，インターネット注文をした東京の消費者に，宅配業者が指定時間通りに届けてくれます。原材料などの資源の確保や運搬《うんぱん》を支える人たちの労働は重要ですし，安全な輸送のためには，道路や港・駅などの整備も必要です。

迅速な物流や情報伝達によって，われわれの日々の快適で便利な生活は成り立っています。国内だけではなく世界貿易の拡大に伴《ともな》い，交通手段や情報網《じょうほうもう》の発達を受けて社会は大きく変化してきました。物流の変化によるさまざまな影響について，以下の問を通じて考えてみましょう。

問１　私たちの生活は，世界のさまざまな国や地域と強く結ばれています。食卓《しょくたく》に並ぶ食べものは，多くの国や地域から運ばれています。**図１**は，東京中央卸売市場《おろしうりしじょう》における「かぼちゃ」の産地別取《とり》扱量《あつかいりょう》の上位８位（2019年）までの国や地域（都道府県）について，その取扱量を月ごとに示したものです。

図１　東京中央卸売市場における「かぼちゃ」の主な産地別取扱量（2019年）

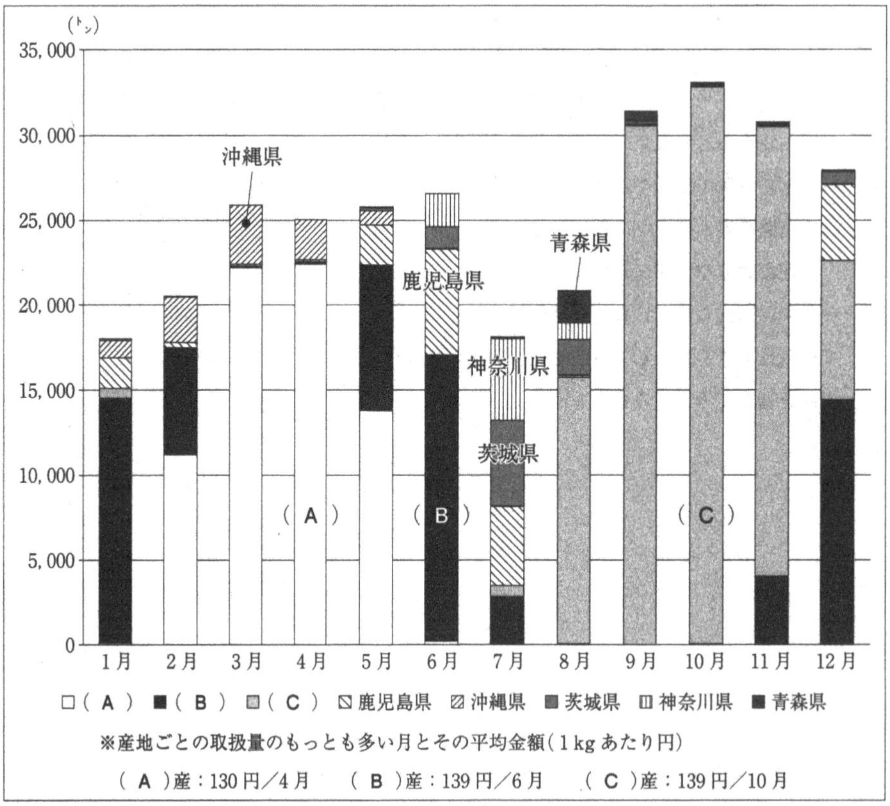

（「東京中央卸売市場統計情報」より作成）

図２

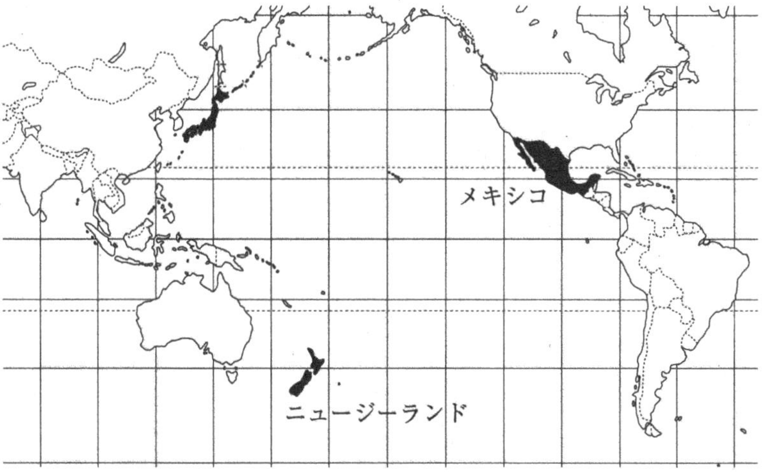

(1)　**図１**の**Ａ**～**Ｃ**には，東京中央卸売市場における「かぼちゃ」の産地別取扱量の上位３位までに入る北海道，ニュージーランド，メキシコのうち，いずれかの国や地域があてはまります。**Ａ**～**Ｃ**の組み合わせとして適切なものを，下の**ア**～**カ**から１つ選びなさい。

ア	Ａ：北海道	Ｂ：ニュージーランド	Ｃ：メキシコ
イ	Ａ：北海道	Ｂ：メキシコ	Ｃ：ニュージーランド
ウ	Ａ：ニュージーランド	Ｂ：北海道	Ｃ：メキシコ
エ	Ａ：ニュージーランド	Ｂ：メキシコ	Ｃ：北海道
オ	Ａ：メキシコ	Ｂ：北海道	Ｃ：ニュージーランド
カ	Ａ：メキシコ	Ｂ：ニュージーランド	Ｃ：北海道

(2)　東京中央卸売市場における「かぼちゃ」の取扱量は，ニュージーランドやメキシコのように，現在は日本以外の産地も上位を占《し》めています。東京中央卸売市場において，「かぼちゃ」を海外から仕入れることの利点を，**図１**および**図２**からわかることをもとに，説明しなさい。

問２　日本は周囲を海で囲まれているため，さまざまな地域が海や川を通じて結びつき，使節や商人が行き来し，物のやりとりなどもおこなわれてきました。そのことについて述べた文として**誤っているもの**を，下の**ア**～**エ**から１つ選びなさい。

ア　佐賀《さが》県の吉野ヶ里遺跡《よしのがりいせき》からは，大陸から伝わったと思われる鉄器や青銅器，麻《あさ》や絹《きぬ》で作った布，南方の貝で作ったうで輪などが出土している。

イ　平安時代には平泉《ひらいずみ》を中心に奥州藤原《おうしゅうふじわら》氏の勢力がさかえ，中国で作られた陶磁器《とうじき》などが，博多《はかた》や京都を経由し，太平洋岸から北上川《きたかみがわ》を通ってもたらされた。

ウ　16世紀なかばに，ポルトガル人を乗せた船が長崎《ながさき》に流れ着き，鉄砲《てっぽう》が伝えられ，まもなく鉄砲は博多や京都などでさかんに作られるようになった。

エ　江戸《えど》時代，朝鮮《ちょうせん》の釜山《プサン》には日本人の住む建物である倭館《わかん》が置かれ，そこでは，対馬藩が江戸幕府の許しを得て貿易をおこなった。

問３　税を，お金以外で納《おさ》めていた時代もありました。奈良《なら》時代の日本では，国を治めるためのしくみ（律令《りつりょう》制度）が取り入れられ，人々は税として①稲《いね》や，織物・地方の特産物などを納めました。また，朝廷《ちょうてい》へ献上品《けんじょうひん》（贄《にえ》という）として，特産物を納めることもありました。このうち，絹や布などの繊維《せんい》製品には，それを納める人の名前や，品目・数量・日付などをじかに書き入れることになっていました。一方で，稲や塩，さらに地方の特産物などを納める際には**図3**～**図5**で示したような（　　　）と呼《よ》ばれる②木の札《ふだ》を荷札（ラベル）として用いました。

図3

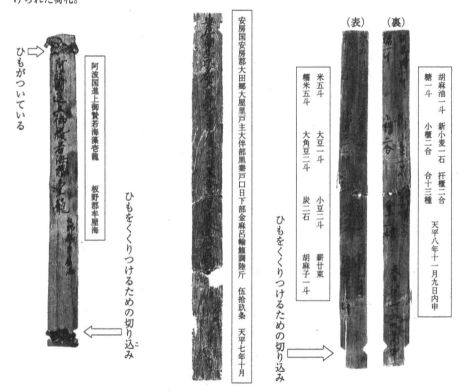

阿波国《あわのくに》(現在の徳島《とくしま》県)牟屋《むやの》海から平城《へいじょう》京に運ばれた献上品のワカメのかごにつけられた荷札。

ひもがついている

阿波国進上御贄若海藻壱籠　板野郡牟屋海

ひもをくくりつけるための切り込《こ》み

図4

安房国《あわのくに》(現在の千葉県)安房郡《ぐん》大田郷《おおたごう》から平城京に運ばれた税のアワビにつけられた荷札。

安房国安房郡大田郷大屋里戸主大伴部黒秦戸口日下部金麻呂輸鰒調陸斤　伍拾玖条　天平七年十月

図5

表《おもて》に米・小豆《あずき》・炭などが記された荷札。裏《うら》も帳簿《ちょうぼ》として利用された。

（表）　（裏）

米五斗　大豆一斗　小豆二斗　薪廿束
糯米五斗　大角豆二斗　炭二石　胡麻子一斗

胡麻油一斗　新小麦一石　扞櫃二合
糖一斗　小櫃二合　合十三種
天平八年十一月九日内申

ひもをくくりつけるための切り込み

(**図3**～**図5**は奈良国立文化財研究所の資料より。荷札の横には記載されている文字を示した。)

(1)　下線部①に関して。律令制度のもとで，稲の収穫高《しゅうかくだか》の一部（多くの場合3パーセントとなった）を納める税は何ですか。適切な名称《めいしょう》を漢字で答えなさい。

(2)　空欄（　）にあてはまる語句を，**漢字2文字**で答えなさい。

(3)　下線部②に関して。奈良時代の税を納めるときに木の荷札が広く用いられた理由について述べた文として**誤っているもの**を，下の**ア**～**エ**から1つ選びなさい。

ア　当時の日本には紙を作る技術が伝わっていなかったため，木の札でラベルを作ることが広まった。

イ　米や塩などには直接書き込《こ》むことができなかったため，かわりに木の札に産地・品目・数量などを書いた。

ウ　木の札は耐水性《たいすいせい》があり，遠くの産地から品物を都に運搬するときにも，丈夫《じょうぶ》で壊《こわ》れにくいという利点があった。

エ　木の札は，表面を削《けず》ったり，裏面を使ったりしてくり返し利用することができた。

問４　物流の変化が人々のくらしに影響をあたえた具体的な例を見ていきましょう。

下の**図６**は，江戸時代末期に描《えが》かれたもので，当時の歌舞伎《かぶき》役者がたこあげをする様子を表しています。この**図６**は，江戸時代末期の物の値段（物価《ぶっか》）の上昇《じょうしょう》を，たこあげの様子に見立てて描いたものです。**図６**の中で，上の方に描かれたものほど，価格が上がったことを表しています。

図６

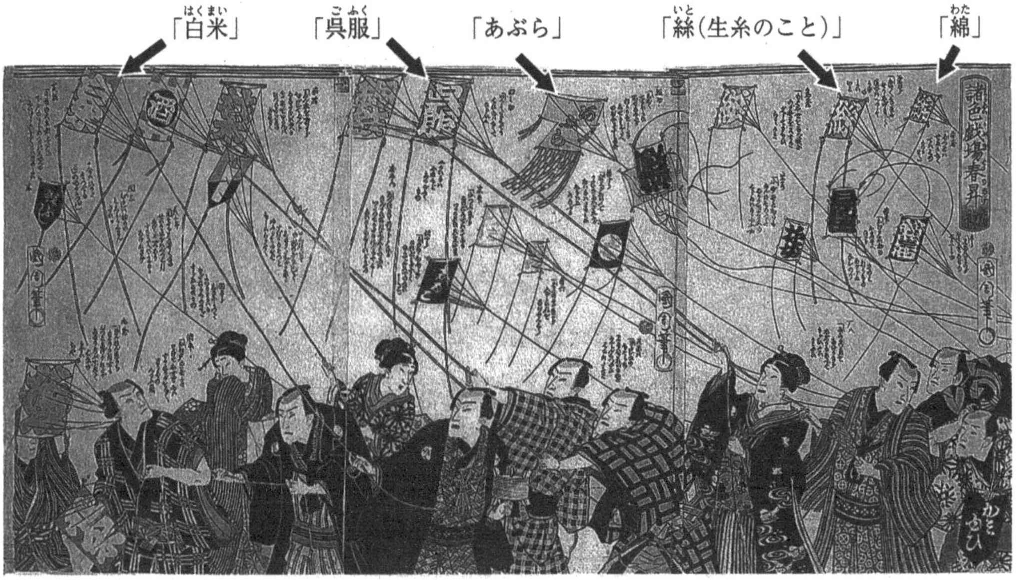

（豊原国周《とよはらくにちか》「諸色戯場《しょうばいかぶき》春昇初《はるのあげぞめ》」，1866（慶応《けいおう》２）年，国文学研究資料館の所蔵資料より）

図６の中のたこに記された「絲」（糸）は，生糸（絹糸）をさしています。また，「呉服」は絹織物のことです。江戸時代には農業生産や手工業の発展により，江戸時代初《はじ》めには輸人にたよっていた生糸もしだいに国産化が進み，それを材料とした絹織物の生産が西陣《にしじん》（現在の京都）や桐生《きりゅう》（現在の群馬《ぐんま》県）などの地域で活発になりました。しかし，江戸時代の終わりごろになると，生糸の価格には大きな変化が見られるようになります。**表１**は，その動きについてのものです。

表１　江戸時代末期の物価の変化（前年に対する物価の上昇割合，単位は％）

項目《こうもく》＼年	1857	1858	1859	1860	1861	1862	1863	1864	1865
生糸	2.8	5.6	21.1	35.7	2.5	0.5	31.6	47.6	21.0
米	14.8	31.0	△1.0	26.0	△1.8	△1.9	11.3	23.1	72.1

※表中の△はマイナスの数値（前年よりも物価が下落したこと）を示す。

※参考として，生糸の他に米の価格の変化も示した。

※この表は，現在の大阪にあった市場《いちば》での変動を例として示したものである。

（武田晴人《たけだはるひと》『日本経済史』より作成）

表１では1859年に生糸の価格が大きく上昇し，1861～62年には一時的に上昇率がゆるやかになる

もののその後は引き続き上昇している様子がわかります。江戸時代の終わりに生糸や米の価格が上昇した理由として，凶作《きょうさく》の発生や貨幣《かへい》の改鋳《かいちゅう》（作り直し）があり，さまざまな物の価格上昇に影響をあたえたことが指摘《してき》されています。ただし，1859年以降に生糸の価格が大幅に上昇した理由は他にもあります。下の**図７**も参考にして，当時の日本が直面した出来事と，それによってもたらされた影響を考えながら，生糸価格が上昇する理由を説明しなさい。

図７　主要輸出入品の割合（1865年，単位は％）

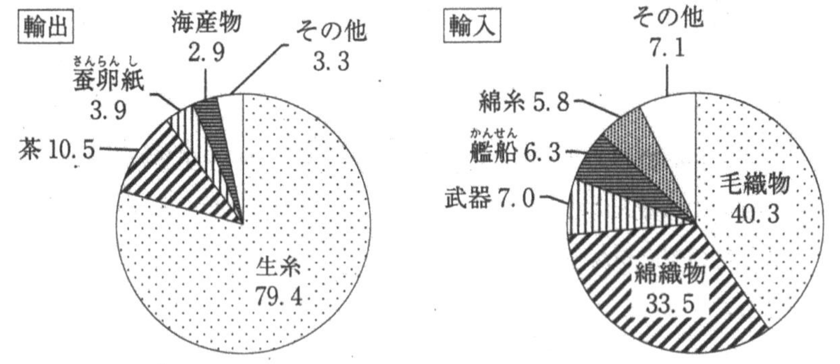

※図中の蚕卵紙は蚕《かいこ》の卵を産み付けさせた紙をさす。また艦船は軍艦などをさす。

（小学館『図説日本文化史大系』より作成）

問５　19世紀後半になると，アジアとヨーロッパの間の人やものの移動は，そのルートの変化でいっそうさかんになりました。

下の**図８**は，1862年に日本からヨーロッパへ向かった文久遣欧使節《ぶんきゅうけんおうしせつ》に参加した高島祐啓《たかしまゆうけい》が書いた『欧西紀行《おうせいきこう》』のものです。彼《かれ》らは紅海《こうかい》（現在のサウジアラビアとエジプトに東西から挟《はさ》まれている海）まで船で移動した後，カイロまで汽車に乗り，地中海を経由してヨーロッパに向かいました。ところが，1869年になると，次のページの**図９**のように紅海と地中海を結ぶスエズ運河が開通しました。

図８

（『欧西紀行』さし絵，国立国会図書館所蔵資料より）

図9　日本からイギリスへの航路の例

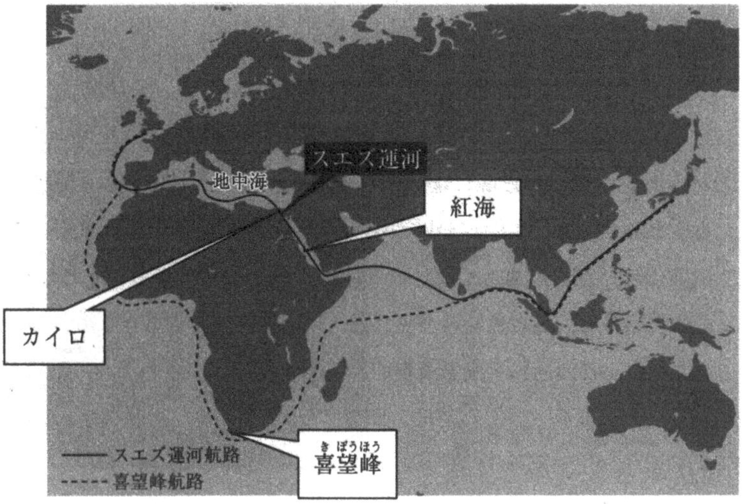

(1)　文久遣欧使節のころは，この使節団の使用したルートが喜望峰《きぼうほう》まわりの航路で，アジアとヨーロッパは結ばれていました。その後スエズ運河が開通しましたが，この運河を使った場合，文久遣欧使節のころと比べて，人やものの移動でどのような利点があるでしょうか。**図8**と**図9**を参考にして**2つ**説明しなさい。ただし，1度に運べるものの量や人の数の変化については，ここでは答えないこととします。

(2)　この文久遣欧使節に同行したある人物は，下のようにエジプトの様子を書いています。彼は，ヨーロッパの強国の支配下におかれたエジプトを，貧しく怠惰《たいだ》な人々の土地だとしています。この内容が事実かは別として，彼はこうしたアジアなどの他国の様子から危機感をおぼえ，日本は国家独立のために，西洋諸国と並ぶように文明化しなければならないと，後に論じました。『文明《ぶんめい》論之概略《ろんのがいりゃく》』や，『学問のすすめ』を著《あらわ》したことで知られる，文久遣欧使節に参加したこの人物の名を答えなさい。

> 貧しい人が多くて町はさかえておらず，人々はかたくなで分別がなく，怠《なま》けていて，仕事に熱心ではない。法律も極めて厳《きび》しい。…カイロは数千年の旧都なので，あちこちに古跡《こせき》がある。しかし今は落ちぶれてしまって見る価値もない。

（『西航記《さいこうき》』より抜粋《ばっすい》）

(3)　19世紀のなかば以降には，人やものの移動だけではなく，情報の伝わり方も変わりました。この使節団派遣《はけん》から数年後の1869年に，東京と横浜の間で開業（設置）されたある情報伝達手段は，数年後には海外ともつながり，19世紀末には日本列島各地を結びました。情報がそれまでよりもはやく伝わるようになった，この通信手段を**漢字**で答えなさい。

問6　商品だけでなく，人もときには「労働力」として必要とされる場所へ移動します。

(1)　1950年代後半以降の高度経済成長期を支えたのは，集団就職《しゅうしょく》による労働力でした。特に集団就職で都市部に移動した若年《じゃくねん》労働力を，当時は何と呼んだでしょうか。**3文字**で答えなさい。

(2)　次のページの**図10**は沖縄から「本土」への就職者数の推移を示しています。**図11**のように多くの若者たちが1960年代に集団就職として沖縄港から出航しました。彼らはパスポートを持って向かいましたが，それはなぜですか。

図 10　沖縄からの「本土」への就職者数

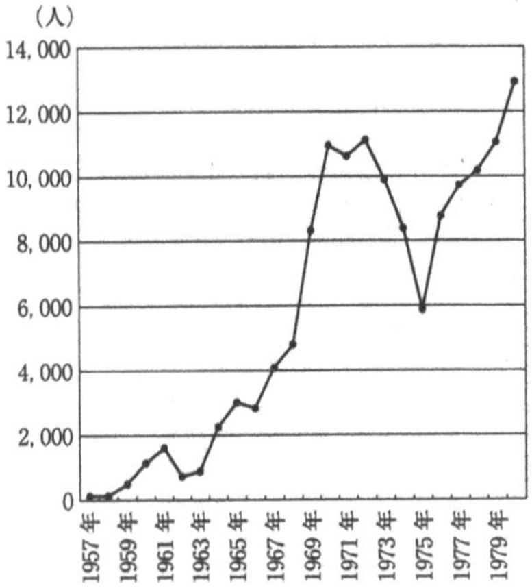

(『人文地理』第 56 巻所収《しょしゅう》，山口論文より)

図 11

(『沖縄戦後史　写真記録　1945-1998』(改訂増補版《かいていぞうほばん》)より)

問 7　港や空港は世界貿易の窓口であり，それぞれの港や空港における貿易の品目は，その地域で発達する工業と深く関連しています。**表 2** は，千葉港，名古屋港，博多港，関西国際空港の 4 つの港と空港について，輸出額および輸入額の上位 3 位（2018年）までの品目とその割合（パーセント）を示したものです。

表 2　主な港・空港の輸出および輸入品目とその割合(単位は%)

（ **A** ）

輸出品目	%	輸入品目	%
集積回路用品	15.0	医薬品	18.4
科学光学機器	7.8	通信機	17.1
電気回路用品	6.7	集積回路	6.0

（ **B** ）

輸出品目	%	輸入品目	%
自動車	25.0	液化ガス	8.5
自動車部品	17.5	衣類	7.1
金属加工機械	4.4	石油	6.7

（ **C** ）

輸出品目	%	輸入品目	%
集積回路	25.2	魚介類《ぎょかいるい》	7.4
自動車	23.2	衣類	5.6
タイヤ・チューブ	5.2	家具	5.3

（ **D** ）

輸出品目	%	輸入品目	%
石油製品	23.7	石油	56.9
鉄鋼	18.0	液化ガス	16.7
自動車	17.2	自動車	8.3

(『日本国勢図会《ずえ》 2019／2020』より作成)

(1)　**表 2** の A ～ D の港・空港の組み合わせとして適切なものを，下の**ア**～**カ**から 1 つ選びなさい。

ア　A：関西国際空港　B：名古屋港　C：博多港　D：千葉港
イ　A：関西国際空港　B：名古屋港　C：千葉港　D：博多港
ウ　A：関西国際空港　B：千葉港　C：博多港　D：名古屋港
エ　A：博多港　B：名古屋港　C：関西国際空港　D：千葉港
オ　A：博多港　B：千葉港　C：関西国際空港　D：名古屋港
カ　A：千葉港　B：博多港　C：関西国際空港　D：名古屋港

(2) **表2**のうち，扱う貿易金額（輸出額と輸入額の合計）がもっとも高い港・空港を，A～Dから1つ選びなさい。

(3) **表2**のうち，輸入額の方が輸出額よりも多い港・空港が1カ所だけあります。A～Dから1つ選びなさい。

問8 交通網の発展は人々のくらしに恩恵《おんけい》ばかりをもたらしたわけではありません。

大阪国際空港の離着《りちゃく》経路の真下に住む住民が，飛行機の騒音《そうおん》や振動《しんどう》の被害《ひがい》を受けているとして，1969年に夜間飛行の禁止と損害賠償《ばいしょう》を請求《せいきゅう》する裁判を起こしました。

(1) 住民の訴《うった》えは，よりよい環境《かんきょう》に住む権利，すなわち環境権に結びついています。環境権は日本国憲法に直接明記はされていませんが，社会の変化を反映して主張されるようになった新しい人権のひとつです。環境権のように，新たに権利として主張されるようになったものを，下の**ア**～**エ**から2つ選びなさい。

ア 正社員が減りパートやアルバイトで働く人が増えたため，働く人が会社に対して団結する権利が主張されるようになった。

イ インターネットでの情報発信が誰《だれ》でも容易にできるようになったため，顔写真や個人の情報を公開されない権利がより主張されるようになった。

ウ 人口が集中する東京から地方へ移住する人が増える中で，住むところや職業を自由に選べる権利が主張されるようになった。

エ 市民が行政に主体的に関わり適切な判断ができるように，行政機関がもつ情報の公開を求める権利が主張されるようになった。

(2) 裁判について述べた文として適切なものを，下の**ア**～**エ**から**すべて**選びなさい。

ア 最高裁判所の長官は特別に重要な立場であるため，国会が指名する。

イ 未成年者が被告人《ひこくにん》である場合の裁判は，すべて簡易《かんい》裁判所でおこなわれる。

ウ 裁判所は，法律が憲法に反していないかを判断する役割をもっている。

エ 裁判官をやめさせるかどうかを判断する弾劾《だんがい》裁判所は，内閣が設置する。

問9 人の移動が感染症対策により制限されましたが，物流は日々止まることなく続いています。飲食店の営業にも制限が設けられましたが，宅配サービスやテイクアウトを利用することで，お店の味を楽しむことができています。一方で，ほしかった商品が届いた後のことも考える必要があります。例えば，包装《ほうそう》容器などのプラスチックごみの処理が問題になっています。

> 地球の表面の7割を占める海に，プラスチック片《へん》の流れが生まれている。魚介《ぎょかい》類が取り込み，それらを食べる人間の健康にも影響する懸念《けねん》が高まってきた。…ハワイ島にたどり着くごみの多くは数年から10年ほどかけて中国や日本，韓国《かんこく》などの東アジア諸国からやって来たものだと推定されている。
>
> (中略)
>
> (海辺の清掃《せいそう》を主宰《しゅさい》する団体の）ハワイ・ワイルドライフ基金は，ごみの発生地を調べることはしていない。(その理由をスタッフにたずねると)「プラスチック製品の原料，加工，流通が国境を越《こ》えてグローバル化している時代だ。特定の国の責任を問うことにあまり意味はない。私もプラスチック製品の消費者の一人だ」と答えた。

（朝日新聞2017年11月5日掲載《けいさい》の記事より一部抜粋・補足）

※海洋ごみの中で，近年国際的な注目を集めるようになったのが「マイクロプラスチック」と呼ばれるプラスチック片による海洋汚染《おせん》。プラスチックは，漂流するうちに紫外《しがい》線や風波などによって細片化されていく。プラスチックごみの例は，レジ袋《ぶくろ》・ペットボトル・食品用トレイ・漁具など。

(1)　このような地球規模の環境問題は，ある国だけが努力をすれば解決できるというものではありません。そのため，国際連合や各国の政府に加えて，前のページの新聞記事のような団体が協力してさまざまな取り組みを進めています。環境問題に限らず，貧困や紛争《ふんそう》解決などの問題に取り組んでいる非政府組織の略称《りゃくしょう》を，**アルファベット３文字**で答えなさい。

(2)　日本政府は，2019年の「プラスチック資源循環《じゅんかん》戦略」で，使い捨てプラスチックの排出《はいしゅつ》量を減らすなどの目標を掲《かか》げ，レジ袋有料化など具体的な取り組みをはじめています。海洋プラスチックごみの問題に対応し，また二酸化炭素の排出を伴うプラスチックごみの焼却《しょうきゃく》処理量を減らしていくためです。この他にも国際情勢の変化により，国内のプラスチックごみ（廃《はい》プラスチック）の削減《さくげん》を進める必要性がこの数年で生じていますが，その理由を下の説明文と**表３**を踏まえて説明しなさい。

> 家庭から出るペットボトルや包装容器などの廃プラスチックは，法律にもとづき収集・リサイクルされています。しかし，他のごみと混じったり，飲み残しや食べ残しで汚《よご》れたりしていると，リサイクルすることがむずかしくなります。日本では分別・洗浄《せんじょう》の費用が高く，廃プラスチックの一部は主に中国に輸出されてきました。中国は1990年代から急激な経済発展を続けたため，国内だけで製品の原料を賄《まかな》うことが困難となり，2000年以降日本や欧米《おうべい》諸国から廃プラスチックの輸入を増大させてきました。廃プラスチックをリサイクル資源として活用し，繊維製品などに加工して輸出していました。
>
> その中国が，2017年に廃プラスチックの輸入を原則禁止にしました。廃プラスチックを処理する過程で汚水の垂れ流しや使えない部分の不法投棄《とうき》などの環境問題が発生し，分別・洗浄の費用削減のための劣悪な労働も問題視されるようになったからです。中国以外の廃プラスチックを受け入れている多くの国のリサイクル事情は，輸入禁止前の中国と同様です。
>
> 国際条約が改正され，2021年から汚れた廃プラスチックを輸出する際には相手国の同意が必要になりました。自由で迅速な物流は大切ですが，汚れた廃プラスチックに限らず，ものが移動した先で及《およ》ぼす影響についても考える必要があります。輸出する側は，相手国の同意があったとしても，（　　　　　　　　　　　　　　　　）ものを，国境を越えて移動させないなどの責任を担っていくことが，持続可能な社会を目指し，地球規模の問題を考えていくためには重要です。

表３　日本の廃プラスチック輸出量の推移（日本の主な輸出先，万トン）

		2016年	2017年	2018年	2019年	2020年
総輸出量		152.7	143.1	100.8	89.8	82.1
国名	中国	80.3	74.9	4.6	1.9	0.7
	マレーシア	3.3	7.5	22.0	26.2	26.1
	ベトナム	6.6	12.6	12.3	11.7	17.4

（日本貿易振興《しんこう》機構の資料より作成）

(3)　説明文を参考にして，文中の（　）にあてはまる内容を１つ答えなさい。

では、読点（、）を多用することで文が細かく区切られ、あかねの気持ちの高ぶりが表現されている。

オ　「差し出された原稿《げんこう》用紙に、なにかが落ちて、染《し》みを作った」（31ページ）・「透明《とうめい》なしるしを落としていく」（31ページ）では、「涙《なみだ》」を落としたことがはっきりと表現されていないが、これは「涙」という言葉すら出てこない、あかねの語彙力のなさを伝えるものである。

カ　「若者言葉」（31ページ）とあるように、この物語には最近の若者が使う言葉がたくさん用いられ、今どきの女の子であるあかねの視点で話が語られている。

問8　――線部⑥「ここで□しないとね」（35ページ）とありますが、□に当てはまる最も適切な言葉を、次の中から選び、記号で答えなさい。

ア　相談　　イ　懇談《こんだん》　　ウ　対談　　エ　密談　　オ　雑談

問9　――線部⑦「『もしかして、あたし、騙《だま》された?』『ふふふ』先生はいたずらっぽく笑う」（33ページ）とありますが、しおり先生はあかねを「騙」して、どのようなことをさせたのですか。三十字から四十字で答えなさい。

問10　――線部⑧「読書感想文」（32ページ）に取り組むことで、しおり先生はどういうことができるようになると考えていますか。その説明として最も適切なものを次の中から選び、記号で答えなさい。

ア　本の登場人物の気持ちを考えることで、他人の気持ちが正確に読み取れるようになり、相手を理解して親交を深められるようになる。

イ　自分の中にあるあいまいな気持ちを整理していくことで、自分の思いをうまく表現できるようになり、思い通りに相手を動かせるようになる。

ウ　自分の中に潜《ひそ》んでいるすてきな言葉や感情に出会い、それを作品として公《おおやけ》にすることで、他人に対して影響《えいきょう》を与《あた》えられるようになる。

エ　うまく説明できない自分の気持ちを整理することで、自分のことがわかるようになり、その気持ちを他人に伝えられるようになる。

オ　本の登場人物に感情移入するなかで、他人の境遇《きょうぐう》や考えがわかるようになり、人間的に成長して他人に認められるようになる。

問11　――線部⑨「あかねちゃん、最後の短編、だめだったかぁ」（32ページ）とありますが、あかねが「最後の短編」を気に入らなかったのはなぜですか。五十字以内で答えなさい。

問12　――線部⑩「あのね、お母さん、あたしね……」（30ページ）とありますが、あかねがここでお母さんに話をしようと思ったのはなぜですか。本文全体をふまえて、百十字から百三十字で答えなさい。

問13　……線部の表現について述べたものとして**誤っているもの**を次の中から**二つ**選び、記号で答えなさい。

ア　「ジジツトリック?」（37ページ）・「ホンマツテントー」（33ページ）のように、言葉をカタカナで表記することで、これらの言葉があかねにはあまりなじみのないものであり、聞きかじった言葉をあかねが使っている様子を表している。

イ　「まぁ、ないなぁ、って思っちゃうけれど」（38ページ）・「そう、ちょっと信じらんないかもしれないけど、本、最後まで読めたんだ」（36ページ）では、あかねが自分に言い聞かすように話が語られているが、これは自分で勝手に納得《なっとく》して物事を進めていく、あかねの性格を示すものである。

ウ　「シャーペンの芯《しん》がポキリと折れてしまったみたいに、言葉が途切《とぎ》れてしまう」（31ページ）・「カチカチとペンをノックして、あたしは言葉を押《お》し出《だ》す」（31ページ）では、言葉を記す道具であるシャープペンの芯と、自分の気持ちを言葉にしようとするあかねが、重なるように描《えが》かれている。

エ　「あたし、語彙力《ごいりょく》ないし、自分の気持ち、モヤモヤしてわかんないし、だから」（31ページ）・「なんで、眼、熱いんだろう」（31ページ）

まうから。

イ　アイルーの家と違《ちが》って、自分の家のテレビは画面が小さいので、リビングの広さがテレビのサイズとつりあわず、リビングが広く思えるから。

ウ　画面の小さいスマホをベッドで観る習慣がついてしまったため、テレビもそれを置いたリビングも、どことなく大きなものに感じられるから。

エ　いつも一人でテレビを観る自分には、リビングは最低限のスペースがあれば十分なので、大きなリビングなど必要ないと遠慮《えんりょ》しているから。

オ　かつては両親とテレビを観ることもあったが、いまはそんなこともなく一人で過ごすことが多いので、空間の広さが際立《きわだ》ってしまうから。

問5　――線部③「風船が、しぼんでいくような感じがした」（37ページ）とありますが、これはあかねのどのような気持ちを表したものですか。七十字以内で答えなさい。

問6　――線部④「怪獣《かいじゅう》みたいに不細工な声をあげながら、ベッドに飛《と》び込《こ》んだ」（36ページ）とありますが、あかねのこのときの気持ちはどのようなものだと考えられますか。その説明として最も適切なものを次の中から選び、記号で答えなさい。

ア　こちらの苦しみも知らずに怒《いか》りをぶつけてくるお母さんに耐《た》えられず、二度と口をきくまいと、腹を立てている。

イ　人の意見を聞くこともせず、自分の考えばかりを押《お》しつけてくるお母さんの態度を、うっとうしく感じている。

ウ　お母さんになにか伝えたいもののうまくいかず、きたない言葉を言うだけになってしまって、いらいらしている。

エ　突然《とつぜん》お母さんに対して怒りが爆発《ばくはつ》してしまったので、感情をおさえられない自分のことを、不安に思っている。

オ　自分でもなんとなく感じていた問題点を、お母さんに鋭《するど》く指摘されてしまい、訳もなくむしゃくしゃしている。

問7　――線部⑤「アイルーが、不思議そうに言う」（36ページ）とありますが、それはなぜだと考えられますか。その説明として最も適切なものを次の中から選び、記号で答えなさい。

ア　どんな本を読んだのかたずねていたのに、教室に三崎さんが入ってきたことに気を取られ、あかねは質問のことを忘れたようだったから。

イ　三崎さんが教室に入ってきたところをみんなで嗤《わら》っていたのに、気がつくとあかねは三崎さんではなく、自分のことを見つめていたから。

ウ　さっきまで仲良く話をしていたのに、三崎さんのことをみんなで嗤っているうちに、あかねがいつの間にか不機嫌《ふきげん》そうな態度を取っていたから。

エ　いつもならみんなと一緒《いっしょ》に三崎さんのことを嗤うのに、今日のあかねは、みんなの態度を非難するような眼《め》で周りのことを見ていたから。

オ　三崎さんのことをみんなで嗤って、あらためて本の話をしようと思ったのに、あかねが本について何を話すか思《おも》い詰《つ》めている様子だったから。

あたしは、のろのろと腰《こし》を上げて、部屋を出て行く。

帰ってきたお母さんが、ヒールを脱いでいた。

「おかえりなさい」

あたしはお母さんに声をかける。

お母さんは、なんだか疲れた眼をしていたけど、あたしの顔を見て、不思議そうに眉《まゆ》を寄せた。

「そんな顔して、どうしたの?」

伝えられるだろうか。

伝わるだろうか。

大丈夫《だいじょうぶ》、少しだけ、自分の気持ちのこと、整理できたような気がするから。

言いたいことがたくさんある。知ってほしいことがたくさん。たとえば、読んだばかりの小説の話とか、図書室にいる子どもっぽい先生のこととか、アイルーのこととか、教室で浮《う》いちゃってる子が可哀想でどうしようって話とか、たまにはピザじゃないものを食べたいとか、それから、それから――。

「⑩あのね、お母さん、あたしね……」

（相沢《あいざわ》沙呼《さこ》『教室に並んだ背表紙《せびょうし》』）

問1 ═線部1～15のカタカナを漢字に直しなさい。

問2 〰〰線部A「億劫《おっくう》に感じて」（36ページ）・B「参っちゃった」（34ページ）・C「かまえて」（33ページ）とありますが、この言葉の本文中の意味として最も適切なものを次の中からそれぞれ選び、記号で答えなさい。

A 「億劫に感じて」（36ページ）

ア すがすがしく感じて
イ おそろしく感じて
ウ 無意味に感じて
エ 情けなく感じて
オ 面倒《めんどう》くさく感じて

B 「参っちゃった」（34ページ）

ア あきれてしまった
イ 疲《つか》れてしまった
ウ 困ってしまった
エ しらけてしまった
オ 照れてしまった

C 「かまえて」（33ページ）

ア 準備して
イ 悩《なや》んで
ウ 集中して
エ 興奮して
オ 緊張《きんちょう》して

問3 ――線部①「アイルーの返信はそっけないものだった」（38ページ）とありますが、あかねが「アイルーの返信」を「そっけない」と感じたのはなぜですか。六十字以内で答えなさい。

問4 ――線部②「リビングで観《み》るには、あそこはなんだか、広すぎるような気がして」（38ページ）とありますが、あかねがこのように感じるのはなぜだと考えられますか。その説明として最も適切なものを次の中から選び、記号で答えなさい。

ア 家族そろってリビングで団らんしていたことを懐《なつ》かしく思っているあかねは、リビングに一人でいると不安を感じ、体がすくんでし

「主人公の、女の子が、お母さんと仲良くて」

どうしてかな。震える指先のせいで、シャーペンの芯《しん》がポキリと折れてしまったみたいに、言葉が途切《とぎ》れてしまう。うまく言えない。わからない。整理できない。先生は静かに頷いた。カチカチとペンをノックして、あたしは言葉を押《お》し出《だ》す。顔が熱かった。

「あたしとは、ぜんぜん違って、だから」

先生、わかる？

わかんないよね。

あたし、語彙力ないし、自分の気持ち、モヤモヤしてわかんないし、だから。

なんで、眼、熱いんだろう。

「そっか」

先生は頷く。

差し出された原稿用紙に、なにかが落ちて、染《し》みを作った。

「ごめんね、つらかったね」

あたしは頷く。

それで、ああ、そうか、そうだったんだって思った。

「先生、あかねちゃんの感想文が読みたいな。あかねちゃんの気持ちを知りたい」

やさしい声音《こわね》に、胸の奥がぎゅっとした。その感情の正体が、ようやくわかった。あたしは頬を這う熱を感じながら、唇を噛みしめた。掌《てのひら》に爪《つめ》が食《く》い込《こ》んで痛い。情けない顔を隠《かく》すように必死にうつむくと、みっともなくしゃっくりが出て、白紙のマスをひとつひとつ埋《う》めるみたいに、透明《とうめい》なしるしを落としていく。

たぶん、きっとそう。

あたし、ずっとずっと、さびしかったんだ。

＊

シャーペンの芯が切れた。

消しゴムを勢いよくかけたせいで、少しよれよれになってしまった原稿用紙の表面を、手で払《はら》う。消しゴムのかすを、ティッシュでくるんでくずかごに捨てた。それから、シャーペンの芯を補充《ほじゅう》する。

文章を書くのって、やっぱり面倒くさい。フリック入力（スマホなどで文字を入力する方法）の何十倍も時間がかかってる気がする。それでも、約束しちゃったんだから仕方ないって言い聞かせた。相変わらずの語彙力だし、若者言葉を使うなんてってゴーダは怒るかもしれないけど、しおり先生には伝わるんじゃないかなって、そう思う。あたしは、しおり先生に話した本の感想を、箇条書きみたいなへたくそな文章で記して、原稿用紙のマスを埋めていく。それから、最後の短編にふれて、お母さんのことを書いていた。仕事が忙《いそが》しくて、いつも家にいなくて、最後にあたしと遊んでくれたのは何年前だろうってこととか、だからこの主人公のことが羨《うらや》ましいってこととかを。

いつの間にかあたしは、お話とは関係のない気持ちを書き出してしまっていたけれど。

でも、これは課題と関係がないからといって、くずかごに入れるわけにはいかない。

この気持ちを、なかったことにしたくはないと思ったんだ。

三枚目の最後の行までシャーペンを走らせたとき、玄関から音がした。

ようやく理解が追いついて、あたしは半分だけ笑いそうになる。

「あの感想文がどの本のものだったのかも、教えてあげる。だから、自分の感想文を書いて提出するか、インチキをするか、それはあかねちゃん次第《しだい》だよ。けれどね——」

先生は、何枚かの紙を取り出して、ちゃぶ台に置いた。

それは原稿《げんこう》用紙だった。

まっさらな原稿用紙だ。

「あかねちゃんは、⑧読書感想文を書くことが、自分の世界とは無関係なことだって言っていたけれど、たぶん、そんなことはないんだよ。あかねちゃんはさ、自分の気持ちや感情に説明がつけられなくて、モヤモヤしちゃうときってない？」

先生は、まるであたしの心を覗いたみたいに、やさしく笑う。

「先生にもね、そういう経験がたくさんあった。自分の感じていることをうまく整理できなくて、自分自身のことがわからないときがあるの。だから、誰かに伝えて聞いてもらうこともできない。そういうときはね、自分の気持ちをノートに書くの」

「ノートに……？」

「そう。不思議なんだけれど、自分の気持ちを書き出そうとすると、自分の心を整理することができるのね。書いているうちに、自分が感じていたこととか、こんがらがっていた考えが綺麗にまとまっていく。読書感想文を書くことも同じなの。自分の気持ちを整えていくと、モヤモヤの正体が見えてくる。誰かに伝えることができるようになる。その練習になるの」

「でも……、あたし、語彙《ごい》力とかないし、そんなの書けないよ」

「あかねちゃんの言葉でいいんだよ。あかねちゃんが感じた気持ちは、あかねちゃんだけのものなんだもの。それを自分の中だけにしまっておくのなんて、とってももったいない。もしかしたらそこには、きれいな言葉やすてきな感情が眠《ねむ》っているかもしれない。それをかたちにすることで、自分に発見があったり、誰かに影響《えいきょう》を与《あた》えることができるかもしれない。抱いた気持ちを、外に出さないでなかったことにしちゃうなんて、もったいないよ。この原稿用紙は、あかねちゃんの心を14グゲン化してくれる、魔法《まほう》のページなんだから」

あたしは、やさしい声でそう言うしおり先生の言葉を耳にしながら、彼女の指が撫《な》でていく原稿用紙の15ヨハクを見つめていた。自分のこころをかたちにしてくれる原稿用紙。自分でもわからない気持ちを整理して書き出すための場所。本当に、そうなんだろうか。そんなの、意味があるんだろうか。わからないけど、モヤモヤしたものが、胸の中で膨らんでいる。

あたしが黙《だま》っちゃったせいだろうか、先生が言った。

「でも、そうかぁ、⑨あかねちゃん、最後の短編、だめだったかぁ」

先生は、ちょっと不思議そうだった。

あたしは、唇を開いた。

開いた太腿《ふともも》の上で、拳《こぶし》を作って、それをかたく握《にぎ》り締《し》めながら。

「あのお話は……。だって」

いらいらする。腹が立つ。

苦しさが溢《あふ》れて、うめくみたいに言う。

語彙力、ないから、うまく言えないんだけど。

ぜんぜんきれいじゃないんだけど。

い」

「え?」

ちょっと意味がわからない。

「さっきみたいに、どこが面白かったとか、どこがつまらなかったとか。それで、自分が同じ立場だったらどう感じただろうって。それをそのまま書けば、それはもう立派な読書感想文だよ」

「えっと……」

先生の言っていることの意味を、考える。

「いや、え、感想文って、そんなんでいいの?」

「そうだよ。あかねちゃんが、恋愛小説を期待していたのに、一つの短編しか恋愛をテーマとしていなくて残念だった、っていう気持ちも、立派な感想なの。それは、あかねちゃんが抱《いだ》いた、あかねちゃんだけの言葉だよ」

「いや、えっと……、でも、そうなのかもしんないけど、でも、面倒《めんどう》くさいよ、時間もないし、今から課題の本を読むなんてさ」

「うん。読書って、感想文を書くために読むものじゃないものね。どんなことを書いたらいいだろうって考えながら読んだところで、どんな作品も退屈なものになっちゃう」

「でしょ! ホンマツテントーってやつじゃん」

「でもねえ。実を言うと、あかねちゃんは、課題図書をもう読んでいるんだよ」

「え?」

この本だよ。

と、しおり先生は、どこからともなく、一冊の本を取り出して、ちゃぶ台に載《の》せた。

それは間違《まちが》いなく、ゴーダ(郷田先生のこと)のプリントに載っていた一冊の本だ。

この前、図書室で読み比べしたときに手にした小さい本の一つ。

いやいや、意味がわからない。

「あたし、これ読んでないよ?」

「あかねちゃんに貸したのは、ハードカバー(表紙がじょうぶな厚紙でできた本)の本だったでしょう。あの作品はね、文庫本になるときに、題名が変わっているの。有名なのは文庫本のほうで、郷田先生のリストに載っていたのも、文庫本のほう」

「えっと、どういうこと?」

「13タンコウ本が文庫になるときにね、タイトルが変わることって、たまにあるんだ。中身はほとんど一緒だけれど、タイトルや装幀《そうてい》(本の表紙などのデザイン)が変わるから、まるきり別の作品に見えちゃう。でも、お話はまったく一緒だから、あかねちゃんはもう課題図書を読み終えて、先生にたくさん感想を話しているってこと。あとは先生に話してくれたのを、箇条《かじょう》書《が》きでいいから文章に起こすだけ」

ちょっと混乱した。

どういうこと?

「⑦もしかして、あたし、騙《だま》された?」

「ふふふ」先生はいたずらっぽく笑う。「課題図書だって思うと、どんな感想を書いたらいいかCかまえて読んじゃって、内容が頭に入ってこなくなるでしょう? それより、すっごく面白い本だってオススメされて読んだほうが、なにも考えずにお話を楽しめるじゃない?」

「でも、感想って言われても……。なに話したらいいの？」
「面白かった？」
「うーん、まあまあ。先生はすっごく面白いって言ってたけど、そうでもなかったよ」
「そっかそっか」先生は頷く。それから、無念そうな表情をした。「それは残念だなぁ。そうかぁ……」
その表情があまりにも気の11ドクそうに見えて、あたしはフォローする（補う）みたいに言う。
「まぁ、そこまで悪くはなかったけど、思ってたのとちょっと違ったから、がっかりしたっていうか」
「どう違ってたの？」
「女の子の恋愛ものかと思ってたけど、それは一個だけで、あとは違う話がいろいろ入ってたところとか」
「ああ、そうか。あれは短編集だからね。あかねちゃんは、恋愛ものが好きなんだ」
「まぁね。男の子が主役の話とか、マジどうでもいいし、部活を頑張《がんば》る話とかも、あたしべつに部活してないから、関係ないんだもん」
「そうかぁ。そうだよねぇ。でも、三つ目の恋のお話は、良かったでしょ？　甘酸《あまず》っぱくて」
「甘酸っぱい、かなぁ。うーん」あたしは首を傾《かし》げる。「まぁ、ちょっとエモかったよね」
「エモいってどういう感じ？　心が動いた？　切ない感じ？」
「うーん、まぁ、そうだよね。ちょっと悲しくて切ない系だった」
「自分もそういう恋をしてみたいって思っちゃう？」
「ちょっとは思うけどさ、でも、悲しくなるのはやだよ。あたしだったら耐えられないもん」
「そうかそうか。そうだよねぇ。うん、わかる」
そんなふうに、先生は短編の一つ一つについて感想をいろいろと訊《き》いてきた。ちょっとB参っちゃったけど、あたしの感想にいちいち12サンドウしてくれるのがなんだか面白かった。「そうだよねぇ」って何度も頷いたり、「そうそう、先生もそう思った！」なんてちゃぶ台に身を乗り出してきたり、「あかねちゃんの言う通りだよ、あれはないよねぇ！」なんて、お話の結末に文句をつけたりして、一緒になって笑った。
「じゃあじゃあ、最後の短編はどうだった？　あれがいちばん感動しなかった？」
「最後のは……」
あたしは口を開いて、それからじわじわ込《こ》み上《あ》げてくるものを感じて口を閉ざす。
確かに、感動的なお話だったのかもしれない、けど。
「ううん、あれはあんまり」
モヤモヤするものを感じて、ちゃぶ台に眼を落とす。
「ふぅん？」
先生はちょっと不思議そうだった。
「それよりさ、正解を教えてよ。あの感想文、どの本のことだったの？」
「それはかまわないけれど」
先生は微笑《ほほえ》んで、あたしを見た。
なんだかよくわからないけど、やさしい眼だと思った。
「でも、あかねちゃんにはもう、自分の読書感想文ができているじゃなまた、モヤモヤした気持ちで胸がいっぱいになる。お母さんに怒《おこ》られたときは、これがぱんぱんに膨れあがって爆発したんだと思った。すっぱくて、そわそわして、むかむかする感じがした。あたしはアイルーになにかを言いたかったけど、なんて言ったらわかりみがある(わかる)って返してくれるかわかんなくて、結局それを伝えることができなかった。

＊

放課後、図書室へ行った。

しおり先生に、約束を守ってもらわなきゃいけない。図書室を覗《のぞ》くと、受付でこの前の9ジミそうな子が本を読んでいるのを見つけた。この子には、あの硬《かた》くて分厚い表紙をめくりあげることが苦痛じゃないんだろうか。不思議だった。それともスマホを買ってもらえない可哀想《かわいそう》な子なのかもしれない。そんなのあたしだったら死んじゃう。

「あら、あかねちゃん」

本棚《ほんだな》の向こうから、辞書みたいなのを何冊か抱えたしおり先生が顔を出した。重たそうだった。会うのは二度目なのに、もう名前を憶《おぼ》えられてしまったらしい。子どもっぽいし、どちゃくそ(とても)気安い先生だった。今日は眼鏡《めがね》をしていない。

「先生、あれ、読んできたよ」

「すごい。早いじゃない。どうだった?」

「どうだったって言われても……。うーん、なんとなくエモい(気持ちがゆさぶられる)感じはした」

先生は笑った。

それから、ちょっと運ぶの手伝ってくれる? と言って、あたしに辞書みたいなのを押《お》しつけてくる。図書委員でもなんでもないのに、どうしてあたしがこんなことを手伝わないといけないのか、納得がいかない。先生は他にも似たような本を本棚から抜《ぬ》いて、それを抱えた。先生について行くと、運ぶ先はカウンターの奥にある司書室っていう場所だった。

司書室の中は畳敷《たたみじ》きだった。畳なんておじいちゃんの家でしか見ない。学校の中にこんな場所があるなんて不思議な感じがした。先生に言われて、部屋の脇《わき》に持ってきた本を置いた。部屋の中には本が入っている段ボール箱がいくつか置いてあったけど、あとは綺麗《きれい》に片付いている感じがした。真ん中にちゃぶ台がある。

「靴《くつ》脱いで、上がってね」

言われて、上履《うわば》きを脱いだ。とりあえず畳に上がる。差し出された座《ざ》布団《ぶとん》にお尻《しり》を乗っけた。先生はちゃぶ台の向こうに座って、お行儀《ぎょうぎ》良く正座をした。

どうしてこんなところに招かれたのか不思議に思っていると、先生はあたしの気持ちを見抜《みぬ》いたみたいに、いたずらっぽく笑って言う。

「生徒の不正を手伝うんだから、⑥ここで□しないとね」

「じゃ、教えてくれるの?」

「その前に、あかねちゃんの感想を聞かせてほしいなぁ」

「ええ?」あたしはいやそうな顔をした。「どうして……」

「だって、感想を教えてくれないと、あかねちゃんが本当に本を読んでくれたのかどうか、わかんないでしょう?」

「あたし、うそついてないよ」

「他の子の読書感想文で課題をすませようとしてるのに?」

そう言われると、10ハンロンできない。

喉につかえて、5キカンを押《お》し上《あ》げようとして、なにかが溢《あふ》れ出《だ》そうとするんだけど、それの正体がなんなのかわからない。モヤモヤとした正体不明のガス。あたしの身体に、それが溜《た》まっている。なにか言いたい。でもよくわからない。三崎さんのときと同じだ。考えると、頭がこんがらかって、爆発《ばくはつ》しそうになる。

「だって、あたし」

あたし、なにを言いたいの？　唇を噛《か》んで、それに耐《た》えて、歯ぎしりしたときには、眼が熱くて燃えるみたいだった。頬《ほお》をぞわぞわ這《は》っていくものを感じながら、あたしは叫《さけ》んでいた。

「おまえのせいじゃん！　うるせえんだよクソババア！」

身を翻《ひるがえ》して、自分の部屋に閉じこもる。④怪獣《かいじゅう》みたいに不細工な声をあげながら、ベッドに飛び込んだ。

*

「それで土日は音信不通だったのか、つらみが深すぎる（とてもつらい）」

月曜日の朝だった。

勝手に前の席に腰掛《こしか》けてるアイルーが、納得《なっとく》したように頷《うなず》く。

あたしは鞄の6ニモツを整理しながら、必要なものを机の中に押《お》し込《こ》んでいるところだった。

お母さんに、スマホを没収《ぼっしゅう》されたのだ。お母さんはいつものように土日も仕事に行っていて、仕事先にまであたしのスマホを持って行ってしまった。そこまでされると、もうどうしようもない。だから友達とは誰とも連絡《れんらく》がとれなくて、退屈極《たいくつきわ》まりない休日を過ごすはめになってしまった。ほんとうにつらみが深すぎた。

「ネットもできずに二日間もなにしてたの？　原始人かよ」

「本、読んでた」

「課題本？」

「違《ちが》うけど。他にやることなかったから」

出かけようにもお小遣《こづか》いはほとんど残ってなかったし、部屋にこもってしおり先生が貸してくれた本を読むくらいしか、時間を潰す方法がなかった。けれど、ほとんど読書なんてしないあたしにとっては、ほんとマジつらたにえんな（つらい）仕事だったと思う。何度も同じ文章を読み返してしまったり、いったん本を閉じるとA億劫《おっくう》に感じて、なかなか読書を7サイカイできなかったり。それこそ、スマホがなくて退屈の極みじゃなければ、最後まで読めなかったかもしれない。

そう、ちょっと信じらんないかもしれないけど、本、最後まで読めたんだ。

「なんの本読んだの？　面白いやつ？」

「うーんとね……」

どうやって言葉を返そうか、ちょっと考えたときだった。

教室の空気が変わった気がして、あたしは振《ふ》り向《む》いた。

教室に、三崎さんが入ってくるところだった。彼女は唇をきゅっと結んで、うつむき8カゲンで歩いていた。それを遠巻きに見たみんなが、くすくすと嗤い声をもらしている。近くにもれた小さな嗤い声に、あたしは眼を向けた。アイルーも嗤っていた。

しばらく、あたしはアイルーを見ていた。

「どうしたの？」

⑤アイルーが、不思議そうに言う。

「えっと……」

いた気がする。あれって、何年前のことだろ

なんだか、モヤモヤする。

あのときと一緒だった。三崎さん（あかねの同級生）のこと、みんなで一緒に嗤《わら》う（ばかにして笑う）ときの気持ちに似ている。なにかが胸の奥《おく》でつかえていて、それを喉《のど》から吐《は》き出《だ》してしまいたいのに、どうしても出てきてくれない。そこになにが詰《つ》まっているのかも、なんだかよくわからない。

よくわからないから、呑《の》み込《こ》んでしまうしかない。

しばらく、スマホを放り出してごろごろしてた。ネットや動画を観る気分にはなれない。眼《め》が疲《つか》れたんだと思う。

玄関《げんかん》に鍵《かぎ》を差す音がした。

すぐに身体《からだ》を起こす。

「ただいま」

お母さんの声がした。

あたしは部屋を出て、玄関に顔を出した。

お母さんがヒールを脱《ぬ》いでいるところだった。

「おかえりなさい」久しぶりに出たあたしの声はちょっとかすれていた。

「お風呂《ふろ》沸《わ》かしておいたよ」

「そう。夕食は食べたの」

「うん。ピザ残しておいたよ」

お母さんは疲れた眼をあたしにちらりと向けた。そのままリビングに向かう。なにか白い封筒《ふうとう》のようなものを持っていた。それを破いて、中身を確かめている。あたしは廊下《ろうか》から、その様子を窺《うかが》っていた。まだ、話しかけてはいけないような気がした。代わりに、沈黙《ちんもく》したままのテレビに眼を向ける。アイルーが観てぃるお笑い番組って、まだやってるんだろうか。お母さんは、そういうのって観るんだっけと、少しだけ考えた。それから、しおり先生が言っていた、なんていったっけ、ジジツトリック？（叙述《じょじゅつ》トリックの言いまちがい）3スイリ小説を読むなら、お母さんも知ってぃるんだろうか。息をいっぱい4スい込《こ》むみたいに、胸の中が膨《ふく》れあがっていく。

その代わりみたいに、お母さんが大きく息をもらした。

「あかね。こっち来なさい」

「なに」

お母さんの眼が、じろりとこちらを向いた。

どうしてだろう。胸が冷える。

「携帯《けいたい》の通信料、また高くなってるじゃない。どういうことなの。お母さん、言ったでしょう。変な動画ばっかり観るんじゃないって」

お母さんが手にしていたのは、携帯電話の請求書《せいきゅうしょ》だったらしい。

③風船が、しぼんでいくような感じがした。

「だって」

だって、仕方ないじゃん。

うち、誰《だれ》もネットしないからワイファイないし。

スマホがないと、だって。

「口答えしないの！」

お母さんは唸《うな》った。

「いつもいつもくだらないことにお金ばっかり使って、少しは勉強したらどうなの！」

あたしは、なにか言おうとした。

唇《くちびる》を開けて、でも、そこがとても震《ふる》えて、だからなにも話せない。

【国　語】（六〇分）〈満点：一二〇点〉

次の文章を読み、後の問いに答えなさい。

あかねは読書感想文が大嫌《だいきら》いで、郷田《ごうだ》先生に出された感想文の課題に困っていた。あかねは教室で他の生徒が「ボツ」にして捨てた感想文を見つけ、内容を写して提出しようと考えたが、どの課題図書について書かれたものかわからない。そこで図書室で調べていたところ、司書（学校の図書館で本の管理や読書指導などを行う先生）の「しおり先生」に見つかり、不正をしようとしていることがばれてしまう。「しおり先生」は、どの課題図書かを教える代わりに、自分のすすめる面白《おもしろ》い本を読んでくるようにあかねに言った。

先生が貸してくれた本を鞄《かばん》に入れて、家に帰った。

表紙やあらすじを見る限り、たぶん中学生の女の子の恋愛《れんあい》小説……、だと思う。よくわかんないけど、勝手にそう1ハンダンした。まぁ、恋愛ものなら多少は興味ある。ネットテレビの恋愛リアリティーショー（台本のないリアルな恋愛を取り上げた番組）は毎回必ずチェックしてるくらい、あたしってそういうのに弱いんだ。

暗いリビングの電灯をつけて、自室のベッドに寝転《ねころ》がった。すぐに本を読む気分にもなれなくて、ごろごろしながら動画を観《み》て時間を潰《つぶ》す。夕飯はピザの残りをチン。スマホの画面が映し出す世界で、恋《こい》リアを観る。ネットテレビだから、リアタイ（リアルタイム）で観ないと配信まで待たされることになる。ときどき画質が粗《あら》くなったり、止まっちゃったりするけれど、焦《じ》れったい気持ちを抱《かか》えて、ドキドキしながら結末を見守った。

ああ、これ、ほんとすこ（すき）。あたしも、女子高生になったら、彼女《かのじょ》たちみたいな恋愛をしたりするんだろうか。ちょっと想像する。まぁ、ないなぁ、って思っちゃうけれど。人気配信者になれたら、ワンチャン（もしかしたら）あるかもしれない。番組を観終《みお》えたあと、秒で（すぐに）アイルー（あかねの友人の藍琉《あいる》のこと）にメッセージを送った。彼女もこの番組をチェックしているからだった。すぐに語り合いたい。けど、①アイルーの返信はそっけないものだった。

「ごめん観てなかった」

「マ（信じられない）なんで？」

「お母さんとテレビ観てる」

「なに観てるの？」

「お笑い。森生える（笑える）わ」

ご丁寧《ていねい》に、テレビをそのままスマホで撮影《さつえい》したらしい数秒間の動画がメッセージに添《そ》えられていた。再生してみるけど、音声が2ワれている感じでよくわからない。映像はブレブレで、お笑い芸人がコントをしているらしかった。アイルーとおばさんの笑い声が聞こえる。

なんか楽しそう。

それで、なんかいまさらだけど、アイルーもテレビを観るんだなと思った。あのでかい画面で、明るいリビングのソファに座《すわ》りながら、おばさんと一緒《いっしょ》にテレビを観て笑い転げているんだと思った。あたしは、もう長いことテレビを観た記憶《きおく》がない。あたしの部屋《へや》にはないし、②リビングで観るには、あそこはなんだか、広すぎるような気がして。

そもそも、お母さんもテレビを観ないから、リビングに置いてあるあれって、ただのでかい置物《おきもの》だ。昔はそうじゃなかったのになと思った。

お父さんがいた頃《ころ》は、お母さんとお父さんに挟《はさ》まれて、ソファに座って

2022年度

解　答　と　解　説

《2022年度の配点は解答欄に掲載してあります。》

＜算数解答＞　≪学校からの正答の発表はありません。≫

1　(1)　20.22　　(2)　52個　　(3)　(a)　ア　15　　イ　17　　ウ　7
　(b)　できる：解説参照　　(4)　(a)　ア　2　　イ　8　　(b)　ウ　8　　エ　14

2　(1)　図：解説参照　82.24cm　　(2)　図：解説参照　$205.76cm^2$

3　(1)　(最後に到達する整数は)6　(1の真向かいに並んでいる整数は)6　図：解説参照
　(2)　解説参照　　(3)　解説参照

4　(1)　X　3個　　Y　6個　　図：解説参照　　(2)　14個　　(3)　4個

○推定配点○
　3　各4点×5　　他　各5点×20(4(1)X・Y完答)　　計120点

＜算数解説＞

1　(四則計算，数の性質，場合の数，規則性，論理，平面図形)

(1)　$\left(0.25+\frac{51}{14}\times\frac{18}{17}+\frac{8}{21}\times\frac{45}{8}-\frac{12}{5}\times\frac{6}{5}\right)\times6=\left(0.25+\frac{27}{7}+\frac{15}{7}-\frac{72}{25}\right)\times6=(0.25+6-2.88)\times6=20.22$

重要　(2)　1けた…1個　　2けた…15から60まで6個
3けた…105から600まで(6＋1)×6÷2＝21(個)
4けた…1005から2022まで(6＋1)×6÷2＋3＝24(個)
したがって，全部で1＋6＋21＋24＝52(個)

重要　(3)　(a)　ア＜おつりがない場合＞
1枚ずつ…4通り　　2枚…4×3÷2＝6(通り)　3枚…4通り　　4枚…1通り
したがって，全部で4×2＋6＋1＝15(通り)
イ＜おつりがコイン1枚の場合＞
おつりが⓪…3＋3＋1＝7(通り)　おつりが①…2＋3＋1＝6(通り)
おつりが②…1＋2＋1＝4(通り)　したがって，全部で7＋6＋4＝17(通り)
ウ＜おつりがコイン2枚の場合＞
おつりが⓪と①…3通り　　おつりが⓪と②…2通り　　おつりが①と②…2通り
したがって，全部で3＋2×2＝7(通り)

(b)　⑦は3×3×3×3×3×3×3＝81×27＝2187(円)　2187－2022＝165(円)より，165＋81＝246＝243＋3(円)　　したがって，⑦と④で払い，おつりとして⑤と①をもらう。

重要　(4)　(a)　下図より，アが2通り，イが8通り

ア

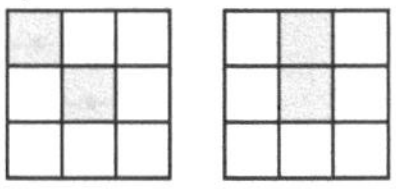

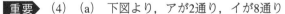

イ

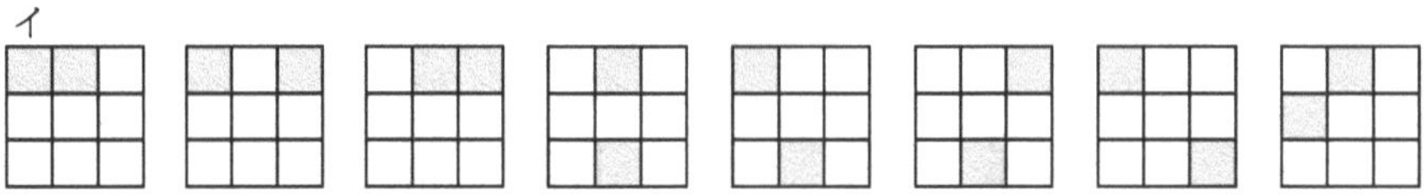

(b)　下図より，ウが8通り，エが14通り

ウ

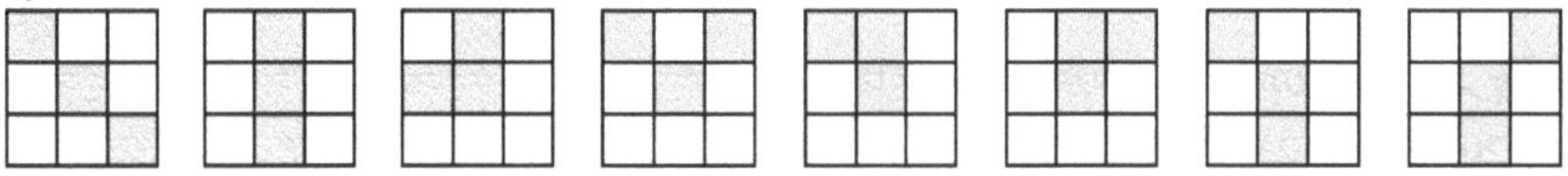

エ

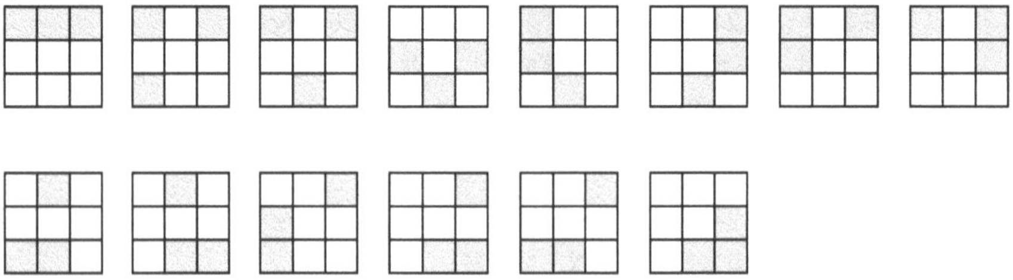

重要 2　(平面図形，図形や点の移動)

(1)　図1において，三角形BYXは直角三角形であり，BMのMは半径8cmの弧を描く。したがって，Mの軌跡は図2のようになり求める長さは16×2＋16×3.14＝16×5.14＝82.24(cm)

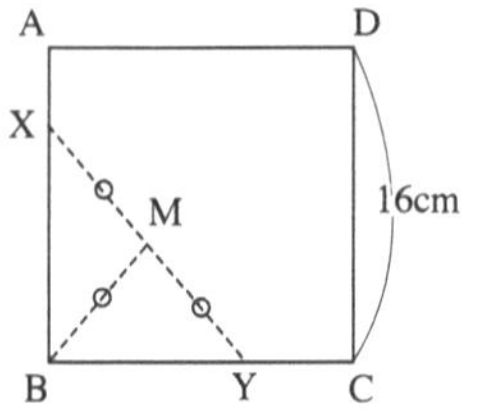

図1

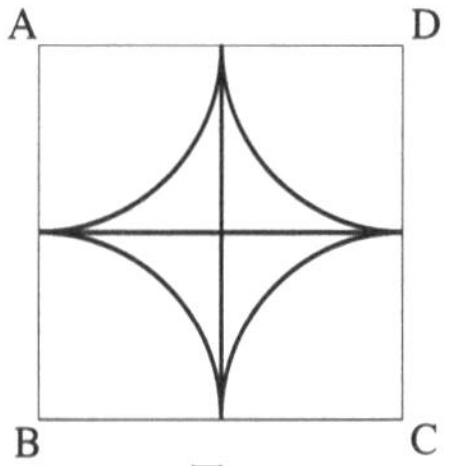

図2

(2)　下図より，四角形EFGHの図は右図のようになる。

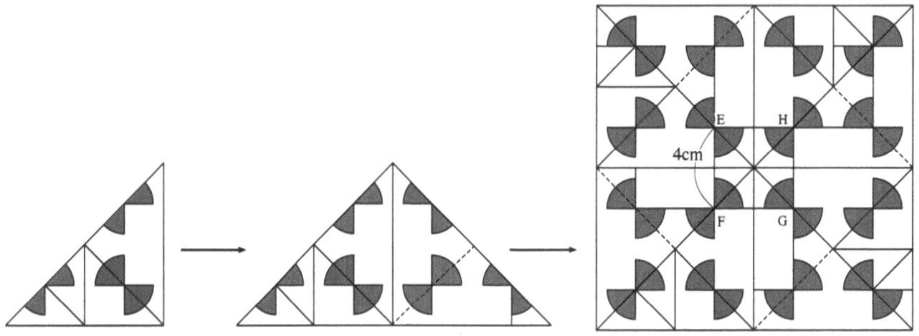

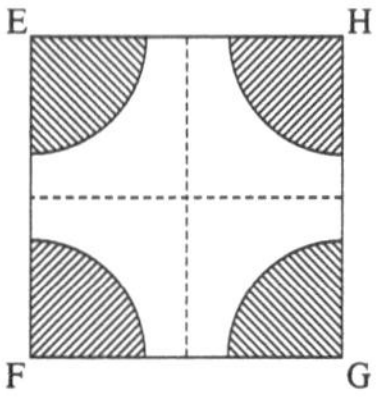

<求める面積>

右図より，「半径の長さ×半径の長さ」の面積は4×4÷8＝2(cm^2)

したがって，残りの図形の面積は16×16－2×3.14×8＝205.76(cm^2)

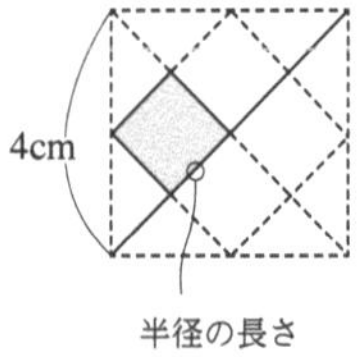

重要 3　(数の性質，規則性，論理，平面図形)

(1)　最後の整数…A＝6より，6

1に対向する整数…1＋2＋3＋4＋5＝15より，15÷6＝2…3

したがって，6が真上の1から3進み

真下の位置に配置される。

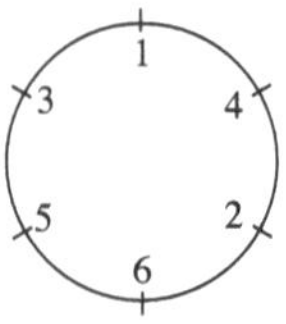

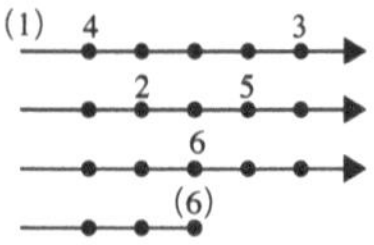

図… 1から6まで6個の整数を順に並べるのではなく，整数の並べ方が問われている。進む間隔は整数の数だけ進み，

割合にしたがって進むのでもない。このようにして試行錯誤すると，図のようになり，1の次に4を配置し，4つ進んで1の前に3を配置し，3つ進んで6の前に2を配置し，6の次に5を配置し，5進んで6に達する。

(2) 解答例：(1)と同様に計算すると，(1＋2＋3＋4＋5＋6)÷7＝3で割り切れ，1と7が重複するから。

(3) 以下の例がある。

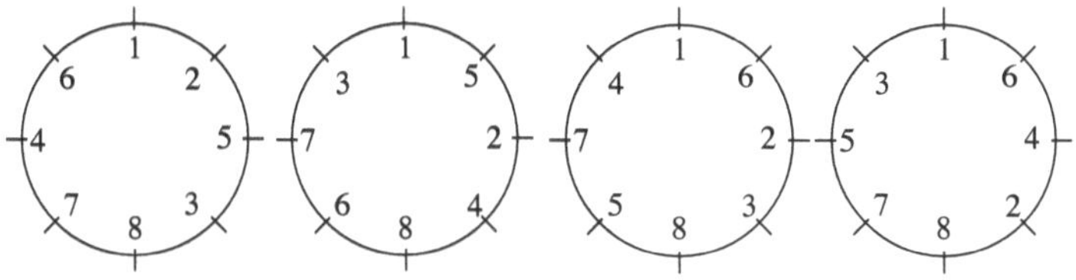

やや難 4 (立体図形，平面図形)

(1) 直方体Yを使用する個数は3×3×3÷(2×2×1)＝6…3より，6個まで可能である。3×3×3＝27＝24＋3＝(2×2×1)×6＋(1×1×1)×3より，Xは3個，Yは6個

図において，①～⑥は直方体Yの番号を表す。

したがって，X，Yの境界を示す図は右図のようになる。

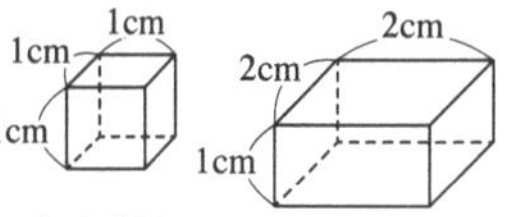

立方体X　直方体Y

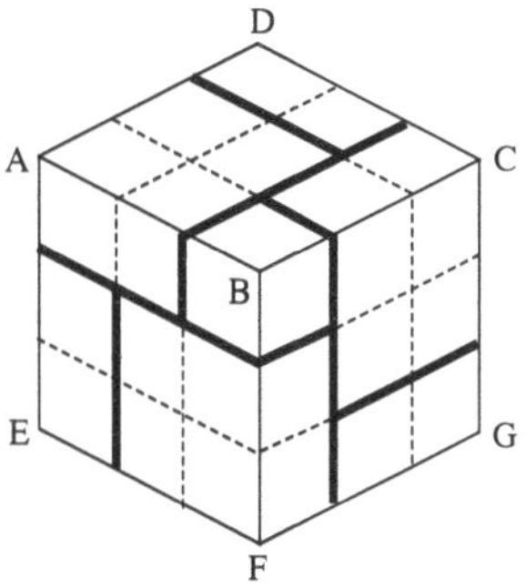

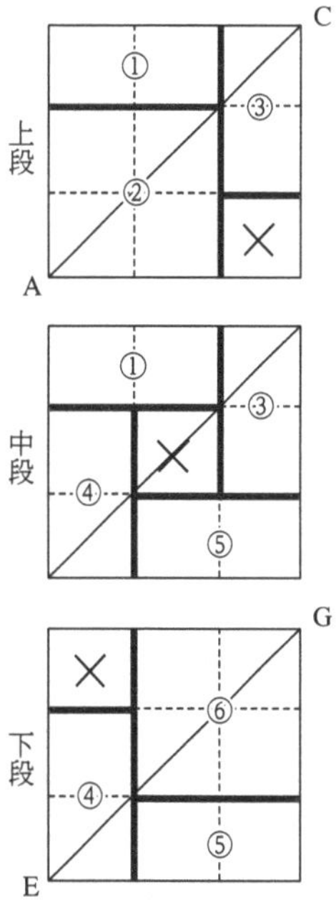

(2) (1)より，②，③，④，⑥の直方体Y4個と立方体X1個は切断される。

したがって，立体の個数は2×5＋2＋2＝14(個)

(3) $1cm^3$の立体の個数…立方体X2個と三角柱2個により，合計4個

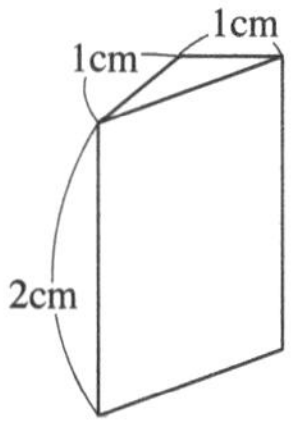

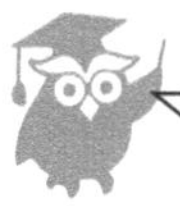

★ワンポイントアドバイス★

1(3)(b)「2022円のおつり」は当然⑦2189円を使うから，金額の組み合わせを考えるとそう難しい問題でもない。2「紙を折る」問題，3「円周にそった数字の配置」，4「立方体・直方体」は，難度が高く，簡単ではない。

＜理科解答＞ ≪学校からの正答の発表はありません。≫

1　(1)　ウ　(2)　ア　(3)　イ　(4)　実験Ⅰ　ア　実験Ⅱ　ウ　(5)　ア
(6)　ス　(7)　①　熱　②　水蒸気　③　回転　(8)　エ

2　(1)　エ　(2)　ウ，オ　(3)　二酸化炭素　(4)　オ　(5)　18
(6)　重そうが炭酸ナトリウムに変化し，水に溶けやすくなったため。　(7)　オ

3　(1)　イ，ウ　(2)　食物連鎖　(3)　ア，カ
(4)　より海藻の多いところに移動するため　(5)　イ，ウ，エ
(6)　プラスチックを食べていた生物を，えさとして食べる場合
(7)　(例)　ダイオウグソクムシ
(8)　プラスチックに砂や泥，植物などが付着して，重くなったため。

4　(1)　侵食作用
(2)　鉱物ごとに体積の変化が異なると，温度が変化するごとに，鉱物どうしが接する部分にすきまができるから。
(3)　①　角ばって　②　大き　③　丸みを帯びて　④　小さ　(4)　イ　(5)　右図
(6)　Ⅰ→イ→ウ→エ→ア→Ⅱ

5　(1)　右図　(2)　①　イ　②　5
(3)　水と金属の温度を同じにするため。
(4)　④　ウ　⑤　ア　(5)　0.2

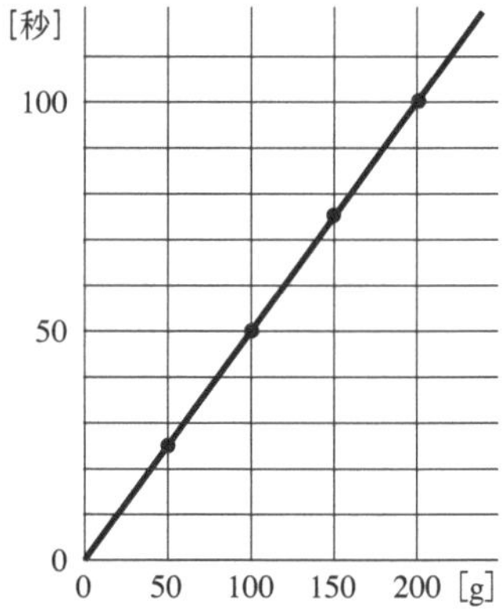

○推定配点○
1　(4)・(7)　各1点×5　他　各2点×6　2　各2点×7　3　各2点×8
4　(1)・(6)　各2点×2　他　各3点×4((3)完答)
5　(2)・(4)　各2点×4　他　各3点×3　計80点

＜理科解説＞

1　(総合－小問集合)

(1)　葉の表と裏の表面積は同じである。葉1枚あたりの気孔の数を求めると，ア…(0＋290)×18＝5220(個)，イ…(52＋68)×800＝96000(個)，ウ…(175＋325)×36＝18000(個)，エ…(40＋280)×50＝16000(個)，となる。多い順は，イ＞ウ＞エ＞アである。

(2)　タンポポの葉はギザギザのあるアである。このギザギザがライオンの歯を連想させることから，フランス語の「ライオンの歯」をもとに，英語ではダンデライオンとよばれる。

(3)　強い雨を降らせるのは，たて方向に発達した積乱雲である。積乱雲は横への広がりが小さいので，ふつうは雨の範囲が狭く，通過すると雨がやむ。しかし，線状降水帯では，同じ場所に次々と積乱雲が来るため，強い雨が続き，災害が起こりやすい。

基本　(4)　実験Ⅰでは，水が氷になるときに体積が増加するので，水面が上昇する。一方，実験Ⅱでは，氷が融けると体積が減少して，ちょうど水面下にある部分の氷の体積と等しくなるため，水面の高さは動かない。

(5)　問題文の例のとおり，アルコール温度計では，球部から液柱部分まで同じ温度になったときに，より正確な温度を測ることができる。Bでは水蒸気がビーカーの外に出やすく，液柱の温度が下がりやすい。

(6)　乾電池はA，Bともに並列つなぎである。よって，3通りのどの場合でも，電池2個分の電圧が生じ，豆電球の明るさに変わりはない。ただし，乾電池を外すと長持ちしにくくなる。

重要　(7)　発電では，発電機につながったタービンを回すことによって電力が生まれる。タービンを回す方法として火力発電では，熱によって水を高圧の水蒸気に変えてタービンに当てている。

(8)　探査機「はやぶさ2」が2018年に到達した小惑星は，リュウグウである。なお，初代「はやぶさ」が2005年に到達した小惑星がイトカワである。スサノオやユカワと命名された小惑星も存在するが，探査機「はやぶさ2」と直接の関係はない。

2　（水溶液の性質－重そうの加熱）

(1)　ベーキングパウダーに含まれる重そうの水溶液はアルカリ性である。これにより，ムラサキイモパウダーに含まれる色素(アントシアニン)の色が，問題文のとおり，紫色から緑色に変わった。レモン汁は酸性なので，加えると色は緑色→紫色→赤紫色のように変化する。イは強いアルカリ性の場合であり，ウ，オのような色はない。

(2)　酸性の水溶液によって色が変わったのは，ウとオである。アは赤色が誤り。イはアルカリ性の水溶液によって黄色→緑色→青色に変わる。エはアルカリ性の水溶液である。

(3)　石灰水を白く濁らせる気体は，二酸化炭素である。この二酸化炭素が泡になって，パンケーキを膨らませる。

(4)　発生した気体の二酸化炭素は水に溶けると酸性になるため，二酸化炭素が原因で色が変わるとすれば，赤紫色のはずである。しかし，実際は緑色になっているので，二酸化炭素の影響は小さく，アは正解にならない。(3)の問題文のとおり，重そう(炭酸水素ナトリウム)は，加熱すると炭酸ナトリウムに変化する。緑色に変色したことから，炭酸ナトリウムは水に溶けやすく，水溶液がアルカリ性を示すと考えられる。

(5)　重そうの飽和水溶液110gに，重そうが10g溶けている。よって，飽和水溶液200gに溶けている重そうは，110：10＝200：□　より，□＝18.1…で，18gとなる。

重要　(6)　実験結果をみると，70℃にしたときに気泡が発生している。これは，重そう(炭酸水素ナトリウム)が，加熱によって炭酸ナトリウムに変化し，二酸化炭素が発生したためである。炭酸ナトリウムは重そうよりも水に溶けやすいので，冷やしても固体は出てこなかったと考察できる。

(7)　重そうは水に溶けるとアルカリ性を示す。胃の中は酸性だが，酸性が強すぎると痛みがある。そのときに重そうを使って中和すると，痛みが軽減される。ただし，二酸化炭素が発生するので，げっぷが出やすくなる。

3　（生態系－水中の生物と環境）

(1)　ミジンコは，大きさが1～5mm程度であり，節足動物の甲殻類に分類され，プランクトンのうちでは大きい方である。しかし，ゲンゴロウやイトミミズ，ワラジムシは1cm以上の大きさがあり，ミジンコが食べることのできるプランクトンではない。

(2)　生物どうしの，食べる・食べられるの関係を，食物連鎖という。

(3)　問題文のとおり，ニューストンは水表生物である。選択肢では，水面を動き回る昆虫のアメンボと，水底に根を伸ばさず水面に浮かんで生活するウキクサがあてはまる。イ，ウは水底や水中で生活する動物であり，エとオは陸上植物である。

(4)　波乗り行動によって，幼虫は別の場所へ移動することができる。海藻とともに陸に打ち上げられることで，新しい場所でもえさとなる海藻などを豊富に得ることができる。

(5)　問題文のとおり，ネクトンは遊泳生物である。背骨がある動物はセキツイ動物とよばれる。選択肢のうちでは，イがハ虫類，ウとエがホ乳類である。他は無セキツイ動物である。

(6)　魚が，プラスチックを直接に飲み込む以外に，プラスチックを飲み込んでいる生物を，えさとして食べる場合もある。プラスチックは生物の体内で分解されないので，食物連鎖の中で，より上位の生物へ集まっていくことになる。プラスチックが消化管に蓄積すると，新たなえさを食べられなくなり，栄養不足になって死ぬこともある。

(7) 問題文のとおり，ベントスは底生生物である。深海の生物は身近ではないが，近年はテレビ番組で取り上げられることが増え，水族館での展示も目立つ。それらで見たことのある底生生物を一つ答えればよい。例えばダイオウグソクムシは，体長が20cm以上もある甲殻類である。

(8) プラスチック自体は軽くても，プラスチック容器の中に砂や泥が入ったり，まわりに藻が付着したりすると，全体として重くなるため水底に沈む。

4 （地層と岩石－川と地形）

(1) 川の流れの3つの作用は，侵食作用，運搬作用，堆積作用である。問題文にあるけずるはたらきは，侵食作用のことである。

(2) 温度の変化によって鉱物も膨張と収縮をするが，その割合は鉱物ごとにちがう。そのため，温度変化の大きい土地では，鉱物が膨張と収縮をくりかえすごとに，鉱物どうし接する部分がずれてすき間が生じていく。すき間が広がると，鉱物の集合体である岩石が崩れやすくなる。

(3) 川の上流では，岩石は大きくごつごつと角ばっている。やがて，中流から下流へ運ばれるうちに，岩石は水の流れでけずられたり，他の岩石にぶつかったりして，小さく，丸みを帯びた形に変化していく。

(4) 流れを速くしていったとき，最初に流れだすのは粒の大きさが中程度の砂である。小さい泥と大きいれきは，もっと速い場合に流れ出す。よって，グラフは粒が大きい場合も小さい場合も流速が大きいイの形になる。

基本 (5) 川のカーブの外側cでは，流れが速いために侵食作用がさかんで，水深は深く，川岸はがけになりやすい。一方，川のカーブの内側dでは，流れがおそいために堆積作用がさかんで，水深は浅く，川岸は河原になりやすい，

(6) 川の流れによって，(5)のことから川の形は外側へとけずられていき，カーブが急になっていく。極端なカーブになったときに洪水が起こると，新しくまっすぐな流路ができて，カーブの部分は三日月湖になる。

5 （熱の性質－電流による発熱）

重要 (1) 図1のグラフの1℃のときの時間を読めばよいが，正確には読めない。そこで，各グラフで読みやすい点を読み取って，計算で求める。例えば水が50gのとき，2分間＝120秒で5℃上昇しているので，1℃上昇する時間は120÷5＝24(秒)である。同じように，100g，150g，2.00gのときについて，1℃上昇する時間を計算すると，次のようになる。これを，はっきりした点でグラフ用紙に書き込み，4つの点の近くを通る直線で結ぶ。

水の量	50g	100g	150g	200g
グラフの読み	120秒で5℃	300秒で6℃	300秒で4℃	300秒で3℃
1℃上昇する時間	120÷5＝24	300÷6＝50	300÷4＝75	300÷3＝100
	24秒	50秒	75秒	100秒

(2) 図1のグラフや(1)のグラフから，水の量が少ないほど温度が上がりやすいことがわかる。また，(1)では，水が200gのときに100秒で1℃上がっているから，水10gだと，100÷20＝5(秒)で1℃の温度上昇が起こる。

(3) この実験では，水と金属の温度が同時に上がっていくことで，熱の量を測定しようとしている。ところが，実験開始の時点で，水と金属の間に温度差があると，金属の最初の温度がわからないので，正しい結果が得られない。しばらく時間をおくと，水と金属の温度は自然に等しくなるの

で，それから電流を流し始めるとよい。

(4)　図2のグラフから，水200gのときよりも，「水100g＋金属100g」のときの方が，温度の上昇が大きい。水の温度の上がり方は図1の実験と変わらないので，金属の温度が上がりやすかったためだと考察できる。

やや難　(5)　図2のグラフから，「水100g＋金属100g」の温度が1℃上がるには60秒かかっている。(1)の計算で，水100gの温度が1℃上がるのに50秒かかることが分かっているので，金属100gだけならば，温度が1℃上がるのには，60－50＝10(秒)かかる。よって，求める値は10÷50＝0.2(倍)となる。

★ワンポイントアドバイス★

問題文が長く，図も豊富である。てきぱきと要点を読み取り，問題の流れを意識しながら，テンポよく解き進めよう。

＜社会解答＞　≪学校からの正答の発表はありません。≫

問1　(1)　エ　(2)　低緯度の一年中温暖な国や，日本とは季節が反対の南半球の国々から輸入することで，年間を通してカボチャを供給できる。

問2　ウ　問3　(1)　租　(2)　木簡　(3)　ア

問4　日米修好通商条約などのいわゆる安政の五カ国条約で，欧米の国々との貿易が始まったことで，生糸が大量に輸出されて，日本の中で品不足となったため。

問5　(1)　1つ目　陸上と海上との交通手段の間で乗り換えたり積み荷を移し替えたりする手間が省ける。　2つ目　航路を短縮することが可能になり，時間や燃料を削減できる。
(2)　福澤諭吉　(3)　電信

問6　(1)　金の卵　(2)　1960年代はまだ沖縄がアメリカの統治下にあったから。

問7　(1)　ア　(2)　B　(3)　D　問8　(1)　イ，エ　(2)　ウ

問9　(1)　NGO　(2)　廃プラスチックの主な輸出先であった中国が，輸入を禁止し，この先，他の国への輸出も難しくなりそうと考えられるため。　(3)　自国では処理できない

○推定配点○

問1(2)，問4，問9(2)　各6点×3　問5(1)，問6(2)，問9(3)　各5点×4
他　各3点×14(問8(1)完答)　計80点

＜社会解説＞

(人やモノの移動などに関連する地理と歴史，政治の総合問題)

重要　問1　(1)　エ　東京中央卸売市場に入荷する「かぼちゃ」の生産地に関する問題。「かぼちゃ」は日本では夏の野菜で，だいたい夏の時期に収穫され，少し置いてから出荷される。国内の主産地は北海道だが，北海道産が出回る前には沖縄や鹿児島などのものがまず出てきて，その後に北海道産が出てくる。その他では，春先から初夏の時期にはまず南半球のニュージーランド産が出回り，次いで北半球の低緯度のメキシコ産が夏の頃に，その後の夏の後半から冬の頃までが北海道産の時期になっている。　(2)　本来は夏野菜の「かぼちゃ」だが，南半球のニュージーランドや低緯度の熱帯に近いメキシコのものなどが輸入されることで，国産物が品薄の時期にも安定して供給されるようになっている。これはかぼちゃに限らず，一般的には夏野菜であるオクラやア

スパラガスなどでも同様のことになっている。

基本 問2　ウ　鉄砲伝来はポルトガル人を乗せた船が長崎でなく，鹿児島の種子島に漂着した際のこと。

問3　(1)　律令制度のもとで，農民に課された租庸調の租は収穫高のおよそ3%に相当する稲を国司のもとに納めるもの。庸は都で10日の労役もしくは布を納め，調は各地の特産物を都へ納めることになっていた。　(2)　木簡は薄い木の板。　(3)　ア　紙が日本に伝わったのは仏教伝来の時期とさほど変わらず，610年に高句麗の僧の曇徴が日本に紙や墨の製法を伝えたとされる。ただその後も日本では紙は貴重なものであり，日常的なメモのようなものには木簡のようなものを多用していたようである。

やや難 問4　1858年の日米修好通商条約はほぼ同様のものをオランダ，イギリス，ロシア，フランスとも結び，港も函館，横浜，神戸，新潟，長崎が開港した。そのため，条約を結んだ国々の商人が日本に来て，生糸や蚕卵紙などを大量に買い付け始めると，日本の国内でのこれらの品々の品不足が深刻な状態になった。そのため，幕府は1860年には特に欧米の国々が欲しがり品不足となっていた品物5種を開港した港へ直接流通させるのを禁じ，まずは江戸に送るようにさせ国内の品不足や物価上昇に対応しようとした。

やや難 問5　(1)　アジアとヨーロッパの間での移動ルートとしてアラビア半島のあたりだけ陸上ルートを通りその前後を海上ルートにした場合には，最初は船で運んでいた物や人を陸上ルートのところではいったん船から降ろして陸路を運び，その後再び船に積み替えて運ぶようになるので，積み下ろしの手間がかかることになる。また，海路をずっととり，アフリカ南端の喜望峰を経由してインド洋を経てアジアへ移動すると，積み下ろしの手間は少なくなるが，長い距離を海上で移動することになり，時間がかかるのと，熱帯圏を何度か通過するので，かなり過酷な旅になる。

(2)　福澤諭吉は，最初は適塾で蘭学を学ぶが，開港後の横浜などを見て，オランダ語よりもこれからの時代は英語が必要になると判断し，英語を学ぶようになった。　(3)　電信は電磁石を使い，モールス信号でメッセージを伝えるもの。遠隔地に情報伝達を行う手段としては，電信は発信と受信とがほぼ同時に行えるものなので，画期的なものであった。

重要 問6　(1)　1950年代は，まだ大学進学率はもちろん，高校への進学率もさほど高くはなかった時代なので，高校卒業でだけではなく，中学卒業での就職も多く，そのような若い世代が集団で地方から産業の発達した都市へ就職に来ており，それを金の卵と呼んでいた。　(2)　沖縄は第二次世界大戦後アメリカの占領下に置かれ，1960年代はまだその状態だったから，沖縄から日本の他の場所へ行くのは海外に行くのと同様であった。沖縄の日本復帰は1972年。

基本 問7　(1)　ア　品目を見ていくと，輸出入ともにAは比較的小型軽量で単価が高いものなので，関西国際空港のものと判断できる。またBは輸出品の主力が自動車とその部品なので中京工業地帯にある名古屋港と判断できる。Dは輸出入どちらも石油関連のものが上位にあるので，石油化学工業の比率が高い京葉工業地域にある千葉港と判断できる。Cの博多港はアジアやロシア向けの自動車の輸出が近年伸びている。　(2)　名古屋港は日本最大の中京工業地帯にあるので，その自動車の輸出のかなりの量が名古屋港から出されることになり，金額にすると大きなものになる。ちなみに日本のすべての貿易港の中での輸出入額の合計では成田空港がトップになる。

(3)　千葉港は京葉工業地域の輸入する原材料や輸出する製品を扱う貿易港となっている。京葉工業地域は近隣の工業地帯，工業地域で加工して製品となる前の工業製品の素材が主力の製造品のため，海外へ輸出する製品は少なく，一方，輸入に関して言えば，京葉工業地域の原料や，この地域の火力発電所の燃料になる石油や液化ガスが中心であり量も多い。

問8　(1)　イ　個人情報をむやみに外に出されないようにするプライバシーの権利は新しい権利の一つ。　エ　様々な情報がある中で自分にとって大事な情報を知る権利も新しい権利の一つ。アはいわゆる労働三権の一つの団結権，ウは居住移転の自由や職業選択の自由で，経済活動の自由として自由権の中で認められているもの。　(2)　ア　最高裁長官は内閣が指名し天皇が任命する。　イ　未成年者が被告人である裁判は家庭裁判所が扱う。　エ　弾劾裁判を開くのは国会の権限。

やや難　問9　(1)　非政府組織NGOはnongovernmental organizationの略。似たものにNPO非営利組織もあるが，この二つの違いは不明確で，政府とは距離を置いているという立場を協調すればNGOであり，営利目的の企業とは異なるということを意識しているとNPOといえる。NGOの代表例は，冤罪や政治犯として囚われている人の人権を守る活動をしている国際アムネスティや，紛争地域や深刻な感染症の蔓延地域で活躍している国境なき医師団などがある。　(2)　説明文から，それまでは日本の廃プラスチックの最大の輸出先であった中国が，2017年からは処理に関する様々な問題で原則的に廃プラスチックの輸入を禁止にしたことが読み取れ，その他の廃プラスチックの受け入れ先の国々についても，その現状は輸入禁止に踏み切る前の中国の状況と似たものであり，そのため，現時点では輸入受け入れをしている国々も近い将来に廃プラスチックの輸入を禁止するようになる可能性もあることが読み取れる。また国際条約の改正で2021年から汚れた廃プラスチックを輸出する場合には相手国の同意が必要とされるようになったことも述べられている。また，表3からは2017年まで年間100万トン以上の廃プラスチックを日本は輸出しており，そのかなりを中国に輸出していたが，2018年以後中国への輸出は大幅に減り，輸出の全体量も2019年からは100万トンを切るようになっている。ただ一方で，中国に代わりマレーシアやベトナムへの廃プラスチックの輸出が2018年に急増している。　(3)　設問の空欄がある説明文の最後の段落の内容がヒント。自分の国で処理できないもの，自分の国にあると困るものなどを外国に押し付けることをやらない，という観点で考えればわかるであろう。

★ワンポイントアドバイス★

問題数は多くないが記述が多い。問の中がいくつかの小問になっているものも多く，記述以外では比較的得点しやすいものもあるので，まずはそれらを先に解いてから残りの設問をやっていくのがよい。

＜国語解答＞　≪学校からの正答の発表はありません。≫

問1　1　判断　2　割　3　推理　4　吸　5　気管　6　荷物　7　再開　8　加減　9　地味　10　反論　11　毒　12　賛同　13　単行　14　具現　15　余白

問2　A　オ　B　ウ　C　オ

問3　(例)　恋愛リアリティーショーをチェックしているアイルーと語り合うつもりだったが，返信で観ていないとわかり，がっかりしたから。

問4　オ

問5　(例)　アイルーのように自分も母親と一緒に楽しく過ごしたいと思ったが，携帯の通信料のことで頭ごなしにしかられて，その期待がなえてしまっている。

問6　ウ　問7　イ　問8　エ

問9　(例)　課題図書を楽しみながら読み，自分の感想を言葉にしてみること。

問10　エ

問11　(例)　母親との関係に悩んでいるので，母親と仲の良い女の子の話を読むと，つらくなってしまうから。

問12　(例)　自分の思いを母親にうまく伝えられずに悩み苦しんでいたが，しおり先生から気持ちを整えて言葉にすると誰かに伝えられるようになると教えられ，実際に気持ちを言葉にしてみたことで，気持ちが少し整理でき自信が生まれ，今なら自分の思いを素直に母親に伝えられると思ったから。

問13　イ・オ

○推定配点○

問1　各1点×15　　問2　各2点×3　　問3・問5・問11　各12点×3

問9　10点　　問12　15点　　問13　各4点×2　　他　各6点×5　　計120点

＜国語解説＞

(物語文－主題・心情・理由・場面・細部表現の読み取り，記述，ことばの意味，漢字の書き取り)

基本　問1　1　ものごとをどれが良くてどれが悪いかを見分けて決めること。「判」には見分けるという意味がある。その意味で，「判定」「判別」などの言葉がある。　2　ここでは，まとまっていたものが分かれてしまうこと。「音声が割れる」とは，まとまっていた音声が分かれて途切れるなどして，聞き取りにくくなること。　3　ある事実をもとにして，他のことを考えていくこと。「推理小説」とは，その多くは犯罪を題材にしてもので，さまざまな事実から犯人が誰かをおしはかる小説である。　4　気体を吸って胸の中に入れること。吸ったりはいたりすることを「呼吸」という。　5　呼吸に使う，のどから肺につながる管のこと。二重傍線5の部分には「喉につかえて，キカンを押し上げようとして，何かが溢れ出そうとする」とある。この表現は「あたし」が何かを言いたがっていることを表している。　6　持ち運んでいる物のこと。「荷物」には，じゃまになるものという意味もある。その意味で，「会社のお荷物になるような人を採用してはいけない」などと表現できる。　7　再び始めること。「再会」は，再び会うことを意味する。　8　ここでは，そのような様子があるということ。「うつむき加減」とは，うつむいた様子である。　9　かざりけがなく，目立たない様子。反対の意味の言葉は，「派手」である。　10　相手の主張に対して，反対意見を述べること。　11　「気の毒」とは，相手の様子に同情して心を痛めること。ここでは，残念がる先生に対して，気の毒だと思っているのだ。　12　他人の意見に同意すること。二重傍線12の場合，「共感」と表すこともできる。　13　「単行本」とは，全集などに対して，単独に一冊として出版される本のこと。作品を多く集めた本は，「全集」という。　14　「具現化」とは，抽象的な理想やアイディアを具体的な形にすること。似た意味の言葉に，「具体化」がある。　15　文字や絵がかかれている紙面の，白くなっている部分。

問2　A　「億劫」とは，めんどうで気が進まない様子。選択肢の中ではオが正解になる。波線部A前後で，「あたし」は本を閉じたあと，読書を再開できなくなっている。億劫，つまり，めんどうに感じて，読書を再開できなくなったのだ。　B　「参る」とは，ここでは，困ること。選択肢の中では，ウが正解になる。先生が感想をいろいろ訊いてきたので，「あたし」は困ったのだ。　C　「かまえる」とは，警戒した姿勢をとって心を許さないこと。「緊張して」とあるオが正解になる。課題図書と聞き，「あたし」は警戒した心になり，緊張してしまうのだ。

重要　問3　「そっけない」とは，返事がつめたく感じられるということ。傍線部①前後の内容をおさえて，あかね(「あたし」)がアイルーの返事をつめたいと感じた理由を考える。「あたし」はネットテレビの恋愛リアリティーショーを観て，心を動かされた。そして，傍線部①直前にあるようにアイルーと「すぐに語り合いたい」という気分になった。ところが，傍線部①直後にあるように，アイルーの返事は「ごめん。観ていなかった」というもの。語り合えると思ったのに，観ていないとわかり，がっかりした気持ちから，アイルーの返事を「そっけない／つめたい」と感じたのだ。以上の展開をおさえて，解答を作成する。記述の際には「アイルーと恋愛リアリティーショーについて語り合いたかった」＋「アイルーは観ていなかった」というこの場面の状況を書き，「がっかりした」という気持ちを加える。

問4　傍線部②より前の部分で，母親とテレビを観ているアイルーに対して，「あたし」は「なんか楽しそう」と感じている。昔の「あたし」は，母親と父親に挟まれてソファに座ってテレビを観たりしていたが，今はそのようなことはない。「あたし」はさびしさを感じているのだ。そして，リビングでテレビを観るにしても，一人だけになってしまうので，かえってリビングの広さが目立つのだ。以上の内容をおさえて，選択肢を分析するとよい。「かつては両親とテレビを観ることもあった」「いまはそんなこともなく」「空間の広さが際立ってしまう」とある，オが正解になる。アは，「すくんでしまう」とある。「すくむ」とは，恐ろしさで体がこわばり，動けなくなる様子。傍線部の「リビング……広すぎる」という表現からは，そのような恐怖感や体が動かなくなる様子は読み取れない。イは，アイルーの家と自分の家のテレビ画面の大きさを比べる内容になっているが，「あたし」のさびしさに全く関係がない。ウは，スマホとテレビ画面の大きさを比べるような内容になっているが，「あたし」のさびしさに全く関係がない。エは，一人でテレビを観ている状況が書かれているが，そうなった原因や「あたし」の気持ちにふれていない。

問5　傍線部③までの場面に目を向ける。傍線部②より前の部分で，「あたし」はアイルーとメッセージのやり取りをした。そして，「あたし」はアイルーが母親とテレビを観ながら楽しいときを過ごしていると知った。二重傍線3直前には「お笑い番組……お母さんは，そういうのって観るんだっけ」「スイリ小説を読むなら，お母さんも知っているんだろうか」などとある。ここから，自分の母親とテレビを観たり話をしたりして楽しいときを過ごしたいという「あたし」の思いが読み取れる。「あたし」は楽しいときを過ごすことに期待して，「胸の中が膨れあがっていく」状態になったのだ。だが，「あたし」のお母さんは頭ごなしに叱りはじめる。「変な動画ばかり観るんじゃない」である。傍線部の「風船がしぼむ」とは，母親と楽しく過ごしたいという「あたし」の期待がなえてしまった様子を表す。以上の展開をおさえて，書くべき内容をまとめる。

記述の際には，「アイルーのように母親と楽しく過ごしたい」という最初の「あたし」の思いを書き，「携帯の通信料のことで頭ごなしにしかられた」という傍線部の気持ちにつながる直接のきっかけを書き，「期待がなえてしまっている」という傍線部の気持ちを表す言葉を加える。

重要　問6　傍線部④直前で，「あたし」は携帯の通信料の件で母親に叱られた。そのとき，「あたし」は母親に対してなにも話せなかった。文章中には「なにも話せない」「なにか言いたい。でもよくわからない」「あたし，なにを言いたいの？」などとある。結局，「あたし」は，「おまえのせいじゃん！うるせえんだよクソババア！」ときたない言葉を叫ぶ。この言葉から，「あたし」のイライラした感情，怒りの感情が読み取れる。その後，傍線部④には，「怪獣みたいな不細工な声」「ベッドに飛び込んだ」とある。「クソババア！」などと叫んだ後，「あたし」が自分の発言をみにくいと感じ，否定的な感情を抱いている様子が読み取れる。解答は，「なにか伝えたいもののうまくいかず」「きたない言葉を言うだけ」「いらいら」とある，ウになる。アとイの選択肢には，母親に対する否定的な感情しか書かれていない。きたない言葉を発した「あたし」に対する感情が読み取れない。誤答になる。エは，自分自身に対する否定的な感情は書かれているが，「クソババア！」などという発言については書かれていない。誤答になる。オは「訳もなくむしゃくしゃ」とあるが，おかしい。否定的な感情には，「訳もなく」ではなく，明らかな理由がある。

問7　傍線部⑤がふくまれる場面の状況をとらえる。教室に三崎さんが入ってきた。みんなが三崎さんに対して嗤い声をあげる。同じように，アイルーも嗤う。「あたし」は，三崎さんをバカにするような行動には違和感を抱いている。だが，モヤモヤした気持ちを抱いても，なにも言えない。ただ傍線部⑤の直前で，「あたし」はアイルーを見た。そして，そのような状況で，アイルーは「どうしたの？」と不思議そうに言う。状況を考えると，みんなが三崎さんに対してバカにする嗤いを向けていたときに，「あたし」はアイルーを見続けていたので，「あたし」の視線を不思議に思い，アイルーは「どうしたの？」と言ったのだ。以上をふまえて，選択肢の内容を分析する。「三崎さん……みんなで嗤っていた」「あかね……自分のことを見つめていた」とある，イが正解になる。アの「あかねは質問のことを忘れたよう」，ウの「あかねがいつの間にか不機嫌そう」，オの「あかねが……思い詰めている様子」は，おかしい。アイルーが「あたし」の様子をそのようにとらえたようには読み取れない。エは「非難するような眼で周りのことを見ていた」とあるが，おかしい。「あたし」の視線は，周りのみんなではなく，アイルーに向けられていた。

問8　傍線部⑥直前には，「生徒の不正を手伝う」とある。不正に協力する話をするので，秘密の話し合いが必要なのである。正解はエの「密談」になる。

問9　傍線部⑦より前の先生の言葉を活用して，解答を作成できる。先生は「あかねちゃんはもう課題図書を読み終えて，先生にたくさん感想を話しているってこと」「あとは……箇条書きでいいから文章に起こすだけ」と言っている。ここまでに「先生」は，課題図書を読むことと感想を先生に教えることを「あたし」に求めた。つまり，課題図書を読み終えさせて，自分の感想を言葉にさせたのだ。「課題図書を読み終えさせる」「自分の感想を言葉にする」という二点の内容を中心に解答をまとめる。

問10　傍線部⑧以降を読み進めると，「その練習になるの」というしおり先生の言葉がある。「その」が指す内容をおさえることで，「できるようになる」としおり先生が考えていることが読み取れる。「その」は，しおり先生の言葉の中にある「自分の心を整理すること」「モヤモヤの正体が見えてくる」「誰かに伝えることができるようになる」をさす。つまり，これらが「できるようになる」と考えていることだ。「自分の気持ちを整理する」「自分のことがわかるようになり」「気持ちを他人に伝えられるようになる」とある，エが正解になる。アは「他人の気持ちが正確に理解できるようになり」とあるが，おかしい。「モヤモヤの正体が見えてくる」とは，他人ではなく自分の気持ちがわかることである。イは「思い通りに相手を動かせるようになる」とあるが，おかしい。思い通りに相手を動かしたいという話ではない。ウは「作品として公にすることで」とあるが，おかしい。「その練習」がさしている内容ではない。オは「本の登場人物に感情移入」とあるが，おかしい。「モヤモヤの正体が見える」とは，自分の気持ちがはっきりするということである。

重要　問11　「あたし」が母親との関係で悩んでいることをおさえて，書くべき内容を考えたい。最後の短編は，傍線部⑨以降に書かれているように，お母さんと女の子が仲の良い話なのである。そのため，「あたし」はダメだったのだ。「あたし」自身はどうしてダメなのかをうまく言葉にできていないが，しおり先生が「ごめんね，つらかったね」というように，つらかったのであろう。記述の際には，「母親との関係に悩んでいる」＋「母親と仲の良い女の子の話」＋「つらい」という内容を中心にする。

やや難　問12　設問には，「本文全体をふまえて」とある。そのため，本文全体をふまえて，書くべき内容を考える。最初の場面で，「あたし」は母親との関係に悩んでいた。何かモヤモヤとした伝えたい思いがあっても言葉にできず，伝えることができなかった。そのような「あたし」は，読書感想文の件を通して，傍線部⑧より後にあるように，しおり先生から，自分の心を整理すること，モヤモヤを自分なりの言葉にしていくこと，そうすれば誰かに伝えることができることを学ぶ。そして，「あたし」は実際に文章に書いてみた。書くことによって傍線部⑩よりも前にあるように「大丈夫，少しだけ，自分の気持ちのこと，整理できたような気がする」と自信が持てるようになり，母親に伝えることができるだろうと思い始めて，「あのね，お母さん，あたしね……」と話し始めるのである。以上の展開をおさえて，指定字数にまとめる。記述の際には，「自分の思いを母親にうまく伝えることができなくて悩んでいた」という背景を書き，「しおり先生に教えられた」「実際に言葉にしてみた」という「あたし」の変化のきっかけを書き，最後に「自信が生まれ，母親に思いを伝えられると思うようになった」という話を始めたときの「あたし」の心を書くとよい。

問13 ア 「なんていったっけ，ジジツトリック？」という表現や，「ホンマツテントー」の「テントー」という表現から，「あたし」がこれらの言葉を十分に理解していないことが読み取れる。アは正しい。　イ 「まぁ，ないなぁ」「ちょっと信じらんないかもしれないけど」は「あたし」の自分なりの納得とは言える。だが，それで物事が進んでいく訳ではない。「あかねの性格」とまではいえない。イは誤っている。　ウ 「シャーペンの芯がポキリと折れてしまった」「カチカチとペンをノック」という表現は，どちらも言葉を出すために「あたし」が苦戦する様子を表す。シャーペンの様子にあかねは重なっている。ウは正しい。　エ 「あたし」が，悩み苦しむ母親との関係について何とか表現しようとしている場面である。「あたし」のつらい気持ちが大きくなっている。エは正しい。　オ 作者が「涙」という言葉を使わずに表現したのである。「あたし」が表現したことではない。「あかねの語彙力のなさ」とはいえない。オは誤っている。　カ 「つらみが深すぎる」「わかりみがある」などである。若者言葉を使う「あたし」の視点を表現するために，あえてこのような言葉が使われたのである。カは正しい。

★ワンポイントアドバイス★

受験学習で身につけた記述の型などの基本を活用して，記述問題に取り組むとよい。問われていることから書くべき内容を考える。そして，採点者にわかりやすい表現で書く。こうすることで，合格点につながる。

MEMO

大切なことはメモしておこうネ！

2021年度

★★★★★★★★★★★★★★★★★★★★★★★★

入　試　問　題

2021年度

駒場東邦中学校入試問題

【算　数】（60分）　＜満点：120点＞

1

⑴　次の計算をしなさい。

$$\left\{(6.7-1.26)\times\frac{25}{14}-65\div 7\right\}\div\left(1\frac{1}{2}\div 1.47-1\right)$$

⑵　1辺の長さが10cmの正方形と半径が10cmのおうぎ形2つを組み合わせて右の図を作りました。斜《しゃ》線部の面積を求めなさい。ただし，円周率は3.14とします。

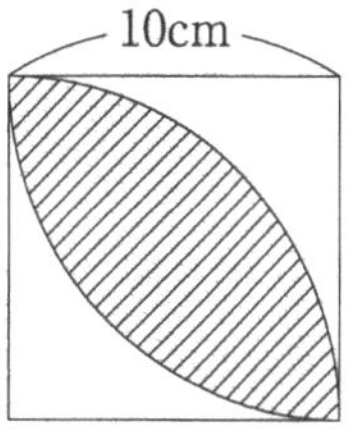

⑶　右の図は3けたの整数と4けたの整数の足し算を表しています。1つの文字には1つの数字が対応し，同じ文字には同じ数字が入り，別の文字には別の数字が入ることとします。

$$\begin{array}{rcccc} & & N & E & W \\ + & Y & E & A & R \\ \hline & 2 & 0 & 2 & 1 \end{array}$$

この計算が成り立つような3けたの整数「ＮＥＷ」で最も大きい数を求めなさい。

⑷　A を1より大きい整数とします。1から A までのすべての整数を書いたとき，書いてある数字の1の個数を＜A＞とあらわします。例えば $A=19$ のとき ＜19＞＝12 です。＜199＞と＜2021＞をそれぞれ求めなさい。

⑸　4つの正方形を辺にそってつなげてできる図形は，右の図のように5種類あります。ただし，回転させたり，裏返ししたりして重なるものは同じ図形とみなします。右の図では正方形が

［1］　1列に4個

［2］　1列に3個

［3］　1列に2個

というつながり方ごとにグループ分けをしてあります。これを参考にして，次の問いに答えなさい。

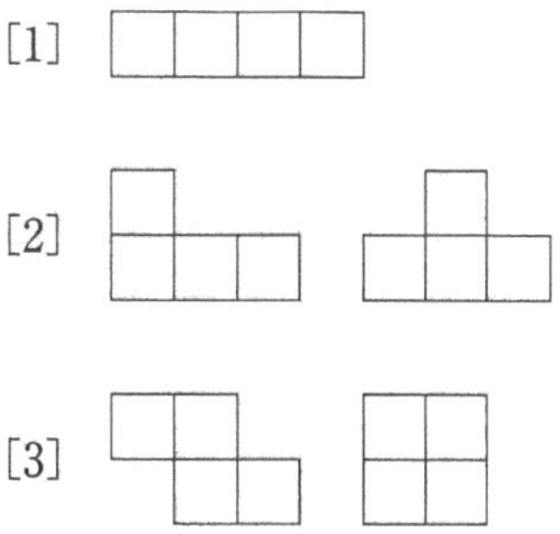

①　5つの正方形を辺にそってつなげたとき，正方形が1列に3個つながっている図形は何種類できますか。

②　5つの正方形を辺にそってつなげてできる図形は，全部で何種類ありますか。

2　8段の階段があります。A君は階段の1番下にいて，1回で1段か2段（1段飛ばし）か3段（2段飛ばし）のいずれかで階段を上がります。(図は次のページ)

⑴　A君が4段目まで上がる階段の上がり方は，全部で何通りありますか。

⑵　A君が6段目まで上がる階段の上がり方は，全部で何通りありますか。

⑶　B君が階段の１番上にいて，１回で１段か２段か３段のいずれかで階段を下ります。A君とB君の移動は同時に１回ごとに行います。このとき，

①　２回目の移動で２人が同じ段で止まる動き方は，全部で何通りありますか。

②　２人が同じ段で止まる動き方は，全部で何通りありますか。

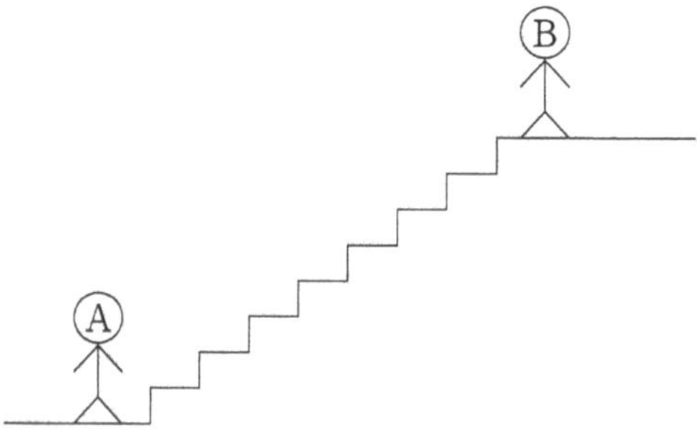

3　立方体 ABCD－EFGH があり，［図１］のように辺を１：３の比に分ける点をとります。すなわち AI：BI＝１：３，AJ：DJ＝１：３，AK：EK＝１：３，CL：BL＝１：３，CM：DM＝１：３，HN：DN＝１：３ です。

［図１］

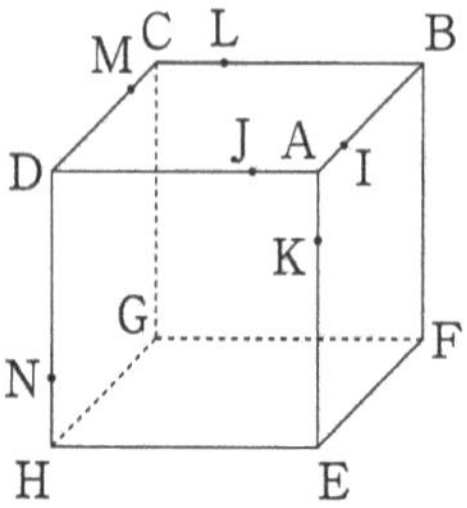

［図２］

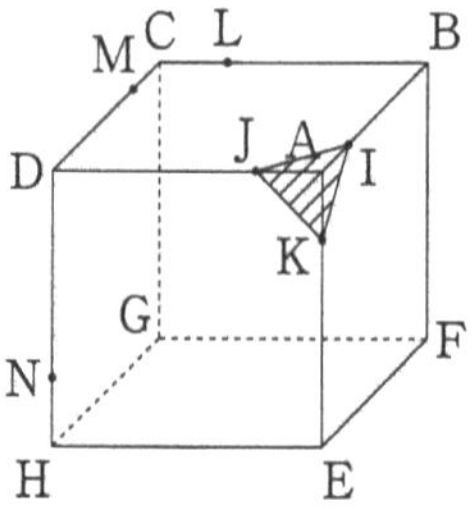

この立方体を，３点Ｉ，Ｊ，Ｋを含《ふく》む平面で切ったときの切り口は［図２］の斜《しゃ》線部のようになります。この切り口の面積を S とします。

⑴　この立方体を３点L，M，Nを含《ふく》む平面で切ったときの切り口の面積を T とします。S と T の比 $S：T$ を求めなさい。

⑵　立方体 ABCD－EFGH と同じ大きさの立方体を４つ使って，縦と横の長さが２倍の直方体を作り，その上に，接する２つの面の対角線がそれぞれ重なるように［図１］の立方体をのせた，［図３］のような立体を作りました。上にのせた［図１］の立方体の３点L，M，Nを含《ふく》む平面で，この立体を切ったときの切り口を，［図２］を参考にして解答用紙の図に斜《しゃ》線で示しなさい。また，この切り口の面積を U としたとき，S と U の比 $S：U$ を求めなさい。

［図３］

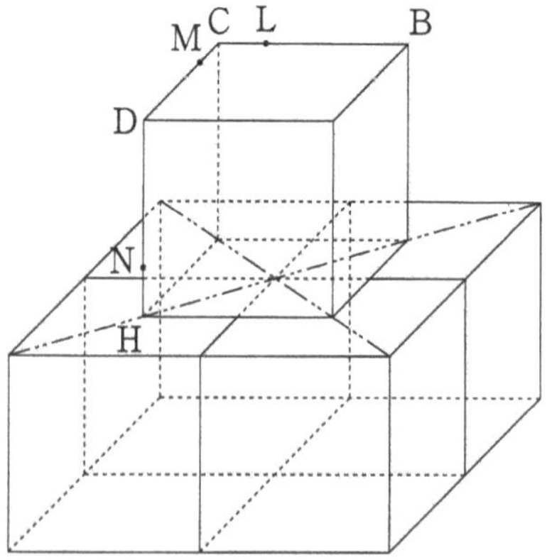

4 2021，6564 のように，連続する２つの２けたの整数を並べてできた，４けたの整数を考えます。

⑴ このような整数は，全部で何個ありますか。

⑵ このような整数すべての平均を求めなさい。

⑶ このような４けたの整数のうち，47の倍数をすべて求めなさい。

【理　科】（40分）　＜満点：80点＞

1　以下の文章を読み，あとの問いに答えなさい。

気温はさまざまな条件により決定されるため，気温の測定を行う際にはそれらの条件を統一する必要があります。そのため，気象観測では図1のような装置を使い，条件をそろえて気温などを観測しています。

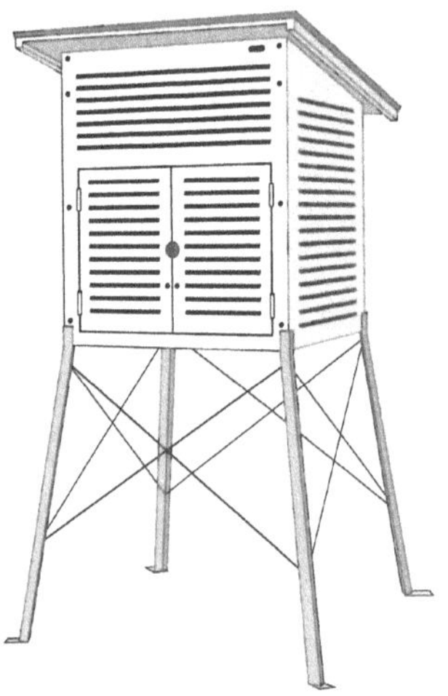

図1

(1)　図1の気象観測に用いる装置の名前を漢字で答えなさい。

(2)　図1の装置を南半球のオーストラリアで設置することとします。扉《とびら》をつくる方位として最も適切なものを，次の**ア**～**エ**から1つ選び，記号で答えなさい。

ア．東　　**イ**．西　　**ウ**．南　　**エ**．北

(3)　図1の装置は必ず決まった色をしています。装置の色を答え，その色にしている理由を説明しなさい。

(4)　日本における気温および地表面の温度の説明として適切なものを，次の**ア**～**エ**からすべて選び，記号で答えなさい。

ア．天気が良く雲が一日中出ない日は，深夜2時ごろに気温が最も低くなる。

イ．天気が良く雲が一日中出ない日の日かげでは，明け方よりも昼の方が地表面の温度は高くなる。

ウ．雨が降った日は，晴れの日に比べて気温の変化が小さくなる。

エ．一日中くもりで日なたができない日の午前中は，地表面の温度が下がり続ける。

(5)　地表に直接届いた太陽の光が，基準の値《あたい》よりも強かった時間を日照時間といいます。図2はある日の4時～18時の間に測定された1時間ごとの日照時間を，表は図2と同じ日の風速・風向・雲量（空全体の広さを10としたときの雲の広さ）をまとめています。これらの図表からわかることとして適切なものを，あとの**ア**～**カ**からすべて選び，記号で答えなさい。

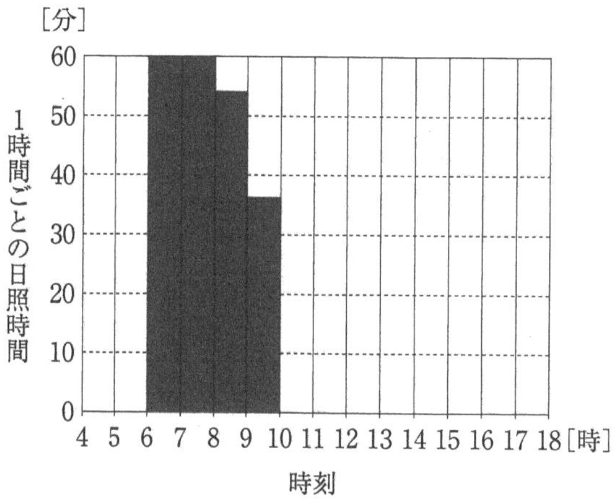

図2

時刻[時]	風速[m/秒]	風向	雲量
4	2.4	西南西	9
5	1.6	北北西	10
6	2.4	西北西	10
7	1.2	北北東	10
8	2.3	北北西	10
9	1.7	北北西	10
10	1.3	北西	10
11	1.0	東北東	10
12	1.3	北	10
13	1.1	北東	10
14	2.1	南	10
15	2.9	南南東	10
16	1.9	南	10
17	2.2	南南東	10
18	1.9	南南東	10

ア．日照時間が長い時間帯ほど，風速が速かった。

イ．日照時間の合計は200分以上だった。

ウ．日照時間が減少する時間帯は，風向が最も大きく変化した。

エ．風向が北に近い時刻ほど，風速が速かった。

オ．最も風速が速い時刻の風は，風に向かって歩けない程《ほど》の強さの風だった。

カ． 8時と14時の雲量は同じだが，雲の種類や厚さが異なっていた。

(6) ある季節に，東京の同じ地点で24時間にわたり日照時間と気温の観測をしました。図3～図5は，1時間ごとの日照時間を示しており，それぞれ観測した日が異なります。図3～図5に対応した気温の変化のグラフを，次の**ア**～**エ**からそれぞれ選び，記号で答えなさい。

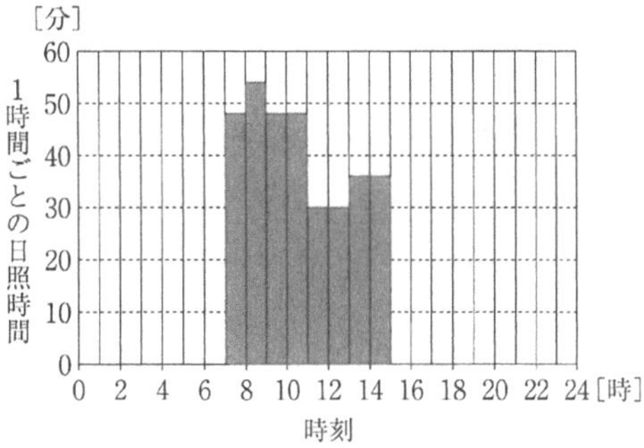

図3

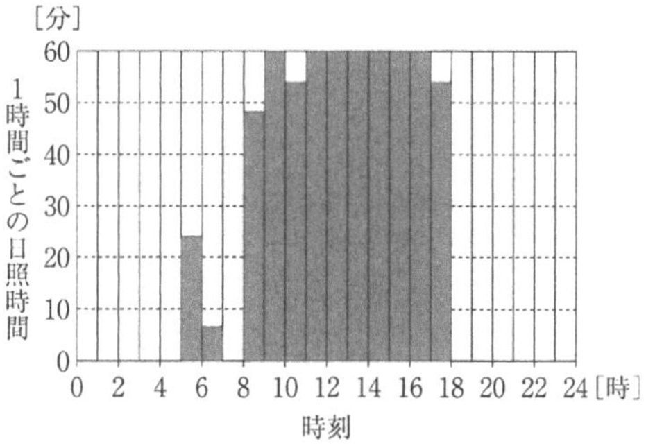

図4

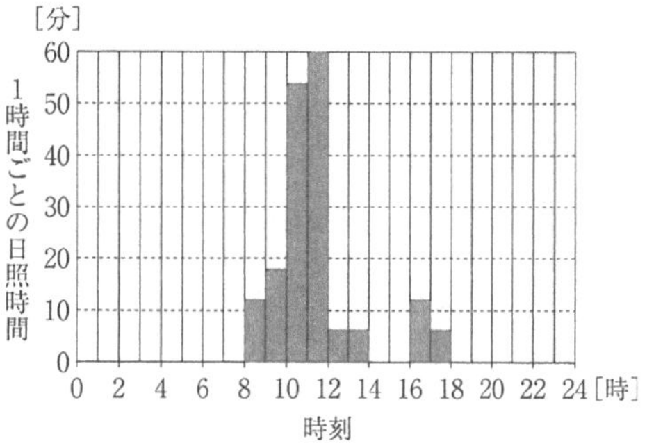

図5

ア

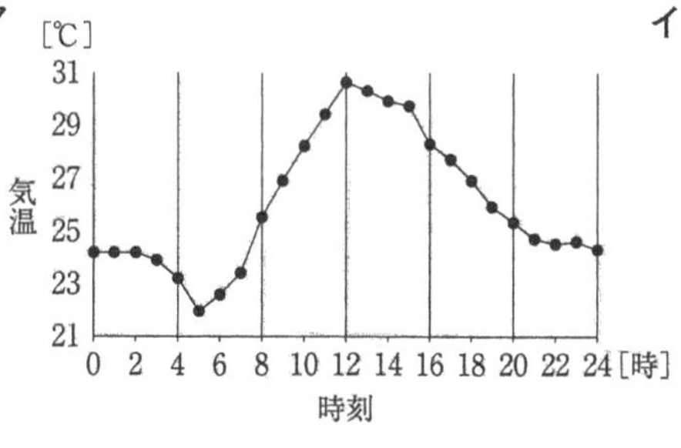

イ

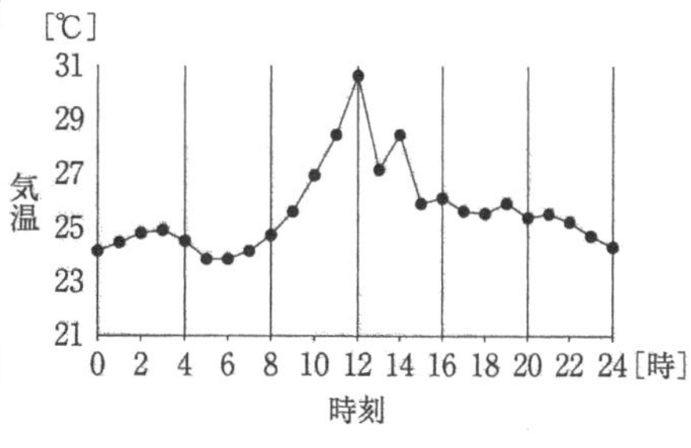

ウ

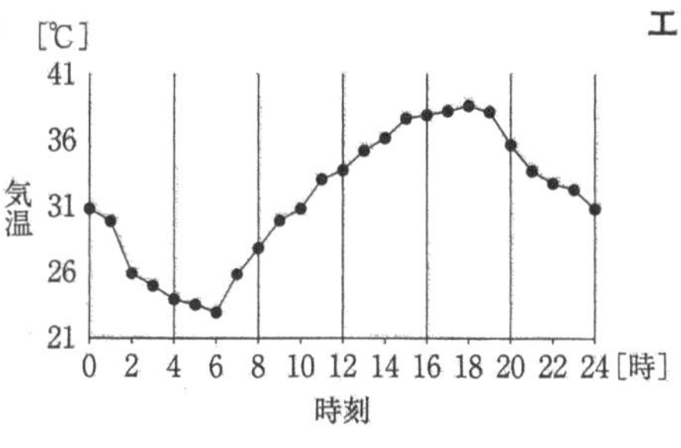

エ

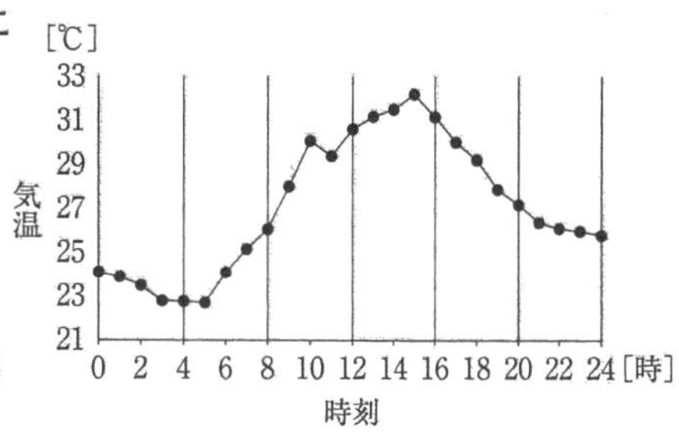

2　以下の【実験】について，あとの問いに答えなさい。

【実験】　図1のように，試験管に室温と同じ温度（29℃）の水10mLを入れ，その周りをペーパータオルでおおい，横から送風機で風を送ったときの水の温度の変化を調べた。また，ペーパータオルに室温と同じ温度の水やエタノール（アルコールの一種）を含《ふく》ませたり，試験管の太さを変えたりして，同じ実験を行い，その結果を図2のグラフに示した。試験管内の水の温度の変化は，試験管を通じた外部との熱の出入りによって起こり，うばわれる熱と，与《あた》えられる熱が等しいとき，水の温度の変化は起こらない。なお，実験は風通しの良い部屋で行い，試験管内の水は蒸発しないものとする。

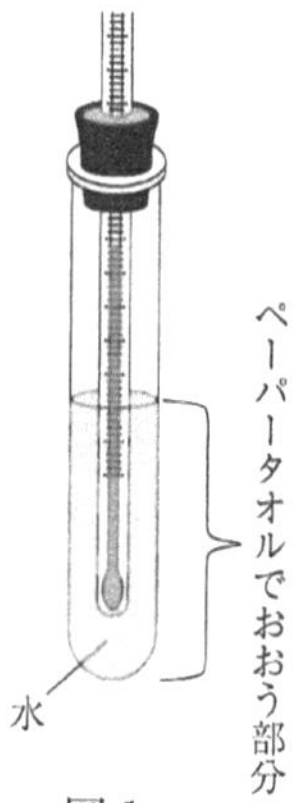

図1

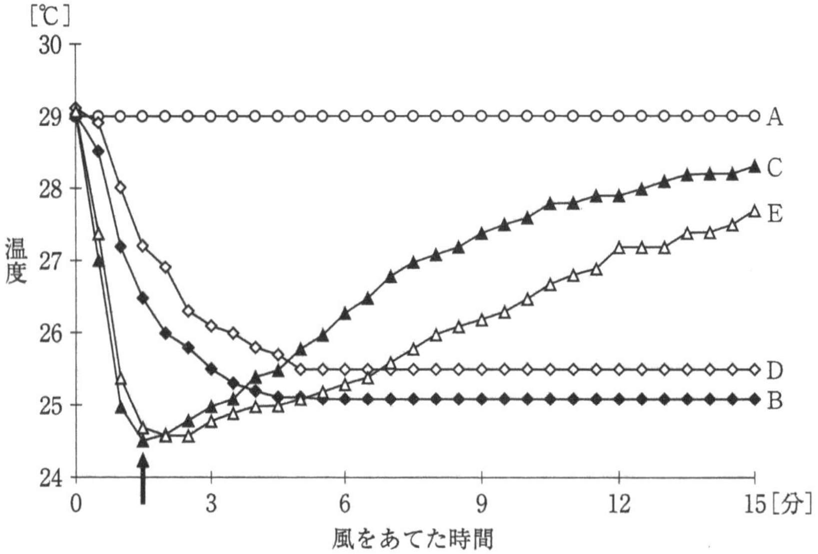

A：細い試験管を使い，ペーパータオルに何も含ませなかった
B：細い試験管を使い，ペーパータオルに1mLの水を含ませた
C：細い試験管を使い，ペーパータオルに1mLのエタノールを含ませた
D：太い試験管を使い，ペーパータオルに1mLの水を含ませた
E：太い試験管を使い，ペーパータオルに1mLのエタノールを含ませた

⑴　B，C，D，Eでは試験管内の水の温度が下がりました。これと同じ現象が起きている場面を次の**ア**～**エ**からすべて選び，記号で答えなさい。

ア．汗《あせ》をかいたままふかずにいると，体が冷える。
イ．夏の暑い日に道路に水をまくと，すずしくなる。
ウ．氷水を室内においておくと，コップの周りに水滴《すいてき》がつく。
エ．アルコールの入った消毒液を手につけると，冷たく感じる。

⑵　以下の文章はB，Cのグラフについて述べたものです。あとの(i)～(iii)の問いに答えなさい。

実験開始直後のBとCを比べると，ペーパータオルに（　①　）を含ませたときの方が試験管内の水の温度を急速に下げていることがわかる。また，時間を追って見てみると，Bのグラフでは実験を開始してから15分経《た》っても，試験管内の水の温度は室温よりも４℃近く低く保たれている。これは，ペーパータオルに含まれた水が（　②　）することによって｛　③　｝からである。一方，Cのグラフでは，矢印（↑）の部分を境に，試験管内の水の温度の変化が「低下」から「上昇」に変わっている。これは，（　　　④　　　）ため，エタノールによって｛　⑤　｝からであると考えられる。

(i)　①と②にあてはまることばを答えなさい。

(ii)　③と⑤にあてはまる文を次の**ア**～**ウ**から１つずつ選び，記号で答えなさい。同じ記号を選んでもよいものとします。

ア．試験管内の水からうばわれる熱の方が，与えられる熱よりも大きくなる

イ．試験管内の水からうばわれる熱と，与えられる熱の大きさが等しくなる

ウ．試験管内の水からうばわれる熱の方が，与えられる熱よりも小さくなる

(iii)　④にあてはまる文を答えなさい。

(3)　別の日にBの実験を行ったところ，試験管内の水の温度はほとんど下がりませんでした。考えられる原因として最も適当なものを次の**ア**～**エ**から１つ選び，記号で答えなさい。

ア．その日は，室温が25℃だったため。

イ．その日はくもっていて，日が当たらなかったため。

ウ．その日は一日中雨で，空気が湿《しめ》っていたため。

エ．その日は快晴で，空気が乾燥《かんそう》していたため。

(4)　試験管と接している水の面積の大きさと，温度の下がりやすさについて調べるためにはB，C，D，Eのうち，どれとどれの結果を比べればよいですか。２組選び，記号で答えなさい。また，その結果，試験管と接している水の面積と，温度の下がりやすさにはどのような関係があると言えますか。解答欄《かいとうらん》にあてはまるように答えなさい。なお，10mLの水を入れたとき，試験管と水の接している面積は，細い試験管を用いたときは約30cm^2，太い試験管を用いたときは約23cm^2でした。

(5)　生物の世界にも，体の「温度」と，外部と接する体の「表面積」が関係する法則があります。これについて述べた以下の文章の①～③の（　）に適切な数を入れ，④～⑤の｛　｝からは正しい方を選び，**ア**または**イ**で答えなさい。

同じ材質でできている立方体XとYについて考える。Xは一辺が１cmの立方体，Yは一辺が２cmの立方体である。２つの立方体において，

Xの体積　：　Yの体積　＝　１：（　①　）

Xの表面積　：　Yの表面積　＝　１：（　②　）

Xの$\frac{\text{表面積}}{\text{体積}}$の値　：　Xの$\frac{\text{表面積}}{\text{体積}}$の値　＝　１：（　③　）

となり，XとYでは，体積に対する表面積の割合が異なる。

クマやシカなど，同じ仲間の動物で比べると，寒い地域に住んでいるものほど体が④｛**ア**．大きい　　**イ**．小さい｝傾向《けいこう》があり，これを「ベルクマンの法則」という。これは，

生物の体内で生み出される熱の量は体積によって決まり，体外に放出される熱の量は表面積によって決まるため，体積に対する表面積の割合が⑤{**ア**．大きい　　**イ**．小さい} 方が，体温を保持するのに適しているからである。

3 以下の文章を読み，あとの問いに答えなさい。

日本には，ケヤキやイチョウ，スギなど，大きな樹木がたくさん存在します。駒場東邦《こまばとうほう》中学校の校庭にも，大きなケヤキが生育しています。また，食堂の窓の外には，むかしの雑木林が再現されていて，大きなクヌギやコナラが生育しています。

図１と図２は，駒場周辺のむかしと今のようすをそれぞれ示しています。図１は，明治時代（約130年前）に発行された地形図をもとに作成しました。音楽の教科書にものっている「春の小川」は1912年に発表された歌ですが，当時の日本の様子を表現したものと言われています。むかしは，駒場周辺でも，歌詞に出てくる「めだか」や「小鮒《こぶな》」がたくさんくらしていたことでしょう。

図２は，2015年に国土地理院から発行された２万５千分１地形図「東京西南部」の一部です。図１とほぼ同じ地域を示しています。図１と図２を比べると，田畑や雑木林（図中で「雑」と表記）のほとんどが住宅地や学校などに姿を変えてしまったことや，「目黒川」や「空川」が地図上から姿を消したり形を変えてしまったりしていることが判読できます。

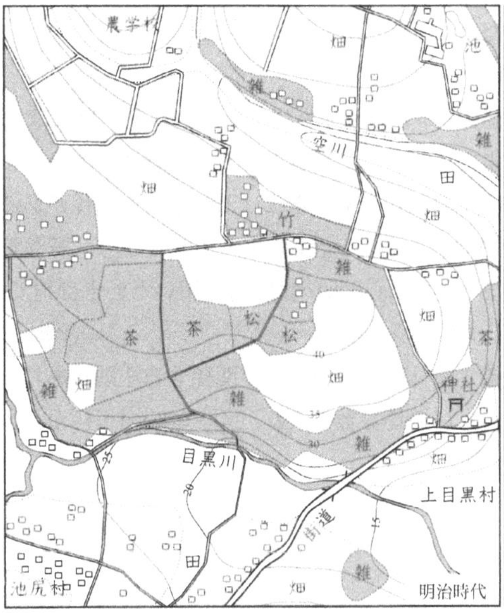

図１

図２

(1) 図１のように，田畑や雑木林，集落が混在するような地域を「里地里山《さとちさとやま》」と呼んでいます。環境《かんきょう》省では，さまざまな命をはぐくむ豊かな里地里山を，次世代に残していくべき自然環境の一つであると位置づけ，「生物多様性保全上重要な里地里山」を選定しています。里地里山の生物多様性について誤っているものを次の**ア**～**エ**から１つ選び，記号で答えなさい。

ア．雑木林では定期的に林床《りんしょう》（林内の地表付近）の草を刈《か》り取っているので，カタクリやタマノカンアオイ，キンランなど特有の植物が生育している。

イ．人が管理している田んぼやため池には，ミクリやヒルムシロ，ミズアオイなど貴重な水生植物が生育している。

ウ．雑木林や松林は人が足を踏《ふ》み入れない手つかずの自然なので，たくさんの生きものたちがくらしている。

エ．田んぼや畑，雑木林，松林，竹林などを人が持続的に利用することで，生きものがくらす多様な環境が維持《いじ》されている。

⑵　クヌギやコナラは，たくさんのどんぐりをつけます。クヌギのどんぐりを次の**ア**～**エ**から１つ選び，記号で答えなさい。

ア　　イ　　ウ　　エ

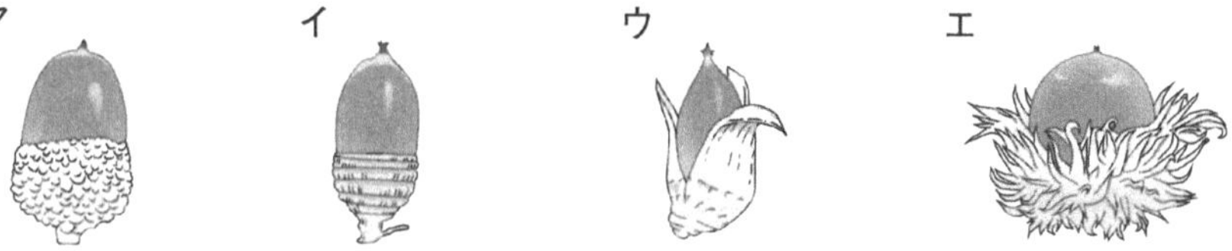

⑶　図１の神社は現在も存在しており，境内《けいだい》の大きなクスノキがご神木になっています。クスノキは，冬も葉を落とさない樹木です。冬も葉を落とさない樹木を次の**ア**～**オ**から１つ選び，記号で答えなさい。

ア．ケヤキ　　**イ**．イチョウ　　**ウ**．ソメイヨシノ　　**エ**．タブノキ　　**オ**．ヤマモミジ

⑷　近年，日本の「めだか」には，２種類の固有種（その国や地域にしか生育していない種）がいることが明らかになりました。太平洋側に生育するミナミメダカと日本海側に生育するキタノメダカで，小学校の教科書にはミナミメダカの特徴《とくちょう》が示されています。図３は，ミナミメダカのメスをスケッチしたものです。メスとオスはひれの形で区別することができます。オスのひれの形について，メスとの違《ちが》いが分かるように説明しなさい。

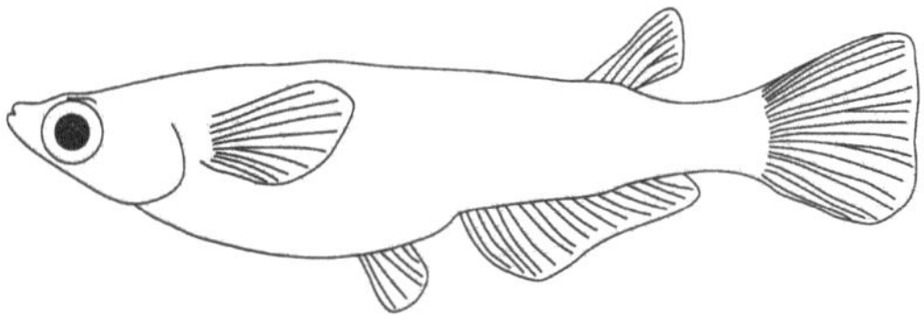

図３

⑸　ふ化したばかりの子めだかは親のめだかと形が少し異なります。親のめだかとの違いが分かるように，ふ化したばかりの子めだかを描《えが》きなさい。

⑹　自然の中では，生きものどうしの「食べる」「食べられる」という関係が成り立ちます。めだかは水の中の小さな生きものを食べますが，その一方で，他の動物に食べられもします。水の中でめだかを食べるこん虫の名前を２つ答えなさい。

⑺　昨年，金魚の祖先でもあるギベリオブナの卵が，水鳥に食べられて糞《ふん》として排出《はいしゅつ》されたのにもかかわらず，一部の卵が消化されずに生き残り，正常にふ化することが実験によって明らかになりました。食べられた卵のうち，わずかしか生き残りませんが，ギベリオブナにとってはいくつかの利点があると考えられています。ギベリオブナにとって，水鳥に卵が食べられることで得られる利点を答えなさい。

4 以下の文章を読み，あとの問いに答えなさい。

ばねにおもりをつるすと，おもりにばねが引っ張られることでばねが伸《の》びて，「ばねがおもりをつり上げようとする力」を発揮し，「地球がおもりを引き下げようとする重力」とつり合って，おもりを静止させます。「ばねが伸びることで発揮する力」がばねの伸びによって決まることを利用し，ばねの伸びから，つるしたおもりにかかる重力の大きさである「おもさ」を測るのが，「ばねばかり」ですが，ばねばかりが直接測っているのは，「ばねがおもりをつり上げようとする力」の大きさである，ということになります（図１）。

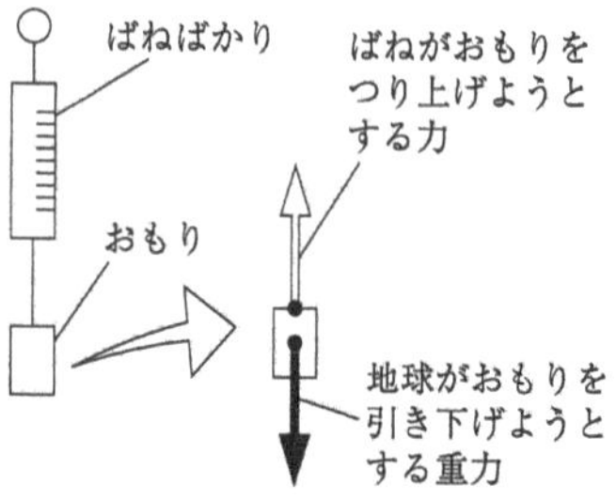

図１

ばねばかりにおもりをつるし，このおもりを容器の底につかないように水の中に沈《しず》めると，ばねばかりの示す「おもさ」が小さくなります。これは，「おもりが水から上向きに受ける浮力《ふりょく》」の影響です。このとき，おもりにはたらく「力」は，下向きの「おもりが地球から受ける重力」と，上向きの「おもりが水から受ける浮力」，そして上向きの「ばねがおもりをつり上げようとする力」の３つです。おもりが水に沈んでいないときには，「おもりが水から受ける浮力」ははたらかず，おもりにはたらく「力」は２つだけで，「ばねがおもりをつり上げようとする力」の大きさは，「おもりが地球から受ける重力」の大きさと同じでしたが，おもりが水に沈んでいるときには，「ばねがおもりをつり上げようとする力」は（　①　）より（　②　）の分だけ小さくなります。

図２のように，ばねばかりに１個およそ50ｇのほぼ同じ大きさ（体積）のおもりを６個つるし，「電子てんびん」の上に載《の》せた「メスシリンダー」内の水に，つるしたおもりを順に沈めていったとき，「ばねばかりの値」，「電子てんびんの値」と「メスシリンダーの値」を測定し，「浮力」のはたらき方などについて考える実験をしました。測定の結果を，次のページの表と図３のグラフに表しました。「水に沈めたおもりの個数」の「６*」，「６**」は，６個のおもりが沈んだ後，おもり６個全部をさらに深くまで沈めていって測定したことを意味します。このとき，よく見ると，一番下のおもりはメスシリンダーの底に達していることが確認できました。つまり，水に沈めたおもりの個数「６」の状態までは，一番下のおもりはメスシリンダーの底に達することなく，水中につるされていたことになります。

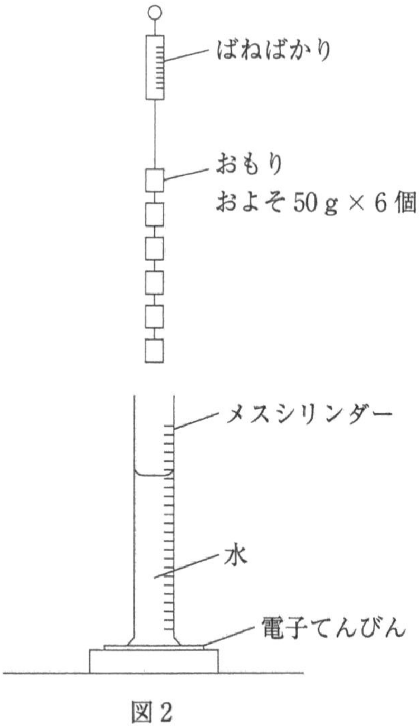

図２

水に沈めたおもりの個数[個]	ばねばかりの値[g]	電子てんびんの値[g]	メスシリンダーの値[mL]
0	290	592.8	435
1	284	598.6	440
2	277	604.4	447
3	272	610.2	452
4	266	617.3	458
5	261	621.7	465
6	256	627.5	470
6*	234	649.1	470
6**	210	673.5	470

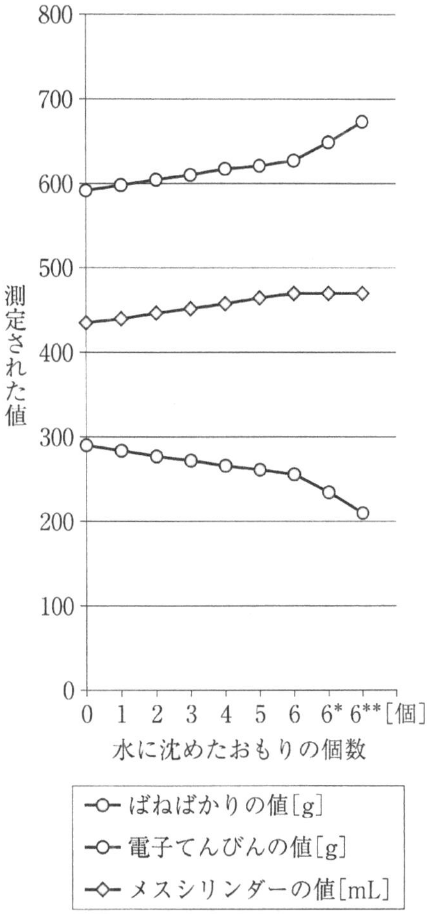

図3

(1)　下線部の①と②にあてはまることばを，次の**ア**～**オ**からそれぞれ選び，記号で答えなさい。

ア．ばねがおもりをつり上げようとする力

イ．おもりがばねを伸ばそうとする力

ウ．おもりが地球から受ける重力

エ．おもりが水から受ける浮力

オ．水がおもりを沈めようとする力

(2)　図4に示すグラフは，おもりをメスシリンダーの水の中へ沈めることで，「ばねばかりの値が最初より小さくなった分」を横軸《よこじく》に「電子てんびんの値が最初より大きくなった分」を縦軸にとったグラフです。このグラフから読み取れることをふまえて考察した文章の①～③にあてはまることばを，次の**ア**～**キ**から，④～⑥にあてはまる言葉を**ク**～**ス**からそれぞれ選び，記号で答えなさい。同じ記号を選んでもよいものとします。

ア．ばねがつり上げようとする力

イ．ばねを伸ばそうとする力

ウ．地球から受ける重力

エ．水から受ける浮力

オ．水に沈めようとする力

カ．電子てんびんが押《お》し上げる力

キ．電子てんびんを押す力

ク．地球

ケ．水

コ．おもり

サ．（ばねばかりの）ばね

シ．電子てんびん

ス．メスシリンダー

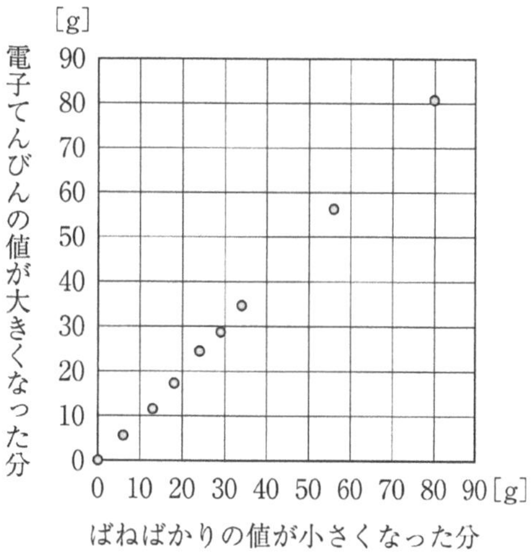

図4

図４のグラフからは，「ばねばかりの値が最初より小さくなった分」と「電子てんびんの値が最初より大きくなった分」の間に成立する，ある簡単な関係が読み取れる。これは，おもりがメスシリンダーの底に達した後も成り立っている。

まず，電子てんびんが「おもさ」を測る仕組みについて考える。電子てんびんは，その上に載《の》った物体の「おもさ」を測ることができるが，これは，上に載っている物体が電子てんびんを下に押す力と電子てんびんが上に載っている物体を押し返す（押し上げる）力が同じ大きさであることを利用して測定している。電子てんびんの上に載っている物体には，下向きの「地球から受ける重力」と，上向きの「電子てんびんが押し上げる力」がはたらいて，ちょうどつり合うことで，電子てんびん上の物体を上下に動かそうとすることなく静止させている。つまり，電子てんびんは，直接的には，上に載っている物体にはたらく「電子てんびんが押し上げる力」の大きさを測っているが，それが，載っている物体にはたらく「地球から受ける重力」の大きさ，すなわち「おもさ」に等しいことを利用して測ることができる，ということになる。

おもりがメスシリンダーの底に達する前までについて考える。おもりが水中に沈んだ時に「電子てんびんの値が最初より大きくなった分」はなぜ生じたのか。おもりが水中にないときは，電子てんびんの値は，メスシリンダーとその中の水にはたらく（　①　）を合わせた大きさに等しく，その大きさの力で電子てんびんがメスシリンダーを押し上げることで，メスシリンダーと水を一つのものと考えた塊《かたまり》を上下に動かそうとすることなく静止させている。おもりが水中に沈められると，この「電子てんびんが押し上げる力」が大きくなるということは，メスシリンダーと水を合わせた塊を静止させるのに，「押し上げる力」を大きくする必要が生じたということで，メスシリンダーと水を合わせた塊に，（　②　）以外に，さらに下向きの力がはたらいたことになる。この余分にはたらいた下向きの力の大きさが「電子てんびんの値が最初より大きくなった分」である。「ばねばかりの値が最初より小さくなった分」が，水中に沈んだおもりにはたらく上向きの（　③　）の大きさに相当することと合わせて考えると，メスシリンダー中の水と（　④　）が，お互《たが》いにちょうど同じ大きさで押し合っていることが分かる。

おもりがメスシリンダーの底に達した後は，おもりが（　⑤　）を直接押してしまうため，その分だけさらに（　⑥　）がメスシリンダーを押し上げる必要が生じる。

⑶　図２の実験でばねばかりにつるしたおもり６個のうち，上の３個を，大きさ（体積）はほぼ同じで，１つおよそ90ｇのおもり３個に取りかえて，同様の実験をしたとします。①「ばねばかりの値」と，②「電子てんびんの値」は，どのようになると考えられますか。最も適切だと考えられるものを，次のページの図５のグラフの**ア**～**カ**，および**キ**～**シ**からそれぞれ１つずつ選び，記号で答えなさい。ただし，それぞれのグラフ中の点線のグラフは，おもり６個すべてがおよそ50ｇのおもりであったときと同じ結果になることを表しています。

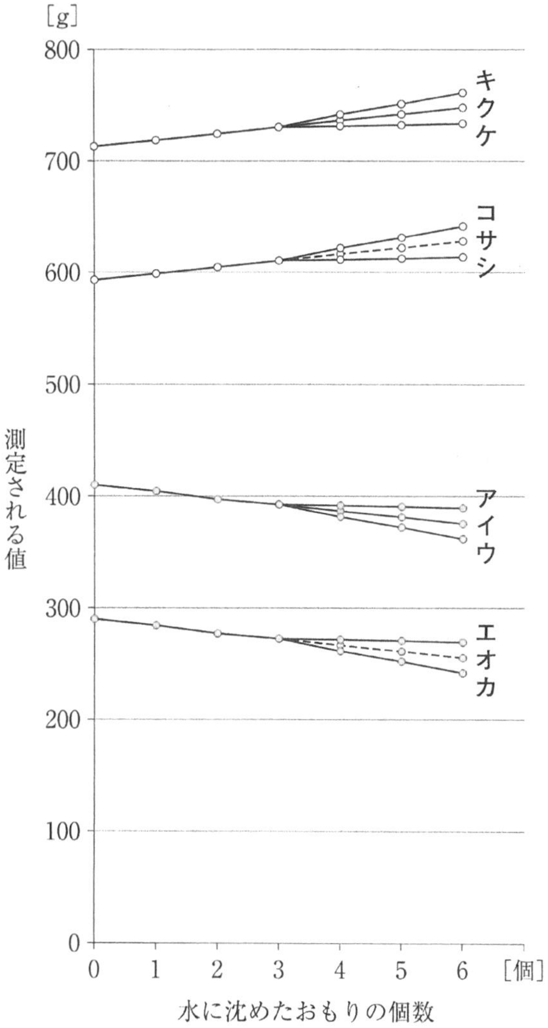
[g]
800
700
600
500
400
300
200
100
0
キ
ク
ケ
コ
サ
シ
ア
イ
ウ
エ
オ
カ
測定される値
0
1
2
3
4
5
6
[個]
水に沈めたおもりの個数

図5

【社　会】（40分）　＜満点：80点＞

次の文章を読んで，各問いに答えなさい。

> 停滞《ていたい》する梅雨前線の影響《えいきょう》で大雨が続いた九州北部では，河川の氾濫《はんらん》や浸水《しんすい》などが発生した。住民は不安を抱《かか》えながら避難所《ひなんじょ》に身を寄せ，自治体の防災担当者は慌《あわ》ただしく対応に追われた。福岡県のある自治体では，災害対策本部に「どの避難所に行けばいいか」などの問い合わせが相次いだ。市の防災担当者は「とにかく状況《じょうきょう》を把握《はあく》して，住民に情報を発信しなくてはいけない」と語った。
>
> 東京都のある区では，新型コロナウイルスに感染し自宅療養《りょうよう》している人に対して，食品を中心に生活必需品《ひつじゅひん》１週間分をまとめた「支援《しえん》物資セット」の配送を始めた。保健所の職員が直接自宅まで配達し，完治するまで毎週届け，自宅療養者の生活を支援する。自宅療養者が出歩く必要をできる限りなくすことで，地域の安心にもつなげたいとしている。
>
> （日本経済新聞2020年７・８月に掲載《けいさい》の記事をもとに作成）

上の新聞記事からは，災害発生時や感染症《しょう》防止対策のときに，地方自治体の人たちが重要な役割を果たしていることがわかります。

自治体では，地域の人たちが安心して生活できるように①災害のときだけではなく，日ごろからいろいろな仕事をしています。道路や橋の修復工事，電気や下水道設備の管理を担当する部署があり，家庭のごみを集めてリサイクルしたりするなど，②地域の環境《かんきょう》整備のための仕事もしています。

子どもが生まれたり，引っ越《こ》しをしたりしたら，自治体の役所に届け出る必要があります。市民課ではこうした情報をもとに住んでいる人たちの詳《くわ》しい情報，例えば人口・世帯数などを更新《こうしん》し，把握しています。こうした情報が，例えば災害や公衆衛生対策の基本情報として役立つように，③正確に記録を残すことも大切な仕事です。

④急に深刻な病気になったときの救急車や火災時の消防車の出動は，住民の安全な暮らしに欠かせません。地域内の小中学校の校舎を整備し，⑤地域の農産物を活用して学校給食の献立《こんだて》を考えることも主に自治体が担っています。観光課では，⑥来日した外国人が困らないように，多言語での観光案内パンフレットを作ったりしています。

こうした仕事はすべて地域に住み，またその地域を訪れる人たちが安心してすごせるよう，「みんな（公共）」のために必要です。⑦公共のために必要なお金を税金という形で集め，困った人がいたら助け合う仕組みによってみなさんの生活は支えられています。

問１　下線部①に関して。次のページの**図１**のような，都道府県や自治体が作成するハザードマップが示す情報について述べた**Ａ～Ｃ**の文の正誤の組み合わせとして正しいものを**ア～キ**から１つ選びなさい。

Ａ　地域や場所による自然災害の危険の程度や被害《ひがい》が及ぶ範囲《はんい》を示している。

Ｂ　地震《じしん》や火山噴火《ふんか》の場合は，災害が発生する時期を予測して示している。

Ｃ　避難所や防災施設《しせつ》がある場所が示され，そこまでの経路を確認できる。

ア　**Ａ**：正しい　**Ｂ**：正しい　**Ｃ**：正しい

イ　**Ａ**：正しい　**Ｂ**：正しい　**Ｃ**：誤り

ウ　A：正しい　B：誤り　　C：正しい
エ　A：正しい　B：誤り　　C：誤り
オ　A：誤り　　B：正しい　C：正しい
カ　A：誤り　　B：正しい　C：誤り
キ　A：誤り　　B：誤り　　C：正しい

図１

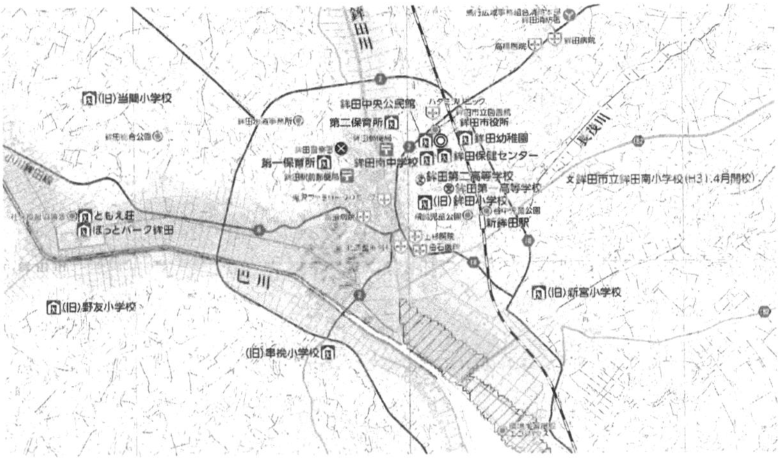

(「鉾田《ほこた》市ホームページ」より)

問２　下線部②に関して。東京・大阪・名古屋といった大都市とその周辺地域の自治体の多くは，高度経済成長の時代(1950年代中頃《なかごろ》から1973年まで)に，生活環境が悪化したことによって生じた様々な深刻な問題に取り組んできました。そうした問題の一つが河川の水質の悪化です。例えば，大都市とその周辺地域では，家庭用洗剤《せんざい》の流入により，図２のような河川の水質の悪化という問題が生じましたが，そうした問題はどうして生まれたのでしょうか。次のページの図３と図４をふまえて説明しなさい。

図２　1970年代初頭の多摩《たま》川。家庭用洗剤が原因で泡《あわ》だっている。

(丹野清志撮影《さつえい》)

図3　東京・大阪・愛知の三大都市圏《けん》への転入者数と転出者数の差の推移

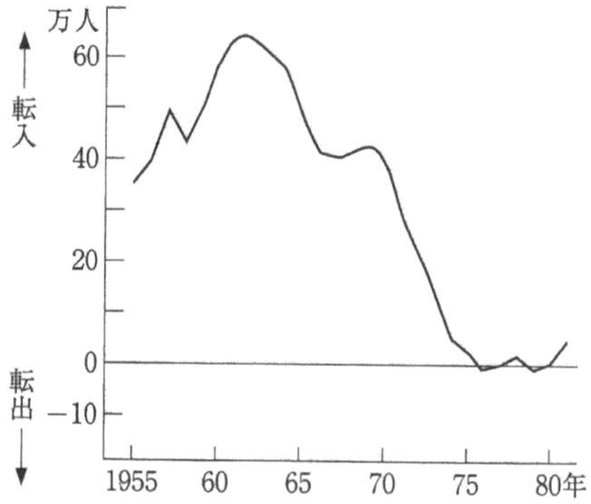

（注）　総務庁統計局『住民基本台帳人口移動報告年報』により作成

（吉川洋『高度成長』より）

※転出者数の方が多いとマイナスになる

図4　大阪府吹田《すいた》市・豊中《とよなか》市に造成された千里《せんり》ニュータウン（1960年代初頭）

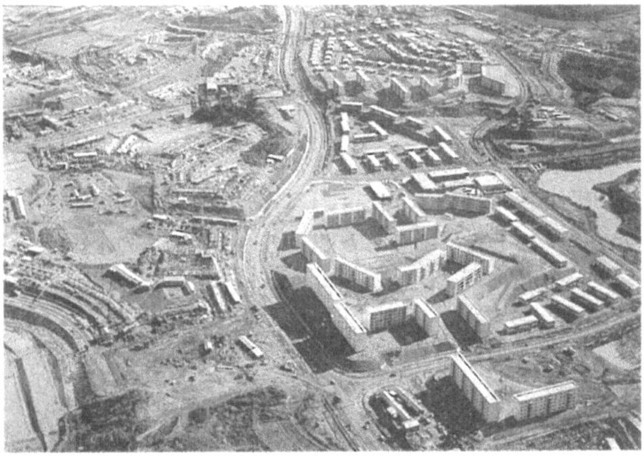

（千里ニュータウン情報館のホームページより）

問3　下線部③に関して。日本の律令《りつりょう》国家は，それぞれの役所が作った公文書をもとに政治を行っていました。公文書の存在は，行政の記録のために重視され，様々な形で大切に保管されました。

次のページの**図5**も**図6**も，文書に特定の役所の朱印《しゅいん》（はんこ）が押《お》されています。このような印は，これらの役所が認めた正式な文書であるという証明になります。その中でも特に**図6**は，同じ印が，文字の上に重なるようにすき間なく繰り返し押されています。その理由を説明しなさい。

図5　772年の公文書(国所蔵，文化庁保管)

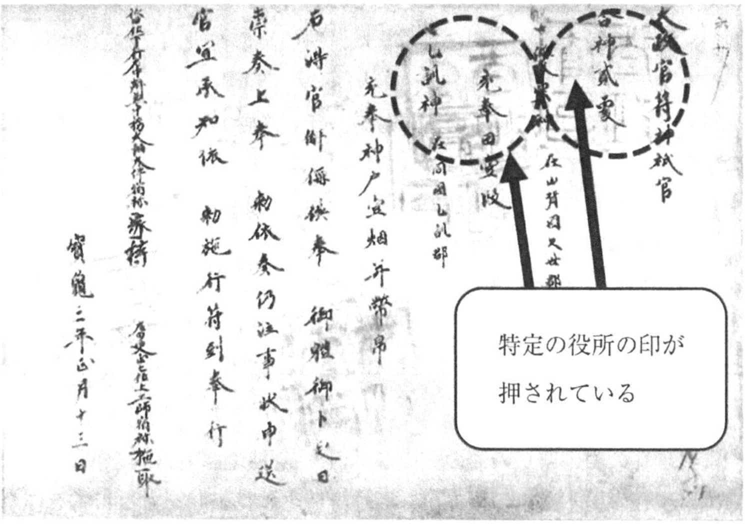
特定の役所の印が押されている

図6　702年に作られた戸籍《こせき》※(宮内《くない》庁正倉院事務所所蔵)

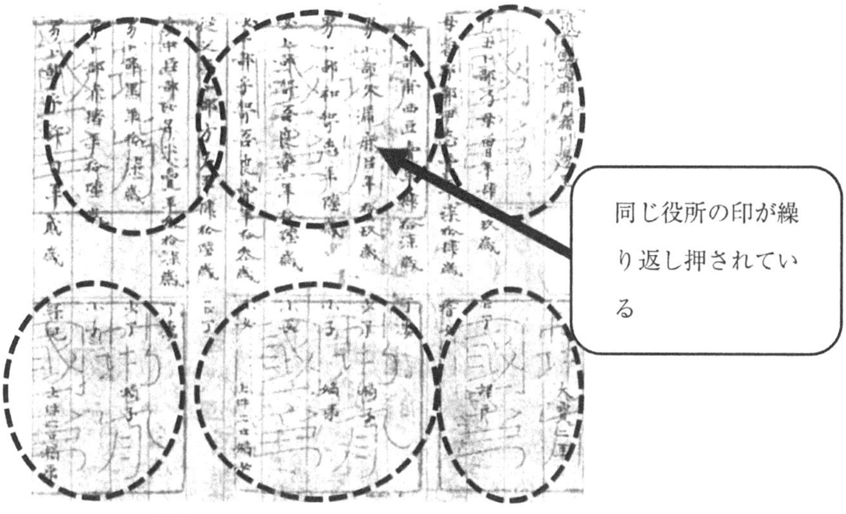
同じ役所の印が繰り返し押されている

※戸籍：住民の年齢《ねんれい》，性別，家族構成，税負担の有無などが記された帳簿《ちょうぼ》

問4　下線部③に関して。歴史資料には，内容をいつわったものも存在します（これを偽《ぎ》文書《もんじょ》と呼びます)。教科書に長らく紹介《しょうかい》された資料も，その後の新たな研究によって偽文書であることがわかり，取り下げられることもあります。

以下の**史料1**は，将軍が徳川家光のときに江戸幕府が全国の村に対して出した「慶安《けいあん》御《お》触書《ふれがき》」という名前でかつては知られていましたが，現在では家光のときに幕府が出したおきてではなかったとされています。

史料1　かつて「慶安御触書」と呼ばれていたもの　　（省略したり，わかりやすく改めてある。）

一，幕府を敬い，幕府の役人らを大切にし，また，村の長や村役人を本当の親と思うようにしなさい。

一，村の長や役人は，幕府の役人らを大切に思い，年貢《ねんぐ》をきちんと納入し，幕府に背《そむ》かず，村の百姓《ひゃくしょう》らの生活をよくしていくようにしなさい。

一，朝起きをし，朝草を刈《か》り，昼は田畑の耕作にかかり，晩には縄《なわ》をない，俵《たわら》をあみ，いつでもそれぞれの仕事を油断なく行いなさい。

一，食べ物を大切にして，麦・あわ・ひえ・大根などを食べ，米をやたらに食べないこと。

一，年貢さえ納めれば，百姓ほど気楽な仕事はない。よく心得て働きなさい。

資料1　「慶安御触書」が成立した流れ

1697年　甲斐国《かいのくに》（現在の山梨《やまなし》県）の藩《はん》の家臣が「百姓身持之諸覚書《ひゃくしょうみもちのしょおぼえがき》」を書いた。

1758年　下野国《しもつけのくに》（現在の栃木《とちぎ》県）の領主が「百姓身持之諸覚書」をもとに本を作り，領内の村に配布した。

1799年　幕府の政治に関わる学者が江戸幕府の歴史書の編さんを提案した。

1830年　美濃国《みののくに》（現在の岐阜《ぎふ》県）の領主が「百姓身持之諸覚書」の内容で本を作り，「慶安御触書」と題をつけて発行した。出版は幕府の政治に関わる学者の主導で行った。これ以降，多くの領主が「慶安御触書」を作り，自らの領内で広めた。

1843年　江戸幕府公認《こうにん》の歴史書が完成した。その中の「慶安２（1649）年に出された幕府の命令」の中に「慶安御触書」がのせられた。

1878年　明治政府の法律部門が，江戸幕府が出した命令を整理・編さんした書籍《しょせき》を発行した。そこに幕府が各地域の村に出した命令として「慶安御触書」がのせられた。

資料2　偽文書に対する歴史研究者の言葉　　（省略したり，わかりやすく改めてある。）

「偽文書の中には，本物とされる文書からだけではなかなかとらえることができない，当時の人々の意識・習わしが姿を現している。その点にも目を向けなければならない」（網野善彦による）

「偽文書をめぐる研究は，単に本物か偽物《にせもの》かを調べるものではない。これまでの歴史資料の研究成果を受け継《つ》ぎながら，それぞれの偽文書が資料の中でどのような役割を担ったのかが検討されるようになり，歴史資料の研究そのものが新しくなった」（及川亘による）

⑴　波線部「徳川家光」が将軍だったころの政治・外交に関する内容として適切なものを**ア**～**エ**から１つ選びなさい。

ア　幕府が出した武家諸法度《はっと》の中に，参勤交代の制度を盛り込《こ》んだ。

イ　スペイン船の来航を，長崎《ながさき》の出島に限定した。

ウ　幕府役人だった大塩平八郎が起こした抗議《こうぎ》活動を厳しく弾圧《だんあつ》した。

エ　商人に貿易許可証を出し，東南アジアの各地に日本町を作らせた。

⑵　**資料1**は「慶安御触書」が成立した流れをまとめたもの，**資料2**は偽文書に対する歴史研究者の言葉をまとめたものです。**資料1**と**資料2**から考えられることについて述べた**A**・**B**の文の正

誤の組み合わせとして正しいものを**ア**～**エ**から１つ選びなさい。

A　「慶安御触書」は地方で作られたが，その後になって幕府や明治政府が編さんした本に組み入れたことで，幕府が出したおきてとして広く知られるようになった。

B　偽文書が作られた目的や当時の社会のようすを調べることで，歴史のできごとについて新しい見方ができる。

ア　**A**：正しい　**B**：正しい　　　**イ**　**A**：正しい　**B**：誤り
ウ　**A**：誤り　　**B**：正しい　　　**エ**　**A**：誤り　　**B**：誤り

問5　下線部③に関して。平安時代の半ば以降から，貴族や僧侶《そうりょ》たちは日記をつけるようになりました。**史料２**は平安時代後半の貴族の日記，**史料３**は室町時代の僧侶の日記です。

史料２　『小右記《しょうゆうき》※1』寛仁《かんにん》２（1018）年６月　　（省略したり，わかりやすく改めてある。）

＜６月４日＞

宰相《さいしょう》※2が来て「今朝，大殿《おおとの》のところに行ってきました。大殿は最近の日照りについて嘆《なげ》いていました。各地方の国司※3たちが『日照りによって今年は朝廷《ちょうてい》に税などを納めることができません。日照りによる不作で収入が減り，私自身の命すら危《あや》うい状態です。しかし，大殿と摂政《せっしょう》※4殿へ納めるお金は，できる限り出したいと思います。その他の大臣たちへ納めるお金は出すことができません』と申しております。」と言ってきた。

＜６月５日＞

昨日，日照りによる災害により，左右獄《さうごく》※5に入っている囚人のうち，罪が軽い者は罪を免《めん》じたという決定がなされたそうだ。

※１　小右記：筆者は朝廷の重要な政治に参加していた貴族の藤原実資《さねすけ》である。
※２　宰相　：朝廷の役職の一つ。
※３　国司　：地方を治める役人の最上位。
※４　摂政　：このとき摂政についていたのは「大殿」の息子であった。
※５　左右獄：都の刑務所《けいむしょ》のこと。

史料３　『満済《まんさい》※6准后日記《じゅごうにっき》』永享《えいきょう》６（1434）年６月　　（省略したり，わかりやすく改めてある。）

＜６月３日＞

中国との貿易の件について，このたびの幕府の方針は，将軍※7が中国皇帝《こうてい》の手紙に拝礼《はいれい》※8しないことをあらかじめ決めていた。しかし中国からの使者が「かつて鹿苑院殿《ろくおんいんどの》はひざまずいて３度拝礼していました。このたび拝礼がなかったら私たちは帰国後皇帝の怒りを買い罰《ばっ》せられてしまいます。せめて１度だけでも拝礼していただけませんか」と頼《たの》んできた。私（満済）は先日，拝礼に強く反対をしていたが，これら使者の話を聞いて，「彼らの抱える事情をくみ取ることは大切です」と将軍に助言した。この意見をうけて，幕府としては「２度拝礼する案なら問題ないのではないか，ただし関白や前摂政からも意見を聞いた方が良い」という結論になった。

＜６月５日＞

中国皇帝の手紙に拝礼する件は，関白の意見も取り入れて，立ったまま２度拝礼することになった。

※6　満済：室町幕府6代目将軍の足利義教《よしのり》に仕えた僧侶で，将軍の秘書役をつとめた。

※7　将軍：室町幕府6代目将軍の足利義教のこと。

※8　中国皇帝の手紙に拝礼する：中国と交流するための儀式《ぎしき》の一つ。中国皇帝の家来という立場をとり，頭を下げて手紙を受け取ること。

(1)　**史料2**の波線部「大殿」は，最終的に4人の娘を天皇のきさきにするなどして大きな権力をにぎった人物としても知られています。この人物の名を答えなさい。

(2)　**史料3**の波線部「鹿苑院殿」は，金閣がある「鹿苑寺」にゆかりがある将軍を指しています。この人物の名を答えなさい。

(3)　**史料2**，**史料3**のような日記を読むことが歴史の研究にとって大切な理由について述べた以下の文章の，（**A**）に入る内容を考えて答え，（**B**）の内容にあてはまるものを下の選択肢《せんたくし》**ア**～**エ**から1つ選びなさい。

　史料2，**史料3**が書かれた時期に注目して下の**表1**を見ると，これらの日記は（　　**A**　　）時期のものである点で共通しており，**史料2**，**史料3**の内容に注目すると，これらの日記は（　　**B**　　）がわかるものである点で共通している。

表1　朝廷や幕府が中心となって編さんした歴史書

歴史書の名前	対象となる時期(年)	成立年	編さんの中心勢力
日本書紀《にほんしょき》	～697	720	朝廷
続日本紀《しょくにほんぎ》	697～791	797	朝廷
日本後紀《にほんこうき》	792～833	840	朝廷
続日本後紀《しょくにほんこうき》	833～850	869	朝廷
日本文徳天皇実録《にほんもんとくてんのうじつろく》	850～858	879	朝廷
日本三代実録《にほんさんだいじつろく》	858～887	901	朝廷
吾妻鏡《あずまかがみ》	1180～1266	14世紀初め	鎌倉幕府
徳川実紀《とくがわじっき》	1542～1786	1843	江戸幕府

（**B**）の選択肢

ア　朝廷や幕府が集めた税の内容

イ　日本や外国で行われた刑罰の内容

ウ　政治や外交がどのようなやりとりで進められたか

エ　天皇や将軍がどのような命令を民衆に出していたか

問6　下線部④に関して。以下を読み，(1)～(4)の設問に答えなさい。

日本の公的な医療保険制度（概要《がいよう》）

●　すべての国民が加入する。国民は保険料を負担する。

●　病院では医療費の一部を本人が支払《しはら》い，残りは税金と保険料によって支払われる。

● 収入がない（少ない）場合など，保険料の負担が免除《めんじょ》されることがある。

事例

駒場《こまば》さん：今までまじめに働いてきましたが，突然《とつぜん》重い病気になってしまいました。しばらく入院していて働けなかったうえに，会社の売り上げも落ちて失業しました。

会話文

池尻《いけじり》さん：小さいころから風邪《かぜ》もひかないくらい健康で，毎日元気に働いているよ。自分で苦労して稼《かせ》いだお金なのに，税金や保険料を支払うのって，なんだか損している気分だよ。税金や保険料を払っていない人もいて，不公平だ。みんな平等に支払うべきだし，そもそも保険料は病気になりそうな人だけが支払えばいいんじゃないの？

大橋さん：国民には，子どもに教育を受けさせる義務，（　A　）義務だけではなく，納税の義務があるんだよ。それに，税金や国の医療保険の保険料には，社会的な意義もあるんだ。例えば，池尻さんのような人が負担している保険料や税金によって，（　　　　B　　　　）という意義がある。さらに，日本国憲法に示されている，すべての国民が健康で文化的な生活を営む権利を保障することにもつながっていくんだ。

⑴ （A）にあてはまる語句を，2文字で答えなさい。

⑵ （B）にあてはまる内容を，14ページの文章の内容や，上記の医療保険制度の概要，事例と会話文をふまえて説明しなさい。

会話文(続き)

池尻さん：今回の新型コロナウイルス対策では，病院の受け入れ体制が間に合わないことも問題になったね。

大橋さん：誰《だれ》でも病気になって困る可能性はあるよね。国民の命に関わることだから，しっかり取り組むべきだけれど，財源には限りがあるから，いろいろな視点から考えていくことが大切だね。

池尻さん：すべての国民が安心して健康に暮らせるように，国が今後，医療環境をより充実《じゅうじつ》させるべきだという立場に立つのであれば，どんな政策があるのかな。例えば（　C　）という政策が，その具体例だね。

大橋さん：一方で福祉《ふくし》や教育などの重要な政策もあるし，日本の国の財政が，支出に対して税収が少なくて大変だという話も聞くよ。そのために，医療に関する国の支出を抑《おさ》える立場の意見だと（　D　）という政策が支持されると思うよ。

池尻さん：いずれにしても，政治にみんなの意見を届けることが重要だね。ところで，次のページの**表2**をみると，18歳《さい》以上から20代と30代では，全体に比べて，国民の意見が政策に「反映されていない」と少し不満に思っているようたね。

大橋さん：次のページの**表3**によると，どうすれば国民の意見がより反映されると思うかを聞いたところ，全体では（　E　）という回答が最も多い。確かに，政策の提言・実行者の行動は大切だよね。年代別にみると，18歳以上から20代と30代では，（　F　）という回答が最も多い。でも，政治に不満を感じているならば，政治に対して自分たちが持つ権利を踏まえて，（　G　）のように具体的に行動することが必要だ。それなのに，この世代で（　G　）という回答が全体と比べても少ないのは，残念ながら**表4**の現状を反映しているんじゃないかな。自分たちの意見をより政治に届けたいなら，僕らも含めて，若い世代がもっと当事者意識を持つべきだと思うよ。

⑶　(**C**)にあてはまる政策例として適切なものを**ア**～**オ**から**すべて**選びなさい。**ア**～**オ**の政策例は**C**と**D**のいずれかにあてはまるものとします。

ア　専門的な知識をもって医療に従事する人を増やすため，養成機関を充実させる。

イ　病気を防ぐ観点から，健康づくりや生活習慣見直しの広報活動を積極的に行う。

ウ　医療分野に従事している企業《きぎょう》に対して，より多くの助成金を出す。

エ　すべての人に対し，病院で本人が負担する医療費の割合を高くする。

オ　保険料を免除する基準を厳しくし，より多くの人に保険料を負担してもらう。

⑷　文中及び**表3**の（**E**）と（**G**）にあてはまる内容として適切なものを**ア**～**エ**から１つずつ選びなさい。

ア　国民が国の政策に関心を持つ　　**イ**　政治家が国民の声をよく聞く

ウ　マスコミが国民の意見をよく伝える　　**エ**　国民が選挙のときに自覚して投票する

表2　「国の政策に国民の考えや意見が反映されていると思うかどうか」に対する回答

	かなり反映されている	ある程度反映されている	反映されている(小計)	あまり反映されていない	ほとんど反映されていない	反映されていない(小計)
全体	1.5％	28.8％	30.3％	52.9％	13.5％	66.4％
18歳～20代	0.9％	28.4％	29.3％	56.4％	11.7％	68.1％
30代	1.0％	23.7％	24.7％	59.1％	14.6％	73.7％

※「わからない」という回答もあるため合計は100％にはならない。

出典：内閣府「社会意識に関する世論調査」平成29年度より作成

表3　「どうすれば国民の意見がより反映されると思うか」に対する回答(主なもの)

	（ **E** ）	（ **F** ）	（ **G** ）
全体	25.8％	23.4％	16.0％
18歳～20代	22.9％	27.3％	14.7％
30代	22.2％	25.0％	12.3％

※その他の選択肢や「わからない」という回答もあるため合計は100％にはならない。

出典：内閣府「社会意識に関する世論調査」平成29年度より作成

表4　衆議院選挙における投票率の推移

	平成24年	平成26年	平成29年
全体	59.32％	52.66％	53.68％
10代	-	-	40.49％
20代	37.89％	32.58％	33.85％
30代	50.10％	42.09％	44.75％

出典：衆議院選挙年代別投票率推移(総務省)より作成(※10代に関しては平成29年の数値のみ)

問7　下線部⑤に関して。次の**図7**は，国土地理院発行の２万５千分の１地形図「関谷《せきや》」の一部を示したものです。ここは那須野《なすの》が原《はら》（那須高原）という，火山の山麓《さんろく》に広がり，酪農《らくのう》と様々な高原野菜の栽培《さいばい》が行われている地域です。**図7**を見て，⑴～⑷の設問に答えなさい。

図7

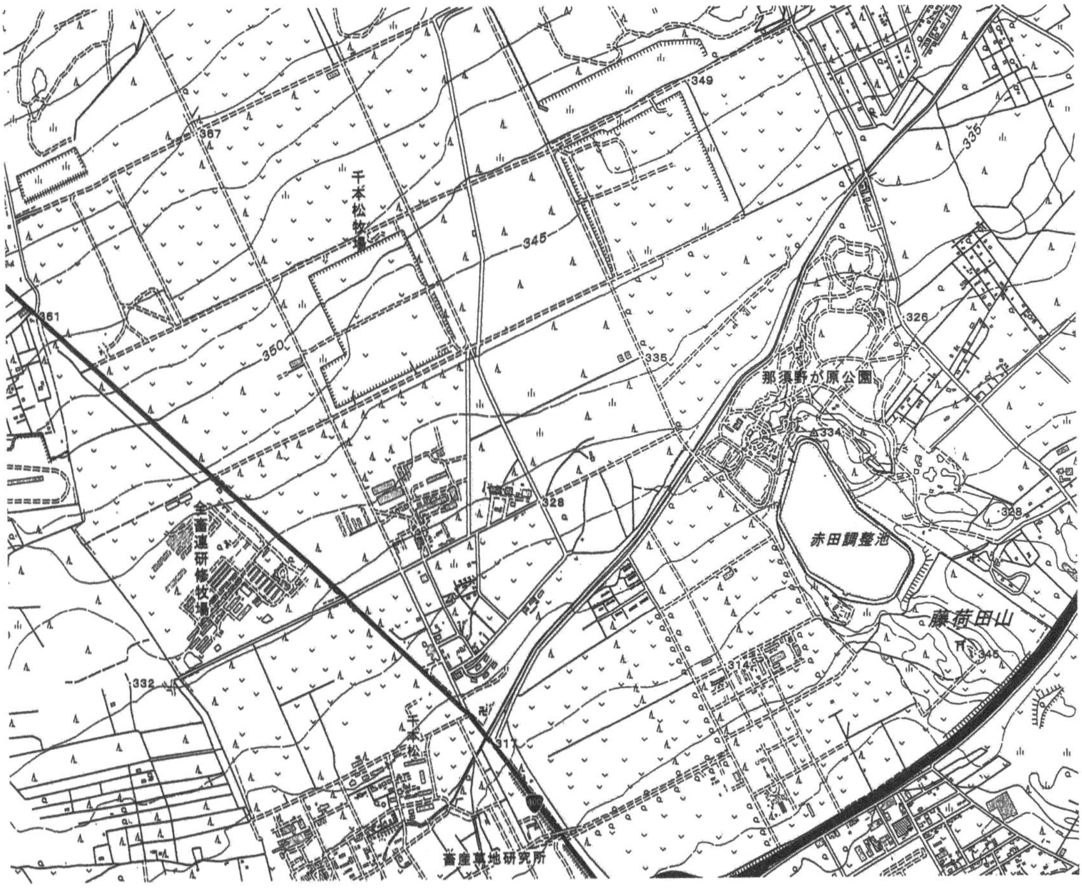

⑴　次の**表5**は，代表的な高原野菜について，2018年に収穫量（t）が多かった都道府県を上位５位まで示しています。**表5**中の**A**にあてはまる都道府県名を答えなさい。

表5　代表的な高原野菜の収穫量が多い都道府県上位5位(2018年)

はくさい		
順位	都道府県	収穫量(t)
1	茨城	236,200
2	長野	225,800
3	**A**	32,700
4	北海道	25,900
5	栃木	24,400

キャベツ		
順位	都道府県	収穫量(t)
1	**A**	276,100
2	愛知	245,600
3	千葉	124,900
4	茨城	109,500
5	鹿児島	75,800

レタス		
順位	都道府県	収穫量(t)
1	長野	208,900
2	茨城	89,800
3	**A**	46,000
4	長崎	33,800
5	兵庫	28,900

（矢野恒太記念会『2020 データでみる県勢 第29版』より作成）

⑵　この那須野が原や長野県の野辺山《のべやま》高原などは，高原野菜の栽培とともに酪農もさかんです。一《いっ》般《ぱん》に同じ地域の中に家畜《かちく》を飼育する牧場があると，野菜などの生産をする上で役に立つことがあります。それはどのようなことか説明しなさい。

⑶　那須野が原は火山の山麓のやせた土地で，江戸時代まではほとんど利用されなかった荒《あ》れ地でしたが，明治時代以降に開発が進み，農業や酪農のさかんな地域に発展しました。この地域の開発が進む要因となった明治時代の建設事業を**ア**～**エ**から１つ選びなさい。

ア　堤防《ていぼう》が建設されて開発が進んだ。　　**イ**　用水路が建設されて開発が進んだ。

ウ　飛行場が建設されて開発が進んだ。　　**エ**　発電所が建設されて開発が進んだ。

⑷　那須野が原には明治時代に建設された洋館がいくつか残っています。次の**図８**は，地図中の千《せん》本松《ぼんまつ》農場をはじめた松方正義《まつかたまさよし》の屋敷《やしき》の写真です。松方は大蔵卿《きょう》（大蔵大臣）として日本銀行を創設した人物であり，当時の重要な政治家の一人でした。那須野が原の開拓《かいたく》を主導したのはこうした政府の高官たちでした。

図８

（千本松農場の公式ホームページより）

(i)　松方正義は薩摩藩《さつまはん》の下級武士の家の生まれです。松方に限らず，明治政府の高官たちの中には，そうした出身の者が多くいました。彼らの多くは，その功績を認められ，1884年以降，旧公卿《くぎょう》・旧大名と同様の身分とされるようになりました。その身分の名称を答えなさい。

(ii)　明治政府の高官たちの出身地域は，薩摩藩や長州《ちょうしゅう》藩などの特定の藩にかたよっていました。薩摩藩や長州藩について述べた次の文のうち適切なものを**ア**～**エ**から１つ選びなさい。

ア　薩摩藩と長州藩は，ヨーロッパ勢力との貿易が行われるようになってから，一貫《いっかん》して貿易に反対し，行動を共にしていた。

イ　主に薩摩藩と長州藩からなる軍隊が幕府軍と戦った内戦の結果，幕府軍がやぶれ，大政奉《ほう》還《かん》が実現した。

ウ　薩摩藩出身の大久保利通ら明治新政府の指導者たちは欧米《おうべい》諸国を視察し，殖産《しょくさん》興業の必要性を感じた。

エ　明治新政府は，薩摩藩出身の西郷隆盛のもとで，士族たちの力を集めた強力な軍隊を組織した。

(iii)　那須野が原の開拓を主導したような政治家だけが政治を動かすのではなく，憲法を制定したうえで，国民の幅《はば》広い階層の人々が政治に参加することができるように議会を開くことを求める動きが高まりました。この運動のことを何と呼びますか。漢字で答えなさい。

問８　下線部⑥に関して。近年，日本は海外からの旅行者を増やそうと取り組んでいます。次の**図９**は2018年に日本を訪《おとず》れた旅行者が多かった上位10か国・地域の割合（％）を示したグラフです（日本を訪れることを「訪日」といいます）。**図９**を見て，⑴～⑶の設問に答えなさい。

図９　2018年の訪日外国人旅行者の国・地域別割合（％）

2018年の訪日外国人旅行者の総数 3,119万人

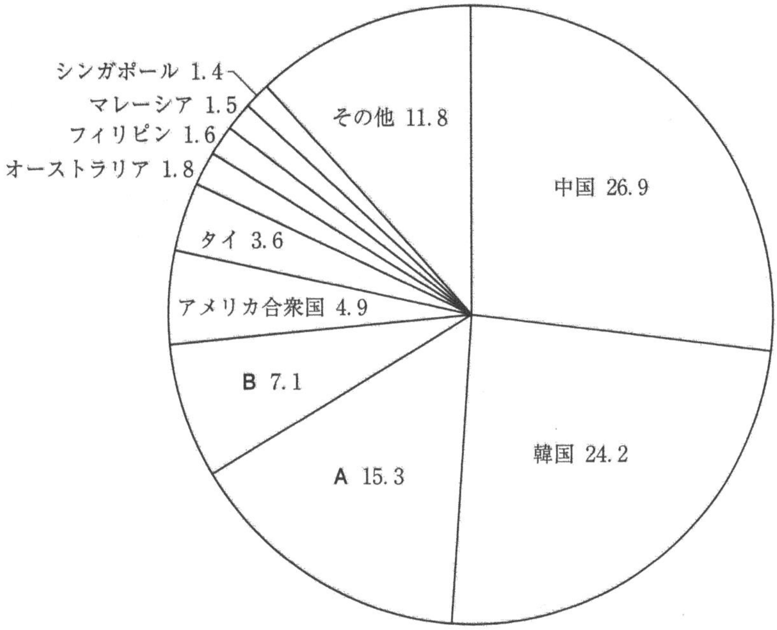

※グラフに示した数値は端数《はすう》を四捨五入しているので，合計が100％にはならない。

（国土交通省『令和元年版 観光白書』より作成）

⑴　訪日外国人旅行者の割合が２番目に多い韓国が位置する朝鮮《ちょうせん》半島は，古代より現在に至るまで日本と密接な結びつきを持っていました。朝鮮半島と日本の歴史について述べた文として正しいものを**ア**～**エ**から１つ選びなさい。

ア　豊臣秀吉は明の征服《せいふく》を目指して朝鮮に侵入《しんにゅう》したが，その際に捕《ほ》りょとして日本に連行された朝鮮の職人たちが，日本に高度な焼き物の技術を伝えた。

イ　鎖国《さこく》をしていた江戸時代には朝鮮との国交がなく，漂流《ひょうりゅう》して日本にたどり着いた人々を除いて朝鮮の人々が日本を訪れることはなかった。

ウ　近代化の推進を求める農民の反乱に直面した朝鮮政府の支援要請《しえんようせい》をうけ，軍隊を送った日本とこれをきらう清の間で戦争が起きた。

エ　朝鮮戦争を経て独立した韓国と国交を回復した日本は，多額の資金援助により，韓国の民主化を支援し続けた。

⑵　アジアから日本に多くの人が訪れていますが，アジア地域の多くは19世紀後半以降，植民地として支配される経験を持ち，そのことがアジア諸地域の近代から現代に至る歩みを困難なものにしました。**図９**中の**A**と**B**の国または地域も例外ではありません。次のページの**表６**を参照しながら**A**と**B**にあてはまる適切な国または地域名を答えなさい。なお名称は，正式名称でなく，一

般的に使用されている表記でかまいません。

表6

	どこの国の植民地だったか	植民地支配された期間
A	日本	1895～1945年
B	イギリス	1842～1941年，1945～1997年
	日本	1941～1945年

⑶　次の**図10**は，2018年に日本の各地域を訪れたオーストラリアからの観光客の人数と，そこで使った「娯《ご》楽《らく》等サービス費」と，「買い物代」の1人当たりの平均支出金額を示したもの，**図11**は，同じ年にオーストラリアから日本を訪れた旅行者の数を月別に示したものです。

図10を見ると，オーストラリアから日本に来た人が，「買い物代」よりも「娯楽等サービス費」を多く使っている地域がいくつかあることがわかります。それらの地域で「娯楽等サービス費」の支出が多い理由を，**図11**を参考にし，地理的な要因をふまえて具体的に説明しなさい。

図10　地域別オーストラリアからの観光客数と平均支出金額

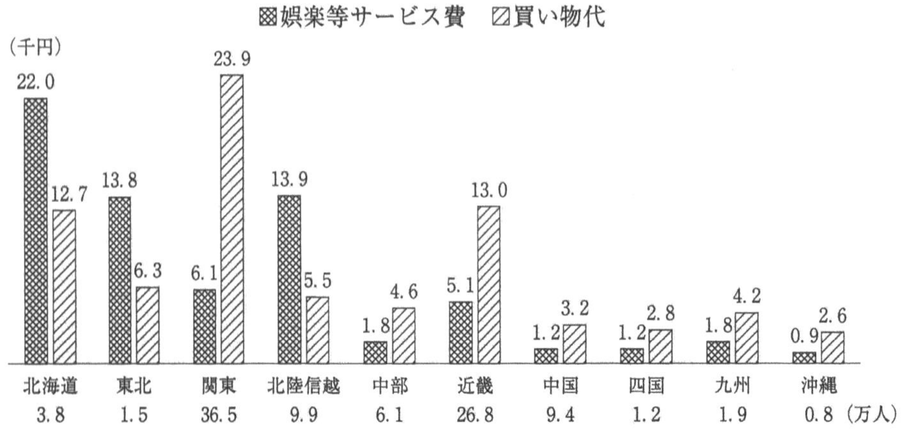

※娯楽等サービス費とは，スポーツ施設使用料，スポーツ観覧料，演劇・映画観覧料，文化施設入場料などを指す。

（国土交通省『令和元年版 観光白書』より作成）

図11　2018年のオーストラリアからの月別訪日旅行者数

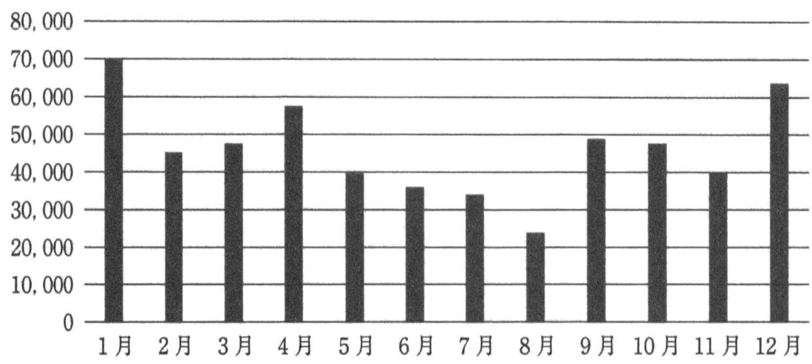

（日本政府観光局（JNTO）資料より作成）

問９　下線部⑦に関して。税金の使い道を決める国の予算の成立過程について，適切なものをア～オから**すべて**選びなさい。

ア　衆議院から先に話し合いをはじめることになっている。

イ　衆議院と参議院で意見が分かれた場合には，衆議院の決定が優先される。

ウ　各省庁からの要望や計画をもとに，国会が全体の予算案を作成する。

エ　予算に関する話し合いに，国民が傍聴《ぼうちょう》する機会は与えられていない。

オ　一般歳出のうち，社会保障費の次に割合が高いのは，公共事業関係費・文教費・国債《こくさい》費のうち，公共事業関係費である。

れますか。本文全体の内容をふまえて、百十字から百三十字で答えなさい。

問12 ――線部⑨「どんよりしていた将人の目には光が戻《もど》り、冬眠《とうみん》から覚めたカメみたいに活《い》き活《い》きしている」（31ページ）とありますが、これは将人のどのような様子を表していますか。六十字以内で答えなさい。

問13 ……線部の表現について述べたものとして**誤っているもの**を次の中から一つ選び、記号で答えなさい。

ア「静かな校舎というのは、よけいに寂《さび》しくうすら寒さを感じさせる」（36ページ）という表現は、この後将人の件で祥子が意を決して学校にのりこむものの、学校側から冷たい対応を受け、祥子の訴《うった》えが実を結ばないことを予感させる表現である。

イ「将人も同じ思いで何も言わないのではないか」（33ページ）は、「あれから、何を聞いても首をふるだけで、明らかに以前と態度が違うのだ」（37ページ）を受けたもので、この表現から、自分の思いを伝える大変さを知った祥子が、自分を理解してもらえず苦しむ将人の気持ちに、改めて気がついたことがわかる。

ウ 問題の本質に向き合ってもらえない中で、祥子が次第《しだい》になげやりになっていく様子が、「言葉に気をつけながら」（36ページ）、「懸命《けんめい》に気持ちをおさえた」（33ページ）、「かえって反感を買うだけだとわかっていても、言わずにはいられない」（33ページ）と表現が変わっていくことで、段階的に示されている。

エ「手元のノートをトンッとそろえて、立ち上がった」（33ページ）とあるが、これはまだ話したいことがありそうな祥子に対して、梶尾会長が話を打ち切って祥子のことを冷たく突《つ》き放《はな》そうとする様子を表したものである。

オ この物語は基本的に祥子の視点から語られているが、「いったい、どんな魔法《まほう》を使ったんだよ」（31ページ）とあるように最後の場面では一将が登場し、明るくなった祥子や家の様子を、祥子以外の立場から客観的に描《えが》いている。

オ　将人は大縄跳びが下手で荻野先生から怒られ、周りからも責められて学校に行けなくなった。そのことを祥子は問題にしたいのに、校長先生は一日も早く将人が登校できるよう励《はげ》ましてきたこと。

問7　――線部⑤「そんな人だから、話を聞いてくれるかもしれないと祥子は期待した」（34ページ）とありますが、祥子はPTAや会長の梶尾《かじお》さんをどのように考えていますか。その説明として最も適切なものを次の中から選び、記号で答えなさい。

ア　PTAは数多くの委員会から成り立つ複雑な組織であり、梶尾さんはその事情を理解して、各委員会の意見に耳をかたむけようとする人物である。

イ　PTAは様々な意見を持つ人々で構成された組織であり、梶尾さんは自らみんなの意見をまとめて、より良い学校を作ろうとする人物である。

ウ　PTAは学校だけでは解決できない問題にも対処できる重要な組織であり、梶尾さんはその代表として積極的に問題に向き合おうとする人物である。

エ　PTAは共働きや介護《かいご》を抱《かか》える家庭には負担の大きい組織であり、梶尾さんは他の人を気づかい、面倒《めんどう》な仕事を進んで引き受けてくれる人物である。

オ　PTAは学校が取り上げない問題にも真剣《しんけん》に向き合う組織であり、梶尾さんは学外の地域の問題にも意欲的に取り組もうとする人物である。

問8　――線部⑥「非難されているようにも感じた」（33ページ）とありますが、どういうことですか。解答欄《かいとうらん》につながるように五十字以内で答えなさい。

問9　――線部⑦「言葉の裏に冷たさを感じた」（33ページ）とありますが、祥子がこのように感じたのはなぜですか。その説明として最も適切なものを次の中から選び、記号で答えなさい。

ア　会長は言葉では学校の責任を全面的に認めたようなことを言っているが、問題の本質をうやむやにして、責任を祥子の側に押《お》しつけようとしていることが暗に伝わってきたから。

イ　会長は言葉では学校に行けない将人を心配するようなことを言っているが、将人の登校について結局は学校と祥子が協力して解決するしかないと思っているように受け止められたから。

ウ　会長は言葉では祥子や将人のために学校と戦うと言っているが、実際は祥子の発言を途中《とちゅう》で打ち切るなど、早く会議を終わらせることしか考えていないように見えたから。

エ　会長は言葉では祥子に味方して学校を批判するようなことを言っているが、委員会の意見を聞かず自ら校長に伝えることで問題のもみ消しを計ろうとしているように思われたから。

オ　会長は言葉では祥子や将人に同情しているようなことを言っているが、問題がただの不運な出来事であるかのようにして、真剣に取り組もうとしていないと感じられたから。

問10　31ページの〔　〕内の三つの言葉は、同じ内容のものであり、祥子が学校やPTAで言われた言葉です。□に入る言葉としてふさわしいものを二十五字以内で抜《ぬ》き出《だ》して答えなさい。

問11　――線部⑧「お母さんがね、もう学校に行かなくてもいいって！」（31ページ）とありますが、祥子はなぜこのように言ったのだと考えら

B 「かいつまんで」（34ページ）

ア 感情的にならないようにして
イ 要点を大ざっぱに取り出して
ウ 例を上げわかりやすくして
エ 細かい部分まで取り上げて
オ 都合の悪いことは省略して

問3 ――線部①「今回のことに関しては、罪悪感も加わって、頭から拭《ぬぐ》い去《さ》れずにいた」（37ページ）とありますが、これは祥子《しょうこ》のどのような様子を表したものですか。その説明として最も適切なものを次の中から選び、記号で答えなさい。

ア 真相はわからないが、もしかすると非のない将人《まさと》をとがめた可能性があり、様子が変わってしまった将人のことが気になって仕方ない様子。
イ どんなことがあっても親は子どものことを守るべきだと考えており、正当な理由もなく怒《おこ》られ傷ついている将人のことが心配でたまらない様子。
ウ 子どもたちの言うことをそのまま受け入れることはできないと感じながらも、明らかに態度のおかしい将人のことで頭がいっぱいになっている様子。
エ のんきな夫とは違《ちが》って裏に何かわけがあると感じたため、傷ついた将人のために自分が何かしなければならないと意気ごんでいる様子。
オ 傷ついて変わってしまった将人を見て自分のしたことを後悔《こうかい》し、みんなの前で怒られて泣いてしまった将人の姿が頭から離《はな》れずにいる様子。

問4 ――線部②「奥《おく》の手《て》」（36ページ）とありますが、これは具体的に何をすることですか。十字程度で答えなさい。

問5 ――線部③「祥子は内心ムッとした」（36ページ）とありますが、校長先生に対して祥子がこのように思ったのはなぜだと考えられますか。六十字以内で答えなさい。

問6 ――線部④「わざと問題をすり替《か》えているのだ」（35ページ）とありますが、このことを具体的に説明したものとして**誤っているもの**を次の中から一つ選び、記号で答えなさい。

ア 将人は大縄跳《おおなわと》びが下手《へた》で荻野《おぎの》先生から怒られ、周りからも責められて学校に行けなくなった。そのことを祥子は問題にしたいのに、校長先生は大縄跳びをがんばることの意義について説明してきたこと。
イ 将人は大縄跳びが下手で荻野先生から怒られ、周りからも責められて学校に行けなくなった。そのことを祥子は問題にしたいのに、校長先生は荻野先生も子どもたちも熱心に大縄跳びの練習をしていると言ってきたこと。
ウ 将人は大縄跳びが下手で荻野先生から怒られ、周りからも責められて学校に行けなくなった。そのことを祥子は問題にしたいのに、近藤《こんどう》先生は朝練の伝達が行き届かなかったことをひたすら謝罪してきたこと。
エ 将人は大縄跳びが下手で荻野先生から怒られ、周りからも責められて学校に行けなくなった。そのことを祥子は問題にしたいのに、先生たちは祥子が学校に頭を下げさせようとしていると決めつけてきたこと。

「それは、世の中のほうが、間違ってるんだよ」

──将人くんが一日も早く登校できるよう……。
──息子さん、今は登校できていますか?
──［　　　　　　］

そんな言葉を、苦々しく思い出す。

いったい、なんのための学校だろう。

今まで祥子は、なんの疑いもなく学校を受けいれてきた。

みんなが行くから、
勉強しなくちゃいけないから、
将来のために、
学校に行くのは当然。

そのことを、疑問に思ったことすらなかった。

そんな思いが、今、ぐらぐらとゆらいでいる。

学校は、必ず行かなくてはいけないところなんだろうか。

もし、学校に行かせるのが義務なら……行きたくなるような学校にするのもまた、大人の義務なのではないだろうか。

「ただいまあ」

一将が玄関《げんかん》に入ると、家の奥からいいにおいがただよってきた。

「あれ? 母さん、いるの?」

テーブルには、マカロニサラダやポテトフライ、シューマイ、コロッケ、から揚《あ》げと、ごちそうが並んでいる。そして、テレビを見ている将人が座っていた。

「将人……何かあった?」

重々しかった家の空気が華《はな》やいで、軽《かろ》やかに感じる。振《ふ》り返《かえ》る将人の顔も、やけに明るかった。

「⑧お母さんがね、もう学校に行かなくてもいいって!」

「え!? マジで?」

驚いた一将は、キッチンカウンターの向こうで料理をしている母親を見た。15ハナウタ交じりで、機嫌《きげん》がいい。

PTAの話し合いがうまくいったのか? いや、それなら、学校に行かなくていいなんてことには……。

「だからね、ぼく、来週から学校に行くよ!」

将人の言葉に、一将は目を瞬《また》いた。わけがわからない。でも、⑨どんよりしていた将人の目には光が戻《もど》り、冬眠《とうみん》から覚めたカメみたいに活《い》き活《い》きしている。

いったい、どんな魔法《まほう》を使ったんだよ。

一将は、将人の頭をくしゃくしゃとなで上げた。

（工藤純子『あした、また学校で』）

問1 ══線部1~15のカタカナを漢字に直しなさい。

問2 〰〰線部A「理路整然と」(37ページ)・B「かいつまんで」(34ページ)とありますが、この言葉の本文中の意味として最も適切なものを次の中からそれぞれ選び、記号で答えなさい。

A「理路整然と」(37ページ)
ア 筋道が通っている様子で
イ 自信にあふれた様子で
ウ 説得するような様子で
エ 落ち着きのある様子で
オ 余裕《よゆう》を感じさせる様子で

どうやって帰ったのか、気がついたら家にいた。

会社に行くはずだったのに……後で電話をしておかなければと、祥子はぼんやりした頭で考えた。

疲《つか》れた……。

言葉が通じない。行動を起こすたびに、訴えかけるたびに、14シンケイがどんどんすり減っていく。会社だってたびたび休めないし、これ以上は……。

テーブルに座ってため息をついていると、パジャマ姿の将人が二階から下りてきた。

「ママ、いたの？」

心細そうな声で言う。学校を休んでいる将人には、お昼に食べるお弁当をテーブルに用意してあった。時計を見ると、ちょうど十二時だ。

「うん、ちょっとね、用事があって……」

悔《くや》しさがこみ上げてきて、将人の体を抱き寄《よ》せた。

「お腹痛いの、治った？」

「うん。大丈夫《だいじょうぶ》」

「具合、悪くない？」

「……うん」

学校をずる休みしているという後ろめたさを、将人の全身から感じた。

「将人、ごめんね」

抱《だ》き締《し》める手に力がこもる。

「ぼくもごめんね。先生に怒られちゃって」

将人が、祥子の胸に顔を押《お》しつけた。

「将人は何も悪くないよ」

祥子はあわてて言った。将人の体を引きはなそうとしたけれど、ぎゅっと抱きついてきて、はなれない。

「だってぼく、秀一兄ちゃんみたいに勉強できないし、カズ兄ちゃんみたいに運動できないし……得意なものなんて何もないよ」

ああ……。

小さな体を頼《たよ》りなく感じた。今、将人は、自信を失っている。かけらも残ってない。

勉強が、運動が、なんだというのだ。ここにこうやって存在していることこそ、たいせつなのに。

祥子は、将人の背中をとんとんとなでた。

「将人だって、すごいところがあるんだよ」

「うそ……」

「うそじゃない。将人は、困っている人がいたら、だれより早く気がついて、助けてあげようとするでしょう？　それって、だれにでもできることじゃない。勉強より、運動より、たいせつなことだよ」

パパが疲れてソファで眠りこんだとき、毛布をかけてあげるのは、いつも将人だ。サッカーで負けて悔し泣きをしている秀一にハンカチを差し出したのも、擦《す》り傷《きず》を作って帰ってきた一将に絆創膏《ばんそうこう》をはってあげたのも将人だ。祥子が家事に追われているとき、「手伝おうか？」と、声をかけてくれるのも。

祥子は、将人の目をのぞきこんだ。

「もしも、将人のような子をダメなんて言うなら……」

ひと言ひと言、自分自身に確かめるように言葉にした。

話した。話しているうちに、自信がなくなり、こんなことを言っても無駄《むだ》なんじゃないかと額に汗《あせ》が浮《う》かんだ。そしてきっと、将人も同じ思いで何も言わないのではないかと、くじけそうになる気持ちを奮い立たせた。

「……何が真実か、はっきりさせるのは難しいですが、このようなことが起こらないようにするためにどうすればいいか、みなさんのご意見をお聞きしたいのですが」

本音を言えば、「こんなひどいことが学校で起きているなんて、どう思います!?」と言いたかった。でも、それではただの愚痴《ぐち》になる。祥子は、懸命《けんめい》に気持ちをおさえた。

しんとする会議室で、会長の声が静かに響《ひび》いた。

「それは大変でしたね……。息子さんのことを思うと、胸が痛みます。それで息子さん、今は登校できていますか?」

同情するような声に、ほっとして気がゆるんだ。

「いえ、まだです……。お腹《なか》が痛いと言って」

空気がざわっとゆれて、あちこちでひそひそ声が起こる。

「それはいけませんね。まさか今も、家に一人ですか?」

え……?

祥子は言葉を失った。これから仕事に行こうとしていることまで見透《みす》かされ、⑥非難されているようにも感じた。

「学校にも問題はあるかもしれません。でも今は、息子さんが学校に行けるようにするほうが先決です」

「……そうですね。今のままでは、勉強も遅《おく》れるだろうし、かわいそう」

副会長も横から言った。

「でも、また同じことが起きないように……」

祥子が言いかけると、

「もちろん、このことは、わたしのほうから校長に伝えておきます。たまたま悪いことが重なってしまい、お気の毒でした。滝川さんは、しっかり息子さんについていてあげてください」

と、⑦言葉の裏に冷たさを感じた。

祥子は唇《くちびる》をかみしめた。たまたま? そんなふうに思えというの?

「滝川さん、子どものことを第一に考えましょう」

教《おし》え諭《さと》すように言われ、祥子は手をにぎりしめた。

以前、子どもたちに約束したことがある。「何かあったら、ママが全力で守るからね」と。

ぜんぜん、守れてなんかない……。

そう思うと、熱くなった喉元《のどもと》が、くっとつまった。無理やりこじ開け、そこから言葉をしぼりだす。

「……他人事《ひとごと》だと、思っている人も、いるかもしれませんが」

かたづけはじめていた人たちの手が止まる。

「もし、みなさんの子どもが同じ目にあっても……たまたま運が悪かったと思えますか?」

声が震《ふる》える。まゆをひそめる視線を感じた。こんなことを言っても、かえって反感を買うだけだとわかっていても、言わずにはいられない。

梶尾会長が、ふっと笑った。

「そうなったら、そのとき考えます」

手元のノートをトンッとそろえて、立ち上がった。

ないこともできるけれど、その場合、ＰＴＡが主催《しゅさい》する行事に子どもが参加できないこともあるという。

「ＰＴＡの仕事を減らそう」と努力する人がいても、「今まで、これでうまくやってきましたから」と8ホシュ的な人は必ずいるし、9デンカの宝刀のように「子どもたちのためですから」と主張する人もいる。改革とは、10ナマヤサしいものじゃない。

しかし、最初こそ驚《おどろ》いた祥子も、次第にＰＴＡの存在に慣れてきた。11ソまったとも言えるが、そのたいせつさがわかってきたとも言える。やはり、学校任せではいけないと感じることがたびたびあった。学校だって万能《ばんのう》ではない。何か問題が生じたとき、対処できる組織がＰＴＡのはずだ。

それに、今は共働きの親も多いから、お互《たが》いにフォロー（助けること）し合って、無理をせずにやっていこうという空気もある。だからこそ、祥子も仕事をしながら、地域委員会の副委員長を引き受けようという気になった。

今日は、二か月に一度行われる、ＰＴＡの運営委員会だ。

会社で正社員として働いている祥子は、将人のために何度も休むわけにいかず、何かあったら電話するよう将人に伝えてある。今日も午前中の委員会が終わったら、すぐに出社できるよう、スーツを着て出かけてきた。

小学校の会議室に、次々と役員と委員が集まってくる。

ＰＴＡ会長、副会長、会計、書記が座り、それを囲むように、学級委員、地域委員、広報委員……と、各委員長と副委員長が机をロの字にして座った。男性も数人いるけれど、まだ女性の12ヒではない。圧倒的に女性のほうが多かった。

「あれ？　滝川さん、今日お休みじゃなかった？」

地域委員長が、声をかけてきた。各委員から活動内容を報告するのが趣旨《しゅし》のため、委員長か副委員長のどちらかが出ればいいということになっている。今回は、委員長が出席する番になっていた。

「すみません、ちょっと時間ができたので……」

祥子は、あいまいに笑った。

校長先生は最初のあいさつだけして、ほかの会議があると言ってすぐに出ていった。それから会長の話があり、各委員会から報告があった。滞《とどこお》りなく過ぎてゆき、会議も終わりにさしかかったころ、会長が言った。

「ほかに、ご意見のある方はいらっしゃいますか？」

ＰＴＡ会長は、祥子の家の近所に住んでいる梶尾《かじお》さんという人だ。会長を決めるのは、くじ引きやジャンケンや話し合いなど、毎年困難を極《きわ》める。しかし今年は、珍《めずら》しく13リッコウホで決まったと聞いて驚いた。早々に、しかも仕事ができそうな人に決まったことをだれもが歓迎《かんげい》し、安堵《あんど》した。

⑤そんな人だから、話を聞いてくれるかもしれないと祥子は期待した。

「はい」

覚悟《かくご》を決めて、すっと手をあげた。みんなの視線が集まる。

「滝川さん」

梶尾会長が、首をかしげる。

「実は、先日こんなことがありました」

祥子は、荻野先生の名前を伏《ふ》せて、大縄跳びのことをBかいつまんで

「なるほど。朝練に出ている子たちは、将人くんに、もっとがんばってほしかったのでしょう」

荻野先生ではなく、校長先生がまゆをひそめてうなずいた。

「特に低学年の子は、大縄跳びを跳ぶことすらできない子もいます。そのためには、やはり練習が必要なんです。荻野先生は忙しい中、朝早く学校に来て、その役目を買ってでてくださっているんですよ」

荻野先生が、一点を見つめている。

「それはわかっていますが……」

「練習を重ね、跳ぶ回数が増えれば、子どもたちのやり抜《ぬ》く力もつきます。そのためにも、朝練には、ぜひ出ていただきたい」

「ええ、だからそういうことではなく……朝練は自由参加だったんですよね？　将人は、自分が出なくちゃいけないっていう自覚がなかったから……」

大縄跳びの意義や、がんばることのたいせつさを否定しているわけではない。どうして将人がみんなの前で怒られなければならなかったのか、聞きたいだけなのに。

「すみませんでしたっ」

近藤先生が、涙声《なみだごえ》で頭を下げた。

「わたしが朝練のことを、ちゃんと伝えておけばよかったんです。今度からは、プリントで保護者の方にも伝えるようにしますので……」

荻野先生も再び頭を下げた。

なんなんだろう、この空気……。

これではまるで、祥子が先生に頭を下げさせているように見える。モンスターな親と、責められている先生という図が、いつの間にかでき上がっていた。

「学校のほうでも善処します。我々も協力しますので、将人くんが一日も早く登校できるよう、お母さんもがんばってください」

なぜ校長先生に励《はげ》まされているのか、自分の立場もわからなくなった。先生たちは、とにかく謝ることで、この場を収めようとしている。

違うのに……。

将人は、下手なことを怒られた。しかも、みんなの前で。そのせいでみんなから責められ、学校に行けないでいる。

校長先生も荻野先生も、そのことはわかっているはずなのに……④わざと問題をすり替《か》えているのだと感じた。

口を開きかけ、息苦しさにまた閉じた。

ダメだ……。向き合っているのに、相手は自分を見ていない。言葉を投げても、するりとかわされる。本音や意見をぶつけ合ってこそ、前向きな答えも出てくると思うのに。

こうなったら奥の手を……明日、ＰＴＡに訴《うった》えてみようと祥子は心に決めた。

小学校に入ると、ＰＴＡという組織に関わる。

秀一が小学校に入学したとき、はじめての保護者会で衝撃《しょうげき》を受けた。

「働いている人も六年間の中で、お子さん一人につき一回は、必ず役員や委員をしてもらいます」

それを聞いて、頭の中が真っ白になった。

ＰＴＡというのは、6ニンイ団体じゃないの？　ボランティアじゃないの？　7キョウセイなの？　と、混乱した。共働きや親の介護《かいご》をする人も増えてきた今、時間に余裕《よゆう》のある人はほとんどいない。ＰＴＡに入らそんなことを繰《く》り返《かえ》さないでほしい。

そうすれば、少しは将人も救われる気がする。

祥子が自分の考えを言うと、咲良の母は電話の向こうで黙《だま》りこんだ。

「とりあえず、荻野先生や担任の先生と、もう一度話してみるよ」

なるべく明るく言った。それでもダメなら、②奥《おく》の手《て》がある。

「そう……でも、無理しないでね」

同情するような咲良の母の声に、気持ちが重くなった。

担任の先生を通して、荻野先生と学校で話すことになった。

会社を早退して、人気《ひとけ》のない夕方の校舎を訪《おとず》れる。ふだん子どもたちの声でにぎわっているぶん、静かな校舎というのは、よけいに寂《さび》しくうすら寒さを感じさせる。

職員室に行くと、近藤《こんどう》先生がいそいそと出てきて、後ろから荻野先生もついてきた。

「ご無沙汰《ぶさた》しております」

反射的に、体が硬《かた》くなった。荻野先生は、秀一の六年生のときの担任で、とても厳しい人だった。保護者が4サンカンしている授業でも、容《よう》赦《しゃ》なく子どもたちをどなりつける。よく言えば裏表のない先生ではあるけれど、祥子から見ても怖《こわ》い先生で、会うと背筋がぴっと伸《の》びる。

会議室に通されると、スーツにネクタイ姿の校長先生も入ってきた。

「あ、いつもお世話になります」

祥子はあわてて立ち上がり、頭を下げた。たまに見かけるものの、校長先生は忙《いそが》しくて、直接言葉を交《か》わす機会はあまりない。

「秀一くんは、お元気ですか?」

開口一番、校長先生はにこにこと言った。いきなり長男の名前が出てきて、面食《めんく》らう。

「彼《かれ》のことだから、中学でもご活躍《かつやく》でしょう」

「は……ええ、秀一は元気です。サッカー部に入って……」

「そうですか。勉強も運動もできて、文武両道。どうしたら秀一くんのような子を育てられるのか、お聞きしたいものです」

愛想《あいそ》よくしているつもりかもしれないが、うちには一将や将人もいるのにと、③祥子は内心ムッとした。先生たちにとっては、秀一のような子が都合のいい子なのかもしれない。

校長先生は、まるで気にしない様子でパイプイスに座《すわ》った。その左に荻野先生、右に近藤先生が座る。三人が正面に座り、圧倒《あっとう》された。

「このたびは、何か誤解があったようですみません。将人くん、いかがでしょうか」

「はい……。まだ、学校には行きたくないようで」

一度は学校に行くよう言ったものの、一将から事情を聞いて、考え直した。とりあえず将人の気持ちを5ユウセンさせたい。

「それはご心配ですね」

校長先生が眉間《みけん》にしわを寄せると、荻野先生が深々と頭を下げた。

「わたしの指導が行き届かず、すみませんでした」

「あ、いえ……」

目の前で謝《あやま》られると、つい恐縮してしまいそうになるけれど、謝ってほしいのは自分にではない。

「あの、わたしは本当のことが知りたくて」

祥子は言葉に気をつけながら、一将や咲良から聞いたことをすべて話した。もちろん、チームの子に出るなと言われたことも。

【国　語】（六〇分）〈満点：一二〇点〉

次の文章を読み、後の問いに答えなさい。

滝川祥子《たきがわしょうこ》には、秀一《しゅういち》（中学二年生）、一将《かずまさ》（小学六年生）、将人《まさと》（小学二年生）の三人の息子《むすこ》がいる。将人は、大縄跳《おおなわと》びの朝の練習（朝練）に参加せず、指導に当たっている荻野《おぎの》先生にみんなの前で怒《おこ》られ、学校に行かなくなった。荻野先生から連絡《れんらく》を受け、朝練に出なかったことを知った祥子は将人を叱《しか》ったが、一将からは荻野先生の話とは違《ちが》う事実を知らされた。

滝川祥子は、迷っていた。

一将の説明によると、将人は悪くない。そもそも朝練は自由参加なのに、登校した将人を荻野先生が呼び止めて、みんなの前で「下手《へた》なのにどうして来ないの」と怒ったらしい。見ていてかわいそうなほど怒られた将人は、泣いていたという。それを1ソウゾウすると、祥子の胸はじくじくと痛んだ。

もしそれが本当だとしたら、つらい思いをした将人を、祥子はさらに叱ってしまったことになる。でも一方で、子どもの言うことをどこまで信用していいのだろうという思いもあった。疑うわけではないけれど、一将だって又聞《またぎ》きのようだし、子どもは大げさに言うこともある。勘違《かんちが》いということだって、あり得なくはない。

でも、このことをそのままにしておいていいのだろうか……何より、将人のことが気になる。あれから、何を聞いても首をふるだけで、明らかに以前と態度が違うのだ。

——親にもわかってもらえなかった。

そのことが、いちばん将人を傷つけてしまったんじゃないだろうか。

夫に相談したけれど、「まぁ、そういうことを乗《の》り越《こ》えて、子どもは強くなっていくから」と、のんきなことを言われた。「そのうち忘れて、ケロッとするさ」とも。

なんて楽天的な、と思うけれど、祥子が心配性《しんぱいしょう》なぶん、そののんきさに助けられたことも多い。

でも、①今回のことに関しては、罪悪感も加わって、頭から拭《ぬぐ》い去《さ》れずにいた。

一将の2オサナなじみでもある咲良《さくら》から、そのときのことを電話で聞くことができた。

しっかり者の咲良らしく、A理路整然と話してくれた。「荻野先生は、うそをついています」とも。

しかし、保育園のときからのママ友である咲良の母は、電話を替《か》わるなり「ごめんなさいね、咲良がよけいなこと言って」と、恐縮《きょうしゅく》していた。

「そんな、咲良ちゃんは、わざわざ教えてくれたんだから、ありがたいと思ってるよ」

そう言ったけど、

「まぁ、でも、あの子はとにかく気が強いから」

と、3クショウしていた。

「まさか、学校にどなりこみに行くつもり？」

心配そうな声をにじませて、咲良の母が言う。

「どなりこみには、行かないけど……」

荻野先生に向かって「うそをついていますね」と問《と》い詰《つ》めても、なんの解決にもならない。でも、将人の状況《じょうきょう》や気持ちは伝えたい。それに、

MEMO

大切なことはメモしておこうネ！

2021年度

解　答　と　解　説

《2021年度の配点は解答欄に掲載してあります。》

<算数解答>　≪学校からの正答の発表はありません。≫

1　(1)　21　　(2)　57cm^2　　(3)　728　　(4)　<199>＝140　　<2021>＝1613
　(5)　①　8種類　　②　12種類

2　(1)　7通り　　(2)　24通り　　(3)　①　19通り　　②　41通り

3　(1)　1：22　　(2)　切り口：解説参照　1：62

4　(1)　178個　　(2)　5504.5　　(3)　2021，2726，6768，7473

○推定配点○
各8点×15　計120点　　(4(3)完答)

<算数解説>

1　(四則計算，平面図形，論理，規則性，場合の数)

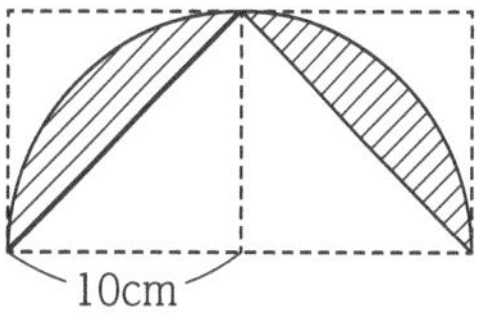

(1)　$\left(\frac{136}{25}\times\frac{25}{14}-9\frac{2}{7}\right)\div\left(\frac{3}{2}\times\frac{100}{147}-1\right)=\frac{3}{7}\times49=21$

基本　(2)　右図より，10×10×3.14÷2－10×10＝57(cm^2)

やや難　(3)　右の加算において，Y＝1，W＋RとN＋Eはそれぞれ繰り上がり，
N＋E＝9の組み合わせのうち，Nに入る最大の数は7である。
したがって，NEW＝728

```
    N E W
+ Y E A R
  2 0 2 1
```

重要　(4)　<199>…以下より，20＋120＝140
1，10，11，～，19，21，31，～，91…1＋10＋9＝20(個)
100，101，～，191，～，199…100＋20＝120(個)
<2021>…以下より，140＋160＋1300＋13＝1613
1，～，199…140(個)
201，～，991…20×8＝160(個)
1000，1001，～，1999＝1000＋140＋160＝1300(個)
2001，2010，2011，～，2019，2021…10＋3＝13(個)

重要　(5)　①　下図より，8種類

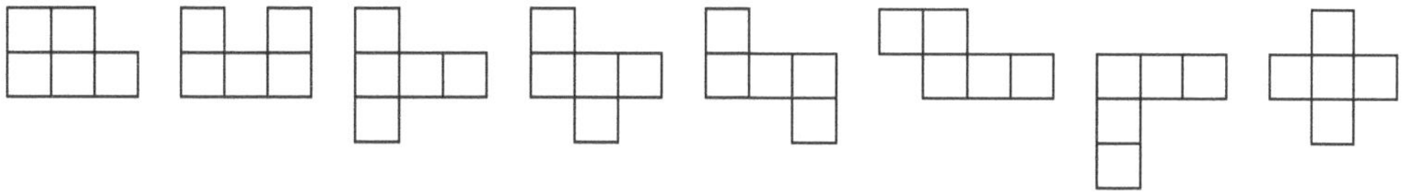

②　①より，下図の4種類を加えて8＋4＝12(種類)

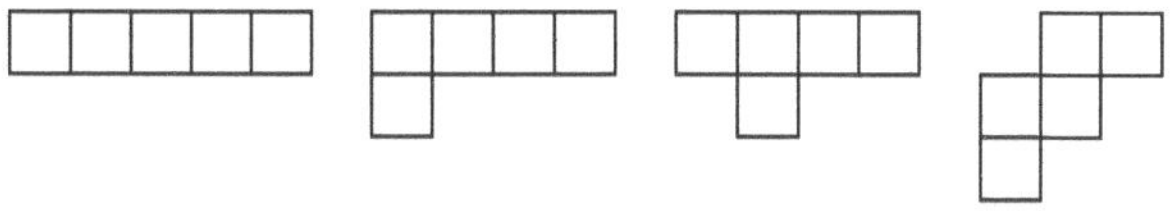

2　(数の性質，場合の数)

基本　(1)　以下の7通りがある。

1+1+1+1　2+1+1　1+2+1　1+1+2　2+2　3+1　1+3

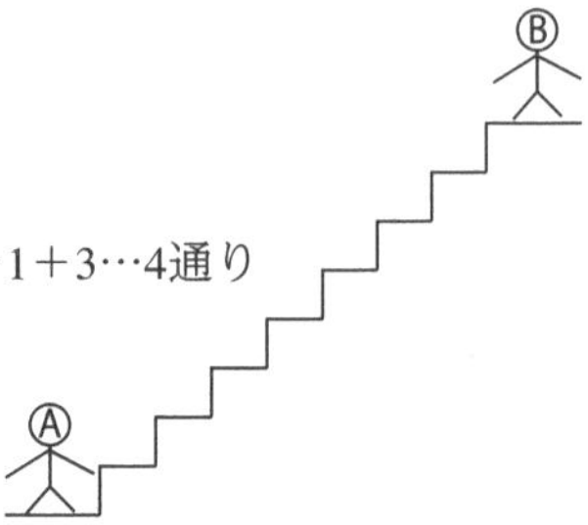

(2)　以下の24通りがある…3+5+6×2+4

1+1+1+1+1+1，2+2+2，3+3…3通り

1+1+1+1+2…5通り　1+1+2+2…4×3÷2=6(通り)　1+1+1+3…4通り

1+2+3…3×2×1=6(通り)

(3)　①以下の19通りがある…（1+4)×2+9

2段目(6段目)：1+1と3+3…1通り

3段目(5段目)：1+2と2+3…2×2=4(通り)

4段目(4段目)：1+3か2+2と1+3か2+2…3×3=9(通り)

②以下の41通りがある…（1+10)×2+1+9×2

2段目(6段目)：1+1と3+3…1通り

3段目(5段目)：1+1+1と1+2+2…3通り　1+1+1と1+1+3…3通り

1+2と2+3…2×2=4(通り)

4段目(4段目)：1+1+1+1と1+1+1+1…1通り

1+1+2と1+1+2…3×3=9(通り)

1+3か2+2と1+3か2+2…3×3=9(通り)

重要　3　(平面図形，立体図形，割合と比)

(1)　図アにおいて，LMとPQは平行であり，切り口の六角形のなかの小さい正三角形は3+5+7×2=22(個)ある。

したがって，S：Tは1：22

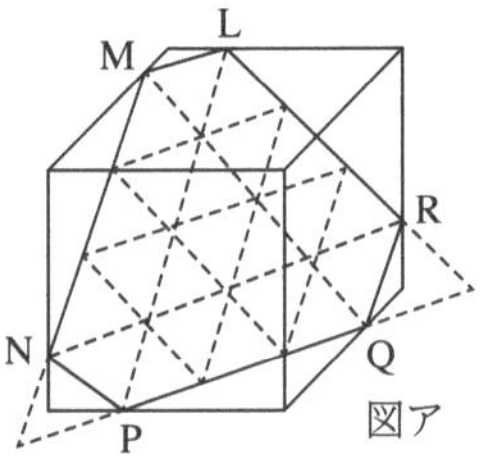

図ア

(2)　(1)と同様，図イより，切り口は図ウのようになる。

図エにおいて，小さい正三角形は3+(4+5+6)×2+7=40(個)

したがって，S：Uは1：(22+40)=1：62

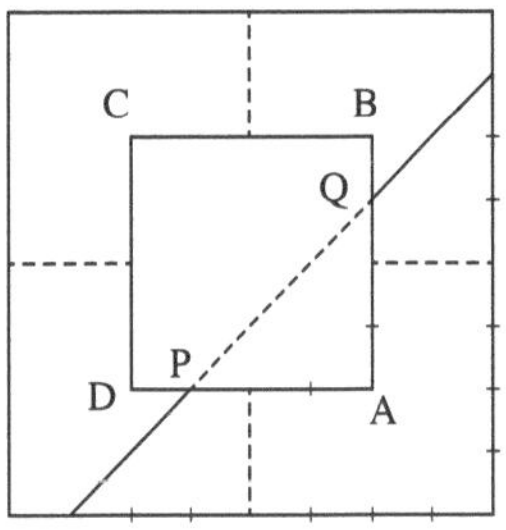

図イ

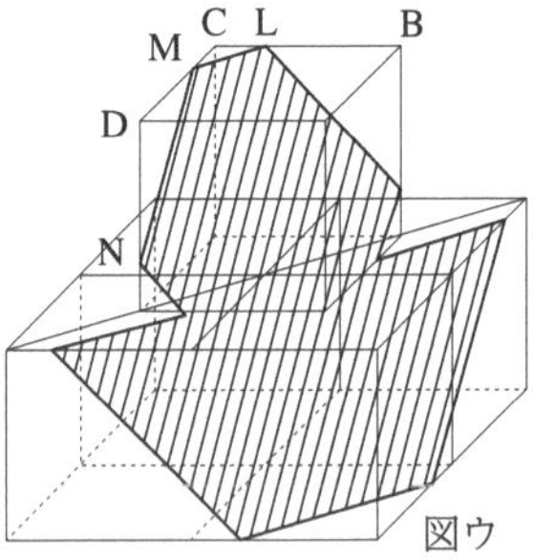

図ウ

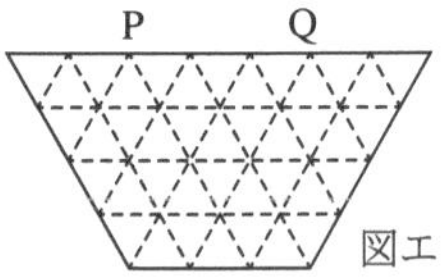

図エ

4　(数の性質，数列，平均算)

重要　(1)　小さい順に連続する場合

1011，～，1920，2021，～，2930，～，8081，～，8990，9091，～，9899…10×8+9=89(個)

したがって，反対の順に連続する場合をふくめて全部で89×2=178(個)

(2)　(1)より，(1011+9899+1110+9998)×89÷2÷178=(1011+9899+1110+9998)÷4=5504.5

やや難　(3)　2021=47×43であり，2021に47×101=4747を加えると6768

47×15=705であり，7−5=2より，2021+705=2726，6768+705=7473

したがって，2021，2726，6768，7473

★ワンポイントアドバイス★

[1](3)「3ケタの整数」で考えこむと時間がなくなり，(5)「正方形」の組み合わせは図形の重複に注意すること。[2]「8段の階段」，[3]「立方体」の切り口は難しくはない。[4](1)・(2)「連続する2数」は，例をよく確認しないと失敗する。

＜理科解答＞ ≪学校からの正答の発表はありません。≫

[1]　(1)　百葉箱　　(2)　ウ　　(3)　白・内部が温まらないように，太陽光を反射するため。
(4)　イ，ウ　　(5)　イ，カ　　(6)　図3：ア　　図4：エ　　図5：イ

[2]　(1)　ア，イ，エ　　(2)　(i)　①　エタノール　　②　蒸発　　(ii)　③　イ　　⑤　ウ
(iii)　エタノールが蒸発してなくなってしまった　　(3)　ウ　　(4)　BとD，CとE
試験管と接している水の面積が大きい方が，温度の下がり方が大きい。　　(5)　①　8
②　4　　③　0.5　　④　ア　　⑤　イ

[3]　(1)　ウ　　(2)　エ　　(3)　エ
(4)　背びれに切れこみがあり，しりびれが平行四辺形に近い。
(5)　右図

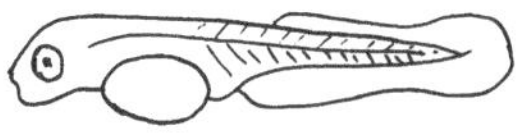

(6)　タガメ，ゲンゴロウ，ヤゴ　などから2つ
(7)　水鳥が移動することで，卵を遠くに運ばせて，生息する範囲を広げることができる。

[4]　(1)　①　ウ　　②　エ　　(2)　①　ウ　　②　ウ　　③　エ　　④　コ　　⑤　ス
⑥　シ　　(3)　①　イ　　②　サ

○推定配点○

[1]　各2点×9((4),(5)各完答)
[2]　(1)～(4)　各2点×9((1)完答)　　(5)　各1点×5
[3]　(1)・(2)　各2点×2　　(3)～(7)　各3点×5((6)完答)
[4]　各2点×10　　　計80点

＜理科解説＞

[1]　(総合－小問集合)

(1)　図は，かつて気象観測に使われてきた百葉箱である。気象台での使用は1993年に廃止されたが，現在でも学校などの学習用として残っている。

(2)　日本は北半球にあるので，太陽光は主に南から差す。百葉箱の中にできるだけ直射日光が入らないように，扉は北側についている。もし同じ百葉箱を南半球に設置するならば，太陽光は主に北から差すので，扉は南側につけるのがよい。

(3)　百葉箱自体が太陽光を吸収して温まらないようにするため，百葉箱は光を反射する白色に塗るとともに，できるだけ金属製の部品を使わないようにしている。

(4)　ア：誤り。晴天の日の最低気温は，明け方，日の出直前の午前5～7時ごろに出やすい。
イ：正しい。日かげであっても，明け方の地面の温度は低く，昼の地面の温度は高い。
ウ：正しい。雨の日は，昼間は日射が届かずに気温は上がりにくく，夜間は雲が地表の温度を保つために気温は下がりにくい。このように，気温の変化が小さい。
エ：誤り。曇りであっても，午前中の地面の温度は上昇することが多い。

重要　(5)　ア：誤り。日照時間が長いのは6時～10時だが，それ以外の時間帯と比べて風速が特に速いこ

とはない。　イ：正しい。日照時間の合計は，60＋60＋54＋36＝210分である。　ウ：誤り。風向が最も大きく変化したのは，13時(北東)と14時(南)の間である。　エ：誤り。風向が北寄りでも南寄りでも，風速は同じ程度である。　オ：誤り。風に向かって歩けないほどの風速は，台風の最大風速の基準でもある17m/秒(風力8)以上である。　カ：正しい。8時から9時までは，雲量0でも日照時間が60分なので，地上へある程度の光が届いていたことがわかり，雲はうすかったと考えられる。

(6)　図3は，11時ごろから日照時間が少なく，15時以降に日照時間が0になっているので，気温が早く下がり始めているアがあてはまる。図4は18時まで日照時間が多いので，典型的な晴れの日と同じように14～15時ごろに最高気温になるエがあてはまる。10時から11時にかけてのちょっとした曇りも気温に表れている。図5は，日照時間が10時～12時に多いだけで，他はほとんどなく，12時～15時で急速に気温が下がっているイがあてはまる。なお，ウのように18時まで気温が上がり続ける変化は，ふつうはあまりみられない。

[2]　(状態変化－気化熱による温度の低下)

(1)　この実験では，ペーパータオルに含ませた水やエタノールが蒸発するときに，気化熱を奪うことで温度が下がっている。同じく気化熱による現象を選べばよい。
ア：正しい。体の表面から汗が蒸発するときに熱を奪い，上昇していた体温が低下する。
イ：正しい。水が道路から蒸発するときに熱を奪い，道路面の温度が低下する。
ウ：誤り。コップのまわりの温度が下がったことで，空気中の水蒸気が水滴に変わる。
エ：正しい。体の表面からアルコールが蒸発するときに熱を奪い，冷たく感じる。

重要　(2)　図2で，最初の1.5分を見ると，水を含ませたBよりも，エタノールを含ませたCの方が急速に温度が下がっている。その後，水を含ませたBでは，6分～15分で温度が変化していない。これは，水が蒸発することで奪われる熱と，部屋の29℃の空気から与えられる熱が等しいためである。一方，エタノールを含ませたCでは，温度がいったん下がった後，もとの温度へ上がっていく。これは，ペーパータオルに含ませていたエタノールが蒸発し，減ったりなくなったりしたため，その後は熱が奪われなくなり，部屋の29℃の空気から熱が与えられるだけのためである。

(3)　ア：誤り。温度がちがった場合，程度の差はあるが，温度が下がるのは同じである。
イ：誤り。室内で実験しているので関係ない。　ウ：正しい。試験管内の水の温度が下がらないのは，ペーパータオルに含ませた水が蒸発しないためであり，それは部屋の空気の湿度が高かったためである。　エ：誤り。湿度が低いと，水の蒸発がさかんになるので，温度の下がり方が大きくなる。

(4)　含ませた液体が同じで，太さが違う試験管どうしを比べる。水を含ませたBとDの組み合わせ，エタノールを含ませたCとEの組み合わせを比べる。試験管の中の水の量が同じとき，細い試験管Bの方が，試験管と水が接する面積が大きい。そのため，太い試験管Dに比べて温度の下がり方が大きい。

(5)　Xの体積：Yの体積＝(1×1×1)：(2×2×2)＝1：8である。また，Xの表面積：Yの表面積＝(1×1×6)：(2×2×6)＝1：4である。よって，表面積÷体積の値は，X：Y＝(1÷1)：(4÷8)＝1：0.5となる。つまり，体積が大きい方が，同じ体積あたりの表面積が小さくなる。寒冷地の動物は，同じ体積あたりの表面積が小さい方が，体外に熱が放出されにくいので，体積が大きい方が有利である。

[3]　(生態系－里地里山の自然)

やや難　(1)　里地里山は，人間が住む場所の周辺にある自然であり，古くから人間が手を加えて整備してきた日本特有の生態系を持っている。雑木林は人が刈り取りや伐採を行い，草地，田畑，水路など多様な環境を整備してきたものである。ウにある「手つかずの自然」という意味ではない。

(2) ドングリは，主にブナ科の樹木の種子で，丸い形をしており，木から落ち，転がって散らばる。アはコナラ，イはカシ，ウはシイ，エはクヌギのどんぐりである。

(3) 秋になると，ケヤキやイチョウの葉は黄色，ソメイヨシノやヤマモミジの葉は赤色に変わり，やがて落葉する。タブノキは常緑広葉樹である。

(4) メダカのオスは，背びれとしりびれがメスとちがう。背びれが，メスには切れこみがないが，オスにはある。しりびれが，メスは三角形に近いが，オスは平行四辺形に近い。これらは，メスが産卵したとき，オスが並んで泳ぎメスを引き寄せるのに便利な形である。

(5) 卵からかえった(ふ化)ばかりのメダカは，腹の下に「卵黄のう」とよばれるふくらみがあり，栄養分がたくわえられている。そのため，しばらくはえさを食べなくても生きていける。また，5種類のひれのうち，背びれ，尾びれ，しりびれの3枚は離れずつながっている。

(6) メダカは水中生活をしながら，プランクトンを食べ，昆虫類や鳥類などに食べられる。メダカを食べる水生昆虫には，トンボの幼虫であるヤゴのほか，タガメ，ゲンゴロウ，マツモムシ，ミズカマキリ，タイコウチなどがある。これらから2つ答えればよい。鳥類には，サギ，カワセミ，カラスなど，その他，大きな魚類であるナマズなど，両生類のカエルなどがある。

(7) 卵が鳥に食べられても，消化されずに排出されれば，卵を遠くに運ばせることができる。ふつう魚類は水でつながっていない場所に行くことは不可能だが，この方法によって，離れた水域に生息範囲を広げることができる。これは，植物が種子を鳥類に食べさせて遠くに運ばせるのと同じ効果である。

4 (力のはたらき－ばねばかりと電子てんびん)

(1) おもりが水中にあるとき，下向きの「おもりが地球から受ける重力(ウ)」と，上向きの「おもりが水から受ける浮力(エ)」，上向きの「ばねがおもりをつり上げようとする力(ア)」の3つの力がはたらいている。だから，(ア)は(ウ)より(エ)の分だけ小さくなる。

(2) ① おもりが水中にないときは，電子てんびんの値は，メスシリンダーと水に地球からはたらく重力(ウ)と等しい。 ② おもりが水中にあるときは，電子てんびんの値が増える。これは，メスシリンダーと水にはたらく重力(ウ)以外に，さらに下向きの力がはたらいているためである。 ③ 図4を見ると，電子てんびんの値が大きくなった分(縦軸)は，ばねばかりの値が小さくなった分(横軸)と等しい。そして，ばねばかりの値が小さくなった分とは，おもりにはたらく浮力(エ)の分である。 ④ おもりにはたらく浮力の分だけ，電子てんびんの値が大きくなったのだから，水はおもり(コ)を上向きに押し，おもりは水を同じ強さで下向きに押していると考えられる。 ⑤ おもりがメスシリンダーの底に着くと，おもりは水ではなくメスシリンダー(ス)を押す。 ⑥ メスシリンダーを押し上げているのは，電子てんびん(シ)である。

(3) ① およそ50gのおもり3個を，およそ90gのおもり3個に取り替えたのだから，水に沈めたおもりの個数が0のとき，ばねばかりは，50×3＋90×3＝420(g)程度を指す。また，4個目のおもりを水中に入れたとき，3個目までと体積は同じだから，おもりにはたらく浮力も同じである。そのため，ばねばかりの値の減り方は，3個目までと同じである。

② メスシリンダーと水は，最初の実験と変わっていない。だから，水に沈めたおもりの個数が0のとき，電子てんびんの値は592.8gのままである。また，4個目のおもりを入れたときの浮力は3個目までと同じだから，おもりが水を押す力も同じで，電子てんびんの値の増え方も同じである。つまり，最初の実験と何も変わらない。

★ワンポイントアドバイス★

グラフは，何となく形をながめるだけではなく，具体的なことばに直して理解する習慣をつけよう。

＜社会解答＞ ≪学校からの正答の発表はありません。≫

問1　ウ

問2　大都市やその周辺の住宅地開発がすすんだものの，人口増加に下水処理の整備が追い付かなかったため。

問3　重要な帳簿なので，偽造されるのを防ぐのと，朝廷の権威を示すため。

問4　(1)　ア　　(2)　ア

問5　(1)　藤原道長　　(2)　足利義満　　(3)　A　朝廷や幕府が編纂した歴史書の対象とはなっていない　　B　ウ

問6　(1)　働く

(2)　事故や病気で働けなくなったり，お金が必要となったりした人を社会全体で支える

(3)　ア，ウ　　(4)　E　イ　　G　エ

問7　(1)　群馬　　(2)　家畜が出すふんなどをたい肥として利用できること　　(3)　イ

(4)　(ⅰ)　華族　　(ⅱ)　ウ　　(ⅲ)　自由民権運動

問8　(1)　ア　　(2)　A　台湾　　B　香港

(3)　オーストラリアでは夏になる12月や1月に日本の降雪量が多い地域にスキーやスノーボードなどをやりに訪れるから。

問9　ア，イ

〇推定配点〇

問2，問8(3)　各6点×2　　問3，問5(3)A，問6(2)，問7(2)　各5点×4

問5(1)・(2)，問7(4)　各4点×5　　他　各2点×14　　計80点

＜社会解説＞

(自然災害，疫病などに関連する歴史と地理，政治の総合問題)

問1　ハザードマップは過去の災害とその地域の地形などを検証して，何らかの自然の脅威が発生した場合に，想定できる被害やその範囲や避難先，避難経路などを地図の上に示したものなので，選択肢Bの災害の発生時期の予測に関する情報はない。

問2　1955年から70年にかけての高度経済成長期には，急速に大都市圏への人口の集中がすすんだ。一方で，その大都市圏の下水処理施設の処理能力が人口の増加に追い付かず，十分に浄化されていない排水や，そもそも下水処理施設に回されずに，直接，家庭の排水が河川などに流入してしまう場合もあり，河川の水質が急速に悪化することがみられた。

やや難　問3　帳簿に記載されている事柄は重要なものなので，それを後から書き換えられてしまったり，そもそもこの帳簿を偽造されては困るので，記載されているものの上に印を重ねて押しておくことで防ぐという狙いと，そもそもこの印があるということが権威の証明でもあるので印が何か所も押されていたとみることが出来る。

問4　(1)　イ　スペインは来航を禁じられていた。　ウ　大塩平八郎の乱は1837年なので家光の時

代よりもかなり後。　エ　日本町が形成されたのは徳川家康の時代。　(2)　Aは資料1，Bは資料2の内容に沿っていてどちらも正しい。

問5　(1)　1017年に藤原道長は摂政の地位を子の頼通に譲り，太政大臣となっており，史料2はその翌年のこと。　(2)　足利義満が1394年に将軍職を子の義持に譲り，自らは太政大臣となってから中国の明との国交を開き勘合貿易を始めたが，義満の死後，義持は明との国交を断ってしまう。　(3)　A　史料2は日本三代実録と吾妻鏡の間の時期のもので，史料3は吾妻鏡と徳川実紀の間の時期のものであることに注目。朝廷や幕府が編纂した歴史の記録の空白の時代のものといえる。　B　史料2，史料3に記されている内容はいずれも政治のやり取りや外交に関するものなのでウに該当する。

重要　問6　(1)　日本国憲法に定められている国民の義務は勤労の義務と納税の義務と子供に普通教育を受けさせる義務。勤労は働くこと。　(2)　日本の社会保障制度の中の中心的な役割を果たしているのが社会保険で，万が一のために国民や企業が資金を積み立てそなえているもの。医療保険の他，年金保険や雇用保険など様々なものがある。　(3)　空欄Cの前にある「すべての国民が安心して健康に暮らせるように，国が今後，医療環境をより充実させるべきだという立場に立つ」政策に当てはまるのがアとウ。残りは空欄Dに当てはまる。Cは国の支出が増え，Dは減らすことにつながるもの。　(4)　空欄Eは政治に「どうすれば国民の意見がより反映されると思うか」という問いに対する答えなのでイが妥当。空欄Gは「政治に不満を感じているならば，政治に対して自分たちが持つ権利を踏まえて」具体的にとる行動の内容なのでエが当てはまる。設問にはなっていないが空欄Fは文脈から「国民の考えや意見が国の政策に反映されていない」という内容が入る。

基本　問7　(1)　群馬県の嬬恋村が高原野菜としてのキャベツ生産で有名。　(2)　家畜の出すふんや尿などはそのものが肥料にもなるし，これらと植物の腐敗したもの，残飯などを混ぜ合わせて発酵させて作るたい肥の原料にもなる。たい肥は畑などの土壌を改良し植物が育ちやすい環境にするものであり，肥料は作物や花などを育てるのに必要な栄養分を付け加えるために使うもの。

(3)　火山灰地の場合，一般には水を得るのが難しい場所が多いので，その水を確保できるようにするのがイ。　(4)　(ⅰ)　華族は明治政府が帝国議会を設立するにあたって，貴族院の議員を選出する母体として，旧公卿，旧大名やその他戊辰戦争で功績のあった人達に爵位を与えて創出した身分。　(ⅱ)　ア　薩摩藩，長州藩は当初は開国後も攘夷に走ったが，攘夷が無理となると手を組み，イギリスやアメリカなどに接近した。　イ　大政奉還は戊辰戦争の前。　エ　明治新政府の軍隊は徴兵制によるもので旧士族が母体のものではない。　(ⅲ)　1873年に大久保利通らによって征韓論が封じられると，板垣退助と西郷隆盛が政府から離れ，武力で政府と対抗したのが士族の反乱であったのに対し，板垣退助らが言論で政府と対抗したのが自由民権運動。

やや難　問8　(1)　イ　豊臣秀吉の朝鮮出兵後，江戸時代にはいり対馬藩の宗氏が仲介し李氏朝鮮と江戸幕府の日本との間では正式の国交がもたれていた。　ウ　日清戦争のきっかけとなった東学党の乱は逆の内容で，朝鮮政府の要請で農民反乱の鎮圧に出兵した清に対抗して日本が遅れて出兵し戦争となった。　エ　日本の朝鮮半島の支配はポツダム宣言受諾で終わり，その後朝鮮半島が南北に分断され，韓国と北朝鮮が建国し，その後に朝鮮戦争が起こっている。日本と韓国の国交回復は1965年の日韓基本条約締結によるが，韓国の民主化はそこからかなり後の話になる。

(2)　Aは1895年に日本の植民地となっているので，下関条約で日本が獲得した台湾とわかる。Bは1842年にイギリスの植民地となり，1997年に返還されているのでアヘン戦争でイギリスが支配するようになった香港とわかる。　(3)　図10より娯楽当サービス費が買い物代よりも多い地域が北海道，東北，北陸信越で，図11より訪日客が多い月が1月と12月ということがわかる。これらの情報から判断すると，オーストラリアは南半球に位置しているので日本とは季節が逆になり，12月，1月は日本では冬だがオーストラリアでは夏にあたり，訪日客の多い地域はいずれも，冬のスキーやスノーボードなどのスポーツを楽しむのに適した場所なので，オーストラリアから12月，1月に日本を訪れる人はウィンタースポーツをやりに来ているということが考えられる。

問9　ウ　架空省庁からの要望や計画を基に，まず前年のうちに内閣が予算案を作成し，それを翌年1月からの通常国会での審議にかける。　エ　基本的に国会の審議は公開で行われるので，予算委員会などの審議もテレビで放送されている。　オ　一般歳出の中で，社会保障費の次に多いのが国債費で，ここ数年総額の5分の1から4分の1ほどになっている。

★ワンポイントアドバイス★

問題数は多くないが記述が多く，記述問題以外でも，相当考えないと答えが出せない問題も多いので，先に一通り目を通して大まかに時間配分を考え，手をつけられるものからやることが必要。

＜国語解答＞ ≪学校からの正答の発表はありません。≫

問1　1　想像　2　幼　3　苦笑　4　参観　5　優先　6　任意　7　強制
8　保守　9　伝家　10　生易　11　染　12　比　13　立候補　14　神経
15　鼻歌

問2　A　ア　B　イ　問3　ア　問4　(例)　PTAに訴えること。

問5　(例)　将人の件で学校に来たのに，校長先生が秀一をほめるような話を最初にされ，一将や将人が軽んじられていると不満を抱いたから。

問6　イ　問7　ウ

問8　(例)　登校できない子どもを家に一人で残して働きに出ようとする無責任な母親だと責められている(ようにも感じた。)

問9　オ

問10　学校に行けるようにするほうが先決です

問11　(例)　将人が学校に行けなくなった事件に対する学校やＰＴＡの対応から，行きたくなるような学校を大人が作ることができないのに学校に行くのが当然と言えるのかどうか疑問を抱き始め，やさしさという将人の長所を正当に評価できない学校へは行かせる必要はないと考えたから。

問12　(例)　自分のつらい思いを母親に受け止めてもらったうえに，自分の良さを母親に評価してもらえて，自信と元気を取り戻している様子。

問13　ウ

○推定配点○

問1　各1点×15　問2　各3点×2　問5・問8　各12点×2　問11　18点
問12　15点　他　各6点×7　計120点

＜国語解説＞

(物語文－主題・心情・理由・場面・細部表現の読み取り，記述，漢字の書き取り)

基本 問1　1　実際に見たり経験したりしていないことがらを頭の中に思い浮かべること。現実離れの想像を「空想」などという。　2　ここでは，幼い頃から親しくしていた人のこと。幼友達(おさなともだち)と表現することもある。　3　好ましく思わないが，仕方なく笑うこと。本人にとって好ましくないが，言いにくいことをあえて言って注意するときの言葉を「苦言」という。　4　その場に出向いて見ること。保護者が学校の授業を参観する日を，「授業参観日」や「保護者参観日」という。　5　ここでは，他のものよりも重視して扱うこと。特定の人が優先して使用できるように設けた座席を「優先席」という。　6　その人の意思に任せること。反対の意味の言葉は「強制」になる。　7　その人の意思にかかわりなく，無理にあることをさせること。意味の近い言葉に「強要」がある。　8　ここでは，古くからのやり方を守り，急激な変化を避けようとすること。反対の意味の言葉は「革新」になる。　9　代々その家に伝わっているという意味。「伝家の宝刀」は，代々その家に伝わっている名刀であり，切り札となる手段という意味にもなる。　10　簡単にできるという意味。この言葉は下に打ち消しの語を伴って使う。「生易しいものではない」で，簡単にはできないという意味になる。　11　ここでは，影響を受けるという意味。「感化される」という言葉で表すこともできる。　12　同等であるという意味。「比ではない」で，同等ではないという意味になる。　13　選挙で，候補者になること。選ばれることを「当選」，選ばれないことを「落選」という。　14　ここでは，外界に反応する心の働き。この心の働きが強すぎて，気にしなくてもいいことまで気にすることを「神経質」という。　15　口を閉じたまま，鼻で歌を歌うこと。「鼻唄」と表記することもある。

問2　A　「理路」とは，話の筋道のこと。「整然」とは，正しく整っていること。そこから，話の筋道が正しく整っていることを「理路整然と」という。「筋道が通っている」とある，アが正解になる。咲良はしっかりものなのである。そのため，筋道が通った内容の話をしてくれたという文脈になる。イ，エ，オもしっかりした人の様子を表しているが，「理路整然と」の意味にあわない。　B　「かいつまんで」とは，話の要点だけをとりだしてまとめること。選択肢の中では「要点をおおざっぱに取り出して」とある，イが正解になる。波線Bの文脈では，祥子が大縄跳びのトラブルの要点だけ説明したという意味になる。他の選択肢の意味は，「かいつまんで」にはない。

問3　傍線部①までの話の展開をふまえて，解答することができる。将人は，みんなの前で荻野先生に叱られた。そのうえ母親の祥子にも，朝練に出なかったことで叱られた。だが，兄の一将の説明によると将人は悪くない。そのため，真相はわからない。とにかく，傍線部①よりも少し前にあるように，「親にもわかってもらえなかった」という気持ちで将人が傷ついている可能性があって，大縄跳びのことで叱られて以来，将人の様子が変わってしまったのだ。以上の内容をふまえて，選択肢を確認する。「非のない将人をとがめた可能性があり」「様子が変わってしまった将人」「気になって仕方がない」とある，アが正解になる。イは「どんなことがあっても親は子どものことを守るべきだと考えており」の部分がおかしい。祥子は将人を守らず，叱ってしまったのである。ウは傍線部の「罪悪感」にあたる内容が書かれていない。エは「意気ごんでいる」とあるが，傍線部の「頭から拭い去れずにいた」が表す様子にあわない。オは，「みんなの前で怒られて泣いている将人の姿が頭から離れずにいる」とあるが，祥子が叱ったあとの様子が変わってしまった将人の姿にふれていない。

基本 問4　傍線部②の直前には「とりあえず，荻野先生や担任の先生と，もう一度話してみるよ」とある。そして，それでもダメなら，「奥の手」なのである。荻野先生や担任の先生との話し合いが終わった部分，つまり，傍線部④よりも後ろの部分に目を向けると，「こうなったら奥の手を……明日，

PTAに訴えてみよう」とある。「奥の手」とは，PTAに訴えることなのである。

問5　傍線③を含む場面に着目して解答できる。話し合いの場に着いたとき，校長先生が開口一番に秀一の消息を聞き始めたのである。そして，「勉強も運動もできて，文武両道」などと，秀一をほめ続けたのである。それに対して，祥子は「うちには一将や将人もいるのに」と，内心ムッとするのだ。この場面の展開から，一将や将人が軽んじられていると不満を抱いた祥子の様子が読み取れる。記述の際には「校長先生が秀一をほめるような話を最初にした」＋「一将や将人が軽んじられていると不満を抱いた」という内容を中心にする。

重要　問6　傍線部④までの内容に着目して解答できる問題だが，選択肢の表現に特徴があるため，選択肢の作りを意識して解き進めたい。それぞれの選択肢はそれなりの長さがある。だが，どの選択肢も，「将人は大縄跳びが下手で荻野先生から怒られ……そのことを祥子は問題にしたいのに」の部分は共通している。つまり，選択肢の最後の部分の正誤を確かめるだけで，この問題は解ける。アには「大縄跳びをがんばることの意義」とある。この場面の校長先生は「練習を重ね，跳ぶ回数が増えれば，子どもたちのやり抜く力もつきます」と意義を語っている。アは正しい。イには「荻野先生も子どもたちも熱心に……練習をしている」とある。校長先生は「荻野先生は忙しい中，朝早く学校に来て」と，頑張る様子を語る。だが，子どもたちが熱心に練習をしているとは語っていない。イは誤った選択肢である。イが解答になる。ウには「近藤先生は朝練の伝達が……ひたすら謝罪してきた」とある。傍線部④よりも前の部分で，「わたしが朝練のことを，ちゃんと伝えておけばよかったんです」と，近藤先生は涙声で頭を下げている。ウは正しい。エには「先生たちは祥子が学校に頭を下げさせようとしていると決めつけてきた」とある。この場面で，校長先生は「何か誤解があったようですみません」と謝り，近藤先生はひたすら謝罪し，荻野先生は何度も頭を下げている。その様子を見て，祥子は「先生たちは，とにかく謝ることで，この場を収めようとしている」ととらえた。つまり，「祥子が頭を下げさせようとしていると先生たちは決めつけた」→「そのため，先生たちは謝ることでこの場を収めようしている」ということである。エは，祥子がとらえた問題のすり替えとして正しい。先生たちにとって，話し合いの主要な問題点は「現実に起こったことを確認すること」ではなく，「謝罪してこの場を収めること」にすり替えられたのだ。オには「校長先生は一日も早く将人が登校できるように励ましてきた」とある。傍線部④から少し前で「将人くんが一日でも早く登校できるよう，お母様もがんばってください」と，校長先生は励ましている。オは正しい。

問7　傍線部⑤までの内容をふまえて，選択肢の内容を分析する。最初は祥子もPTAの仕事に対して好意的ではなかった。共働きや親の介護をする人も増えてきた今，十分な時間を割ける余裕がある人はなかなかいないためだ。だが，二重線11の後にあるように，学校任せではいけない問題もあるため，PTAの存在に意義を見出したのである。そして，お互いにフォローしあって，無理をせずに参加しているのだ。そういう状況の中で，梶尾さんは，選ぶのに困難なPTA会長を自ら引き受けてくれた。学校だけでは対処できないような問題にも関わるのがPTAであり，梶尾さんはＰＴＡの仕事に前向きだと考えられる。そこまでおさえると，梶尾さんなら積極的に問題に取り組んでくれるだろうと，祥子が考えたことも読み取れる。「学校だけでは解決できない問題にも対処できる重要な組織」「積極的に問題に向き合おうとする人物」とある，ウが正解になる。アは「梶尾さんは……各委員の意見に耳をかたむけようとする人物である」とあるが，おかしい。梶尾さんのそのような様子は，文章中から読み取れない。イは，「みんなの意見をまとめて，より良い学校を作ろうとする人物」とあるが，おかしい。会長がそのような仕事をすることは考えられるが，傍線部⑤の「そんな」が，みんなの意見をまとめることだとは読み取れない。エも，傍線部⑤の「そんな人」が指す，問題に対する前向きさが記されていない。オは「学外の地域の問題」とあるが，今課題になっているのは，学校内のできごとである。

問8　傍線部⑥が含まれる場面をおさえて解答する。PTA会長が「今は登校できていますか？」と尋ねたとき，祥子は「いえ，まだです……。お腹が痛いと言って」と答える。それに対して，あちこちでひそひそ声が起こり，PTA会長は「いけません」「まさか今も，家に一人？」と言うのである。このような状況を受け，祥子は「仕事に行こうとしていることまで見透かされた」と，非難されたように感じたのだ。以上の点をおさえれば，書くべき内容が整理できる。「ようにも感じた」に合うように，「子供はお腹が痛くて学校に行けない」＋「問題を抱えた子供を家に残して働きに出る」＋「無責任を責められている」(ように感じた)という方向でまとめると良い。

問9　傍線部⑦までの展開と，傍線部直前のPTA会長の言葉から判断できる。「でも，また同じことが起きないように……」と祥子が言いかけたにも関わらず，PTA会長は最後まで祥子の話を聞くことがなかった。そして，傍線部⑦直前の言葉にあるように，「お気の毒」と同情はしたが，「たまたま悪いことが重なってしまい」とただの不運なできごとのように扱った。つまり，この問題に真剣に取り組んでくれなかったのである。以上の点をおさえると，「言葉では祥子や将人に同情」「問題をただの不運な出来事であるかのようにして」「真剣に取り組もうとしない」とある，オが正解だとわかる。アは「学校の責任を全面的に認めた」とあるがおかしい。偶然の出来事のように扱っているのである。イは「学校と祥子が協力して解決するしかない」とあるがおかしい。解決につながる話は一切なかった。ウは「祥子と将人のために学校と戦う」とあるがおかしい。校長に伝えておくとしか言っていない。エは「祥子に味方して学校を批判」とあるがおかしい。「たまたま悪いことが重なってしまい」と言っている，学校を批判していない。

問10　最初の言葉も，次の言葉も，「登校」についてふれている。また，〔　　　〕の直後には「なんのための学校だろう」「学校は，必ず行かなくてはいけないところなんだろうか」と続く。以上の点から考えると，空欄には「学校への通学」に関係する言葉が使われた，最初と次の言葉と同じような内容で，祥子が苦々しく思うような言葉があてはまることになる。祥子は将人の登校をうながすような言葉を苦々しく感じている。そのような言葉は，〔　　　〕内ですでに使われているもの以外では，傍線部⑥直後の「息子さんが学校に行けるようにするほうが先決です」になる。書籍では「学校に行けるようにするほうが先決です。」とある。ただし設問では，指定字数の関係などから「息子さんが」が加わっていても，正解になると考えられる。

やや難　問11　設問には「本文全体の内容をふまえて」とある。その点に注意して，物語の展開をおさえて書くべき内容を考える。将人が学校に行けなくなった事件に対して，学校もPTAも，「一日も早く登校できるように」「学校に行けるようにすることが先決です」と，問題の本質を深く掘り下げて解決することがなく，「学校に行かせる」ことを優先した。そのような対応に対して，「いったい，なんのための学校だろう」と，それまで当然と受け入れていた「学校に行く」ことに疑問を抱くようになり，「行かせるのが義務なら……行きたくなるような学校にするのもまた，大人の義務なのではないだろうか」との思いを持つようになったのである。そして，「行きたくなるような学校」という視点で考えると，「もしも，将人のような子をダメなんて言うなら……」という部分からも類推できるように，将人の長所を正当に評価できないのだから，学校に行かせる必要はないと祥子は考えたのだ。記述の際には，「将人が学校に行けなくなった事件に対する学校やPTAの対応から学校に行かせることに疑問を感じた」という内容に，「学校は将人を正当に評価してくれない」＋「行かせる必要がないと考えるようになった」という流れで書くとよい。

重要　問12　大縄跳びの事件以来，将人は自信を失い，学校に行けなくなっていた。さらに，家庭内でも「以前と態度が違う」ようになり，元気を失っていたのだ。その将人は，母親の対応がきっかけで，学校に行く自信や元気を取り戻した。以上の展開をふまえて，解答する。その母親の対応とは，将人を抱き締めた場面からわかるように，将人のつらい思いを受け止めたこと。また，抱き締めた後の会話からわかるように，将人の良さを評価したこと。そのような母親の対応によって，将人は自信と元気を取り戻して，傍線部⑨の様子になった。記述の際には，「つらい思いと受け止めた」「将人の良さを評価した」という母親の対応を書き，「自信と元気を取り戻した」と傍線部の比喩的な表現から読み取れる様子を加える。

問13　ア　祥子が校舎の寂しさやうすら寒さを感じた以降に，学校側の冷たい対応が描かれている。アの選択肢は正しい。　イ　学校やPTAの場面で，祥子自身も思いを伝えることに苦労して，「将人も同じ思いで……」となったのである。イの選択肢は正しい。　ウ　他に方法がなく追い込まれている様子は読み取れるが，投げやりになっているとは言えない。ウは誤っている選択肢になる。ウが解答になる。　エ　祥子の悩みは何も解決していないのに，ここで話が打ち切られてしまった。エの選択肢は正しい。　オ　最後に一将が登場して，「いったい，どんな魔法を使ったんだよ」と，一将の視点で家庭内の明るい様子が語られる。オの選択肢は正しい

★ワンポイントアドバイス★

長い選択肢の場合，その構造を分析することで，比較すべきポイントが明確になり，解答しやすくなることもある。選択肢をやみくもに読むのではなく，冷静に分析することを心がけたい。

2020年度

★★★★★★★★★★★★★★★★★★★★★★★

入　試　問　題

2020年度

駒場東邦中学校入試問題

【算　数】（60分）　　＜満点：120点＞

1　(1)　次の計算をしなさい。

$$\left\{0.375+\left(\frac{2020}{3}-\frac{2691}{4}\right)\times 2.25\right\}\div\left(3\frac{5}{12}-\frac{11}{8}-\frac{1}{6}\right)$$

(2)　１辺の長さが２cmの正三角形があります。この正三角形を右の図のように１辺の長さが４cmの正六角形の内側をすべらないように転がして，１周させました。

　このとき，点Ｐが動いてできる線を解答用紙の図にコンパスを用いてかきなさい。また，その線の長さを求めなさい。ただし，円周率は3.14とします。

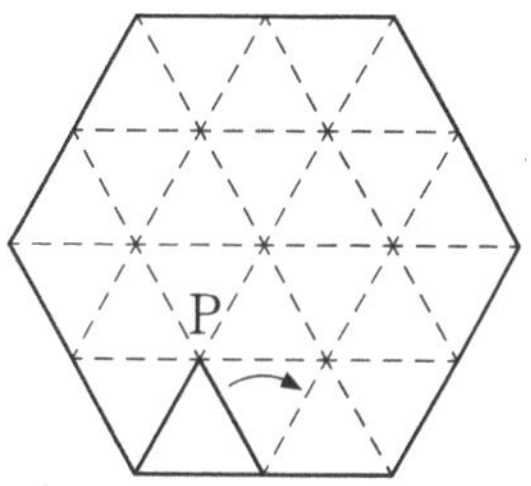

(3)　右の図において，点Ｄは辺BCの真ん中の点，点ＥはDCの真ん中の点です。また，２つの直線DP，EQによって三角形ABCの面積が３等分されています。このとき，BPとPQとQAの長さの比を，最も簡単な整数の比で表しなさい。

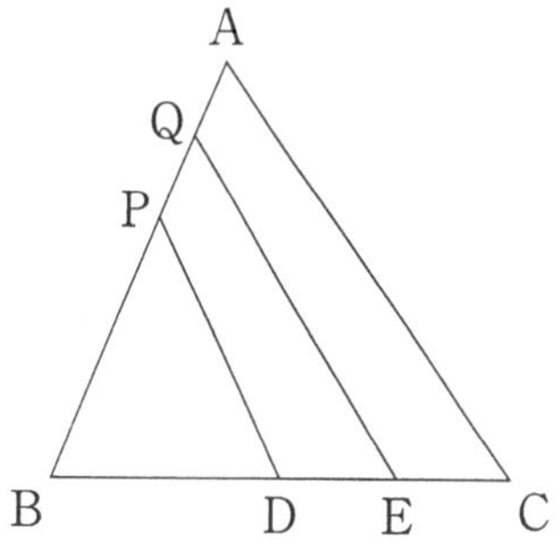

(4)　下の図は，各円ごとの５つの数の合計が40になるように，１～17の数を一度ずつ使って並べたものです。

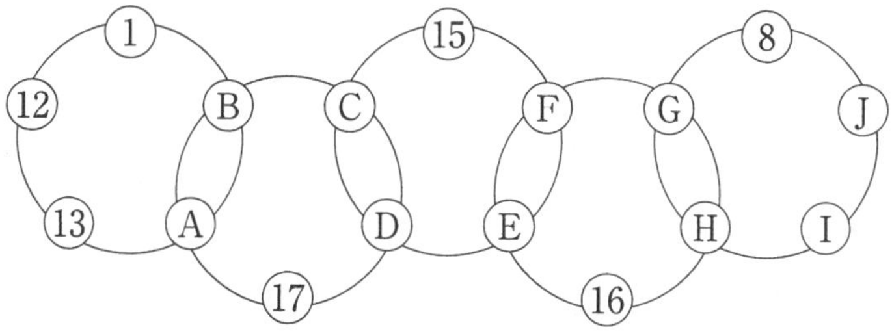

①　Ｉ＋Ｊ　を求めなさい。

②　ＥよりもＦの数が大きいとき，Ｅの数を求めなさい。

2 2つの整数A，Bに対して，$A \div B$ の値《あたい》を小数で表したときの小数第2020位の数を＜$A \div B$＞で表すことにします。例えば，2÷3＝0.666…なので，＜2÷3＞＝6 です。このとき，次の問いに答えなさい。

(1) ＜1÷101＞，＜40÷2020＞ をそれぞれ求めなさい。

(2) ＜N÷2020＞＝3 をみたす整数Nを1つ求めなさい。

3 K中学校の校庭には，下の図のような長方形の外側に半円を2つくっつけた形のトラックがあります。ABの長さは40mであり，図の太線の長さは200mです。このトラックで200m競走を行います。コースは内側から順に1コースから6コースまであり，コースの幅《はば》は1mです。コースを走るときは，各コースの内側の線上を走るものとします。また，1コースのスタート地点をBCの真ん中の点Sとし，各コースともにゴールは，BCと垂直な線STとします。このとき，次の問いに答えなさい。ただし，円周率は3.14とします。

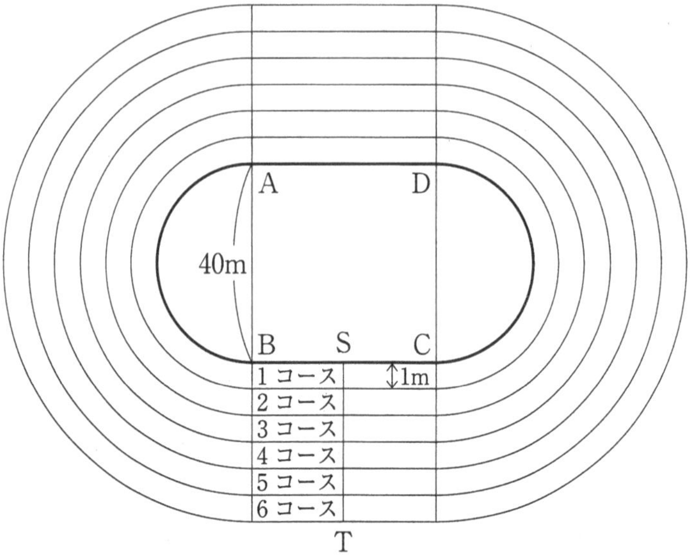

(1) BCの長さを求めなさい。

(2) 2コースを走る選手は1コースを走る選手よりも何m前方からスタートすることになるか答えなさい。

(3) たろう君，じろう君，さぶろう君の3人で200m競走を行います。1コースのたろう君は常に一定の速さで走り，3コースのじろう君は曲線部分をたろう君の1.1倍の速さで，直線部分をたろう君の0.9倍の速さで走ります。6コースのさぶろう君は曲線部分をたろう君の1.125倍の速さで，直線部分をたろう君の0.75倍の速さで走ります。このとき，たろう君，じろう君，さぶろう君の3人はどの順番でゴールするか答えなさい。

4 赤，青，黄，白の長方形の紙が１枚ずつあり，それぞれのとなりあう２辺の長さは表のようになっています。この４枚を一部が重なるようにして図のように並べて１つの正方形を作ったとき，見えている部分の面積が４色すべて等しくなりました。このとき，あとの問いに答えなさい。

［表］

色	となりあう２辺の長さ
赤	20cm，18cm
青	18cm，8cm
黄	20cm，9cm
白	20cm，9.6cm

［図］

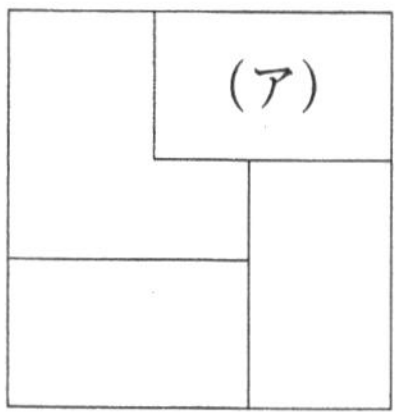

⑴ 図の一番上にある，(ア) の紙の色は何色ですか。また，作った正方形の１辺の長さを求めなさい。

⑵ 図の並べ方について，紙の色を下から順に答えなさい。

⑶ 紙の並べ方を図と変えて，図と同じ大きさの正方形を作ったところ，見えている部分の面積は，青が105.6cm^2，黄が156cm^2になりました。この並べ方について，紙の色を下から順に答えなさい。また，赤の見えている部分の面積を求めなさい。

【理　科】（40分）　＜満点：80点＞

1　次の(1)～(7)の問いに答えなさい。

(1)　日本には四季があり，季節によって見られる動植物が違《ちが》います。東京で見られる生き物について，次の①②に答えなさい。

①　次の**ア**～**ク**のうち，秋に花が咲《さ》いている植物を３つ選び，記号で答えなさい。

ア．オオイヌノフグリ　　**イ**．カラスノエンドウ　　**ウ**．セイタカアワダチソウ
エ．アヤメ　　**オ**．ヒガンバナ　　**カ**．ナズナ
キ．キンモクセイ　　**ク**．ヤマツツジ

②　次の**ア**～**カ**のうち，成虫が冬越《ご》しする昆《こん》虫を２つ選び，記号で答えなさい。

ア．モンシロチョウ　　**イ**．ナナホシテントウ　　**ウ**．オオカマキリ
エ．スズムシ　　**オ**．クロオオアリ　　**カ**．オカダンゴムシ

(2)　食品のつまったガラスのびんに，金属のふたが閉まっています。この容器を冷蔵庫で冷やしておいたら，金属のふたが開《あ》きにくくなってしまいました。次の**ア**～**エ**のどの方法を用いると一番開けやすくなりますか。適切なものを１つ選び，記号で答えなさい。

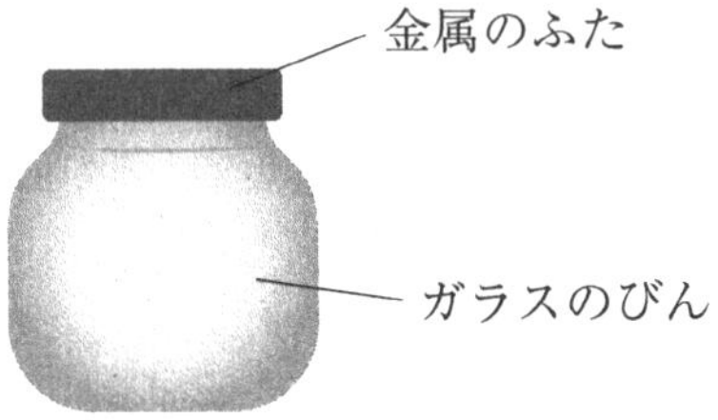

ア．ガラスの部分をお湯であたためる。
イ．ガラスの部分を氷で冷やす。
ウ．ふたの部分をお湯であたためる。
エ．ふたの部分を氷で冷やす。

(3)　火山の噴《ふん》火《か》により噴出した火山灰が広範《はん》囲に降り積もり，火山灰の層をつくりました。この層の特徴《ちょう》として，次の**ア**～**エ**から適切でないものを１つ選び，記号で答えなさい。

ア．火山灰の中の粒《つぶ》には透《とう》明なガラスのようなものがあった。
イ．火山灰の中の粒はほとんどが丸くなっていた。
ウ．火口から近いところと遠いところを比べると，層の厚さに違いがあった。
エ．火口から近いところと遠いところを比べると，粒の大きさに違いがあった。

(4)　１枚の大きなうすいアルミニウムはくから，１辺の長さが12㎝の正方形を２枚切り出した後，一方はそのままにし（物体Ａとします），もう一方は丸めて，カチカチに固めました（物体Ｂとします）。次の①②に答えなさい。

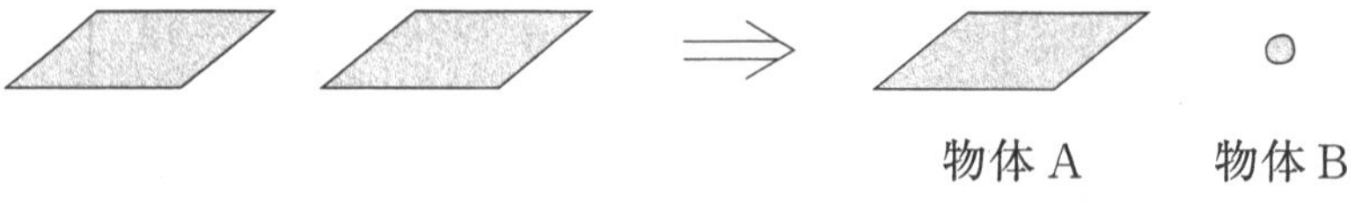

①　上皿てんびんを用意し，物体Ａを左の皿に，物体Ｂを右の皿にのせます。てんびんはどうなりますか。次の**ア**～**ウ**から適切なものを１つ選び，記号で答えなさい。

ア．左の皿が下がる。
イ．右の皿が下がる。
ウ．つり合いをたもつ。

② 台の上に立って，床《ゆか》から２ｍほどの，同じ高さから物体Ａ，Ｂを同時に落とします。どちらが先に床につきますか。次の**ア**～**ウ**から適切なものを１つ選び，記号で答えなさい。

ア．物体Ａが先につく。　**イ**．物体Ｂが先につく。　**ウ**．ほぼ同時につく。

⑸ 右の図は，調査からわかったある地域の地下のようすをスケッチしたものです。この図をもとに，次の**ア**～**オ**の出来事を古いものから順に並べ，記号で答えなさい。

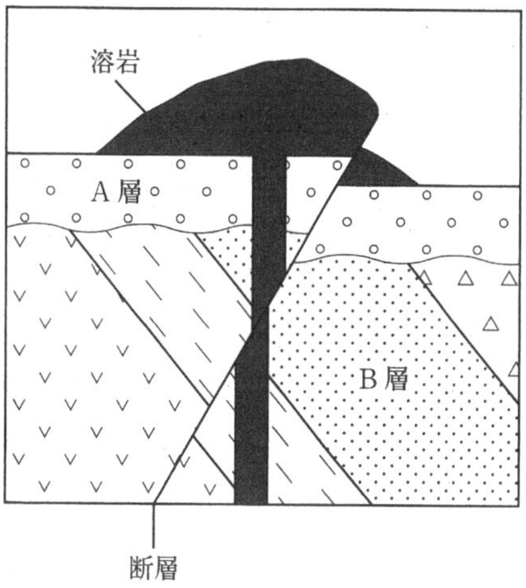

ア．溶《よう》岩が噴出した。　**イ**．断層が形成された。
ウ．Ａ層が堆《たい》積した。　**エ**．Ｂ層が堆積した。
オ．Ｂ層が傾《かたむ》いた。

⑹ 次の**ア**～**カ**の水溶液を性質ごとに表のように分類したとき，③と④に分類される水溶液はどれですか。それぞれすべて選び，記号で答えなさい。あてはまる水溶液が１つもない場合は，「なし」と答えなさい。

ア．塩酸　**イ**．水酸化ナトリウム水溶液　**ウ**．食塩水
エ．石灰水　**オ**．アンモニア水　**カ**．炭酸水

表　水溶液の性質ごとの分類

	酸性	中性	アルカリ性
固体を溶《と》かしたもの	①	②	③
気体を溶かしたもの	④	⑤	⑥

⑺ 右の図のように，長さ50㎝の棒が，点Ａでつるされています。棒の右端《はし》の点Ｂには重さ５ｇの皿が固定されており，そこに物体をのせることができます。また，点Ａより左には500ｇのおもりがあり，点Ａから左へ１㎝の点Ｃから点Ｄ（棒の左端）までの範囲で，その位置を変えることができます。このとき，皿に物体をのせて，棒が水平につり合うようにおもりの位置を変えれば，物体の重さをはかることができます。棒と糸の重さは無視できるものとします。

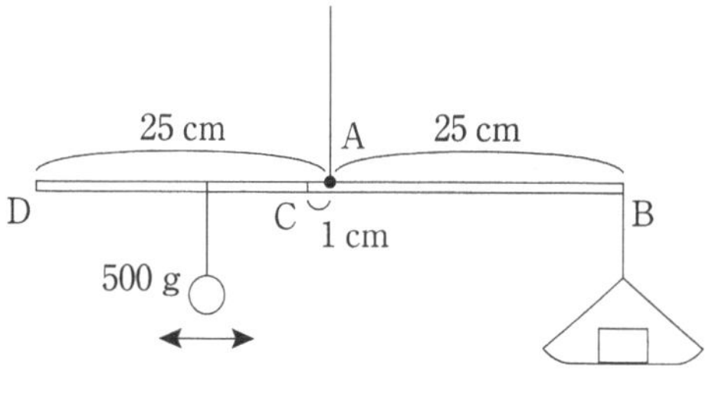

次の①②に答えなさい。

① このはかりでは，最小何ｇから最大何ｇまでの物体の重さをはかることができますか。

② ①の範囲よりも軽い物体の重さをはかることができるようにするためには，次の**ア**～**ウ**のどれを変えればよいですか。あてはまるものをすべて選び，記号で答えなさい。

ア．おもりの重さ
イ．皿の重さ
ウ．点Ａの位置

2 A君は，身の回りには「二酸化炭素」に関わる現象や，それを利用した製品がいくつもあることに気づき，調べてみることにしました。(1)～(6)の問いに答えなさい。

Ⅰ　消火器

A君は，中身がほぼ100%の二酸化炭素である消火器があることを知りました。そこで，二酸化炭素には火を消すはたらきがあるのか，調べてみることにしました。

(1)　空気中でものを燃やした時の気体の割合の変化を見るため，空気中の気体の体積の割合を教科書で調べたところ，

ちっ素 約78%，酸素 約21%，二酸化炭素 約0.03%，その他 約0.97%であることがわかりました。箱の中に空気を入れ，火のついたろうそくを入れてふたをすると，少しの間燃え続け，ろうそくがなくなる前に火が消えて，箱の壁《かべ》に水滴《てき》がつきました。ろうそくを燃やす前と，燃やした後の，箱の中にある気体の体積の割合を図で表したものとして，もっとも近いものをア～オから1つずつ選び，それぞれ記号で答えなさい。ただし，図中の○はちっ素，●は酸素，◎は二酸化炭素を表し，すべての図の中にある印（○●◎）の総数はそれぞれ33個です。また，2%以下の気体は図の中に示さないものとします。

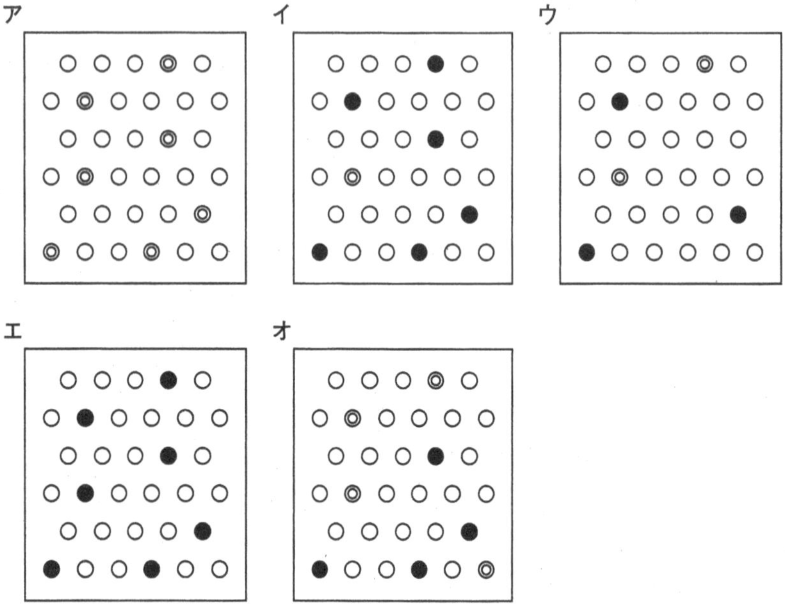

(2)　A君は，二酸化炭素に火を消すはたらきがあるのであれば，二酸化炭素を0.03%から79%まで増やせば，ろうそくの火はすぐに消えるのではないかと考えました。そこで，箱の中に体積の割合で21%の酸素と79%の二酸化炭素を入れ，火のついたろうそくを入れて観察しました。しかし，ろうそくの火はすぐには消えず，少しの間燃えてから消えました。空気中の酸素以外の気体が二酸化炭素に置きかわっても，火はすぐには消せないようです。それなのに，どうして二酸化炭素の消火器ですぐに火を消せるのか疑問に思って調べたところ，以下のようなことがわかりました。「酸素」という言葉を使って，（　）にあてはまる内容を答えなさい。

『二酸化炭素の入った消火器がすぐに火を消せるのは，二酸化炭素が炎《ほのお》から熱をうばうことによって炎の温度を低下させたり，二酸化炭素が（　　　　　　　）ことによってものが燃えるのを

防いでいたりするからである。』

Ⅱ　ドライアイス

A君がお店でアイスクリームを買った際，店員さんが，ドライアイスのかけらが入っているビニール袋《ぶくろ》を保冷剤《ざい》としてわたしてくれました。ドライアイスとは，二酸化炭素を低温で冷やして固体にしたものです。お店の人がわたしてくれたドライアイスの袋には，小さな穴があけてありました。

⑶　ドライアイスの入ったビニール袋に穴をあけず，密閉したまま室温においておくと，どのようなことが起こると考えられるか，答えなさい。

⑷　A君がもらったドライアイスを水に入れてみると，白い煙《けむり》がたくさん出ました。この白い煙は，「二酸化炭素」と「水」のどちらでできているのか疑問に思ったA君は，次の２つの実験を行いました。この疑問を解決するのにより適切な実験を次の【実験①】【実験②】から選び，①または②の番号で答えなさい。また，その結果から，この白い煙は「二酸化炭素」と「水」のどちらでできていると考えられますか。解答欄《らん》に合うように答えなさい。

【実験①】　２つのビーカーに水と食用油を別々に入れ，それぞれにドライアイスのかけらを入れた。その結果，どちらの液体にもドライアイスは沈《しず》み，たくさんの泡が出たが，白い煙が観察されたのは水の入ったビーカーのみで，食用油の入ったビーカーからは白い煙が出なかった。

【実験②】　ドライアイスのかけらを水の入ったビーカーに入れ，白い煙を発生させた。ビーカーの上に透明なビニール袋をかぶせ，白い煙が逃げないように袋の口を手でおさえた。次に，その袋の中に石灰水を入れ，よく振《ふ》った。その結果，袋の中の石灰水は白くにごった。

Ⅲ　色の消える「のり」

⑸　紙にぬってからしばらくすると色が消える青色の「のり」がありました。調べてみると，この「のり」には空気中の二酸化炭素が溶けることによって色が消える性質があることがわかりました。A君が，色の消えた「のり」に石けん水をつけると，また「のり」の色が青色になりました。これらの現象と同じ仕組みで起きている現象を次の**ア**～**オ**から２つ選び，記号で答えなさい。

ア．ジャガイモの断面にヨウ素液をたらすと青むらさき色になった。
イ．地面がぬれると土の色が濃《こ》くなったが，乾《かわ》くと色がうすくなった。
ウ．赤色リトマス紙にアンモニア水をつけると青色になった。
エ．石灰水に二酸化炭素を通じると白くにごった。
オ．ムラサキキャベツの汁《しる》にレモン汁を入れると赤色になった。

Ⅳ　酸性雨

⑹　A君は，新聞で酸性雨の問題を知りました。酸性雨について，次の文のような説明をするとき，①～③にあてはまる言葉や語句を次のページの【語群】の**ア**～**コ**から１つずつ選び，記号で答えなさい。

『本来，雨は空気中の（　①　）が溶けているため（　②　）であるが，（　③　）などが自然の中で変化し，雨に溶けることで酸性の強い「酸性雨」となり，河川や土壌《じょう》を酸性にしたり，コンクリートを溶かしたりして，環《かん》境を汚《お》染している。』

【語群】　ア．中性　　イ．弱い酸性　　ウ．弱いアルカリ性　　エ．酸素
オ．塩酸　　カ．二酸化炭素　　キ．アンモニア　　ク．フロンガス
ケ．化石燃料を燃やした時に出る気体　　コ．洗剤を使ったあとの排《はい》水

3　以下の文章を読み，(1)～(6)の問いに答えなさい。

ヒトのからだには，いろいろな形をした200個ほどの骨があります。骨と骨のつなぎ目を（　a　）といい，この部分でからだは曲がるようにできています。下の図1は，ヒトを含むいろいろな動物の骨格を示したものです。動物の骨格は基本的なつくりは同じですが，それぞれの動物のからだの形や動きによっていろいろな違いが見られます。

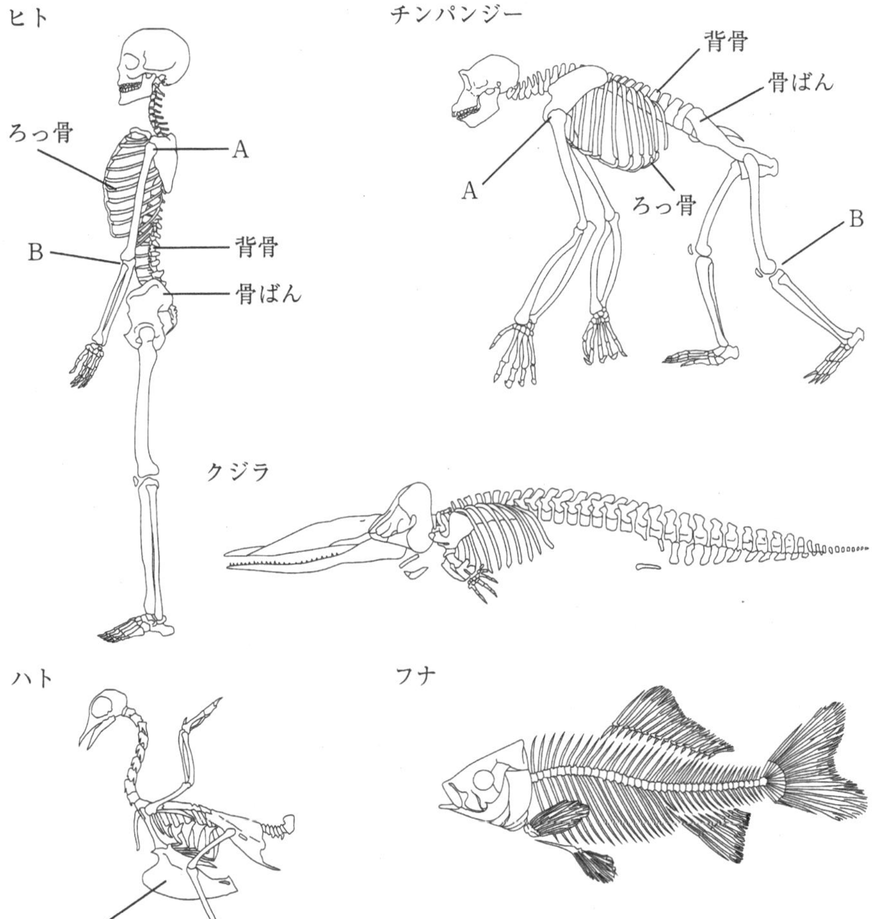

図1　いろいろな動物の骨格

(1)　文章中の（a）にあてはまる言葉を漢字で答えなさい。

(2)　(1)の（a）には，いくつか種類があり，はたらきが違います。図1のA，Bは，それぞれ次のページの図のア～エのどれにあたりますか。もっとも近いものを1つずつ選び，記号で答えなさ

い。なお，同じ記号を選んでもかまいません。

ア

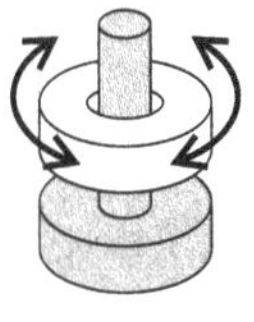

一方の骨の軸《じく》の周りをもう一方の骨が回転する。

イ

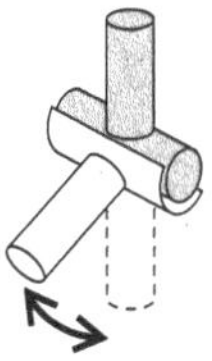

ちょうつがいのように一方向に曲げ伸《の》ばしを行う。

ウ

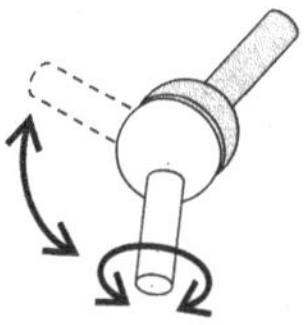

前後，左右に動き，回転運動も行う。可動域は広い。

エ

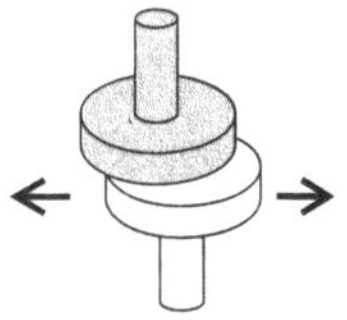

平面でスライドするように動く。可動域はせまい。

⑶　次の**ア**～**エ**は骨についての文です。正しい文をすべて選び，記号で答えなさい。

ア．ヒトの心臓や肺，胃や腸はろっ骨によって守られている。

イ．ヒトの骨ばんの形は男性と女性で違っていて，女性の方が妊娠《にんしん》・出産のため，広がった形をしている。

ウ．空を飛ぶ鳥やコウモリのつばさの部分の骨は，指の骨が長く発達してできている。

エ．背骨はからだを支えるはたらきをするが，昆虫の中には背骨を持つものと持たないものがいる。

⑷　鳥は空を飛ぶためのつばさを持っていて，つばさのつけ根にある筋肉（図２のCとD）は胸骨の一部が大きく張り出した竜骨突起《りゅうこつとっき》（図１，図２）につながっています。①つばさを上げるときと②つばさを下げるときの筋肉の動きを，下の**ア**～**エ**からそれぞれ１つずつ選び，記号で答えなさい。

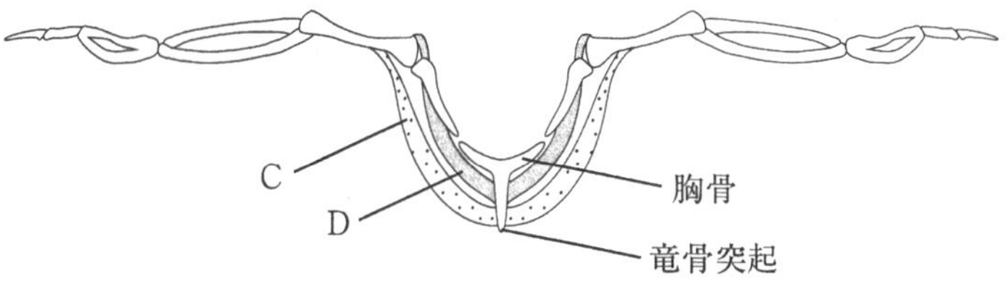

図２　前から見たハトの骨格と筋肉

ア．CとDがちぢむ。

イ．CとDがゆるむ。

ウ．Cがちぢみ，Dがゆるむ。

エ．Dがちぢみ，Cがゆるむ。

⑸　水中生活をするフナとクジラの尾《お》びれを比べると，背骨に対するつき方が違っていて，尾びれの動かし方は背骨の動かし方と連動しています。フナの尾びれは水面に対して垂直についています（図１・前のページ）。では，クジラの尾びれはどのようについているのでしょうか。クジラの尾びれと動かし方について，次の文の①と②にあてはまる言葉の組み合わせを，**ア**～**エ**から１つ選び，記号で答えなさい。

『クジラの背中が水面に対して平行に位置しているとき（図１），クジラの尾びれは水面に対して（　①　）についていて，クジラは背骨と尾びれを（　②　）に動かして泳ぐ。』

ア．①：平行　②：左右　　**イ**．①：平行　②：上下

ウ．①：垂直　②：左右　　**エ**．①：垂直　②：上下

⑹　ヒトとチンパンジーは共通の祖先から進化してきたと言われています。チンパンジーとヒトの大きな違いの一つは，チンパンジーは四足歩行を行うのに対してヒトは直立二足歩行を行うという点です。直立二足歩行を行うためには，頭が両足の真上にくるようにまっすぐに立ち，頭を真下から支える必要があります。また，腹側にある重い内臓を支え，バランスをとる必要があります。このため，四足歩行を行うチンパンジーと直立二足歩行を行うヒトでは，背骨，ろっ骨，骨ばんなどに違いが見られます。それはどのような違いですか。「背骨」「ろっ骨」「骨ばん」から１つを選び，８ページの図１を参考にして，解答欄に合うように答えなさい。

4　月食は地球の影《かげ》に月が入ることで発生します。月食には月面の一部が地球の影に隠《かく》された部分月食と月面全体が地球の影に隠された皆既《かいき》月食があります。

図１は地球を北極側から見た図で，地球・月の位置関係を示しています。地球は北極と南極を軸として回転しており，回転方向を矢印で示しています。月は地球の周りを回っており，月の移動方向を矢印で示しています。灰色の部分は地球の影を示しています。⑴～⑸の問いに答えなさい。

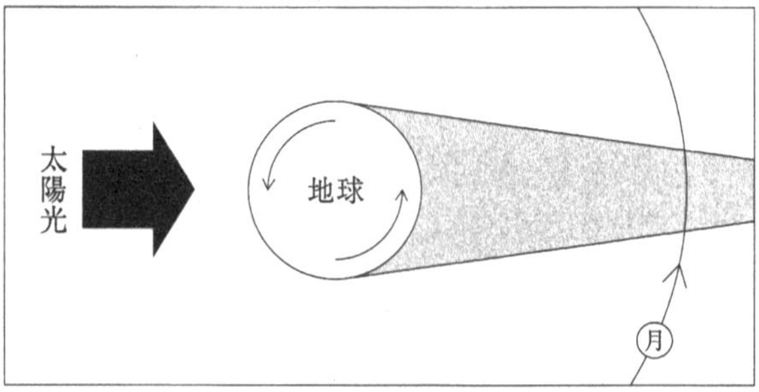

図１　地球・月の位置関係と地球の影

⑴　ある年の７月，東京では明け方近くに月食が観察できました。この時，月食が観察できる方角の空にもっとも近いものを次の**ア**～**エ**から１つ選び，記号で答えなさい。

ア．南東の空　　**イ**．南西の空

ウ．南の空　　**エ**．北東の空

⑵　次の**ア**～**カ**のうち，月面にかかる地球の影の形として適切なものを２つ選び，記号で答えなさい。灰色の部分が地球の影に隠されている部分とします。

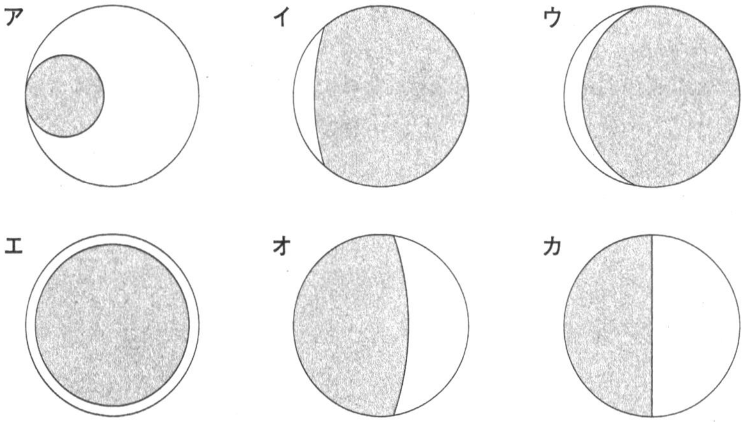

⑶　月食のとき月面にかかる地球の影の形から，月に対して地球の影がどのくらいの大きさになるかがわかります。具体的には，地球の影と月の直径の比がわかります。ここで，図2のように地球の影が平行に伸びていると考えて地球の直径と月の直径の比を求め，この比を

地球の直径：月の直径＝□：1

とあらわすことにします。この方法で求めた□に入る値は，他の方法で求められた実際の測定値と異なります。□に入る値について適切に述べている文を次の**ア**～**エ**から1つ選び，記号で答えなさい。

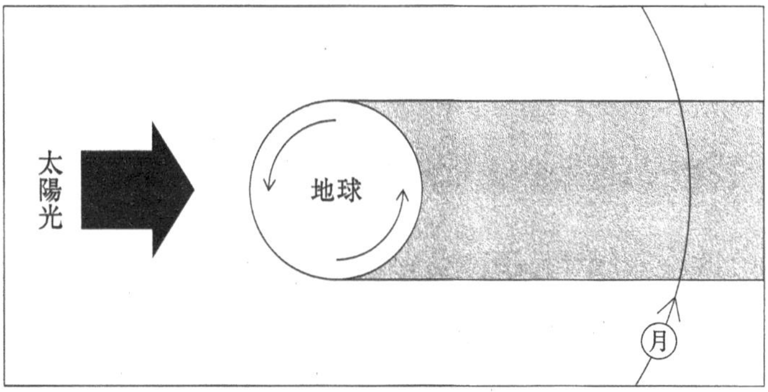

図2　平行に伸びると考えたときの地球の影

ア．□に入る値は，実際の測定値より大きくなる。

イ．□に入る値は，実際の測定値より小さくなる。

ウ．□に入る値は，月食が発生した季節によって，実際の測定値より大きくなったり小さくなったりする。

エ．□に入る値は，月食を観察した場所によって，実際の測定値より大きくなったり小さくなったりする。

⑷　月食や地球の影に関する文として正しいものを次の**ア**～**オ**から1つ選び，記号で答えなさい。ただし，以下にでてくる地域はすべて日本とします。また，月食の間は月が地平線よりも上にあるものとします。

ア．月が見えている地域ならばどこでも，同じ時刻に月食を観察できる。

イ．離《はな》れた2地域で同じ時刻に月食を観察した時，片方の地域では皆既月食が観察できて，もう片方の地域では部分月食が観察できることがある。

ウ．ベガやアルタイルなどの星が地球の影に隠されると，星は見えなくなる。

エ．皆既月食が始まってから終わるまでにかかる時間は，地域により異なる。

オ．同じ地域で観察できる月食は，月食が始まってから終わるまでにかかる時間が毎回同じである。

⑸　以下の文章を読んで，①と②にあてはまる語句の組み合わせとして適切なものを次のページの**ア**～**エ**から1つ選び，記号で答えなさい。

『夜空で月食を観察していると，月は（　①　）から欠けていきますが，その間も月は東から西へ移動します。このような欠け方をするのは，地球の影も東から西へ移動し，その速さが月とは異なるためです。地球の影と月の動く速さが異なるのは（　②　）からです。』

ア．①：東
②：月が地球の周りを回っている
イ．①：東
②：地球が北極と南極を結ぶ軸を中心に回転している
ウ．①：西
②：月が地球の周りを回っている
エ．①：西
②：地球が北極と南極を結ぶ軸を中心に回転している

5 以下の文章を読み，⑴～⑸の問いに答えなさい。

水の中にものを入れると，浮《う》くものと沈《しず》むものがあります。水より軽いものは浮き，重いものは沈みますが，ここで言う「軽い」と「重い」は，単純な重さではなく，同じ体積で比べたときの重さのことを指しています。ここでは，同じ体積（1 cm^3）あたりの重さを「密度」と呼ぶことにします。密度の大小を比べることで，浮くか沈むかがわかります。

⑴ 水にものを入れる場合，ものの密度が水の密度よりも小さければ浮き，大きければ沈みます。プラスチック（素材：ポリ塩化ビニル，重さ：13.2 g，形状：半径 1 cm，高さ 3 cmの円柱）の 1 cm^3あたりの重さは何 g か，小数第二位を四捨五入して小数第一位まで求め，水に入れたときに「**ア**．浮く」か「**イ**．沈む」か，記号で答えなさい。ただし，水 1 cm^3あたりの重さは 1 g，円周率は3.14とします。

⑵ 水ではない液体にものを入れる場合も，ものの密度と液体の密度の大小で，浮くか沈むかが決まります。例えば，アルコールにゴム球を入れたら沈みましたが，濃い砂糖水や水に入れたら浮きました。一方，新鮮《せん》なにわとりの卵を濃い砂糖水に入れたら浮きましたが，アルコールや水に入れたら沈みました。このことから，次の**ア**～**ウ**の液体を密度の大きい順に並べ，記号で答えなさい。

ア．アルコール　　**イ**．濃い砂糖水　　**ウ**．水

⑶ 液体に液体を入れる場合は，注ぎ方に注意すれば，密度の大小で上下２つの層に分かれるようすが観察されます。例えば，茶色い色のついたコーヒーシュガーを溶けるだけ溶かした砂糖水を作って，それと同じ体積，同じ温度の水とともにビーカーに入れると，しばらくの間は２つの層に分かれているようすが観察できます。このようすを観察するためには，どのような注ぎ方をするとよいですか。次の**ア**～**エ**から適切なものを１つ選び，記号で答えなさい。ただし，「静かに注ぐ」とは，右の図のようにガラス棒をつたわらせてゆっくり注ぐことを指します。

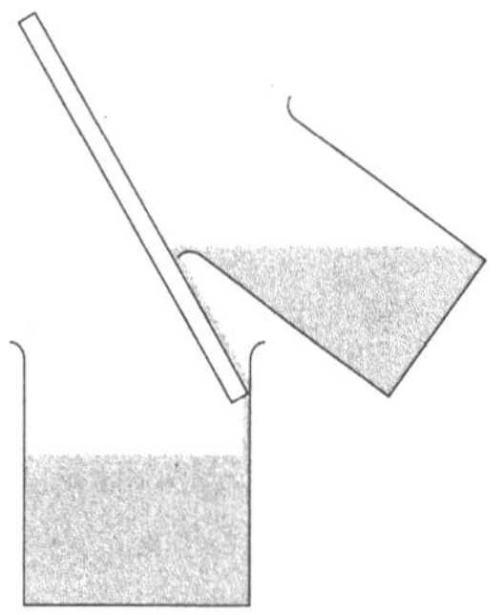

ア．水を先にすべて注いでから，砂糖水を静かに注ぐ。
イ．砂糖水を先にすべて注いでから，水を静かに注ぐ。
ウ．水から先に，水と砂糖水を少しずつ，交互《ご》に静かに注ぐ。
エ．砂糖水から先に，水と砂糖水を少しずつ，交互に静かに注ぐ。

⑷ 水のあたたまり方にも，密度の大小が関係しています。そのことに関する次の文章を読んで，次のページの①～④にあてはまる言葉を答えなさい。

『水を下の方からあたため続けると，あたたかくなった水が（　①　）の方へ動き，つめたい水が（　②　）の方へ動いて，やがて全体があたたまっていきます。それは，同じ重さの水で考えると，あたためられると水の（　③　）が（　④　）なるので，密度が小さくなるからです。』

⑸　2つの同じコップに，それぞれ200mLの水とオレンジジュース（ともに15℃）を入れ，それぞれに同じ大きさ，形状の氷を浮かべました。

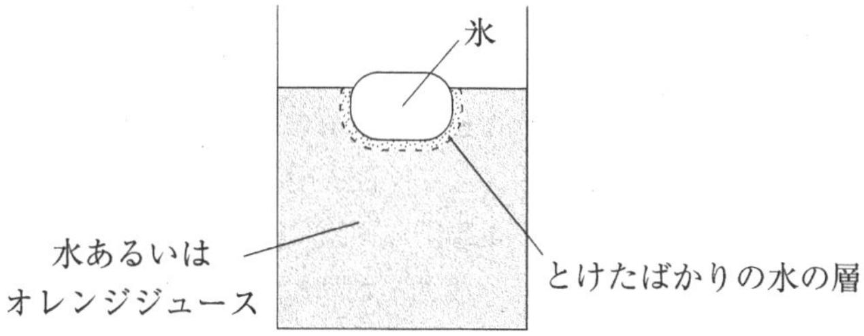

このとき，水とオレンジジュースのどちらに入れた氷がはやくとけますか。氷のまわりにできた，とけたばかりの水の層がその後どのように動くかに注目して，そのようになる理由とともに答えなさい。

【社　会】（40分）　＜満点：80点＞

次の文章を読んで，問に答えなさい。

駒東太郎君は，小学６年生です。同じクラスのケンジ君と仲良しで，よくサッカーを一緒《いっしょ》にしています。ケンジ君の家に遊びにいくと，お母さんが仕事から帰ってきたところでした。ケンジ君のお母さんは子どものころ，生まれた国であるベトナムを①戦争の影響《えいきょう》で離れて東京で育ち，今は近所のスーパーで働いています。太郎君が所属するサッカークラブには女子サッカー部もあり，エリさんというチームメイトがいて，お父さんが休日の試合の応援《おうえん》にきてくれます。お父さんは②アメリカの出身で，太郎君は初めて会ったとき，オバマ前大統領に少し似ていると思いました。ヨシオ君は，サウジアラビアからの転校生です。１年前に東京にやってきて，同じクラスになりました。

これは太郎君の日常生活の様子ですが，みなさんも日本に住みながら，外国の存在を身近に感じる機会があるのではないでしょうか。

日本に住む外国人※の数は年々増え，260万人を超《こ》えました。異なる文化と接することは，どの時代や地域でも③その社会に多くの影響《えいきょう》をあたえてきました。

現在日本に住む外国人の国籍《こくせき》で最も多いのは中国ですが，④日本と中国は長い歴史の関わりをもち，日本は多くの影響《えいきょう》を受けてきました。

将来，みなさんが生きる日本の社会には，より多くの外国人がやってくることになるでしょう。2018年に，出入国に関する⑤法律が改正されました。新しい法律では，外国人が働くことができる仕事の種類を増やし，より多くの仕事をする人材を外国から受け入れることができるようになっています。法律が改正された背景にあるのは，日本の人口減少と少子高齢《こうれい》化です。大都市だけではなく，外国人の増加傾向《けいこう》は⑥地方都市にも広がっています。現時点では，製造業，スーパーやコンビニなどの小売業，宿泊《しゅくはく》・飲食サービス業の分野で働く外国人が多くなっています。今後，農業・漁業・介護《かいご》などの分野でも，より人手不足が深刻になることが予想されています。

今は外国人の受け入れが話題になっていますが，過去には⑦国民を海外へ送り出す時代もありました。海外に出ていった日本人は，移住した先でさまざまな苦労を経験することになりました。

外国から日本にきた人が，⑧出身国の文化や習慣とのちがいで，とまどうことがあるかもしれません。大人だけではなく⑨子どもに対しても，安心して暮らせるように，社会の一員としてむかえるための手助けが必要です。

みなさんが将来外国に行かなくても，すでに日本の日常生活の中には，たくさんの国の人がやってきています。異なる文化や習慣の人が日本にくることで，対応しなければならない課題はたくさんあります。

一方で，多様な価値観を知ることは，みなさんの視野をより豊かにしてくれます。

外国に行かなくとも，まずは身近な「世界」に目を向けてみましょう。

※この場合の「外国人」には，観光客は含《ふく》まれていません。

問１　下線部①に関して。世界中で，紛争《ふんそう》や人権侵害《しんがい》から命を守るために出身国から逃《に》げざるを得《え》ない人たち（以下，難民とします）が増え，問題となっています。また日本は諸外国に比べて難民の受け入れ人数が少ないと指摘《してき》されることがあります。

難民については，国際連合でもその発足当初から問題とされ，各組織が連携《れんけい》して活動しています。難民問題の解決に向けて取り組んでいる組織として適切なものを次のページの**ア～キ**から１

つ選びなさい。

A　総会　　B　安全保障理事会　　C　ユニセフ

ア　A　　　**イ**　B　　　**ウ**　C

エ　AとB　　**オ**　BとC　　**カ**　AとC　　**キ**　AとBとC

問2　下線部②に関して。アメリカ合衆国は18世紀の独立後も，領土を大西洋岸から太平洋岸へと広げる中で，さまざまな地域からきた人々を受け入れてきました。

⑴　2017年に第45代大統領となったトランプ大統領は，メキシコとの国境線上に壁《かべ》を建設するように指示しました。アメリカとメキシコの国境線として正しいものを，地図中の**ア**～**エ**から1つ選びなさい。

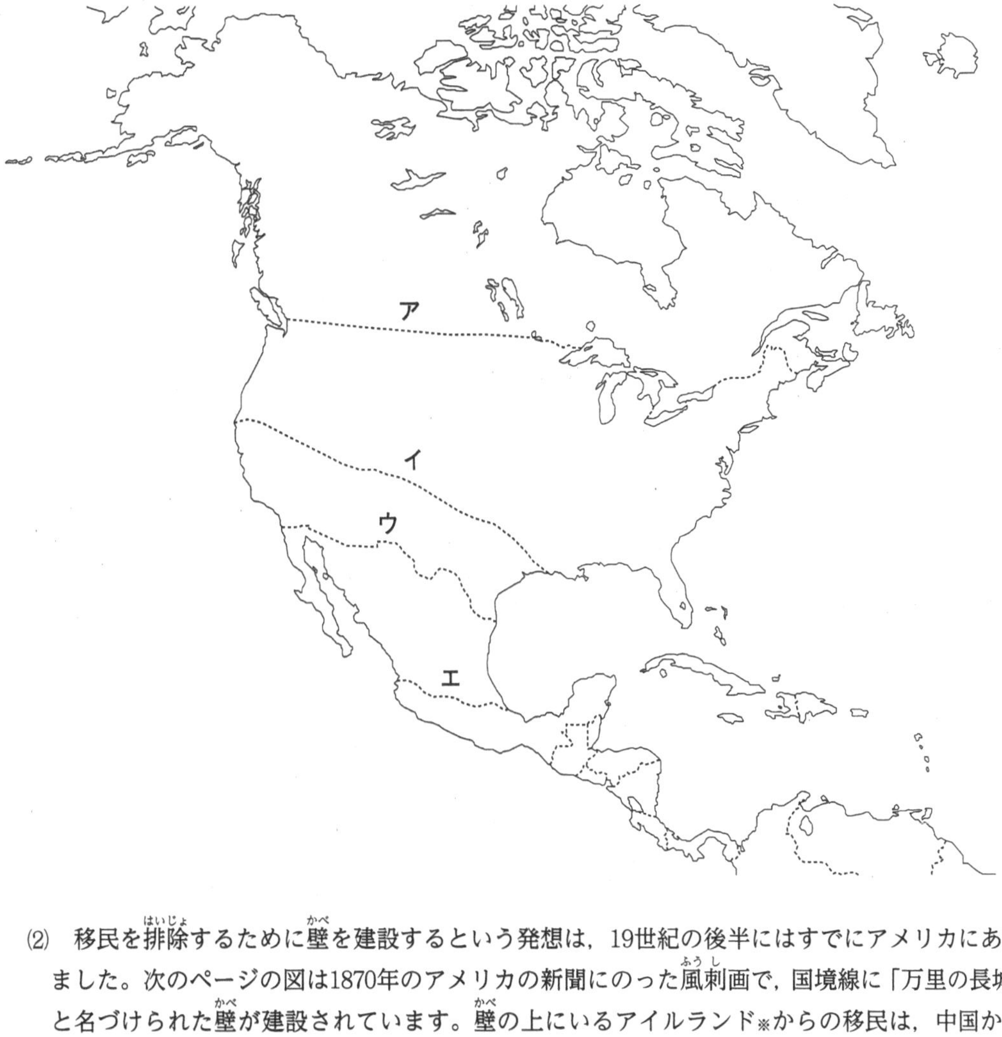

⑵　移民を排除《はいじょ》するために壁《かべ》を建設するという発想は，19世紀の後半にはすでにアメリカにありました。次のページの図は1870年のアメリカの新聞にのった風刺《ふうし》画で，国境線に「万里の長城」と名づけられた壁《かべ》が建設されています。壁《かべ》の上にいるアイルランド※からの移民は，中国からの移民がアメリカに入れないようにはしごを外しています。アイルランドからの移民も中国からの移民も，鉄道建設などの工事現場や製造工場ではたらきました。そして，中国からの移民の数が増えていく中で，職を失うことをおそれたアイルランドからの移民たちが中心となり，中国からの移民をアメリカの外に追放しようとする運動がもり上がりを見せていきました。そ

の一方で，鉄道会社や製造工場の経営者たちは，しばしば中国からの移民を守る側にまわりました。その理由を説明しなさい。

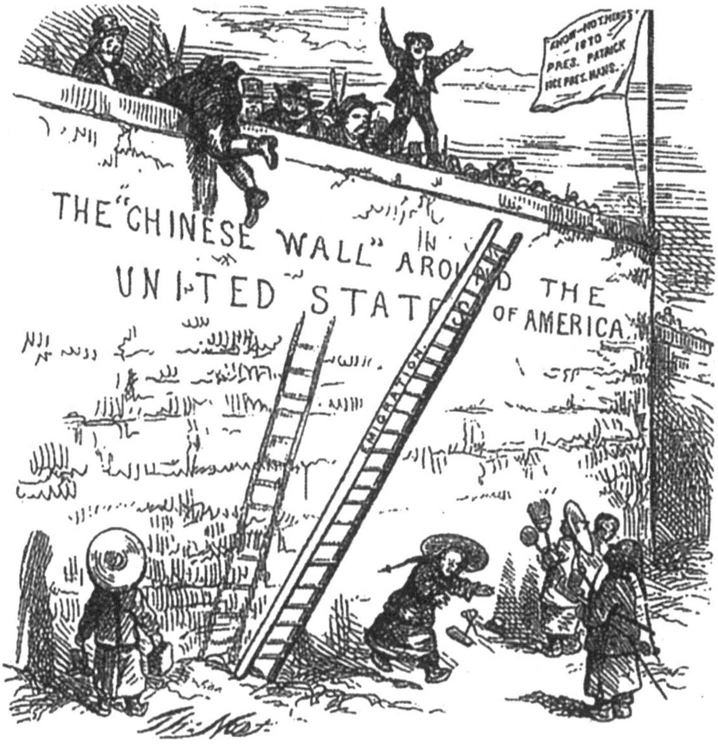

（貴堂嘉之『移民国家アメリカの歴史』より）

※アイルランドは，イギリスの西にある島です。

問３　下線部③に関して。人の移動は，異なる地域の間で貿易がすすみ，文化の結びつきが生まれる機会になります。

(1)　次のページのグラフは，各国・各地域の工業生産額の割合をグラフで示したものです。このグラフをもとに，世界の工業生産の移り変わりについて述べた**ア～エ**で**誤っているもの**を１つ選びなさい。

ア　18世紀後半，中国やインドなどのアジア地域は，世界の工業生産の割合の半数以上を占《し》めており，19世紀前半においても中国は主要な工業生産地域だった。

イ　日本が明治政府に変わって不平等条約改正の交渉《こうしょう》を始めたころには，イギリスが世界の工業生産の割合で１位であり，関税自主権を回復したころには，アメリカが工業生産の割合で１位だった。

ウ　「中国・日本・インド・その他」を合わせた地域の工業生産割合が最も低くなったのは，第一次世界大戦の直前である。

エ　太平洋戦争での敗戦後，日本が世界の一部の国々と平和条約を結び独立を回復したころには，日本は世界の工業生産の割合で，太平洋戦争直前を上回っていた。

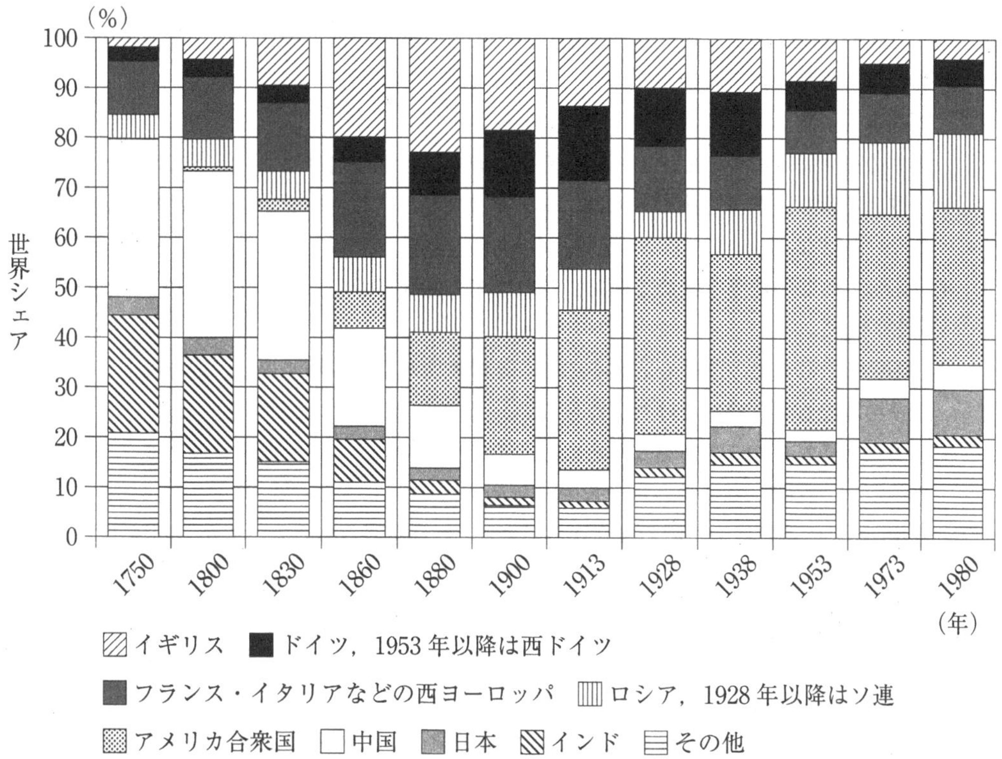

（ベロック「1750 年から 1980 年にいたる世界の工業化水準」『ヨーロッパ経済史誌』をもとに作成）

⑵　開国により日本も世界の貿易の影響《えいきょう》を受けていきます。開国で貿易が開始されてからの主な輸出品は生糸でした。江戸時代から生糸生産の中心であった群馬県，山梨県，長野県で生産された生糸は，東京都の八王子の市《いち》に集まり，そこから人々に背負われたり牛馬に引かせた荷車にのせられたりして，日本最大の貿易港だった横浜に運ばれました。こうして八王子から横浜に通じる「絹の道」ができたのですが，「絹の道」は，ある交通機関の発達により明治時代半ばごろからすたれていきました。その交通機関を答えなさい。

⑶　19世紀後半から20世紀のはじめにかけて，日本の美術品・工芸品などが大量に欧米《おうべい》に輸出されました。その中には，江戸時代から明治時代まで，日本のさまざまな人々が楽しんでいた，多色刷りの木版画がありました。こうした木版画を何と呼びますか。

問４　下線部④に関して。

⑴　大和政権が運営されていたころ，中国大陸や朝鮮半島から多くの渡来人がやってきました。渡来人がもたらした文化や技術と，それらが日本国内にあたえた影響《えいきょう》について述べた**ア～エ**で**誤っているもの**を１つ選びなさい。

ア　製鉄の技術は農具や武器に応用され，鉄器は権力の象徴《しょうちょう》にもなった。

イ　馬と乗馬《じょうば》技術は移動と戦いの方法を変え，馬をかたどった土偶《どぐう》も作られた。

ウ　漢字は，紙や墨《すみ》の技術と合わさり，政治や外交の記録に使われた。

エ　仏教は王族や有力な豪族に受け入れられ，寺院や仏像が作られるようになった。

⑵　さまざまな時代において，権力者の招きによって中国大陸などから多くの僧侶《そうりょ》が来日し，多くの文化や学問，技術を伝えてきました。このうち奈良時代にやってきた鑑真によって建てられた寺院を**漢字**で答えなさい。

問５　下線部⑤に関して。

⑴　日本の法律制定について，**ア**～**エ**から正しいものを１つ選びなさい。

ア　国会で新しい法律を決めるには，まず衆議院から話し合いを始め，その後参議院で話し合わなければならない。

イ　国会で新しい法律を決めるには，これまでの裁判と矛盾《むじゅん》しないかどうか，裁判所の許可が必要である。

ウ　国会でこれまでの法律を変えるには，その法律が用いられてきた状況《じょうきょう》を検討し，衆議院でも参議院でも話し合わなければならない。

エ　国会でこれまでの法律を変えるには，その法律のための細かな決まりも変えなければならないため，内閣の許可が必要である。

⑵　近年，選挙のたびに投票率の低さが注目され，これをどう高めていくかが課題となっており，ほかの国も参考にしながら制度を変える議論がされています。政治の進め方を決める権利という観点から，**適切でないもの**を**ア**～**エ**から１つ選びなさい。

ア　選挙権をもつ年齢《ねんれい》を低くすれば，若者も自分のこととして政治を考えるようになり，投票率も高まるのではないか。

イ　議員に立候補できる年齢《ねんれい》を低くすれば，若者も議員になることをめざして，政治への関心も高まるのではないか。

ウ　選挙で投票することは主権者として重要なことだから，投票しない人には罰則《ばっそく》をもうければいいのではないか。

エ　選挙権をもつ年齢《ねんれい》に上限をもうければ，世代交代も進み，若者の意見も取り入れやすくなるのではないか。

問６　下線部⑥に関して。

岐阜県では，めぐまれた自然を生かして，多様な農作物が栽培《さいばい》されています。

（**Ｘ－１**）は全国の収穫《しゅうかく》量で，和歌山県，奈良県，福岡県に次いで全国４位です。畜産《ちくさん》では，飛騨《ひだ》牛も全国的に有名です。岐阜県の美濃加茂《みのかも》市は（**Ｘ－２**）川と飛騨《ひだ》川の合流点に位置し，江戸時代の五街道のひとつであった（**Ｙ**）道の宿場町である太田宿を中心に栄えてきました。

美濃加茂《みのかも》市には，中部地方の都市への交通の便にめぐまれた利点などを生かして積極的に工場の誘致《ゆうち》を進めてきた歴史があります。（**Ｚ**）産業の関連工場が建てられ，1980年代以降には家電製品やコンピューター関連の企業《きぎょう》も進出しています。

現在，住民に占《し》める外国人の割合は８％を超《こ》え，全国でも外国人割合の高い自治体のひとつです。国籍《こくせき》ではブラジルやフィリピンが多くなっています。

⑴　文中の（**Ｘ－１**）（**Ｘ－２**）にあてはまる語句として正しい組み合わせを，右の**ア**～**カ**から１つ選びなさい。

	（Ｘ-１）	（Ｘ-２）
ア	みかん	木曽《きそ》
イ	ぶどう	天竜《てんりゅう》
ウ	みかん	阿賀野《あがの》
エ	かき	木曽《きそ》
オ	かき	天竜《てんりゅう》
カ	ぶどう	阿賀野《あがの》

⑵　文中の（Ｙ）にあてはまる語句を，**漢字で**答えなさい。

⑶　日本では原料や燃料を輸入し加工して輸出する貿易がさかんに行われてきました。主な輸出品は時代ごとに変化してきました。1960年の輸出入品の１位に共通してあてはまる語句を答えなさい。なお，問６の文中にある（Ｚ）と同じ語句が入ります。

1960 年の主な輸出入品

	１位	２位	３位
輸出品	（Ｚ）品　：30.2％	機械類：12.2％	鉄鋼　：9.6％
輸入品	（Ｚ）原料：17.6％	石油　：13.4％	機械類：7.0％

（『日本国勢図会 2018』より作成）

⑷　美濃加茂《みのかも》市の外国人の割合は，地域ごとにちがいがみられます。Ａの地域では外国人の割合が約11％であるのに対して，Ｂの地域（次のページ）では約１％と少なくなっています。地域Ａの外国人割合が高い理由を，以下の２つの地形図と14ページの本文の内容をふまえて説明しなさい。

地域Ａ

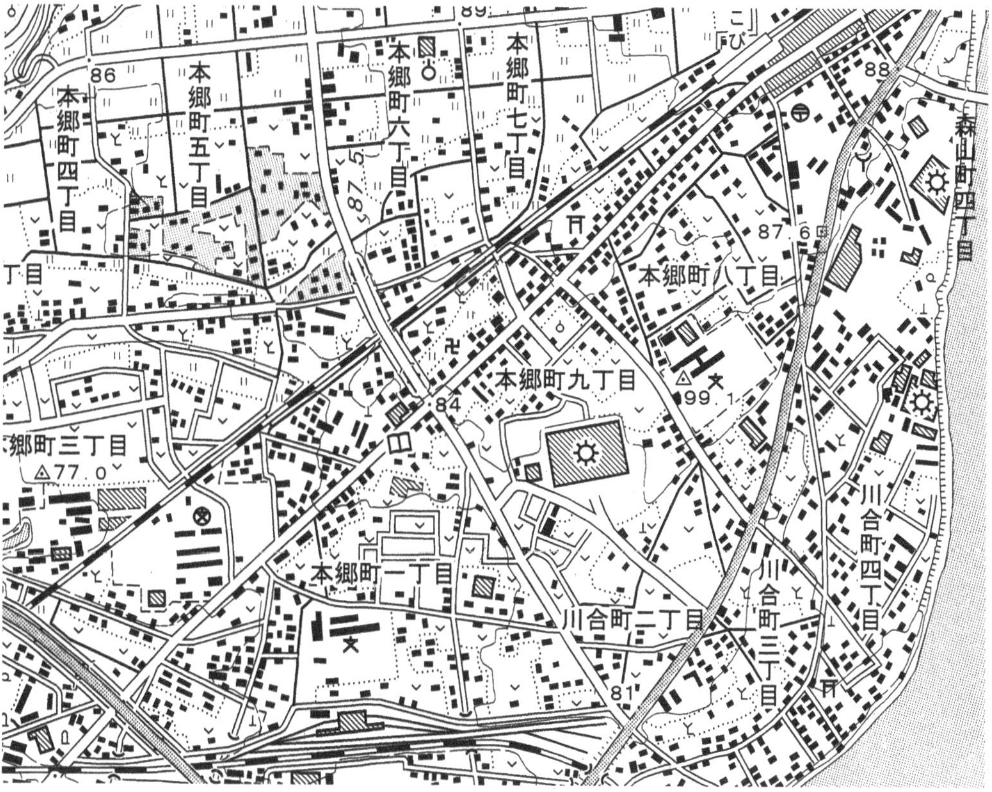

地域B

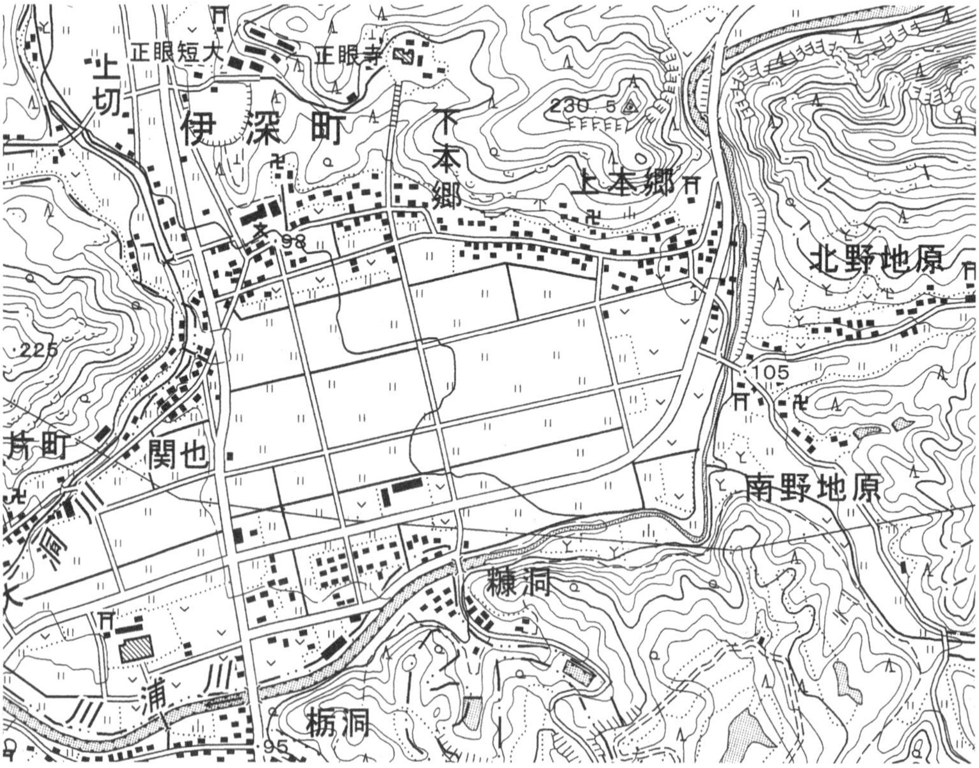

（平成22年発行の２万5000分の１の地形図をもとに作成。それぞれの地域の一部を表している。）

問７　下線部⑦に関して。明治時代の初めから1960年代ごろまで，多くの日本人が移民として送り出されていました。明治時代以降における，日本人の外国への移住に関する問に答えなさい。

⑴　主な移住先の１つにハワイがありました。【史料１】【グラフ１（次のページ）】を読み，ハワイが日本人の移住を受け入れた理由を説明しなさい。

【史料１】　1870年代のハワイに関する記述

「サトウキビの農場の経営者が困難を抱《かか》えている」と企業《きぎょう》の指導者たちは主張しました。ホノルルのある新聞は，「移民をすすめるための政策が大切である」と報道しました。またある新聞の広告には「東インド諸島※１の人々は我々の抱《かか》える問題をすぐに解決するだろう」と書かれました。ハワイ政府の報告書には，「移民は日本などから求められるべきである」と書かれました。

※１　東インド諸島：広くアジアの諸地域をさす。

（『ハワイ王国』より。問題作成上，改めたところがある。）

【グラフ1】 1800年代のハワイの人口

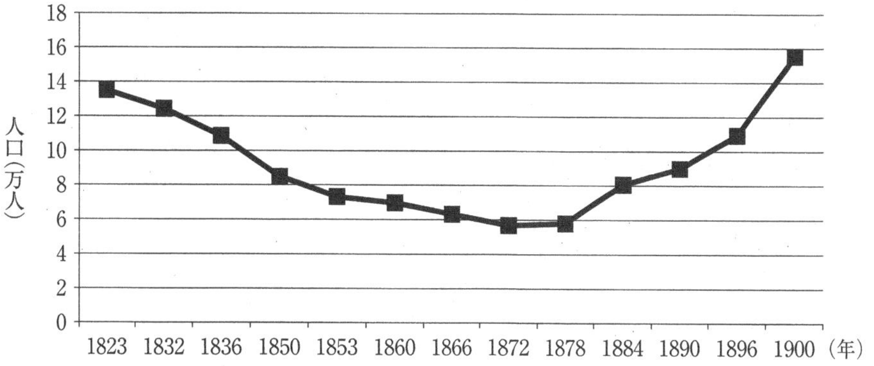

(『ハワイの人口統計』より作成)

(2) 以下は，主な移住先の1つであった台湾・朝鮮・満州（いずれも当時の呼び方）に関わるものです。【資料1】【史料2】【史料3】から読み取れることについて述べた22ページの**ア**～**エ**から**誤っているもの**を1つ選びなさい。

【資料1】 移住した熊本県民が台湾でついた職業の上位6つ

①公務員関係：1259　②会社員：1032　③警察関係：551

④学校関係：511　⑤農業関係：266　⑥鉄道関係：252 （単位：人）

(和田英穂の論文より作成)

【史料2】 熊本県水俣《みなまた》市の女性の手紙（1935年）

私の家はこんど朝鮮の興南《フンナム》に行くことになりました。興南《フンナム》には，いま父がはたらいている会社の大きな工場があるのです。水俣《みなまた》工場のカーバイト※1係ではたらいている父が，てんきんになったのです。朝鮮には関釜《かんぷ》れんらく船※2で行くそうです。玄海《げんかい》なだは，波がとっても荒《あら》いそうです。でも，友だちのみっちゃんも茂《しげ》ちゃんもいっしょに行くので平気です。（『聞書水俣《みなまた》民衆史』より。問題作成上，改めたところがある。）

※1 カーバイト：化学物質の名前

※2 関釜《かんぷ》れんらく船：現在の山口県下関《しものせき》市と韓国釜山《プサン》を結ぶ船

【史料3】 元・満州移民だった人々へのインタビューより

私は小学校まで電灯のない生活でした。昭和13（1938）年，尋常《じんじょう》小学校高等科※3 2年になるとすぐ担任から『拓《ひら》け満州』の画報※4などを見せられ，説明を聞いて義勇軍《ぎゆうぐん》を知りました。(中略) 先生や学校へ届いた先輩《せんぱい》の手紙が紹介《しょうかい》されたり，職業紹介《しょうかい》で来校した県職員たちから義勇《ぎゆう》軍の説明がくり返されたりしました。そうしたなかで，次第に義勇《ぎゆう》軍参加の意向も高まり，やがて11人が参加しました。

(陳野守正の著書より作成)

※3 尋常《じんじょう》小学校高等科：現在の中学校にあたる。

※4『拓《ひら》け満州』の画報：満州開拓《かいたく》をすすめる雑誌のひとつ

ア 【資料1】からは，日本人の移住者は現地にある役所や会社で，現地の人たちのためにもはたらいたことが読み取れる。

イ 【史料2】からは，日本人の移住者は現地に作られた日本の工場ではたらいたことが読み取れる。

ウ 【史料3】からは，裕福《ゆうふく》な少年が学校や県のすすめで移住をしたことが読み取れる。

エ 【史料3】からは，日本人の移住者は土地の開拓《かいたく》だけでなく，現地で武装することもあったことが読み取れる。

⑶ 日本は1945年以降しばらく移民を送ることを止めていましたが，1952年には移民が再開されました。その理由を，【表1】【写真1】【写真2】をもとに説明しなさい。

【表1】 1945年～49年ごろまでの「復員《ふくいん》および引揚《ひきあげ》」をした人数(単位：人)

ソ連から	47万2958
満州から	127万1479
朝鮮半島から	91万9904
中国から	154万1437
香港から	1万9347
台湾から	47万9544
東南アジアから	89万2526
オーストラリアから	13万8843
太平洋諸島から	13万 968

(厚生労働省社会・援護《えんご》局資料より作成)

【写真1】

上野駅で寝泊《ねと》まりする引揚《ひきあげ》者

(1946年 林忠彦撮影《さつえい》)

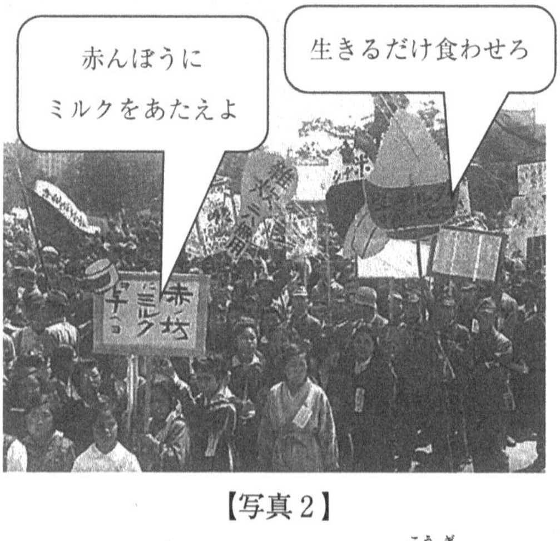

【写真2】

1946年5月に皇居前に入った抗議《こうぎ》デモ

(1946年 影山光洋撮影《さつえい》)

※吹《ふ》き出《だ》しは問題作成上追加。

問８　下線部⑧に関して。駒東太郎君の同級生のヨシオ君は，サウジアラビア生まれです。サウジアラビアの国の宗教はイスラムです。ヨシオ君の家族は，熱心なイスラム教徒です。ヨシオ君は小学５年生のときお母さんの出身国である日本にやってきて，現在は太郎君と楽しく学校生活を送っています。

サウジアラビアの小学校の時間割(例)

	土曜日	日曜日	月曜日	火曜日	水曜日
主な科目	コーラン 算数 アラビア語 英語 社会	コーラン 算数 英語 アラビア語 体育	アラビア語 美術 コーラン 理科 英語	理科 英語 アラビア語 コーラン 算数	コーラン 算数 アラビア語 英語 社会

昼食はお弁当を持参するか，学校の食堂を利用します。家庭に帰って食べる場合もあります。

右の写真は，体育の授業(バスケットボール)の様子です。

(吉田忠正『体験取材！世界の国ぐに・サウジアラビア』より)

太郎君が通う公立小学校の時間割(例)

	１時間目	２時間目	３時間目	４時間目	５時間目	６時間目
金曜日の時間割	算数	体育	国語	理科	社会	音楽

１月31日金曜日の給食献立《こんだて》

とんかつ，千切りキャベツ，かぶのみりん漬《づ》け，麦ごはん，チキンスープ

上の例にあるような太郎君の小学校生活で，ヨシオ君がイスラムの教えや習慣とのちがいで，とまどうこともあります。サウジアラビアと日本の小学校の時間割や給食献立《こんだて》をもとに，言葉のちがい以外で，**２つ**具体的に説明しなさい。

問９　下線部⑨に関して。日本を含《ふく》む世界では，大人に比べ，子ども（18歳《さい》未満）の人権への配慮《はいりょ》が十分であるとはいえません。さまざまな努力が積み重ねられていますが，改善にはほど遠いのが現状です。

(1)　先進国や国際機関による技術・資金協力を受け，発展途上《とじょう》国では，国内各所に水道施設《しせつ》をつくる活動を行っています。このことは，子どもの権利を守る活動につながります。それはなぜでしょうか。発展途上《とじょう》国の子どもの日常の家事労働における負担をふまえ，説明しなさい。

⑵　日本では，外国人が国内ではたらくことに関して制限してきましたが，近年ではその制限をゆるめ，より受け入れる方向に変わってきています。日本国内ではたらく外国人の現状について**ア〜エ**から**誤っているもの**を１つ選びなさい。

ア　外国人が，自分の支持する政党に選挙で直接投票することによって，労働条件をよりよいものとすることができる。

イ　近年，はたらいた分の給料をもらえないなどの理由から，外国人が自分の職場を離《はな》れて行方不明になることが大きな問題となっている。

ウ　外国人の子どもたちが，言葉などのさまざまな理由から学校へ通わない状況《じょうきょう》が大きな問題となっている。

エ　外国人が，はたらく現場で自分の人権が守られなかった場合，報道機関などを通じて広く社会に訴《うった》えることができる。

⑶　このような状況《じょうきょう》で人権を守っていくためには，裁判所の役割がますます重要になります。裁判員制度が始まり，10年がすぎました。裁判員制度のできた目的として，**ア〜エ**から正しいものを１つ選びなさい。

ア　裁判官など裁判に関わる職業の人のはたらく時間の長さが問題となったため，裁判にかかる時間を短くすることを目的の１つとする。

イ　国民感情とかけ離《はな》れた裁判の判決が問題となったため，判決を下す話し合いは，一般《いっぱん》の人だけで行うことを目的の１つとする。

ウ　専門家だけではなく一般《いっぱん》の人が裁判に直接参加することにより，裁判への関心を高め，理解や信頼《しんらい》を向上させることを目的の１つとする。

エ　取り上げる事件について，裁判開始前に一般《いっぱん》の人から多くの意見をきき，それを判決に直接反映させることを目的の１つとする。

ことから、自分が苦しめられている「らしい」という枠組《わくぐ》みに基《もと》づいた物の見方に自分もまたとらわれていることに改めて気づかされ、もどかしさを感じている。

問10 ——線部⑧「ってのはウソだけど」（28ページ）とありますが、このように言ったときの岬の思いとして最も適切なものを次の中から選び、記号で答えなさい。

ア 真剣に聞いているシッカに向かって自分の考えを熱のこもった口調で語ったが、シッカには自分の話に簡単には納得《なっとく》してほしくない。

イ 中学生のシッカにも理解できるようにと自分の考えをつい表面的に語ってしまったので、それを否定することでダンスの奥深《おくぶか》さを伝えたい。

ウ 悩んでいるシッカに対して自分の考えをおしつけがましく語ってしまったことに気づいたが、自分がずうずうしい人間だとは思われたくない。

エ シッカが悩んでいることを感じ取り体験談も交えて自分の考えを語ってきたが、最終的にはシッカ自身に大事なものは何かを考えさせたい。

オ シッカと自分の共通点に気づいたことで自分の考えをついおおげさに語ってしまったが、その発言が本心であるとは思ってほしくない。

問11 ……線部X「スポンジがない」（28ページ）・Y「スポンジがあった」（28ページ）のように、シッカが相手の話を理解していく様子が「スポンジ」という言葉を用いて表現されています。「スポンジ」以外に、シッカが相手の話を理解していく様子を表すために用いられている二字の語を抜《ぬ》き出して答えなさい。

問12 ——線部⑨「なぜか、数秒後には『やります』とうなずいていたのだ」（28ページ）とありますが、それはシッカがどのようなことに気づいていたからだと考えられますか。シッカの心情の変化をふまえて、百字から百二十字で答えなさい。

問13 本文の特徴《とくちょう》について述べたものとして誤っているものを次の中から二つ選び、記号で答えなさい。

ア「パパもママも何もわかっていない」（33ページ）など、語り手は主人公の心情を直接語っているように、岬や母といったほかの登場人物の心情も直接的に表現している。

イ 登場人物の発言の中に「……」や「——」を用いることにより、言葉だけでは表しきれない登場人物の心情を表現する効果をあげている。

ウ「言って《キズツケテ》」（33ページ）・「音圧《デシベル》」（30ページ）など、語句に本来の読みとは異なる特殊《とくしゅ》な読み方をつけることで、人物の心情や特徴を際立《きわだ》たせる効果をあげている。

エ「溶岩《ようがん》がどろっとあふれだす」（34ページ）・「夏空みたいな笑い方」（29ページ）など、比喩《ひゆ》を用いることで、登場人物の様子を印象的に表している。

オ 巧や両親、岬など様々な人物との交流を通して、主人公が悩みを抱《かか》えながらも自分のことを見つめ直し、たくましく成長していく姿が丁寧《ていねい》に描《えが》かれている。

カ「由美《ゆみ》」「母親」「ママ」のように、語り手が同じ人物に対して複数の呼び方を使い分けることで、主人公とその人物との関係性や心の距離感《きょりかん》などを巧《たく》みに描いている。

問8　――線部⑥「……あたし、加藤トモミです」（30ページ）とありますが、シッカがここでフルネームを名乗らなかったのはなぜだと考えられますか。その説明として最も適切なものを次の中から選び、記号で答えなさい。

ア　全身が映る鏡を目にして、ほかの人とは違《ちが》う自分の外見を再確認し、自分がブラジル人の血を引くことを象徴《しょうちょう》する「フランシスカ」という名前に改めて抵抗感《ていこうかん》を覚え、その名前を岬《みさき》に言わないことで自分をほかの人とは違う姿に生んだ両親への不満を示そうという意識が、自然と働いたから。

イ　岬も巧《たくみ》と同じように、ほかの人と外見の違う自分をばかにするのではないかと心配していたところ、岬に無理矢理階段をのぼらされて、全身が映る鏡のあるスタジオの中に押《お》し込《こ》まれ、自分の姿をまじまじと見て、両親が付けた「フランシスカ」という名前への嫌悪《けんお》感《かん》をはっきりと自覚したから。

ウ　全身が映る鏡のある正式なスタジオに来たことで、ほかの人とは違って片足が義足である岬のダンスに向き合う真剣《しんけん》な姿勢を感じ取り、自分もほかの人と違う姿に思い悩《なや》んだりするのではなく、「フランシスカ」と名乗らないことで、日本に住む一人の人間として生きることを受け入れる思いが出てきたから。

エ　岬が練習するスタジオの全身が映る鏡を見たことで、ほかの人とは違ってブラジル人と日本人の両親を持つ娘として生きるつらさがこみ上げ、「フランシスカ」という名を付けた両親に対する昨夜の怒りがよみがえったが、その怒りを岬には悟《さと》られたくなかったから。

オ　昨夜、岬が見学にでもくればいいと言ったのは、その場しのぎのいい加減な言葉であったということに気づいたものの、岬と一緒に全身が映る鏡を前にして、自分と同じくほかの人とは違う義足の岬が日本人であることに親近感を覚え、「フランシスカ」というブラジル人の親の血を引く名前を隠《かく》したくなったから。

問9　――線部⑦「言葉の鎖《くさり》と気持ちの鍵のせいで身動きもできない」（29ページ）とありますが、このときのシッカの心情として最も適切なものを次の中から選び、記号で答えなさい。

ア　「ダンスなんてやりません」という言葉が本心とは反対に一時的な母への怒りのために発せられたことから、突発的《とっぱつてき》であるにせよ「なんて」という言葉が大好きなダンスを侮辱《ぶじょく》したことになると気づいて、後悔している。

イ　「ブラジル人らしいリズム感だってないし……」という言葉を何気なく口にしてしまったことから、ブラジル人は皆《みな》リズム感が良いという偏見《へんけん》を自分が無意識に抱いていることがわかり、やるせない思いでいる。

ウ　「……サンバなんか見ないし」という言葉が投げやりで乱暴に口をついて出てしまったことから、ダンスに情熱をかける岬の心を傷つけ自分に対する彼《かれ》の関心が薄《うす》れるのではないかという不安を抱き、途方《とほう》に暮れている。

エ　「あたし、ブラジル人じゃないし」という言葉が感情にまかせて発せられたことから、ブラジル人と日本人を両親とする自身の生《お》い立ちを心の底から憎《にく》んでいる自分の感情を改めて思い知らされ、あきれている。

オ　「……日本人らしくもないけど」という言葉が思わず出てしまった

ア　心配に思い、泣きそうになる
イ　不満に思い、ふくれっつらをする
ウ　迷惑《めいわく》に感じ、おどしつける
エ　疑問に感じ、よく観察する
オ　不審《ふしん》に思い、しかめつらをする

B　「いたたまれなくなった」（30ページ）

ア　相手の真意に気づき、腹立たしくなった
イ　自分のしたことに後悔《こうかい》し、情けなくなった
ウ　事情をさとり、その場を立ち去りたくなった
エ　迷惑をかけてしまい、申し訳なくなった
オ　子ども扱《あつか》いされて、我慢《がまん》できなくなった

問3　――線部①「シッカちゃんて、チョコなの?」（35ページ）とありますが、この質問でシッカが聞きたかったことは、どういうことですか。三十字以内で答えなさい。

問4　――線部②「そんなことは意地でも口にしない」（34ページ）とありますが、ダンスに対してシッカはどのような思いを抱《いだ》いていますか。母親への思いをふまえて、九十字以内で答えなさい。

問5　――線部③「電気ショックを受けたのは、シッカも同じだった」（33ページ）とありますが、どういうことですか。その説明として最も適切なものを次の中から選び、記号で答えなさい。

ア　シッカが学校で「サンババア」と呼ばれていることを明かして怒《いか》りをぶつけたことで、母親はうろたえたが、一緒《いっしょ》になって怒《おこ》ってはくれなかったので、その様子を見て、結局娘《むすめ》の自分よりもサンバのほうが大切なのだと気づき、シッカは動揺《どうよう》したということ。

イ　シッカが学校で「サンババア」と呼ばれていることを明かして怒りをぶつけたことで、母親は最初言葉を失ったが、すぐに冷ややかなまなざしを向けてきたので、自分がいやな子だと思われてしまったことに気づき、シッカは予想外のことにかなしい気持ちになったということ。

ウ　シッカが学校で「サンババア」と呼ばれていることを明かして怒りをぶつけたことで、母親は驚《おどろ》きかなしみ、ひきつったような表情になったので、その様子を見て、自分に意図的に人を攻撃《こうげき》するような一面があったことを知り、シッカは衝撃《しょうげき》を受けたということ。

エ　シッカが学校で「サンババア」と呼ばれていることを明かして怒りをぶつけたことで、母親は驚き青ざめて、そのまま何も言えなかったので、その様子を見て、自ら口にした「サンババア」という言葉の残酷《ざんこく》さに気づき、シッカは顔色を失ったということ。

オ　シッカが学校で「サンババア」と呼ばれていることを明かして怒りをぶつけたことで、母親は突然のことにうつろな表情になったが、なぐさめてはくれなかったので、両親は自分の苦しみを本当には理解できないと思い、シッカは急にむなしい気持ちになったということ。

問6　――線部④「そう、踊っている、ように思う」（32ページ）とありますが、ここで「ように思う」として、「踊っている」と断言していないのはなぜですか。五十字以内で答えなさい。

問7　――線部⑤「夏虫が火に引き寄せられるように」（32ページ）とありますが、これはシッカのどのような様子を表していますか。三十字以内で答えなさい。

で聴《き》いたような呪文《じゅもん》を壁に向かってブツクサとなえて、その反響《はんきょう》を自分で聞いてさ、なんとなく納得《なっとく》する。これでみんなといっしょだって安心したり、おれだけは特別じゃなきゃいけないって思い込んだりさ。自分で自分に魔法をかけちまうんだから、お笑いだ」

　シッカは言葉が返せずに、だまって何度か瞬《まばた》きをした。樹里《じゅり》（シッカの友人）と話していたときと同じだ。大事なことを聞いているかもしれないのに、頭でちっとも吸収できないのは、自分の中に、Xスポンジがないからなのだろうか。

　岬がシューズのひもを結びなおしながら、歌うようにささやく。

「国籍《こくせき》。手足の数。セクシャリティ（性についての考え方）。肌の色。どれ一つ、おれのダンスにゃ関係ないね。大事なのは表現することだ。何に喜んで、何に怒って、どんなリズムに乗って、どんな唄《ドロップ》をかますかってことの方が、ずっと大切。⑧ってのはウソだけど」

「う……ウソなんだ」

　シッカはがくりと肩を落とす。

　ちょっとカッコいいと思ったのに。岬の話は、どこに落とし穴があるか、油断できない。岬はにやにや笑っている。

「さあ。おれは一生かけて、自分を知りたい。加藤サンも、加藤サンのやり方で、そうしたら。ひとのセリフで納得するなんて、もったいないだろ」

　シッカはゆっくり瞬きをした。

　他人のセリフなんかで納得しない。自分なりのやり方で。

　——あたしの中にも、Yスポンジがあった。

　岬の言葉がやっと心の中に染《し》みてくる。中華《ちゅうか》あんがフライ麺《めん》に染み込むくらいの、とろみ速度で。岬はよいしょっと立ち上がると、いいことを思いついたという顔で、シッカを見下ろした。

「そうだ。加藤サンも明日、踊ってみる？　ドロップのとこだけでいいから、サプライズゲストってことでさ」

　シッカは、手に変な汗をかいている。

「ど、ドロップのところ？」

「サビんとこだけ、踊ってみなよ」

「無理。やだ。絶対、無理」

　反射的に、首を横にぶんぶん振ってしまう。

「そう？　基本的な動きを二、三教えてやるからさ。どうしてもヤダってんなら、いいけど。今回のダンスバトルのおれ的テーマ、〈目覚め〉なんだよね。加藤サンって、いま、雰囲気《ふんいき》そんな感じ。……ダンス、ほんとは好きなんだろ？　さっきおれが踊ってたとき、身体、動いてたよ」

　さらりとした岬の言葉に、思わずどきりとしてしまう。濃い眉の下で輝《かがや》くふたつの目に、心の奥《おく》まで見透《みす》かされそうだ。

　どうする、と首をかしげられ、奇妙《きみょう》なことに、シッカはすぐに断ることができない。そしてもっと奇妙なことに、⑨なぜか、数秒後には「やります」とうなずいていたのだ。

（黒川裕子《くろかわゆうこ》『夜の間だけ、シッカは鏡にベールをかける』）

問1　＝＝線部1～15のカタカナを漢字に直しなさい。

問2　〰〰線部A「眉をひそめる」（32ページ）・B「いたたまれなくなった」（30ページ）とありますが、この言葉の本文中の意味として最も適切なものを次の中からそれぞれ選び、記号で答えなさい。

A「眉をひそめる」（32ページ）

踊ってるんだ、おれ」

岬はそう言うと、義足でない方の足を軸《じく》にして右回りにくるんとターンした。そのまま複雑に入り組んだステップを8カウントしたあと、目にもとまらぬ速さでフロアに両手をつき、長い両足をブン回す。ワンカウントで三百六十度、ど派手なブレイキング（ダンスの技《わざ》）。

モダンバレエにも似たゆうべの動きとは違うが、こっちもすごい。

曲が終わり、シッカは、夢中になって拍手《はくしゅ》を送っていた。当の岬は、床《ゆか》にべったりと座り込んだ体勢でシッカを見上げて「どーも、どーも」と笑っている。

子どもみたいに楽しそうな岬を見ていると、隠《かく》したり、意地を張ったりするのがばからしくなってくる。岬がペットボトルを手にしたタイミングで、シッカは13ヒミツを打ち明けるように、ひそひそと言った。

「……あたし、本当の名前は、加藤トモミ・フランシスカっていうんです。パパはブラジル人で、ママは日本人。ついでにサンバの講師」

「へえ！　ダンサーの血を引いてんのか。いいなあ。将来14ユウボウだ」

シッカは意外に思った。この人は、父親がブラジル人ということより、ママがダンサーであることに反応するらしい。

「ダンスなんてやりません。ブラジル人らしいリズム感だってないし……」

ブラジル人らしい、と何の気なく口走ってしまった自分が嫌になる。

真っ赤になってうつむいているのを、どう思われただろうか。岬はふうん、とつぶやくと、身を屈《かが》めて義足のチューブを撫《な》でた。

「――ま、ブラジル人にもリズム音痴《おんち》はいるよな。リオ（ブラジルの都市）のカーニバル、テレビで見てても、沿道のおっちゃんとかで明らかに盆踊《ぼんおど》りだろってのいるし。楽しそうだけど」

「……サンバなんか見ないし。あたし、ブラジル人じゃないし。……日本人らしくもないけど」

思わず怒ったように吐《は》き捨ててしまい、シッカは泣きそうになった。まるで小さな子どもだ。「らしい」「じゃない」「らしくない」。かちゃん、がきん、心のどこかで音がする。⑦言葉の鎖《くさり》と気持ちの鍵のせいで身動きもできない。もうやだ、とつぶやいた。

岬はそんなシッカをまじまじと見ている。気まずい空気の中、岬がするりと目をそらしてつぶやいた。

「――おれ、プロのダンサーになってまあまあ上手《うま》くやってたときに事故にあって、この足になったんだ。前にテレビで、15ヒゲキの義足ダンサーとかいって小《ち》っちゃい特集組んでもらったこともあるんだぜ。そんときに、あるスタッフさんに言われたの。感動エピソード何かありませんか、って」

「何それ」

思わず顔をしかめたシッカを見て岬がにっと笑う。

「だろ。ずっとダンスについて熱く語ってたのがマズかったんだろうけどさ。ま、らしくしてろってことなんだろうな。お涙《なみだ》ちょうだいって感じじゃねえからなあ、おれ。関係ないかもしれないけど、何か、いまの加藤サン見てたら、思いだしたよ」

岬は今度は、からりと声を上げて笑った。夏空みたいな笑い方をする人だ。

「……おれに言わせりゃ、らしさって、ろくでもねえ魔法だよ。どっか今日、サボるなんて大それたことを実行できたのは、やはり昨日、岬のダンスを見たせいかもしれない。義足で自由に、大胆《だいたん》に、青い火のように踊る彼《かれ》のすがたに、シッカの中の何かが動いた。

父親の目をごまかすために制服に着替《きか》えて、いつものように家を出る。ゆうべ岬がシッカに告げた練習の開始10ジコクは九時だった。

八幡一番街までは、近道すれば自転車で五分とかからない。

最近めっきり人通りが少なくなった一番街をノーブレーキで突っ走って、一番端《はし》にある雑居ビルの前で自転車をとめる。ビルの二階の窓に、「わをんダンススタジオ」とペイントされている。一階のクリーニング店脇から、幅《はば》の狭《せま》い階段が二階に続いていた。

自転車の鍵《かぎ》をかけながら、シッカはふと真顔になる。

——何やってんだろ、あたし。

いまならまだ、引き返せる。いったんかけた鍵をかちゃりと解錠《かいじょう》したそのとき、後ろから人がきた。「あ」とつぶやく、聞き覚えのある声。

驚《おどろ》いて振り向くと、そこに岬本人が立っていた。

今日は、ハーフパンツの下から、義足の黒いチューブが伸びて、足首にあたる部分から先がNIKE《ナイキ》(スポーツ用品のメーカー)のバッシュ(バスケットシューズ)に収まっている。手にはペットボトルが入ったコンビニの袋《ふくろ》。昨日は座《すわ》った姿しか見ていなかったが、こうして見上げると岬の身長は百八十近くありそうだ。

岬は制服姿のシッカを見て目を丸くする。

「昨日の子だよな。ホントにきてくれたんだ。……中学生？　学校どうしたの」

その少し11コマった顔を見て、気づいてしまった。見学に誘《さそ》ってくれたのは、未成年を家に帰すための12ホウベンで、学校があってこられないと見越《みこ》した上のことだったのか。Bいたたまれなくなったシッカが踵《きびす》を返す前に、岬はふふっと笑った。

「……ま、いっか。こっちきなよ」

うむを言わせず階段をのぼらされ、半透明《はんとうめい》のドアの向こうに押し込まれる。

スタジオの前一面に張られた鏡に思わず足がすくむ。全身が映る鏡を見るなんて、いつぶりだろうか。岬はそんなシッカをちらりと見てから、名前、と短くたずねる。

「⑥……あたし、加藤トモミです。突然《とつぜん》きちゃって、すみません」

シッカは小さな声で名乗った。とっさにフランシスカと名乗らなかったのは、もしかしたら両親への当てつけなのかもしれなかった。

「見学っつっても、ひたすら踊ってるだけなんだけど」

そう言うと、岬は棚《たな》の上にあるオーディオセットの再生ボタンを押した。

とたんに、スタジオの中に、脳みそが吸いだされるような重低音が鳴り響いた。

「これはちょっと前に流行《はや》った『Clarity《クラリティ》』って曲のドロップ。あ、音楽のサビ(曲の聞かせどころの部分)のことを、EDMじゃ、ドロップっていうんだけど」

「EDM？」

「ああ、エレクトロニック・ダンス・ミュージックの略。シンセサイザー《シンセ》とかの電子音を使いまくってコンピューターで作る音楽のこと。ドロップのとこはだいたい音圧《デシベル》がドカンとでかくなる。今年はEDMメインで一応、市が[8]カンリしてる公園だから、夜に音楽鳴らして踊ってると、[9]ツウホウされることがあんだよ。とくに、未成年といっしょとか、ヤバいから。……何だよ、おれの踊り、そんなによかった?」

ぼーっとしているシッカに向かって、にやっと笑う。

シッカはこくこくと首を縦に振る。

「おれ、一応プロのダンサーでさ」

ふたたび、うなずきを返す。義足であろうがなかろうが、あれほど洗練された動きをする踊り手が、アマチュアだとは到底《とうてい》思えなかった。

「でも貧乏《びんぼう》ダンサーだから、毎回スタジオ借りて練習できないんだよね。で、明後日《あさって》に本番があるから、練習してたってわけ」

「本番?」

〈濃い眉さん〉は、サーフパンツのポケットをごそごそ探《さぐ》ると、くしゃっと丸まった紙切れを差しだした。

受け取った紙を広げてみる。それはカラーのA4チラシだった。

子どもたちが踊っているイラストの上に、カラフルなフォント（文字のデザイン）で、第三回市川市ダンスバトル for ヤングスターズと書かれている。開催《かいさい》日時は明後日の土曜日となっていて、開催場所は、シッカも何度も行ったことのある市民グラウンドだ。

出演者の欄《らん》に、赤ペンで○がつけてあった。

――舞踏家《ぶとうか》（ダンサー）、岬勇二《みさきゆうじ》――

肩書《かたがき》と名前を読み上げたシッカに、岬は子どものように得意げに胸を反らせた。

「おう。それ、おれの名前。もうじき二十八だから、ヤングスターって歳でもねえけどな、ゲストで呼ばれてんだ」

チラシの字と、岬の顔を何度も見比べる。岬はそんなシッカをしばらく面白《おもしろ》そうに見上げていたが、やがて苦笑《くしょう》した。

「もう家に帰んなよ、何でこんな時間にうろうろしてんだか知らないけどさ。おれのダンスが気に入ったなら、練習の見学にでもくればいい。ちょうど明日《あした》、スタジオ練習が入ってるし。午前中だから、学校あるかもしれないけど」

そう言うと、岬はシッカに八幡一番街《やわたいちばんがい》にあるというスタジオの名前を告げた。

朝、ベッドで目が覚めたときにはもう決めていた。

――今日は、学校に行かない。

行ったところで、巧にサンババアと言われ、机の傷を数えるだけのことだ。休んだところで、だれも心配もしないだろう。だから今日こそ行かない。本当はもうずっと、学校に行きたくなかった。

担任から家に連絡《れんらく》がくるかもしれない。それでもいい。ゆうべ両親の前であれだけ爆発《ばくはつ》したのだ、いまさら取り繕《つくろ》うことなんてない。

ゆうべ、十時過ぎに家に戻《もど》ってきたシッカを、由美もミゲウも叱《しか》りつけることはせず、ケーキを化粧箱《けしょうばこ》から取りだすときのように、そろりと扱《あつか》った。

シッカも両親には一言も話しかけずに、シャワーを浴びて寝《ね》てしまった。由美は朝から教室に行っている。店を開ける前の父親と朝食前にリビングで鉢合《はちあ》わせしたものの、おはようも言わずに顔をそむけた。

悪いという気持ちがないわけではないが、これでしばらくサンパウロの親戚《しんせき》の話も、サンバの話も聞かずにすむと思うとせいせいする。

人になれるそこを、シッカは気に入っていた。

（……しばらく頭を冷やしてから、家に帰ろう）

だが、今夜のゆうづる公園には先客がいた。

申し訳程度に5モウけられている入り口から公園に入る前から、音楽がきこえる。どん、どん、どん、と響《ひび》く重いビート（リズムをきざむ音）。しゃかしゃか鳴る英語の歌詞。怖《こわ》い人たちかな、と、そうっと公園の中を覗《のぞ》いたシッカの目に飛び込んだのは、意外な光景だった。

ＣＤラジカセをアスファルトの地面に直置《じかお》きして、二十代くらいの若い男が踊っている。④そう、踊っている、ように思う。

シッカはほかの同年代の女の子よりダンスに詳《くわ》しい。もう自分で踊ることはないけれど、ダンスに囲まれて育ったからだ。

これまでに見たことのあるダンスは、サンバや、母親がときどきよそのお教室の講師に呼ばれて踊ることがある社交ダンス、小学生のころ習っていたモダンバレエ、それに見たことがあるだけなら、いまどきのストリートダンス。

でもこの踊りは、そのどれとも違う。

一番違うのは、男のすがただ。男の右足の膝《ひざ》から先は途切《とぎ》れている。断《た》ち切られた右足の先は、義足の黒いソケット（義足を体に接続させる器具）に覆われている。

ぼんやりとした公園灯に6テらされているだけのうす闇《やみ》の中、白いＴシャツにサーフパンツという身なりをした男の身体がうごめく。

アスファルトに倒《たお》れ伏《ふ》した体勢から、両腕《りょううで》をついて、ゆっくりと上体を起こす。小ぶりの波に乗り上げる舟首《へさき》のように7ユウビでなめらかな動きだ。右足の義足一本を支点に、引き締《し》まった左足を地面に沿わせるようにして全身を大弓のように反らせる。

上の高架に向かって差し伸べられた両手が、ゆっくりと胸をかきむしり、そのまま脇腹《わきばら》から腰《こし》を指先でなぞりながらすべり落ちた。

ＣＤラジカセから聞こえるやかましいドラミング（ドラムの演奏）に合わせて、左足がだんっと地面を蹴《け》る。リズムに完璧《かんぺき》に合ったジャンプ。男の身体がふわりと宙に浮《う》いた。

一回転して、舞《ま》い降りて、地面に両手をついて、また伏せる。大きく足を開き、そのまま手首と腕の力だけで倒立《とうりつ》したまま、ゆっくり時計回りに回ってゆく。

――こんな踊りがあるのか。

シッカは⑤夏虫が火に引き寄せられるように、ふらふらと男に近づいた。

踊り終えて汗《あせ》まみれになった男が、ようやく気づいたようにシッカを振《ふ》り返った。くっきりとした顔立ちに、濃い眉毛《まゆげ》が印象的だ。男はシッカをじろりと眺《なが》めると、A眉をひそめる。

「警察呼ぶなよ」

第一声がそれだった。

シッカは、警戒心《けいかいしん》の強い猫《ねこ》のように、ほんの少しずつ、地面にあぐらをかいている〈濃い眉さん〉に近づく。

「……いまの、ダンス……」

小さくこぼしてから、いったい何を聞くつもりなんだと混乱する。

〈濃い眉さん〉は、別の理由でそわそわと落ち着かないようだ。

「きみ、未成年だよな？　いきなり、警察呼ぶなとか、ごめんな。でも排水口《はいすいこう》に落としてしまったときも、授業参観にきた由美と目を合わせなかったときも。

（でも、ママがサンバをやっていなかったら、こんな思いをせずにすんだのは事実じゃない）

いまのシッカは、「傷つけてごめんなさい」どころか、青ざめたママの顔を見てザマアミロなんて思っている、いやな子だ。悪意というやつは、返す刀で自分を斬《き》る。③電気ショックを受けたのは、シッカも同じだった。

部屋のドアを乱暴に閉めて、ベッドに身を投げだした。

朝起きたときのまま、くしゃくしゃにわだかまっているタオルケットに顔をうずめる。

パパもママも何もわかっていない。もっと言って《キズツケテ》やればよかった、というヘドロじみた気持ちと、少しの後悔《こうかい》とでぐちゃぐちゃになりそうだ。

タオルケットにわずかに残っている清潔な洗剤《せんざい》の香《かお》りをかいで、やっと少し気持ちが落ち着く。

シッカはベッドから身を起こすと、ベッドサイドに置いてあったiPod（持ち運びのできる小型音楽プレイヤー）のワイヤレスイヤホンを両耳に押し込んで、お気に入りのKホップ（韓国《かんこく》人の歌手が歌うはやりの音楽）を大音量で流した。こんなときこそ、ああ、思いきり身体《からだ》を動かして踊りたいのに。

赤くなった目をこすりながら、机の横にあるルームミラーに、クローゼットから適当に抜《ぬ》きだしたワンピースをバサッとかける。身長より少し背の低い、縦長で、緑色の木枠《きわく》のルームミラーを洋服で覆《おお》う、いつもの儀式《ぎしき》。

――夜の間だけ、シッカは鏡にベールをかける。

鏡がキライなのと自分が嫌いなのは、たぶん同じことだ。

朝の身支度《みじたく》をするときも、お風呂《ふろ》のときも、自室でも、4キョクリョク鏡を見ないようにしている。鏡は現実を突きつけてくる。いまのシッカが見たくないものを……。

朝、部屋を出るタイミングでワンピースを取り去るのは、昼間は両親、とくに母親が勝手に部屋に入ってくることがあるからだ。気づかないかもしれないけど、剥《む》き出しの自分の気持ちをさらすようでイヤだった。

（サンババア。巧。フェジョアーダ。ブラジルの魂《アルマ・ブラジレイラ》……）

頭の中に、ハチが飛び回るように、不安な言葉が飛び交《か》う。

洗剤の匂《にお》いをかいでルームミラーにカバーをするだけでは、足りない。

夜の九時半だった。シッカは何も持たずに自宅マンションを飛びだした。

リビングにいた両親には止められたが、コンビニに行くと言い放ってゆうづる公園に向かう。財布《さいふ》を持って出なかったことに、気づかれたかどうか。

お気に入りのゆうづる公園は、ＪＲ本八幡《もとやわた》駅南口から高架《こうか》に沿って、メディアロードを東に進むと高架下にあらわれる、小さな公園だった。元々は駐車場《ちゅうしゃじょう》だったらしいそこは公園とは名ばかりで、がらんとしたアスファルトの敷地《しきち》に、いまだに何に使うのかわからない謎《なぞ》の遊具があるだけの場所だ。自分以外に人がいるのをほとんど見たことがないが、一

黙《だま》ってうなずきながら、シッカは、本当は首をかしげたかった。だってそんなの、

（聞いてないし）

いまならきっと、そう突《つ》っ込《こ》むことだろう。

五歳児《さいじ》だって、大人のごまかしはわかるのだ。何も魔法のチョコの色をたずねたわけじゃない、パパとママが、シッカをいつも可愛いというのはわかっている。

シッカが知りたかったのは、ほかの子から見た、自分のことだ。

なぜ肌の色がみんなと違うの？　どうしてリョウくんはからかうの？　茶色いとダメなことがあるの？　そういった疑問は、両親が標準装備している「シッカ愛してる」ボタンを押《お》した瞬間《しゅんかん》になかったことになって、シッカは二の句を継《つ》げなくなってしまった。知りたいのは、自分がどんなふうに人と違うか、ということなのに。

――一つわかることは、いまのシッカは、ただ、ただ、自分のすがたが嫌《きら》いだ。

茶色い肌とくるりと巻く髪とわし鼻、ついでに百七十センチ近くにまで伸《の》びてしまった身長、それらが嫌いな自分、何もかもが気に入らないのであって、学校とはすなわち、十七個ある机の傷を毎日数えなおしにいくためだけの場所だ。

本当はダンスは嫌いじゃないけど、②そんなことは意地でも口にしない。たぶん、母親の思いどおりになるのがいやで、習っていたモダンバレエも小学校五年生のときにやめた。親の前で踊《おど》ったのは小六の運動会での2ソウサクダンスが最後だ。

《シッカたち親子三人は、フェジョアーダなどのブラジル料理を囲んで夕食をとっていた。父親のミゲウは、「ブラジルの魂《アルマ・ブラジレイラ》」を受け継いでいるシッカにブラジルのことをもっと知ってほしいと、次の夏休みにサンパウロに長期滞在《たいざい》するよう勧《すす》めた。一方、母親の由美《ゆみ》は、自分の好きなサンバの話ばかりをしている。シッカの思いを気にかけずに話を続ける両親に対して、シッカはいら立ちをつのらせ、ついに彼女《かのじょ》の我慢《がまん》は限界に達した。》

「……いいかげんにしてよ……」

火山になったシッカの口から溶岩《ようがん》がどろっとあふれだす。

「勝手すぎるよ。ママはサンバを選んで、ブラジル人のパパを選んだ。パパはママと日本を選んで、日本に住んでいまハッピー。よかったじゃん」

手元のスプーンをにらんでいた視線を上げて、やっと両親の顔を見まわす。

「……でもあたしは、何にも選んでないのにこうなったっ。ママだってさ、うちの学校でサンババアって呼ばれてんの知ってる？　いい歳《とし》して、サンバでも何でも勝手に踊ってればいいけどさ。あたしを、巻き込まないでよ！」

由美がぎくりと顔をこわばらせた。いつかテレビで見た、漁で船揚《ふなあ》げされてすぐに電気ショックで殺されるマグロみたいに、一瞬で、目がうつろになった。ミゲウはまったく言葉をなくしている。

これまで、大声を上げてキレたこともほとんどないし、傷つけようとして母親を傷つけたこともない。母方の祖母の3カタミのピアスを

【国　語】（六〇分）〈満点：一二〇点〉

次の文章を読み、後の問いに答えなさい。

「おいサンババア、何だよあれ。ぜんっぜん、似てねーし。よく美術の先生に怒《おこ》られなかったな」

放課後、みんなが部活の支度《したく》をしたり、帰る準備をしたりしている教室で、湯浅巧《ゆあさたくみ》が教室入り口側の壁《かべ》の一点を指さしてそう言った。巧が指さしたのは、昨日美術の時間に描《か》き上げたばかりのシッカの1ジガゾウだった。クラスはストップモーションをかけたみたいに一瞬《いっしゅん》しんと静まりかえって、それからまたざわつきだした。

（いち、に、さん……）

シッカはうつむいて、全部で十七個ある机の傷をまた数えはじめる。

市川《いちかわ》市立《しりつ》布《ぬ》野《の》島中学校《しまちゅうがっこう》二年三組がスタートしてから三か月になる。巧にサンババアと呼ばれた回数はもう数えきれない。

加藤《かとう》トモミ・フランシスカ。それがシッカのフルネーム。

「シッカ」はフランシスカの愛称《あいしょう》だ。父母は一人っ子のシッカを、赤ちゃんのころからシッカと呼んでいた。おかげで、クラスメートにトモちゃんと呼ばれても、何だか自分の名前のような気がしない。

シッカの父はサンパウロ(ブラジルの都市)生まれの、アフリカ系のブラジル人だった。地元市川市でブラジル料理店を営業している。母は日本人のサンバ(ブラジルのダンス)ダンサー。小さなサンバ教室を開いていて、浅草《あさくさ》サンバカーニバルにも毎年チーム出場していたりする。

母親がサンバダンサーだから、シッカまで、まとめてサンババア。シッカ自身はブラポル語（ブラジル・ポルトガル語、ブラジルで話されているポルトガル語）も話せないというのに。こんな迷惑《めいわく》なことがほかにあるだろうか。

はじめは、「やめなよ」とたしなめていたクラスの女の子たちも、最近はスルーしている。中にはくすっと笑っている子もいるのを、知っている。男子は無視しているか、そうでなければ、うまいこと言ってんじゃねえよとか、でたサンババアとか、とはやしたてるだけだ。

少しずつ、サンババアという言葉が、クラスに浸透《しんとう》している。

ほかの子と肌《はだ》の色が違《ちが》うことが、はじめて気になったのは幼稚園《ようちえん》の年中のころだった。

クラス一の悪ガキだったリョウくんに、「チョコ、チョーコ」とはやしたてられたのがはじまりだ。チョコレートは大好きだけれど、もちろん名前ではなかったので「ちがうもんっ」と言い返してリョウくんの顔をにらんだ。だけど気づいてしまったのだ。違うのはシッカの方だった。

シッカの肌はほかの子たちと違って茶色だった。パーマもかけていないのに、髪《かみ》の毛は、どれだけとかしても、くるりと巻いてしまう。濃《こ》くて長いまつげも、立派に天井《てんじょう》を向いている。鼻はわし鼻で、ほかの子たちよりかなり高くて、大きい。

その日の夕食後、意をけっして「①シッカちゃんて、チョコなの？茶色いから……？」と両親にたずねてみた。するとパパとママは顔を見合わせて、にっこり笑って、おまえは茶色い子だよ、パパとママが愛する、魔法《まほう》のチョコみたいに可愛《かわい》い茶色い子だよ。そう言った。

MEMO

大切なことはメモしておこうネ！

T.G

2020年度

解　答　と　解　説

《2020年度の配点は解答欄に掲載してあります。》

＜算数解答＞　≪学校からの正答の発表はありません。≫

1　(1)　0.9　(2)　(図)　解説参照　(長さ)　25.12cm　(3)　6：2：1
(4)　①　24　②　7

2　(1)　＜1÷101＞＝9　＜40÷2020＞＝8　(2)　(例)　140

3　(1)　37.2m　(2)　6.28m　(3)　1位　じろう　2位　たろう　3位　さぶろう

4　(1)　青　24cm　(2)　赤・白・黄・青　(3)　赤・黄・青・白　122.4cm^2

○推定配点○

4　(3)　面積　8点　他　各7点×16(3(3)完答)　計120点

＜算数解説＞

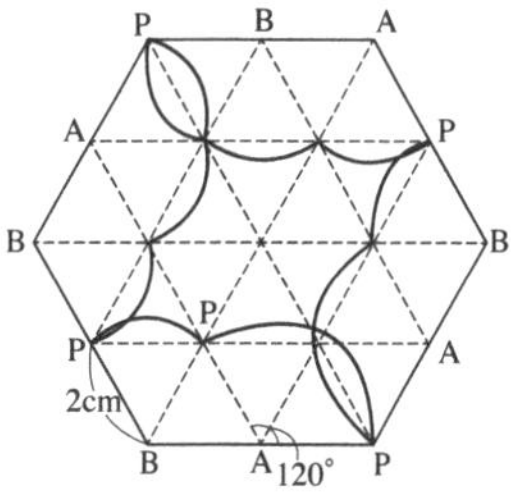

1　(四則計算，平面図形，図形や点の移動，割合と比，推理)

(1)　$\left(\frac{3}{8}+1515-9\times\frac{2691}{16}\right)\div\left(3\frac{1}{4}-1\frac{3}{8}\right)=$

$\left(1515\frac{3}{8}-9\times\frac{2691}{16}\right)\times\frac{8}{15}=808+0.2-807.3=0.9$

重要　(2)　右図より，$2\times2\times3.14\times\left(\frac{1}{3}+\frac{1}{6}\right)\times4=8\times3.14=25.12$(cm)

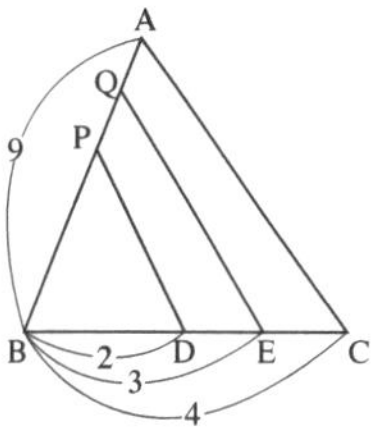

重要　(3)　右図において，BCの長さを4，BAの長さを9，三角形ABCの面積を4×9＝36にすると，三角形PBDの面積は36÷3＝12，BPは12÷2＝6，三角形QBEの面積は12×2＝24，BQは24÷3＝8　したがって，BP：PQ：QAは6：(8－6)：(9－8)＝6：2：1

重要　(4)　①A＋B…40－(1＋12＋13)＝14　C＋D…40－(17＋14)＝9

E＋F…40－(15＋9)＝16　G＋H…40－16×2＝8

したがって，I＋Jは40－8×2＝24

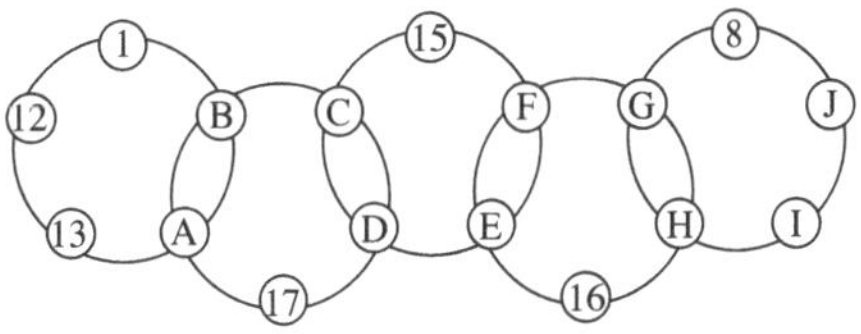

②　①より，E＋Fは16であり，表示された数を除くとE＋Fは7＋9，6＋10，5＋11のどれかである。E＋F＝7＋9のとき，C＋Dが3＋6なら，G＋H＝8にあてはまる組がなく，C＋Dが4＋5なら，G＋Hは2＋6である。したがって，Eは7

2　(演算記号，規則性，数の性質)

基本　(1)　1÷101＝0.00990099～，2020÷4＝505より，＜1÷101＞＝9

40÷2020＝2÷101＝0.01980198～より，＜40÷2020＞＝8

重要　(2)　(1)より，0.0099×7＝0.0693，7÷101＝0.06930693～　したがって，7×20÷(101×20)＝0.06930693～であり，Nは7×20＝140，1400000などである。

3　(平面図形，割合と比，速さの三公式と比)

基本　(1)　(200－40×3.14)÷2＝100－62.8＝37.2(m)

基本 (2) 2コースは1コースより，両側の曲線部分の長さが2×3.14＝6.28(m)長いので，この長さだけ前からスタートする。

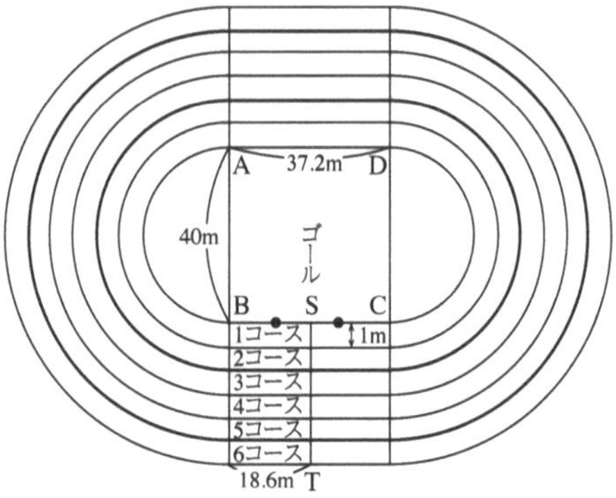

重要 (3) 3コース…曲線部分44×3.14＝138.16(m)，
直線部分200－138.16＝61.84(m)
6コース…曲線部分50×3.14＝157(m)より，
直線部分200－157＝43(m)になるが，
(1)より，実際には直線部分を最短でも37.2×1.5＝55.8(m)走らなければいけないので，曲線部分は200－55.8＝144.2(m)，直線部分55.8m
たろう君の時間…速さが1のとき，200
じろう君の時間…138.16÷1.1＋61.84÷0.9より約194.3
さぶろう君の時間…144.2÷1.125＋55.8÷0.75より約202.5
したがって，じろう君・たろう君・さぶろう君の順になる。

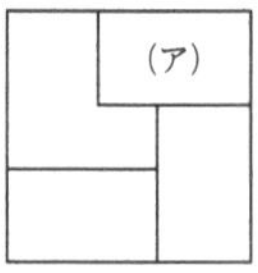

4 **(平面図形，数の性質，場合の数)**

重要 (1) 紙(ア)は他の紙の上に重なっており，18×8×4＝(3×2×4)×(3×2×4)より，正方形の1辺は3×2×4＝24(cm)

(2) (1)より，それぞれの色が見えている部分の面積は18×8＝144(cm²)になり，正方形の1辺は24cmであるから，それぞれの長さは，図1のようになる。したがって，下から順に赤・白・黄・青である。

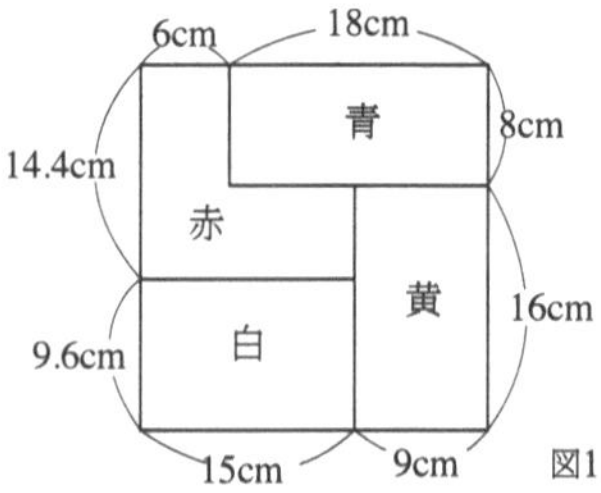

図1

やや難 (3) 1番上が赤の場合…条件に当てはまらない
1番上が白の場合…図2より，赤・黄・青・白
赤の面積：24×24－(20×9.6＋105.6＋156)＝122.4(cm²)
赤の縦：122.4÷(24－9.6)＝8.5(cm)
青のAB：(8×18－105.6)÷9.6＝4(cm)

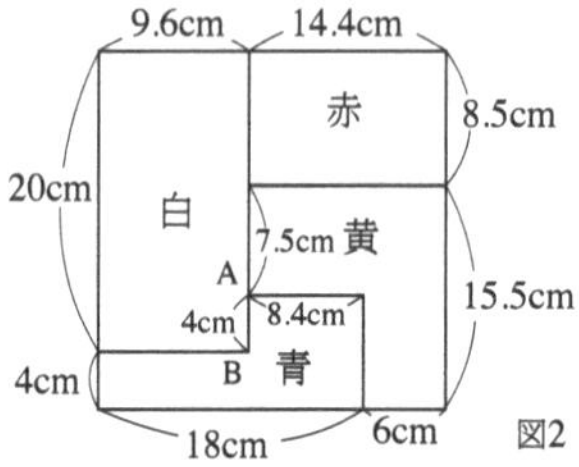

図2

★ワンポイントアドバイス★

安易に考えると3(3)「3人の順番」でひっかかる。つまり，さぶろう君は曲線部分からスタートすることに気づかないと間違える。4(3)「色紙の順番」も，短時間では難しい。まず，1，2でしっかり得点すること。

＜理科解答＞ ≪学校からの正答の発表はありません。≫

1 (1) ① ウ，オ，キ ② イ，オ (2) ウ (3) イ (4) ① ウ ② イ
(5) エ→オ→ウ→ア→イ (6) ③ イ，エ ④ ア，カ
(7) ① (最小)15g(から最大)495g(まで) ② ア，イ，ウ

2 (1) (燃やす前) エ (燃やした後) イ (2) 燃えるもののまわりを取りまく
(3) ビニール袋が大きくふくらみ，破裂する。 (4) (番号) ①
(白い煙は)水(でできている) (5) ウ，オ (6) ① カ ② イ ③ ケ

3　(1)　関節　(2)　A　ウ　B　イ　(3)　イ，ウ
(4)　①　エ　②　ウ　(5)　イ
(6)　背　骨・チンパンジーはまっすぐに近い。ヒトはゆるやかに曲がっている。
ろっ骨・チンパンジーは背骨から大きく出ている。ヒトは背骨からの厚さが小さい。
骨ばん・チンパンジーは背骨と同じ向きに伸びる。ヒトは横向きに広がっている。

4　(1)　イ　(2)　イ，オ　(3)　イ　(4)　ア　(5)　ア

5　(1)　(1cm^2あたり)　1.4(g)　イ　(2)　イ＞ウ＞ア　(3)　イ
(4)　①　上　②　下　③　体積　④　大きく
(5)　水・オレンジジュースは1cm^3あたりの重さが水よりも重いため，融けた水が氷の近くに浮かんだままになり，氷に熱が伝わりにくい。水の場合は，融けた水が下へ動くので，氷に熱が伝わりにくい。

○推定配点○
1　各2点×11(各完答)
2　(1)～(5)　各2点×6((4)完答)　(6)　各1点×3
3　(2)・(4)　各1点×4　(6)　3点　他　各2点×3　4　各3点×5((2)完答)
5　(1)～(3)　各2点×4　(4)　各1点×4　(5)　3点(完答)　計80点

＜理科解説＞

1　(総合－小問集合)

(1)　①　秋に咲くものとして，ウは黄色，オは赤色の花が咲き，キはオレンジ色の花が木につく。なお，ア，イ，カ，クは春，エは初夏に咲く。　②　成虫が越冬するものとして，イは石の下など，オは巣の中などで過ごす。アはさなぎ，ウ，エはたまごで越冬する。なお，カは昆虫ではない。

(2)　冷蔵庫で冷やすことで，金属のふたが収縮したと考えられる。金属のふたを暖めると，膨張して開けやすくなる。ガラスを冷やすことも考えられるが，すでに冷蔵庫で冷やしていることと，金属に比べてガラスの膨張率は小さいことから，効果は小さいと考えられる。

基本　(3)　ア：正しい。マグマが急冷するとガラス質になる。イ：誤り。流水のはたらきを受けていないので，粒が角ばっている。ウ：正しい。火口に近い方が厚く堆積する。エ：正しい。火口に近い方が大きい粒が多い。

(4)　①　形を変えても重さは変わらない。　②　うすくて平べったい形のAは，空気からの抵抗を受けやすく，速度が上がりにくい。よって，ほぼ真下に落ちるBの方が早く床につく。

(5)　水底でB層が堆積したあと，傾いて陸地で上部が侵食された。再び水底になってからA層が堆積した。これらを溶岩が貫き，最後に溶岩も含めて断層が切った。

基本　(6)　それぞれ，①なし，②ウ，③イ，エ，④ア，カ，⑤なし，⑥オがあてはまる。

(7)　①　最小は，支点Aの左側のおもりをC点につるした場合で，1×500＝25×□　より，□＝20gとなる。このうち5gは皿の重さだから，乗せる物体は15gである。最大は，支点Aの左側のおもりをD点につるした場合で，25×500＝25×□　より，□＝500gとなる。このうち5gは皿の重さだから，乗せる物体は495gである。　②　さらに軽いものをはかるには，支点Aの左側のおもりをもっと軽くすればよい。また，皿を重くすると，そのぶん乗せる物体の重さを小さくすることができる。さらに，支点を左にずらすと，支点からBまでが長くなり，より軽い重さが測れる。

2　(気体の性質－大気中の酸素と二酸化炭素)

(1)　図中の印が33個なので，1つの印が約3％を表している。燃やす前は，窒素が78％なので，印

の数は78÷3＝26(個)，酸素は21÷3＝7(個)，その他は2％未満であり，エがあてはまる。火が消えたとき，酸素の一部が二酸化炭素に変わっているが，窒素は変わらない。よって，窒素が26個から変わっているウやオはあてはまらない。また，空気中の酸素の濃度が15～18％まで減ると火が消えるので，イがあてはまる。

(2)　物が燃えるためには，燃えるものに酸素が次々と与えられる必要がある。二酸化炭素が増えると，燃えるもののまわりが二酸化炭素で満たされ，燃えるものに酸素が触れなくなる。

(3)　固体のドライアイスは，液体を経ずに昇華して，気体の二酸化炭素となる。ドライアイスをビニール袋に入れて密閉すると，ドライアイスが二酸化炭素に変化して体積が大きく増加し，ビニール袋がふくらんで破裂する可能性がある。

重要 (4)　実験①によって，ドライアイスが昇華して気体の二酸化炭素となったとき，混ざっている水蒸気が冷やされて細かい水滴となり，白く見えることが分かる。水がない食用油の中で二酸化炭素ができても，水滴は生じない。また，実験②では，石灰水が白く濁るので二酸化炭素があることは分かるが，それが白煙の正体とは言えない。実際は，白い煙を取り巻いている空気に，ドライアイスから生じた二酸化炭素が多く含まれているためである。

(5)　青色の「のり」が二酸化炭素を吸収すると色が消え，無色の「のり」に石けん水を加えると青くなることから，「のり」の成分に，酸性では無色，アルカリ性では青色になる物質が含まれていると考えられる。選択肢のうち，水溶液の酸性，アルカリ性によって色が変わる現象は，ウとオである。

(6)　雨水には空気中の二酸化炭素が溶け込むために，自然の状態でも弱い酸性である。近代以降，石油や石炭に含まれる硫黄が燃焼してできた硫黄酸化物や，高温高圧のエンジンの中で窒素と酸素が結びついてできた窒素酸化物が，大気中で水と結びつき，強い酸性の雨が降っている。

3　(動物－動物の骨格)

(1)　骨どうしが組み合わさって，曲がるようになった部分を関節という。

(2)　肩の関節Aは，さまざまな向きに腕を動かし，また，回転させることができる。ひじの関節Bは，一方向には曲がるが，それ以外の方向には曲がらない。

基本 (3)　ア：誤り。ろっ骨は，胃や小腸，大腸を取り囲む位置にはない。イ：正しい。骨盤は，肢と背骨の間にあり，体を支える。男女差が大きい。ウ：正しい。鳥類のつばさの骨は，ホ乳類の前あしの骨に相当する。エ：誤り。昆虫は外骨格を持つが，背骨を中心とする内骨格は持たない。

(4)　つばさを上げるときは，内側にあるDを収縮させて引っ張っている。つばさを下げるときは，外側にあるCを収縮させて引っ張っている。

(5)　フナなどの魚類は，尾びれが水面と垂直な向きについていて，左右に動かすことで前に進むように泳ぐ。これに対し，クジラはホ乳類であり，尾びれが水面と平行な向きについている。そのため，尾びれは上下方向に動き，ときには水面をたたく。陸上のホ乳類でも，体を左右に動かして進むのではなく，上下や前後に動かすことが多い。

(6)　ヒトは，直立二足歩行をするために，2本の肢で体を支え，その真上に体重のすべてを置く必要がある。そのため，チンパンジーの背骨はまっすぐに近いが，ヒトの背骨はS字に湾曲しており，かかる力を分散させるはたらきをしている。また，チンパンジーのろっ骨は大きく，その内部の重さを背骨で支えているが，ヒトのろっ骨は小さく，内部の重さが前方向に偏らない。さらに，チンパンジーの骨盤は，背骨の向きにたてに伸びているが，ヒトの骨盤は横に広がってお椀のような形になり，背骨にかかる全体重を支えている。これらから1つ答えればよい。

4　(太陽と月－月食の見え方)

(1)　月食は，太陽・地球・月の順に一直線に並んだとき，つまり満月のときに起こる。満月は，夕方に東からのぼり，真夜中に南中し，明け方に西に沈む。

重要 (2)　月食は，月面に地球の影が映ってできる。地球の影の大きさと，地球の実際の大きさは，あとの(3)でみるようにやや異なるものの，近い値である。実際の地球の大きさは月の大きさの約4倍だから，地球の影の大きさも，月の大きさの約4倍に近い。そのため，イやオの形はありうる。アやエは地球の影が小さすぎる。ウは地球の影と月が同じ大きさで，あてはまらない。カは曲線になっていない。

(3)　図1を見ると，地球の影(本影)の大きさは，実際の地球よりもやや小さい。そのため，月食のときの影の大きさから，地球と月の大きさの比を求めると，□の値は実際よりやや小さくなってしまう。

(4)　ア：正しい。同じ時刻に見える月に映った影は，地球上の夜の場所であれば，どこから見ても同じである。イ：誤り。どこから見ても同じである。ウ：誤り。恒星は太陽の光を反射して光っているわけではない。エ：誤り。どこから見ても同じである。オ：誤り。月が影の中央付近を横切るか，端を横切るかで，毎回時間は異なる。なお，ア，イ，エについて，日食であれば，場所によって見え方や時刻，時間が異なる。

(5)　地球から見える地球の影の動きは，地球から見える太陽の日周運動と同じ速さで，1時間に15°である。一方，地球から見える月の動きは，月の公転の影響を受けるので，1時間に15°よりも小さい。よって，地球から見ると，月食では月が左側(東側)から欠けるように見える。

5　(熱の性質－液体の密度と対流)

(1)　円柱の体積は，1×1×3.14×3＝9.42(cm^3)である。重さが13.2gだから，1cm^3あたりの重さである密度は，13.2÷9.42＝1.40…で，四捨五入により1.4gである。これは，水の1cm^3よりも大きいので，水に沈む。

重要 (2)　密度を比較すると，最初の実験から，(濃い砂糖水，水)＞ゴム球＞アルコールである。また，次の実験から，濃い砂糖水＞ニワトリの卵＞(水，アルコール)である。まとめると，濃い砂糖水＞ニワトリの卵＞水＞ゴム球＞アルコール，である。

(3)　上下の2層に分かれるには，まず，密度が重い液体をビーカーに入れておき，そのあとで，軽い液体を静かに注ぐとよい。本問の場合は，まずコーヒーシュガーを溶かした砂糖水を入れておき，その上に静かに水を注ぐと，しばらくの間は上下の2層に分かれて見える。

(4)　水を温めると，水の体積が増えて，1cm^3あたりの重さである密度が軽くなる。そのため，温めた部分が上に動き，冷たい部分が下に動いて，対流が生じる。

やや難 (5)　密度を比較すると，オレンジジュースは水よりも重い。そのため，オレンジジュースに氷を浮かべたとき，オレンジジュースよりも融けたばかりの水の方が軽いので，水があまり動かない。そのため，オレンジジュースの熱が氷に伝わりにくく，氷が融けにくい。

　一方，水に氷を浮かべたとき，15℃の水よりも，融けたばかりの水の方が密度が大きいので，下の方へ動く。すると，氷にはつねに15℃の水が触れることになり，熱が氷に伝わりやすく，氷が融けやすい。

★ワンポイントアドバイス★

記述問題では，基本事項に沿って忠実に考え，何に注目しているのか読み手によく伝わるように論理的に述べよう。

＜社会解答＞ ≪学校からの正答の発表はありません。≫

問1　カ

問2　(1)　ウ　　(2)　中国の移民の方が，白人のアイルランドの移民よりも安くやとえるから。

問3　(1)　エ　　(2)　鉄道　　(3)　浮世絵[錦絵]

問4　(1)　イ　　(2)　唐招提寺

問5　(1)　ウ　　(2)　エ

問6　(1)　エ　　(2)　中山　　(3)　繊維

(4)　地域Aには工場があり，そこで働く労働者として外国人がいるから。

問7　(1)　ハワイの人口が減少し，サトウキビ園の労働力が不足したから。　　(2)　ウ

(3)　終戦後，復員兵や海外からの引揚の人が増え，日本の国内での住宅や食料が不足したから。

問8　(1つ目)　サウジアラビアの小学校の時間割に，日本にはないコーランの授業がある。

(2つ目)　日本の小学校の給食献立にイスラム教で禁じられている豚肉料理がある。

問9　(1)　発展途上国では，子供が家庭の中で，遠くの水場まで水をくみに行くことが課されていることが多く，そのため学校へ通う時間がとれなくなっているため。

(2)　ア　　(3)　ウ

○推定配点○

問2(2)，問6(4)，問7(1)・(3)，問8，問9(1)　各5点×7　　他　各3点×15　　計80点

＜社会解説＞

(世界の国々と日本との移民や難民に関連する歴史と地理，政治の総合問題)

問1　難民の問題を扱う専門職としては国連難民高等弁務官UNHCRがあるが，それ以外の機関も様々な形でかかわっている。選択肢の中では総会はもちろんのこと，ユニセフ国連児童基金も子どもを守るという形で難民の問題に取り組んでいる。

やや難　問2　(1)　アメリカとメキシコの国境線はウの線で，中央付近からメキシコ湾側の部分はリオグランデ川が国境線の一部をなしている。　(2)　イギリスの白人の中心はかつてイングランドから渡ってきたアングロサクソンと呼ばれる人たちで，キリスト教のプロテスタントの信者が中心。それに対して，イギリスのグレートブリテン島の西隣のアイルランドから渡ってきた人々はカトリックの信者が多い。彼らは英語を話す白人なので，アメリカの中では比較的恵まれている方だが，明らかに肌の色が違うアジア系やアフリカ系の人々は，かつては仕事の職種や賃金など様々な面では差別されることが多かった。しかし，一方では低賃金で雇える労働力として貴重な存在でもあった。

問3　(1)　エ　日本が太平洋戦争後に連合国の国々と平和条約を結んだのは1951年で，まだこの頃は日本の経済の状態は戦前の状態にまで戻ってはいない。日本の経済が戦前の状態を抜くのは1955年以後の高度経済成長の時代。　(2)　かつての八王子と横浜を結んでいた街道に，現在はJRの横浜線が走っている。　(3)　浮世絵(錦絵)は，様々な色で描いた肉筆画を基に，版木を色毎に使い分けて印刷することで，多色刷りの版画として多く刷られ，当時の人々にとって現代でいえば写真のような役割を果たしていた。

問4　(1)　イ　土偶は縄文時代のもの。　(2)　唐招提寺は天武天皇の子の新田部親王の館を作り変えて鑑真のための寺としたもの。

問5　(1)　ア　法律案の審議の際には，衆議院に先議権はない。　イ　裁判所が判断するのは憲法

に反するか否か。　エ　法律を制定するのはあくまでも議会の権限なので，内閣の許可云々はない。　(2)　エ　選挙権の年齢は下限に関しては，子供が政治に関しての判断をするのは難しいので致し方ないものだが，上限の制限は法の下の平等の観点から見ても不適切。

問6　(1)　和歌山県，奈良県，福岡県に次いで岐阜県が多いのは柿で上位4件で50%ほどの生産量。みかんなら和歌山県，愛媛県，静岡県，熊本県で60%ほどの生産量，ぶどうなら山梨県，長野県，山形県，岡山県で60%ほどの生産量。　(2)　中山道は日本橋から現在の埼玉，群馬，長野，岐阜，を抜けて滋賀県の草津で東海道に合流し京都に至る。　(3)　1960年頃の日本の工業は，まだ繊維などの軽工業の製品が輸出品の主力であった。　(4)　地域Aの地図を見ると，中央部から右にかけて工場が3か所あるのがわかる。このことから，工場の労働者として外国人がこの地域に居住していることが推測できる。地域Bは典型的な山間の農村地帯なので，こういう場所では農業の規模もさほど大きくないので，家族で農業を営んでいる家がほとんどで，外国人が労働者として雇われることはほとんどない。

やや難　問7　(1)　史料1から羽合のサトウキビ農園で労働力が不足していることが読み取れ，グラフ1から1870年ごろのハワイの人口はかなり減っていたことが読み取れるので，これらの両方を合わせると，サトウキビ農園の労働力として日本人の移民が受け入れられたということが答えとして考えられる。　(2)　ウ「小学校まで電灯のない生活でした。」とあるので，あまり裕福ではなかったことが推測されるのでウは誤り。　(3)　表1から数多くの復員および引揚の人がいたことがわかり，写真1では住む家がない人がいたこと，写真2からは食糧の不足がわかるので，これらを合わせると，日本では，戦後に急速に人口が増え住宅や食糧が不足したので，その解決のために移民が再開されたのではということが分かる。

問8　サウジアラビアの小学校の時間割にあるコーランはイスラム教の教典を学習する時間。日本は信教の自由があるので，公立の学校の場合にはまず宗教色のある授業はない。また日本の小学校の給食にあるとんかつやみりん漬けはイスラム教では禁忌される食品の豚肉やアルコールがあるので，イスラムの人は食べてはいけないものである。

やや難　問9　(1)　発展途上国の多くでは，上下水道などの設備が十分には整っておらず，また，小さな子供が大人と同じ労働は難しいので，子供の家事労働として水くみが課されていることが多い。その水くみにいく水場が家から遠く離れた場所のこともあり，そうなると水くみに行くだけで一日の大半の時間が奪われ，学校などへ通う時間が取れなくなってしまっている。　(2)　ア　日本では日本国籍を取得していない外国人には選挙権はないので誤り。　(3)　ウ　裁判員制度が導入された背景には，裁判の結果が一般人の感覚からずれているという批判が多く，そこで一般の国民の裁判への理解を深めるためにも一般の国民が裁判に参加する裁判員制度の採用が望ましいということもあった。

★ワンポイントアドバイス★

問題数は多くないが記述が多く，相当考えないと答えが出せない問題も多いので，自分なりの時間の配分をあらかじめ決めておいて解いていくことと，先に一通り目を通して手をつけられるものからやることが必要。

＜国語解答＞ ≪学校からの正答の発表はありません。≫

問1　1　自画像　2　創作　3　形見　4　極力　5　設　6　照　7　優美
8　管理　9　通報　10　時刻　11　困　12　方便　13　秘密　14　有望
15　悲劇

問2　A　オ　B　ウ

問3　（例）　茶色い肌の自分がほかの子からどう見られているのかということ。

問4　（例）　本当はダンスが嫌いではないが，母親のサンバ好きが原因で，自分の肌の色やすがたの他人との違いに思い悩むことになったので，ダンスが好きだと言えず，むしろダンスを遠ざけている。

問5　ウ

問6　（例）　義足にもかかわらずすばらしい若い男の踊りが，シッカの知っているどの踊りとも異なっていたから。

問7　（例）　男の踊りに心をうばわれて，半ば無意識に男に近づく様子。

問8　ア　問9　オ　問10　エ　問11　瞬き

問12　（例）　母親への反感や他人と違うことへの向き合い方で自分に自信が持てなくなっていたが，岬と話をすることで，「らしさ」の枠組みの愚かさや自分らしく生きることの大切さに気づき，本当はやりたかったダンスに戻ろうと自分の心に素直になれたから。

問13　ア・オ

○推定配点○

問1　各1点×15　問2　各3点×2　問3・問7　各8点×2　問4・問12　各15点×2
問6　10点　問13　各4点×2　他　各7点×5　計120点

＜国語解説＞

（物語文－主題・心情・理由・場面・細部表現の読み取り，記述，漢字の書き取り）

問1　1　自分で自分自身を描いた絵のこと。　2　それまでなかったものを初めてつくりだすこと。「創」には，はじめてつくるという意味がある。その意味で「創造」「創刊」などの言葉もある。　3　死んだ人や別れた人が残した，思い出となるもの。　4　精いっぱい・できる限りという意味。「極」は「ごく」と読むこともある。その読み方で「極上」「極悪」などの言葉がある。　5　設置するという意味。「設」には，もうける・そなえつけるという意味がある。その意味で「設備」「設問」などの言葉がある。　6　光を当てて明るくするという意味。光を当てて明るくすることを，「照明」ともいう。　7　上品で美しいこと。「優」には上品という意味がある。その意味で「優雅」「優麗（ゆうれい）」という言葉がある。　8　ここでは，施設を良い状態に維持すること。管理を担当する人を，「管理人」と呼ぶ。　9　あることを知らせることを意味する。「通」には知らせるという意味がある。その意味で，「通告」「通知」などの言葉もある。　10　ある決まった時のこと。「時間」という言葉は，ある一点からある一点までの時の流れを示す。一方，「時刻」は何時何分という一点を示す。　11　ここでは，どう対処して良いのか悩むこと。基本的には，不快な心の状態を表す。　12　目的のために，その時だけ用いる方法を意味する。「嘘も方便」という言葉がある。基本　目的を達成するためには嘘が必要な時もある，という意味。　13　隠して他人に知られないようにしていること。「内密」「内緒」などの言葉は，意味が近い。　14　将来に望みがあること。15　基本的には，不幸や悲惨なできごとを題材にした劇のこと。ここでは，事故によって岬が足を失ったことが，「悲劇」と評されているのである。

問2　A 「眉をひそめる」とは，眉の辺りにしわを寄せる動作で，心配ごとがあったり，不快だったりするときの表情である。ここでは，波瀬A直後に「警察呼ぶなよ」と岬は言う。その言葉から，岬がシッカを不審に思い，不快感を抱いていることが読み取れる。不快感から，しかめつらになったのである。「しかめつら」とは，眉や額にしわを寄せる表情で，不快感に結びつく。「不審」「しかめつらをする」とある，オが正解になる。　B 「いたたまれない」とは，精神的な苦痛を受けて，その場にいられないような思いをすることである。波線Bより前にあるように，シッカは岬の様子を見て，自分の訪問が迷惑だと気づいたのである。そして，その場から立ち去ろうとした。状況に気づき，立ち去ろうとしたシッカの様子が，文章中では「いたたまれない」と表現されているのだ。「事情をさとり」「立ち去りたくなった」とある，ウが正解になる。

問3　傍線①より少し後の「シッカが知りたかったのは……」以降の部分を解答の手がかりにする。「知りたかったのは，ほかの子から見た，自分のことだ」とある。シッカは，肌の色がほかの子と違って茶色い自分が，周りからどのように思われていたのかを知りたかったのである。「茶色い肌の自分／肌の色がほかの子と異なる自分＋どのように見られているか」という内容を中心にまとめる。

やや難　問4　設問には「ダンスに対してシッカはどのような思い」とある。また，「母親への思いをふまえて」とある。そのため，この二点を中心に解答をまとめる。まず，ダンスに対するシッカの思いであるが，傍線②直前に「本当は嫌いじゃない」とあるが，傍線⑤直後には「習っていたモダンバレエも……やめた」「親の前で踊ったのは……最後だ」とあり，シッカがダンスを遠ざけている様子が読み取れる。次に「母親への思い」だが，傍線②以降に「ママはサンバを選んで，ブラジル人のパパを選んだ」というシッカの発言がある。傍線③直前には，「ママがサンバをやっていなかったら，こんな思いをせずにすんだのは事実じゃない」とある。シッカは自分の悩みごとの原因に母親のサンバ(ダンス)があると考えているのだ。記述の際には，以上の点をまとめる。「本当はダンスが好きだが，遠ざけている」＋「母親のサンバ好きが原因で自分の悩みごとが生まれた」という内容を中心にまとめるとよい。

問5　傍線③が含まれる場面を確認すると，シッカの「サンババア」などの言葉を受けて，ミゲウ(母親)は目がうつろになり，言葉をなくした。これは母親がショックを受けていることを表している。一方，傍線③直前にあるように，シッカは「青ざめたママの顔を見てザマアミロ」などと思い，その思い(悪意)が返す刀となり，シッカ自身を傷つけたのだ。つまり，自分自身の発言でシッカ自身も傷ついた。そのような様子が，傍線③ではシッカも電気ショックを受けたと表現されているのだ。「シッカ……怒りをぶつけた」「自分に意図的に他人を攻撃するような一面があったことを知り」「シッカは衝撃を受けた」とある，ウが正解になる。エ は「『サンババア』という言葉の残酷さに気づき」とある。これは傍線③直前の内容に合致するものではなく，正解にならない。

問6　傍線部④以降に「でもこの踊りは，そのどれとも違う」とある。目の前の男の踊りは，シッカが知っている，サンバや社交ダンスやモダンバレエとも異なる動きだったのである。また，「こんな踊りがあるのか」という表現から，シッカが男の踊りを評価していたことが読み取れる。そのため，記述の際には，「すばらしい男の踊り」という要素に「知っているどの踊りとも異なっていた」という要素を組み合わせて記述する。

問7　「こんな踊りがあるのか」というシッカの言葉からは，男の踊りに対する感嘆の気持ちが読み取れる。「ふらふらと男に近づいた」という表現からは，シッカが半ば無意識に男に近づいていく様子が読み取れる。「男の踊りに心をうばわれた」「半ば無意識に男に近づく」という内容を中心に記述する。

問8　傍線部⑥前後の表現をもとに，考えることができる。スタジオの前一面に張られた鏡で足がすくんだシッカは，全身が映る鏡を見たのは久しぶりなのである。傍線部③以降にあるように，シッカは，ほかの人と違う自分の姿が嫌なので全身が映る鏡を見たくないのだ。だがこの場面で，シッカは自分の全身を改めて見た。また，傍線部⑥以降に，「フランシスカと名乗らなかった……両親への当てつけ」とある。「当てつけ」とは，何かに結びつけて，悪い態度を取ること。ここでは，両親からもらった名前のブラジル人風の「フランシスカ」を名乗らないことで，両親に対する不満を表したのである。「自分の外見を再確認」「『フランシスカ』という名前に改めて抵抗感」「両親への不満を示そう」とある，アが正解になる。イは，岬にもバカにされるのではないかと心配していたという部分が文章からは読み取れない。ウは，鏡から岬のダンスに向き合う真剣な姿勢を感じ取りという部分がおかしい。エは，怒りを岬には悟られたくなかったの部分が，文章からは読み取れない。オは，両親への不満に関する内容が書かれていない。

問9　傍線部⑦直前の表現と，そこまでの流れから，解答を考えることができる。「言葉の鎖」とは，傍線部⑦以前にある，「らしい」「じゃない」「らしくない」という言葉である。傍線部⑦以前でも，「ブラジル人らしい」「ブラジル人じゃない」「日本人らしくない」などと使われている。この場面で，シッカは，自分自身を苦しめている「らしい」という言葉の枠組みに自分自身もとらわれていることに気づき，「もうやだ」とつぶやきながら，動けなくなっているのである。同様の内容を表している選択肢はオである。

問10　傍線部⑧までの部分で，岬は「らしさ」に関して，自分自身の体験や考え方を話している。だが，傍線部⑧以降にあるように，「加藤サンも，加藤サンのやり方で，そうしたら」と，シッカに自身で気づくようにうながす思いもある。「体験談も交えて自分の考えを語ってきた」「最終的にはシッカ自身に……考えさせたい」とある，エが正解になる。

問11　シッカが岬の話に耳を傾けて，理解していく場面に着目する。傍線部Xの少し前に「何度か瞬きをした」とある。これは，岬の話を「大事なこと」ととらえてはいても，十分には理解できていないシッカの様子を表す。また，傍線部Xの少し前に，「シッカは瞬きをした」とある。これは，岬の話を理解した様子を表す。以上のように，シッカの理解の様子は，「スポンジ」という言葉と同時に「瞬き」という言葉でも表されている。解答は，「瞬き」になる。

やや難　問12　設問の条件を正確に読み取る。解答すべき点は大きく二つ。一つは，「やります」とうなずくことにつながった，シッカの気づき。もう一つは，シッカの心情の変化である。この二点を意識して記述する必要がある。物語の最初の方では，シッカはほかの子と肌の色が違うことに悩み，母親に反発していた。しかも，母親に反発する自分自身が嫌になるなど，自分に自信が持てなかった。状況を変えたのは，岬と話をしたこと。岬との会話を通して，シッカは「らしさ」にこだわることの愚かさや自分なりのやり方で生きることの大切さを学ぶ。そして，岬の「踊ってみる？」「踊ってみなよ」「ダンス，ほんとは好きなんだろう？」という言葉に対して，素直に同意できたのである。記述の際には，「最初のシッカの様子」＋「変化のきっかけとなる，岬とのやり取り」＋「『やります』という言葉につながる，シッカの素直な思い」という内容を中心にするとよい。

問13　ア　この物語はシッカの目線で書かれている。そのため，シッカの心情は直接語られているが，母親や岬の心情は直接的に表現されていない。アは誤っている。　イ　例えば，「シッカちゃんて，チョコなの？　茶色いから……？」「……まっ，いいか，こっちきなよ」などの表現で，言葉では表しきれない心情が表現されている。イは正しい。　ウ　「言って《キズツケテ》」の部分はシッカの心情，「音圧《デシベル》」の部分は岬の特徴を表していると考えられる。ウは正しい。　エ　「溶岩がどろっとあふれだす」という表現により，シッカの怒りが効果的に表現されている。「夏空みたいな笑い方」という表現により，岬の笑い方が効果的に表現されている。エは正しい。　オ　巧や両親との交流では，シッカは成長していない。オは誤っている。　カ　傍線部③より前の部分でサンババアの話に顔をこわばらせたのは「由美」，傍線部③前後で，シッカが電気ショックを受けた頃は「ママ」，傍線部③よりも後の部分で昼間勝手に部屋に入っているのは「母親」と表現されている。それぞれ表現を変えて，シッカの心の距離感などを表している。カは正しい。

★ワンポイントアドバイス★

文章中の細かな表現が取り上げられて，設問になることが目立つ。比喩表現などの特別な表現は，作者がどのような意図を持ってその表現を使ったのか，文章を読解する際におさえておきたい。

MEMO

大切なことはメモしておこうネ！

2019年度

★★★★★★★★★★★★★★★★★★★★★★★★

入　試　問　題

2019年度

駒場東邦中学校入試問題

【算　数】（60分）　＜満点：120点＞

1 (1)　次の □ にあてはまる数を求めなさい。

$$0.625+\frac{8}{9}\div\frac{2}{21}-\left(13\frac{1}{4}-8\frac{1}{6}+5\frac{11}{12}\right)\times\frac{2}{\square}=\frac{23}{24}+4\div\left(5-4\frac{3}{7}\right)$$

(2)　黒と白のご石がたくさんあります。まず，黒いご石６個で正六角形の形を作り，次に，その外側に白いご石で正六角形の形を作ります。右の図のようにこの操作を黒白交互《ご》に繰《く》り返していき，いちばん外側の正六角形の１辺が黒いご石10個となるまで続けました。このとき，使用したご石の合計の個数を求めなさい。

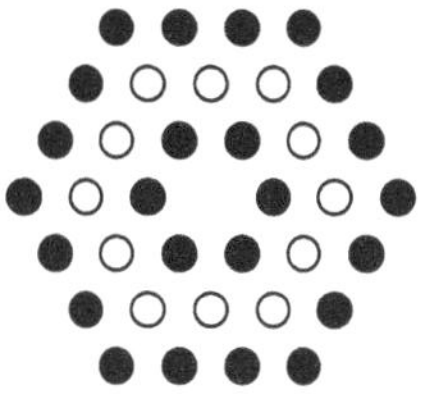

(3)　右の図において，四角形ABCDは平行四辺形であり，辺AB，ADのまん中の点をそれぞれE，Fとし，辺DCの長さを１：５の比に分ける点をGとします。また，点HはBFとEGの，点ＩはCFとEGの交わる点です。さらに，辺ADを延長した直線と，EGを延長した直線の交わる点をＰとし，辺CBを延長した直線と，GEを延長した直線の交わる点をＱとするとき，次の問いに答えなさい。

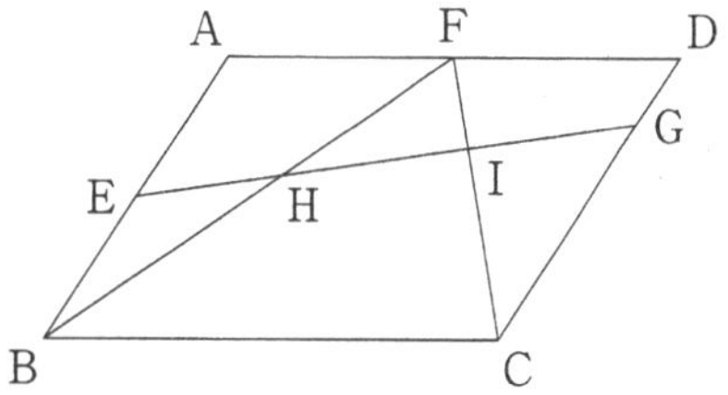

①　ADとDPの長さの比と，QBとBCの長さの比を，それぞれ最も簡単な整数の比で表しなさい。

②　FHとHBの長さの比と，FIとICの長さの比を，それぞれ最も簡単な整数の比で表しなさい。

③　三角形FHIの面積は平行四辺形ABCDの面積の何倍ですか。

2 (1)　短針と長針が下の図１のように折れ曲がった時計があります。

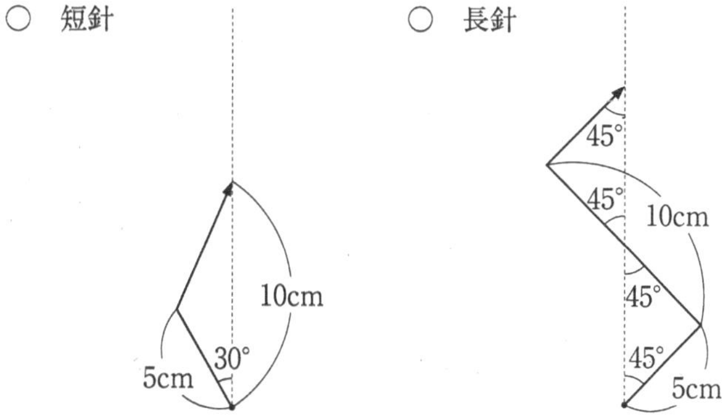

図１

例えば「6時00分」には右の図2のようになります。このとき，6時から7時の間で，短針と長針の一部が重なっている時刻は6時何分何秒から6時何分何秒までか求めなさい。ただし，秒の値《あたい》は分数《ぶんすう》で答えなさい。

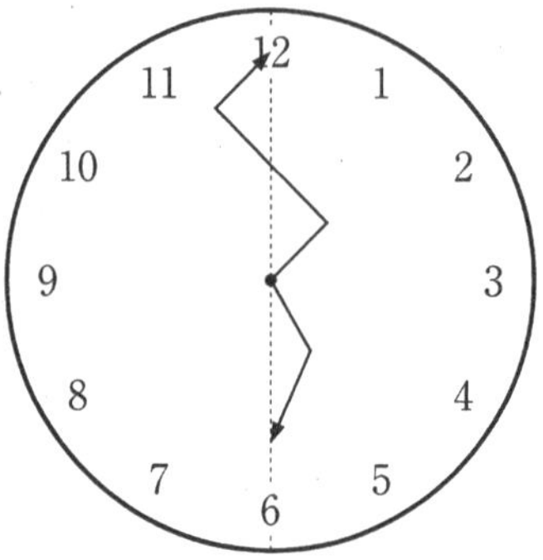

図2

(2)　例のように立体図形を上から見て反時計回りに90°回転移動させた図形を考えます。

例：2個の立方体を組み合わせた立体の場合

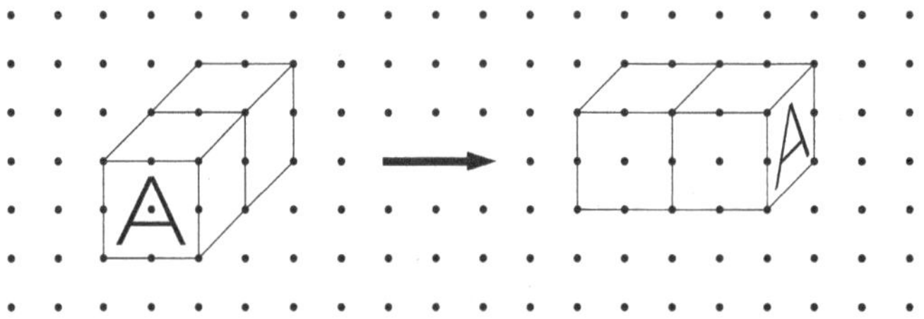

下の図のような5個の立方体を組み合わせた立体を上から見て反時計回りに90°回転移動させた図形を解答欄《らん》に図で表しなさい。ただし，「A」とかいてある面だけは示してあるので，残りの部分を表しなさい。また，見えない部分の線はかかないこととします。

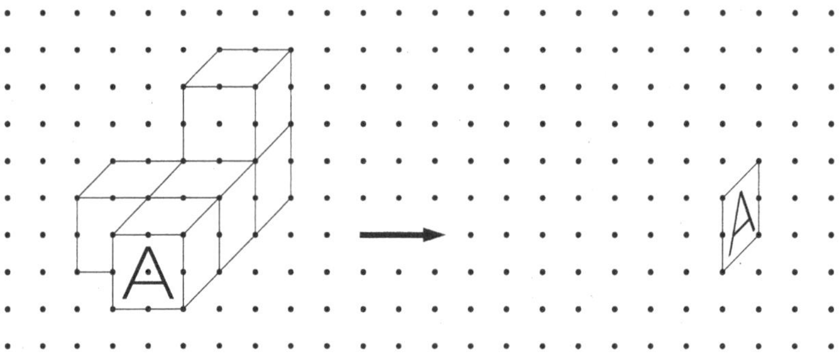

3　nを1以上2019以下の整数とします。

nを5個の整数2，3，4，5，6のそれぞれで割ったとき，**割り切れない**数の個数を《n》と表します。例えば，30は2，3，5，6で割り切れ，4で割り切れないので，《30》＝1です。さらに，100は2，4，5で割り切れ，3，6で割り切れないので，《100》＝2です。

次の問いに答えなさい。

(1)　《n》＝0　を満たすnの個数を求めなさい。

(2)　《n》＝1　を満たすnの個数を求めなさい。

(3)　《n》＝1　と《$n+6$》＝1の両方を満たすnの個数を求めなさい。

4　下の図のように平らな地面の上に２点Ｐ，Ｑと，底面の正方形の１辺の長さが1.2m，高さAHが１ｍの正四角すいの材木があり，Ｐ，Ｑには先端《たん》に光源がある高さ７ｍの柱が地面にまっすぐ立っています。ただし，３点Ｐ，Ｄ，Ｅと３点Ｑ，Ｂ，Ｃはそれぞれ一直線上にあって，光源の大きさや柱の太さは考えないものとします。

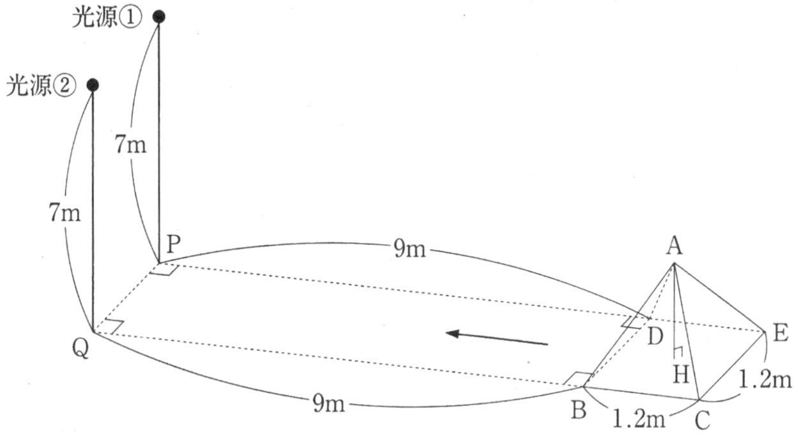

⑴　光源①だけに明かりがついたとき，地面にできる影《かげ》の面積を求めなさい。ただし正四角すいの材木が置かれてある地面を除きます。

⑵　２つの光源に明かりがついたとき，光源①によって地面にできる影と光源②によって地面にできる影の重なる部分の面積を求めなさい。

⑶　光源①だけに明かりがついている状態で正四角すいの材木を矢印の方向へゆっくり動かしたところ，あるところでちょうど地面にできる影がなくなったので，動かすのをやめました。このとき，正四角すいの材木は何ｍ動かしたのか答えなさい。

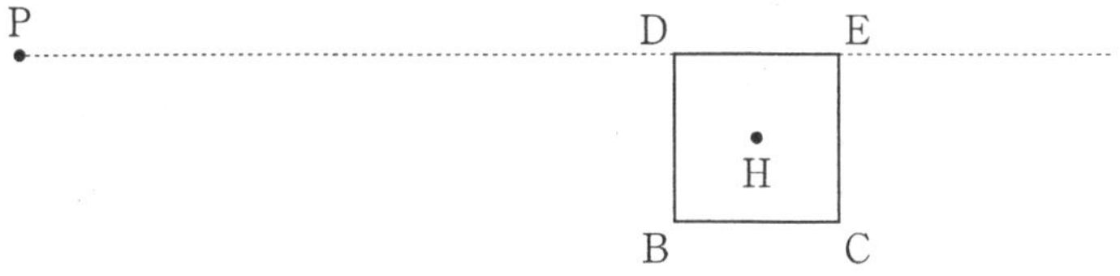

【理　科】（40分）　＜満点：80点＞

1　次の(1)～(8)の問いに答えなさい。

(1)　東京で朝方に見える，いわゆる「半月」は，どの方位に，どんな形で見えますか。方位および形について，次の**ア**～**エ**および**オ**～**ク**から正しいものをそれぞれ１つずつ選び，記号で答えなさい。

【方位】　**ア**．東　　**イ**．西　　**ウ**．南　　**エ**．北

【形】　**オ**．　**カ**．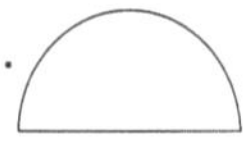　**キ**．　**ク**．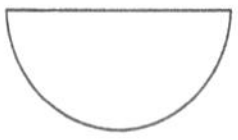

(2)　2018年に噴火した火山はどれですか。次の**ア**～**ク**から適切なものをすべて選び，記号で答えなさい。

ア．木曽御嶽山《きそおんたけさん》（長野県）　**イ**．金時山《きんときさん》（神奈川県）　**ウ**．阿蘇山《あそさん》（熊本県）

エ．桜島《さくらじま》（鹿児島県）　**オ**．伊豆大島《いずおおしま》（東京都）　**カ**．三宅島《みやけじま》（東京都）

キ．西之島《にしのしま》（東京都）　**ク**．口永良部島《くちのえらぶじま》（鹿児島県）

(3)　ドングリをつける木には，常緑性の木と落葉性の木があります。次の**ア**～**オ**のうち，落葉性の木を２つ選び，記号で答えなさい。

ア．アラカシ　**イ**．クヌギ　**ウ**．コナラ　**エ**．シラカシ　**オ**．マテバシイ

(4)　気温20℃のもとで，ある植物に十分な量の水と二酸化炭素を与え育てました。十分な強さの光を当てたとき，１時間あたりの二酸化炭素の吸収量を測定したところ，葉100cm^2で15mgでした。次に，光がまったく当たらないようにして，１時間あたりの二酸化炭素の排《はい》出量を測定したところ，葉100cm^2で５mgでした。この植物の葉200cm^2に十分な強さの光を当てたとき，光合成によって体内に取り込む１時間あたりの二酸化炭素の量［mg］を求めなさい。

(5)　空の（空気だけが入っている）500mLのペットボトルと100mLの水の入った500mLのペットボトルにそれぞれふたをし，同時に冷蔵車に入れて翌日取り出してみると，ペットボトルは２つともへこんでいました。そのまま並べて室温に置いておくと，ペットボトルはやがてふくらみ，元の形に戻《もど》りました。

①　このときのふくらみ方について最も適切なものを次の**ア**～**エ**から１つ選び，記号で答えなさい。２つのペットボトルは同じ種類のものを使います。

ア．どちらのペットボトルも同じようにふくらみ，同じ時間で元の形に戻る。

イ．空のペットボトルの方が水の入っているペットボトルより，短い時間でふくらみ，元の形に戻る。

ウ．水の入っているペットボトルの方が空のペットボトルより，短い時間でふくらみ，元の形に戻る。

エ．どちらのペットボトルが先に元の形に戻るかは，実験のたびに変わる。

②　①でペットボトルがふくらんで元の形に戻った理由と最も関連があると思われる現象を次の**ア**～**エ**から１つ選び，記号で答えなさい。

ア．炭酸飲料が入ったペットボトルを冷蔵庫で冷やし，室温に出して，しばらくしてからふたを開けるとしゅっと音がする。

イ．高速エレベーターに乗って上階に上がっていくと，耳の中が押《お》されるように感じる。

ウ．高い山に登ると，リュックに入れていたスナック菓子《がし》の袋がふくれる。

エ．へこんでしまったピンポン球をお湯につけると元の形に戻る。

(6) アルコールランプを使って実験をするとき，使う前にしんの長さを確認することが大切で，その長さは５㎜くらいが適切です。しんの長さについて次の**ア**～**エ**の記述で適切なものをすべて選び，記号で答えなさい。

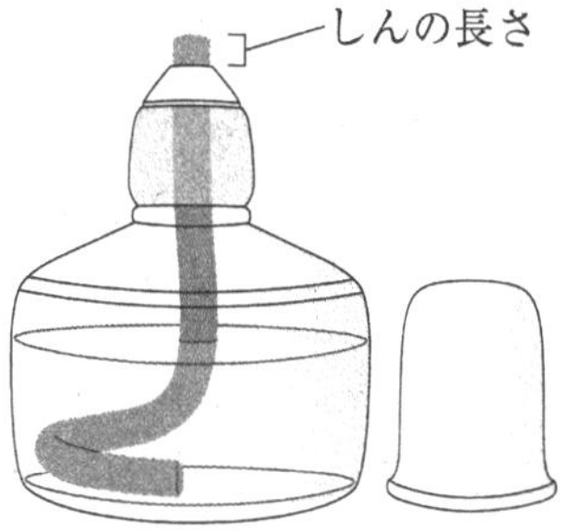

ア．しんが長いと，ほのおが大きくなりすぎて他のものに燃え移る危険がある。

イ．しんが長いと，アルコールがうまく吸いあがらず，火がつけにくい。

ウ．しんが短いと，火をつけるのに時間がかかりすぎ，操作しにくい。

エ．しんが短いと，ほのおが小さく加熱するのに時間がかかってしまう。

(7) 図のように，棒と皿，糸，おもりを使って，てんびんをつくりました。棒と糸の重さは無視できるものとします。皿の重さは100ｇ，支点から皿のぶらさげられている位置までの長さは５㎝とします。いま，皿の上に300ｇのものをのせ，支点の位置を変えずに重さの異なるおもりを使って，それぞれつりあったときのおもりの位置を求めました。つりあったときの，使ったおもりの重さと支点からおもりがぶらさげられている位置までの長さの関係と同じ関係になるのは，次のどの場合ですか。最も適切なものを**ア**～**エ**から１つ選び，記号で答えなさい。

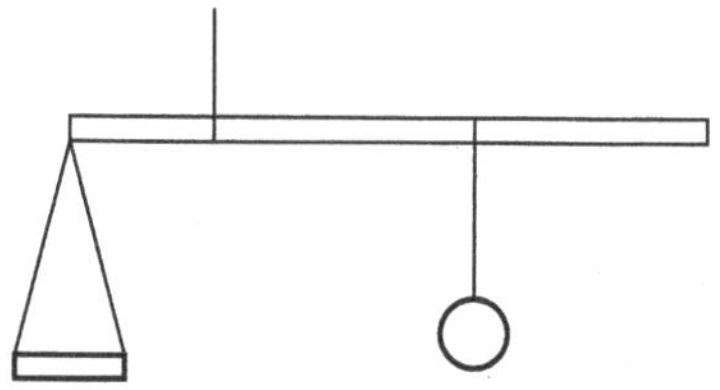

ア．電球からの距離《きょり》とその位置での光の明るさの関係。

イ．冷蔵庫で水を冷やしていくときの，かかった時間と水の温度の関係。

ウ．一定の速さで直線上を運動している車の，かかった時間と距離の関係。

エ．同じ距離を一定の速さで進むときの，速さとかかる時間の関係。

(8) ２種類の電熱線（長さは等しく，太さの太いものと細いもの）を用意し，電源装置を用いて発熱の実験を行いました。18℃の水100ｇをカップに取り，太いほうの電熱線をつないで図のような回路をつくり，電圧の調整つまみを３Ｖに合わせて10分間電熱線に電流を流し続けると水温は32℃まで上昇《しょう》しました。また，このときの時間経過と温度の関係をグラフにすると，次のページの**ア**の図のようになりました。

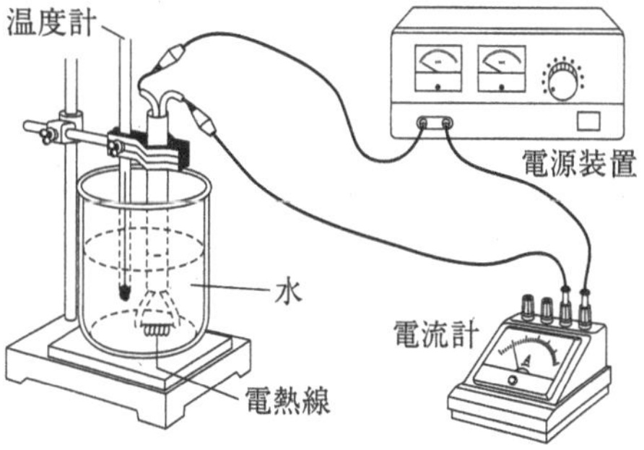

次に，あらためて18℃の水100ｇをカップに取り，電熱線を細いものにつなぎかえて同様の回路をつくり，電圧の調整つまみを３Ｖに合わせて10分間，電熱線に電流を流し続けました。このときの時間経過と温度の関係をグラフにするとどのようになりますか。最も適切なものを**ア**～**ケ**から１つ選び，記号で答えなさい。

ア

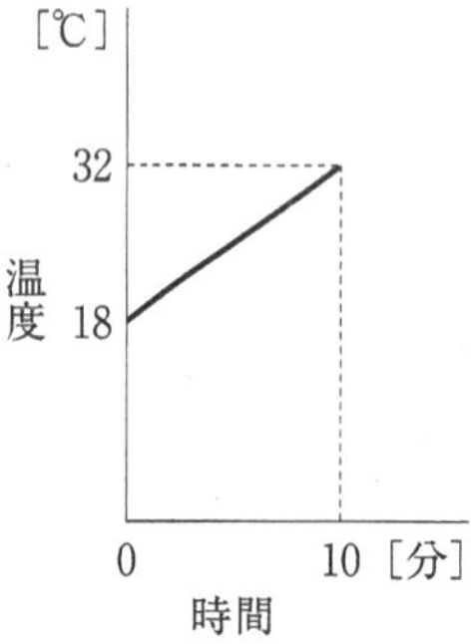

イ

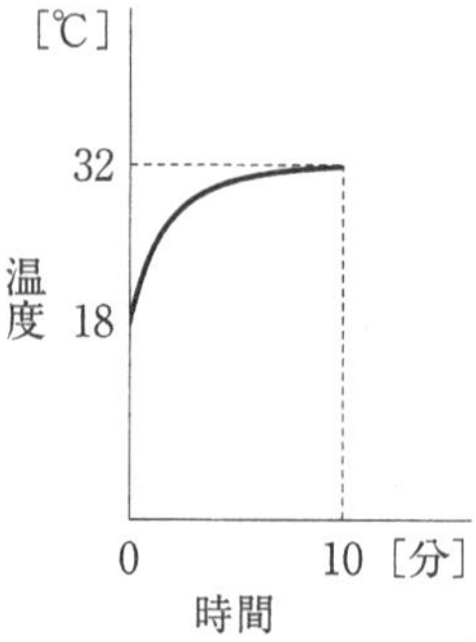

ウ

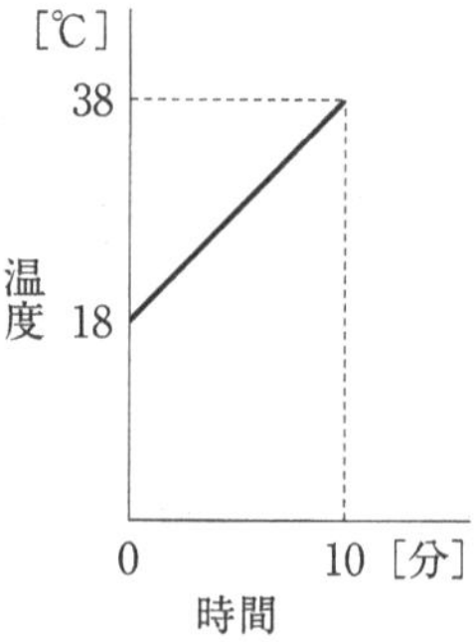

エ

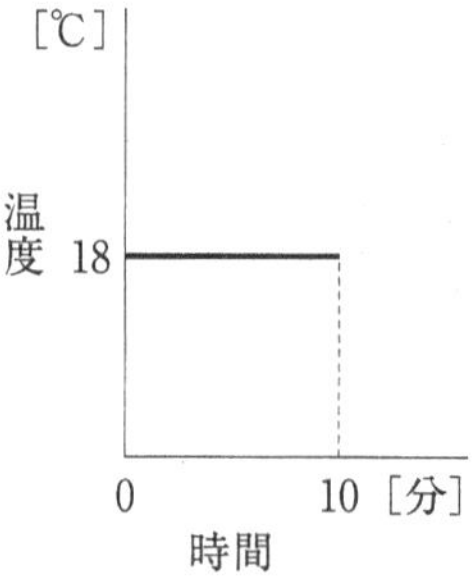

オ

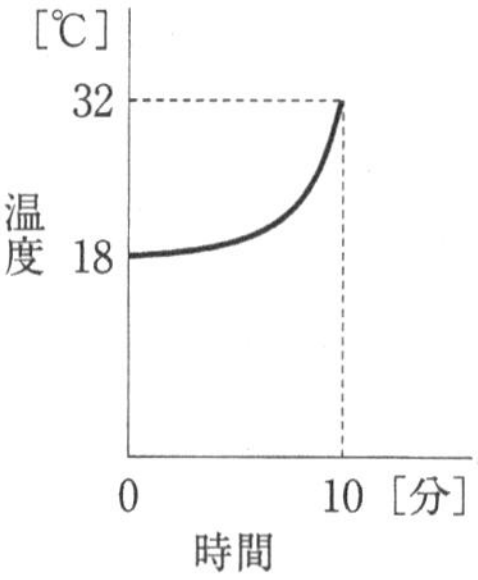

カ

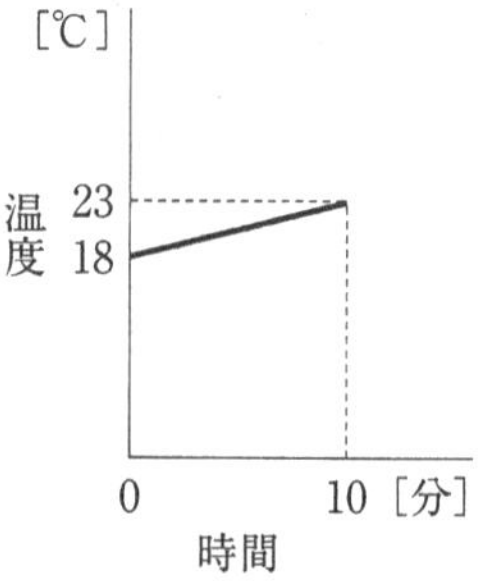

キ

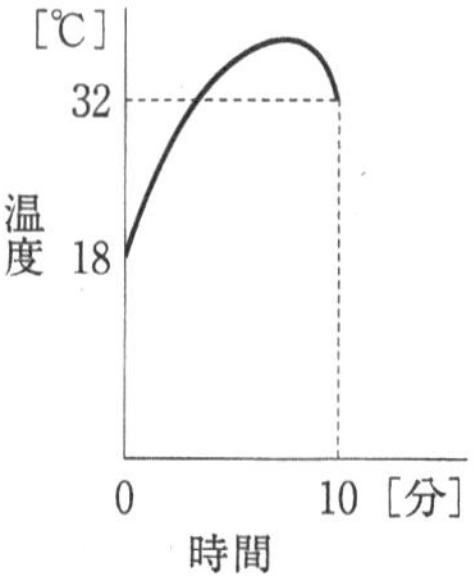

ク

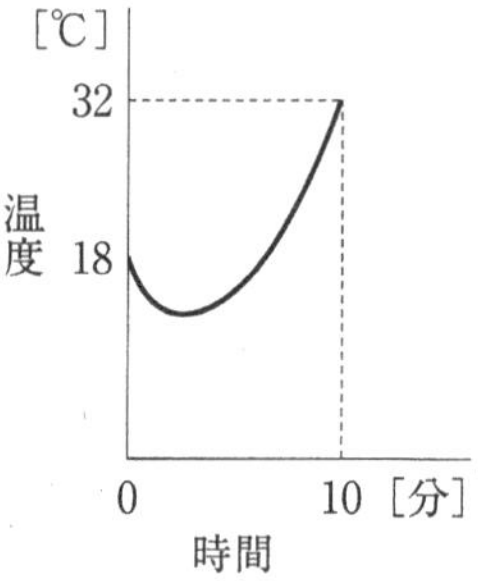

ケ

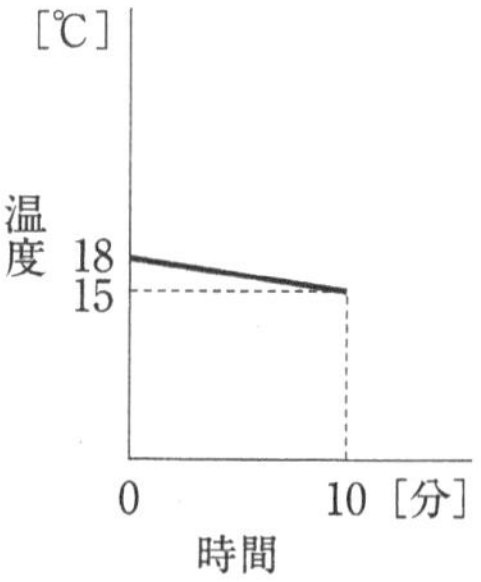

2　2018年の夏は，非常に多くの「台風」が発生し，日本列島付近に襲来《しゅうらい》しました。以下の，台風に関する説明文，天気図と雲画像（赤外画像）を参照して，あとの問いに答えなさい。なお，説明文（抜粋《ばっすい》，一部改変）と説明文中の図および天気図は気象庁のホームページ，雲画像は日本気象協会のホームページによるものです。

●台風とは→　低緯《い》度《ど》の海上で発生する熱帯低気圧のうち北西太平洋（赤道より北で東経180度より西の領域）または南シナ海に存在し，なおかつその域内の最大風速（10分間平均）がおよそ17m / s（34ノット，風力８）以上のものを「台風」と呼びます。台風は上空の風に流されて動き，また地球の自転の影響《えいきょう》で北へ向かう性質を持っています。そのため，通常，東風（貿易風）が吹《ふ》いている低緯度では台風は西へ流されながら次《し》第に北上し，上空で強い西風（偏《へん》西風）が吹いている中・高緯度に来ると速い速度で北東へ進みます。

台風は暖かい海面から供給された水蒸気が雲粒《つぶ》（細かい水の粒）になるときに放出される熱をエ

ネルギーとして発達します。しかし，移動する際に海面や地上との摩《ま》さつにより絶えずエネルギーを失っており，仮に海面からの熱の供給がなくなれば２～３日で消滅《めつ》してしまいます。また，日本付近に接近すると上空に寒気が流れ込むようになり，次第に台風本来の性質を失って温帯低気圧に変わります。あるいは，熱の供給が少なくなり衰《おとろ》えて熱帯低気圧に変わることもあります。(a)上陸した台風が急速に衰えるのは，［　　　　　　　　　］からです。

●台風に伴《ともな》う風の特性→　台風は巨大な空気の渦《うず》巻きになっており，地上付近では上から見て反時計回りに強い風が吹き込《こ》んでいます。そのため，進行方向に向かって右の半円では，台風自身の風と台風を移動させる周りの風が同じ方向に吹くため風が強くなります。逆に左の半円では台風自身の風が逆になるので，右の半円に比べると風速がいくぶん小さくなります。

●台風に伴う雨の特性→　台風は，強い風とともに大雨を伴います。そもそも台風は(b)［　　　　雲］が集まったもので，雨を広い範囲《はんい》に長時間にわたって降らせます。台風は，垂直に発達した(b)が眼の周りを壁《かべ》のように取り巻いており，そこでは猛烈《もうれつ》な暴風雨となっています。この眼の壁のすぐ外は濃密《のうみつ》な(b)が占めており，激しい雨が連続的に降っています。さらに外側の200～600kmのところには帯状の降雨帯があり，断続的に激しい雨が降ったり，ときには竜《たつ》巻が発生したりすることもあります。これらの降雨帯は図のように台風の周りに渦を巻くように存在しています。

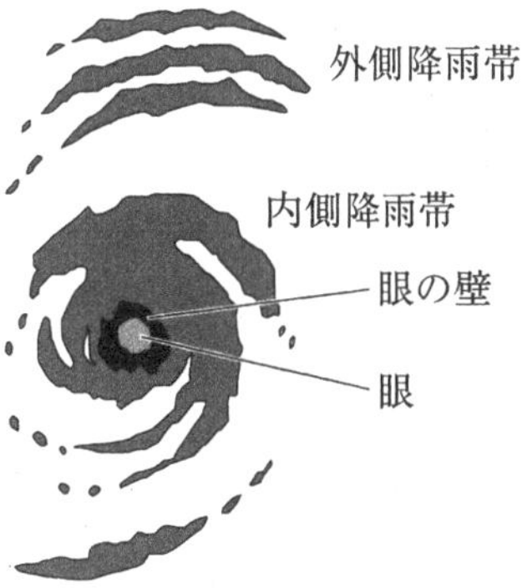

また，日本付近に前線が停滞《ていたい》していると，台風から流れ込む暖かく湿《しめ》った空気が前線の活動を活発化させ，大雨となることがあります。台風がもたらす雨には，台風自身の雨のほかに，前線の活動を活発化して降る雨もあることを忘れてはいけません。

⑴　下線部(b)［　　雲］の空白部分を適切にうめて，正しい語として完成させなさい。

⑵　東京湾《わん》のように日本南岸に位置する湾で，台風による高波の被害がより大きくなる可能性が高いのは，台風が湾のどちら側にあるときですか。次の**ア**～**エ**から１つ選び，記号で答えなさい。

ア．東　　**イ**．西　　**ウ**．南　　**エ**．北

⑶　下線部(a)の［　］に当てはまる，上陸した台風が急速に衰える理由として，最も適切なものを次の**ア**～**エ**から１つ選び，記号で答えなさい。

ア．北上することで気温が下がり，地上との摩さつによりエネルギーが失われる

イ．北上することで気温が下がり，寒気の流れ込みによりエネルギーが失われる

ウ．水蒸気の供給が絶たれ，地上との摩さつによりエネルギーが失われる

エ．水蒸気の供給が絶たれ，寒気の流れ込みによりエネルギーが失われる

次のページに示す図１および図２は，2018年８月の天気図および雲画像で，いずれも，日本列島付近に台風が存在したときのものです。天気図中の記号「高」および「低」はそれぞれ，高気圧と低気圧を表します。また，通常，地上付近では，高気圧から吹き出して低気圧へ吹き込むような向きで風が吹きます。

⑷　図１の台風18号（図中の「台18号」）は，九州の西側を北上して通過しました。この台風18号により，九州地方だけではなく，東北地方北部に大雨がもたらされ，被害が発生しました。東北地

方北部に大雨がもたらされた理由として，最も適切なものを，下の**ア**～**エ**から１つ選び，記号で答えなさい。

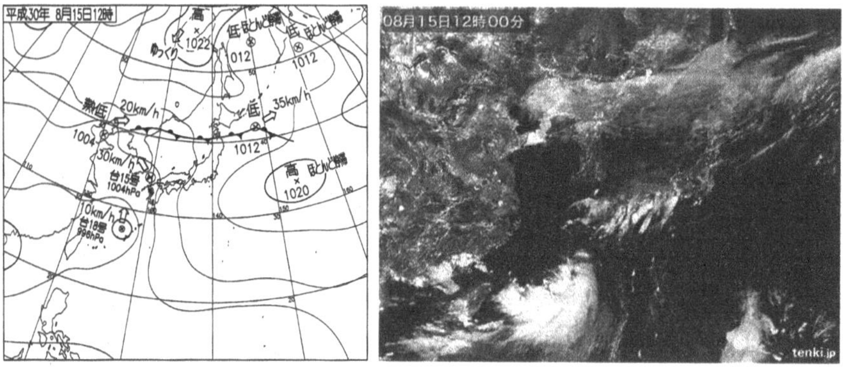

図１　(2018 年 8 月 15 日 12 時)

ア．この台風が非常に大きく，強かったため，台風の外側降雨帯が東北地方北部に形成されたから。

イ．台風から吹き出す強い風により，暖かく湿った空気が，東北地方北部に停滞する前線に流れ込んだから。

ウ．東北地方北部を通過して台風に流れ込む強い風により，冷たく湿った空気が，東北地方の山《さん》岳《がく》帯にぶつかったから。

エ．台風の東側の北向きの強い風により，暖かく湿った空気が，東北地方北部に停滞する前線に流れ込んだから。

⑸　図２の台風13号は，この後，どのような進路をたどると予想されますか。簡潔に，かつ分かりやすく記述しなさい。

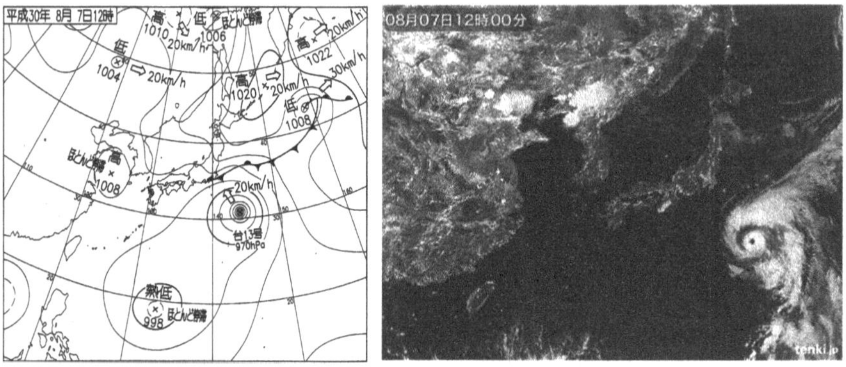

図２　(2018 年 8 月 7 日 12 時)

3　下の文章を読んで，あとの問いに答えなさい。

水溶《よう》液には，酸性の水溶液，中性の水溶液，アルカリ性の水溶液があります。水溶液の性質は，BTB溶液を使って知ることができます。BTB溶液は酸性では黄色，中性では緑色，アルカリ性では青色を示します。塩酸，食塩水，水酸化ナトリウム水溶液にBTB溶液を入れると，それぞれ黄色，緑色，青色になります。塩酸にBTB溶液を入れ，そこに水酸化ナトリウム水溶液を加えていくと液は黄色からやがて緑色になり，さらに水酸化ナトリウム水溶液を加えると液は青色になります。

【実験１】 うすい塩酸㋐とうすい水酸化ナトリウム水溶液Ⓐがあります。塩酸㋐を10mL取りBTB溶液を入れると黄色になりました。ここに水酸化ナトリウム水溶液Ⓐを加えましたが，Ⓐを50mL入れても黄色のままでした。そこで，塩酸㋐の濃度《のうど》を10分の１にうすめた塩酸㋑を用意し，㋑を10mL取り，BTB溶液を加え水酸化ナトリウム水溶液Ⓐを加えましたが，Ⓐを50mL入れても黄色のままでした。そこで，さらに塩酸㋑の濃度を10分の１にうすめた塩酸㋒を用意しました。㋒10mLにBTB溶液を加えて水酸化ナトリウム水溶液Ⓐを加えていくとⒶを８mL加えたところでBTB溶液の色は緑色になりました。

(1) 塩酸㋐の濃度を50分の１にうすめた塩酸㋓を用意し，㋓を５mL取りBTB溶液を加えて水酸化ナトリウム水溶液Ⓐを加えていくと，Ⓐを何mL加えたところでBTB溶液の色は緑色になると考えられますか。

(2) 水酸化ナトリウム水溶液Ⓐの10倍の濃度の水酸化ナトリウム水溶液Ⓑを用意しました。塩酸㋐を５mLと㋑を５mLと㋒を５mL混ぜた混合溶液に，水酸化ナトリウム水溶液Ⓑを45mL加えたところ，溶液の色は青色になりました。この溶液を緑色にするには，㋐，㋑，㋒のどの塩酸を何mL加えればよいですか。記号と体積を答えなさい。なお，加える塩酸の体積は１～10mLの範《はん》囲《い》とし，小数第１位まで答えなさい。

(3) 塩酸㋐と塩酸㋒は，次に示すどの物質を使って区別することができますか。その方法を解答欄《らん》に合うように答えなさい。

使える物質： 食塩　石灰《せっかい》石　でんぷん　ミョウバン　石灰水

【実験２】 うすい塩酸とうすい水酸化ナトリウム水溶液があります（【実験１】で使ったのとは違う濃度です)。それぞれにBTB溶液を加え，ちょうど10mLずつ混ぜると混合した溶液の色は緑色になりました。はじめに試験管に水酸化ナトリウム水溶液を3.0mL取り，次に塩酸2.5mLを水酸化ナトリウム水溶液と混ざらないように試験管の内壁《へき》（内側）を伝わらせながら少しずつそっと加えたところ，下が青色，上が黄色の二層に分かれました。

(4) この試験管をそのまま24時間放置しておくと，試験管内の水溶液の様子はどのようになると考えられますか。次の**ア**～**オ**から最も適切なものを１つ選び，記号で答えなさい。

ア．色は黄色一色になっている。

イ．色は青色一色になっている。

ウ．下が青色，上が黄色の二層に分かれたままである。

エ．下が黄色，上が青色に逆転し，二層に分かれている。

オ．試験管の底の方が濃《こ》い青色，水溶液の上の方が濃い黄色になっており，その間は無色透明《とうめい》になっている。

【実験３】 次の**ア**～**カ**の溶液を用意し，それぞれにレモン果汁《かじゅう》を加えて酸性にすると，すぐに色の変化するものと色が変化しないものがありました。

(5) 色が変化しないものとして最も適切なものを**ア**～**カ**から１つ選び，記号で答えなさい。

ア．アサガオの花の汁《しる》　**イ**．ムラサキキャベツの汁　**ウ**．ぶどうジュース　**エ**．牛乳

オ．紅茶　**カ**．黒豆（黒大豆）の皮の汁

4　下の文章を読んで，あとの問いに答えなさい。

〔文1〕 カイコガは冬の間をたまごで過ごし，5月頃にたまごからふ化します。うまれたばかりの幼虫を「1齢《れい》幼虫」といい，長い毛が目立つので毛蚕《けご》とも呼ばれます。幼虫はクワの葉を食べて成長し，数日たつと頭を上げて動かなくなり，その後，脱皮《だっぴ》をして「2齢幼虫」となります。幼虫は脱皮を繰《く》り返して大きくなり，やがて「5齢幼虫」になると，口の下の吐糸口《としこう》から糸をはき出し，まゆをつくり始めます。幼虫は，まゆの中でもう一度脱皮をして「さなぎ」になり，さなぎになってから10～12日後に，まゆから羽化《うか》した「成虫」が出てきます。このように，幼虫がさなぎになってから成虫になることを（　①　）といいます。

⑴　文中の（①）に入る語を答えなさい。

⑵　カイコガのたまごはどんな形をしていますか。次の**ア**～**ウ**からあてはまるものを1つ選び，記号で答えなさい。

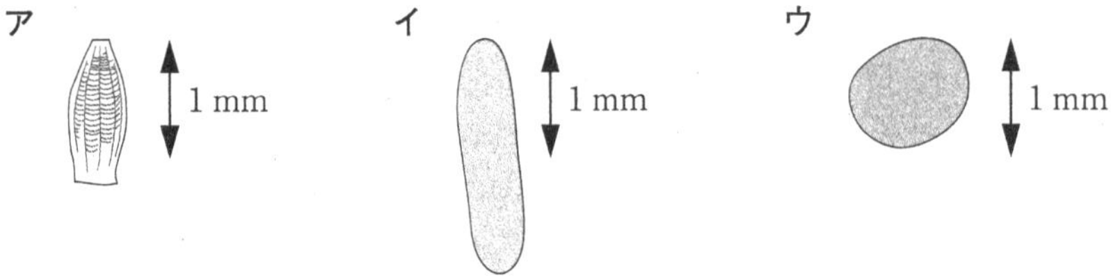

⑶　右図はカイコガの幼虫の頭部を表した図です。カイコガの幼虫の眼《め》はどれですか。図中の**ア**～**ウ**からあてはまるものを1つ選び，記号で答えなさい。

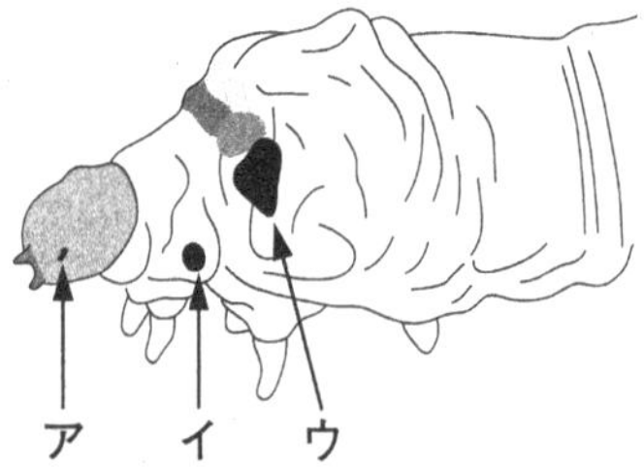

⑷　下図A～Cは3種類のガのまゆを表した図です。下の**ア**～**カ**から正しい組み合わせを1つ選び，記号で答えなさい。

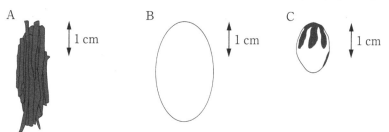

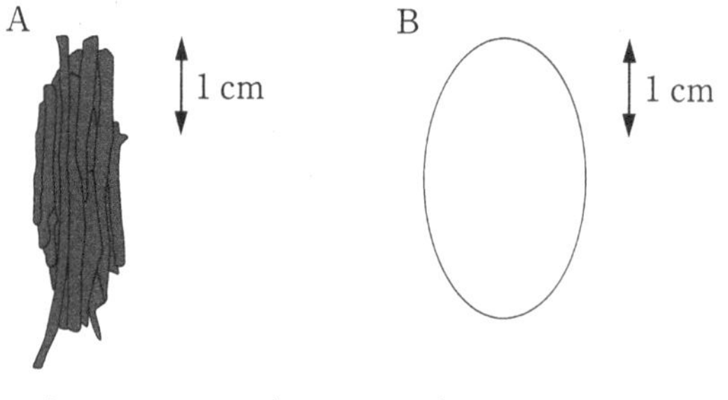

	カイコガ	チャミノガ	イラガ
ア.	A	B	C
イ.	A	C	B
ウ.	B	A	C
エ.	B	C	A
オ.	C	A	B
カ.	C	B	A

⑸　昆虫《こんちゅう》が食べる植物を食草《しょくそう》や食樹《しょくじゅ》といいます。カイコガの幼虫はクワの葉を食べて成長します。一方，モンシロチョウの幼虫はキャベツやアブラナを食草としていることが知られています。ガやチョウの幼虫の食草・食樹として他にどんなものがありますか。ガやチョウと植物（食草・食

樹）の組み合わせを１つ答えなさい。ただし，カイコガとクワ，モンシロチョウとキャベツ，モンシロチョウとアブラナの組み合わせを除きます。

〔文２〕 カイコガの幼虫の食樹である「クワ」には，いくつか種類があります。日本では，関東地方にはヤマグワ，九州南部や沖縄《おきなわ》にはシマグワが生育しています。中国原産のマグワは，かつて養蚕のために広く栽培《さいばい》されていたものが放置されて，野生化しています。どのクワも，葉はカイコのえさ，幹は建築材や家具材などに使われ，有用性の高い植物です。

小笠原《おがさわら》諸島には固有種のオガサワラグワが生育していますが，明治時代に家具や彫刻《ちょうこく》用に多くのオガサワラグワの大木が伐採《ばっさい》されてしまいました。一方，養蚕のために導入されたシマグワは野生化し，島でみられる「クワ」のほとんどはシマグワになっています。小笠原諸島では，繁殖《はんしょく》力の強い外来種のアカギが森林の主要な構成種となっていて，オガサワラグワの生育を妨《さまた》げています。現在，純粋《じゅんすい》なオガサワラグワは100本程度しかなく，ごく近い将来における野生での絶滅《ぜつめつ》の危険性が高い絶滅危惧《きぐ》種として，レッドデータブックに掲載《けいさい》されています。早急に，オガサワラグワの保全に取り組む必要があるでしょう。

(6) オガサワラグワ以外に，絶滅危惧種に指定されている動植物にはどんなものがありますか。次の**ア**～**カ**からあてはまるものをすべて選び，記号で答えなさい。

ア．カイコガ　**イ**．アホウドリ　**ウ**．ニホンカワウソ　**エ**．ジュゴン　**オ**．ブナ
カ．カントウタンポポ

(7) 人間活動によって本来の生息場所から別の場所に持ち込まれ，その場所にすみつくようになった生物を外来生物といいます。現在，日本の自然をこわしてしまう外来生物は特定外来生物に指定され，外来生物法によって飼育や販売《はんばい》など規制の対象とされています。次の**ア**～**エ**から，特定外来生物に指定されている生物を１つ選び，記号で答えなさい。

ア．カブトガニ　**イ**．シュレーゲルアオガエル　**ウ**．アライグマ　**エ**．ニッパヤシ

(8) 生き残っているオガサワラグワに実るほとんどの種子がシマグワとの雑種種子であることが分かっています。純粋なオガサワラグワを増やすためにはどうしたら良いでしょうか。以下の点をふまえて説明しなさい。

・自然界で純粋種子の生産は確認されている。
・アカギやシマグワの個体数は多すぎて，根絶するのは困難。
・オガサワラグワの芽生えは野生化したヤギによって食べられてしまう。

5 下の文章を読んで，あとの問いに答えなさい。

図１のような円板状の，同じ強さで同じ形状，同じ大きさの磁石が複数個あり，斜線《しゃせん》のついている上の部分がＮ極，反対側の下の面がＳ極となっているとします。

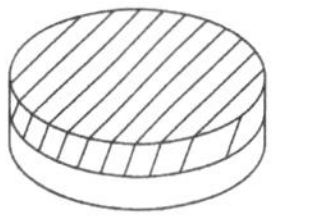
図１

(1) 次のページの図２のように，この磁石のＮ極側をアルミニウム板の端《はし》に置かれている方位磁針の中心に向かって，方位磁針のへりまで近づけました。方位磁針の針はどのようになりますか。最も適切なものをあとの**ア**～**ク**から１つ選び，記号で答えなさい。なお，図２では奥《おく》側が北，手前側が南になっています。選択肢《せんたくし》の図はこの方位磁針を真上からみた図（上が北，下が南）となっています。

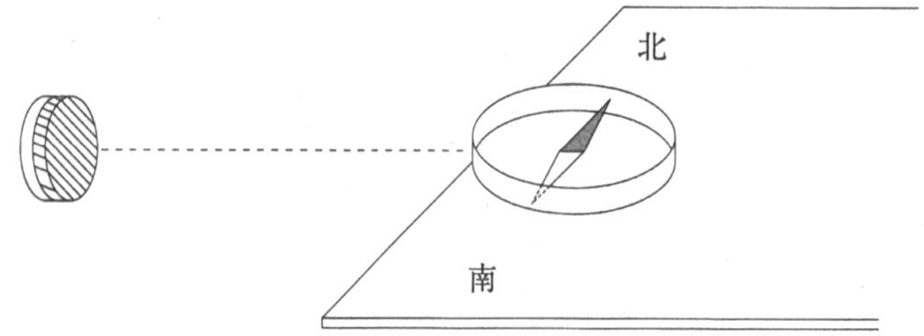

図2

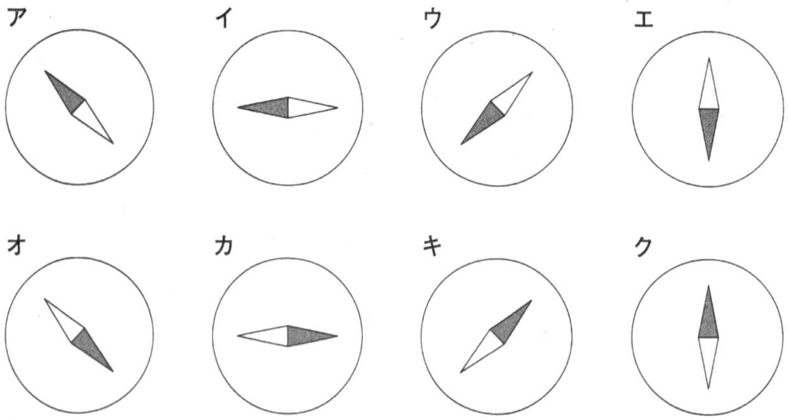

この磁石1枚をN極が上向きになるようにアルミニウム板の上に置き（磁石①）指で押さえました。もう1枚の同じ磁石（磁石②）をやはりN極が上向きになるように置き，アルミニウム板の上を指で押さえながらすべらせるようにしてゆっくり磁石①に接触《せっしょく》させました。磁石②の指をはなすと磁石同士は反発して，磁石②が磁石①から遠ざかるようにアルミニウム板上をすべっていきました（図3のA～C）。

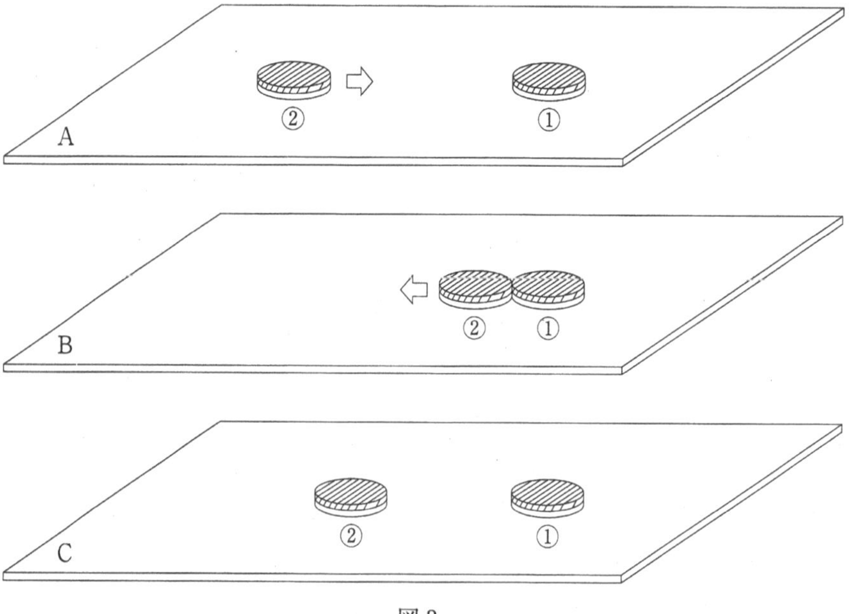

図3

一方，磁石②を裏返してN極が下向きになるように置いて，同様に磁石①に近づけていくと，磁石同士の距離が磁石の面の直径と同じ長さくらいまで近づいたときに，今度は磁石①が②に引き寄せられて磁石①と②の側面同士が接触しました（図４のＡ～Ｂ）。

⑵　この実験をアルミニウム板の上で行う理由は何ですか。簡潔に説明しなさい。

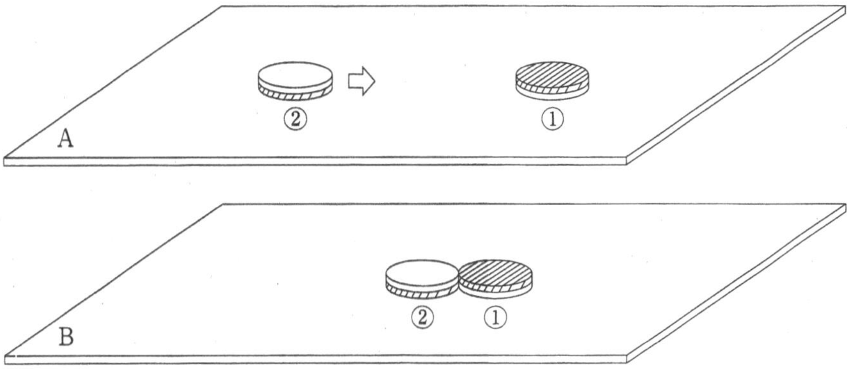

図４

以下の実験では，空気の抵抗や，磁石とアルミニウム板の間の摩さつ，磁石同士が接触しているときの磁石間の摩さつは考えないものとします。

磁石①をN極が上向きになるようにアルミニウム板の上に固定し，磁石②を裏返してN極が下向きになるように置き，アルミニウム板の上を指で押さえながらすべらせるようにしてゆっくり磁石①に近づけていき磁石①に接触させました。磁石の下の面がアルミニウム板からはなれることはないものとし，図で解答する場合には，N極，S極の区別がつけられるように，真上から見た図をえがきなさい。

⑶　３枚目の磁石（磁石③）をN極が下向きになるようにアルミニウム板の上に置き，図５のようにアルミニウム板の上を指で押さえながらすべらせるようにしてゆっくり磁石①に近づけていき磁石①に接触させて手をはなすと，磁石の配置はどのようになりますか。解答用紙に磁石①がえがかれているので，磁石②，③がどのようになるかを解答欄にえがきなさい。

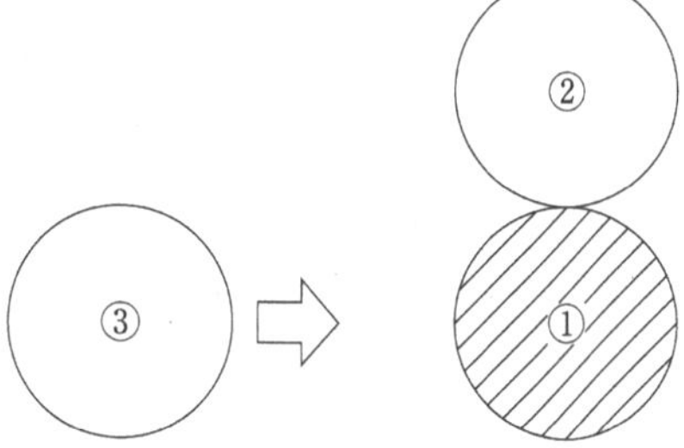

図５

⑷　続いて，４枚目の磁石（磁石④）をN極が下向きになるようにアルミニウム板の上に置き，アルミニウム板の上を指で押さえながらすべらせるようにしてゆっくり磁石①に近づけていき磁石①に接触させて手をはなすと，磁石の配置はどのようになりますか。解答用紙に磁石①がえがかれているので，磁石②，③，④がどのようになるかを解答欄にえがきなさい。

⑸　⑶が終了して⑷を始める前の状態に全体をもどしました。今度は磁石④をN極が上向きになるようにアルミニウム板の上に置き，アルミニウム板の上を指で押さえながらすべらせるようにしてゆっくり磁石①に近づけていき磁石①に接触させて手をはなすと，磁石の配置はどのようになりますか。解答用紙に磁石①がえがかれているので，磁石②，③，④がどのようになるかを解答

欄にえがきなさい。

(6) N極が上向きになるようにアルミニウム板の上に固定した磁石①に対して，N極が下向きになるようにした6枚の磁石をアルミニウム板の上に置き，その6枚すべてについてアルミニウム板の上を指で押さえながらすべらせるようにしてゆっくり磁石①に近づけていき，6枚の磁石すべてを磁石①に接触させて手をはなすと，図6のような状態を保つことができませんでした。その理由を簡潔に説明しなさい。

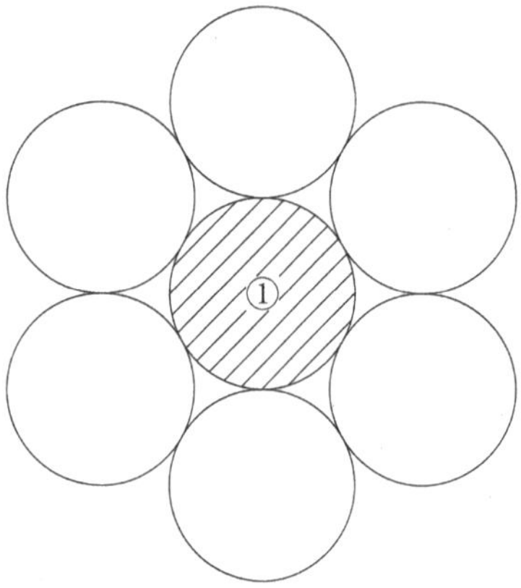

図6

【社　会】（40分）　＜満点：80点＞

次の文章を読み，設問に答えなさい。

現在，世界には多くの国と地域があります。わたしたちの暮らす日本は，国際社会の一員として各国・各地域と関係を結んでいます。国際社会では，国々や地域はお互《たが》いに対等であることを前提として，①政治的・経済的・文化的な，さまざまな結びつきを持っています。

しかし，このような対等な国際関係は古くからあったわけではなく，結びつく国や地域も限られていました。世界中の各地域で，それぞれ固有の関係がかたちづくられていましたが，②近代のヨーロッパやアメリカの社会で誕生した国家間のルールが，衝突《しょうとつ》・交渉《こうしょう》・変化，時には戦争をともないながら，じょじょに採用されて，現在の国際社会になっていきました。

日本を含《ふく》む東アジアでは，③古代より中国を頂点とした固有の国際的な秩序《ちつじょ》がつくられました。日本はその中で，④他の国々と関係を結んだり衝突したりしました。⑤江戸《えど》時代の後期になると，ヨーロッパの国々やアメリカが自分たちの国際関係の築き方を東アジアにもたらしました。⑥日本もその波に飲み込《こ》まれ，欧米《おうべい》のやり方をまねて，⑦他のアジアの国々と関わるようになっていきました。その際に他の国々との間で生じた摩擦《まさつ》は，利害の対立するヨーロッパの国々やアメリカとの関係を緊張《きんちょう》させ，大規模な戦争へと発展しました。

⑧第二次世界大戦が終結すると，今度はヨーロッパの国々やアメリカの新たな対立関係に，東アジアは巻き込まれました。日本は敗戦国でしたが，新しい世界秩序をリードする⑨アメリカと親密な同盟関係を結ぶことで復興《ふっこう》を果たし，経済大国となりました。

現在に生きるわたしたちは，過去のそうした経緯《けいい》をふまえて，⑩他の国や地域とどのようにして共存するのかを，未来のために考える必要があります。

問１　下線部①に関して。

⑴　次の**図１**は日本の自動車会社が海外で生産した自動車の台数を示したグラフです。1980年代半ば以降，日本は自動車を海外でも生産するようになり，年々その台数が増えています。日本が自動車を外国で現地生産する理由や良い点などについて述べた文として**誤っているもの**を，次のページの**ア～エ**から１つ選び，記号で答えなさい。

図１　日本の自動車の海外生産台数

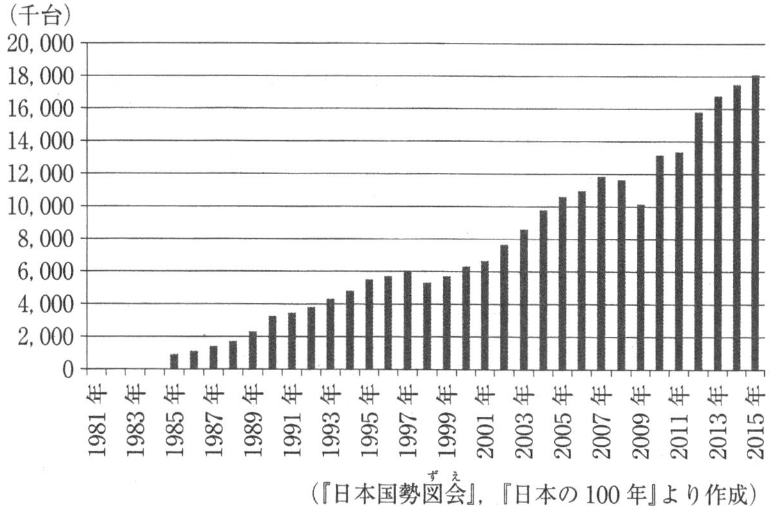

（『日本国勢図会《ずえ》』，『日本の100年』より作成）

ア　日本の自動車会社が輸出で非常に多くの利益をあげていたので，相手国からバランスのとれた貿易を求められ，現地生産をするようになった。

イ　日本の自動車会社は現地生産によって輸送費用がかからないぶん値段を安くできるので，多くの人に自動車を買ってもらえて利益が増える可能性がある。

ウ　日本の自動車会社が現地で組み立てれば，全ての日本製の部品には関税がかからないので，完成品を輸出するよりも安い値段で売ることができる。

エ　日本の自動車会社が現地生産をすることで，その国の人びとの要望や暮らしに合わせた自動車づくりがしやすくなる。

⑵　現在は自由に貿易を行うために，各国と話し合い，協定を結ぶ傾向《けいこう》にあります。日本は，環太《かんたい》平洋《へいよう》パートナーシップ協定（TPP）の発効（実施《じっし》）を目指しています。太平洋をとりまく12か国での協定を目指していましたが，そのうち１か国が2017年に離脱《りだつ》を表明したため，2018年現在は11か国と結んでいます（TPP11）。離脱した国名を答えなさい。

問２　下線部②に関して。19世紀のヨーロッパでは科学が発達しました。特に，細菌《さいきん》の発見は，病気の治療だけではなく，わたしたちの生活の衛生環境《かんきょう》に対する認識《にんしき》を変えました。こうした認識は政策に反映されて，その結果上下水道がひかれるなど，公衆衛生の整備が行われることになりました。これに貢献《こうけん》した，赤痢《せきり》菌の発見で知られる日本の研究者の名前を漢字で答えなさい。

問３　下線部③に関して。７世紀から９世紀まで，遣隋使《けんずいし》や遣唐使《けんとうし》は，中国の文化や政治の仕組み，さらには法律や仏教の教えを学ぶために送られました。彼らは，さまざまな学問や文化，技術を当時の日本にもたらしました。

彼らが中国などからもたらした技術の一つに，寺院の建築技術があります。その建築技術を使って建設された，現存する世界最古といわれる木造建造物群を含む寺院を答えなさい。

問４　下線部④に関して。

⑴　13世紀，中国大陸ではモンゴルが周りの国々を征服《せいふく》し，国の名を「元《げん》」と改め，日本にも従うよう何度も使いを送りました。鎌倉幕府《かまくらばくふ》がこれをこばんだので，元は２回にわたって大軍を送り，日本をおそいました。この戦いが日本や幕府にもたらした結果について述べた文として正しいものを，次の**ア**～**エ**から１つ選び，記号で答えなさい。

ア　武士たちは必死に戦ったので，全員幕府から褒美《ほうび》をもらうことができた。

イ　褒美のためには，武士が自らの功績《こうせき》を幕府に訴《うった》えなければならなかった。

ウ　防備のための石るいづくりや，戦いのための費用は，幕府が出した。

エ　元軍と日本の武士では，戦い方が異なったので，日本側は有利だった。

⑵　足利義満《あしかがよしみつ》は中国の王朝と正式な国交を結んで交易をしました。しかし，室町《むろまち》幕府が倒れ，諸大名を服属させて天下統一を果たした豊臣秀吉《とよとみひでよし》は，当時の東アジアの国際秩序を乱《みだ》す動きをしました。秀吉が行ったことを，その目的とともに答えなさい。

問５　下線部⑤に関して。19世紀になると，ヨーロッパの国々やアメリカは，アジアの国々に目を付け，力を伸《の》ばしていきました。江戸幕府は，国内の多くの反対を押し切ってアメリカと日米和親条《にちべいわしんじょう》約《やく》を結びました。幕府はなぜ国内の反対を押し切ってまでアメリカと条約を結んだのでしょうか。次の文を参考にして答えなさい。

1842（天保《てんぽう》13）年，中国との戦争に勝つと，イギリスはホンコン（香港）を手に入れ，自らに有利な条件で貿易をする条約を結びました。

問６　下線部⑥に関して。日本が必死にヨーロッパの国々やアメリカの仲間入りを果たそうとする様子は，当時のヨーロッパ人に風刺《ふうし》されました。Ａ～Ｄの日本とヨーロッパ諸国の関係を風刺した絵について述べた文として正しいものを，次の**ア**～**エ**から１つ選び，記号で答えなさい。

A

B

C

D

（清水勲《しみずいさお》『ビゴー「トバエ」全素描《そびょう》集』，同『ビゴーが見た日本人』，同『ビゴーの150年』より）

ア　Ａの絵は，条約改正に成功した日本が，鹿鳴館《ろくめいかん》をつくるなどして極端《きょくたん》な西洋化を行っている様子を描いている。

イ　Ｂの絵は，実際に起きた遭難《そうなん》事件の様子を描いたもので，条約改正の必要性を強く認識させることになった。

ウ　Ｃの絵は，日露《にちろ》戦争で，日本とロシアが中国のリヤオトン（遼東《りょうとう》）半島をめぐって争う様子を描いている。

エ　Ｄの絵は，第一次世界大戦で勝利した日本が，さらにヨーロッパやアメリカの強国に対抗しようとする様子を描いている。

問７　下線部⑦に関して。明治維新《いしん》以降，日本が初めて対等な条約を結んだのが中国でした。それから５年後，朝鮮《ちょうせん》と日朝修好条規《にっちょうしゅうこうじょうき》とよばれる条約を結びました。次の**史料**はその一部です。この条文は，中国が朝鮮の政治や外交を管理する権限を持つ関係を否定したとされています。日本がこの条約を結んだ目的を簡潔に述べなさい。

> **史料**
> 朝鮮国は自主の邦《くに》（独立の国）であり，日本国と平等の権利を持っている。

問 8　下線部⑧に関して。

(1)　次の**図 2** は，1948年から1980年までの日本の実質経済成長率（以下，経済成長率）と消費者物価上昇《じょうしょう》率（以下，物価上昇率）の移り変わりを示したグラフです。一般に，経済成長すると物価も上昇すると考えられています。

図 2　日本の実質経済成長率と消費者物価上昇率

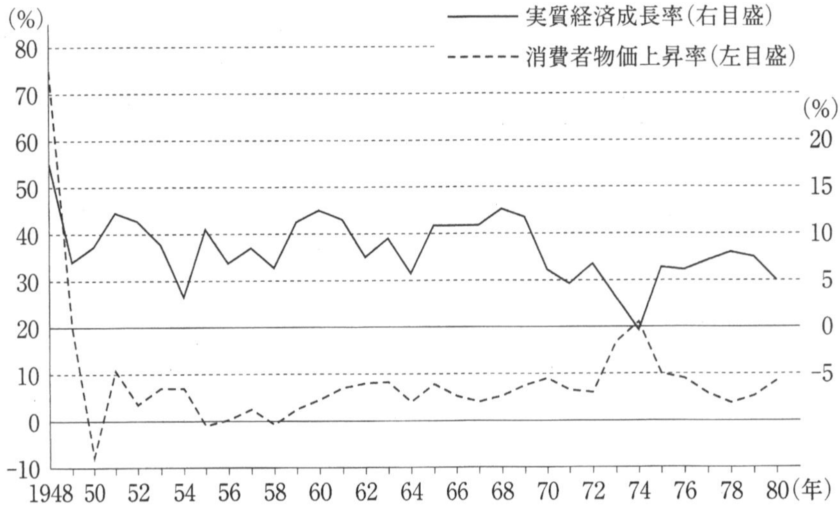

※実質経済成長率：１年間にその国の中でつくり出されたものの総額が，前の年に比べてどのくらい増えたか，減ったかを，物価が変動したぶんを調整して示した割合。

※消費者物価上昇率：その国で売られているものの平均価格が，前の年に比べてどのくらい上がったか，下がったかを示した割合。

（『日本国勢図会』，『日本の 100 年』より作成）

(i)　1950年から翌年にかけて，経済成長率と物価上昇率がともに急激に上がっています。その理由を当時起きた出来事をふまえて説明しなさい。

(ii)　1973年から翌年にかけて，経済成長率が大きく下がっている一方で，物価上昇率は急激に上がっています。その原因になった出来事を答えなさい。

(2)　次のページの**図 3** は，東京《とうきょう》を中心とした正距《せいきょ》方位図法の世界地図です。この地図は中心地点（東京）と，地図上の他の地点を結ぶ直線が正しい方位（方角）と距離《きょり》を示し，その２地点間の最短距離をあらわす性質を持っているので，航空路線図（飛行機の飛行ルートを示す地図）に利用されます。

国の領土と領海の上空部分を領空といい，飛行機は許可なく領空を飛行することが認められていません。かつて東京とロンドンとを結ぶ飛行機の航路は，**図 3** の点線のように南や北に大きく遠回りをしていました。しかし，1989年にアメリカの大統領とソ連の書記長とが会談したことをきっかけに，1990年代以降は実線で示したような航路で直行便が飛べるようになり，飛行距離・時間が大幅《おおはば》に短縮されました。当時のどのような国際社会の変化によって短縮されたのですか。**図 3** から考えて説明しなさい。

図 3

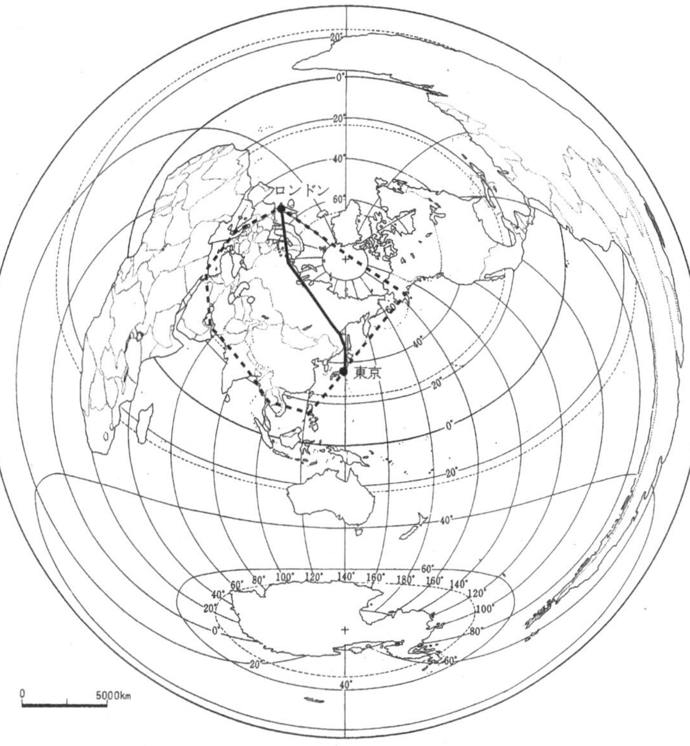

（杉《すぎ》江《え》 弘《ひろし》『飛行機ダイヤのしくみ』より作成）

問 9　下線部⑨に関して。アメリカ軍の基地や軍用地が多い沖縄《おきなわ》県は，一年中温暖な気候の地域として知られており，その気候をいかした特徴《とくちょう》的な農業が行われています。

⑴　沖縄県の農業について述べた文として**誤っているもの**を，次の**ア**～**エ**から１つ選び，記号で答えなさい。

ア　台風による強風や塩害《えんがい》から作物を守るため，防風《ぼうふう》林やビニールハウスを増やす対策に取り組んでいる。

イ　温暖な気候を生かして，野菜・花などの促成栽培《そくせいさいばい》・抑制《よくせい》栽培がさかんに行われている。

ウ　冬でも温かいので，栽培する時に暖房費用がかからず，他の地域よりも有利な条件で生産することができる。

エ　東京や大阪などの主な出荷《しゅっか》先への距離が遠く，輸送に時間と費用がかかることが問題である。

⑵　次のページの**図 4** は，全国及び沖縄県における稲《いね》，野菜，果樹，工芸農作物の作付面積の割合を示したものです。

(i)　沖縄県は温暖で，降水量が多いにもかかわらず，稲の栽培があまりさかんではありません。その理由を，沖縄県の自然環境から考えて説明しなさい。

(ii)　沖縄県では工芸農作物の栽培がとてもさかんです。沖縄県でもっとも作付面積が広い工芸農作物の名前を答えなさい。

(iii)　(ii)の工芸農作物は主に食品の原料となりますが，ブラジルでは食品以外の何の原料としても利用されていますか。

図4　全国及び沖縄県の農作物作付面積の割合（2016年）

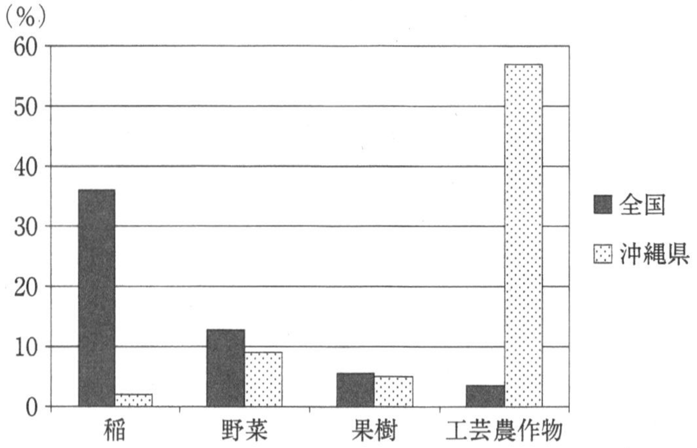

※工芸農作物：加工品をつくるための原料となる農作物。

（『データでみる県勢』より作成）

図5

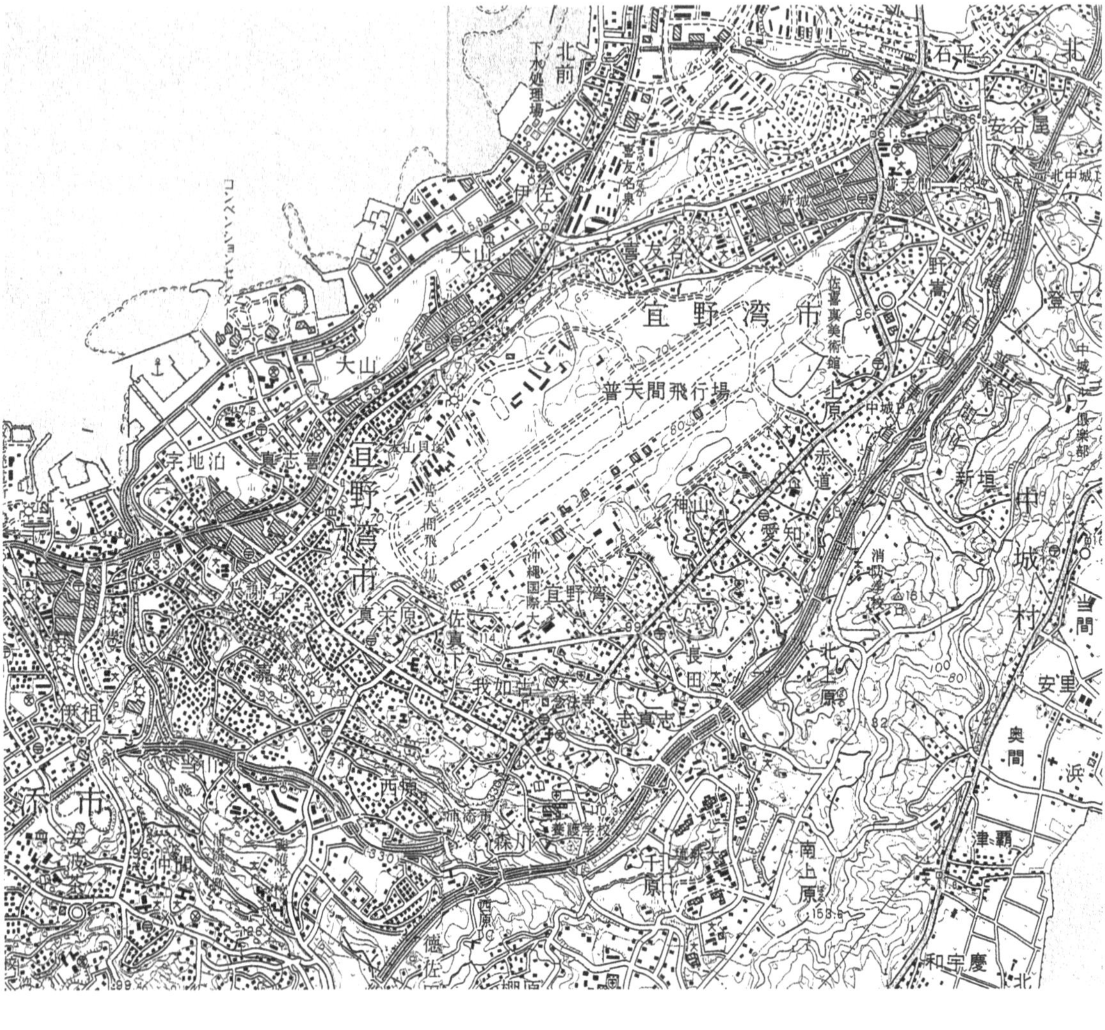

⑶　前のページの**図５**は，国土地理院発行の５万分の１地形図「沖縄市南部」及び「那覇《なは》」の一部を示したものです。

沖縄には，日本国内にあるアメリカ軍の基地や軍事施設《しせつ》のおよそ７割（面積）が集中しています。特に普天間《ふてんま》飛行場については大きな問題があります。その理由を**図５**を見て説明しなさい。

問10　下線部⑩に関して。

⑴　日本などの先進国は，国際協力の一つとして，社会環境が十分に整っていない国に対して，生活や産業のための支援《しえん》を行っています。こうした先進国の政府による支援を何といいますか（アルファベットの略称《りゃくしょう》で答えても良い）。

⑵　⑴の支援は，国の予算から支出されています。国の収入･支出の問題を考えたとき，日本では，国内への支出を重視すべきなどの理由から⑴への支出について批判があります。この批判に対して，先進国としての義務や人道的な理由から支援は今後も充実《じゅうじつ》すべきであるという意見は重要です。この意見以外に，日本の経済的利益の点から他の国々への支援を支持する意見を，輸出入の特色をふまえて説明しなさい。

⑶　いま国際社会では，飢餓《きが》をどう解決していくかが大きな課題となっています。すべての人びとの食料を十分に確保するため，農業の生産性を高めることが重要な一方で，世界の食料分配が偏《かたよ》っているという批判があります。それは，先進国で起きているどのような問題を指していますか。簡潔に述べなさい。

⑷　いま国際社会では，基本的人権について，すべての人が十分な保障を受けているとはいえない状況《じょうきょう》が続いています。日本国憲法の保障する権利について述べた文として正しいものを，次の**ア**～**エ**から１つ選び，記号で答えなさい。

ア　日本国憲法の保障する選挙についての権利は，すべての人に与《あた》えられているもので，性別・年齢《ねんれい》などによって区別されるものではない。

イ　日本国憲法の保障する権利は，日本で生活している外国人に対しても国民と同様に保障されている。

ウ　日本国憲法の保障する権利は，産業の発達や国際化・情報化の進展などの社会変化にともなって，その内容がより広くとらえられるようになっている。

エ　日本国憲法の保障する権利は，裁判を通じて保障されるもので，立法や行政は，各政策を実行するにあたり，裁判所に意見を聴《き》かなければならない。

⑸　今日国際社会は，国際連合の採択《さいたく》した「持続可能な開発目標」（以下，SDGs。17の目標を設けている）達成に向けて取り組んでいます。国際化が進むにつれて，国家間だけではなく人びとの交流もさかんになり，観光目的の往来も増えています。観光分野の活性化がもっとも貢献《こうけん》すると予想されるSDGsの目標を，次の**ア**～**エ**から１つ選び，記号で答えなさい。

ア　飢餓を終わらせ，食料の安全確保と栄養状態の改善を達成するとともに，持続可能な農業を推進する。（目標２）

イ　持続可能な経済成長を実現し，すべての人びとに働きがいのある人間らしい仕事を提供する。（目標８）

ウ　国内および各国家間の不平等を是正《ぜせい》する。（目標10）

エ　気候変動とその影響《えいきょう》に立ち向かうため，緊急《きんきゅう》対策を取る。（目標13）

す」（25ページ）とありますが、文脈をふまえた上で、自分が夏の立場になってその願いごとを書きなさい。

問14　〰〰線部「世界平和とカルピス」（28ページ）とありますが、「カルピス」は「世界平和」との関連においてどのようなものとして描《えが》かれていますか。本文中の具体的なエピソードに触《ふ》れながら百字以上百二十字以内でまとめなさい。

たが、夏の様子を見て「初恋の味」という言葉が隠《かく》れた気持ちを言い当てていると直感し、思わず微笑《ほほえ》んだ。

エ　百花が「しろくまさん」をゆっくりと味わって食べている美しい姿に感動し、何気なく「初恋の味」と言ったのに、夏はなぜか百花との恋愛をイメージしたので滑稽《こっけい》に思った。

オ　「初恋の味」という言葉は過去の自分の思い出を語ったものにすぎないのに、それが予想外に夏の心に響《ひび》いたことに驚き、ついうれしくなってしまった。

問11　――線部⑨「だったらやっぱり、持っていきなさい。きみのパパのために」（26ページ）とありますが、とうさんはなぜこのように言ったと考えられますか。最もふさわしいものを次の中から選び、記号で答えなさい。

ア　カルピスを飲む百花を見てよかったと思ったという話をきいて、いつ命を落とすか分からないような状況で生活してきて、改めて生きていることの価値に気づいた父親の思いに共感したから。

イ　カルピスを飲む百花を見てよかったと思ったという話をきいて、幼いころから異国での生活に慣れきってしまった百花に、日本の心を教えたいという父親の願いが感じられたから。

ウ　カルピスを飲む百花を見てよかったと思ったという話をきいて、世界の子どもたちのことを思うと、日本に帰りたくても簡単には帰れない父親の苦しい胸の内が伝わってくるようだったから。

エ　カルピスを飲む百花を見てよかったと思ったという話をきいて、様々な地域を渡《わた》り歩《ある》く生活のなかで、つねに持ち物を切《き》り詰《つ》めなければならなかった父親の無念さが理解できたから。

オ　カルピスを飲む百花を見てよかったと思ったという話をきいて、厳しい社会状況のなかを生《い》き抜《ぬ》いてきて、いつも我慢《がまん》を強《し》いてきた百花を思う父親の気持ちが示されていると思ったから。

問12　夏の行動と百花への思いについて説明したものとして、ふさわしくないものを二つ選び、記号で答えなさい。

ア　夏は百花の名前をかわいいと言ったけれども、これは父の言いつけによる接客サービスであり、特に気があるとは思っていなかった。

イ　百花の住んでいた国を調べたのは、百花の家族が日本人か外国人か気になっただけでなく、同級生の女の子とは違う独特の雰囲気《ふんいき》を持つ百花に心引かれ始めていたからである。

ウ　夏がその夏、例年よりカルピスを飲んだのは、百花がカルピスを知らなかったことに驚いただけでなく、それにも増して百花のカルピスを飲む様子が魅力的《みりょくてき》だったからである。

エ　百花にはじめて名前を呼ばれたときに呼び捨てにされドキドキしたのは、何の遠慮もなく自分の心に踏《ふ》み込まれたように感じ、緊張《きんちょう》したからである。

オ　カルピスのボトルをあげようとしたところ百花に断られ、重ねて勧《すす》めることはしなかったが、それは「かさばる」という言葉から百花の生活の様子を直感したからである。

カ　百花が明日発《た》つと伝えにきた日の別《わか》れ際《ぎわ》に、二度と会えないと思うとかなしかったが、夏自身はそれが恋心《こいごころ》であるとは感じていなかった。

問13　――線部⑩「夏はたった今できたばかりの新しい願い事を書き足

恐《おそ》ろしくて言葉を出すこともできないでいる。

イ　夏は百花たちの国で始まりそうな戦争について何も知らなかったので、それを恥《は》ずかしく思うことしかできないでいる。

ウ　小学生の夏は戦争を止める力を持っていないので、戦争の当事者たちを憎《にく》むだけで何もできないでいる。

エ　夏には戦争についての詳《くわ》しいことがわからないので、戦争はいやなことだと表情で表現することしかできないでいる。

オ　戦争と聞いても夏には直接関係がないことなので、そのような話題が面倒《めんどう》だとしか感じられないでいる。

問7　――線部⑤「その半分は、あなたみたいな子どもなの」(29ページ)とありますが、ここでは遠い国のことと目の前にいる夏のことを結びつけて考えています。百花の家族が訪ねてきた場面でも、母の心中でそれらは結びついてしまったと思われます。そのことが行動として表れている一文を探し、はじめの七字を答えなさい。

問8　――線部⑥「せりふのしらじらしさに、思わず赤面してしまいそうになる」(28ページ)とありますが、この時の夏の気持ちを八十字以内で答えなさい。

問9　――線部⑦「クラスの女子に多い、まるくて小さなくせのある文字ではなくて、大きくて勢いのある、流れるような文字だった」(28ページ)とありますが、夏は百花の人柄《ひとがら》をどのように考えていますか。この部分やその他のクラスの女子についての記述をふまえた上で、最もふさわしいものを次の中から選び、記号で答えなさい。

ア　クラスの女子が周りの子とのなれ合いの中にいて口うるさいのに対して、百花は周りを気にしないで自分の思いを飾《かざ》らずに表現する純粋《じゅんすい》な人柄である。

イ　クラスの女子が異性の目ばかり気にして陰《かげ》でうわさをするのに対して、百花は厳しい環境《かんきょう》をくぐりぬけたゆえの物怖《ものお》じをしない堂々とした人柄である。

ウ　クラスの女子が思ったことを何でも率直《そっちょく》に表現し思慮《しりょ》が足りないのに対して、百花は目前に起こる事柄《ことがら》に慎重《しんちょう》に向き合う人柄である。

エ　クラスの女子が物の豊かな生活に慣れて無感動になってしまっているのに対して、百花は何事も新鮮《しんせん》な気持ちで受け止められる人柄である。

オ　クラスの女子が感情に任せて自分の欲求を強く主張するのに対して、百花はいつも遠慮《えんりょ》がちで自分の思いをはっきり言わず他人に譲《ゆず》る人柄である。

問10　――線部⑧「とうさんはきょとんとして見る。そして、にやっと笑った」(27ページ)とありますが、この時のとうさんの様子を説明したものとして最もふさわしいものを次の中から選び、記号で答えなさい。

ア　「初恋《はつこい》の味」という表現のうまさにただただ感心し、思わずつぶやいてしまったが、突如《とつじょ》として夏と百花の今の関係にぴったりだと確信し、会心の笑みがもれた。

イ　「初恋の味」という言葉を軽い気持ちでつぶやいたら夏が怒《いか》りをあらわにしたことに驚き、繊細《せんさい》な夏をからかってしまったことを笑ってごまかそうとした。

ウ　夏の否定の言葉を聞いて何を言いたいのかすぐには分からなかっ

「うん」

行かないで。そう言えるほど、夏にとって大きな気持ちではなかった。それでも、二度と会えない可能性が高いのだと思うと、かなしかった。織姫《おりひめ》と彦星《ひこぼし》ほどのチャンスも残されていない。

連絡先《れんらくさき》を聞いてみようと思ったが、百花は電子機器の15タグイを一切《いっさい》持っていないようだった。きっと必要ないのだ、これから向かうようなところでは。

ふたりの間に風が吹《ふ》いた。百花は乱れた長い髪を、うっとうしそうにかき上げた。

「無事でね」

旅に出るのは百花のほうなのに、別《わか》れ際《ぎわ》にそう言われた。夏はうなずいた。

喉元《のどもと》まで出かかった気持ちは、とうとう言葉にはならなかった。

百花を見送ったあと、店に戻《もど》り、夏はとうさんに聞いた。

「短冊の願い事って、ひとりで何枚書いてもいいんだよね?」

ついさっきまで百花が手にしていたペンを取り、⑩夏はたった今できたばかりの新しい願い事を書き足す。

夏はまだ始まったばかりだということを、ふいに思い出した。

(戸森しるこ『夏と百花《モニカ》とカルピスと』)

問1 ===線部1～15のカタカナを漢字に直しなさい。

問2 ——線部①「七夕が世界共通のイベントではないことを、夏は幼いころから知っている」(32ページ)とありますが、それはなぜですか。三十字以内で答えなさい。

問3 ……線部A「物心がついてから」(31ページ)・B「舌を噛《か》みそうな」(30ページ)とありますが、この言葉の本文中の意味として最もふさわしいものを次の中からそれぞれ選び、記号で答えなさい。

A 「物心がついてから」(31ページ)

ア 経験を積んで人との付き合い方が分かってから
イ 世の中のことが何となく分かってきてから
ウ 勉強することで色々な知識が増えてきてから
エ 成長にともなって物へのこだわりが出てきてから
オ 自分の状況《じょうきょう》を冷静に判断できるようになってから

B 「舌を噛みそうな」(30ページ)

ア 思い浮かべるだけでも不愉快《ふゆかい》な
イ なめらかに発音するのが困難な
ウ すっと頭に入って来ない
エ 強い驚《おどろ》きですぐには声が出ない
オ 言葉に出すのはためらわれる

問4 ——線部②「どちらを観光……、いや、どちらに滞在《たいざい》されますか?」(31ページ)とありますが、夏の父親はなぜ「観光」を「滞在」と言い直したのですか。六十字以内で答えなさい。

問5 ——線部③「『あ、そう』と拍子抜《ひょうしぬ》けした」(31ページ)とありますが、それはなぜですか。四十字以内で答えなさい。

問6 ——線部④「夏は顔をしかめるしかできない」(30ページ)とありますが、ここでの夏の様子の説明として最もふさわしいものを次の中から選び、記号で答えなさい。

ア 夏には関係ないと思っていた戦争が急に身近に感じられたので、

夏はそれすら知らず、驚いた。

「戦地から家に帰って、まずカルピスを飲んだらしい。甘酸《あまず》っぱくて、平和の味がする。そう思ったって」

ひいおじいちゃんは、夏が赤ちゃんのころに亡《な》くなっている。

「そんなに昔っからあるの、カルピスって。戦争より古いの？」

「そう、百年くらい前からあるんだよ」

「すごーい」

「古いねぇ」

最後にしろくまの耳を作っていた杏《あんず》を口に入れ、百花は「おいしかったぁ」と笑った。

「これ、持っていったら。いいよね？　とうさん」

夏がカルピスのボトルを指して言うと、とうさんは「もちろん」とうなずいた。百花は少し迷うようなそぶりを見せたが、最終的に首を横に振《ふ》った。

「かさばるから」

夏はかさばるという表現を知らなかった。物が大きくて場所を取ることだ。でも、四季もカルピスも知らない百花に、日本語の意味を尋ねるのは癪《しゃく》だと思い、黙っていた。

「パパは言ったわ」

「え？」

「カルピスを飲むあたしを見て、日本にもどってよかったと思ったって」

すると、とうさんが百花に歩み寄り、百花の手をとると、その手にカルピスを持たせた。

「⑨だったらやっぱり、持っていきなさい。きみのパパのために」

百花は少し考えたあとで、「そうね」と笑った。

「そろそろ帰るね」

ポーチから小銭《こぜに》入れを出そうとした百花に、とうさんが「いいよ、いいよ。夏んとこに遊びにきたんだから」と断った。

いや、違《ちが》う。百花は単に「しろくまさん」を食べにきただけだ。そう思ったけれど、そう言ってしまうと、遠回しにお金を払《はら》えと言ってしまうことになり、これはたいへん複雑な状況であるなと夏は思った。

「いいのかな？」

百花が言うので、

「いいんじゃない？」

と答えた。それで充分《じゅうぶん》だ。

ふたりで外に出ると、かし切りパーティーの団体客がちょうど来たところだった。そのうちのひとりは14ジョウレン客で、百花と一緒にいる夏をからかった。夏は内心で「うぜぇ」と思ったが、なんとか顔に出さなかった。見上げると、夏の空はまだ明るい。

「今日は晴れているから、天の川が見えるかも」

「ミルキーウェイ」

夏はわからなかった。天の川のことだろうか。

「ミルキーウェイって、天の川？　……牛乳の道？」

「そう。なんでそういうのか知らないけど」

英語圏《えいごけん》では川ではなく道なのか。ふしぎだなと夏は思った。ミルキーというところが、なんとなくカルピスを連想させる。

「じゃあね」

た。
　世界平和とカルピス。かなり妙な取り合わせだけれど、何か心を動かされる。
「七夕はカルピスの日なんだよ」
　かき氷を持ってきたとうさんが、そう言った。
「カルピスがはじめて発売されたのが、七月七日だったから」
「ええっ、ほんと?」
「カルピスの水玉のパッケージあるだろ? 天の川をイメージしているんだって」
　夏は驚《おどろ》いた。偶然《ぐうぜん》にしてはよくできている。でも、人生はそういうことだらけだとも夏は思う。生まれたこと、生きていること、すべてが偶然で、よくできている。「生まれる」と「生きる」が同じ漢字であることもやっぱりよくできている気がする。
　その時、百花が言った。
「あたし、シキってよくわかってなかった」
「え?」
「指揮者のことかと思った。それか、死ぬ時期のことか」
　指揮と死期、頭の中で変換《へんかん》しながら、夏は思い出した。この前、春夏秋冬について聞かれ、わざと「季節」ではなく「四季」という答え方をした。そのほうが大人びて聞こえると思ったのだ。それが百花を混乱させたらしい。
「世界には四季のない国もあるんだよ」
　とうさんが夏に言う。そうなのかと、夏は思った。
「今は夏の季節ってことね」
　百花の言う「夏の季節」というのが果たして自分の名前を指しているのかどうか、とても重要なことなのに、夏には判断しかねた。でも、どう聞き返してよいやらわからず、何も答えられない。
「夏、あたし、好きみたい」
　今度は季節のほうを指しているのだと、さすがにわかった。
「ぼくも。でもぼくは冬生まれなんだ」
　そう言ってみたけれど、これもまた百花には理解されなかった。生まれた季節の名前をつけるということ自体が、ピンとこないのかもしれなかった。
「つめたくて、おいしい」
　百花はかき氷をゆっくりと味わって食べた。そんな百花を見ながら、とうさんは言った。
「初恋《はつこい》の味、カルピス」
「やめてよ」
　思わず反応した夏を、⑧とうさんはきょとんとして見る。そして、にやっと笑った。
「昔のキャッチコピー(宣伝のための言葉)だよ、カルピスの。おまえの話じゃない」
　はめられた。最悪だ。
「カラダにピース、じゃないのかよ」
　13テれ隠《かく》しに強気で言ってみたけれど、百花の顔を見ることができない。とうさんは続けてこんな話をした。
「夏のひいおじいちゃんが、戦争から日本にもどった時の話だけど」
「ひいおじいちゃん、戦争行ってたの?」

⑥せりふのしらじらしさに、思わず赤面してしまいそうになる。それでも百花は笑ったりせず真面目《まじめ》な顔で、

「百花よ」

と言った。

　知ってる。夏は心の中でそう答えた。

「あのね、明日発《た》つの」

「立つ？　なにが？」

「あたしが」

「……ああ」

なんだ、別れを告げに来たのか。夏は多少がっかりした。

「もうここには来ないよね？」

「たぶん」

「そっか。……あ、食べる？　しろくまさん」

「うん」

　百花はにこっと微笑《ほほえ》んだ。こういう笑い方をするところだ。夏は百花の笑い方が好きだと思った。クラスの口うるさい女子のように、口からぽんぽんと感情が飛んでこない。百花が「しろくまさん」をとても楽しみにしていたことを、その微笑みを見て夏は知った。

「百花ちゃん、短冊はもう書いた？　明日は七夕だよ」

　夏が手を洗っている間に、とうさんが百花に聞いている。VertVertではランチタイムとディナータイムの間に二時間の休憩《きゅうけい》が入るが、今はちょうどその時間帯だった。今夜は12カし切りでパーティーの予約が入っている。かあさんが今朝、パーティーコース用のデザートにケーキか何かを焼いていたことを、夏は思い出した。テーブルの上に並んだたくさんの食器を、百花はものめずらしそうに見ている。

「願い事を書くんでしょ？」

「そう。まだ向こうに短冊あったよな。持ってきてあげて」

　夏はとうさんに言われるまま、店と自宅をつなぐドアから移動し、ペンと短冊を持ってきた。

　百花に手渡《てわた》すと、百花は口を結んだまま、もう一度微笑んだ。

「夏は？　なんて書いたの？」

　百花に聞かれた。はじめて名前を呼ばれた。名前を覚えてくれていたことと、呼び捨てされたことに、夏はドキドキしてしまう。

「な、内緒《ないしょ》」

　しつこく聞いてくるかと思ったけれど、百花はそうしなかった。そして、それはひどく百花らしいと思った。

　願い事を知られないように、百花は外国語で文字を書くかもしれない。夏はそう思った。でも、その予想は外れ、百花は日本語で願い事を書いた。

『世界平和とカルピス　百花』

　青い色紙で作った短冊に、百花はそう書いていた。⑦クラスの女子に多い、まるくて小さなくせのある文字ではなくて、大きくて勢いのある、流れるような文字だった。

「世界平和は分かるけど、カルピスをどうしたいの」

「また飲めますように」

　そんなに気に入ったのか。やっぱりカルピスは偉大《いだい》だな。夏は感心し

を名字で呼ぶのは妙《みょう》だし（そもそも彼《かれ》らは名字を名乗らなかった）、「百花ちゃん」は百花の雰囲気に合わない気がした。それで、百花。

「難民って、どういう人たちのことか、知ってる？」

かあさんが夏に聞いた。

「……その国にいるとあぶないから、逃げてきた人？」

「そうなんだけど、その理由が定められているの。8サイガイや人種差別や紛争《ふんそう》や政治的な問題で、命が9キケンだから、自分の国を離《はな》れなければならなかった人たちのこと。世界に何千万人もいるのよ。⑤その半分は、あなたみたいな子どもなの」

「自分の国から、どこかよそへ避難《ひなん》するっていうこと？」

「そう。自分の国っていうのは、その国の国籍《こくせき》を持っているっていうことね。あの人たちは三人とも日本人なんだから、この国に逃げてきたんじゃなくて、もどってきたわけでしょう。それは難民とは言わないよね。外国に長く住んでいたとすれば、そういうのは『移民』というのかしら」

夏は移民と難民を同じようなものだと思っていた。世の中には知らないことがたくさんある。

「じゃあさ、百花が学校に行っていないのも、それと関係してる？」

そうね、と、かあさんはうなずいた。

「通学できるような状況《じょうきょう》じゃなかったのかもしれないね。でも、おかあさんが先生なんだって。だから家で勉強していたんじゃないかしら」

百花は「春夏秋冬」や「かき氷」を知らなかったけれど、日本語は10カタコトではなく流暢《りゅうちょう》に話していた。母親から習ったのかもしれないし、日本語を話す両親と暮らしていれば、自然と身につくものなのかもしれない。たとえば夏が両親から英語を学んだのと同じように。

「これまではご夫婦《ふうふ》でね、11ツウヤクなんかの仕事をしながら、貧しくて教育を受けられない子どもたちをサポートするような活動をしていたんだって。だけどもう国にいられないからって。とてもつらい決断だったって、言っていたわ」

「なにが、つらいの？」

「大勢の子どもたちをおいて、ここに逃げてきたことが」

夏はその夏、例年よりもカルピスをよく飲んだ。これは百花の影響《えいきょう》だ。カルピスが日本の飲み物だということを、夏ははじめて知った。カタカナの名前だから、コーラやジンジャーエールと同じように、もとは外国のものだと思っていた。

外国には百花のようにカルピスを知らない子どももいる。これは夏にとって大きな発見で、突然《とつぜん》カルピスが世にもすばらしいもののように思えたのだった。

それに、カルピスを飲む百花の横顔は、それと同じくらいに、いや、きっとそれ以上に、なんとも魅力的だった。

一週間ほど経《た》って、百花は再びやってきた。夕方、夏は友だちと遊んだ帰りで、自転車を店の脇《わき》に止めたところだった。

家に向かって自転車を走らせていた時から、店の前に百花がひとりで立っていることには気づいていた。けれどあえてはしゃいだりせず、そこに百花がいることは大したことではないようにふるまった。

「あ、この前の」

戦争。④夏は顔をしかめるしかできない。最近テレビでよく見る、ミサイルや爆弾《ばくだん》や戦闘機《せんとうき》をイメージする。三人は自分たちの国から逃《に》げてきたのだろうか。

　そこから親同士が国交と政治の話を始め、夏にはついていけなくなった。政治の話をできるのが大人の証拠《しょうこ》だと、夏は信じている。

「もう食べないの?」

　皿に残された料理を見て、夏は百花に尋ねた。百花はうなずいて、すまなさそうな顔をして、「すごくおいしいけど、多すぎる」と答えた。百花の頼《たの》んだ魚料理は、店でいちばん人気のあるメニューだ。

　百花は、かなりのやせっぽちだった。異国育ちであることが関係しているのかどうか、どことなく謎《なぞ》めいたような個性的な魅力《みりょく》があり、それに百花というふしぎな名前はよく5ニアっているようにも思えた。茶色い瞳《ひとみ》、ごわごわした黒くて長い髪、ぽってりした唇《くちびる》。そして、まわりとは別のテンポで生きているような独特の雰囲気。

「これ、なぁに?　おいしいのね」

　百花が興味を示したのは、グラスに注がれた白い水。

「え、カルピス（乳酸菌《にゅうさんきん》飲料の名まえ）だよ。知らないの?」

「知らないわ」

　知らないわ。そんな言葉遣《ことばづか》いをする同じ年の女の子を、夏はほかに知らない。

「うちはかき氷もカルピスの味なんだ」

「カキゴオリってなに?」

「それは、氷のデザートみたいな。今度食べにくれば」

　この店でかき氷は「しろくまさん」と呼ばれている。バニラアイスと干《ほ》し葡萄《ぶどう》と杏子《あんず》とで、さらさらの氷の山に白熊《しろくま》の顔を作った、カルピス味のかき氷。夏はそれを百花に見せたいと思った。喜びそうな気がしたので。

　すると百花は、興奮気味な声色《こわいろ》で、そして夏の知らない言語で、母親に何かを訴《うった》えた。どう聞いても英語ではなかった。日本人と同じように、外国人だって全員が英語を話すわけではないのだという当たり前のことを、夏は思い出した。そして、三人が外国人なのか日本人なのか、自分はよくわかっていないということに、夏は気がついた。

「そうね、来週、またここにもどるから」

　母親が百花にそう答えた。きっと百花は、もう一度この店に来たいと言ったのだろう。

「来週もまだあるよね?　しろくまさん」

　夏が聞くと、シェフが答えた。

「夏が終わるまで、あるよ」

　ごくごくと、のどを鳴らして白い水を飲む百花の横顔を、夏はじっと見ていた。

　6ヨクジツ、夏は百花が住んでいた国のことを調べた。B舌を嚙《か》みそうな名前の国名を、間違《まちが》えずに言えるようになるまで、少し時間がかかった。

「百花たちは、難民なの?」

　クラスの女子を下の名前で、しかも呼び捨てすることに、夏は抵抗《ていこう》がある。でも、百花の名前には、なんとなく呼び捨てが7テキしていると思った。両親と同時に知り合い、全員が同じ名字のところに、百花だけと思われるひげ男が、遅い時間の来店を詫《わ》びるように、「うちのシェフ」に向かってそのように伝えた。シェフが尋《たず》ねると、国の名前も口にしたのだが、聞いたことのない国名だったので、夏は一度では覚えられなかった。なるほど、それならば、外国人観光客向けのホテルを利用しているという点にも、納得《なっとく》できる。

だが、その国名を聞いたとたん、夏の両親は息をのんだ。

「それはまた、なんというか、大変なところから」

とうさんはそう言葉を濁《にご》した。かあさんは黙《だま》ったまま、なぜか夏の肩《かた》を抱《だ》き寄《よ》せる。

「A物心がついてから、はじめての日本なんです」

「そう、機会がなくて」

夏の両親に向かって、なぜか言いわけでもするように、男女は口々にそう言った。物心がついてから、というのは、女の子の話だろう。

「②どちらを観光……、いや、どちらに滞在《たいざい》されますか？」

夏の父親の問いかけに、ひげ男はひかえめに「東京と京都に」と答えた。夏たちのいるこの街には、親せきがいるために立ち寄ったらしい。これから一週間ほどかけて、東京と京都を見て回ったあとで、またここにもどる予定なのだと言う。体のわりに声が小さい人だな。夏はそう思った。

親たちがそんな話をしている間に、夏はつまらなそうにしている少女に声をかけた。子どもの客が退屈《たいくつ》そうにしている場合はそのようにふるまえと、父親から4シドウされていた。

「今、何年？　ぼくは五年」

少女はボタンのように目をまるくして、席に座《すわ》ったまま夏を見上げた。質問に答えようとしない少女を見て、夏はある可能性に気がつく。外国育ちということなら、日本語が話せないのかもしれない。

「えーと、Do you speak English?（英語は話せますか？）」

夏は英語が得意なほうだ。両親が店で外国人の客相手に英語を話すのを、小さなころから聞いて育った。それに、夏が英語を話すと、外国人は喜ぶことが多い。夏は人を喜ばせるのが好きだ。

ところが、

「英語は苦手よ」

きっぱりと日本語で返されて、③「あ、そう」と拍子《ひょうし》抜けした。じゃあさっさと答えろよ。ばかみたいじゃないか。

「名前は？　ぼくは夏。春夏秋冬の夏」

「あたし、百花。百の花でモニカ。シュンカシュートーってなに？」

「……四季のこと。百の花でモニカ？　かわっ……」

変わってる、と言いそうになって、

「かわいいじゃん」

と、言い直した。クラスで女子にそんなことを言ったら大スキャンダルだけど、これはあくまでも接客サービスだ。

「あたし、行ってない、学校」

「え？」

「だから、学校には行ってない。それに来週からは新しい島で暮らすのよ。安全なところ。どこにあるかは秘密なの」

とまどう夏に、百花の母親が言った。

「わたしたちのいた国でね、戦争みたいなことが始まるかもしれないの」

【国 語】（六〇分）〈満点：一二〇点〉

次の文章を読み、後の問いに答えなさい。

夏の日だった。

夏の家の店には、七夕の飾《かざ》りが出ている。

笹《ささ》に飾られた色とりどりの短冊《たんざく》、吹《ふ》き流《なが》し、星飾り、網《あみ》飾り。

夏は毎年、母親と一緒《いっしょ》にそれらの飾りを作った。はじめは自分の楽しみのためにやっていたことが、数年前からは両親のための店の手伝いに変わった。近所に外国人観光客向けのホテルがあり、そこの宿泊客《しゅくはくきゃく》がよく来店するから、四季折々の和風の飾り物は喜ばれた。

そんな事情で、①七夕が世界共通のイベントではないことを、夏は幼いころから知っている。しかし、母が作った提灯《ちょうちん》などは、切《き》り込《こ》みが不ぞろいすぎて、見るからに1ブカッコウ。

「なっちゃんはうまいねぇ」

そう言われるたび、喜ぶようなことでもないのに、素直《すなお》な夏は得意になってしまう。

ところで、よく勘違《かんちが》いされるが、夏は冬生まれだ。

両親とも冬よりも夏を愛していたので、そういう名前になった。それを聞くたび、なんとなく自分を否定されたような気分になるものの、正直なところ夏も冬より夏が好きだったので、「まぁ、いいか」というところに落ち着く。

夏の家は小さなカフェを営んでいる。店の名前は「VertVert《ヴェールヴェール》」。若いころはバックパッカー（大きな荷物を背負って自由に旅行する人）で世界中を旅していた夏の父親が、フランスのパリの街中にあるようなカフェをイメージして店を作った。パリは夏の母親が好きな街だ。Vertはフランス語で緑という意味で、店の2カンバンや3ナイソウには緑色が使われている。夏は色の中では緑がいちばん好きだ。

料理を父親が作り、デザートは母親が作る。「うちのシェフ」「うちのパティシエ（洋菓子《ようがし》職人）」。店にいる時、両親はおたがいをそう呼んだ。夏は「うちの夏」だ。夏はいつか勉強をして、「うちのバーテンダー（酒類の調合などをする人）」もしくは「うちのソムリエ（ワインを選び、提供する人）」、そうでなければ「うちのバリスタ（コーヒーを提供する人）」になりたいと、ぼんやり考えている。

十歳《さい》の夏、その店で夏は百花《モニカ》と出会った。

もうかなり遅《おそ》い時間で、店内には他の客はだれもいなかった。閉店まであと三十分というところで、三人は店に入ってきた。ホテルのフロントで紹介《しょうかい》されたのだという。百花の家族はそこに宿泊していた。

ひげをはやした大男と、髪《かみ》の短い細身の女性、そして夏と同じ年くらいの女の子。おそらく三人は親子だろうと、夏は予想をした。顔や雰囲《ふんい》気《き》がよくにている。

カウンター席でこっそりと宿題をすませた夏は、そろそろ二階の自分の部屋にもどろうと思っていたところだった。夏の部屋にも勉強机はあるが、ひとりで部屋にいるといろいろな誘惑《ゆうわく》に負けるので、店が空いている時はいつもここで勉強する。

三人はたしかに日本人に見えたけれど、なんとなく日本に慣れていないように夏には見えた。たとえば視線の動かし方や、メニューを手に取る動作などが、いつもこの店に来ているような外国人観光客たちのそれと、よくにている。

そして夏の勘《かん》は当たっていた。三人は海外からの旅行者だった。父親

2019年度

解　答　と　解　説

《2019年度の配点は解答欄に掲載してあります。》

＜算数解答＞《学校からの正答の発表はありません。》

1　(1)　11　　(2)　270個

(3)　①　(AD：DP＝)2：1　　(QB：BC＝)3：2

②　(FH：HB＝)2：3　　(FI：IC＝)2：5　　③　$\frac{2}{35}$倍

2　(1)　(6時)19分$5\frac{5}{11}$秒から　　(6時)35分$27\frac{3}{11}$秒　　(2)　解説参照

3　(1)　33個　　(2)　169個　　(3)　68個　　4　(1)　0.6m^2　　(2)　$\frac{18}{35}m^2$　　(3)　6m

○推定配点○

1，2(2)各7点×8(2(2)完答)　　他　各8点×8　　計120点

＜算数解説＞

1　**(四則計算，方陣算，平面図形，相似，割合と比)**

(1)　$\frac{2}{\square}=\left(\frac{5}{8}+\frac{28}{3}-\frac{23}{24}-4\times\frac{7}{4}\right)\div 11=\left(9\frac{1}{3}-\frac{1}{3}-7\right)\div 11=\frac{2}{11}$　　□＝11

基本　(2)　(1＋2＋…＋9)×6＝45×27＝270(個)

(3)　右図において，正方形ABCD(平行四辺形)の一辺の長さを6にする。

図1

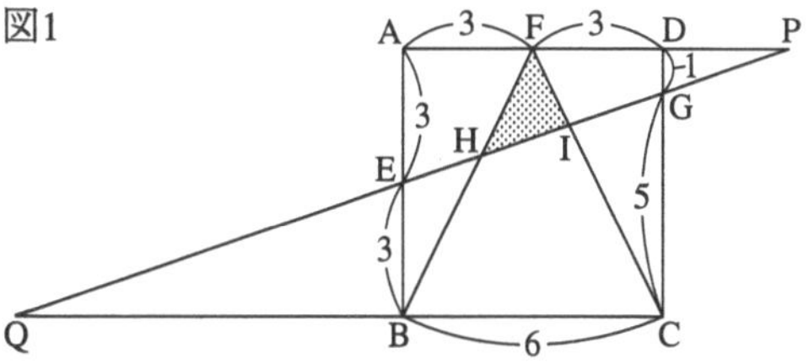

基本　①　三角形AEPとDGPは相似で，AP：DPはAE：DGに等しく3：1であり，AD：DPは(3－1)：1＝2：1である。三角形EQBとGQCは相似で，QB：QCはEB：GCに等しく3：5であり，QB：BCは3：(5－3)＝3：2

②　三角形FHPとBHQは相似で，①より，PF：QBは(3×2)：(3×3)＝2：3であるから，FH：HBも2：3である。同様に，三角形FIPとCIQは相似で，①より，FP：CQは(3×2)：(3×3＋6)＝2：5であるから，FI：ICも2：5である。

重要　③　三角形FBCの面積は，平行四辺形の0.5倍である。また，②より，三角形FHIの面積は，三角形FBCの2÷(2＋3)×2÷(2＋5)＝$\frac{4}{35}$である。したがって，三角形FHIの面積は，平行四辺形の$0.5\times\frac{4}{35}=\frac{2}{35}$(倍)である。

2　**(時計算，立体図形，平面図形，図形や点の移動，単位の換算)**

重要　(1)　次ページ図Aにおいて，角AOBは180－(45＋30)＝105(度)であり，両針が重なり始めるのは$105\div\frac{11}{2}=\frac{210}{11}=19\frac{1}{11}$(分)すなわち19分$\frac{60}{11}$秒である。次ページ図Bにおいて，直角三角形OACの

OA：ODは5：10＝1：2であり，角COAは60度である。したがって，両針が重なり始めるのは$(105+60+30)\div\frac{11}{2}=\frac{390}{11}$$=35\frac{5}{11}$(分)すなわち35分$\frac{300}{11}$秒である。

図A

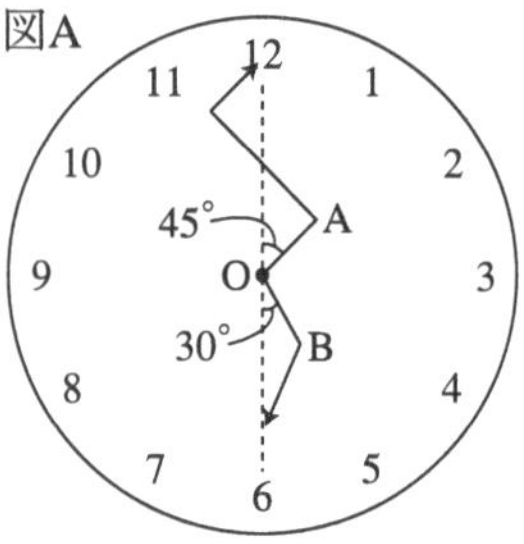

図B

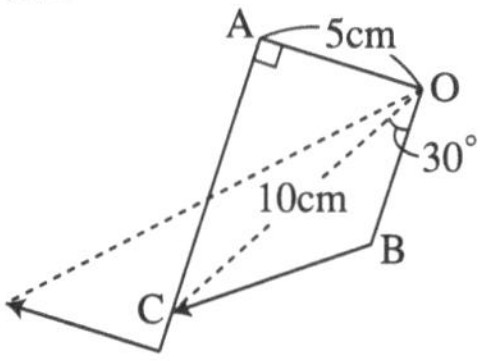

基本　(2)　平行線を利用して作図すると，右図のようになる。

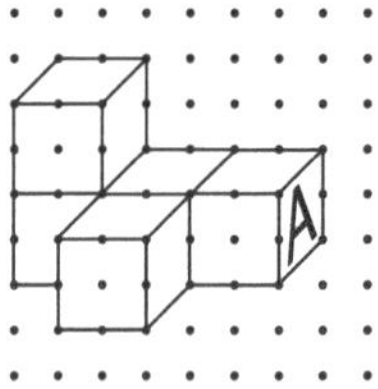

3　(演算記号，数の性質，規則性)

基本　(1)　2，3，4，5，6の最小公倍数は60であり，2019÷60＝33…39であるから，nの個数は33である。

重要　(2)　(1)より，60までで《n》＝1になる数は，12，24，30，36，48である。したがって，nの個数は5×33＋4＝169である。…最後の4個は，1980＋12＝1992，～，1980＋36＝2016

(3)　(2)の12，24，30，36，48のうち，《n＋6》＝1を満たす数は24＋6＝30，30＋6＝36の2個である。したがって，nの個数は2×33＋2＝68である。

4　(平面図形，縮図，図形や点の移動，立体図形，割合と比)

重要　(1)　図1において，直角三角形LPSとAHSは相似で，LP：AHが7：1であるから，HSは9.6÷(7－1)＝1.6(m)である。したがって，図2における影の部分，三角形CSEの高さは1.6－1.2÷2＝1(m)であり面積は1.2×1÷2＝0.6(m²)

やや難　(2)　図2において，直角三角形PHMとPSFは相似で，(1)より，HM：SFは9.6：(9.6＋1.6)＝6：7であるから，SFは0.6÷6×7＝0.7(m)である。したがって，図3において，STは0.7×2－1.2＝0.2(m)であり，相似な三角形ECVとSTVにおいて，CV：VTは1.2：0.2＝6：1であるから，(1)より，斜線部分の面積は$0.6\div(6+1)\times6=\frac{18}{35}$(m²)

図1

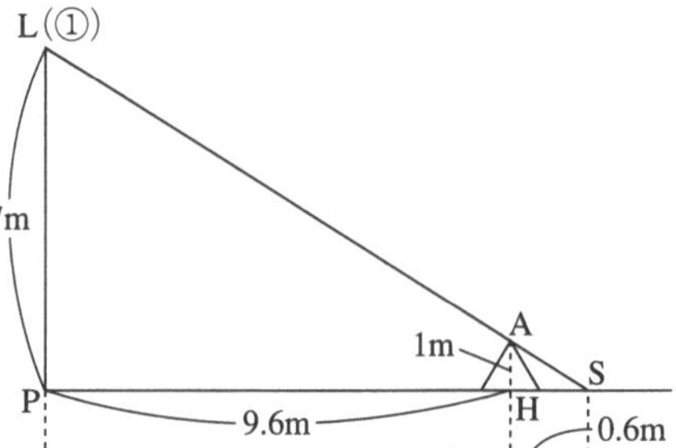

図2

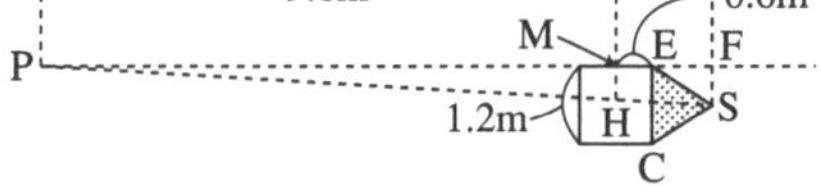

図3

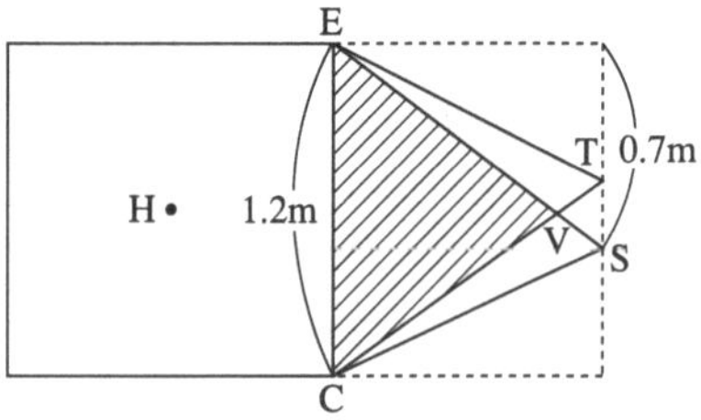

基本　(3)　図4において，直角三角形LPEとAHEは相似であり，PE：HEは7：1であり，PHは0.6÷1×(7－1)＝3.6(m)である。したがって，移動距離は9.6－3.6＝6(m)である。

図4

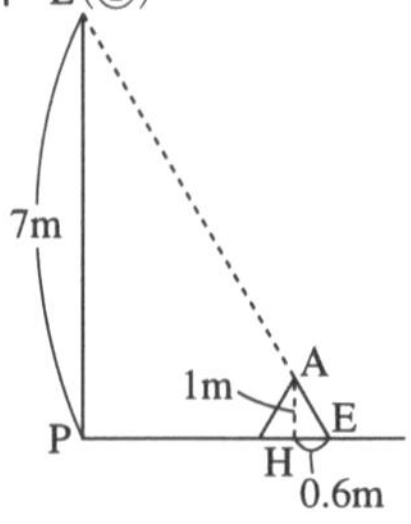

★ワンポイントアドバイス★

1(3)「相似」の問題を，確実に解くことができるようにしよう。2(1)「時計算」の「重なりの終了時刻」は，一見，簡単そうでもミスしやすく，4「相似」の問題は，(2)よりも(3)のほうが，はるかに簡単である。

＜理科解答＞ 《学校からの正答の発表はありません。》

1 (1) (方位) ウ　(形) オ　(2) エ，キ，ク　(3) イ，ウ　(4) 40mg
(5) ① イ　② エ　(6) ア，エ　(7) エ　(8) カ

2 (1) 積乱雲　(2) イ　(3) ウ　(4) エ
(5) 本州に接近したあと向きを変え，北東に進む。

3 (1) 8mL　(2) ㋒，7.5mL　(3) 石灰石(と反応させると)より激しく気体が発生(する方が㋐である。)　(4) イ　(5) エ

4 (1) 完全変態　(2) ウ　(3) ア　(4) ウ　(5) (例) アゲハ(と)ミカン
(6) イ，エ　(7) ウ　(8) (例) オガサワラグワを保全する島の範囲を決め，その範囲のアカギやシマグワを除去し，島内の野生化したヤギを駆除する。

5 (1) カ　(2) 磁石はアルミニウム板につかないから。

(3)

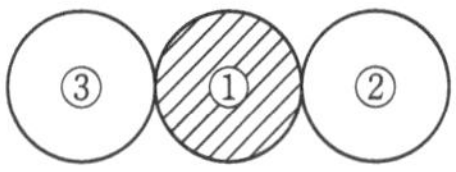

(4)

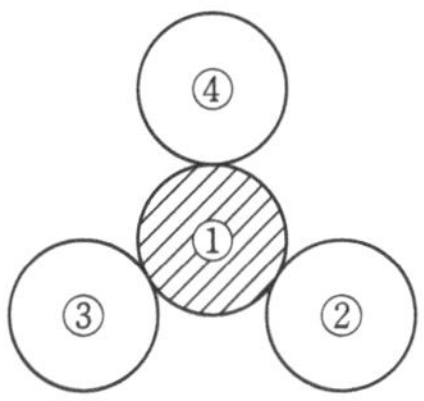

(5)

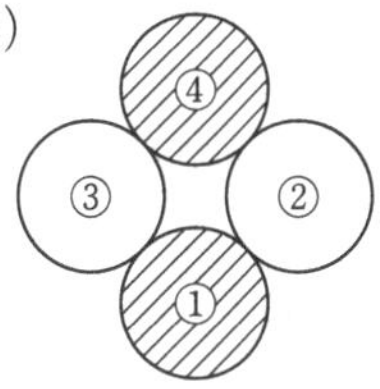

(6) ①の磁石についているまわりの磁石の極は同じだが，同じ極どうしの磁石はとなり合うことができないから。

○推定配点○

1 各2点×8(各完答)　2 各3点×5　3 各3点×5((2)・(3)は完答)
4 各2点×8((5)は完答)　5 各3点×6　計80点

＜理科解説＞

1 (総合―小問集合)

基本 (1) 朝方は，太陽が東の地平線から出ようとしている。このときの半月は，南の空にあって，東側つまり左側が明るい下弦の月である。

(2) 2018年に噴火した日本の火山は，1月23日に群馬県の草津白根山のうち本白根山，3月～4月にかけて宮崎県と鹿児島県にまたがる霧島のうち新燃岳と硫黄山，10月と12月には鹿児島県の口永良部島が噴火した。また，東京都小笠原諸島にある西之島は2013年以降活動を続けており，島の面積が拡大している。さらに，鹿児島県の桜島は毎年噴火をしている。なお，アは2014年，オは1986～1987年，カは2000年に噴火している。イが噴火したのははるか昔である。ウは活動が続い

ているが，2016年の噴火以降は噴火していない。

(3)　ドングリをつける木はブナ科の樹木で，どれも広葉樹だが，落葉のものと常緑のものがある。クヌギやコナラ，カシワ，ブナなどが落葉樹である。

(4)　この葉100cm²は，呼吸によって1時間に5mgの二酸化炭素を排出する。これは，真っ暗なところでも明るいところでも同じである。充分な強さの光を当てたとき，15mgの二酸化炭素を吸収したようにみえるのは，呼吸によって5mgを放出し，光合成によって20mgを吸収したためである。葉200cm²が光合成で1時間に取り込む二酸化炭素は，20×2＝40(mg)となる。

(5)　①　水は温まりにくいので，水の入ったペットボトルの方が温度の上がり方がおそい。

②　温度が上がると体積が増える現象はエである。アは溶けていた気体が出てくる現象，イとウは気圧の変化にともなう現象である。

(6)　アルコールランプで，芯の上に出ている部分を長くすると炎が大きくなり，短くすると炎が小さくなる。上に出ている部分が長くても短くても，アルコールは上まで浸み込んでいるので，火がつけにくくなることはない。

重要　(7)　支点の左側を下げるはたらきは，5×(100＋300)＝2000で一定である。右側を下げるはたらきは，使ったおもりの重さと，支点からおもりまでの長さの積である。つりあうには，その積が必ず2000にならなければならない。このように，積がいつも一定になる関係，つまり反比例の関係になるものを選択肢から選べばよい。アは，電球からの距離が2倍，3倍，…になると，明るさは4分の1，9分の1，…になる。イは，冷やしてしばらくは0℃のままで，その後，温度は下がり，一定の温度に近づく。ウは，時間が2倍，3倍，…になると，距離も2倍，3倍，…になる正比例の関係である。エは，速さと時間の積は，いつも同じ距離になるので，反比例の関係である。

(8)　電熱線を細いものに変え，他の条件はすべて同じにしている。細い電熱線は抵抗が大きく，電流が流れにくい。そのため，同じ10分でも発熱量が小さい。だから，アに比べて傾きがなだらかな直線のグラフになる。

2　(気象－台風の性質)

(1)　台風では，激しい上昇気流が起こっており，たて方向に発達する大きな積乱雲ができる。

(2)　台風のまわりの空気の動きは，上から見て反時計回りである。そのため，台風の東側では，南風となる。日本の南岸にある湾では，その西側を台風が通過すると，湾では強い南風となって海水が吹き寄せられる。そのため，高波の被害が想定される。

(3)　台風のエネルギーは，海面から蒸発した水蒸気が，雲粒になるときに放出する熱である。台風が上陸すると，海面から水蒸気を吸収できないので，新たにエネルギーを得ることができない。また，海面よりも陸地の方が摩擦が大きいので，失うエネルギーが多い。そのため，上陸した台風は急速に弱まる。エのように寒気が流れ込むと，暖気と寒気がぶつかりあうので，台風は温帯低気圧に生まれ変わり，場合によっては再び発達することもある。

(4)　台風のまわりには，上から見て反時計回りの空気の動きがある。そのため，台風18号の東側では，南風(北に向かう風)が吹いており，この湿った暖かい風が東北地方北部にある停滞前線に流れ込んで積乱雲をつくり，大雨を降らせたと考えられる。この現象は，テレビなどの天気予報では「台風が前線を刺激する」などと解説されている。アは，問題文の説明に，外側降雨帯が200～600kmのところだと書かれているが，図1で台風18号から東北地方北部までは1000km以上離れているのであてはまらない。イは，空気は台風に吹き込むので誤りである。ウは，図1のとき東北地方には南寄りの風が吹いていて，このときの大雨は地形によるものではなく前線によるものなので，適切ではない。

(5)　台風の進路は，台風の勢力や太平洋高気圧の勢力，上空の温度や気流の状態などによって変化する。そのため，地上天気図1枚から予測するのはふつう困難である。本問は，台風の行く手に前線があるため，なお難しい。実際，本問の2018年13号の直前に本州に上陸した12号は，基本から外れた極めて特異なコースをたどっている。本問でも，詳しく予測するのは不可能なので，一般に多い進路を答えれば充分であろう。夏の太平洋には，太平洋高気圧(小笠原気団)が発達し，台風はそのまわりをカーブするように動く。日本に接近するときは北西に向かう。日本付近の上空には偏西風が吹いているため，進路は北東に変わる。実際，この台風13号は，千葉県銚子市付近に接近したころに向きを変え，前線を押し出すように北東へ進んで三陸沖から太平洋に抜けていった。

3 （水溶液の性質ー中和反応）

(1)　うすい塩酸㋐の濃度を100分の1にした㋒10mLは，水酸化ナトリウム水溶液Ⓐ8mLとちょうど中和する。うすい塩酸㋐の濃度を50分の1にした㋓は，㋒に比べると2倍の濃度である。つまり，㋓5mLに含まれる塩化水素の量と，㋒10mLに含まれる塩化水素の量は同じである。よって，㋓5mLを中和する水酸化ナトリウム水溶液Ⓐも8mLである。

やや難　(2)　含まれる量に着目し，すべてうすい塩酸㋒と水酸化ナトリウム水溶液Ⓐに直して考える。うすい塩酸㋐の濃度を100分の1にしたのが㋒なので，㋐の5mLと㋒の500mLに含まれる塩化水素の量は同じである。また，うすい塩酸㋑の濃度を10分の1にしたのが㋒なので，㋑の5mLと㋒の50mLに含まれる塩化水素の量は同じである。つまり，最初に混ぜたうすい塩酸は，塩化水素の量に着目して㋒の量に直すと，500＋50＋5＝555(mL)ぶんとなる。一方，水酸化ナトリウム水溶液Ⓐの濃度を10倍にしたのがⒷなので，Ⓑ45mLとⒶ450mLに含まれる水酸化ナトリウムの量は同じである。㋒とⒶは，10mL：8mLの体積比で中和する。㋒555mLと中和するⒶは，10：8＝555：□より，□＝444mLである。よって，残った水酸化ナトリウム水溶液は，Ⓐで考えて450－444＝6mLである。この残った6mLのⒶを中和するための㋒を求めると，10：8＝□：6より，□＝7.5mLとなる。これは，問題に指定された範囲に入っているので，㋐や㋑に直す必要がなく，そのまま答えとなる。

(3)　うすい塩酸㋐と㋒は，濃度が100分の1もちがうので，他の物質と反応させたときの様子がちがって観察される。選択肢のうち，塩酸と反応するのは石灰石と石灰水である。石灰石(炭酸カルシウム)は，塩酸を加えると二酸化炭素を発生するので，その様子をみると塩酸の濃さが区別できる。石灰水(水酸化カルシウム水溶液)はアルカリ性なので，塩酸を加えると中和反応を起こす。しかし，できた塩化カルシウムは水に溶けるので，反応前も反応後も無色透明であり，観察しただけでは濃度のちがいの区別がつかない。

(4)　うすい塩酸とうすい水酸化ナトリウム水溶液を10mLずつ混ぜたときに中性になる。だから，うすい塩酸2.5mLとうすい水酸化ナトリウム水溶液3.0mLを混ぜると，アルカリ性になる。実験2のように，混ざらないように静かに流し入れても，水溶液は徐々に均一になるように広がっていくので，24時間も放置すれば完全に混ざって中和がおこり，アルカリ性となる。

(5)　植物の色素の多くは，酸やアルカリに応じて色が変わる。紫の色素であるアントシアニンは，酸性だと赤っぽく，アルカリ性だと黄色っぽく変色する。ア，イ，ウ，オにはアントシアニンが含まれている。また，オに含まれるカテキンも酸によって色が変化する。エにはそのような色素は含まれていない。

4 （昆虫ーカイコガとクワ）

(1)　主な昆虫の育ち方は，卵→幼虫→さなぎ→成虫と育つ完全変態と，さなぎの時期がなく，卵→幼虫→成虫と育つ不完全変態がある。カイコガは完全変態である。

(2)　カイコガの卵は，直径1mm程度でうすい黄色であり，球形がつぶれた形をしている。一度の産卵で数百個が産み付けられる。その年ではなく翌年にふ化する卵は黒っぽい。

(3)　図で，からだの先端の灰色で描かれている部分が頭部であり，そのなかにアの単眼がある。単眼は，物の形などを見ることができず，明るさのみを感じる器官である。イやウの部分は足がついている胴体で，成長すると胸部になる。イは空気を出し入れする気門であり，ウは目のように見せかけた模様である。

重要　(4)　Aはミノガ(ミノムシ)の巣である。枯れ枝や枯れ葉をいくつも糸でからめて巣をつくり，枝からぶら下げて，中で生活する。Bはカイコガのさなぎのまゆであり，人間はこのまゆから絹糸を取っている。Cはイラガのまゆで，幼虫が越冬するための硬い卵のようなまゆである。

(5)　アゲハチョウの幼虫は，ミカン，カラタチ，サンショウなどミカン科の樹木の葉を食べる。国蝶であるオオムラサキの幼虫は，エノキなどの樹木の葉を食べる。キタテハは一年草のカナムグラを食べる。ミノガの幼虫は，さまざまな果物や樹木の葉などを食べる。イラガは，サクラやリンゴなどの葉を食べる。本問では，知っているものを何か1つ答えればよい。

(6)　アホウドリは，かつて羽毛を取ったり，生息地を開発したりしたために減少した。ジュゴンは海生のほ乳類で，日本では沖縄島付近にわずかに生息する。これらが絶滅危惧種である。カイコガは家畜として飼育されているのみで，野生では生息していない。ニホンカワウソは，1950年ごろを最後に確認されておらず，絶滅危惧種ではなく絶滅種に指定されている。近年に目撃情報があったが確認は取れていない。ブナは広大な森林が存在している。カントウタンポポは，セイヨウタンポポに勢力を奪われているが，絶滅危惧種に指定されてはいない。

(7)　アライグマはアメリカ大陸から日本にもたらされ，日本でも野生化して，生態系への影響や，農作物や建物への被害などがあり，特定外来生物に指定され，駆除の対象になっている。カブトガニは，生きた化石のひとつで，日本にも古くから生息しているが，現在は絶滅危惧種である。シュレーゲルアオガエルは日本の固有種で，日本にしか生息しない。ニッパヤシは亜熱帯のヤシの一種で，日本では西表島などに生息するが，絶滅危惧種である。

(8)　オガサワラグワは，生育がアカギに邪魔され，シマグワとは雑種の種子をつくってしまう。だから，純粋なオガサワラグワを生息させる土地の範囲を決め，その範囲のアカギやシマグワは取り去らなければならない。また，オガサワラグワの種子が発芽しても，芽生えがヤギに食べられてしまうから，その地域のヤギを駆除し，外から侵入しないように柵などを設けるなどの必要がある。芽生えからしばらく成長するまでは，屋内やビニールハウスなど，ヤギの食害を受けない場所で育てる手段もある。アカギやシマグワを除去し，ヤギを駆除しても，再びオガサワラグワが生息する土地にそれらが侵入してくる可能性がある。小笠原諸島には多くの小さな島があるので，保全する土地は1つの島として，他からの侵入をしにくくすることも考えられる。

5　(力のはたらき―磁石の力)

(1)　円板状の磁石のN極に，方位磁針のS極が引き寄せられる。

(2)　磁石はアルミニウムにつかないので，アルミニウム板の上で，円板状の磁石をすべらせることができる。鉄板では磁石は動かない。また，アルミニウム板は摩擦が小さいので，木材やプラスチックよりもすべらせやすい利点もある。

(3)　磁石③と磁石①は極が逆なので引きつけ合うが，磁石③と磁石②は極が同じなので反発し合う。磁石③を指で押さえながら接近させているので，自由に動ける磁石②は，磁石①にくっつきつつも，磁石③から離れようとする。その結果，磁石③，磁石①，磁石②の順に一直線に並ぶ。

(4)　磁石②，③，④は，どれも磁石①とくっつく。しかし，磁石②，③，④どうしは反発し合って，できるだけ離れようとする。その結果，磁石②，③，④は，磁石①のまわりに120°ごとに配置する。磁石④をどの向きから近づけたか，問題文には書かれていないので，解答は120°ごとに配置された図であれば，どの向きでもよい。

(5)　磁石④は，②や③と引き合い，①とは反発し合う。磁石②と③は反発し合う。よって，磁石①，②，④，③の順で正方形をつくるような配置になる。磁石④をどの向きから近づけたか，問題文には書かれていないので，解答はどの向きでもよい。

(6)　①のまわりに置かれた6つの磁石は，どれも①とくっついているので，上がS極である。ところが，上がS極の磁石どうしは反発し合うので，隣り合うことができない。あるいは，まわりの6つの磁石を，N極が上のものとS極が上のもので交互に置いたとしても，そのうちの3つは中央の磁石①と反発してしまい，離れてしまう。どのように配置しても，反発して隣り合うことができない組み合わせができてしまう。

★ワンポイントアドバイス★

問題文に与えられた情報は，印をつけたりメモを取ったりして的確に取り入れ，それにしたがって解き進めていこう。

＜社会解答＞《学校からの正答の発表はありません。》

問1　(1)　ウ　　(2)　アメリカ　　問2　志賀潔　　問3　法隆寺

問4　(1)　イ　　(2)　明を征服するために，朝鮮半島へ出兵した。

問5　アヘン戦争で清がイギリスに敗れたことを知り，欧米の国々に逆らい攻撃されるのを恐れたから。

問6　イ　　問7　朝鮮への清の影響力を排除し，日本が代わりに朝鮮を支配するため。

問8　(1)　(i)　朝鮮戦争によってアメリカが多くの軍需物資を日本で調達したり，日本の施設を利用したことで特需景気となり，景気がよくなったから。　(ii)　石油危機[オイルショック]　(2)　冷戦が終結したことで，旧ソ連や東欧の国々の上空を飛行しても問題がなくなったから。

問9　(1)　イ　　(2)　(i)　サンゴ礁の上に形成され水もちが悪い土地が多いことと，大きな川が少ないため，水田を作りにくいから。　(ii)　さとうきび　　(iii)　バイオエタノール　(3)　市街地の中に位置し，すぐそばに住宅や学校などがあること。

問10　(1)　政府開発援助[ODA]　　(2)　日本がODAで支援している国々と日本との関係が良好になり，相手国の経済が活性化されれば，日本との間の貿易も活発になることが期待できる。　(3)　一部の先進国が多量の食料を輸入し，さらにはむだにしてもいること。
(4)　ウ　　(5)　イ

○推定配点○

問1～問3　各3点×4　　問4　(1)　3点　　(2)　4点　　問5　4点　　問6　3点　　問7　4点

問8　(1)　(i)　4点　　(ii)　3点　　(2)　4点

問9　(1)　3点　　(2)　(i)　6点　　(ii)・(iii)　各3点×2　　(3)　5点

問10　(1)　4点　　(2)　6点　　(3)　5点　　(4)・(5)　各2点×2　　計80点

＜社会解説＞

(世界の国々と日本との結びつきに関連する歴史と地理，政治の総合問題)

問1 (1) ウ 1980年代に日本とアメリカとの間で貿易摩擦が問題となり，アメリカの自動車業界が振るわなくなり，生産が縮小されたりした。そのため日本の自動車メーカーがアメリカでの現地生産を行い，雇用の面や一部の部品を現地企業のものを利用することで，少しでもアメリカの抵抗を緩和しようとした。 (2) TPPは当初はシンガポール，ニュージーランド，チリ，ブルネイの4か国で始められたものだったが，そこにアメリカや日本など8か国が加わり，12か国のものとして成立する予定であったが，アメリカでトランプ政権が誕生してトランプ大統領がアメリカの利益にならないとして離脱することになり結果的には11か国によるかたちとなった。

問2 志賀潔は伝染病研究所で，1897年に赤痢菌を発見した。

問3 法隆寺は聖徳太子が創建した寺院。聖徳太子の頃のものは建てられてすぐに焼失し，現在のものはその後に再建されたものとされるが，それでも世界最古の木造建築である。

重要 問4 (1) ア 元寇は外敵の侵入を防いだものであったことから，幕府側が相手からとったものはほとんどないので，ほうびとして与えるものがなく，ほうびをもらえた者はほとんどいなかった。
(2) アジアにおいては古来，中国と形の上だけでも主従関係を結ぶ冊封というものがあり，日本をはじめ多くの国々がこの関係にあった。ところが豊臣秀吉はその中国の王朝である明へ攻め込むことを企て，その前に明の配下にあった朝鮮に対して日本の属国となることを求め，それが拒まれたことから朝鮮出兵を行った。

やや難 問5 1840～1842年のアヘン戦争で，大国と見られていた清がイギリスに敗れ，屈辱的な南京条約を結ばされたという情報が幕府にも伝わり，それまで出されていた，外国の侵入に対して強行的な措置をとる異国船打ち払い令に代えて薪水給与令を出していたことを思い出したい。幕府はアメリカの要求を受け入れないと清と同じような状態になるのを恐れたと考えられれば正答は得られる。

問6 風刺画のAは日本が台湾や朝鮮半島へ出兵し帝国主義の列強への仲間入りを果たそうとしている状態を描いたもの。Bはノルマントン号事件の様子を描いたもの。Cは日清戦争の際の日本と清，ロシアの関係を描いたもの。Dは日露戦争の際の日本とロシア，イギリス，アメリカの関係を描いたもの。アの内容のものは設問にはないが猿マネとして鹿鳴館を風刺した絵が存在している。ウは，Cの絵で描かれている魚は朝鮮半島とされるので誤り。エは，Dの絵は日露戦争で日本をイギリスがけしかけている様子のものなので誤り。

やや難 問7 問4の解説でもあげたように，東アジアの国々が中国と主従関係の状態にあったので，日本が進出する際にその関係が邪魔になると判断して，日本は朝鮮に対してはあくまでも日本と同じような独立国として扱うということを日朝修好条規で宣言している。

やや難 問8 (1) (ⅰ) いわゆる特需景気。朝鮮戦争がおこり，アメリカが日本で軍需物資を調達したり，日本の施設を利用することで，日本の様々な産業で需要が起こり，経済が活気づいたのが一つであり，また同時にこれによってアメリカドルが入り，日本がそれまではなかなか輸入できなかった原油や鉄鉱石などの輸入を増やすことができ，これで日本の工業がようやく復興することになった。
(ⅱ) 1973年の第一次オイルショックは，同じ年の第四次中東戦争の際にOPECがアメリカがイスラエルを支援するのを妨害するために原油の輸出制限や原油価格を釣り上げたことによって起こった。 (2) かつての東西冷戦時代には，当時のソ連の上空を西側の国の航空機が飛行するのは許されてはおらず，日本からロンドンまで行くのにも一度アメリカのアラスカにあるアンカレジを経由してそこから北極海を突っ切ってイギリスまで飛ぶ航空路が一般的にはとられていた。

重要 問9 (1) イ 沖縄は日本の中では温暖多雨な場所なので，その気候を利用して促成栽培は行われている。抑制栽培は一般には寒冷地で，普通の土地では夏などに栽培するのが難しいものを，暑い時期でも涼しい気候を活かして栽培する高冷地農業が有名。沖縄は抑制栽培は当てはまらない。
(2) (ⅰ) 沖縄の島々は珊瑚礁の上に形成されたところが多いため，土壌にあまり保水力がないところも多い。また，沖縄本島は大きな川があまりなく，水田に水を引くことも難しいので稲作はあまり行われていない。 (ⅱ) 工芸作物は工業原料となる作物で，沖縄県で栽培が盛んなのはさとうきび。 (ⅲ) さとうきびは多くの地域では黒砂糖を作るために栽培されているが，ブラジルでは砂糖の原料としての他にも，バイオエタノールの原料としても栽培されている。 (3) 沖縄の普天間飛行場が問題となっているのは，飛行場が市街地の中にあり，すぐそばまで住宅や学校があることから万が一の事故の際には非常に危険であることや，航空機の騒音の問題などもあり，早急に移転することが望まれている。

やや難 問10 (1) 政府開発援助(ODA)は，先進国から開発途上国に対して資金援助を行ったり，技術協力を行うもの。かつては日本のODAはほとんど資金の提供だったが，近年はどちらかというと技術協力や教育支援などの形が増えてきている。 (2) ODAを行う相手国が政情不安定なところや紛争地域などの場合には難しいが，比較的政治的には安定し，紛争などもないところであれば，援助を行うことでそこの経済が少しずつでも発展してくれれば，日本から企業が進出して生産活動を行えたり，あるいはその地域の発展が見込まれればモノを売る場としても期待することができたりするので，日本の経済にとっても何らかの利益は見込める。 (3) 全世界で生産されている穀物を世界中の人類の主食などにあてれば優に余る量はあるのだが，牛や豚などの家畜の飼育を行うことで，そこに多くの穀物が飼料として投入されている。また，この家畜の肉類は比較的経済の発達した国々でほとんどが消費されているので，結果としては経済的に豊かな国に穀物や肉類などが集中し，貧しい国々では食料が足りないという状態が生み出されている。さらに，豊かな国々では食品の無駄な廃棄も多いのが実情である。 (4) ア 現在の日本の選挙制度では年齢制限と国籍の制限はあるので誤り。 イ 日本国憲法が保障している権利は国民のもので，日本国籍を持ってない外国人には保障されていないものもあるので誤り。 エ 基本的人権は人が生まれながらにして持っているものであり，裁判を通じて保障されるというものではないので誤り。 (5) イ 「持続可能な開発」に貢献しうるものとして考えると，観光業が発達することで，産業がそれまでなかった地域に新たな産業を生み出しうるものであり，また新たな産業が生み出されることで雇用が生まれ経済成長を促すことにもつながる。

★ワンポイントアドバイス★

問題数は多くないが記述が多く，相当考えないと答えが出せない問題も多いので，自分なりの時間の配分をあらかじめ決めておいて解いていくことと，先に一通り目を通して手をつけられるものからやることが必要。

＜国語解答＞ 《学校からの正答の発表はありません。》

問1 1 不格好［不恰好］ 2 看板 3 内装 4 指導 5 似合 6 翌日 7 適 8 災害 9 危険 10 片言 11 通訳 12 貸 13 照 14 常連 15 類
問2 (例) 外国人観光客が七夕飾りを喜ぶ姿を見て，気づいたから。
問3 A イ B イ

問4　(例)　父親が口にした国名から，百花たちがただの観光客ではなく，戦火の危険を逃れてきた可能性に気づき，表現に配慮したから。

問5　(例)　百花のために英語で話しかけたのに，予想外に，日本語で返事が戻ってきたから。

問6　エ　　問7　かあさんは黙っ

問8　(例)　店の前に立つ百花の姿を見てうれしくてたまらないのに，そのうれしさを悟られないように平然と振る舞っている自分のわざとらしさを，かえって恥ずかしく思う気持ち。

問9　ア　　問10　ウ　　問11　オ　　問12　エ・オ

問13　(例)　百花が無事でいてくれますように。

問14　(例)　戦地から戻ってきた夏のひいおじいちゃんは，まずカルピスを飲んで平和を感じた。また，戦争の危険がある国から日本に来て，カルピスを初めて飲んだ百花は，短冊に「世界平和とカルピス」と記し，その喜びを表した。カルピスは平和の象徴として描かれている。

○推定配点○

問1　各1点×15　　問3　各3点×2　　問4　12点　　問8　13点　　問12　各5点×2(順不同)

問14　16点　　他　各6点×8　　計120点

＜国語解説＞

(物語文－主題・心情・理由・場面・細部表現の読み取り，記述，漢字の書き取り)

問1　1　かっこうが良くないことを意味する。　2　ここでは，店にある，店名などを掲げた板のこと。「看」には，よく見るという意味がある。その意味で，「看護」「看病」などの言葉もある。　3　建物や乗り物の内部の装飾を意味する。「装」には，外見をととのえるという意味がある。その意 基本 味で「塗装」「包装」などの言葉がある。　4　教え導くことを意味する。「教育」という言葉は意味が近い。　5　ほどよく釣り合っているという意味である。　6　次の日という意味である。「あくる日」と表現することもできる。　7　条件によく合うことを意味する。「ふさわしい」と言い換えられる。　8　地震・台風などの天災や事故による災いのこと。災害を受けることは「被災(ひさ 基本 い)」という。　9　身体や生命に危害が生じるおそれがあることを意味する。反対の意味の言葉は「安全」である。　10　ここでは，言葉を覚え始めたばかりで，たどたどしい話し方であることを意味する。反対に，なめらかに話すことができる様子を「流暢(りゅうちょう)」という。　11　異なる言語を話す人の間に立って，話が通じるようにそれぞれの言語を翻訳する立場の人のこと。古くは「通時」などと呼ぶこともあった。　12　「貸し切り」とは，一定の間，その場所を特定の団体などに貸すことを意味する。　13　「照れる」とは，恥ずかしいという意味。「照れ隠し」とは，恥ずかしがる様子を隠すしぐさのことである。　14　ここでは，いつも店にくる客を意味する。「常」には，いつも同じという意味がある。その意味で，「常備」「常設」などの言葉がある。

15　同じ種類のものという意味である。表記は，「類い」でも可。

問2　傍線部①より前の部分を見て，解答の手がかりを見つける。夏は，外国人観光客が七夕飾りを喜ぶ姿を見ていたのである。そこで，日本人と外国人観光客の反応の違いなどに気づいたのだ。だから，七夕が世界共通のイベントでないと知ることになった。記述の際には，「外国人観光客が七夕飾りを喜ぶ姿を見た」という内容を中心にする。

問3　A　幼児期がすぎて，世の中の物ごとが何となくわかってくることを「物心がつく」という。文章では，物心がついたのは女の子であることから，解答がイだと類推できる。　B　「舌を嚙みそうな」とは，言葉の発音が難しい様子を意味している。解答はイになる。また，点線B直後の「間違えずに言えるようになる……」などの表現から，解答の類推もできるだろう。

問4　傍線部②よりも前の部分で，百花の父が国名を口にしたとき，夏の両親は息をのんだ。傍線部④前後からも読み取れるように，百花の国は戦争の危機にさらされている。つまり，百花たちはその危機から逃れてきたのだ，と夏の父は判断したのだ。「観光」ではなく「滞在」と言い直したのは，百花たちの事情に対して，配慮しようとの気持ちが働いたからだと考えられる。記述の際には，「百花の父が口にした国名」+「百花たちがただの観光客ではなく，戦火の危険を逃れてきたと気づく」+「配慮しようと思った」という内容を中心にする。

問5　傍線部③よりも少し前の部分にあるように，夏は「人を喜ばせるのが好き」なのである。そして，百花に対しても，喜ばせようという気持ちで英語を使用したのだ。だが返事は，予想外に「英語は苦手よ」と日本語で戻ってきた。そのような展開が「拍子抜け」につながるのである。「百花のために英語で話しかけた」+「予想外に日本語で返事が戻ってきた」という内容の組み合わせを中心に記述する。

問6　傍線部④直後の場面から，夏の戦争に対するイメージが不十分である状況をおさえる。夏は，テレビでよく見るミサイルや爆弾や戦闘機をイメージしている。だが，「親同士が国交と政治の話を始め，夏にはついていけなくなった」の部分からもわかるように，夏には戦争の細かい背景などはわかっていない。そのために，戦争と聞いても，顔をしかめるのが精一杯なのである。「戦争についての詳しいことがわからない」「いやなことだと表情で表現するしかできないでいる」とある，エが正解になる。アは「戦争が急に身近に感じられた」はおかしい。夏はよくわかっていないのである。イは「恥ずかしく思う」がおかしい。顔をしかめるは，基本的に，恥ずかしがる表情ではない。ウは「戦争の当事者たちを憎むだけ」の部分がおかしい。夏はよくわかっていないのである。オは「面倒だとしか感じられない」の部分がおかしい。そのような夏の感情は読み取れない。

やや難　問7　傍線部⑤で，夏の「かあさん」は遠い国のことと目の前にいる夏を結びつけている。同じような状況だと読み取れる部分を，百花たちが訪ねてきた最初の場面から探す。点線A直前の「かあさん」の様子に着目する。そこでは，「かあさん」が夏の肩を抱き寄せている。遠い国から来た百花たちの苦労を思い，目の前にいる夏がそのような苦労を味わう恐ろしさ，悲しさを思い，思わず夏を抱き寄せたのだとも考えられる。解答は「かあさんは黙ったまま……抱き寄せる」の一文になる。

問8　傍線部⑥までの展開，特に夏が「カルピスを飲む百花の横顔」に魅力を感じているところから，「夏の恋心」のようなものは読み取れる。その魅力的に感じていた百花が，店の前にいたのである。当然，夏はうれしいという感情を持つ。ところが，うれしさを悟られないように，あえてはしゃいだりせず，百花がいることはたいしたことではないようにふるまった。そして，わざとらしい自分の言動に，かえって恥ずかしくなり赤面するという展開なのである。記述の際には，「店の前に立つ百花を見つけてうれしい」+「うれしさを悟られないようにわざと平然とふるまった」+「自分のわざとらしさがかえって恥ずかしい(気持ち)」という内容を中心にするといい。

問9　傍線部⑦から，クラスの女子の多数が同じような文字を書いているのに対して，百花は自分なりの勢いのある文字を書いていることがわかる。そのように，百花は他の子と異なるのである。また，傍線部④近くにあるように，百花は「かわいいじゃん」という言葉を投げかけることができる相手であり，傍線部⑥近くにあるように，カルピスを飲む姿も魅力的な相手なのだ。「クラスの女子が周りの子とのなれ合いの中にいて口うるさい」「百花は周りを気にしない……自分の思いを飾らず……純粋な人柄」とある，アが正解になる。イの「異性の目ばかりを気にして」，ウの「何でも率直に表現し」，エの「無感動」，オの「感情に任せて自分の欲求を強く主張する」などは，文章中に表現がない。

重要　問10　傍線部の「きょとん」そして「にやっ」という「とうさん」の変化からも，大きな心情の変化が読み取れる。最初，「とうさん」はわからなかったのである。だが，「やめてよ」という夏の反応を考え，そうなのかとわかったのである。そして，「初恋の味」が夏の心情を言い当てていると理解して，にやっと笑ったのだ。この展開にピタリとあてはまるのは，選択肢の中ではウになる。

問11　傍線部⑨までのやり取りをおさえて，考えることができる。「かさばるから」という百花の言葉から，それまでの生活の中で，百花はカルピス程度のものも持つことができなかったのだとわかる。「日本にもどってよかった」という「パパ」の言葉はその程度のものすら我慢させていた「パパ」の百花を思う気持ちがこめられているのである。だからこそ，百花の「パパ」の気持ちを考えて，夏の「とうさん」は持っていきなさいと言ったのだ。「いつも我慢を強いてきた百花を思う父親の気持ちが示されている」とある，オが正解になる。

問12　エ　文章中には「名前を覚えてくれていたことと，呼び捨てにされたことに，夏はドキドキしてしまう」とある。自分の心に踏み込まれたかどうかに関しての記載はないのでふさわしくない。

オ　文章中には「百花に，日本語の意味を尋ねるのは癪だと思い，黙っていた」とあるのでふさわしくない。

問13　「無事でね」という言葉を最後に残して去っていった，百花に対する夏の思いを考える。二度と会えない可能性が高いのである。そのような初恋の相手に，望みたいのはどのような思いなのか。類推して考える。

重要　問14　カルピスと世界平和との関連を示唆する具体的なエピソードは，文章中にいくつかある。そのうち，夏のひいおじいちゃんがカルピスに平和を感じた話と，百花がカルピスに平和を感じた話を活用して記述するとよい。ともに，カルピスに平和を感じている。つまり，カルピスは「平和」を象徴するものなのだ。記述の際には「夏のひいおじいちゃんがカルピスに平和を感じた」+「百花がカルピスに平和を感じた」+「カルピスは平和を象徴している」という構成にするといい。

★ワンポイントアドバイス★

記述問題は，設問の条件を正確におさえたい。「夏の立場になって」「本文中の具体的なエピソードに触れながら」など，設問には条件が加えられている場合がある。この場合，条件を意識した方が，解きやすくなる。

平成30年度

★★★★★★★★★★★★★★★★★★★★★★★

入　試　問　題

平成30年度

駒場東邦中学校入試問題

【算　数】（60分）　＜満点：120点＞

[1] ⑴　ある商品の原価の２割増しで税抜き価格をつけたところ，税込《こみ》価格は3726円でした。このとき原価を求めなさい。ここで消費税は８％とします。

⑵　$2018\times\frac{13}{372}+13-(104-65\div5)\div6+\frac{51}{31}$ を計算しなさい。

⑶　右の四角形ABCDを直線 ℓ を軸《じく》として１回転してできる立体の体積は何cm^{3}か求めなさい。なお，AC＝BC でBCとDAはそれぞれACに垂直な直線です。BC，DAの長さはそれぞれ15cm，10cmで円周率は3.14とします。

ただし，円錐《すい》の体積は

（底面積）×（高さ）÷３

で求められます。

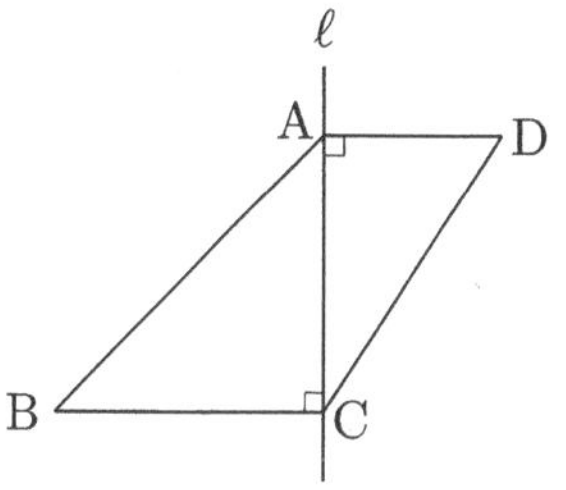

⑷　$\frac{1}{18}=\frac{1}{a}+\frac{1}{b}$ を満たす，１以上100以下の２つの**異なる**整数の組（a，b）を４つ答えなさい。ただし a は b より小さい数とします。

[2] 図のような１辺の長さが６cmの正三角形が４つと，正方形からできる四角錐《すい》 O‐ABCD について辺AB，OB，CDの真ん中の点をそれぞれL，M，Nとします。ただし，円周率は3.14として，次の問いに答えなさい。

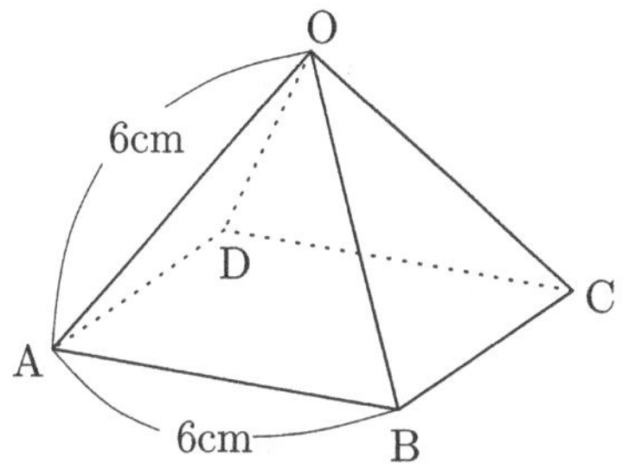

⑴　３点L，M，Nを含《ふく》む平面でこの四角錐を切り分けます。

①　切断面はどのような図形か答えなさい。

②　切断面の周の長さを答えなさい。

⑵　頂点Oに長さ６cmの糸をつけます。もう片方の糸の先端《たん》が，この四角錐の表面上を動くことができる範《はん》囲について考えます。

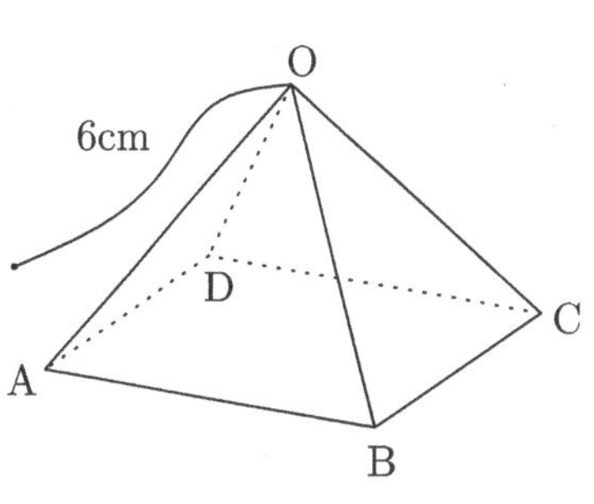

①　解答欄《らん》の展開図に動くことができる範囲をかき，斜《しゃ》線で示しなさい。

②　動くことができる範囲の面積を求めなさい。

(3) 右図のように正三角形OABの３つの頂点から等しい距離《きょり》にある点Hに棒をさすと，OH：HL＝２：１ となりました。同様に正三角形OBCにも棒をさします。今度は頂点OにOLと同じ長さの糸をつけ，もう片方の先端は辺OB上にあるとします。**ぴんと張った状態で**もう片方の糸の先端が，この四角錐の表面上を動くとき，糸の先端が描《えが》く図形の長さの総和はHLの長さの何倍か求めなさい。ただし，糸や棒の太さは考えないものとします。

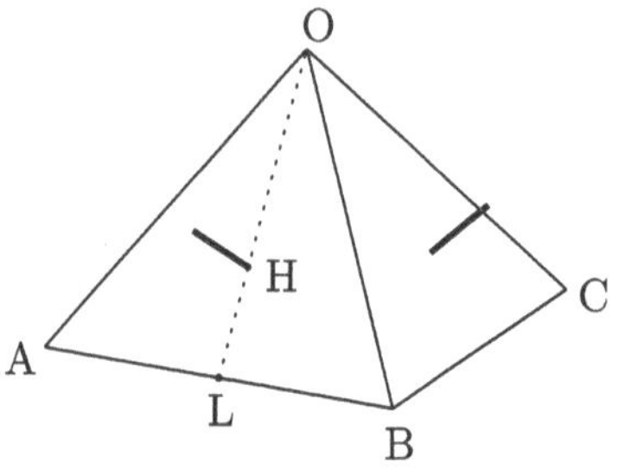

3 a を１以上2018以下の整数とします。１つの a に対して

$\underbrace{6\times 6\times\cdots\times 6}_{a\text{個}}$ を $6\triangle a$ と表し，

$\underbrace{7\times 7\times\cdots\times 7}_{a\text{個}}$ を $7\triangle a$ と表し，

$\underbrace{6\times 6\times\cdots\times 6}_{a\text{個}}+\underbrace{7\times 7\times\cdots\times 7}_{a\text{個}}$ を $(6\triangle a)+(7\triangle a)$

と表すことにします。ただし，$6\triangle 1=6$，$7\triangle 1=7$ とします。

次の問いに答えなさい。ただし，一けたの数の十の位の数字は０とします。

(1) a が１以上10以下のとき，$7\triangle a$ の十の位の数をそれぞれ求めなさい。

(2) $7\triangle 2018$ の十の位の数を求めなさい。

(3) $6\triangle 2018$ の十の位の数を求めなさい。

(4) $(6\triangle a)+(7\triangle a)$ の十の位が１となる a の選び方は何通りあるか求めなさい。

4 次のページの図１のように５×５四方のマス目の中央が塗《ぬ》りつぶされ，残りのマスに１から24までの番号が順番に書かれたカードがあります。また，1から24までの番号が１つずつ書かれたボールが入っている袋《ふくろ》があります。この袋の中からボールを１つ取り出し，ボールに書かれた番号と同じ番号のマス目を塗りつぶすという作業を繰《く》り返します。一度取り出したボールは袋には戻《もど》しません。カードのたて，よこ，ななめのいずれか一列の番号が全て塗りつぶされたとき「終わり」とし，作業を終了します。例えば図２，図３のように取り出すと「終わり」となります。

1	6	11	**15**	20
2	7	12	16	21
3	**8**	■	**17**	**22**
4	9	13	18	23
5	10	14	**19**	**24**

図２

3－8－17－15－19－24－22

の順にボールを取り出す

1	6	11	15	20
2	7	12	16	21
3	8	■	17	22
4	9	13	18	23
5	10	14	19	**24**

図３

1－2－3－4－24－5

の順にボールを取り出す

⑴　作業をちょうど４回繰り返して「終わり」となるとき，塗りつぶされた数字の組み合わせは何通りあるか求めなさい。

⑵　作業をちょうど５回繰り返して「終わり」となるとき，塗りつぶされた数字の組み合わせは何通りあるか求めなさい。

⑶　作業を19回繰り返したとき，１が書かれたマス目は塗りつぶされず，さらに「終わり」となりませんでした。このような場合は全部で何通りあるか求めなさい。またそれらの中の１つを具体的に答えなさい。ただし，**塗りつぶされずに残った**すべての数字に○をつけなさい。

図１

1	6	11	15	20
2	7	12	16	21
3	8		17	22
4	9	13	18	23
5	10	14	19	24

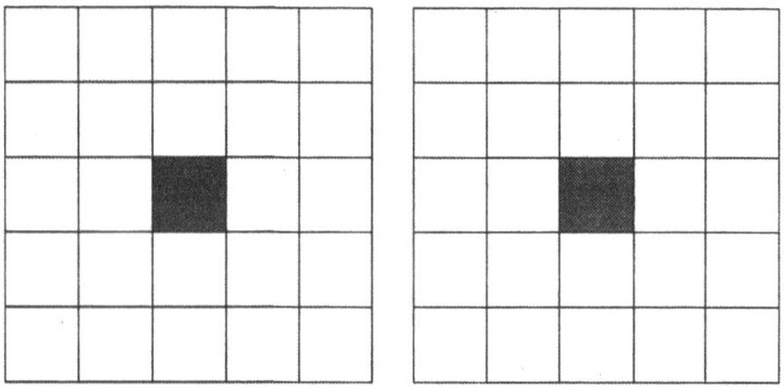

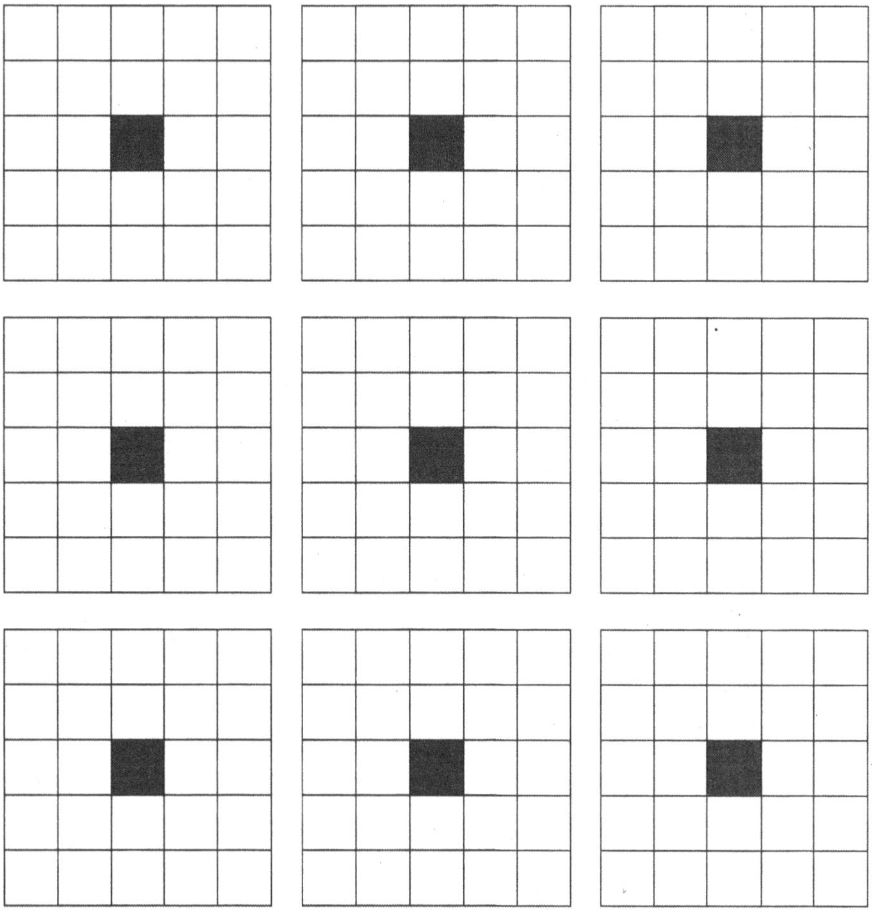

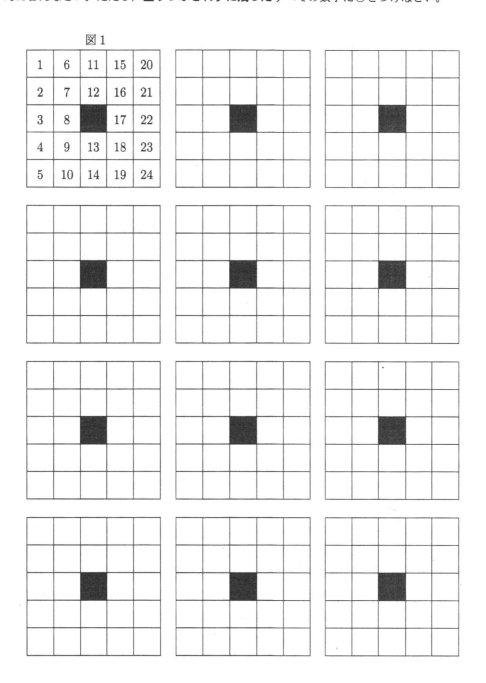

【理　科】（40分）　＜満点：80点＞

1　次の(1)～(8)の問いに答えなさい。

(1)　試験管に水を入れガスバーナーでおだやかに加熱しながら，水の温度変化を測定しました。図1のように試験管の下部を加熱したときと図2のように試験管の中央部を加熱したとき，図中の試験管の3ヶ所（Ⓐ，Ⓑ，Ⓒ）の温度変化を表すグラフとして最も適切なものを**ア**～**カ**からそれぞれ1つ選び，記号で答えなさい。同じものを選んでもかまいません。図は試験管を支える器具を省略しています。

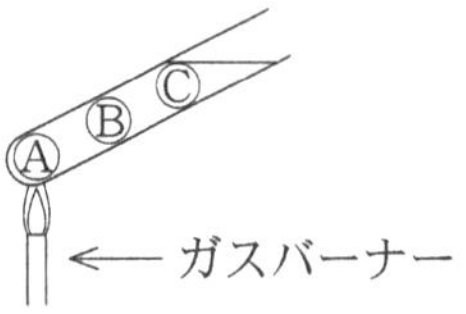

図1

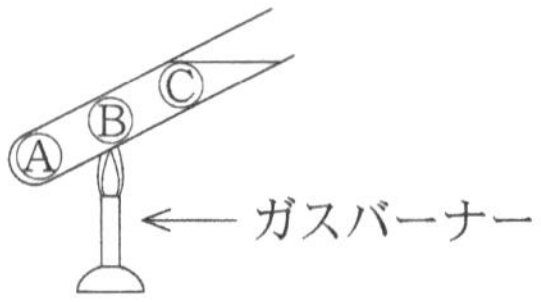

図2

ア

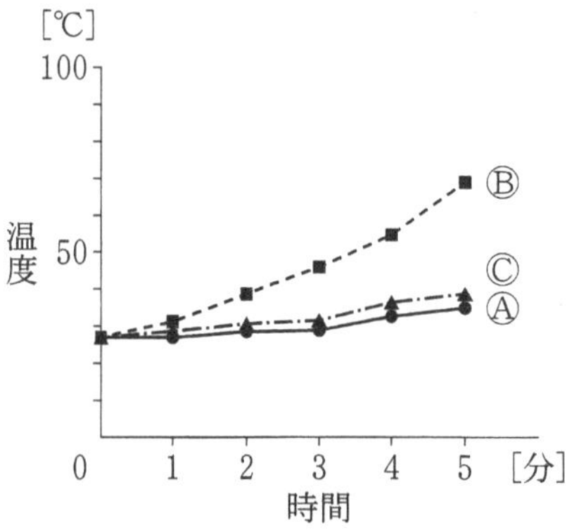

イ

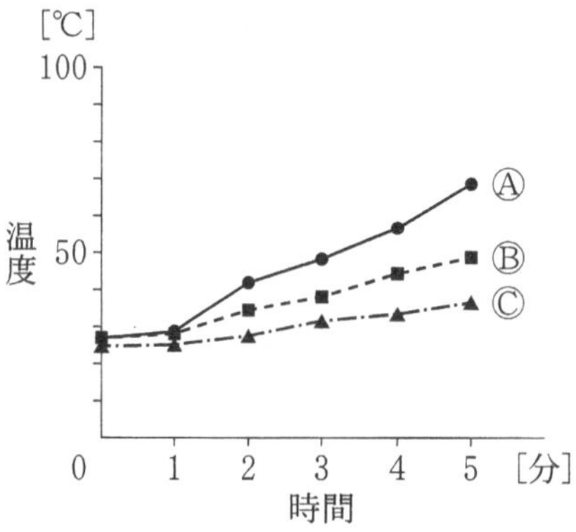

ウ

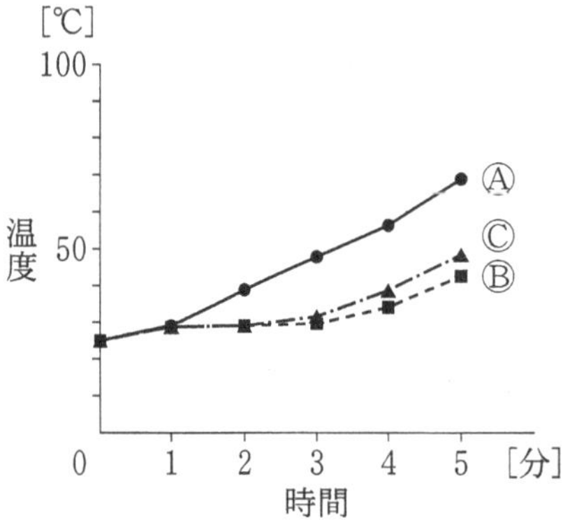

エ

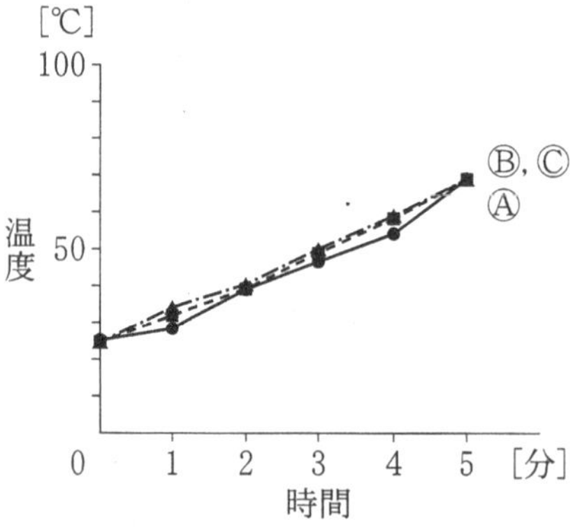

オ

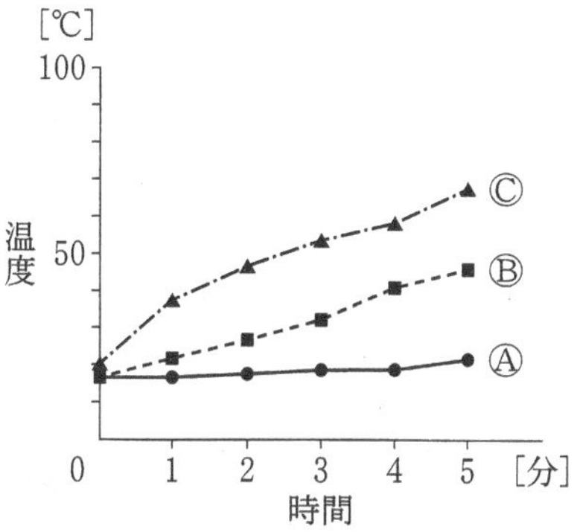

カ

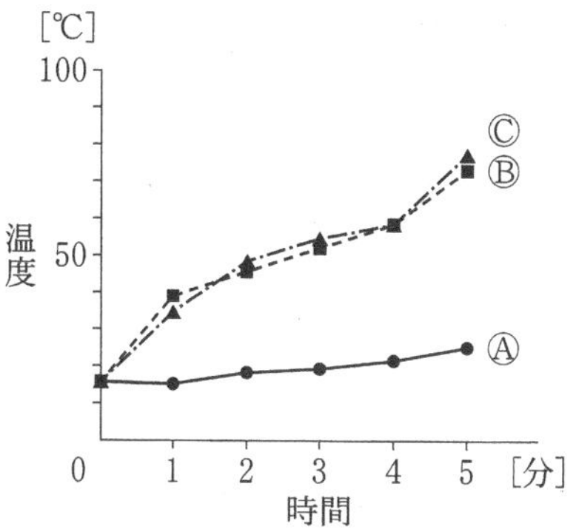

(2) 暖ぼうしている部屋では，上の方の空気の温度が下の方の空気の温度より高くなっていきます。同じ理由で起こると考えられる現象として，最も適切なものを次の**ア**～**オ**から１つ選び，記号で答えなさい。

ア．山頂付近の気温はふもとの気温より低くなる。

イ．金属スプーンの先をお湯にしばらく入れておくと，お湯に入れていない柄《え》の部分もあつくなる。

ウ．日なたの気温は日陰《かげ》の気温より高い。

エ．加熱したフライパンで，ハンバーグが焼ける。

オ．晴れた日の海辺では海風がふく。

(3) ふつう「たね」と呼ぶものには，種子である場合と実（果実）である場合があります。次の**ア**～**エ**のうち，種子であるものをすべて選び，記号で答えなさい。

ア．梅干しの「たね」　　**イ**．カボチャの「たね」

ウ．ヒマワリの「たね」　　**エ**．ヘチマの「たね」

(4) ヒトの心臓は血液によって体全体に酸素を供給しています。心臓のはく動の数を１分間に70回，１回のはく動で心臓が血液を送り出す量を70mLとすると，１分間に何mLの酸素を供給することになりますか。小数第一位を四捨五入して整数で答えなさい。なお，１Lの血液が体全体へ供給する酸素の量を88mLとします。

(5) 夜空に光る星は，様々な色に見えます。次の**ア**～**オ**の星は白っぽく見える星と赤っぽく見える星に分けられます。白っぽく見える星をすべて選び，記号で答えなさい。

ア．ベガ　**イ**．デネブ　**ウ**．アルタイル　**エ**．アンタレス　**オ**．ベテルギウス

(6) 日本列島付近を通る台風は，時期によっておおよその進み方が異なります。その違《ちが》いを説明している文として最も適切なものを，次の**ア**～**エ**から１つ選び，記号で答えなさい。

ア．台風の進路は８月になると，７月よりも西よりのコースになり，９月はさらに西よりのコースになる。

イ．台風の進路は８月になると，７月よりも東よりのコースになり，９月はさらに東よりのコースになる。

ウ．台風の進路は８月になると，７月よりも西よりのコースになり，９月は８月よりも東よりのコースになる。

エ．台風の進路は８月になると，７月よりも東よりのコースになり，９月は８月よりも西よりのコースになる。

(7) 右図のように，おもりと棒を糸でつるしてすべての棒が水平になるようにしました。四角いおもりは100gです。丸いおもりの重さは何gですか。ただし，棒と糸の重さは無視できます。

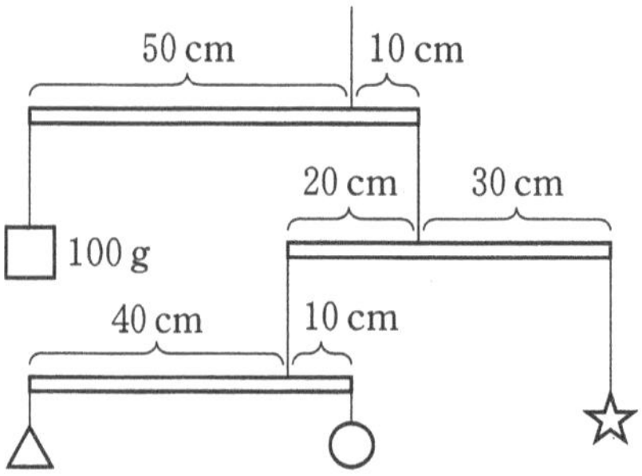

(8) 以下の文章を読み，あとの問いに答えなさい。

右の写真のような長さ2cmのプラスチック製のばねを用意し，右下図のようにえんぴつに引っかけてのばし，真上に飛ばすことにしました。

ばねを高く飛ばすにはたくさんのばせばよいことは予想できますが，のばし過ぎてしまうとばねが変形したり性質が変わったりしてしまうので，そうならない範《はん》囲で，どのくらいばねをのばせば，どのくらいの高さまで上がるかを実験で調べることにしました。ばねを引きのばす長さ（ばねののび）と飛び上がる高さ（高さ）について測定をした結果が次の表です。測定は3回行い，その平均の値を計算しました。

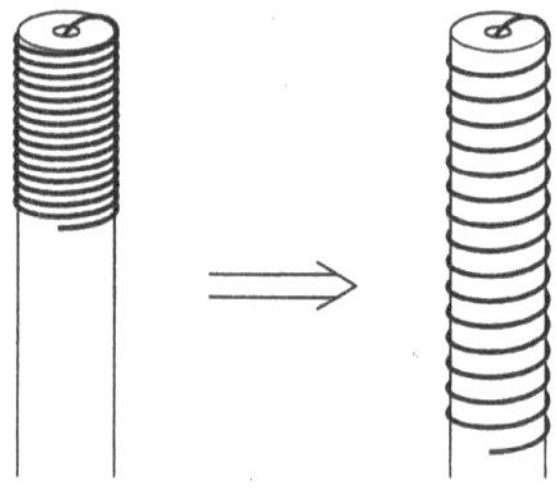

表

ばねののび〔cm〕		0	2	3	4	5	6
高さ〔cm〕	1回目	0	14	36	69	102	145
	2回目	0	15	37	71	101	143
	3回目	0	15	39	71	98	148
	平　均	0	15	37	70	100	146

① 表の結果をもとに，各測定値における（ばねののび）×（ばねののび）の値と平均の高さの関係をグラフにえがきなさい。なおグラフは，結果の値を表す点を小さな白丸（○）で記し，2つの量の関係の特徴《とくちょう》がわかるように，折れ線ではなく，なめらかな曲線または直線でえがきなさい。

② ばねののびを7cmにしたとき，ばねが飛び上がる高さは何cmと予想できますか。最も近いと思われる値を，次の**ア**～**オ**から1つ選び，記号で答えなさい。

ア．170cm

イ．179cm

ウ．185cm

エ．196cm

オ．207cm

2 下の文章を読んで，あとの問いに答えなさい。

駒《こま》子さんの家で，お母さんが「氷砂糖」を使って梅酒をつくっていました。氷砂糖はキャンディーと同じような大きさのかたまりで，1つもらってなめてみると，あっさりとした甘みがしました。お母さんに尋《たず》ねると，砂糖にはいろいろな種類があり，私たちが普段《ふだん》，砂糖とよんでいるのは「上砂糖」という砂糖で，お料理に使っているのも上砂糖であると教えてくれました。氷砂糖はゆっくり溶《と》けていくのでおいしい梅酒をつくれること，コーヒーや紅茶に入れるスティックシュガーは「グラニュー糖」という砂糖であることも教えてくれました。家にある砂糖を調べてみると，上砂糖はふわっとした粉状，グラニュー糖はさらさらした小さい粒《つぶ》状でした。また，茶色の「コーヒーシュガー」もありました。コーヒーシュガーは氷砂糖にカラメル溶液《ようえき》を加えてつくった大きな粒の砂糖でした。上砂糖やグラニュー糖は水にすぐ溶けるのに，氷砂糖はゆっくり溶けていくという話を聞き，水溶液に興味を持った駒子さんは学校に行き，先生と相談しながら，水溶液について実験してみることにしました。

(1) 上砂糖，グラニュー糖，氷砂糖それぞれ20gの量は次のようになりました。

上砂糖 20g　　グラニュー糖 20g　　氷砂糖 20g

上砂糖，グラニュー糖，氷砂糖などすべての砂糖は同じ種類の目に見えない小さな「砂糖粒子《りゅうし》」からできていると考えることにします。それぞれ20gを30mLの水に加えてガラス棒でかき混ぜました。しばらくかき混ぜると上砂糖とグラニュー糖は溶けましたが，氷砂糖はなかなか溶けませんでした。上砂糖やグラニュー糖に比べて，氷砂糖がゆっくり溶けていく理由を砂糖粒子の並び方と関連させて説明しなさい。

(2) 氷砂糖の代わりにコーヒーシュガーを使って，溶け方を観察しました。コーヒーシュガーが水に溶けると茶色の水溶液になります。シャーレに水を入れ，中央にコーヒーシュガーを置きしばらく放置しておくと，シャーレの水の色は上から見てどのように変化していくと考えられますか。次の**ア**～**エ**から最も適切なものを1つ選び記号で答えなさい。色が濃《こ》いところは，濃い茶色になったことを表しています。

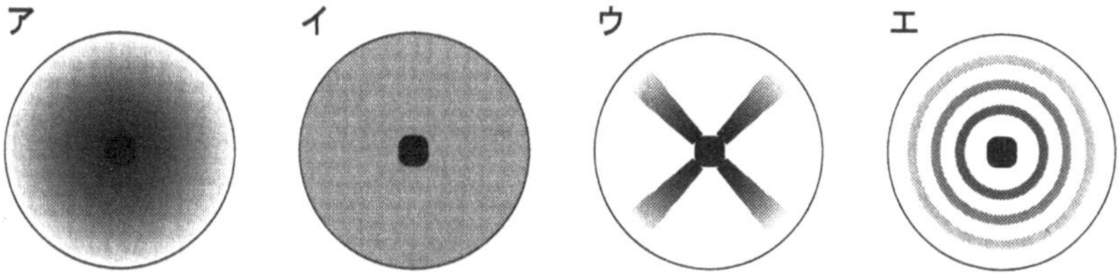

(3) 右表に示すように，水溶液A，B，Cを作りました。3つの水溶液の体積はどのようになると考えられますか。あとの**ア**～**エ**から最も適切なものを1つ選び記号で答えなさい。また，そのように考

水溶液A	水 30 mL＋上砂糖 20 g
水溶液B	水 30 mL＋グラニュー糖 20 g
水溶液C	水 30 mL＋氷砂糖 20 g

えた理由を書きなさい。なお，水溶液Ａの体積はおよそ43mLになりました。

ア．３つの水溶液とも体積はほぼ同じ43mLになる。

イ．水溶液ＡとＢはほぼ43mLであるが，水溶液Ｃは43mLよりもかなり少なくなる。

ウ．水溶液ＡとＢはほぼ43mLであるが，水溶液Ｃは43mLよりも多くなる。

エ．水溶液Ａ，水溶液Ｂ，水溶液Ｃの順に体積は小さくなる。

⑷　ガムシロップとよばれるとろみのある濃い砂糖水溶液があります。30ｇの砂糖を50mLの水に溶かして砂糖水溶液をつくり，これを加熱して，水を蒸発させ，60％のガムシロップをつくるとき，水を何ｇ蒸発させればよいですか。整数で答えなさい。なお，50mLの水の質量は50ｇでした。

3　下の文１・文２を読んで，あとの問いに答えなさい。

〔文１〕　海岸を歩いていると，貝がらや木の実，ガラスの破へん，プラスチックゴミなど，さまざまなものが打ち上げられています。このような海岸のひょう着物を拾って観察することをビーチコーミングといいます。下の写真１は，ある砂浜で行なったビーチコーミングの結果です。

写真１

⑴　写真１のａ～ｃはそれぞれ何のなかまですか。次の**ア**～**オ**から１つずつ選び，記号で答えなさい。なお，同じものを何回選んでもかまいません。

ア．魚のなかま

イ．エビ・カニのなかま

ウ．貝・イカ・タコのなかま

エ．ナマコ・ウニ・ヒトデのなかま

オ．サンゴのなかま

⑵　写真１のａ～ｃの成体は，ふだん生きているときにどのようにして生活していますか。次の**ア**～**オ**からあてはまるものを１つずつ選び，記号で答えなさい。なお，同じものを何回選んでもかまいません。

ア．海底を移動したり砂の中にもぐったりして生活している。

イ．水中を浮《ふ》遊して生活している。

ウ．つねに泳いで生活している。

エ．岩の表面などに固着して生活している。

オ．他のいきものに寄生して生活している。

〔文２〕　ビーチコーミングを行なった砂浜の１kmほどはなれた場所には，海岸線の侵《しん》食を防ぐための波消しブロックが設置されており，写真１のｆのなかまが２種（ｆ１種およびｆ２種）生息していました。よく見ると，２種の分布状況《きょう》が違っていました。そこで，２種の分布状況を明らかにするため，大潮の干潮時に，中等潮位《ちゅうとうちょうい》（年平均海水面）からの高さ５cmごとに５cm×５cmの調査区を設置しました（図１）。調査区内では，大きな個体（口が開いている部分の直径が１mm以上）だけ，種ごとに個体数を数えました。

　また，５ヶ所の調査区（調査区Ａ～Ｅ）において，全個体の口が開いている部分の直径を測定しました。ただし，口が開いている部分の直径が１mm未満の個体は，ｆ１種かｆ２種かの判別ができなかったので，個体数だけを数えました。

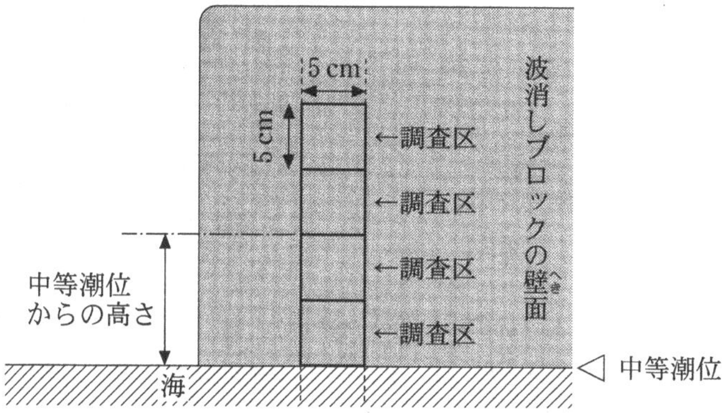

図１

⑶　調査の結果を次のページの図２と図３に示します。これらの図から，ｆ１種およびｆ２種の分布状況について，分かることをそれぞれ述べなさい。ただし，口が開いている部分の直径が１mm未満の個体は，両種が含《ふく》まれているとして考えなさい。

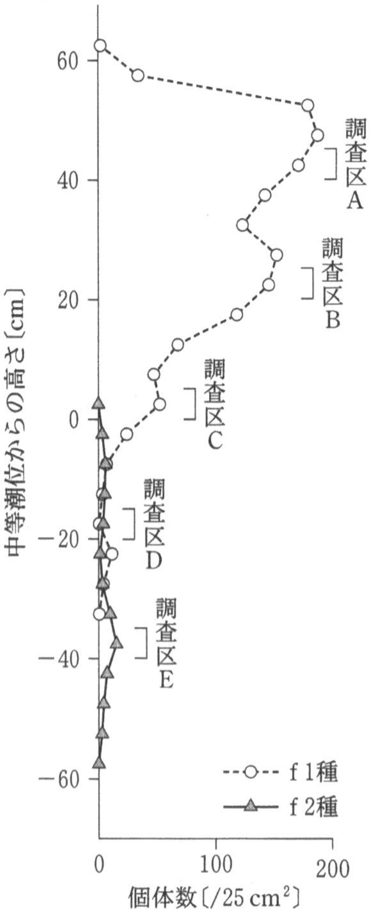

図2

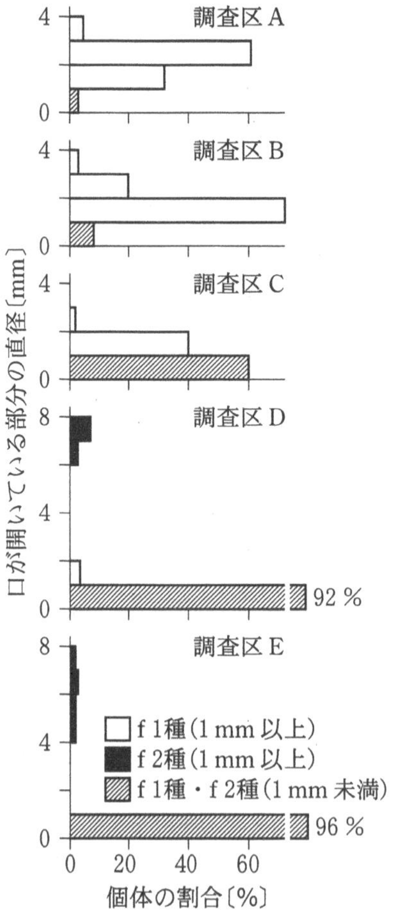

図3

4　下の文1・文2を読んで，あとの問いに答えなさい。

〔文1〕　氷河は固体の状態ですが，水のように少しずつ移動しています。そのため，水と同様に周囲を侵《しん》食したり，物質を運搬《うんぱん》したりする作用があります。また，氷河がとけると，それまで氷河により運搬されていた岩石が氷河から落下し，堆積《たいせき》する作用もあります。氷河の作用により堆積したものは氷成堆積物と呼ばれています。

氷河が存在する地域では，氷河の侵食作用によりスプーンで削《けず》ったように地面が侵食され，ホルン（右の写真）や（　　）とよばれる地形が形成されます。日本にも過去に形成されたホルンが存在しています。

(1)　文中の（　）に入る語句として適切なものを次のページの**ア**～**エ**から１つ選び，記号で答えなさい。

ア．V字谷　**イ**．U字谷　**ウ**．Y字谷　**エ**．T字谷

⑵　氷河の両側や先端にも，氷成堆積物があります。これらの堆積物の特徴として，最も適切なものを次の**ア～エ**から１つ選び，記号で答えなさい。

ア．角が丸くなっており，粒《つぶ》の大きさがそろっている。

イ．角張っているものがあり，粒の大きさがそろっている。

ウ．角が丸くなっており，粒の大きさが不ぞろいである。

エ．角張っているものがあり，粒の大きさが不ぞろいである。

⑶　下線部の事実から，ホルンが形成された当時の日本の気候について予想できることを述べなさい。

〔文２〕　約23億年前と約７億年前には，地球は赤道付近や海洋まで氷河に覆《おお》われ，真っ白な地球になり，この状態が長く続いたと考えられています。この状態は全球凍結《とうけつ》と呼ばれています。①いったん全球凍結の状態になると，この状態が長く続きやすくなると考えられています。②大陸から離れた海洋の層から氷成堆積物が発見されたことが，この全球凍結の証拠《しょうこ》の１つとされています。

⑷　下線部①に関して，全球凍結の状態が長く続きやすくなる理由として最も適切なものを次の**ア～カ**から１つ選び，記号で答えなさい。

ア．氷ができることによって冬の期間が長くなり，夜の時間が長くなったから。

イ．日食の回数が多くなったため，太陽光が当たる時間が少なくなったから。

ウ．氷が地球全体で形成されたため，海水の塩分濃《のう》度が上がり，氷が溶けにくくなったから。

エ．氷河は鏡のように光を反射してしまうから。

オ．生物の活動が少なくなるので，大気への二酸化炭素の排《はい》出量が減ってしまうから。

カ．地球内部まで冷やされることにより，火山活動が止まってしまうから。

⑸　全球凍結の証拠としては下線部②の情報だけでは不十分です。この地層が堆積した場所の情報を，他にも読み取る必要があります。どのような情報が必要なのか，次の**ア～エ**から１つ選び，記号で答えなさい。

ア．地層が堆積した当時の海水の温度　**イ**．地層が堆積した当時の緯度《いど》

ウ．地層が堆積した当時の経度　**エ**．地層が堆積した当時の塩分濃度

⑹　次のページの図１に，２地点の地層を示します。この２地点には同じ時代の全球凍結を記録した層が含まれます。炭酸塩岩《たんさんえんがん》は，塩酸をかけると二酸化炭素が発生する岩石です。地点Ｂの地層には，マンガンや鉄などの金属を多く含《ふく》む層がみられます。図１を見て，この２地点の地層からわかることとして，最も適切なものを次の**ア～オ**から１つ選び，記号で答えなさい。地層の上下の逆転はないものとします。また，層の厚さは実際の厚さを反映していません。

ア．全球凍結の状態が終わった原因は，火山の大噴《ふん》火で流れ出した溶岩が世界中をおおったからである。

イ．全球凍結の状態になった原因は，大気中の二酸化炭素が大量に減少したからである。

ウ．全球凍結の状態が終わった後，大気中には二酸化炭素が大量に存在した。

エ．全球凍結の状態になると，世界中の海洋で鉄分の濃度が増大した。

オ．全球凍結の状態になった原因は，生物が繁《はん》栄したからである。

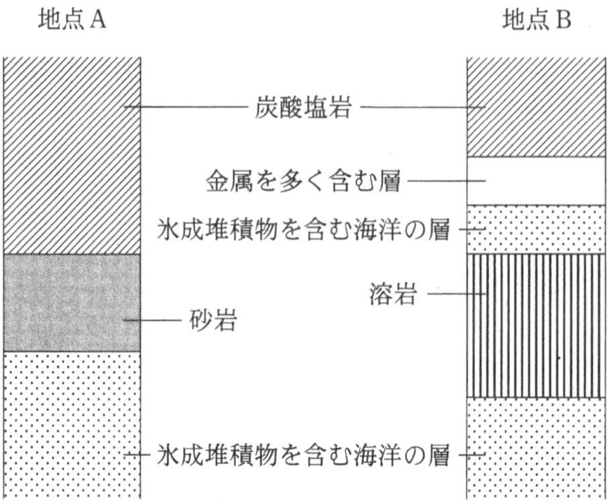

図1

5 下の文章を読んで，あとの問いに答えなさい。

光を出すものを光源《こうげん》といいます。1つの点が光源として光るものを点光源といい，そこから四方八方あらゆる方向に光がまっすぐ広がっていきます。途《と》中にさえぎるものがなければ，どの方向からその点光源をながめても光を見ることができます。その様子を模式的《もしきてき》に表したのが図1です。

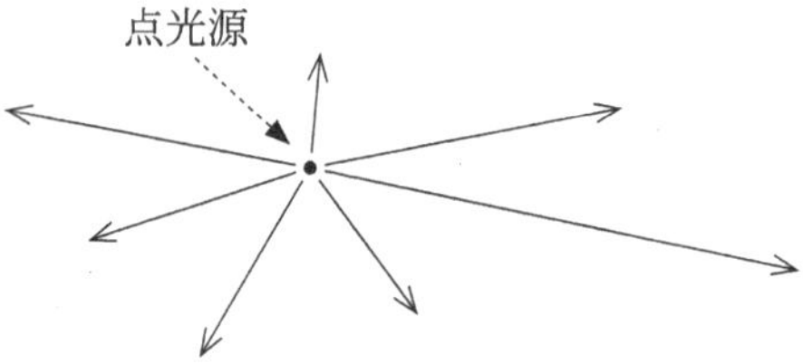

図1

実験は，すべて暗室内でおこなうものとし，紙の厚さや点光源の大きさ，フィラメントの太さは考えなくてよいものとします。

図2のように，点光源，ついたて（厚紙の真ん中に直径1㎝の円形の穴を空けたもの），スクリーンの順に並べ，点光源，ついたての丸い穴の中心，スクリーンの真ん中の点Aを一直線上にそろえます。そしてその直線に対して垂直になるように，ついたてとスクリーンを置きます。図3はこれを真横からながめた様子です。

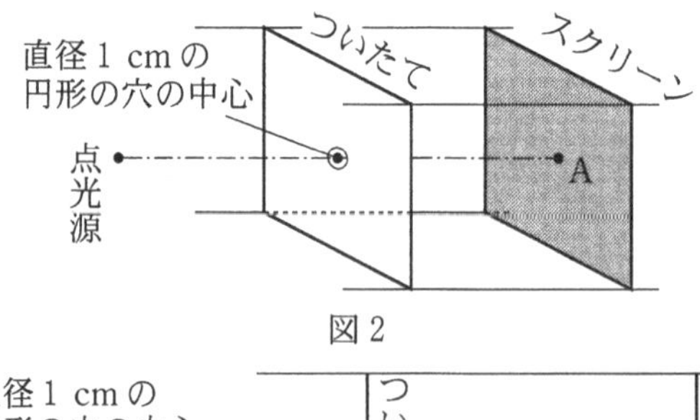

図2

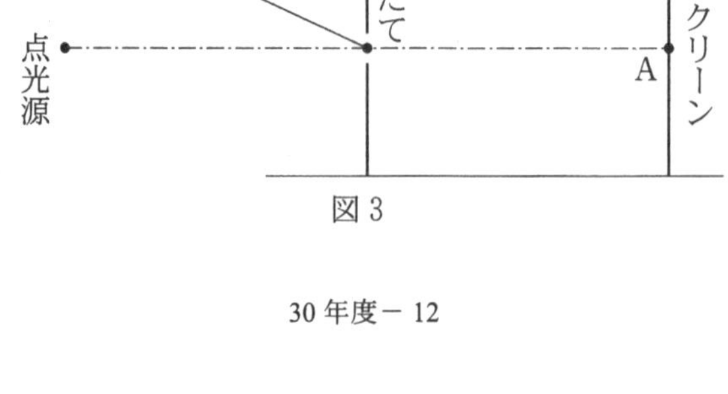

図3

このときスクリーンはまわりが影《かげ》となり，真ん中あたりに光の届く部分が明るく円形に映ります（図４）。

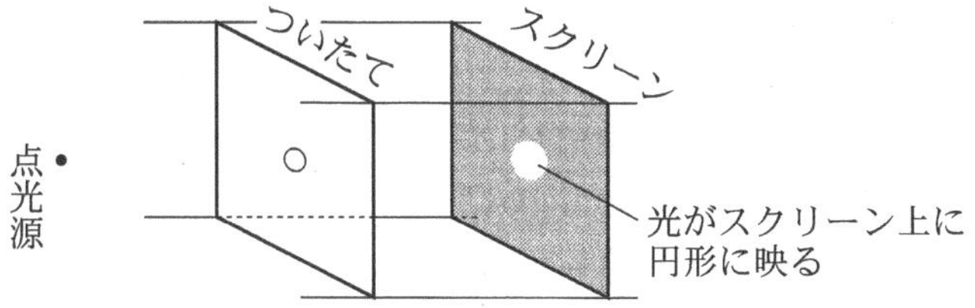

図４

つぎに，新しいついたてとして，図５のような（点光源のある側（表側とします）からついたてを見た様子），長さの等しい辺が１㎝の直角二等辺三角形の穴を空けた厚紙を用意し，今後はこのついたてを使用します。

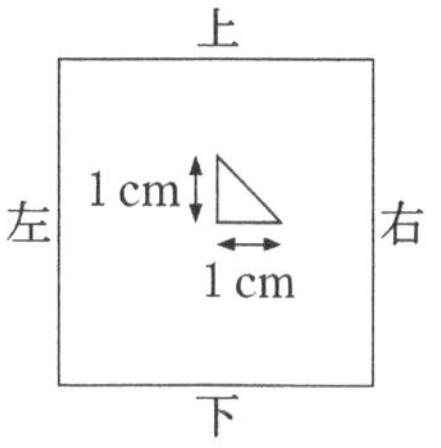

図５

⑴　図６のように，点光源，ついたての穴の直角の頂点，スクリーンの点Ａを一直線上に並べ，この直線に対して垂直になるように，ついたてとスクリーンを置きます。なお，点光源からついたてまでの距離《きょり》と，ついたてからスクリーンまでの距離が，等しく15㎝となるようにします。このついたてを通して点光源からの光をスクリーンに映したとき，スクリーン上に現れる光が届く明るい部分の形状と大きさはどのようになりますか。表側から見たときの上下左右に気をつけてえがきなさい。なお，解答らんのマスは１マスを１㎝とし，・（黒点）はスクリーン上の点Ａを表しています（⑶と⑷も同様に考えること）。

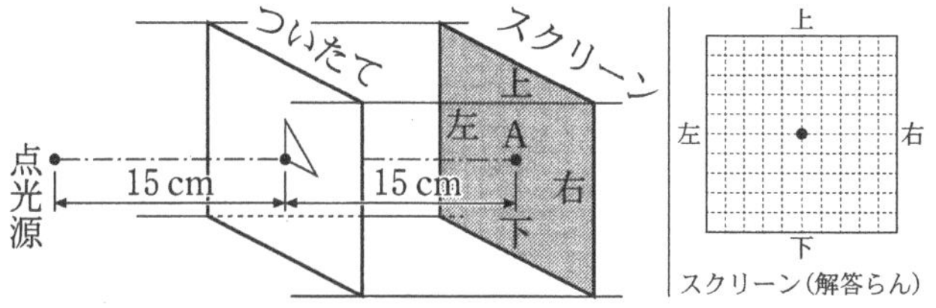

図６

⑵　⑴に続いて，点光源とスクリーンは固定し，ついたての位置だけを点光源から遠ざけると，スクリーン上に現れる光が届く部分の形状と大きさはどのようになりますか。簡潔に説明しなさい。

⑶　ついたてを元の位置に戻《もど》して⑴と同じ状態にしました。図７のように，元の点光源の２㎝上側の位置に，もう１つの点光源を置いたとき，スクリーン上に現れる光が届く明るい部分の形状と大きさはどのようになりますか。⑴との違いが分かるようにえがきなさい。

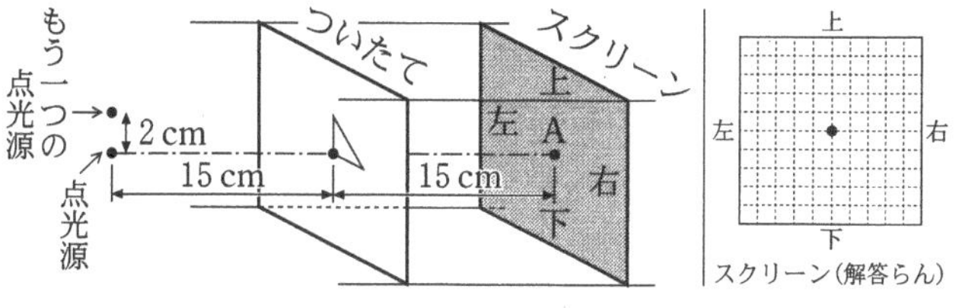

図７

⑷　豆電球などの白熱電球は細い金属線であるフィラメントを持ち，それが光を出します。フィラメントのどの部分も同じ明るさとします。⑴の点光源を，図８のように直線状のフィラメント（長さ４㎝）を持った電球（直線光源といいます）に取りかえて，フィラメントが上下方向になるように置きました。フィラメントの中心，ついたての穴の直角の頂点，スクリーンの点Aを一直線上に並べたとき，スクリーン上に現れる光が届く明るい部分の形状と大きさはどのようになりますか。解答らんにえがきなさい。

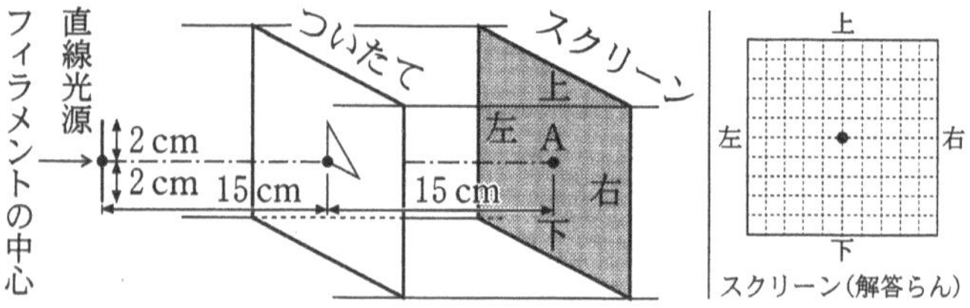

図８

【社　会】（40分）　＜満点：80点＞

次の文章を読み，図１（昭和47（1972）年発行の２万5,000分の１の地形図）と図２（平成24（2012）年発行の２万5,000分の１の地形図（いずれも縮小してある））を見て，設問に答えなさい。

〔図１，２は16ページ～19ページにあります。〕

日本列島は海に囲まれた大小の島々の集合体です。海は魚介類《ぎょかいるい》などの豊かな資源をもたらしてくれると同時に，交通路でもあり，隣国《りんごく》との境界にもなります。日本をとりまく海は外海《がいかい》と内海《ないかい》とに分けられます。このうち①最大の内海は，近畿《きんき》・四国・中国・九州地方の11府県に囲まれている瀬戸《せと》内海《ないかい》で，東西に長い7,000キロメートル（km）以上の海岸線に囲まれています。

この海は古代より船を利用した交通路でした。②遣唐使《けんとうし》は現在の大阪湾《おおさかわん》を出港して瀬戸内海を通り，北九州をぬけて中国大陸や朝鮮《ちょうせん》半島へ向かいました。また，③日宋《にっそう》貿易や朝鮮通信使のルートに見られるように，外国の商人や使者も瀬戸内海を利用し，海外の文物や文化が伝えられました。こうして，④さまざまな物資や人びとが行き来してきた瀬戸内海は，現在でも多くの港を有しており，海運の拠点《きょてん》の１つとなっています。

⑤多くの島々の浮《う》かぶ瀬戸内海では，⑥沿岸部は古代より塩の産地として知られてきました。江戸《えど》時代になると遠浅《とおあさ》の海を利用して干拓《かんたく》が進み，商品作物の栽培《さいばい》もさかんになります。また，⑦16世紀半ば以降は生野《いくの》銀山，別子《べっし》銅山などが大規模に採掘《さいくつ》され，近世の日本の貿易を支えました。明治以降に工業化が進展すると造船業などが発達しましたが，この地域の産業の中心地であった広島には，第二次世界大戦末期に原子爆弾《ばくだん》が投下されて，大きな被害をうけました。⑧戦後の高度経済《けいざい》成長期には，開発による自然破壊《はかい》や，公害などの問題も発生しました。閉鎖《へいさ》的な海域で穏《おだ》やかなので，一度海水が汚染《おせん》されてしまうと回復するのが難しいのです。

瀬戸内地域は，1934年に日本初の国立公園に指定されました。海が作り出すひとつのまとまりとしてのこの地域（海域世界）は，瀬戸内工業地域というよび方にもあらわれています。また，瀬戸内地域の活性化を目指す基金が設立されたり，⑨水環境《かんきょう》を保全し，豊かな地域を維持《いじ》する試みもなされています。県をまたぎ，ひとつの海域世界としてとらえる動きは，新たな地域社会のあり方の一例となるでしょう。

図1　昭和47(1972)年発行の2万5,000分の1の地形図

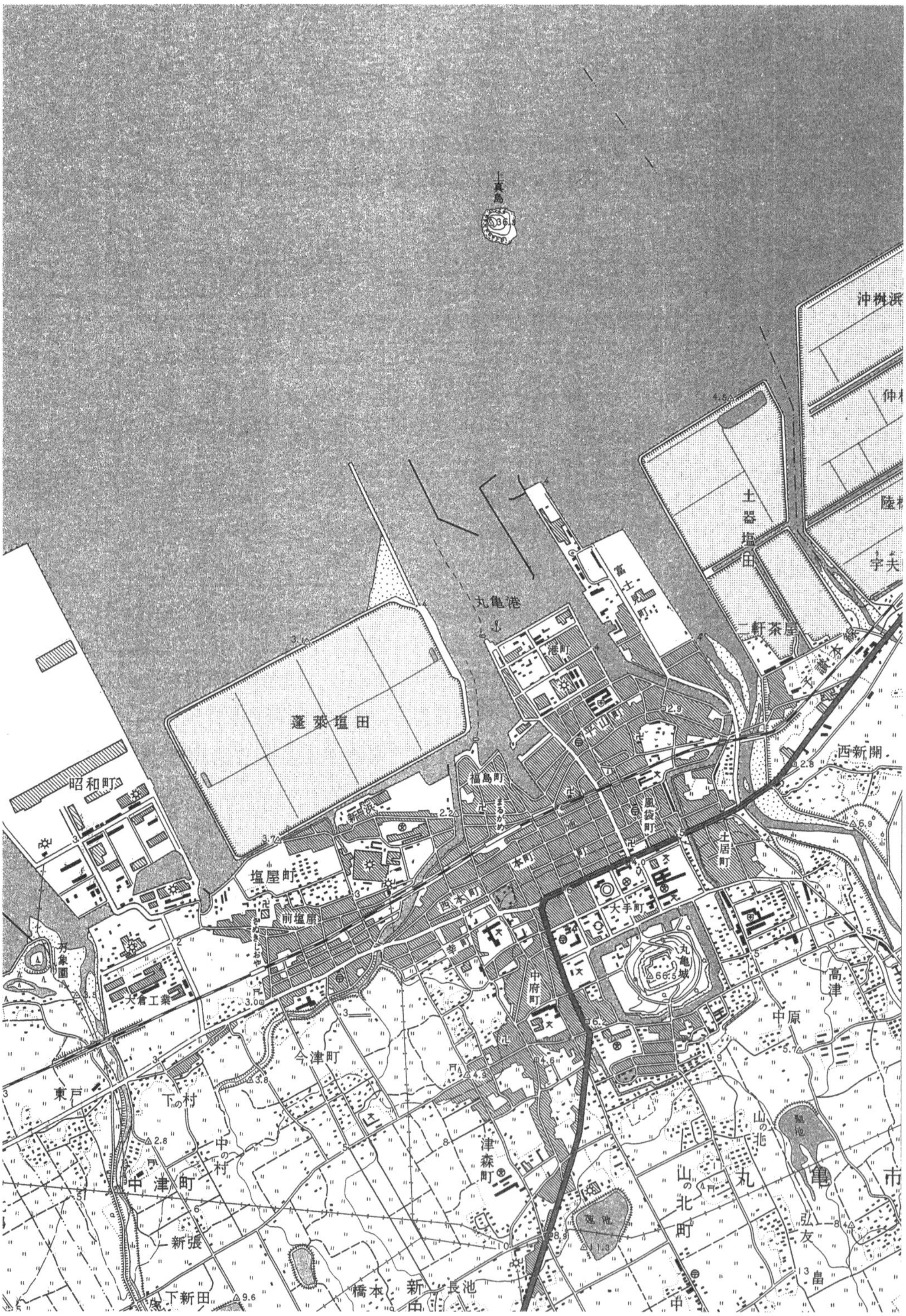

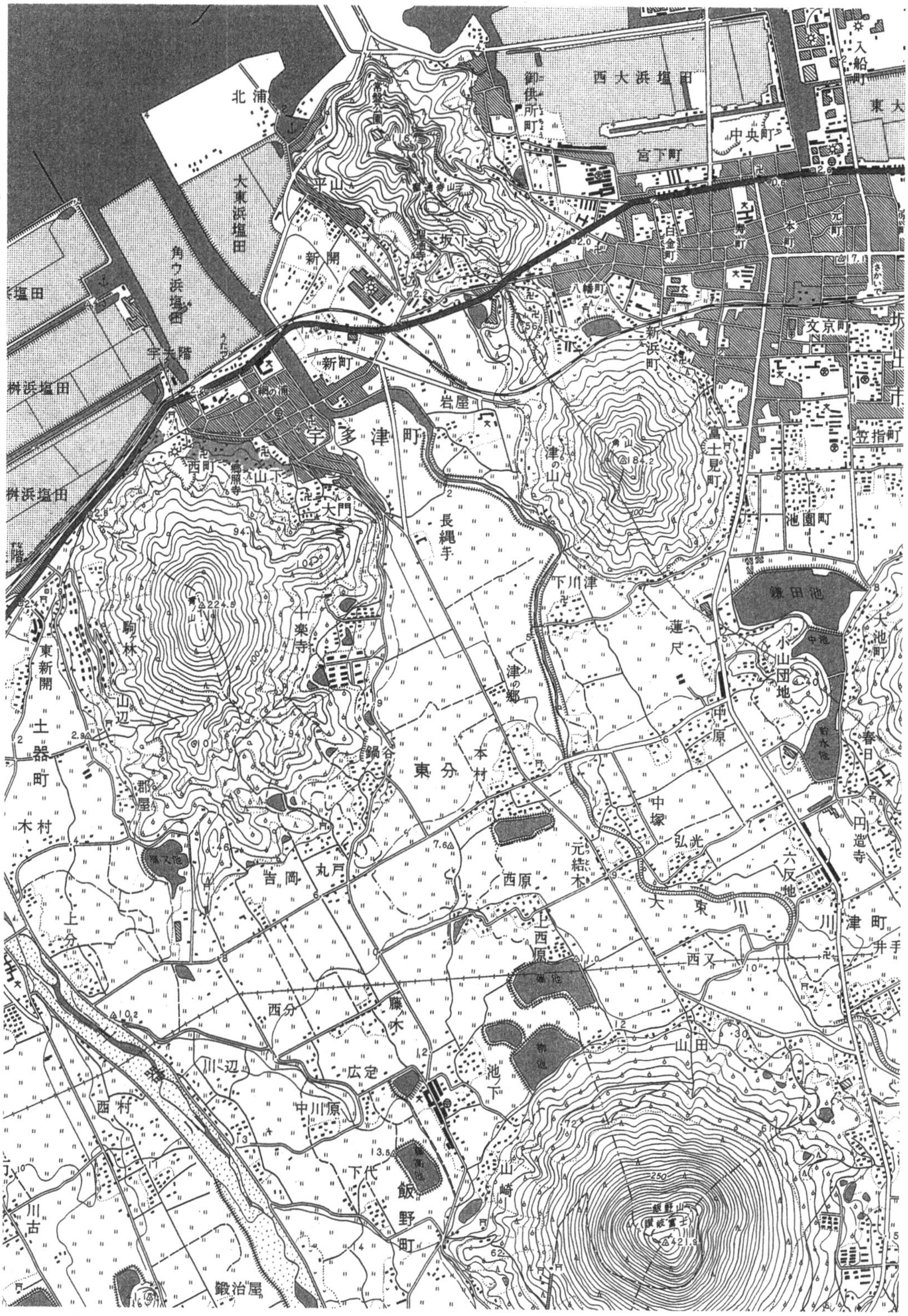
北浦
西大浜塩田
御供所町
入船町
中央町
宮下町
大東浜塩田
角ウ浜塩田
宇夫階
平山
坂下
新開
白金町
寿町
本町
元町
八幡町
文京町
新浜町
新町
岩屋
宇多津町
西町
山下
大門
津の山
富士見町
笠指町
池園町
長縄手
駒林
十楽寺
鎌田池
下川津
蓮尺
小山団地
大池町
東新開
山辺
津の郷
中原
土器町
鍋谷
東分
本村
春日
郡屋
中塚
木村
弘光
円通寺
元結木
六反地
吉岡
丸戸
西原
大東川
上分
上西原
川津町
井手
西又
西分
藤木
山田
川辺
広定
池下
西村
中川原
下代
飯野町
山崎
飯野山
讃岐富士
鍛冶屋

図２　平成24(2012)年発行の２万5,000分の１の地形図

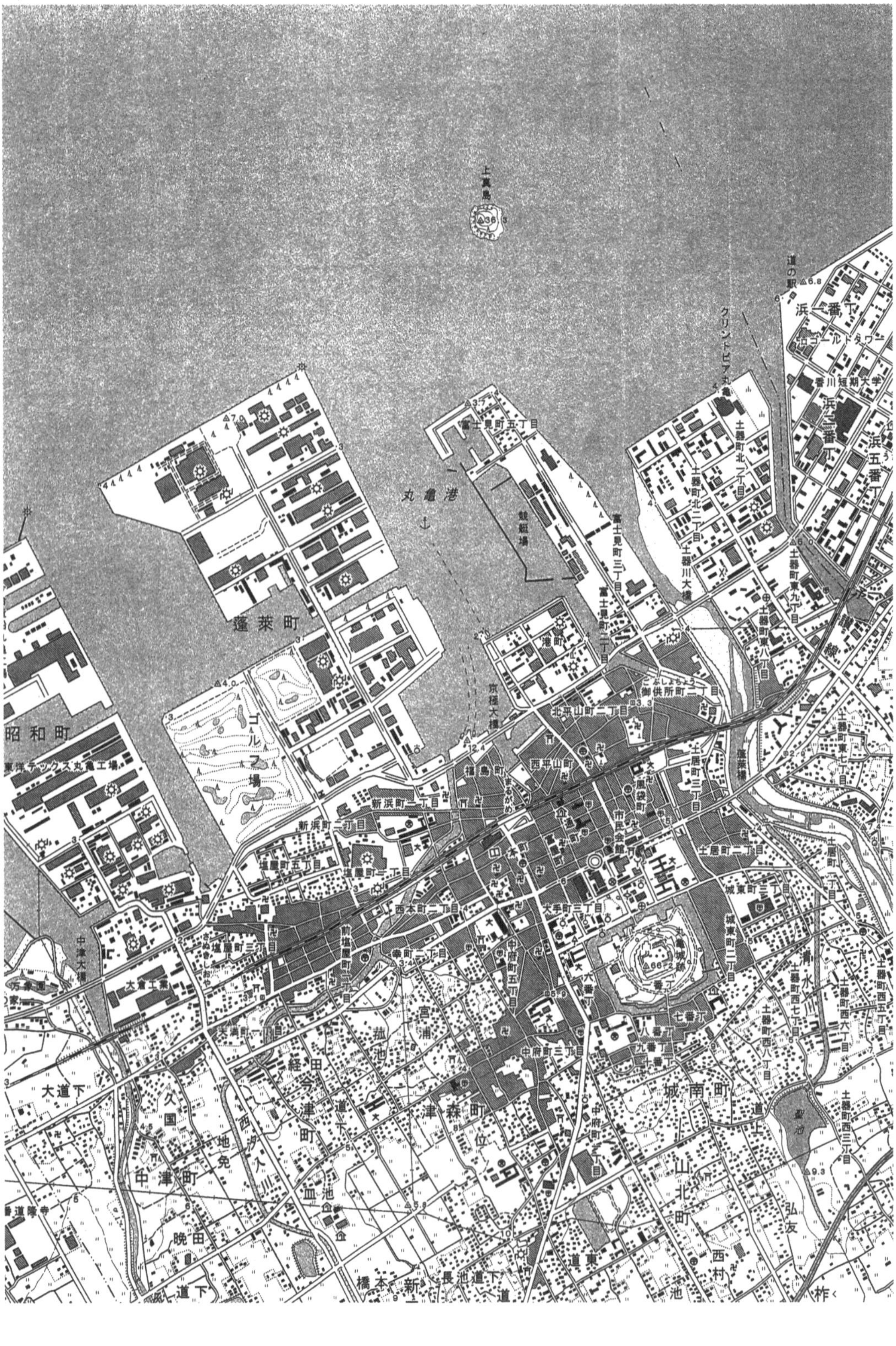

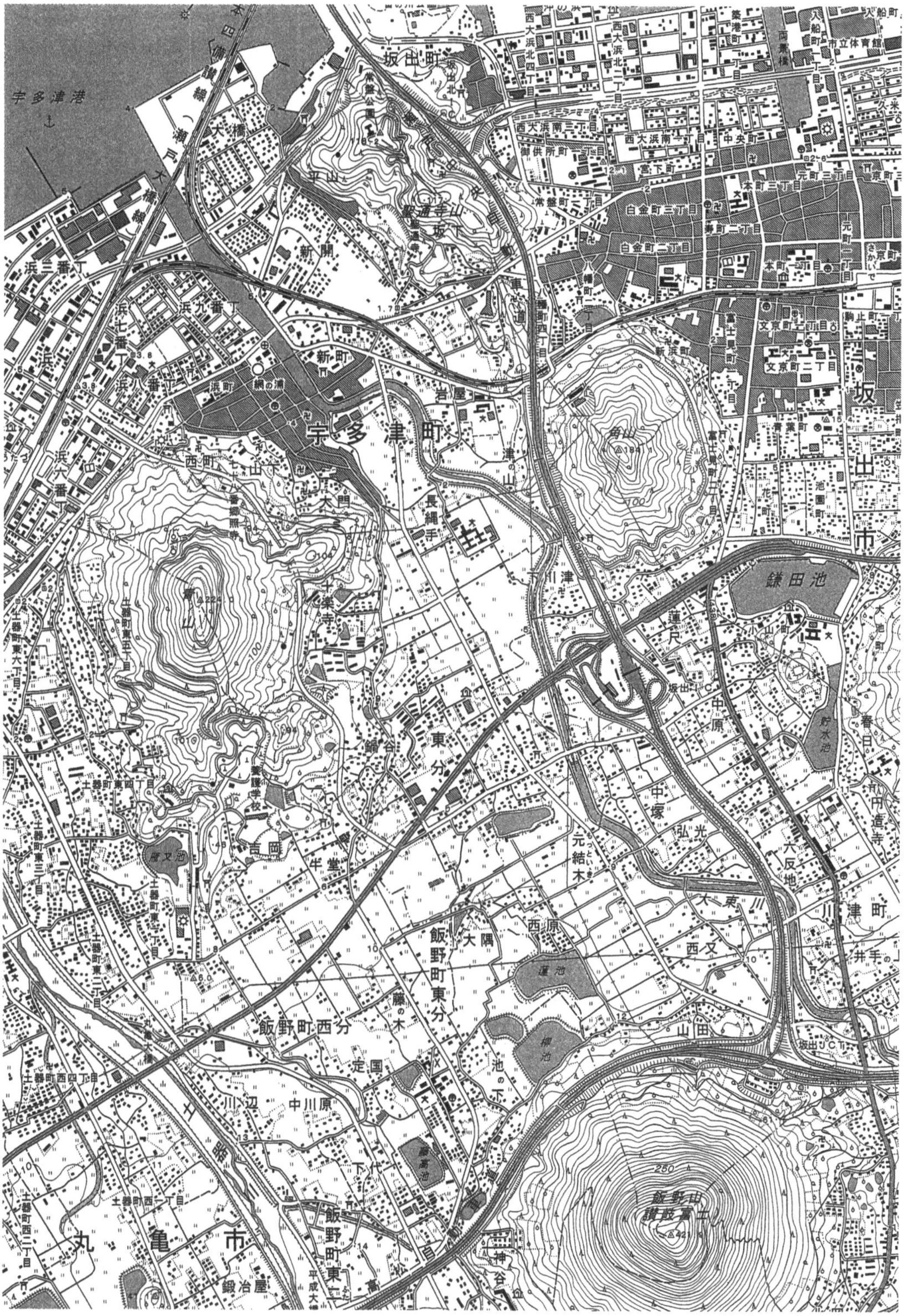
宇多津港
坂出町
平山
聖通寺山
新開
浜三番丁
浜九番丁
浜七番丁
浜八番丁
浜町
網の浦
宇多津町
西町
大門
長縄手
岩屋
角山
青ノ山
坂
出
市
鎌田池
大池町
中原
東分
吉岡
牛堂
中塚
弘光
元結木
六反地
川津町
大東川
西原
西又
大隅
飯野町東分
飯野町西分
定国
山田
池の下
川辺
中川原
下代
飯野山
讃岐富士
丸亀市
鍛冶屋
神谷
春日
円通寺
貯水池
坂出JCT
白金町三丁目
白金町二丁目
寿町二丁目
本町三丁目
文京町二丁目
新浜町
青葉町
池園町
中央町
宮下町
市立体育館

問1　下線部①に関して。

(1)　瀬戸内海は，養殖業《ようしょくぎょう》がさかんです。次の**表1**は，日本の主な養殖魚介類の生産量上位を示しています。**表1**の**a**～**d**にあてはまる魚介類名を，下の**ア**～**コ**から1つずつ選び，記号で答えなさい。

表1　日本の主な養殖魚介類の生産量上位(2014年)

a

都道府県名	トン
鹿《か》児《ご》島《しま》県	44,681
大《おお》分《いた》県	20,007
愛《え》媛《ひめ》県	18,185
宮《みや》崎《ざき》県	10,816
長《なが》崎《さき》県	8,217
熊《くま》本《もと》県	7,104
全国計	134,608

b

都道府県名	トン
愛媛県	35,398
熊本県	9,096
高《こう》知《ち》県	4,621
三《み》重《え》県	4,537
長崎県	2,426
和《わ》歌《か》山《やま》県	1,496
全国計	61,702

c

都道府県名	トン
広《ひろ》島《しま》県	116,672
宮《みや》城《ぎ》県	20,865
岡《おか》山《やま》県	16,825
兵《ひょう》庫《ご》県	7,522
岩《いわ》手《て》県	4,774
北《ほっ》海《かい》道《どう》	3,879
全国計	183,685

d

都道府県名	トン
愛媛県	7,451
長崎県	6,867
三重県	3,735
熊本県	517
佐《さ》賀《が》県	264
鹿児島県	222
全国計	19,506

(農林水産省「漁業・養殖業生産統計」より作成)

ア　くるまえび　**イ**　くろまぐろ　**ウ**　うなぎ　**エ**　かき類
オ　真《しん》珠《じゅ》　**カ**　ほたてがい　**キ**　わかめ類　**ク**　のり類
ケ　ぶり類　**コ**　まだい

(2)　次の**図3**のX～Zは，**図4**の①～③のいずれかの都市の月別平均気温と月間降水量を示しています。X～Zと①～③との正しい組合せを，下の**ア**～**カ**から1つ選び，記号で答えなさい。

(**図3**，**図4**は次のページにあります。)

ア　X－①　Y－②　Z－③　**イ**　X－①　Y－③　Z－②
ウ　X－②　Y－①　Z－③　**エ**　X－②　Y－③　Z－①
オ　X－③　Y－①　Z－②　**カ**　X－③　Y－②　Z－①

図3　月別平均気温と月間降水量

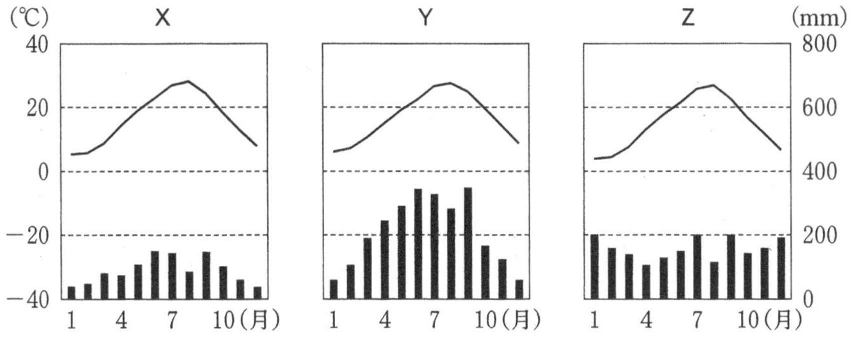

図4

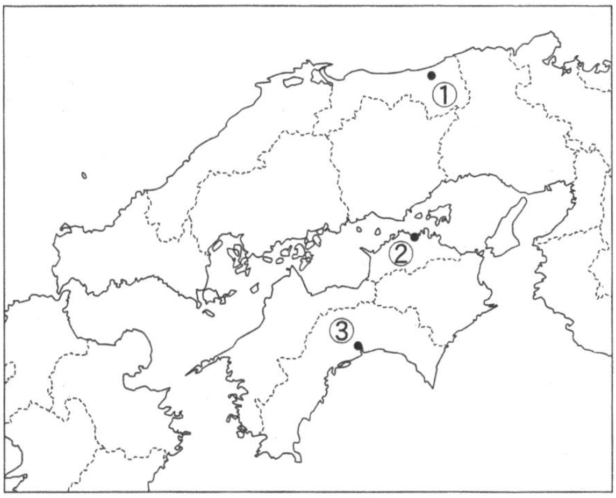

⑶　**図1・図2**は，瀬戸内海に面するある地域の地形図です。この地域では古くから，その気候的特色をふまえて，農業を行う際にある工夫がみられます。**図1・図2**からわかる工夫を，簡潔に述べなさい。

問2　下線部②に関して。奈良《なら》時代に遣唐使とともに中国に渡《わた》った人物として，吉備真備《きびのまきび》がいます。奈良時代以降，日本は中国の律令《りつりょう》制度にならって国内の支配を進めましたが，その様子は平安時代にかけて変化していきました。次の**史料1**は，平安時代に地方に派遣された役人が，天皇に対して意見を述べたものの一部です。

史料1

私は9世紀の終わりに備中国《びっちゅうのくに》(現在の岡山県西部)をまとめる地方官に任じられた。この国に……邇磨郷《にまのごう》という場所がある。備中国の地理についてまとめた『風土記《ふどき》』を見ると，地名の由来がこう記されていた。「660年に……百済《くだら》(朝鮮半島西部の国)が使者を派遣して日本の援助《えんじょ》を求めてきた。……天皇が命令を出してこの郷《ごう》から兵士を集めたところ，たちまち優秀《ゆうしゅう》な兵士2万人を得ることができた。天皇は大いによろこび，この郷を二万郷《にまごう》と名づけた。のちに文字を改めて邇磨郷《にまごう》とよぶようになった。」

8世紀後半に，大臣の吉備真備が備中国の地方役人を兼《か》ねて，この郷の人口を調べたところ，租税をおさめる男性はわずかに1,900人ほどとなっていた。9世紀後半に役人が，人口や租税《そぜい》を調べるための帳簿《ちょうぼ》(戸籍《こせき》や計帳《けいちょう》とよばれるもの)を作成するついでに，この郷で租税をおさめる男性を数えてみたところ，70人ほどとなっていた。私がこの郷の人口を調べたところ，老人が2人，大人が4人，若者が3人しかいなかった。10世紀はじめに，備中国に派遣されていた役人に私が邇磨郷の人口は何人かと尋《たず》ねてみたところ，1人もいないということだった。……わずか250年ほどにすぎないが，衰《おとろ》えるのがとても早いことである……。一地域の例から推測すれば，ほかの地域もこのような事態になっていることは明らかだ。

(「三善清行《みよしきよゆき》意見封事《いけんふうじ》十二箇条《じゅうにかじょう》」より。わかりやすい表記に改《あらた》めた。)

次の**表2**は，律令制度の租税についてまとめたものです。次のページの**表3**は，10世紀はじめのある地方の戸籍（人々を把握《はあく》するための帳簿）についてまとめたものです。上記の**史料1**からは，このころまでには，律令制度がうまく機能しなくなり，実態を把握することがむずかしくなっていたことが読み取れます。一方では，実際に各地で租税を負担すべき人が大幅《おおはば》に減《へ》っていたとはいえないこともわかっています。その理由として考えられることを，**史料1**および**表2**・**表3**をふまえて説明しなさい。

表2　律令制度の租税と負担割合(主なもの)

区　　分	①17～20歳《さい》の男性	②21～60歳の男性	③61～65歳の男性	④女性
租(稲《いね》)	男女ともに負担(割り当てられた田からの収穫《しゅうかく》量の約3パーセント)			
調《ちょう》(布・糸・特産物)	あ　り(②の4分の1)	あ　り	あ　り(②の2分の1)	な　し
庸《よう》(布または労働)	な　し	あ　り	あ　り(②の2分の1)	な　し
兵《へい》役《えき》	な　し	あ　り	な　し	な　し

(「賦役令《ぶやくりょう》」をもとに作成)

表 3　阿波国《あわのくに》(現在の徳島県)の戸籍からの抜粋《ばっすい》(902 年)

内　訳 ＼ 戸主《こしゅ》名※		戸主A	戸主B	戸主C	戸主D
租税の負担義務がある人	21～60 歳の男性	11 人	4 人	2 人	3 人
	17～20 歳の男性	1 人	なし	なし	1 人
	その他	1 人	1 人	なし	なし
	合　計	13 人	5 人	2 人	4 人
租税の負担義務がない人	男性	19 人	2 人	4 人	10 人
	女性	229 人	39 人	25 人	83 人
	合　計	248 人	41 人	29 人	93 人
総　　　計		261 人	46 人	31 人	97 人

※戸《こ》とは，民衆を支配する上で基本的な単位になるものであり，戸主はその代表者をさします。

(「阿波国板野郡田上郷《いたのぐんたのかみごう》戸籍」より作成。わかりやすい表記に改めた。)

問 3　下線部③に関して。日宋貿易がはじまる以前より，瀬戸内海の周辺には，海上交通の安全を祈《いの》るための神社が建てられていました。安芸国《あきのくに》（現在の広島県）の宮島《みやじま》にある厳島《いつくしま》神社はその一例で，宮島そのものが自然信仰《しんこう》の対象で，古代から神々がいるとされ，593年に社殿《しゃでん》が建てられました。平安時代に平清盛《たいらのきよもり》が安芸を支配するようになってからは，平氏一門にあつく信仰されました。(a)平氏の全盛《ぜいせい》期には大規模な社殿がつくられ，その社殿は瀬戸内海を池に見立てた特徴《とくちょう》的なつくりです。

また，讃岐国《さぬきのくに》（現在の香川県）琴平《ことひら》には，仏教の守護神《しゅごしん》である「金比羅《こんぴら》」をまつった(b)金刀比羅宮《ことひらぐう》があります。金刀比羅宮は瀬戸内海をわたる船人《ふなびと》に古くから信仰され，境内《けいだい》には航海の安全を祈願《きがん》した絵馬《えま》などがおさめられています。江戸時代には，自分の発見した数学の問題や解法を絵馬に書いて神社に奉納《ほうのう》する「算額《さんがく》」も見られました。これは和算《わさん》という学問が発達したからです。このように(c)江戸時代にはさまざまな学問が各地で広まりました。

⑴　下線部(a)に関して。厳島神社の社殿は，平安時代の貴族の住宅の形式に影響《えいきょう》を受けてつくられたものです。正面の建物（正殿《せいでん》）を中心に，左右や背後に建物を配置し，渡り廊下《ろうか》でつなぐ貴族の住宅様式を何といいますか。

⑵　下線部(b)に関して。金刀比羅宮のある香川県琴平町には，現存する日本でもっとも古い芝居小屋《しばいごや》があります（「旧金毘羅大芝居《こんぴらおおしばい》」（金丸座《かなまるざ》））。江戸時代には，都市の役者が地方をまわって歌舞伎《かぶき》を見せたり，村人たち自身が演じたりすることがさかんに行われ，人びとの楽しみとして定着しました。江戸時代に，歌舞伎や人形浄瑠璃《じょうるり》の台本作家として活躍《かつやく》し，『曽根崎心中《そねざきしんじゅう》』『冥途《めいど》の飛脚《ひきゃく》』など変化に富んだ脚本《きゃくほん》を書いた人物として正しいものを，次の**ア～エ**から1つ選び，記号で答えなさい。

ア　近松門左衛門《ちかまつもんざえもん》　**イ**　歌川広重《うたがわひろしげ》　**ウ**　葛飾北斎《かつしかほくさい》　**エ**　喜多川歌麿《きたがわうたまろ》

⑶　下線部(c)に関して。江戸時代にはさまざまな学問・教育が発展しました。これについて述べた文として**誤っているもの**を，次の**ア～エ**から1つ選び，記号で答えなさい。

ア　杉田玄白《すぎたげんぱく》・前野良沢《まえのりょうたく》らは，オランダ語で書かれた人体解剖《かいぼう》書を手に入れ，日本語に翻訳《ほんやく》し，

『解体新書』と名づけて出版した。

イ　伊勢国《いせのくに》（現在の三重県）松阪《まつさか》の商人の家に生まれた本居宣長《もとおりのりなが》は，『古事記伝』を完成させるなど，日本人の考え方をさぐる学問である国学を発展させた。

ウ　伊能忠敬《いのうただたか》は，西洋の天文学や測量《そくりょう》術を学び，幕府の命令を受けて日本全体の正確な地図の作成を進め，あとを継《つ》いだ弟子たちが地図を完成させた。

エ　武士や僧《そう》，医者などが先生となって生活に必要な知識を教える藩校《はんこう》が各地に作られ，多くの百姓や町人の子どもたちが藩校で読み書きなどを学んだ。

問4　下線部④に関して。

⑴　次の**図5**は，香川県における交通機関別県外観光客入込数《いりこみすう》の推移を示しています。1987年と1988年を比べると，大きく観光客数が伸びていることがわかります。この理由を，**図1**・**図2**を比較して，簡潔に述べなさい。

図5　香川県における交通機関別県外観光客入込数の推移

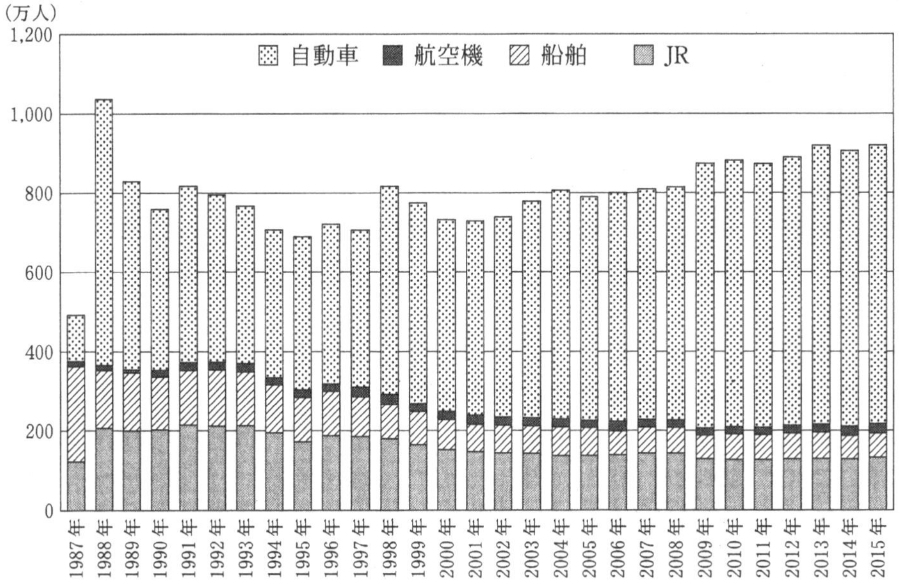

（「香川県観光客動態《どうたい》調査報告書概要《がいよう》　2015」より作成）

⑵　**図5**のように，香川県には現在も多くの観光客が訪れています。次のページの**図6**は，香川県の主な観光地の月ごとの観光客数を示しています。**図6**の**ア**～**エ**は，桜と紅葉《こうよう》の名所として知られる栗林公園《りつりんこうえん》，登山やハイキングを楽しむことができる台地状の島である屋島《やしま》，海上交通の守り神として信仰されている金刀比羅宮がある琴平，温暖な気候に恵《めぐ》まれ多くの海水浴場がある小豆島《しょうどしま》のいずれかです。屋島にあてはまるものを，**図6**の**ア**～**エ**から１つ選び，記号で答えなさい。

図6　香川県の主な観光地の月ごとの観光客数(2015年)

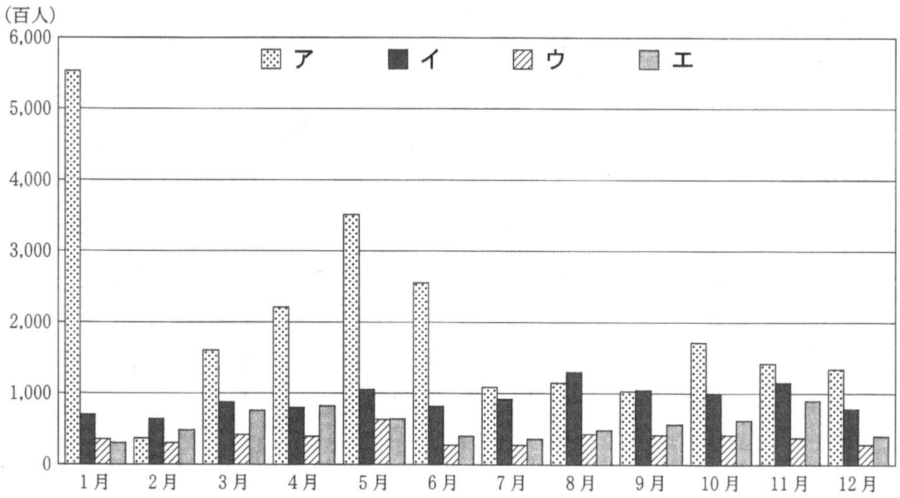

(「香川県観光客動態調査報告書概要　2015」より作成)

問5　下線部⑤に関して。伊予国《いよのくに》(現在の愛媛県)にある弓削島《ゆげしま》は，古くから製塩業がさかんでした。平安時代の終わりから，この島は京都にある東寺《とうじ》が荘園《しょうえん》(私有地)として管理するようになりました。このため，弓削島の荘園(弓削島荘《ゆげしましょう》)はおもに塩を年貢《ねんぐ》としておさめる「塩の荘園」として知られていました。

鎌倉《かまくら》時代になると，将軍が家来の武士(御家人)を地頭に任命し，地頭は各地で年貢の取り立てなどを行いました。弓削島荘では，地頭がより多くの年貢をとろうとしたため，荘園領主(領家《りょうけ》という)である東寺との間で争いが生じましたが，荘園の役人と地頭との話し合いで解決されました。次の**史料2**はこのときの取り決めに関するもので，次のページの**図7**は，そのあとに作成された弓削島荘の絵図です。**史料2・図7**からわかることとして**誤っているもの**を，次ページの**ア～エ**から1つ選び，記号で答えなさい。

史料2

伊予国弓削島荘の土地について。

一，弓削島の田畑・山林・塩田など，土地の管理権については3分割《ぶんかつ》にする。3分の2の土地は領家の分とし，残りの3分の1は地頭の分とする。

一，3カ所ある漁場《ぎょじょう》の管理権については，嶋尻《しまじり》はすべて荘園の役人の分，釣浜《つりはま》はすべて地頭の分とする。辺屋路島《へやじしま》は漁場のほか，この島からとれたものは荘園の役人と地頭で半分ずつとする。

以上の取り決めをしっかり守ることにする。荘園の役人と地頭の代理人が裁判所に訴《うった》えることは，おたがいに，将来不都合となるのでやめる。これまで争っていた土地についても話し合いの上で解決する。この取り決めに違反《いはん》した場合は，処罰《しょばつ》を受けることを約束する。

乾元《けんげん》2 (1303) 年 1 月 18 日　(※取り決めをした人)荘園の役人，地頭の代理人

※史料中の漁場とは，網《あみ》で魚をとる場所(海)のことをさします。

(「東寺百合文書《とうじひゃくごうもんじょ》」より。わかりやすい表記に改めた。)

図 7　弓削島荘の絵図

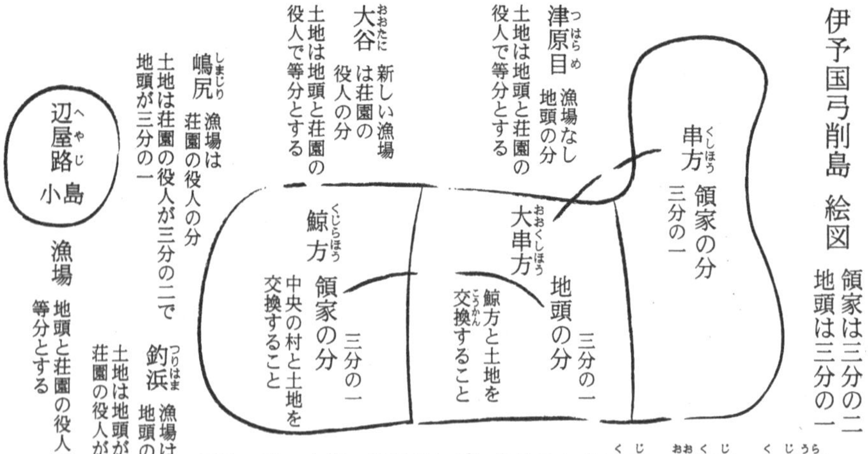

※注：串，大串，鯨はそれぞれ地名をさす(久司《くじ》・大久司《おおくじ》・久司浦《くじうら》)。
方は「地域」という意味。大谷，嶋尻，釣浜は海に面した小地域および漁場をさす。津原目は海に面した小地域。
辺屋路は弓削島の離島《りとう》である百貫島《ひゃっかんじま》を簡略化した地名。

(「東寺百合文書」より。わかりやすい表記に改めた。)

ア　弓削島の田畑などは，地頭よりも荘園領主に有利になるように分割し，それぞれが管理することとした。

イ　弓削島と離島に以前からある漁場については，荘園の役人と地頭がほぼ等分する形で分割し，管理することとした。

ウ　漁場が発達していない地域や，新たに開かれた漁場を，荘園の役人と地頭のどちらが管理するか，定めないこととした。

エ　荘園領主と地頭が土地や漁場についての取り決めをやぶった場合は，違反した方が処罰を受けることとした。

問 6　下線部⑥に関して。

⑴　人間が生きていくために摂取《せっしゅ》しなければならない塩は，日本でも海外でも，古くから専売制《せんばいせい》(国が特定物資を管理し，課税する制度) にされることがありました。

日本では，1905年に明治政府が塩を専売制にし，1997年まで続きました。1905年に専売制にされたのは，その前年からおきた出来事と直接関係があります。この時，塩を専売制にした主な目的を答えなさい。

⑵　塩は，現在の国内生産量が約94万トンに対し，消費量が約800万トンと，その自給率が約12パーセント (%) と低く (2015年度)，多くを輸入に頼《たよ》っており，そのほとんどは食用ではなく工業用です。次のページの**図 8** に見られるように，現在は**A**と**B**の２か国から主に輸入して

います。AとBに関する次の問いに答えなさい。

図8　日本の塩の輸入先(2015年度)

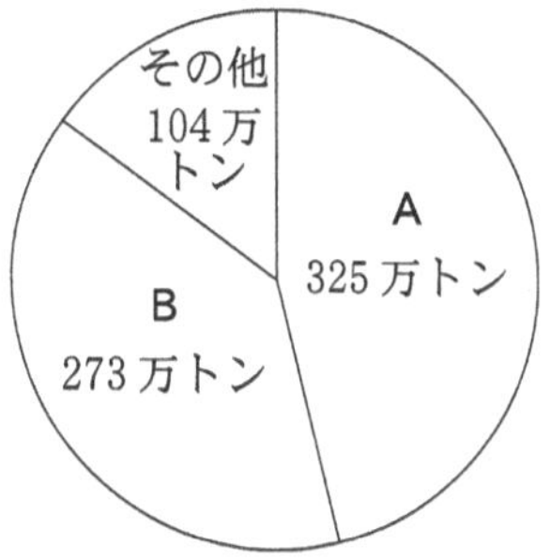

(公益財団法人《こうえきざいだんほうじん》塩事業《しおじぎょう》センターホームページより作成)

(i) Aの地域と日本との関係は，伊達政宗《だてまさむね》が派遣《はけん》した慶長遣欧使節《けいちょうけんおうしせつ》にさかのぼることができます。当時Aはスペイン領で，Aと現在のフィリピンとの間では，スペイン船が太平洋を渡って貿易をしていました。17世紀のはじめ，フィリピンのルソン島には日本人町があり，大名や商人の船が行き来していましたが，このような貿易の際に幕府が発行した貿易許可状を何といいますか。

(ii) 次の日本の貿易に関する**表4**のBには，**図8**のBが入ります。**表4**中のB～Dにあてはまる国名の組合せとして正しいものを，下の**ア**～**カ**から１つ選び，記号で答えなさい。

表4　日本の石炭・鉄鉱石・肉類の主要輸入先(2015年)

石　炭

国　名	%
B	65.0
インドネシア	17.1
ロシア	8.8
カナダ	4.2
C	3.2
中華人民共和国《ちゅうかじんみんきょうわこく》	0.8
合計(その他共)	100.0

鉄鉱石

国　名	%
B	61.0
C	27.8
南アフリカ共和国	4.3
カナダ	3.0
チリ	1.0
ロシア	0.8
合計(その他共)	100.0

肉　類

国　名	%
D	26.5
B	16.4
タイ	13.2
C	8.9
中華人民共和国	8.6
カナダ	7.9
合計(その他共)	100.0

(『データブック　2017』，『日本国勢図会《ずえ》　2016/2017』より作成)

ア　B－アメリカ合衆国　C－オーストラリア　D－ブラジル
イ　B－アメリカ合衆国　C－ブラジル　D－オーストラリア
ウ　B－オーストラリア　C－アメリカ合衆国　D－ブラジル
エ　B－オーストラリア　C－ブラジル　D－アメリカ合衆国
オ　B－ブラジル　C－アメリカ合衆国　D－オーストラリア
カ　B－ブラジル　C－オーストラリア　D－アメリカ合衆国

(3) **図1**の蓬莱《ほうらい》塩田とその周辺は，**図2**ではどのように変化しましたか。**図1**と**図2**を比べて答えなさい。

問7　下線部⑦に関して。江戸時代半ばに開発された別子銅山は，日本の代表的な銅山でした。次の**図9**は，1881年から1945年までの国内の銅の生産と輸出入の変化を示しています。それぞれの時代の状況《じょうきょう》をふまえて，考えられることとして**誤っているもの**を，下の**ア**～**エ**から１つ選び，記号で答えなさい。

図9　1881年から1945年までの銅の生産と輸出入の変化

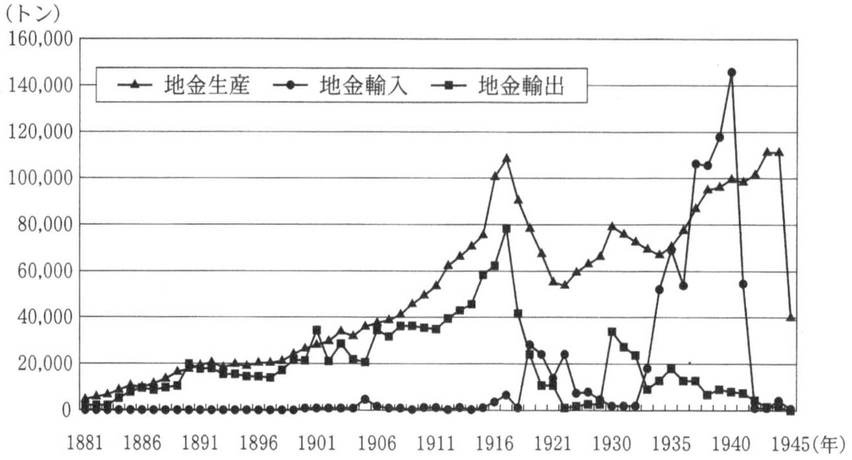

※地金《じがね》とは，加工の材料となるような金属のかたまりのことです。

（JOGMEC「金属資源情報 2009 年報告書＆レポート」より）

ア　1900年ごろまでは，生産された銅の多くは国内で消費されていない。

イ　第一次世界大戦が終わると，戦場となった海外への輸出が増えた。

ウ　満州事変《まんしゅうじへん》をきっかけに日本の軍需《ぐんじゅ》産業がさかんになり，多くの銅が必要になった。

エ　1940年ごろの輸入の急減は，アメリカ合衆国などとの対立が考えられる。

問8　下線部⑧に関して。公害による住民の健康被害《ひがい》や環境破壊が起こった場合，その問題を早急に解決するために，関係する人たちは自分たちの役割を果たし，対策をとる必要があります。

⑴　次の文章の（**あ**）・（**い**）にあてはまることばを漢字で答えなさい。

これまで各地でおきた公害問題について，マスメディアが果たした役割は大きいものでした。マスメディアが人びとに対して正確な事実を（　**あ**　）することで，主権者である国民は，その解決を目指すべく政治に働きかけます。つまり国民の政治に参加する権利は，マスメディアの（　**あ**　）の自由によって保障されるといえます。またそれには，国や地方自治体がどのような政治を行っているのか知る必要もあり，（　**い**　）制度が重要となります。

⑵　マスメディアの発達により，こんにち情報化社会が進んでいます。情報化社会では，以前は想定していなかった新しい事態が起こるようになりました。この問題について日本における基本的人権の観点から考えた場合に**誤っているもの**を，次の**ア**～**エ**から１つ選び，記号で答えなさい。

ア　情報通信技術が進歩したことに対応して，インターネットを活用した選挙活動ができるようになり，政治に参加する権利を保障するものとなっている。

イ　医師が不足していることに対応して，地域医療《いりょう》では情報ネットワークが活用されるようになり，住民の健康で文化的な生活を送る権利を保障するものとなっている。

ウ　外国人定住者が増えていることに対応して，外国語教育・外国語情報を受ける機会が増えるようになり，教育を受ける権利を保障するものとなっている。

エ　情報を大量に蓄積《ちくせき》できるようになったことに対応して，個人情報の用い方や保護のルールが決められるようになり，プライバシーの権利を保障するものとなっている。

⑶　国民の世論を受けて，国会は，国民の生活向上のために法律を制定します。

国会は全国民を代表する機関で，両議院の議員ともに，国民による直接選挙で選ばれます。選挙では，投票者がみずから投票用紙に候補者名もしくは政党名を記入する方法が用いられています。この方法は，国民のある能力を前提としていますが，問題点も指摘《してき》されています。前提とする能力と，この能力のない人が投票した際に生じる問題点について説明しなさい。

⑷　公害をなくすことは，「持続可能な社会」を目指すことにもつながります。現在国際連合では，「持続可能な開発目標」（以下，SDGs）を掲《かか》げ，2030年までに取り組む17の目標と目標到達《とうたつ》のための169の具体的目標（以下，ターゲット）を設けています。

次の①～④を読み，「電気自動車」の普及《ふきゅう》が目標到達にどのように関わるのか，次の文章の（**う**）～（**お**）にあてはまることばを入れなさい。

① 「すべての国々で持続可能な経済成長を実現し，すべての人びとに働きがいのある人間らしい仕事を提供する」という「目標８」の中には，「2030年までに，世界の消費と生産における資源効率を改善させ，先進国主導の下，経済成長と環境悪化の分断を図《はか》る」というターゲットがあります。

② 「強靭《きょうじん》な公共設備を整え，国民生活・経済を持続的に発展させる」という「目標９」の中には，「2030年までに，資源の利用効率を向上させ，環境に配慮《はいりょ》した技術等を用いた公共設備・産業を整え，持続可能性を向上させる。すべての国々は各国の能力に応じて取り組む」というターゲットがあります。

③ 「人間の居住空間としての都市の環境を改善する」という「目標11」の中には，「2030年までに，大気の質や廃棄物《はいきぶつ》の管理に注意し，都市の人びとの生活環境を向上させる」というターゲットがあります。

④ 「持続可能な消費と生産のパターンを確保する」という「目標12」の中には，「2020年までに，化学物質の大気・水・土壌《どじょう》への放出を大幅《おおはば》に削減《さくげん》する」というターゲットがあります。

電気自動車は，（　**う**　）を含《ふく》む排気《はいき》ガスを出さないため，地球温暖化や（　**え**　）などの環境悪化を進めない。そのため③・④のターゲットを達成し，目標到達を期待できる。電気自動車の普及は，ガソリン車ではできなかった，環境保全と経済成長を（　**お**　）できる可能性があるため，①・②のターゲットを達成し，目標到達を期待できる。

問９　下線部⑨に関して。世界では多くの人びとが慢性《まんせい》的な水不足に悩《なや》んでいます。

水資源について考えるとき，「バーチャルウォーター（仮想水）」という考え方にもとづいて貿易を捉《とら》え直す議論があります。これは，食料を輸入している国（消費国）において，もしその輸入食料を生産した場合どの程度の水が必要かを推定するものです。

この観点に立つと，「日本は降水量が多いうえ，さらに世界中の水資源を活用して豊かな生活をしている」ということができます。

「バーチャルウォーター」で考えると，小麦と牛肉では，どちらの方がその量は大きくなるでしょうか。またそれはなぜですか，説明しなさい。小麦と牛肉は，同じ重さで比例します。

【国　語】〈六〇分〉　〈満点：一二〇点〉

※問題に使用された作品の著作権者が二次使用の許可を出していないため、問題を掲載しておりません。

平成30年度

解答と解説

《平成30年度の配点は解答用紙に掲載してあります。》

＜算数解答＞ 《学校からの正答の発表はありません。》

1 (1) 2875円 (2) 70 (3) 4537.3cm^3 (4) (27, 54)(24, 72)(30, 45)(22, 99)

2 (1) ① (等脚)台形 ② 15cm (2) ① (図) 解説参照 ② 75.36cm^2

(3) 15.7倍

3 (1)

a	1	2	3	4	5	6	7	8	9	10
7△aの十の位	0	4	4	0	0	4	4	0	0	4

(2) 4 (3) 1 (4) 203通り

4 (1) 4通り (2) 88通り (3) 7通り (図) 解説参照

＜算数解説＞

1 (四則計算，割合と比，立体図形，数の性質)

基本 (1) $3726\div(1+0.08)\div(1+0.2)=3450\div1.2=2875$(円)

(2) $\frac{1009\times13}{186}+14+\frac{20}{31}-14\frac{7}{6}=(1009\times13+20\times6-7\times31)\div186=13020\div186=70$

基本 (3) 右図において，三角形ADEとBCEは相似であり，AH：HCは10：15＝2：3である。したがって，円錐台ア＋イの体積は$10\times10\times3.14\times15\div3\times(5\times5\times5-3\times3\times3)\div(5\times5\times5)+15\times15\times3.14\times15\div3\times(5\times5\times5-2\times2\times2)\div(5\times5\times5)=(500\times98+1125\times117)\div125\times3.14=(392+1053)\times3.14=4537.3$(cm^3)

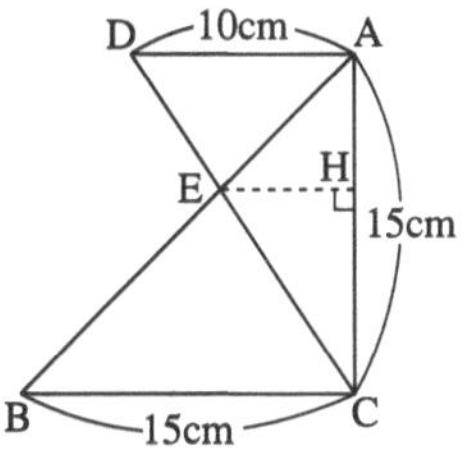

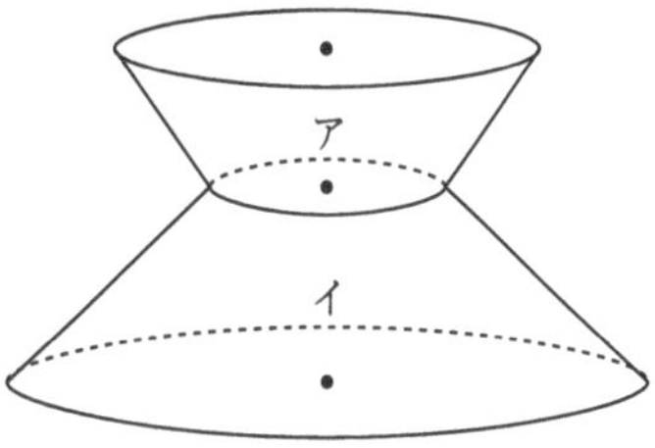

重要 (4) $\frac{3}{54}=\frac{2}{54}+\frac{1}{54}=\frac{1}{27}+\frac{1}{54}$　$\frac{4}{72}=\frac{3}{72}+\frac{1}{72}=\frac{1}{24}+\frac{1}{72}$　$\frac{5}{90}=\frac{3}{90}+\frac{2}{90}=\frac{1}{30}+\frac{1}{45}$

$\frac{11}{198}=\frac{9}{198}+\frac{2}{198}=\frac{1}{22}+\frac{1}{99}$

2 (立体図形，平面図形，図形や点の移動)

基本 (1) ① 図1において，LNとBCは平行でありMPとBCは平行であるから，四角形MLNPは(等脚)台形である。

② 等脚台形MLNPにおいて，辺LNを除く3辺はすべて$6\div2=3$(cm)であり，周は$6+9=15$(cm)

図1

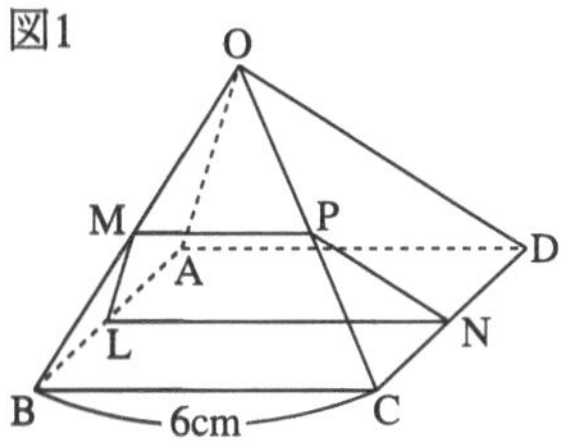

図2

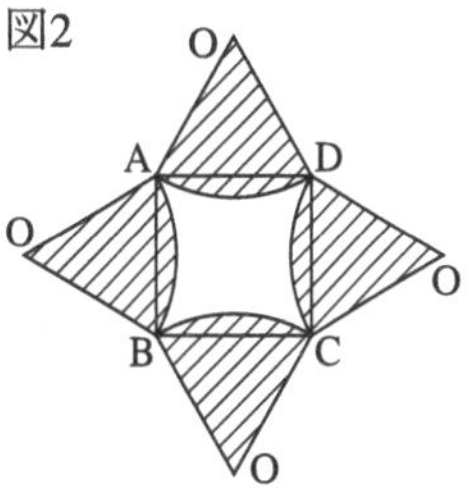

基本 (2) ① 糸の先端の移動範囲は，図2のようにおうぎ形を組み合わせ

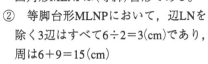

た形になる。

② 図2において，おうぎ形の中心角は60度であるから，斜線部の面積は6×6×3.14×60×4÷360＝24×3.14＝75.36(cm^2)である。

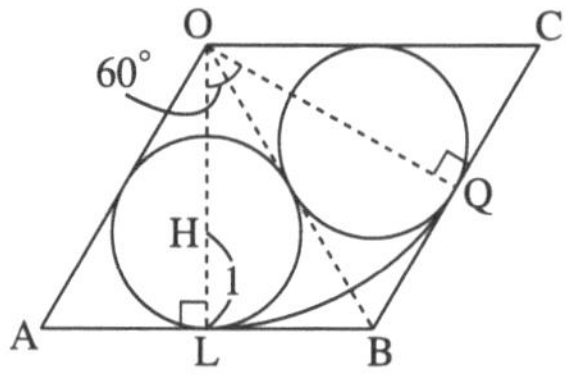

重要 (3) 右図において，HLの長さが1のときOLの長さは1×3＝3であり，弧LQの長さと2つの円周の和は3×2×3.14÷6＋1×2×3.14×2＝5×3.14＝15.7であり，求める長さはHLの長さの15.7倍である。

3 (演算記号，規則性)

基本 (1) 07，7×7＝49，49×7＝343，43×7＝301，01×7＝07であり，a＝1～10のとき，十の位の数は0，4，4，0，0，4，4，0，0，4である。

基本 (2) (1)より，十の位の数には0，4，4，0が反復して現れるので，a＝2018のとき,18÷4＝4…2より，求める十の位の数は2番目の4である。

重要 (3) 06，6×6＝36，36×6＝216，16×6＝96，96×6＝576，76×6＝56，56×6＝36であり，十の位の数は0，3，1，9，7，5，3，1，9，7，5と続く。したがって，5番目，10番目，…，2015番目の十の位の数は7であり，2018番目の十の位の数は1である。

基本 (4) (1)・(3)より，6△a＋7△aの下2桁は[13]，85，59，97，83，05，79，[17]，03，25，99，37，23，45，[19]，57，43，65，39，77，63，85，59，97，83，05，79，[17]，…と続く。したがって，1番目，8番目，15番目，28番目，35番目，…の十の位の数が1になり，2018÷20＝100…18より，求める選び方は2×(100＋1)＋1＝203(通り)ある。

4 (平面図形，場合の数)

基本 (1) 塗りつぶす位置を●で表すと，以下の4通りがある。

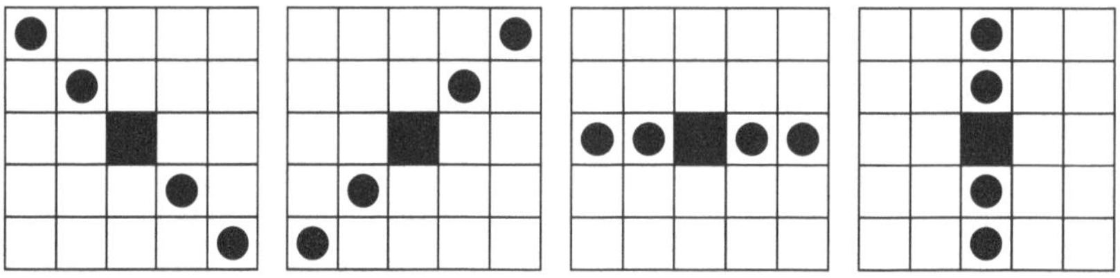

重要 (2) 縦・横1列あるいは1行の5個を塗りつぶす方法は2×2×2＝8(通り)あり，(1)の4通りのそれぞれについて，他の1個の選び方が24－4＝20(個)ずつある。したがって，求める場合は8＋20×4＝88(通り)である。

やや難 (3) 塗りつぶさない位置24－19＝5(か所)を○で表すと，以下の7通りがある。■の左下の○，右上の○をポイントにしよう。

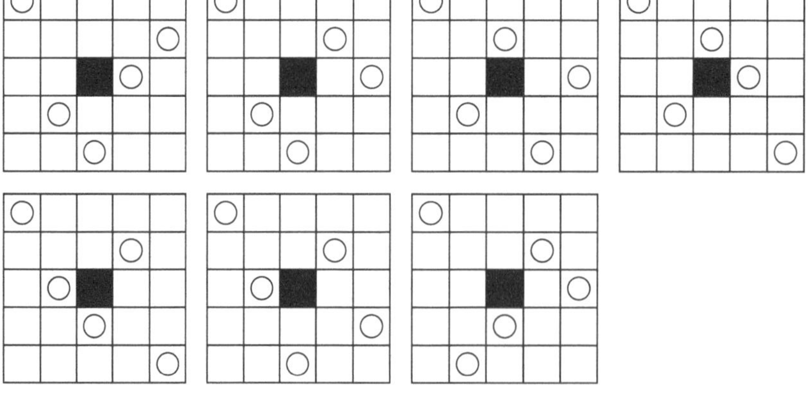

★ワンポイントアドバイス★

③(4)「演算記号，規則性」，④(3)「平面図形，場合の数」はミスしやすく，簡単ではない。①(2)「四則計算」はなるべく計算が容易になるように工夫し，(4)「数の性質」はaとbに関する条件をしっかり確認しよう。

＜理科解答＞《学校からの正答の発表はありません。》

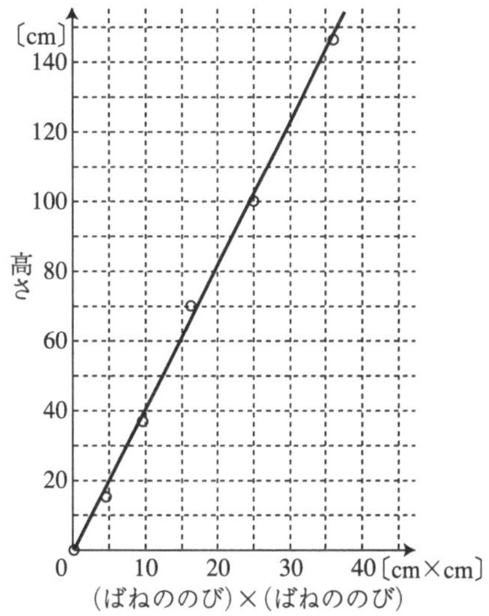

① (1) (図1) エ　(図2) カ　(2) オ
(3) イ，エ　(4) 431mL
(5) ア，イ，ウ　(6) イ　(7) 240g
(8) ① 右図　② エ

② (1) 氷砂糖は砂糖粒子どうしが結びついて大きな粒となっており，同じ20gあたりの表面積の割合が小さいから。　(2) ア
(3) ア・どれも同じ砂糖粒子でできていて，水溶液中での体積も同じだから。　(4) 30g

③ (1) a ウ　b イ　c エ　(2) a ア　b ア　c ア　(3) f1 中等潮位よりも高い位置に多く分布し，高い位置にあるものほど口が開いている部分の直径が大きい。　f2 中等潮位よりも低い位置に少数が分布し，口が開いている部分の直径は大きめである。

④ (1) イ　(2) エ　(3) 氷河が発達するくらいに温度が低かった。　(4) エ
(5) イ　(6) ウ

⑤ (1) 下図　(2) 形状は変わらないが，小さくなる。　(3) 下図　(4) 下図

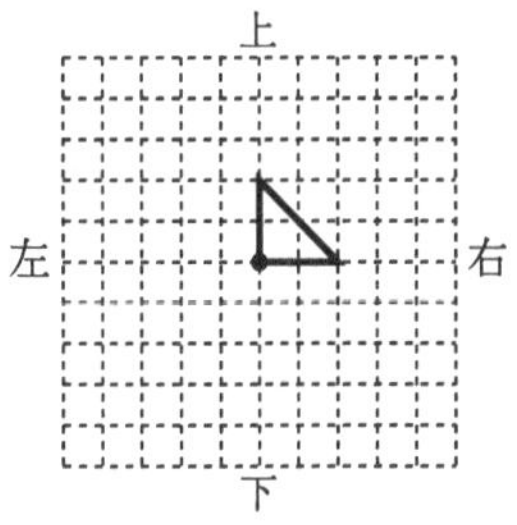

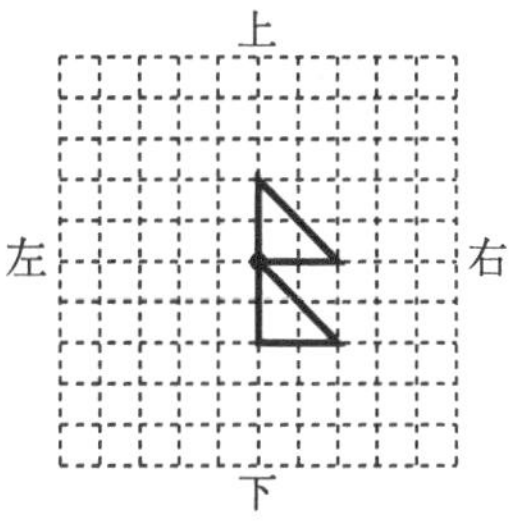

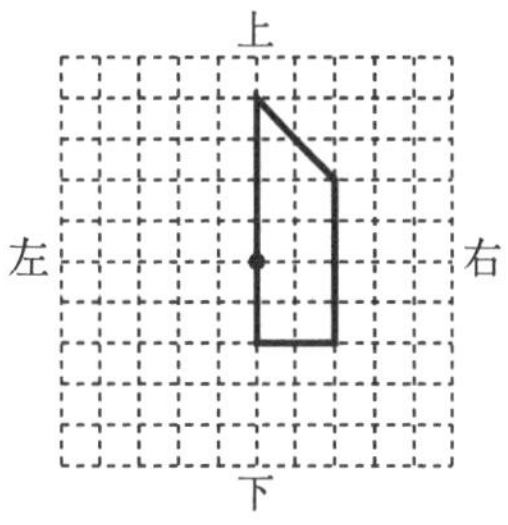

＜理科解説＞

① (総合－小問集合)

(1) 図1では，Aの部分を加熱すると，温まった水は上の方のB，Cと動いていくので，全体の温度がほぼ均一に上昇する。一方，図2では，Bの部分を加熱すると，温まった水は上の方のCへ動いていき温度が上がるが，Aの方には動かないので，Aの温度は上がりにくい。

基本 (2) 設問の内容は，暖めた空気が軽くなり，上へ移動するという，対流の現象を示している。ア

は上方の温度が低い。イは伝導による。ウは太陽放射の有無による。エはフライパンからハンバーグへの熱の伝導である。オは温まった陸上の空気が上昇するという対流による。

(3) カボチャとヘチマは，果実の中にある種子を，ふつう「たね」と呼んでいる。しかし，ヒマワリで「たね」とよばれる細長い白黒の粒は，果実のなかに種子が入っている全体を指しており，種子だけではない。梅干しの食べる部分は果実だが，「たね」とよばれる粒のうち外側部分も果実であり，中心部分だけが種子である。

(4) 1分間に心臓から流れ出る血液の量は，70×70＝4900(mL)，つまり，4.9Lである。血液1Lあたり88mLの酸素をからだ全体に供給するので，1分間の酸素量では88×4.9＝431.2(mL)であり，四捨五入により431mLである。

(5) ア・イ・ウは，夏の大三角をつくる星で，どれも太陽より表面温度が高い白色の星である。一方，エ・オは太陽より表面温度が低い赤色の星である。

(6) 台風は，太平洋高気圧の西側のへりを回るように移動することが多い。太平洋高気圧が強い7月〜8月上旬は日本の西側の大陸へのコースをとることが多いが，8月下旬〜9月になるにつれ，太平洋高気圧の勢力が小さくなる。それにつれて台風のコースも東側に移り，日本列島を直撃することが多くなる。

(7) てんびんのつりあいでは，支点からの距離と重さは反比例する。いちばん上のてんびんのつりあいでは，□：(△＋○＋☆)＝10：50が成り立つ。□＝100gだから，△＋○＋☆＝500(g)である。次に，上から2番目のてんびんのつりあいでは，(△＋○)：☆＝30：20が成り立つ。よって，△＋○＝300(g)である。最後に，いちばん下のてんびんのつりあいでは，△：○＝10：40が成り立つ。よって，○＝240gである。なお，☆＝200g，△＝60gである。

重要 (8) ① 表から，(ばねののび)×(ばねののび)の値を求め，高さの平均値の関係をグラフにする。各測定値をグラフ用紙にしっかり○で示すと，ほぼ直線の上に並ぶ。

(ばねののび)×(ばねののび)	0	4	9	16	25	36
高さの平均	0	15	37	70	100	146

② 解答用紙のグラフでは，横軸が7×7＝49のときを読むことができないので，数値で推定する。高さの平均は，およそ(ばねののび)×(ばねののび)×4になっているので，ばねののびが7cmのときは，7×7×4＝196(cm)程度になると推定できる。

2 (ものの溶け方ーいろいろな砂糖の溶け方)

重要 (1) 砂糖の粒は，水に接する表面から溶け出す。そのため，表面積が大きいほど速く溶ける。上砂糖やグラニュー糖は小さい粒なので，一定の体積や重さに対する表面積が大きく，速く溶ける。しかし，氷砂糖は大きな粒なので，表面積が小さく，溶けるのに時間がかかる。

(2) コーヒーシュガーは，徐々に周囲に向かって溶け出していく。中央付近は濃度が濃く，まわりにいくほど濃度がうすい。その濃度の差によって，コーヒーシュガーはまわりに広がっていく。

(3) 3種類の砂糖は，どれも同じ砂糖粒子からできている。だから，溶け方や速さにちがいがあっても，完全に溶けると全く同じ水溶液になる。体積も等しい。

(4) 30gの砂糖が60％になるような水溶液をつくるのだから，水溶液の重さは30÷0.6＝50(g)である。そのうち，水の重さは50−30＝20(g)である。最初に使った水の量は50mL＝50(g)だから，蒸発させなければならない水の量は，50−20＝30(g)である。

3 (動物ー海岸の生物)

(1)・(2) aは二枚貝のなかまで，分類上はイカ・タコと同じ軟体動物である。bはキンセンガイなどカニのなかまの殻である。砂浜や浅海に住み，砂にもぐることも多い。カニはエビなどと同じく節足動物のうち甲殻類である。cはウニの一種のカシパンのなかまで，浅海の底に一部がもぐるように生活している。ナマコやヒトデと同じ棘皮動物である。

(3)　fはフジツボであり，節足動物の一種で，岩やコンクリートに固着して生活する。また，問題文にあるように，中等潮位は年平均海水面であり，満潮時の水位はそれより高く，干潮時は低くなることが多い。f1種は，図2をみると，中等潮位よりも高い位置に数多く分布している。図3をみると，高いところの個体ほど，口が開いている部分の直径が大きい傾向にある。この高さは，満潮時だけ海水がかぶり，そのときにフジツボは海水中のプランクトンなどのえさを食べる。ふだんはえさが得にくく乾燥する環境だが，敵は少ない。f2種は，図2をみると，中等潮位よりも低い位置に少数が分布している。図3を見ると，口が開いている部分の直径がどれも4mm以上と大きい。この高さは，海水につかっている時間が長く，えさが得やすい場所だが，他の動物との生存競争も激しい。

4　**（地層と岩石ー全球凍結）**

(1)　液体である川の侵食作用では，主に川の下方が削られ，深いV字谷ができる。一方，固体である氷河の侵食作用では，川の下方だけでなく側方もけずられ，U字谷ができる。U字谷は，底はなだらかで雪氷が埋め尽くすが，両側は断崖絶壁となる。

重要　(2)　液体である川の運搬作用では，レキや砂はぶつかり合って角が取れ，小さくなる。また，堆積作用では，流速の速いところでは大きい粒が堆積し，流速が弱まると小さい粒が堆積するので，1枚の地層の中では粒の大きさがそろう。一方，固体である氷河の運搬作用では，氷の中でレキや砂はぶつかり合うことが少なく，角ばったままである。また，堆積作用では，氷河が融けた場所にすべての粒が堆積するので，粒の大きさはさまざまである。なお，この不ぞろいの堆積物はモレーンとよばれる。

(3)　現在の日本では，氷河は富山県の立山連峰と長野県の鹿島槍ヶ岳の一部にわずかに存在するだけである。しかし，日本には氷河でできた地形があり，それは過去の氷期に日本でも氷河が発達していた証拠となる。例えば，今から2万年前には氷期があった。

やや難　(4)　ア，イ　地球の運動に関わることであり，地表の寒冷化が原因にはならない。　ウ　もし塩分が高まれば，融点が下がるので氷は融けやすくなる。　エ　全球凍結で地表の雪氷の面積が増えると，太陽光を反射する割合が増え，吸収する割合が減る。そのため，地表の温度は上がりにくくなる。　オ　全球凍結のあった時代は，古生代に入る前の時期で，生物は海中にわずかしか存在していない。　カ　全球凍結は地表の環境についての現象であり，地球内部は現在も高温のままである。

(5)　赤道まで氷河におおわれていたことの証拠としては，氷成堆積物が赤道付近で堆積したことを示さなければならない。そのためには，地層ができた緯度を測定する必要がある。具体的には，地層に残された堆積当時の磁場の向きを測定する方法がある。

(6)　ア　地点Aには溶岩がないので，世界中とはいえない。　イ，ウ　炭酸塩岩があることから，全球凍結後の地球大気には二酸化炭素が多かったことが分かる。二酸化炭素は温室効果をもつので，温暖化が進んだと考えられる。　エ　地点Aには金属を多く含む層がないので，世界中とはいえない。　オ　図1からは判断できない。

5　**（光の性質ースクリーンに映る光）**

重要　(1)　点光源，ついたての穴の直角の頂点，スクリーンの点Aは一直線上にある。だから，スクリーンに映る直角三角形の直角の頂点は，ちょうど点Aの位置になる。また，点光源からついたてまでが15cm，点光源からスクリーンまでが30cmだから，ちょうど2倍である。よって，スクリーンに映る直角三角形の大きさは，ついたての穴のちょうど2倍になる。つまり，たて2cm，横2cm

の大きさになる。

(2)　設問文の通りについたてを動かすと，ついたてとスクリーンの距離が近づく。そのため，スクリーンに映る直角三角形の形状はそのままだが，小さくなる。

(3)　2cm上にある新しい点光源と，ついたての穴の直角の頂点を，直線で結んで伸ばすと，スクリーンの点Aの2cm下に当たる。だから，スクリーンに映る直角三角形は，点Aの2cm下に直角があって，上2cm，右2cmの大きさになり，右図の(ア)のようになる。

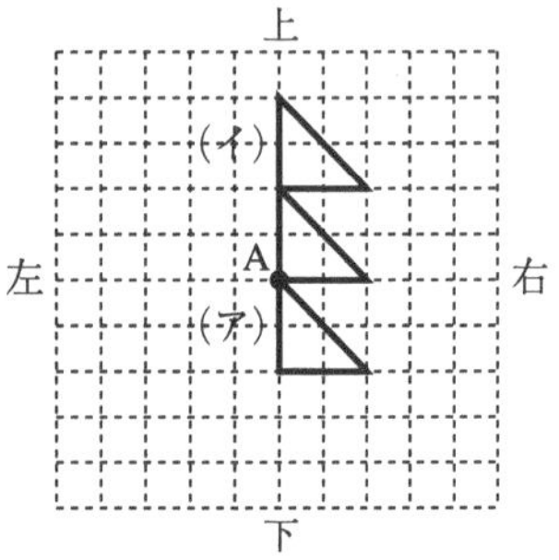

やや難　(4)　フィラメントは，点光源が多数すきまなく並んでいるものと考える。フィラメントの一番上の点光源から出た光は，(3)の通りで，右図の(ア)である。同様にして，フィラメントの一番下の点光源から出た光は，右図の(イ)ようになる。だから，フィラメントの光でできる形は，(ア)が(イ)まで動いたときに通過する図形となる。

★ワンポイントアドバイス★

図示の問題は，あやふやな図にならないよう，取った点がはっきりわかるようにしたうえで，明快な一本線でていねいに描こう。

<社会解答>《学校からの正答の発表はありません。》

問1　(1)　a　ケ　　b　コ　　c　エ　　d　オ　　(2)　エ　　(3)　瀬戸内気候で降水量が少ないのでため池を使って農業用水を確保している。

問2　租税の負担は女性よりも男性の方が重く，その男性は戸籍を見ると極端に少ないことがわかる。このことから，租税の負担を免れるために戸籍の上で偽って女性としている男性が多かったのではないかと考えられる。

問3　(1)　寝殿造　　(2)　ア　　(3)　エ

問4　(1)　1988年に瀬戸大橋が開通し使われるようになったので，本州と四国の間を自動車や鉄道で移動がスムーズにできるようになったから。　(2)　ウ

問5　ウ

問6　(1)　塩を専売にすることで日露戦争にかかる費用の一部でも調達しようとしたため。
(2)　(ⅰ)　朱印状　　(ⅱ)　エ　　(3)　塩田であったところはゴルフ場や工場の用地として利用され，塩田の周辺ではさらに沖合まで埋め立てられて工場が建てられている。

問7　イ

問8　(1)　(あ)　報道　　(い)　情報公開　　(2)　ウ　　(3)　投票する人の文字を書く能力が前提となっている。そのため，文字を書くのが不可能な人が投票をする場合に，その人が票を入れたい候補者や政党名を投票用紙に正確に記入できないおそれがある。
(4)　(う)　二酸化炭素　　(え)　大気汚染　　(お)　両立

問9　牛肉の方が大きくなる。牛を飼育するのに牛が飲む水以外にも，牛が食べる飼料を育てる段階でも，水が使われているから。

＜社会解説＞

(瀬戸内海周辺に関連する歴史と地理，政治の総合問題)

問1　(1)　日本で養殖されている主要な魚介類のそれぞれの生産量ランキングの問題。ぶり類やまだいは西日本中心に養殖が行われており，ぶりの養殖は鹿児島県が，まだいは愛媛県が他を引き離して多い。かき類はかなり広い範囲で養殖されているが広島県，宮城県，岡山県が特に多い。真珠は愛媛県，長崎県，三重県の三県でほとんど占められている。　(2)　中国四国地方の気候に関する問題。①は日本海側なので冬の降水量も多いZ，②は瀬戸内の気候になるので年間を通じて降水量が少ないX，③は太平洋岸の気候になるので夏の降水量が多いYを選べばよい。　(3)　瀬戸内海沿岸は年間を通じて降水量が少なめなので，古くから雨をため池に貯めて農業用水を確保することが行われており，与えられている二種の地形図でも右側の方に多く分布しているのがわかる。

重要　問2　設問文，史料，表をそれぞれ注意深く読むことが求められている問題。設問文の最後の方にある「実際に各地で租税を負担すべき人が大幅に減っていたとはいえない」という理由を考える。表2から女性と男性とでは男性の租税負担が非常に重いということをまずは読み取り，その上で表3をみると，異様に男性が少なく女性が多いことが分かる。このことから，負担を逃れるために，男性を意図的に戸籍の上では女性として登録していたのではないかということが考えられる。実際にこれは奈良時代，平安時代においてかなり見られたことであったようである。

問3　(1)　寝殿造は平安時代に貴族の屋敷の形式として広まったもの。敷地の中にいくつかの建物を配し，その間を渡り廊下でつないだ形になっている。　(2)　江戸時代の元禄文化の頃に人形浄瑠璃の脚本作家として活躍したのが近松門左衛門。近松門左衛門はもともとは武士の身分であったが，趣味が高じて浄瑠璃や歌舞伎の脚本を書くようになった。　(3)　エの内容は藩校ではなく寺子屋の説明。

やや難　問4　(1)　図5を見ると，1987年と1988年とでは，自動車とJRによって香川県に来た人が大きく増えていることが分かる。この両方の交通機関を使って本州と四国とを結んでいるのが1988年に開通した瀬戸大橋である。図2の地形図の右側の部分と左側の部分にまたがってほぼ中央に描かれている。(2)　四つの観光地の中で，屋島は一番季節を問わずに利用されている場所なのでウである。アは1月の観光客が突出しているが，これは初詣などのお参りをする観光客が多いことから考えて琴平とわかる。イは年間を通じあまり変化はないが8月の前後がやや多いので海水浴客が利用する小豆島とわかる。エは4月と11月が比較的多いので，桜と紅葉目当てで来る観光客が多い栗林公園と判断できる。

問5　鎌倉時代の地頭による荘園の私有化の問題。このことに関しての知識は不要で，設問の問題文，与えられた図や史料を丁寧に見て，選択肢と照らし合わせていけば正解はわかる。図を見ると，漁場が発達していない場所や新しい漁場も分けられているので，ウが誤り。

重要　問6　(1)　日露戦争の際に，戦争を行うのにあたっての資金が不足するので，その資金を調達するために塩の専売で財政収入を増やすことが決定され，塩の専売が行われた。戦争終結後も塩の専売は続いたものの，当初は戦費調達ということでかなり高い価格が設定されていたが，戦後は塩の安定供給を目的として専売を行うということで価格は下げられた。　(2)　(ｉ)　Aはメキシコ。江戸時代初期に，日本から海外へ渡航し商売を行う商人に出されていた許可状は朱印状。　(ii)　石炭の輸入先で一番多いのがオーストラリア。石炭は日本では燃料としての需要よりも，製鉄などの工業で使うものとしての方が現在は大きくなっている。鉄鉱石の輸入先で一番なのもオーストラリアで，二番目に多いのはブラジル。肉類の輸入先で一番多いのはアメリカで二番目がオーストラリア。タイやブラジルからの輸入は牛肉の他に鶏肉などが多い。　(3)　二枚の地形図を比較していくと，塩田のあったところにゴルフ場や工場が設置されていること，さらに塩田のあった場所から海側にも土地が広げられているので埋め立てが行われていることがわかる。

問7　銅の生産や輸出入に関するグラフの読み取り問題。これも選択肢と照らし合わせながら見ていくと，イが誤りとわかる。第一次世界大戦終結が1918年だが，銅の地金輸出をみると1916年頃がピークとなっており，その後は減っているのがわかる。

やや難 問8　(1)　(あ)はマスメディアが「事実を～する」ということなので，「報道」が，(い)は国や自治体がどのような政治を行っているのかを国民が知るための制度なので「情報公開」制度が答えとしてわかる。　(2)　情報化社会と基本的人権との兼ね合いを考えてそれぞれの選択肢を見ていく。ウの内容は社会権のひとつとしての教育を受ける権利の内容からはいささか外れてしまう。だいたい日本にいる外国人といった場合に必要な外国語の種類はかなりのものになるので，それをすべて学ぶようにするのは困難である。　(3)　日本の投票方式は，選挙区のものにしろ，比例代表にしろ，有権者が選ぶ候補者や政党名を投票用紙に記入するものなので，この用紙に記入することができない場合には，視覚障害の場合の点字での投票や，本人の記入が難しい場合には代理を立てることも可能ではあるが，その有権者が誰に投票したのかを秘密にする秘密投票という原則がやや制約を受けることにはなる。　(4)　(う)は排気ガスに含まれるもので地球温暖化につながるものなので「二酸化炭素」が考えられる。(え)は排気ガスや環境悪化という言葉から考えられるものでは「大気汚染」が考えられる。(お)は「環境保全と経済成長を～できる」という文脈なので，両方を可能にするということで「両立」が考えられる。

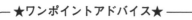

やや難 問9　小麦のバーチャルウォーターは単純に栽培の際に必要な水を考えれば良いが，牛肉の場合には，肉牛を育てる際に，牛が飲む水以外にも牛の飼料を作る過程で必要な水も含まれる。また，小麦は栽培にかかる時間が数ヶ月だが，肉牛の場合，飼育にかかる時間は数年になるのでその間に必要な水の量にもかなり差が出る。

★ワンポイントアドバイス★

問題数は多くないが記述が多く，相当考えないと答えが出せない問題も多いので，自分なりの時間の配分をあらかじめ決めておいて解いていくことと，先に一通り目を通して手をつけられるものからやることが必要。

＜国語解答＞《学校からの正答の発表はありません。》

問1　1　辞　　2　密集　　3　治　　4　結構　　5　額　　6　乱暴　　7　頂　　8　不潔
9　義理　　10　警備　　11　実権　　12　巻　　13　健在　　14　氷点下　　15　余
問2　A　イ　　B　ア　　問3　むーさんの自転車はまったくゆれない　　問4　(例)　憎しみから中野を殺そうとして，その後，恐怖や混乱で呆然としていたが，むーさんと話すことで落ち着き，自分を取り戻している。　　問5　オ　　問6　エ　　問7　イ　　問8　(例)　感情が高ぶったとき，馬鹿げた行動を戒め，冷静さを取り戻すためのお守りのような(ものになった。)
問9　ア　　問10　(例)　むーさんの家を「自分の家」と違和感なく思えている状況で，父と母に対する依存心は消えており，「あんたたちとは暮らさない」と言い切るなど，両親への思いは自ら断ち切ることができていたから。　　問11　船　　問12　(例)　親と縁を切る覚悟を決め，孤独になって将来へ不安を抱く「私」自身の現在の状況と，親に追い払われた一茶が，寒い夜に一晩中自分自身を見つめ直したという句の内容がよく似ていて，「私」に，将来を気合入れて考

えるようにうながすものだったから。　問13　オ

＜国語解説＞

（物語文―主題・心情・理由・場面・細部表現の読み取り，記述，漢字の書き取り）

基本 問1　1　ここでは「辞職」の意味になる。言い換えると「退職」になる。　2　すき間なくびっしりと集まることを意味する。「密」自体にびっしりとつまっているという意味がある。その反対の意味の言葉は「疎(そ)」である。　3　ここでは，苦痛などが去るという意味である。「収まる」は，「本が本棚に収まる」など，物がある物の中にきちんとしまわれるという意味である。　4　ここでは予想以上にという意味。「結構」には，これ以上は不要であるという意味もある。その意味で，「もう，ジュースは結構です」などという使い方がある。　5　ここでは，お金の量を意味する。つまり，「金額」である。　6　暴力をふるうことを意味する。「乱暴」には，ていねいさや心配りを欠いているという意味もある。その意味で「乱暴な言葉づかい」などという使い方もある。

7　ここでは，もらうの謙譲語である。「頂く」は，食べるや飲むの謙譲語にもなる。おさえておきたい。　8　ここでは，道徳的に好ましくないという意味である。「ふしだら」という言葉でも表現できる。　9　ここでは，結婚などで生まれた，血縁関係に近い関係のこと。　10　ここでは，警備業のこと。「警」には，非常事態に備えるという意味がある。その意味で，「警察」「警護」などの言葉がある。　11　ここでは，実際の権力を意味する。「組織の実権を握る」などと使用する。

12　ここでは，物のまわりにくるくると回らせることを意味する。「巻」という文字は，その意味で，「手巻き寿司」「巻き髪」などというように使用する。　13　ここでは，元のままであることを意味する。健康に暮らしているという意味で，「両親は健在です」などと使うこともある。

14　零度よりも低い気温のこと。水がこおり始める温度を，氷点という。　15　ここでは度が過ぎていることの意味。「余り」には，残りという意味もある。その意味で，「ご飯の余り」などという使い方もある。

問2　A　「気丈に」とは，心がしっかりしていることを意味する。つまり，波線Aの部分で，母は心をしっかりとさせて対応したのである。選択肢の中では「心を強く持って」とあるイが正解になる。アには「必死に歯を食いしばって」とあるが，実際に歯を食いしばるという様子ではない。

B　「堂に入る」とは，学問や技芸が非常にすぐれている様子を意味する。ここでは，むーさんの包丁の扱い方が堂に入っていたのである。包丁の扱いが優れていると考え，アの「手慣れている」が正解になるとわかる。

問3　波線Xの部分で，正雄の揺れ動く感情は，むーさんとのやり取りで落ち着いた。また波線Yの部分で，正雄はむーさんの言葉をしっかりと受け止めることができた。正雄にとって，むーさんは，揺れ動くことのなく，支えてくれる存在であり，頼れる存在なのである。XからYは，正雄がむーさんの自転車に乗せてもらう場面だが，そこから上記のようなむーさんの状態を暗示する表現を見つける。傍線②直前に「むーさんの自転車はまったくゆれない」とある。その言葉が，むーさんの安定感と安心感を表し，解答となる。

重要 問4　傍線部①までの展開を読み取ることで，解答することが可能である。正雄は，中野を殺してやりたいという衝動に駆られ，出刃包丁を持ちだし，「一楽旅館」の近くまで行った。その後，そこで恐怖心を抱き，混乱して，立ち眩みなども起こす。だが，正雄はむーさんに事情を話し，落ち着き，いつもの自分を取り戻した。「真っ白だった頭の中に，血液」とは，呆然とした正雄が自分を取り戻す様子を表していると考えられる。解答の際には，「中野を殺そうとしたが，恐怖心や混乱で呆然とした」「むーさんに事情を話した」「自分を取り戻した」という流れを中心に記述する。

問5　傍線部分には，「そんなことより」とある。「そんな」が指している内容は，正雄の自転車に関する質問に関係する。この部分で，むーさんは正雄の関心を自転車から中退の話に戻したいのである。また，「本当に中退してもいいのか」とあることより，むーさんが中退に関する正雄の本心を確認しようとしていたこともわかる。「自転車のことに気を取られる正雄」「話題を高校中退の件に戻して」「どこまで本気なのか」とある，オが正解になる。ア・イ・ウは，自転車のことから関心を戻している様子が書かれていない。エは，中退の意思を確認している内容にふれていない。

問6　その後，離婚をしていることからも，傍線部③の部分の母の気持ちを考えることができる。「父への定まらない想い」とは，離婚しようかどうかの迷いである。傍線部③以前の部分で，「……お父さん……困っているんじゃないかしら……」と気づかっていることも手がかりになる。そして，傍線部の「決着」とは，その後の離婚した状況から，離婚を決意して，夫を頼りにせずに生きることを決めたということだとわかる。そのような状況にあうのは，エである。アの頼れるのは「正雄だけ」はおかしい。傍線部③直前の発言からは，正雄を頼っているとは考えられない。イには，「定まらない想い」にあたる内容がない。ウ・オは，「決着」の内容が読み取れない。

問7　中野の手下が頻繁に来るような状況にも関わらず，むーさんが来てくれなかったので，「恨みがましく言ってみた」のである。そこにはむーさんに対する甘えた気持ちが読み取れる。だが，傍線部④以降に「……聞きたかった」「……言いたかった」とあるように，正雄は自分の言いたいことをうまく表現することができず，むーさんの様子をうかがっているとも考えられる。「甘えたい」「素直に表現せず」「むーさんの様子をうかがっている」とある，イが正解になる。アは「父の代わりに」の部分がおかしい。ウ・エ・オからは，正雄の甘えの気持ちが読み取れない。

問8　傍線部⑤以降に，「むーさんが丹念に研いだ包丁を，人を刺すという馬鹿げたことで持ち出すなんて……してはいけない」とある。また，長野に両親が訪ねてきた場面でも，正雄の感情が高ぶった際，「むーさんが丁寧に研いでくれた包丁で，人を刺すなんて……」という表現がある。正雄は興奮したとき，むーさんの包丁のことを思い出し，自分の馬鹿げた行動を戒め，冷静さを取り戻しているのである。「自分の馬鹿げた行動を戒めるもの」「冷静さを取り戻させるもの」という内容を中心にまとめる。

重要　問9　傍線部⑤を含む場面の内容をおさえる。傍線部⑤より少し前の部分に，「何もかも，決着しているじゃないかよ！」という正雄の思いが書かれている。だが，それなのに両親から話があるのだ。しかも，その話を両親ともに自分からは切り出さない。両親のはっきりしない態度にも，正雄は腹を立てている。「去年決着をつけて今さら話すことなどない」「態度をはっきりさせない両親」「いきどおり」とある，アが正解になる。イの「情けなく思っている」，ウの「嫌な予感」という感情の部分は，傍線部にピタリとは一致しない。エの「三人で暮らしたい」という話は，傍線部⑥以降になる。オの前半の怒りは，この部分の内容とは一致しない。

やや難　問10　この場面に書かれた状況を理解する。「やっと，むーさんの家に帰ることが……」で始まる段落から，正雄が父母と生活することから離れ，父母への依存心がなくなっていることがわかる。また，父母と同席して話し合った場面で，正雄が「あんたたちとは暮らさない」と言い切っていることから，むしろ正雄自身が父母と暮らさないことを選択したとも言える。このような状況により，正雄は「私が父と母を捨てたのだ」と言えるのである。解答の際には，「父母に対する依存心が消えている」という内容と，「自分が父母と暮らさないことを選択した」という内容を中心に記述する。

基本　問11　「助け船」となる。困っているときに助けてくれる人や，助けてくれる行為を意味する。

やや難　問12　「寒き夜や　我が身をわれが　不寐番」という一茶の句は，寒い夜に一晩中自分自身のことを見つめ直したという内容である。この日，正雄も同じように，自分の将来のことを考えている。両親との関係がうまくいっていない正雄は，同じように両親との関係がうまくいかなかった一茶が読んだ句に，似た印象を持ったのである。そして，その句は，「将来のこと，気合いを入れて考えないとダメだね」という正雄の言葉につながる。状況が同じであり，「将来のこと，気合いを入れて考えないとダメだね」という言葉につながる。だから，今の僕にぴったりということになるのだ。記述の際には「寒い夜に一晩中自分自身のことを見つめ直した」という一茶の句の内容に，「『私（正雄）』と一茶の状況が似ている」「正雄が将来を気合入れて考えることにつながる」という内容をまとめて書く。

問13　長野の場面以降の和子さんの様子に着目する。両親との会話のとき，和子さんは正雄の脇にピタリと座った。また，正雄の膝に手を置いて，精神的に動揺する正雄にあたたかさを送り続けた。このような状況から，「気持ちに寄りそい」「気づかっている」とある，オが正解になる。アの「成長を……喜び」は読み取れない。イは，両親との会話の際の気づかいについて触れていない。ウは，両親から守ろうというのがおかしい。エはむーさんとの関係しか書かれていない。

★ワンポイントアドバイス★

選択肢の問題は，文章中の手がかりと選択肢の内容を十分に照らし合わせて判断したい。工夫されていて，手ごわい選択肢も存在する。ただし，内容を分析することによって，得点することは可能だ。

MEMO

大切なことはメモしておこうネ！

平成29年度

入　試　問　題

平成29年度

駒場東邦中学校入試問題

【算　数】（60分）　＜満点：120点＞

1　(1)　次の空らんにあてはまる数を求めなさい。

$$0.75\times\left(\frac{1}{2}-\frac{1}{3}\right)\div\frac{23}{7+\square}=\frac{4}{7}\div\left\{\left(\frac{1}{7}+\frac{1}{11}\right)\div4.5\right\}$$

(2)　大きい箱と小さい箱に玉が入っていて，玉の個数の比は５：３です。小さい箱から15個の玉を取り出して大きい箱に入れたところ，玉の個数の比が３：１になりました。大きい箱と小さい箱に入っている玉の個数の合計を求めなさい。

(3)　同じ大きさの立方体の面どうしをはり合わせてできる立体を考えます。例えば，2個の立方体を使うと１通り，3個の立方体を使うと２通りの立体が考えられます。では，4個の立方体を使うと何通りの立体が考えられますか。

(4)　今まで算数を学んできた中で，実生活において算数の考え方が活かされて感動したり，面白いと感じた出来事について簡潔に説明しなさい。

2　(1)　図１のように台形ABCDと辺BC上に点Ｅがあります。次のものを求めなさい。

①　三角形AEDの面積

②　三角形AEDの辺AEの長さ

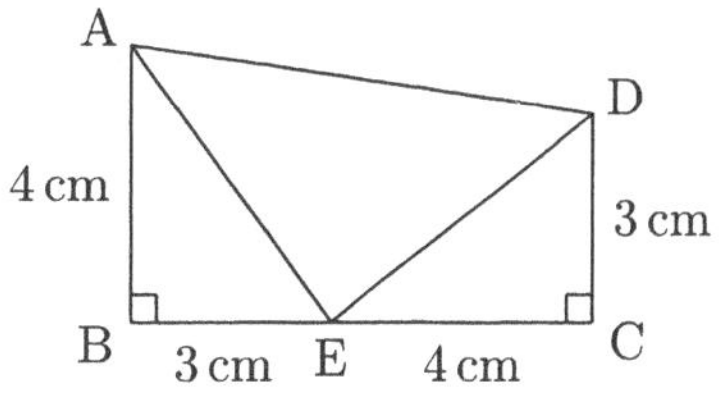

図１

(2)　図２のような台形ABCDがあります。この台形を図３のように直線**ア**上をすべらないように転がし，点Ａが再び直線**ア**上に来たら止まるものとします。このとき，頂点ＡはＡ→A_1→A_2→A_3と動きます。

点Ａが動いてできる線**イ**を解答用紙の図にコンパスを用いてかきなさい。また，次のものを求めなさい。ただし，円周率は3.14とします。

①　線**イ**の長さ

②　線**イ**と直線**ア**によって囲まれる部分の面積

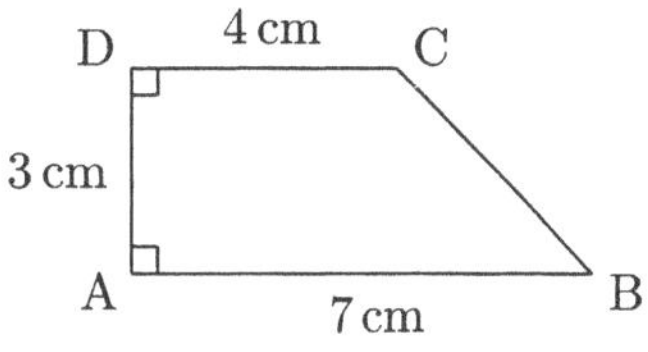

図２

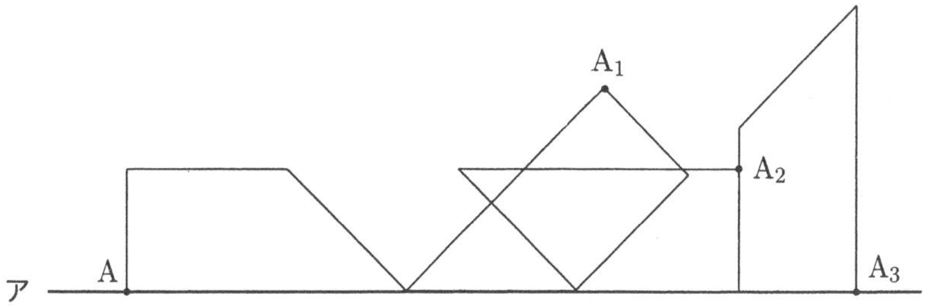

図３

3　次のように，分子が１以上434以下の整数で，分母が435である分数を小さい順に並べたものを考えます。

$$\frac{1}{435},\ \frac{2}{435},\ \frac{3}{435},\ \cdots\cdots,\ \frac{434}{435}$$

⑴　それ以上約分できない分数のことを既約《きやく》分数といいます。次の分数を既約分数で表しなさい。

①　$\frac{285}{435}$　　②　$\frac{377}{435}$

⑵　既約分数は全部でいくつあるか答えなさい。

⑶　既約分数**ではない**分数が最も長く続く並びをすべて求めなさい。ただし，約分はしないで，「$\frac{\square}{435}$から$\frac{\square}{435}$」のように答えなさい。

4　１辺の長さが４cmの立方体について，次のような［作業］を行います。

［作業］

①　立方体の各辺を４等分します。

②　１つの頂点に注目したとき，その頂点を端《はし》の点とする３つの辺上にある分点（分ける点）のうち，頂点から最も離《はな》れている３つの分点を通る平面で切り取ります。

例えば，下の図は頂点Aに対し，３点P，Q，Rを通る平面で切り取った図です。

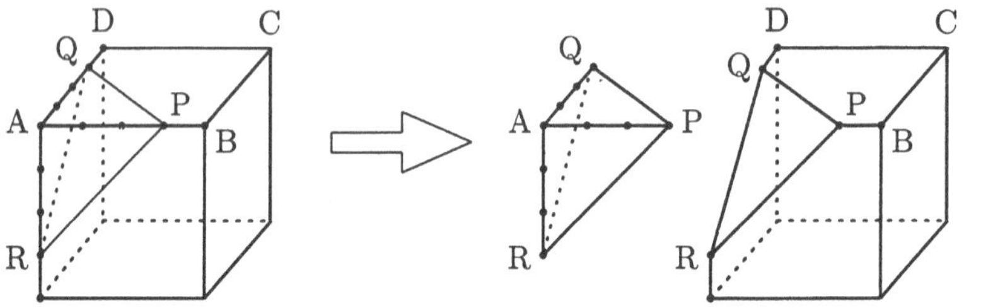

この［作業］を立方体の８個あるすべての頂点に対し，同時に行った後に残る立体**あ**について考えます。

⑴　立方体の面ABCD上にできる立体**あ**の面を解答用紙の図に斜線《しゃせん》で示し，その面積を求めなさい。

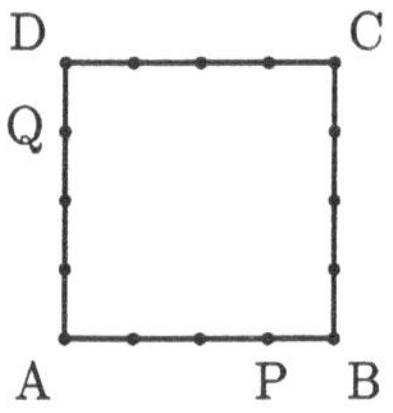

⑵　三角形PQR上にできる立体**あ**の面を面**い**とします。

①　面**い**の形の名前を答えなさい。

②　（三角形PQRの面積）：（面**い**の面積）を最も簡単な整数の比で求めなさい。

⑶　立体**あ**の体積を求めなさい。ただし，角すいの体積は

（底面積）×（高さ）÷３

で求めることができます。

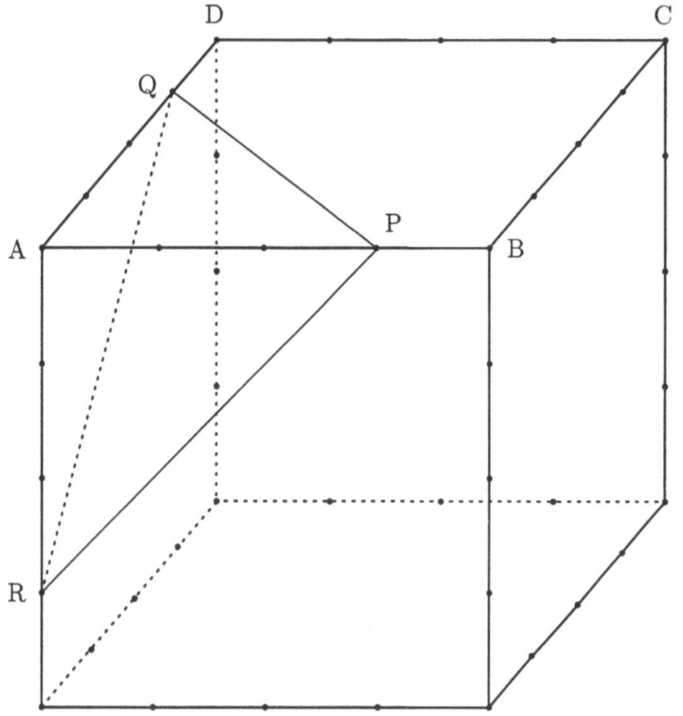
D
C
Q
P
A
B
R

【理　科】（40分）　＜満点：80点＞

1　次の(1)～(7)の問いに答えなさい。

(1)　やかんでお湯をわかすとやかんの口から湯気が出てきますが，よく見ると，やかんの口のすぐ近くは透《とう》明に，その先は白くなって見えます。この透明から白くなる現象と同じ理由でおこる現象と考えられるものを，次の**ア～カ**から１つ選び，記号で答えなさい。

ア．雨が降ってできた水たまりが，しばらくするとなくなっている。

イ．洗濯《たく》物が乾《かわ》く。

ウ．氷に食塩を加えると，温度が低くなる。

エ．冬の室内で窓ガラスが曇《くも》ってくる。

オ．ドライアイスを空気中に置いておくと，しだいに小さくなり，やがてなくなってしまう。

カ．食塩水を加熱していくと，白い固体が見られるようになる。

(2)　図は，物体の運動の様子を表すグラフで，横軸《じく》が時間，縦軸がスタート地点からの位置（距離《きょり》）を表しています。

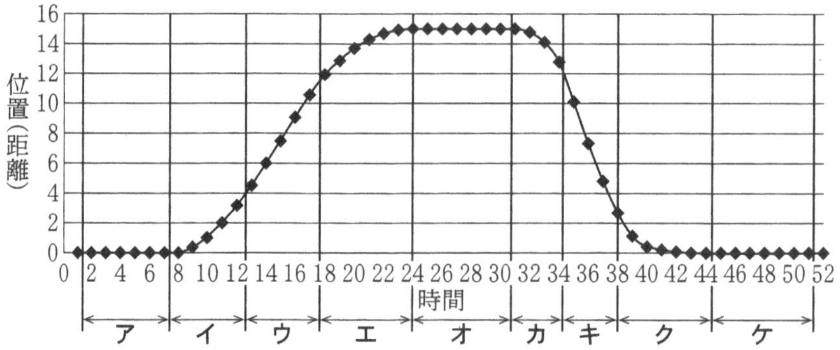

説明文中の空欄《らん》①～③に当てはまるグラフ上の区間を，**ア～ケ**から，それぞれすべて選び，記号で答えなさい。

「物体が止まっているのは（　①　）で，だんだん速くなっているのは（　②　），そして，最も速いのは（　③　）である。」

(3)　次の**ア～エ**は，それぞれ顕微《けんび》鏡の使い方について書いたものです。**ア～エ**を使い方の正しい順に並べなさい。

ア．ステージ（のせ台）の中央にプレパラートを置き，クリップ（とめ金）でとめる。

イ．真横から見ながら調節ねじを回して，対物レンズとプレパラートをすれすれまで近づける。

ウ．対物レンズの倍率を一番低い倍率にする。

エ．接眼レンズをのぞきながら調節ねじを回して，対物レンズからプレパラートを遠ざける。

(4)　次の**ア～ウ**は，顕微鏡を使って，それぞれ適した倍率で観察した水中の生物のスケッチです。このスケッチを見て，あとの①，②の問いに答えなさい。

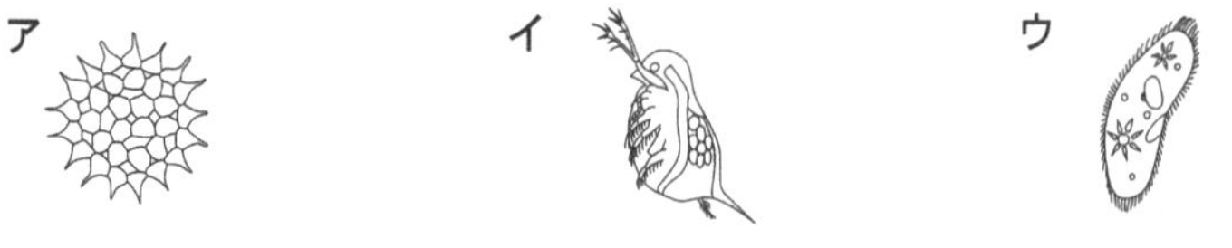

① 日光によって体内にでんぷんを作る生物を**ア**～**ウ**からすべて選び，記号で答えなさい。

② 観察倍率が一番大きい生物はどれですか。**ア**～**ウ**から選び，記号で答えなさい。

(5) 台風は雨や風により，大きな被《ひ》害をもたらします。台風について，次の①，②の問いに答えなさい。

① 低気圧はある風速を超《こ》えると台風と呼ばれるようになります。その風速を次の**ア**～**エ**から１つ選び，記号で答えなさい。

ア．17㎜ / 秒　**イ**．17㎝ / 秒　**ウ**．17m / 秒　**エ**．17㎞ / 秒

② 台風による直接的な被害を次の**ア**～**オ**からすべて選び，記号で答えなさい。

ア．津《つ》 波　**イ**．洪《こう》 水《ずい》　**ウ**．液状化　**エ**．倒《とう》 木　**オ**．地割れ

(6) 太陽の光を鏡で反射する実験をしました。鏡の向きを変えると，反射した光の進む方向が変わります。反射した光の進む方向は，鏡の向きを変えた角度に対して，どのように変わりますか。図を参考にして，説明として最も適切なものを，下の**ア**～**オ**から１つ選び，記号で答えなさい。ただし，図中の角度などは正しく描《えが》かれていません。

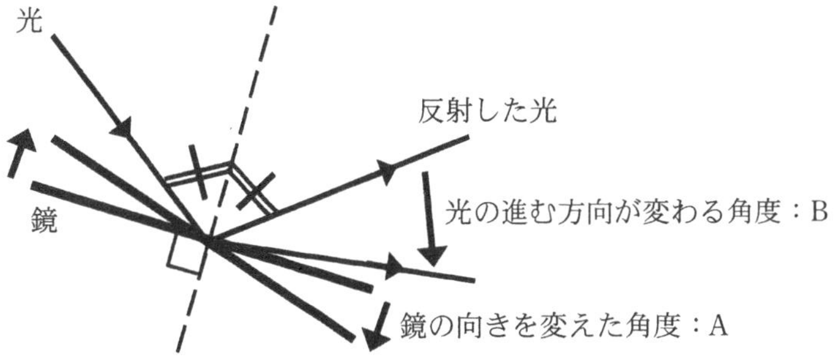

ア．BはAよりも小さい。　**イ**．BはAと等しい。

ウ．BはAより大きく，Aの２倍より小さい。　**エ**．BはAの２倍と等しい。

オ．BはAの２倍より大きい。

(7) 川ではコンクリートのブロックを使い，川岸が流水の働きで侵食《しんしょく》されることを防いでいます。右図のような川があるとき，コンクリートのブロック（群）をどこに置くと，侵食を防ぐ効果が高いですか。最も効果が高い場所を右図の**ア**～**エ**から１つ選び，記号で答えなさい。川の傾斜《けいしゃ》はどこでも同じだとします。

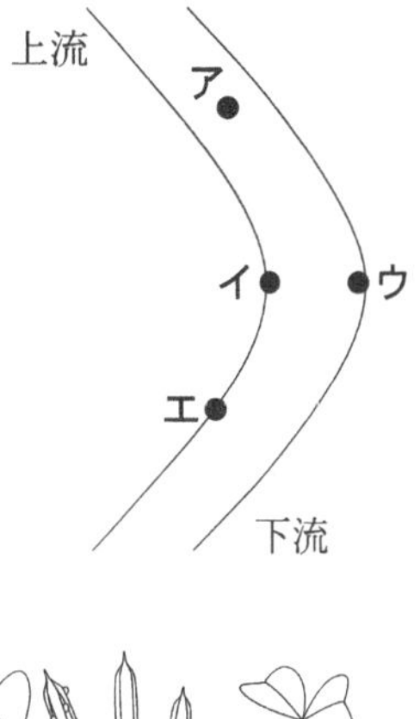

2 下の文章を読んで，あとの問いに答えなさい。

庭に生えているカタバミに実がついているのを見つけ，さわってみると，実が縦《たて》にさけて小さい種がプチプチっとはじけましたが，種がはじけない実もありました（図１）。よく見てみるとカタバミは花だんの中や植木ばちの中，コンクリートのすき間や道の片すみなど，いろいろな所に生えていました。また，カタバミの葉が夕方になると閉じ

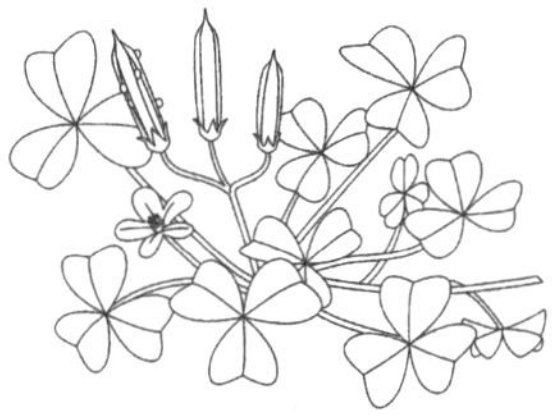
図１

ていることに気がつきました。次の日の朝，同じカタバミを見ると，葉は開いていました。このようなカタバミの葉の開閉を就眠運動《しゅうみんうんどう》と呼びます。

⑴　種の散布方法は植物によって違《ちが》います。カタバミと同じように種や実がはじけて種を散布する植物を，次の**ア**～**エ**から１つ選び，記号で答えなさい。

ア．カラスノエンドウ　　**イ**．タンポポ　　**ウ**．ヘビイチゴ　　**エ**．オナモミ

⑵　カタバミが土のほとんどないような道の片すみやコンクリートのすき間に生えることができる理由の１つは，その茎《くき》の伸《の》ばし方にあります。

①　カタバミの茎の伸ばし方を，次の**ア**～**エ**から１つ選び，記号で答えなさい。

ア．地中深くに茎を伸ばし，途《と》中で枝分かれしながら広がる。

イ．地面をはうように茎を横に伸ばし，茎の節々で根や葉を出して広がる。

ウ．根元からたくさんの茎が出て広がる。

エ．茎が長く伸び，まわりの草や木にからみついて広がる。

②　カタバミと同じような茎の伸ばし方をする植物を，次の**ア**～**エ**から１つ選び，記号で答えなさい。

ア．ハルジオン　　**イ**．タンポポ　　**ウ**．ツユクサ　　**エ**．アサガオ

カタバミの就眠運動について調べるため，次の実験をしました。

【実験】　カタバミの葉がどのくらいの明るさで開閉するのかを調べるため，日没《ぼつ》（18：45）前後，日の出（５：00）前後のカタバミの様子を観察することにしました。カタバミは，葉が20枚ほどついているものを選び，１日中よく日が当たる場所，常に日陰《かげ》の場所の２カ所に生えているものを選びました。葉の開閉の程度は４段階の数値で示しました（図２）。次のページの図３は「日の出，日没前後の時刻と葉の開閉の程度の関係」と「日の出，日没前後の時刻と明るさの関係」を示したものです。葉の開閉の程度は平均値で示し，明るさは照度計を用いて測定しました。照度の単位はルクスです。

開閉度：４	開閉度：３	開閉度：２	開閉度：１
（葉が水平に開く）	（水平よりやや下がる）	（半分閉じる）	（全部閉じる）

図２

⑶　図３から，カタバミが葉を閉じ始めたときを開閉度3.8とし，閉じた（就眠した）ときを開閉度1.5としました。また，カタバミが葉を開き始めたときを開閉度1.5とし，ほぼ開いたときを開閉度3.0以上としました。次の文中の①～④に入る最も適切な数値を，あとの**ア**～**サ**からそれぞれ１つずつ

選び，記号で答えなさい。

「葉が閉じ始めたときの明るさは（　①　）ルクスで，就眠したときの明るさは（　②　）ルクス。葉を開き始めたときの明るさは（　③　）ルクスで，ほぼ開いたときの明るさは（　④　）ルクス。」

ア．0　　**イ**．100　　**ウ**．200　　**エ**．300　　**オ**．400　　**カ**．500

キ．600　　**ク**．700　　**ケ**．800　　**コ**．900　　**サ**．1000

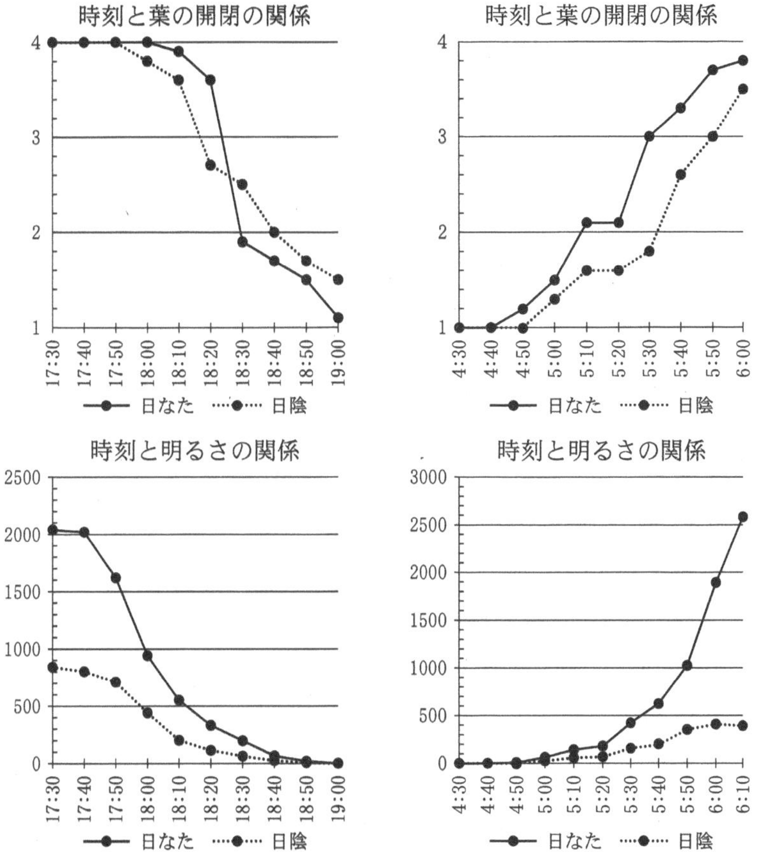

図3

⑷　実験の結果から，日なたのカタバミが①葉を閉じ始める時刻と，②葉をほぼ開く時刻を，次の**ア**～**カ**からそれぞれ1つずつ選び，記号で答えなさい。

ア．日没前

イ．日　没

ウ．日没後

エ．日の出前

オ．日の出

カ．日の出後

⑸　ここまでの実験結果からは，カタバミの就眠運動は明るさに関係すると考えられましたが，カタバミを室温が変化しない24時間明るい室内に移しても，数日間は就眠運動を継《けい》続することがわかっています。就眠運動が継続される理由を考えて，簡潔《かんけつ》に説明しなさい。

3 下の文章を読んで，あとの問いに答えなさい。

世田谷区に駒《こま》男くんという男の子が住んでいました。４月のある日，学校の宿題で月の観察をしました。地球は北極と南極を結ぶ線を軸として，西から東へ約１日で１回転しています。この回転のことを自転といい，回転の軸を自転軸と言います。月も同様に自転しています。地球の自転軸と月の自転軸は平行であると仮定できるものとし，月の北極は地球の北極と同じ側にあります。

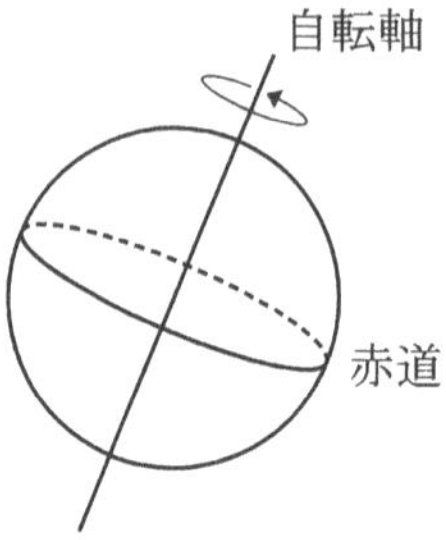

⑴　駒男くんが明け方に月を観察すると，南東の空に月が見えました。この時に見える月の形として最も適切なものを，次の**ア**～**エ**から１つ選び，記号で答えなさい。

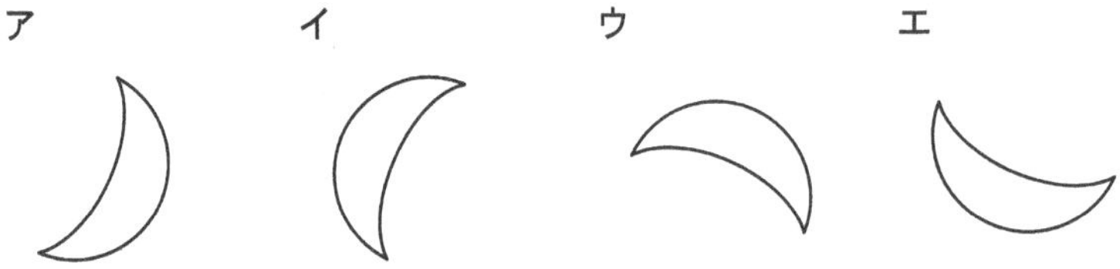

大人になった駒男くんは，宇宙飛行士になり，月に行きました。月の北極点から地球を見ると，右図のように見えました。

⑵　このとき，太陽，地球，月の位置関係はどのようになっていますか。月の位置として適切なものを，次の**ア**～**エ**から１つ選び，記号で答えなさい。図は地球の北極側から見た図で，天体の大きさ，距離などは，実際とは異なります。

⑶　この後の地球の満ち欠けについて正しく述べているものを，次の**ア**～**ウ**から１つ選び，記号で答えなさい。

ア．満ちていく。

イ．欠けていく。

ウ．変化しない。

⑷　月から見た地球の大きさと，地球から見た月の大きさについて，正しく述べている文を，次の**ア**～**ウ**から１つ選び，記号で答えなさい。

ア．月から見た地球の方が大きい。

イ．地球から見た月の方が大きい。

ウ．地球から見た月と，月から見た地球の大きさは同じ。

⑸　⑵と同じ時刻に月の赤道から，地球をみると，地球は真上ではなく水平線近くに見えました。そのときに見える地球の形として最も適切なものを，あとの**ア**～**オ**から１つ選び，記号で答えなさい。

ア　　イ　　ウ　　エ　　オ

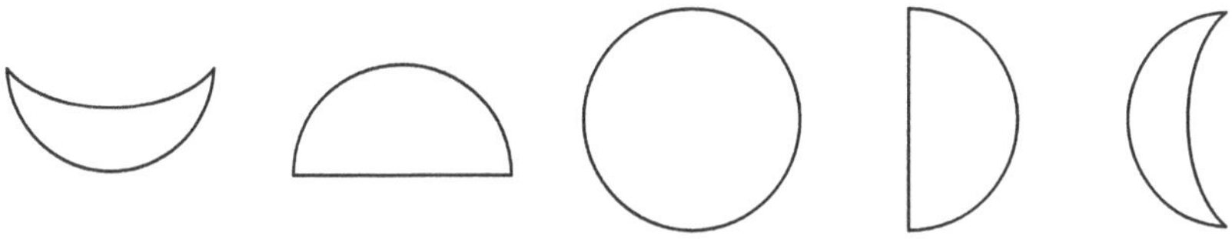

4　下の文章を読んで，あとの問いに答えなさい。

邦《くに》子さんは，ゼリーをつくろうと思い買い物に行ったところ，売り場にはゼリーの材料として「ゼラチン」と「寒天」が売られていました。どちらを使うとよいのかわからなかったので両方を買ってきました。両方とも粉末状のものです。ゼラチンの箱，寒天の箱にはそれぞれ栄養成分が表示されていました。一部を右の表に示します。

	ゼラチン(5g)	寒天(5g)
エネルギー	18 kcal	0 kcal
たんぱく質	4.6 g	0 g
脂《し》　質	0 g	0 g
炭水化物	0 g	3.9 g

ゼラチンにはたんぱく質，寒天には炭水化物が多く含《ふく》まれています。違う成分なのに同じようにゼリーをつくることができることを不思議に思い，先生に聞いてみました。

固まったゼリーでは，容器を斜《なな》めにしてもゼリーの中から水がこぼれてくることはありませんが，水自身が固体となって固まった氷とは固まり方が違っています。先生はゼリーが固まる理由について「ゼラチンにも寒天にも，目に見えない細長い鎖《くさり》のようなものが含まれているんだ。水溶《よう》液にして温めると鎖がくにゃくにゃ動いているんだけど，冷えていくと動きにくくなって，からまった網のようになり，そこに液体の水が捕《とら》えられて動けなくなってしまった，そんな状態と考えてごらん」と話してくれました。ゼリーをつくるときは，ゼラチンも寒天も，一度，温めて完全に溶《と》かしてから冷やして固めるので，邦子さんは納得することができました。ゼラチンのゼリーはプルプルとやわらかく透《とう》明で，寒天のゼリーはカチカチにしっかり固まっています。また，寒天の箱には「酸味の強い食品や果汁《じゅう》と一緒《しょ》に煮《に》立てると固まらなくなることがあります」と書いてありました。ゼラチンは酸味の強い酢《す》（食酢）を使ってゼリーをつくれるのでしょうか。邦子さんは先生に相談しながらいくつかの実験をしてみました。

また，邦子さんは，寒天には炭水化物が含まれているのにエネルギーは0kcalと表示されていることを先生に聞いてみると，「0kcalというのはエネルギーとして利用できないということだね。炭水化物にもいろいろな種類があって，人間は寒天に含まれる炭水化物を（　　）して吸収できないからだよ。」と説明してくれました。

(1)　文中の空欄（　）にあてはまる適切な語を漢字で答えなさい。

【実験1】 100gの水に，ゼラチン，寒天をそれぞれ1g，3g，5g溶かし，お湯（40℃），水（20℃），氷水（2℃）に1時間浸《ひた》しておき，固まるか調べました。（※結果は次ページの表）

ゼラチン			
加えた量	お　湯	水	氷　水
1g	×	×	△
3g	×	△	○
5g	×	○	○

寒　天			
加えた量	お　湯	水	氷　水
1g	○	○	○
3g	○	○	○
5g	○	○	○

○：固まっている。

△：容器を斜めにすると形が変化するが，ゼリーの中から水はこぼれてこない。

×：液体のままである。

⑵ **【実験１】**から，ゼラチンと寒天のゼリーの固まりやすさについてどのようなことが考えられますか。最も適切なものを，次の**ア**～**エ**から１つ選び，記号で答えなさい。

ア．ゼラチンも寒天も，加える量に関係なく，ゼリーが固まる温度は決まっている。

イ．ゼラチンは加える量に関係なく，0℃以下にすればゼリーが固まる。

ウ．寒天は加える量に関係なく，どんな温度でもゼリーが固まる。

エ．ゼラチンは加える量を多くして，温度を低くすればゼリーが固まる。

【実験２】 100ｇの水を温め，ゼラチン，寒天をそれぞれ３ｇ溶かし，氷水に１時間浸してゼリーを固めて，そのゼリーを違う温度のお湯に浸してとけるか調べました。

お湯の温度	ゼラチンゼリー	寒天ゼリー
20 ℃	1時間後，変化なし	1時間後，変化なし
40 ℃	10分ほどでとけた	1時間後，変化なし
60 ℃	すぐにとけた	1時間後，変化なし

⑶ **【実験１】**と**【実験２】**からゼラチンゼリーについて考えられることとして，最も適切なものを，次の**ア**～**エ**から１つ選び，記号で答えなさい。

ア．ゼラチンゼリーでは細長い鎖がからまって網《あみ》ができたり，網がほどけたりを繰《く》り返すことができる。

イ．ゼラチンゼリーでは細長い鎖がからまって網ができる温度と，網がほどける温度はほぼ等しい。

ウ．ゼラチンゼリーでは細長い鎖がからまって網ができる温度より，網がほどける温度の方が低い。

エ．ゼラチンゼリーでは細長い鎖がからまって網ができる温度より，網がほどける温度の方が高い。

⑷ **【実験１】**と**【実験２】**から考えられることとして，最も適切なものを，次の**ア**～**エ**から１つ選び，記号で答えなさい。

ア．ゼラチンでも寒天でも，口の中に入れるととけるゼリーをつくることができる。

イ．寒天ゼリーは口の中に入れてしばらくしてもしっかり歯ごたえがあり，口の中でとけにくい。

ウ．ゼラチンを使うと，口の中に入れてしばらくしてもしっかり歯ごたえがあるゼリーも，口の中でとけるゼリーもつくることができる。

エ．ゼラチンでも寒天でもゼリーが固まるので，加える量が同じなら，同じような食感のゼリーになる。

【実験３】 冷蔵庫の中の温度は８℃でした。100ｇの水を温め，ゼラチンは３ｇ，寒天は１ｇ溶かし，冷蔵庫に２時間入れておくとゼリーになっていました。そのゼリーの表面をティッシュで拭《ふ》いた後，乾いたゼリーの表面に食塩を置き，冷蔵庫に入れ，食塩の変化を観察しました。

食塩の量	ゼラチンゼリー	寒天ゼリー
１ｇ	すぐにすべてとけた。	１時間後，ほとんどとけていた。
３ｇ	10分後，ほとんどとけていて，少し固体が残っていた。	１時間後，少しとけていたがほとんど固体のままだった。
５ｇ	15分後，かなりとけていたが固体も残っていた。	１時間後，少しとけていたがほとんど固体のままだった。

(5) **【実験３】**から考えられることとして，最も適切なものを，次の**ア**～**エ**から１つ選び，記号で答えなさい。

ア．ゼラチンゼリーでも寒天ゼリーでも，網の中の水はしっかり網の中にとどまっているので動くことができない。

イ．ゼラチンゼリーでも寒天ゼリーでも，条件によって網の中の水は動くことができるが，寒天ゼリーの網の中の水の方が動きやすい。

ウ．ゼラチンゼリーでも寒天ゼリーでも，条件によって網の中の水は動くことができるが，ゼラチンゼリーの網の中の水の方が動きやすい。

エ．ゼラチンゼリーでも寒天ゼリーでも，条件によって網の中の水は動くことができるが，網の外に出られる水の量は決まっている。

【実験４】 邦子さんは酢100ｇを温めてゼラチンを３ｇ加え，氷水に１時間浸しておき，固まるかどうか調べましたが，液体のままでした。邦子さんはうすい酸の溶液ならゼリーになるかもしれないと考え，用いた酢を10倍にうすめた水溶液をつかって同じようにゼリーをつくってみると，ゼリーは固まりました。うすめていない酢を［酢Ａ］，10倍にうすめた酢の水溶液を［酢Ｂ］とします。

(6) ［酢Ａ］を10倍にうすめて［酢Ｂ］を100ｇつくるにはどのようにすればよいですか。必要な器具を使って，［酢Ｂ］を100ｇつくる方法を１行で書きなさい。

(7) BTB液を加えた水をつかってゼラチンゼリーをつくりました。このゼリーを，冷蔵庫で冷やした［酢Ｂ］に入れて冷蔵庫にしばらく放置しておくと，ゼリーはとけることなく，色が変化しました。このことから考えられることを１行で書きなさい。ただし，BTB液は，水溶液の酸性，アルカリ性を色で調べるもので，酸性では黄色，中性では緑色，アルカリ性では青色を示します。

(8) BTB液を加えた水をつかって氷をつくりました。この氷を冷蔵庫で冷やした［酢Ｂ］に入れて，冷蔵庫にしばらく放置しておくと氷は小さくなっていました。小さくなった氷の色はどのようになっていると予想されるか書きなさい。

5 下の文章を読んで，あとの問いに答えなさい。

電流回路における，電流を流れにくくするはたらきを「電気抵抗《ていこう》」または単に「抵抗」と呼びます。抵抗を持つ器具には，豆電球やモーター，電熱器などがありますが，「スライド抵抗器」と呼ばれる抵抗の大きさを変化することのできる器具もあります。このスライド抵抗器は，上部のつまみをスライドさせることで，抵抗の大きさを変えられます。

今，下の左の図のように，このスライド抵抗器に，電流計と乾《かん》電池１個，スイッチをすべて直列にリード線でつなぎ，まずは，スライドつまみの位置をいろいろと変えて，スイッチを入れたときの電流の大きさを測る実験をしたところ，スライドつまみを左に寄せると流れる電流の大きさが大きくなり，右に寄せると電流の大きさは小さくなることがわかりました。スライド抵抗器の構造をよく見ると，このつなぎ方の場合，左端《はし》からつまみの位置までの長さに比例して，回路につながれる抵抗の部分が長くなることもわかりました。つまり，回路につながれる抵抗の部分が長いほど，流れる電流の大きさが（　　）くなることがわかります。

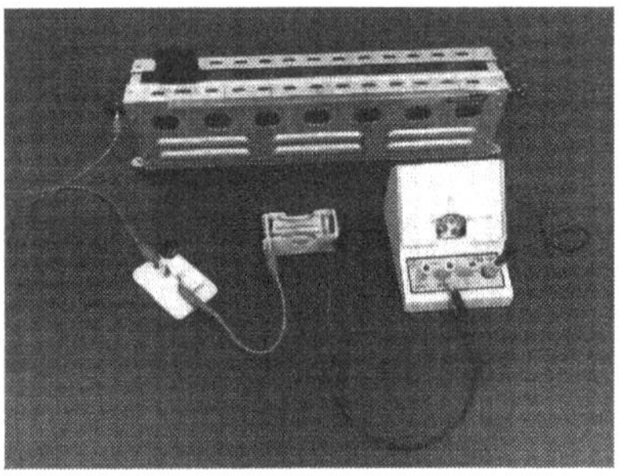

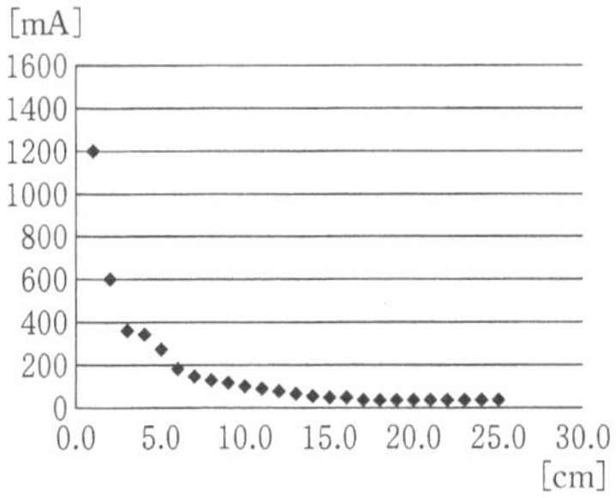

図１

スライドつまみの位置と流れる電流の大きさの詳《くわ》しい関係を調べようと思い，つまみの位置を左端にした時を０cmとして，そこから１cmずつ，つまみを右側にずらしながらそれぞれのときの電流値を測定して記録し，グラフに表したのが，図１です。このグラフは，横軸がつまみの位置〔cm〕，縦軸が電流の大きさ〔mA〕として描かれています。

(1)　回路に接続する電流計のマイナス端《たん》子は，初め，どの端子に接続するべきですか。次の**ア**～**ウ**の中から選び，記号で答えなさい。

ア．50mA端子　　**イ**．500mA端子　　**ウ**．５Ａ端子

(2)　説明文中の下線部の空欄（　）を適切なことばで埋《う》めなさい。

図１からは，スライドつまみの位置と流れる電流の大きさの関係について，その詳しい規則性が良くわかりません。そこで，今度は，つまみを右端近くに寄せてスイッチを入れ，スイッチを入れたままで，電流計の示す値を見ながら，つまみを徐々《じょじょ》に左側に移動させ，まず，電流計の値が50mAのときのスライドつまみの位置を調べ，その後，電流計の値が10mA増えるたびにスライドつまみの位置を調べて記録しました。その結果の一部を示したのが次の表です。

電流の大きさ	mA	50	70	100	150	200	300	400	500
つまみの位置	cm	27.7	19.9	13.5	8.8	6.1	3.8	2.6	1.8

⑶　表のデータから，電流の大きさに対するスライド抵抗器のつまみの位置を表すグラフを描きなさい。グラフは，横軸が電流の大きさ〔mA〕，縦軸がつまみの位置〔cm〕として，描きなさい。

この⑶のグラフから，回路の中の抵抗部分の長さと回路に流れる電流の関係は，およそ「反比例」の関係になりそうなことが予想できますが，本当に反比例するのか調べるため，測定したすべてのデータを用い，横軸にスライド抵抗器のつまみの位置〔cm〕，縦軸に流れる電流の値の逆数（1を電流の値で割った値）〔1/mA〕をとって描いたのが，図2です。

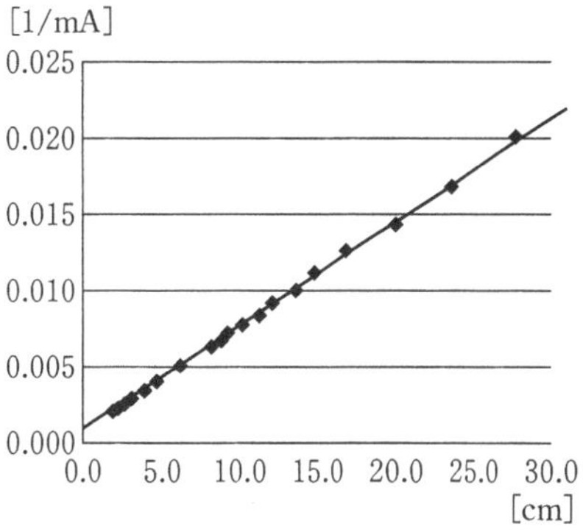

図2

⑷　この図2から，回路の中の抵抗部分の長さと回路に流れる電流の関係は，正確には「反比例」の関係にならないことがわかります。図2のグラフのどのようなことからそれがわかるのか，簡潔に説明しなさい。

さらに考察を進めるにあたり，正確に反比例の関係を表すグラフが得られるためにはどのような処理をしたら良いのか，いろいろと試したところ，横軸にスライド抵抗器のつまみの位置の値に1cm加えた値〔cm〕，縦軸に流れる電流の値の逆数〔1/mA〕をとれば，図3のようなグラフが得られました。また，横軸に流れる電流の値〔mA〕，縦軸に流れる電流の値とつまみの位置をかけた値〔mA×cm〕を取って描いたグラフが図4，横軸に流れる電流の値〔mA〕，縦軸に流れる電流の値とつまみの位置に1cm加えた値をかけた値〔mA×cm〕を取って描いたグラフが図5です。

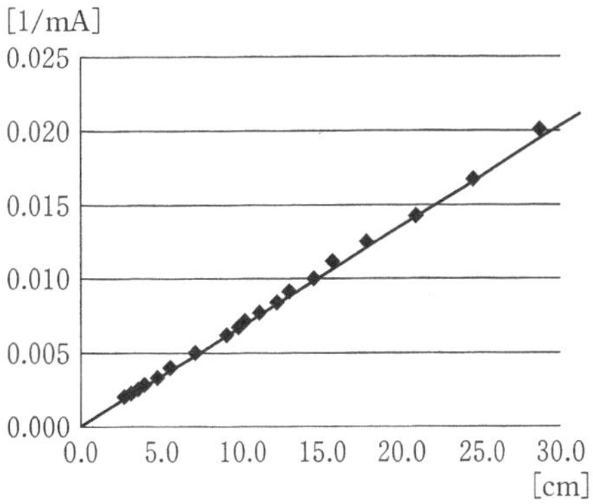

図3

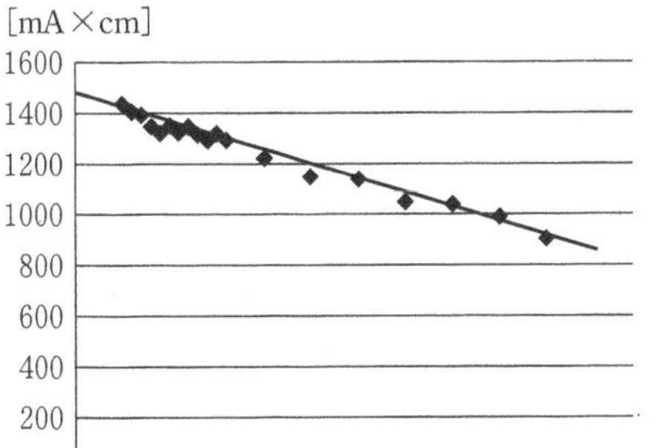

図4

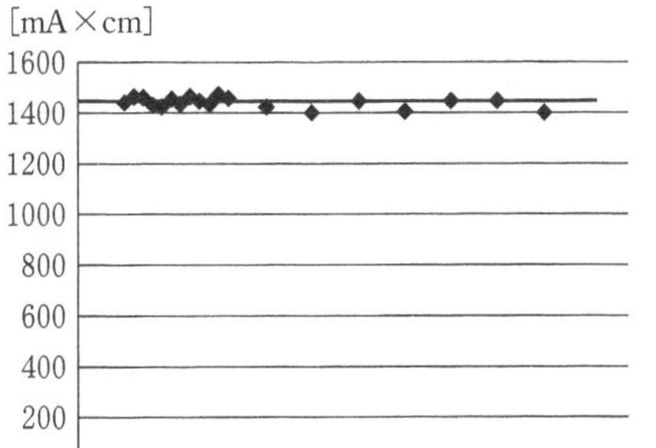

図5

⑸　図2と図3との違い，および図4と図5との違いに注目して，つまみの位置に「1cm加える」ことで，流れる電流の値との関係が正確に反比例の関係になるのはなぜか，簡潔に説明しなさい。

【社　会】（40分）　＜満点：80点＞

卒業を間近に迎《むか》えた小学生が，給食を食べながら語らっています。これを読み，続く設問に答えなさい。

「みんなで食べる給食って，おいしいよね。」
「もうすぐ卒業だから，こうして食べられるのもあと少しか…。」
「そうだ，①今度行く卒業旅行のことも考えないと。」
「そうだね。でも，今日のごはんとシチュー，本当においしいなあ。」
「お米は○○県産で，シチューの野菜とじゃがいもは△△県産，鶏《とり》肉は□□県産だって。」
「ぼくは，産地とか，あんまり気にしたことないけどなあ。」
「家では，産地直送の野菜を届けてもらっているよ。少し割高《わりだか》だけれど，有機栽培《さいばい》で味もよいからって…。確かに私もおいしいなと思う。自然な甘《あま》みがあるというか…。」
「そうそう，うちではとうもろこしを作っていてね，夏にとれたてのものを食べた時は，本当に甘くておいしかったな。」
「そういえば，とうもろこしの自給率は０％と聞いたけど…。」
「②日本の食料自給率は低いって言うよね。でも，今日の食材は，どれも日本産だよ。本当に自給率って低いのかな。」
「うちでは，外国産の牛肉とか，時々食べるよ。大好きなチョコレートの原料とか，日本では作れないし…。」
「社会科の授業で習ったけど，③食料事情は，国によってもかなり違《ちが》うみたいだね。栄養不足の人の割合や，５歳《さい》になる前に命を失う子どもの割合があまりに高い国が，この現代でもあると聞いて，少しショックだったな。」
「④日本でも，時代によっては，戦争やききんなど，今とは比べものにならないくらい，生きていくのが大変だった時代があったらしいね。」
「こうして，安心して給食を食べられるのって，すごいことなんだね。今でも，色々な問題があるみたいだし，どう向き合えばいいのかな。」
「卒業まで，みんなでもっともっと色々話し合いたいね。」
「あと少しのみんなで食べる給食も楽しもう。」
「どうせなら，自分たちで給食のメニューを決めてリクエストできたら楽しいかもね。」
「それはいいね。でも⑤みんなの意見をまとめるのは難しそう…。」

問１　下線部①に関して。彼《かれ》らは卒業旅行で茨城《いばらき》県，埼玉《さいたま》県，千葉県の３県の県境付近をサイクリングに行くことにしました。次ページの**図１**は，そのサイクリングコース周辺の２万5,000分の１の地形図（平成13年発行「宝珠花《ほうしゅばな》」）を縮小したものです。なお，図中の**Ｘ・Ｙ・Ｚ**は，茨城県・埼玉県・千葉県のいずれかを示しています。

※地図が発行されて以降の市町村合併《がっぺい》により，現在では存在しない市町村名が記されています。

⑴　図中の**Ｘ・Ｙ・Ｚ**の県の工業について述べた次の（あ）～（う）の文と**Ｘ・Ｙ・Ｚ**との正しい組合せを，あとの**ア～カ**から１つ選び，記号で答えなさい。

（あ）　この県が含《ふく》まれる工業地域は金属工業と化学工業の割合が他の工業地域と比べ高くなっている。

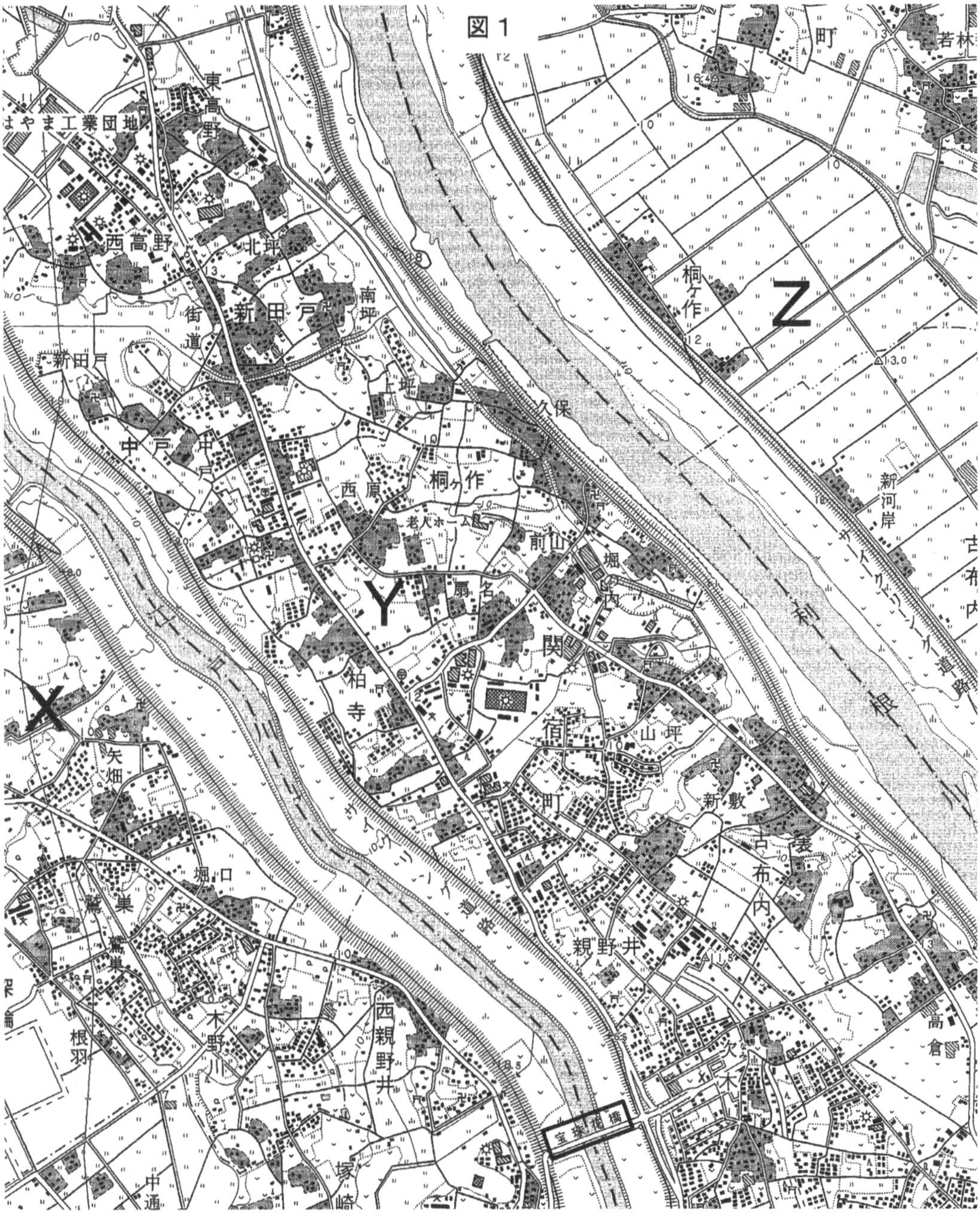

（い）　この県には南部に自動車工場が立地し，周辺の都県にある多くの関連工場から高速道路などを利用して部品が運ばれる。

（う）　この県南東部の巨大《きょだい》な港をもつ工業地域には，製鉄所や石油化学工場，火力発電所が立地している。

ア　（あ）－X　（い）－Y　（う）－Z　　**イ**　（あ）－X　（い）－Z　（う）－Y

ウ　（あ）－Y　（い）－X　（う）－Z　　**エ**　（あ）－Y　（い）－Z　（う）－X

オ　（あ）－Z　（い）－X　（う）－Y　　**カ**　（あ）－Z　（い）－Y　（う）－X

⑵　前のページの**図１**について述べた文として適切なものを，次の**ア**～**エ**から１つ選び，記号で答えなさい。

ア　X県やY県には，工場や工業団地がみられ，鉄道や高速道路の発達により工業化が進んだことがわかる。

イ　Y県の「街道《かいどう》」やZ県の「新河岸《しんがし》」などの地名から，この地域は交通の要所であったことがうかがえる。

ウ　Z県では集落は標高の高いところに多く，水田は標高０m未満のところも多く見られる。

エ　図中には多くの堤防《ていぼう》がみられ，堤防と河川《かせん》との間の土地は標高が低いため，おもに水田に利用されている。

⑶　彼らは宝珠花橋から５キロメートル(km)の距離《きょり》のサイクリングを計画しています。５キロメートル（km）でどのあたりまで行くことができるかを，2万5,000分の１の地形図を使って確認《かくにん》することにしました。その場合，宝珠花橋から半径何センチメートル（cm）の円を描《えが》けばよいですか。答えなさい。

⑷　茨城県・埼玉県・千葉県は，農畜産物《のうちくさんぶつ》の生産がさかんです。次の**表１**は，これら３県での生産が多い農畜産物の生産上位を示しています。**表１**の**a**～**d**にあてはまる農畜産物名を，あとの**ア**～**コ**から１つずつ選び，記号で答えなさい。

表１　日本のおもな農畜産物の生産上位

a

都道府県名	百トン
茨城県	49
熊《くま》本《もと》県	39
愛《え》媛《ひめ》県	16
岐《ぎ》阜《ふ》県	10
埼玉県	7
全国計	210

2013年

b

都道府県名	百トン
宮《みや》崎《ざき》県	647
群《ぐん》馬《ま》県	559
埼玉県	482
福島県	417
千葉県	328
全国計	5,744

2013年

c

都道府県名	千頭
鹿《か》児《ご》島《しま》県	1,332
宮崎県	839
千葉県	681
北海道	626
群馬県	613
全国計	9,537

2014年

d

都道府県名	百トン
愛知県	2,614
群馬県	2,499
千葉県	1,301
茨城県	994
神《か》奈《な》川《がわ》県	766
全国計	14,400

2013年

（農林水産省統計表より作成）

ア 米　**イ** キャベツ　**ウ** きゅうり　**エ** たまねぎ　**オ** 乳用牛
カ 豚《ぶた》　**キ** くり　**ク** みかん　**ケ** りんご　**コ** じゃがいも

問2　下線部②に関して。食料自給率とは，国内で出まわっている食料のうちどのくらいがその国内で生産されているかを示す割合です。食料全体については，カロリー（食料にふくまれるエネルギー）を用いて計算する「カロリーベース自給率」と，食料の値段を用いて計算する「生産額ベース自給率」とがあります。

(1)　各国の食料自給率を比較《ひかく》した**図2**と，日本，イギリスの主な食料品目に関する生産量，国内供給量（国内ででまわっている量），主な用途《ようと》について示した**表2**からわかることとして**誤っているものを**，あと**ア〜エ**から1つ選び，記号で答えなさい。

図2　食料自給率の国ごとの比較　（単位：%，2009年）

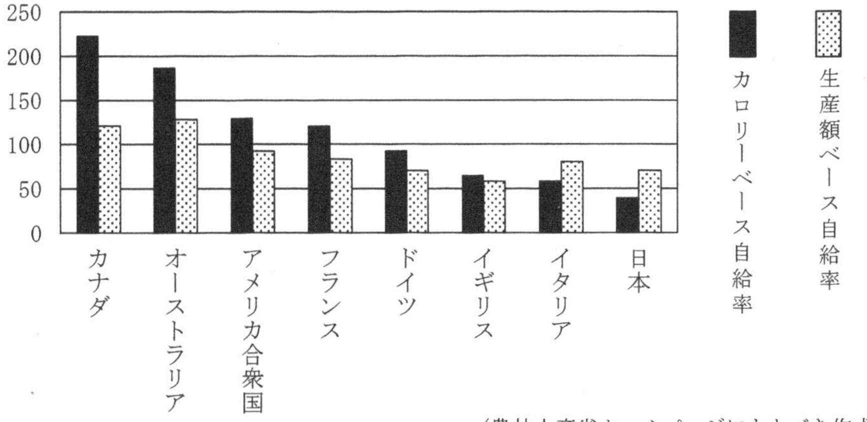

（農林水産省ホームページにもとづき作成）

表2　日本・イギリスの品目別生産・供給量と主な用途（単位：十万トン，2009年）

食料品目	日本				イギリス			
	生産量	国内供給量	主な用途		生産量	国内供給量	主な用途	
			食料	飼料			食料	飼料
穀物	79	341	145	161	216	214	71	102
小麦	7	70	61	5	141	142	61	66
米（精米）	71	74	68	1	—	—	—	—
野菜	117	141	129	0	26	60	55	1
果実	34	76	67	—	4	79	77	—
肉類	32	59	58	—	35	53	52	0

※「—」はデータ無し。　（『世界国勢図会 第24版 2013/14』にもとづき作成）

ア　**図2**によると，カロリーベースと生産額ベースの両方で，国内で必要とされる以上の食料を生産している国がある。

イ　**図2**にあげられている国々の食料自給率は，カロリーベースではすべて日本を上回っているが，生産額ベースでは日本と同程度，または日本を下回っている国もある。

ウ　日本は，2009年時点で，米・小麦以外の輸入穀物で穀物飼料の大半をまかなっている。

エ　日本もイギリスも，2009年時点で，野菜や果実の国内供給量の半分以上を輸入に頼《たよ》っている。

⑵ 前のページの**図2**で日本が，生産額ベース自給率でイギリスを上回っている主な理由について，**表2**の食料品目のうち，日本で国内生産量が比較的多いものに注目し，説明しなさい。

⑶ 次の**表3**は，1960年から半世紀間の日本の自給率（カロリーベース）の変化を示しています。このような変化は様々な理由で生じたと考えられますが，**表2**および**図3**にもとづくと，どのような理由が考えられますか。**表3**から読み取れる変化を明示したうえで，考えられることを説明しなさい。

表3　日本の食料自給率の変化（単位：%，カロリーベース）

	1960年	1970年	1980年	1990年	2000年	2010年
自給率	79	60	53	48	40	39

（農林水産省「食糧需給《しょくりょうじゅきゅう》表」に基《もと》づく『数字でみる日本の 100 年』改訂《かいてい》第6版　2013 年より作成）

図3　日本人ひとり1日あたりの食べ物の割合の変化（単位：%，カロリーベース）

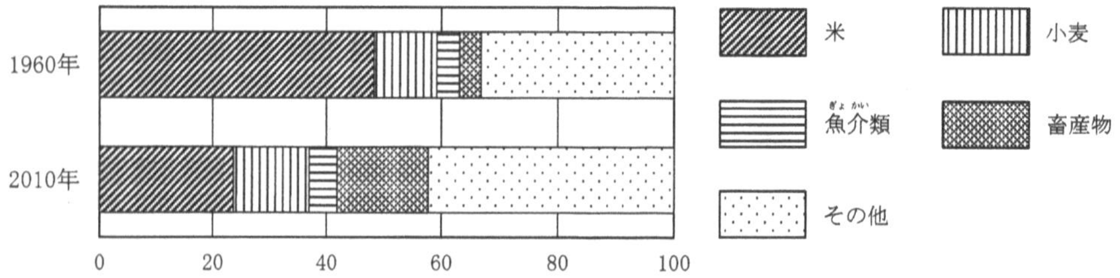

※畜産《ちくさん》物：肉やその加工品，乳製品など。　　（農林水産省ホームページより作成）

問3　下線部③に関して。友人との会話から，大好きなチョコレートの原料であるカカオ豆産地の子ども達の状況《じょうきょう》について知りたくなった6年生のGくんは，カカオ豆が西アフリカのコートジボワールとガーナという国で多く生産されていることを知り，関連する統計・資料を調べ，次のページにまとめました。

⑴ **資料1**（「**まとめ**」も含む）からわかることとして適切なものを，次の**ア～オ**から1つ選び，記号で答えなさい。

ア　世界の人口増加率は年々下がっているので，2030年以降は世界人口の減少と食料不足の緩和《かんわ》が予想される。

イ　開発の遅れた国では，子どもを産んでも幼いうちに死んでしまうので，人口増加率は豊かな国よりも低い。

ウ　1人あたりのＧＮＩが低ければ低いほど，初等教育就学率は下がり，児童労働率は上がるため，1人あたりのＧＮＩを見ればその国の子どもの状況は判断できる。

エ　児童労働は，家族の仕事を手伝う形で行われるため，子どもが親といっしょに働くことを禁じる法律をつくれば解消される。

オ　日本は，途上国と比べれば子どもの死亡率も極めて低く，初等教育就学率も高いが，働いている子どもがいないかどうかは，このデータだけでは確認できない。

⑵ Ｇくんは，世界の子ども達が安心して学校で学べるようになるためには，給食支援事業のような国際協力のための予算を増やすことが重要だと考えました。この考えに関連する説明として適切なものを，あとの**ア～オ**から1つ選び，記号で答えなさい。

ア　税金の使い道を決定するのは内閣の仕事である。

イ　日本の国家予算では，健康や生活を守るための社会保障費への支出が最も多くなっている。

ウ　日本の国家予算はすべて税金からの収入でまかなっているため，国際協力のための予算を増やすには，税収を増やさなければならない。

エ　税金の使い道は，高齢者や子どもの数などによって自動的に決まるものであるため，国民が意見を表明しても意味はない。

オ　国連がつくられた当初からの加盟国として，日本は多額の資金を分担しており，そのお金が途上国の子ども達の教育環境《かんきょう》改善にも役立っている。

資料１　世界の子ども達の状況

	５歳未満児死亡率（人）	初等教育就学率（%）	児童労働率（%）	１人あたりGNI（ドル）	年人口増加率（%）	
					1990-2013	2013-2030*
世界平均	46 人	91%	13%	10,449	1.3%	1.0%
後発開発途上国	80 人	82%	22%	818	2.5%	2.1%
コートジボワール	100 人	62%	26%	1,380	2.2%	2.1%
ガーナ	78 人	82%	34%	1,760	2.5%	1.8%
日本	3 人	100%	データなし	46,140	0.2%	0.3%

注）５歳未満児死亡率：1,000 人生まれた子どものうち５歳をむかえる前に死亡する子どもの人数
初等教育就学率：小学校に通う年齢《ねんれい》の子どものうち学校に通っている子どもの割合
児童労働率：児童労働を行っている５～14 歳の子どもの割合
１人あたり GNI（国民総所得）：GNI とは国民全体が１年間にあらたに生み出した価値の合計。
１人あたり GNI は，年間所得水準を国ごとに比べる目安になる。
後発開発途上国：途上国の中でも特に開発が遅《おく》れていると国際連合（以下，国連）が分類した国々
*2013-2030 の数値は予測に基づく。　（ユニセフ「世界子供白書 2015」より作成）

まとめ

カカオ豆をたくさん生産しているコートジボワールやガーナと日本とでは，子ども達をとりまく状況に大きな違いがあることがわかった。

世界カカオ基金やＩＬＯ（国際労働機関）が実施《じっし》した調査（2002 年）によると，コートジボワールだけで約 13 万人の子どもがカカオ豆農園で働き，農園経営者の子ども（６～17 歳）の３分の１は，一度も学校に通っていない。農園経営者の家族や親せきではなく働いている子どもも１万人以上いて，他国からさらわれ強制的に働かされている例もある。そんな子ども達が，農薬や刃物《はもの》を使った危険な作業を行い作ったカカオ豆からできたチョコレートを僕は食べているのかもしれない。

彼らが学校で学べるためにはどうしたらよいのだろう。子どもが働いて作ったカカオ豆を使ったチョコレートは買わないことも大事だ。でもそれだけでは，彼らが働かなくてはいけない状況は変わらないかもしれない。少し調べてみたら，国連ＷＦＰ（国連世界食糧《しょくりょう》計画）が，子どもの発育や家族の生活を助け，より学校に通ってもらえるよう，給食支援《しえん》事業を行っていることがわかった。チョコレートを作っている日本の会社や日本政府も資金協力をしている。僕《ぼく》にも何かできることがないだろうか。

（NGO ACE（エース）ホームページ，国連 WFP 冊子「国連 WFP の学校給食プログラム（2015）」より作成）

問4　下線部④に関して。

(1)　奈良《なら》時代には『万葉集』という歌集がつくられました。『万葉集』には，天皇や貴族から庶民《しょみん》まではば広い人々の作品がおさめられています。次の**史料1**で示したものも，きびしい生活を送っている農民の気持ちを貴族がよんだ歌とされています。この歌をよんだ人物として正しいものを，下の**ア**～**エ**から１つ選び，記号で答えなさい。

史料1

私は他の人と同じように耕作しているのに，ぼろぼろの着物を着て，かたむいた家の中に住んでいる。地面にじかにわらをしき横になっている私の周りには，父母と妻子がすわり，なげき悲しんでいる。かまどには火もなく，米をむす道具にはクモの巣が張っている。……

（『万葉集』におさめられている歌をわかりやすく書き直した。）

ア　小野妹子《おののいもこ》　**イ**　山上憶良《やまのうえのおくら》　**ウ**　紀貫之《きのつらゆき》　**エ**　行基《ぎょうき》

(2)　鎌倉《かまくら》時代から農業は大きく発展し，室町時代には生産力を高めた村が各地にあらわれました。次ページの**図4**は室町時代に描かれた屏風《びょうぶ》の絵です。鎌倉時代から室町時代の農業や社会について述べた文として**誤っているもの**を，**図4**も参考にしながら，次の**ア**～**エ**から１つ選び，記号で答えなさい。

ア　鎌倉時代から室町時代には，鉄製の刃先《はさき》をもった鍬《くわ》や鋤《すき》が一般的《いっぱんてき》に用いられていた。

イ　農業では男性が耕作《こうさく》や苗《なえ》の運搬《うんぱん》などの力仕事をにない，女性は田植えをになうなど共同作業が行われ，村としてのまとまりも強くなった。

ウ　人力で田畑を耕す一方で，牛などに農具を引かせて耕す方法も各地で広く行われていた。

エ　田植えのときに，面をつけておどったり笛を吹いたりして豊かな実《みの》りを願う芸能も行われるようになり，この芸能が歌舞伎《かぶき》に取り入れられた。

(3)　江戸《えど》時代には，海産物の加工も広く行われました。次の**図5**・**図6**は明治時代初期の出版物に描《えが》かれている加工場《かこうば》の様子ですが，江戸時代もほぼ同じように加工をしていたと考えられています。

図5　なまこ（海鼠）の加工の様子

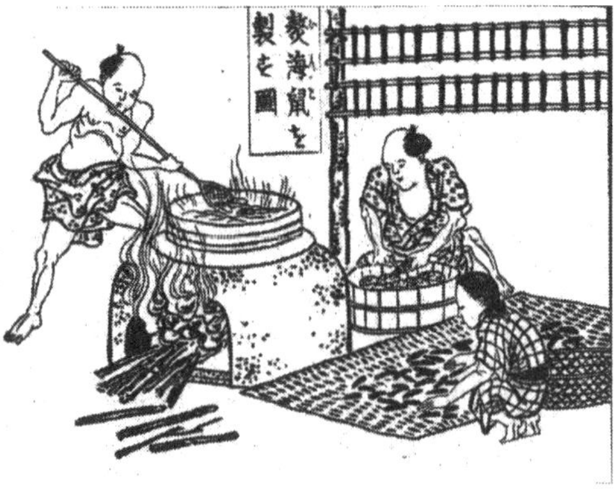

図6　あわび（鮑・鰒）の加工の様子

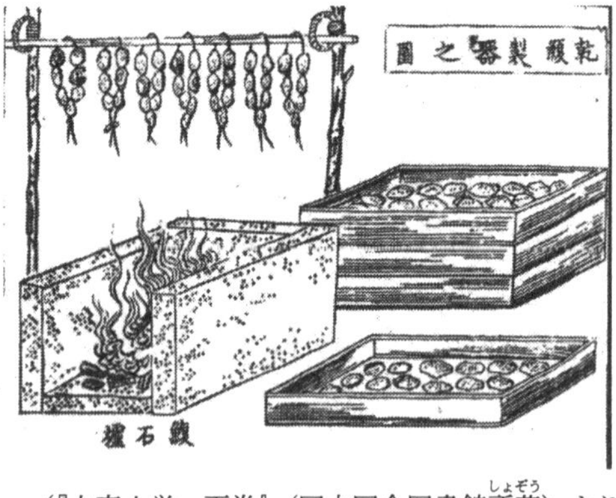

（『水産小学・下巻』（国立国会図書館所蔵《しょぞう》）より）

(i)　**図5**・**図6**はそれぞれ海産物である「なまこ（海鼠）」と「あわび（鮑・鰒）」の加工の様子を示したものです。「なまこ」や「あわび」を加工する方法として，どのような共通点が指摘《してき》できますか。またそのように加工するのはなぜですか。説明しなさい。

図４　室町時代の田植えの様子

（「月次風俗《つきなみふうぞく》図《ず》屏《びょう》風《ぶ》」より）

(ii)　次のページの**図７**は，江戸時代の長崎《ながさき》港の様子を描《えが》いたものです。加工された「なまこ（海鼠）」や「あわび（鮑・鰒）」の多くが，図に見られるような俵《たわら》につめられ，高級食材として長崎港に運び込《こ》まれました。それらの量は，18世紀になると増えていきました。それはなぜでしょうか。**図７**および次のページの**史料２**を参考にして考えられることを説明しなさい。なお，**史料２**は18世紀はじめごろに江戸幕府の政治の中心にいた人物の言葉です。

図７　長崎港の様子

（長崎歴史文化博物館ホームページ「唐蘭館《とうらんかん》絵巻《えまき》の唐館《とうかん》図《ず》・荷揚水門《にあげすいもん》図《ず》」より）

> **史料２**
>
> 17 世紀はじめから約 100 年の間に，日本から外国に運び出された金と銀のおよその量を数えた。すると，……金は４分の１が運ばれ，銀は４分の３が運ばれてなくなっていた。……銅は，すでに外国との取引で使用する量が足りないうえ，日本で１年間に使用する量さえ足りないのである。……やむをえないときには，日本で使用する（金・銀・銅の）量と，毎年日本で作られる量を数えてから，長崎などから外国に運び出す量を定めるべきである。
>
> （新井白石《あらいはくせき》『折《おり》たく柴《しば》の記《き》』より。わかりやすい表記に改めた。）

⑷　大正期には食料をめぐって人々が立ち上がる動きがありました。このことに関係する次のページの**表４・史料３・史料４**をふまえて，あとの問いに答えなさい。

(i)　**表４**によると，米の値段は1917年ごろから上昇《じょうしょう》をみせ，**史料３・史料４**が記された1918年には大きく上昇しています。この時期には米をはじめとして，さまざまな物の値段が上昇しました。その背景には世界を巻き込《こ》んだ戦乱があり，日本の輸出が増え，景気がよくなったことが関係しています。1914年から起こったその戦乱とは何ですか。漢字で答えなさい。

(ii)　**史料３**の新聞記事で述べられている事件は，何という出来事ですか。適切な名称を答えなさい。

(iii)　米の値段が大きく上昇した1918年ごろの状況について説明した文として**誤っているもの**を，**表４・史料３・史料４**を参考にしながら，次の**ア～エ**から１つ選び，記号で答えなさい。

ア　1918年に米の値段が上がって混乱が大きくなったあと，1919年前半には米の値上がりは一時的に落ち着きをみせたが，その後1920年にかけてふたたび上昇した。

イ　当時は米を求める声が高まっており，一部の米屋や資産家が米を買いしめたり，意図的《いとてき》に高く売ったりするのではないかという心配があった。（※**ウ・エ**は24ページにあります。）

表４　東京の米の値段

時期		値段
1914年	平均	16.1
1915年	平均	13.1
1916年	平均	13.7
1917年	平均	19.8
	10～12月	23.8
1918年	1～3月	25.1
	4～6月	27.7
	7～9月	35.8
	10～12月	41.4
1919年	1～3月	39.7
	4～6月	41.8
	7～9月	49.5
	10～12月	52.4
1920年	1～3月	54.2
	4～6月	48.4
	7～9月	42.8
	10～12月	31.7
1921年	平均	30.8

※値段の単位：１石《こく》（約180リットル(L)）あたりの値段（円）

（『日本歴史大系《たいけい》』（山川出版社）にもとづき作成）

史料３

富山県富山市の住民の大部分は出稼《でかせ》ぎをしているが，今年（1918年）は出稼ぎ先の樺太《からふと》の漁が不漁で，帰りの費用も支払《しはら》えない状況《じょうきょう》で，さらに近ごろ米の値段が急に高くなり，とても困っていた。（1918年８月）３日午後７時，漁師の住む町一帯《いったい》の女性たち200名は海岸に集まり３つに分かれて米屋や米の所有者を襲《おそ》い，米を他の業者などへ売らないように，そして自分たちに安く売ってほしいと願い出た。もし要求を聞き入《い》れなければ，家屋《かおく》を焼き払うなどと言い出す状況になったため，これを聞きつけた警察署の職員が出動して解散するように命じた。午後11時ごろに解散したが，一部の女性たちは付近に残り，米を他の者へ売るのではないかと警戒《けいかい》していた。

（『東京朝日新聞』1918年８月５日より。わかりやすい表記に改めた。）

史料４

私（吉野作造《よしのさくぞう》）は必ずしも出兵《しゅっぺい》に反対しているわけではありません。ただ，兵を立ち上げることは，ありふれた平凡《へいぼん》な言葉ではありますが，国家の一大事であります。最大限に慎重《しんちょう》な考えと議論をふまえたあとに，はじめて出兵をゆるすべき問題であります。……いったい日本がシベリア（ロシアの東部）に出兵するとすれば，どのような目的をもってするべきでしょうか。私が考えられる目的は少なくとも３つあります。ひとつは，日本を守るためです。もうひとつはロシアを助けるためです。最後は連合国（アメリカ，フランス，イギリス）の共通目的を助けるためです。……

（吉野作造「出兵論といわれる考え方にどのような根拠《こんきょ》があるか」『中央公論』1918年４月号より。わかりやすい表記に改めた。）

ウ　米をめぐって起きた運動が，各地で警察や軍隊によりしずめられたため，生活を守るための運動や普通《ふつう》選挙を求める運動などはそのあと下火になった。

エ　当時は日本が外国に軍隊を派遣《はけん》する動きが高まっており，軍の兵士も多くの米を必要としたため，米の値段がさらに高くなるのではないかという心配があった。

(iv)　**史料４**の吉野作造は，彼の生きた時代の日本の政治に対して，「民主主義」という言葉を用いずに，「民本《みんぽん》主義」という言葉で，民衆の意見が尊重され，その幸福と利益に役立つ政治の実現を説きました。これに関する以下の文の空欄《くうらん》にあてはまる語句を答え，文中の波線部に関する説明として適するものを，下の**ア**～**エ**から１つ選び，記号で答えなさい。

　吉野作造が「民主主義」という言葉を用いなかったのは，「民主主義」が人民（　あ　）という意味を持つのに対し，当時の日本は，天皇に（　あ　）があったからである。第二次世界大戦後，天皇（　あ　）から国民（　あ　）へと基本原則が大きく変更されるのにともない，日本国憲法は第１条で「天皇は，日本国の（　い　）であり日本国民統合の（　い　）であって，この地位は，（　あ　）の存する日本国民の総意に基《もとづ》く。」と，天皇に関する規定でありながら国民（　あ　）を明示するという形をとった。

　憲法には，天皇が国の政治に直接かかわることはできないと定められているが，男子でなくてはならないといった性別の条件や，引退についての規定はない。そのため，女性が天皇になる資格を持てるようにしたり，天皇の引退を可能にするように制度を変えることを国民がのぞむのであれば，憲法を改正するのではなく，いまある法律を改正するか，新しい法律をつくることが必要となる。

ア　法律の制定や改正には，衆参両議院の総議員の３分の２以上の賛成が必要である。

イ　重要な法案については，国民の意見を直接問う国民投票が行われる。

ウ　国民の意思は，国民によって選ばれた代表者である議員を通じて法律に取り入れられる。よって選挙は，その重要性から，日本国憲法の定める国民の義務にあたる。

エ　法律の制定や改正は国会の仕事だが，法案は議員だけでなく内閣も提出することができる。

(5)　昭和に入ると世界中が不景気になり，それ以降の日本は戦後にいたるまでの間，さまざまな形で食料や物資をめぐる問題に直面しました。このことについて述べた文として**誤っているもの**を，次の**ア**～**エ**から１つ選び，記号で答えなさい。

ア　世界中が不景気になると，日本でも会社や工場がつぶれ，都市では失業者が増えた。農村では作物の値段が大きく値下がりしたため，生活に行きづまる人々が多くなっていった。

イ　昭和初期に深刻《しんこく》な不景気が押《お》し寄せてくると，一部の軍人や政治家は広大な土地と豊かな資源があるハワイやブラジルへの移民を進めて国民の生活を豊かにするべきだと主張し，その考えが国民にも広まった。

ウ　太平洋戦争がはじまると，日本は東南アジアや太平洋の島々を占領《せんりょう》して戦場を広げた。しかし，物資が不足すると占領地で食料や資源を集めたため，現地の住民まで戦争のために苦しい生活に巻き込まれるようになった。

エ　戦後の焼けあとの暮らしは，食料や衣類が不足した。人々は闇市《やみいち》で必要な物を探しまわったり，混《こ》んだ列車に乗って農村部に買い出しに行ったりして手に入れるようになった。

問5　下線部⑤に関して。卒業式前日の給食について，学年ごとに希望の多いメニューを２つまであげ，その意見を持ち寄り，各学年の代表者が話し合うことになりました。先生は「どうするとみんなの意見が反映できるかを考えてごらん」と言っています。以下は，各学年の希望メニューと，代表者の意見をまとめたものです。

資料２　各学年の希望メニューと代表者の意見

学年	児童数	第１位（希望児童数）	第２位（希望児童数）
６年	62人	スパゲティミートソース（24人）	鶏のからあげ（16人）
５年	76人	鶏のからあげ（49人）	スパゲティミートソース（12人）
４年	60人	スパゲティミートソース（20人）	カレーライス（19人）
３年	70人	スパゲティナポリタン（26人）	カレーライス（25人）
２年	68人	カレーうどん（26人）	カレーライス（20人）
１年	70人	ハンバーグ（34人）	カレーライス（27人）

Ａさん（６年代表）：６学年のうち２学年で第１位になった「スパゲティミートソース」にすべきだ。

Ｂさん（５年代表）：第１位にあげている児童数が最も多い「鶏のからあげ」にすべきだ。学年ごとに児童数も違うのに，児童数が多い５年生の意見と，児童数が少ない６年生や４年生の意見が同等に扱《あつか》われるのはおかしい。

Ｃさん（４年代表）：６学年のうち３学年がスパゲティを第１位にあげているので，少なくとも「スパゲティ」のどれかにすべきだ。

Ｄさん（３年代表）：第１位にあげられた５つのメニューでもう一度決選投票を行ってはどうか。

Ｅさん（２年代表）：「カレーライス」は残さなくていいのかな…。

Ｆさん（１年代表）：第１位にあげた人が多い「鶏のからあげ」か「ハンバーグ」のどちらかがいいな。

⑴　麺類《めんるい》が大好きで，麺類なら何になってもよいと思っているＣさん（４年代表）は，麺類が選択肢《せんたくし》にないＦさんの意見には反対です。それに加えて，Ｄさんの意見（５つのメニューでの決選投票）も麺類に決まらない可能性があるため避《さ》けたいと考えています。Ｃさんはなぜそう考えるのでしょうか。

⑵　Ｅさん（２年代表）は，カレーライスも候補に残すべきと考えていますが，自信がなくて意見をはっきり伝えられずにいます。Ｅさんの主張を後押《あとお》しするためには，どのような根拠《こんきょ》をあげるとよいでしょうか。

⑶　Ｂさん（５年代表）の意見のように，国政選挙でも，選挙区ごとの有権者数や議席数の違いから，1票の価値に違いがあることが問題になっています。次のページの**表５**は，昨年７月に行われた参議院議員選挙で，議員１人あたりの有権者数が最も少なかった福井《ふくい》県と，議員１人あたりの

有権者数の多い上位10都道府県における１票の価値の違いをまとめたものです。これに関連する説明として適するものを，下の**ア**～**エ**から１つ選び，記号で答えなさい。

表５　2016 年７月参議院議員選挙における都道府県別「１票の価値」

※福井県の有権者が持つ１票の価値を「1」とした場合（小数第３位を四捨五入）

埼玉県	0.32 票	大阪府《おおさか》	0.36 票
新潟《にいがた》県	0.34 票	長野県	0.37 票
宮城県	0.34 票	千葉県	0.38 票
神奈川県	0.35 票	岐阜県	0.39 票
東京都	0.35 票	栃木《とちぎ》県	0.40 票

（総務省ホームページ「選挙関連資料」により作成）

ア　人口100万人以上の大都市を抱《かか》える都道府県では１票の価値が低く，過疎《かそ》の進む地方では１票の価値が高いことがわかる。

イ　「ひとり１票」の実現が平等選挙の原則であるが，住む場所によっては，実質「ひとり３票」分の価値を有している有権者がいることがわかる。

ウ　国民が選んだ代表者が国会で決めた選挙区や議席数の設定について，裁判所が憲法違反《けんぽういはん》を指摘《してき》することはできない。

エ　参議院議員は，都道府県民を代表する立場であるため，都道府県の枠組《わくぐ》みを無視した選挙区や，複数の都道府県を合わせた選挙区が設定されたことはない。

ア 「母の言葉を思いだしていた」という言葉は、戦争が終わっても亡くなった母を思い出し続《つづ》けて、一人だけ戦争から抜《ぬ》け出せず、冷静さを取り戻《もど》せない茉莉の様子を表現している。

イ 「玉砕するはずじゃなかったの？」「なんのためにみんな死んだの？」「なんでおかあちゃまもおとうちゃまも死んだのに、まだ生きている人たちがいるの？」という言葉では、問いを反復することで戦争と戦争に関係する状況への批判が表現されている。

ウ 「茉莉は信じられなかった。」から「まだ生きている人たちがいるの？」までの言葉は、最後の一人まで戦うという言葉があっけなく中身のないものとなってしまったことや、生き残っている人がいる一方で自分の大切な人は死んでしまったという茉莉のやるせなさを表現している。

エ 「茉莉の問いにこたえるものはなかった。」という言葉では、戦争という大きな出来事においては誰にも説明できないような割り切れない状況や感情が伴《ともな》うことが表現されている。

オ 「日中戦争の始まった年に生まれた茉莉にとって、初めての、戦争のない日々が始まった。」という言葉は、平和を当たり前に思う読者に平和を特別なものとして意識させる表現である。

ア　食べ物が少ない中でも自分のものを分けてくれた美子にお礼を言わなかったことを思い出し、自分も世間の人と同じように失礼な人間であったと反省したから。

イ　力づくで手からものを取り上げられた感覚が残るなかで、優しくさし出された美子の手の記憶《きおく》を思い出し、美子の優しさが実は偽善《ぎぜん》だったのではないかと疑いはじめたから。

ウ　他人のものを平気で奪うような身勝手な世の中で、自分を中心に考えていた茉莉に対してさえも迷わず自分のものをさしだす美子のことが、とても際立って感じられたから。

エ　美子はためらうことなく茉莉にものを分けてくれたが、それは今思い直してみるととても優しい行為《こうい》であり、世間の人もそのような態度を見習うべきだと思ったから。

オ　自分からものを取るようなひどい人が多くいるので、美子のように自分にものを分けてくれる人もいることを思い浮《う》かべて、つらい気持ちをなぐさめようとしたから。

問8　――線部⑥「けれども勝士は茉莉にわらって見せた」（35ページ）とありますが、勝士はなぜそうしたのですか。その理由を四十字以内で説明しなさい。

問9　――線部⑦「指きりげんまんしておけばよかった」（33ページ）とありますが、このときの茉莉の気持ちはどのようなものですか。その説明として最も適切なものを次の中から選び、記号で答えなさい。

ア　清三の言葉によって母の死が決定的になったが、それでも母に会えない寂《さび》しさから、母の死を全く認めることができずもがいている。

イ　いなくなってようやく母の大切さや母から受けた愛情を実感し、家族を助けられず自分だけが生き残ったことを後悔《こうかい》している。

ウ　母が死んだという事実をついに理解し、母にもう会えないと実感することで、母に生きていてほしかったという思いがわきあがっている。

エ　これまでなら辛《つら》い時には家族が助けてくれたのに、みんなが死んだ今それもかなわず、このまま苦しい状況が続くのかと絶望している。

オ　死んだ母とのやりとりを振《ふ》り返ると、わがままを言って母に苦労をかけていた幼稚《ようち》な自分が思い出され、情けなかったと恥《は》じている。

問10　――線部⑧「これまでずっと正しいと信じていたこと。それが揺《ゆ》らぎはじめていた」（32ページ）とありますが、これはどういうことですか。ここまでの内容をふまえて百二十字以上百四十字以内で説明しなさい。

問11　――線部⑨「ひとりでいいから、行っておいで」（31ページ）とありますが、このように言った祖母の気持ちはどのようなものですか。五十字以内で説明しなさい。

問12　……線部X「茉莉は声を上げることもできなかった」（38ページ）ときの茉莉と、……線部Y「こんなに大声を出したことはなかった」（31ページ）ときの茉莉はどう違《ちが》いますか。茉莉がそのように変化した理由もふくめて九十字以内で説明しなさい。

問13　［の部分（30ページ）から読み取れることの説明として適切でないものを次の中から一つ選び、記号で答えなさい。

して理解できたから。

イ　空襲で焼け出されるというきわめて深刻な状況《じょうきょう》の中で猫《ねこ》を抱《だ》いていたため、周りからのんきな子どもだと勘違《かんちが》いされ、相手にされなくなったから。

ウ　空襲で焼け出されて食べ物が不足している状況で、じゃがいもを盗《ぬす》みに来た大人たちの気まずそうな顔を見て、憐《あわ》れみや同情を抱いてしまったから。

エ　空襲で焼け出されて何もかもを失ったときに、普段《ふだん》つきあいのある近所の人たちが現れたのを見て、人から物をもらいたいと思うようになったから。

オ　空襲で焼け出されたために空腹のまま一人で過ごさなければならなくなったのに、近所の人たちから見てはいけないものを見るような目で見られたから。

問5　――線部③「茉莉は、おばさんの着ている白い割烹着《かっぽうぎ》が眩《まぶ》しくて、目がくらんだ」（38ページ）とありますが、このときの茉莉の様子はどのようなものですか。その説明として最も適切なものを次の中から選び、記号で答えなさい。

ア　一人で生き残った自分と比べて、周囲の支えがある人をうらやましく思っている。

イ　楽しみにしていたことがいきなり奪《うば》われてしまい、がっかりして生きる気力を失っている。

ウ　生きるためには仕方がないが、汚《きたな》いことをする大人を見て怒《いか》りがわき起こっている。

エ　次々と起こる衝撃的《しょうげきてき》な現実を目《ま》のあたりにして、状況を受け入れきれず混乱している。

オ　他人をかえりみない醜《みにく》い人間の行動を見て、戦争の悲惨《ひさん》さに心を痛めている。

問6　――線部④「茉莉は初めて、自分がほかのだれともちがう存在であることを知った」（37ページ）とありますが、どういうことですか。その説明として最も適切なものを次の中から選び、記号で答えなさい。

ア　大勢の人が死んだ絶望的な状況でも、前向きに生きていこうと強い気持ちを持っている自分は特別な存在であると気づいたということ。

イ　死んだ人はきれいなものやかわいいものを見ることができないため、自分が生きていることはすばらしいと気づいたということ。

ウ　家族の死を理解しはじめた結果生きている自分を実感し、さらに生きている人の中でも自分の存在は固有であると気づいたということ。

エ　両親が死んでしまった今、だれにも頼《たよ》ることができず一人で生きていかなければならない自分が孤独《こどく》な存在だと気づいたということ。

オ　空襲で多くの人が亡くなった中でも自分は確かに生きており、命が助かった自分は幸運な存在であると気づいたということ。

問7　――線部⑤「よっちゃんはなぜあんなことができたんだろう」（36ページ）とありますが、茉莉がこのように思ったのはなぜですか。その理由の説明として最も適切なものを次の中から選び、記号で答えなさい。

「空襲でみんな死んだって」

自分を見てささやく大人のほうは見なかった。空襲警報が解除されると、茉莉は走って家に帰った。

祖母の家は無事だった。祖母も仏壇の前にそのまますわっていた。

次の警報のときには祖母をひきずってでも防空壕に連れていこうと茉莉は思った。

けれども、それから間もなく、戦争が終わった。

負けたとか敗戦だとか大人たちは騒《さわ》いでいたが、茉莉には戦争に勝とうが負けようがどうでもよかった。

さっさと終わらせなきゃしょうがないじゃないか。

母の言葉を思いだしていた。

さっさと終わらなかった戦争がやっと終わった。

玉砕《ぎょくさい》（玉がくだけるように美しく死ぬこと）するはずじゃなかったの？　わたしたち。

茉莉は信じられなかった。騒いだり泣いたりしている大人たちを見て、幾度も幾度も思った。

最後のひとりまで戦って、玉砕するはずじゃなかったの？　なんのためにみんな死んだの？

なんでおかあちゃまもおとうちゃまも死んだのに、まだ生きている人たちがいるの？

茉莉の問いにこたえるものはなかった。

日中戦争《にちゅうせんそう》（一九三七年に起きた日本との中国の戦争）の始まった年に生まれた茉莉にとって、初めての、戦争のない日々が始まった。

（中脇初枝《なかわきはつえ》「世界の果てのこどもたち」）

問1　＝＝線部1～15のカタカナを漢字に直しなさい。

問2　〰〰線部A「めいめいに」（39ページ）・B「立ちすくみ」（38ページ）とありますが、この言葉の意味として最も適切なものを次の中からそれぞれ選び、記号で答えなさい。

A「めいめいに」（39ページ）

ア　それぞれに
イ　つぎつぎに
ウ　せっせと
エ　ちゃくちゃくと
オ　たんたんと

B「立ちすくみ」（38ページ）

ア　怒《いか》りで立ち上がり
イ　注目して立ち止まり
ウ　悲しみで立っていられず
エ　衝撃《しょうげき》で足が震《ふる》え
オ　驚《おどろ》きで足が動かず

問3　――線部①「茉莉は踵《きびす》を返し、家のあった場所に駆《か》けもどった」（39ページ）とありますが、茉莉が「踵を返」そうと思った理由を三十字以内で説明しなさい。

問4　――線部②「茉莉は母の言葉を思いだし、初めて、その言葉を本当に理解した」（39ページ）とありますが、茉莉はなぜ理解できたのですか。その理由の説明として最も適切なものを次の中から選び、記号で答えなさい。

ア　空襲《くうしゅう》で焼け出されて板の下で眠ったり、水しか飲めなかったりして物のない生活を送ったことで、貧しさというものが自分のことと孫娘《まごむすめ》のことを忘れていたのだ。

　祖母は茉莉の頭に防空頭巾《ずきん》をかぶせ、町内の防空壕を教えた。

「ここらの人はみんな入るんだから、⑨ひとりでいいから、行っておいで」

「おばあちゃんは逃げないの？」

　茉莉の問いに祖母は一瞬《いっしゅん》口ごもったが、言った。

「あんたひとりのほうが、早く走れるだろう」

「じゃあおばあちゃんも後から来る？」

「行くよ」

　その言葉に背中を押され、茉莉は走りだした。灯火管制《とうかかんせい》（夜間の空襲に備えて明かりが外にもれないようにすること）で町は真っ暗だった。

　防空壕は近かった。白楽駅のすぐそばにあった。茉莉が入ると、中にはもうたくさんの人がいた。どの顔も知らない人だった。入り口近くにすわっていた男が茉莉の腕を掴んだ。

「おまえ、見たことのない子だな」

　男は茉莉の真っ赤な鹿の子《かのこ》（もようの一種）の、綿がたっぷりとつめられてふっくらとふくらんだ防空頭巾を見上げた。

「入っちゃだめだ」

　男は茉莉の腕を掴んでいた手で肩を押し、茉莉を外へ押しだすと、防空壕の扉《とびら》を中から閉めた。

　爆音《ばくおん》が響《ひび》き、あたりはうってかわって、照明弾《しょうめいだん》で昼間のように明るくなっていた。茉莉は警報が鳴り響き、だれもが避難して14ヒトケのない道を走った。人間が滅《ほろ》びた町のようだった。

　祖母の家に戻ると、祖母は、茉莉が出ていったときのまま、同じところにぼんやりすわっていた。

「おばあちゃん、入れてくれなかったよ」

　茉莉が訴《うった》えると、祖母ははっとして、茉莉を見た。

「そうかい。じゃあ、おばあちゃんと一緒に、おかあちゃまのところに行こうかね」

　祖母はそう言うと、茉莉に15テマネきをした。その目の前には仏壇《ぶつだん》があり、母親たちの遺骨の白い包みがあった。

　茉莉は首を振って、後ずさった。

　そっちには行きたくない。

　空からはごおっという飛行機の音がした。空気にぐうっと押される感じがする。低い。そして近い。

　わたしは死ぬわけにはいかない。朝比奈のおばあちゃまにもおじいちゃまにも、あんなにかわいがられたわたし。

　わたしは生きのびなくてはいけない。

　茉莉は表へ飛びだした。

　防空壕まで走っていき、外から壕の入り口をどんどん叩《たた》いた。中から扉が開き、さっきのおじさんが顔を出した。

「わたし、町内の子です」

　茉莉は怒鳴《どな》った。

「五十嵐《いがらし》茉莉です。中川《なかがわ》のおばあちゃんのところに引っ越《こ》してきたんです。入れてください」

　Yこんなに大声を出したことはなかった。おじさんは後ろに下がると、茉莉を入れ、扉を閉めた。

「中川さんとこの」

と。それが揺《ゆ》らぎはじめていた。

茉莉は二人の帰りを待ちかね、遠くまで目をやった。だれもが草までむしって食べていた。取り尽くされて、初夏の焼け野原には雑草さえ12ハえていなかった。

しばらくして戻ってきた二人は、もう弁当を持っていなかった。泣いたのか、勝士の目も清三の目も真っ赤だった。

「茉莉ちゃん」

勝士は待っていた茉莉の前にしゃがみ、優しく声をかけた。

「このままここにいても、みんな飢え死にしてしまうからね、茉莉ちゃんは白楽《はくらく》（横浜の地名）のおばあちゃんの家に行こうか。焼け残っているかどうかわからないけど、明日行ってみよう」

茉莉の実の祖母は母の母で、白楽に住んでおり、朝比奈兄弟とも一緒に何度か遊びにいったことがあった。

「茉莉ちゃんもおなかがすいたろう。もう少しだけ辛抱《しんぼう》してね」

勝士は茉莉の頭をなでてくれた。茉莉は頷いた。

翌日、幸いに雨も降らなかったので、茉莉は勝士と手をつなぎ、清三に遺骨を持ってもらって、白楽の祖母の家にむかった。

殆ど一日かけて歩いて行ってみると、茉莉の祖母の家は焼け残っていた。白楽もかなりやられており、茉莉の祖母の家の三軒《さんげん》先までは焼けていたが、そこで風向きがかわったらしい。

「茉莉—」

茉莉の祖母は茉莉を見るなり家から飛びだしてきて、茉莉をぎゅうっと抱きしめた。そして、茉莉以外の家族全員が死んだと知らされると、その場に泣き崩れた。

「おばあさん、茉莉ちゃんをどうぞよろしくお願いします」

勝士は茉莉の祖母に、深く頭を下げた。祖母は泣きながら、幾度《いくど》も頷いた。

勝士は茉莉の前にしゃがみ、顔を掬《すく》いあげるように見上げて言った。

「茉莉ちゃん、必ず十年したら迎えにくるからね。いい子にして待ってるんだよ」

茉莉は頷いた。

「かっちゃんとせいちゃんはどこに行くの？」

「わからない」

それでも、勝士は茉莉にわらって見せた。

「もう学校にも行けないからね、働けるところを探して、お金を稼《かせ》ぐよ。一緒に暮らせるようになったら、必ず迎えにくるからね」

勝士と清三は何度もふりかえっては茉莉に手を振り、焼け跡に戻っていった。

茉莉の祖母は、娘《むすめ》一家が茉莉だけを残して死んでしまったことに胸を痛め、茉莉が運んできたお骨の入った白い包みをぼんやり眺めながら一日を過ごすようになった。

ある夜、警戒《けいかい》警報13ハツレイのサイレンが鳴ったが、祖母は起きなかった。やがて空襲警報が出たが、祖母は布団の上に起きあがっただけで、動こうとしない。茉莉が祖母の肩《かた》をたたいてせかすと、初めて茉莉がいることに気づいたかのように、茉莉を見た。

「そうだ、茉莉。あんたがいたね」

祖母はそうつぶやいた。早く娘のところに行きたいとばかり願い、おとうちゃまにもゆきちゃんにも。おばあちゃまにもおじいちゃま（朝比奈家の父を茉莉はこう呼んでいた）にも。

約束しておけばよかった。青いお布団とか絵本とかおままごとの道具なんか、どうでもよかった。

おかあちゃまが死なないで、わたしのそばにずっといてくれることを、⑦指きりげんまんしておけばよかった。

清三は近所で炊き出しがないか、探しにでかけた。茉莉は清三に割ってもらった電信柱のかけらを噛みながら、勝士と焼け跡を片付け、金に換《か》えられそうなものがないか探した。昼近くなって戻ってきた清三は、新聞紙の包みを持っていた。

「どうしたんだ、それ」

勝士がおどろいて訊《たず》ねた。

「曙町《あけぼのちょう》の工事現場で11ヒロってきた」

清三は阿波青石の上で新聞紙を広げた。中からアルマイト（アルミニウムを加工したもの）の弁当箱が出てきて、蓋《ふた》を開けると、高粱と菜っ葉の混じったごはんが詰《つ》められていた。黄色いたくあんも添《そ》えてある。茉莉は唾《つば》を飲んだ。

「すごいだろう」

清三が言いおわらないうちに、勝士は弁当を取りあげた。荒々《あらあら》しく蓋をしてばさばさと新聞紙で包み直す。久しぶりのごちそうは夢のように消えた。

「戻してこい」

勝士は弁当を清三の前に突きだした。

「おまえのやったことは泥棒《どろぼう》だ」

勝士の顔は真っ赤だった。

「お母さんとお父さんが生きてたらどれだけ嘆《なげ》かれるか。すぐに戻してこい。いや」

勝士は清三の腕《うで》を掴《つか》み、歩きだした。

「兄さんも一緒に行く」

清三はうなだれたまま、勝士についていった。

茉莉は阿波青石に腰掛《こしか》け、猫を抱いて二人が戻ってくるのを待った。一目だけ見た弁当が消えてしまったことが残念でたまらなかった。けれども、勝士の言葉はそれ以上に胸につきささった。

泥棒。

人の弁当を見て、食べられることを喜んだ自分だって、清三と同じ、泥棒だった。

死体の懐に手を入れたおじさん、じゃがいもを取ったおじさん、キャラメルを奪ったおばさん、青いお空の布団を盗んだ近所の人。あんなに憎《にく》いと思ったのに、自分だって同じだった。

茉莉は自分の手のひらを見下ろした。ぎゅっと開かれて奪われた感触。まだこの手に残っていた。でも。

奪われたキャラメルは、おばさんの傍らにいたこどもに渡《わた》された。きっとその子も茉莉と同じ、空襲で家も衣類も食糧も焼き尽くされたこどもなんだろう。キャラメルを奪ってきてくれる母がいるということだけが、茉莉とはちがっていた。

清三は自分に食べさせるために弁当を盗んできてくれた。盗むのはいけないこと。そんなことはわかっていた。それなら、盗まないで、飢えて死んでしまうのはいいことなのだろうか。

茉莉にはわからなくなった。⑧これまでずっと正しいと信じていたこ出ることも殆《ほとん》どなく、真っ白い顔をしていたのに、黒くなって死んでいた。

母は幸彦を抱きしめていたらしい。胸のあたりが焼けておらず、着ていたものが焼け残っていた。茉莉は、あちこちが黒く焦げながらも9モヨウのはっきりわかるその布地を知っていた。

小さな薔薇《ばら》の花。

茉莉の母は、絣《かすり》（もようの一種）の着物ともんぺ（ズボンのような衣服）の上下の中に、茉莉のすきだった薔薇の花の柄《がら》のブラウスを着ていたのだ。

「おふくろ（勝士と清三は、茉莉の母をこう呼んでいた）らしいね。銃後《じゅうご》（前線ではないが、間接的に戦争に関わっている状態）でもおしゃれを忘れないで」

勝士はつぶやいた。

清三が焼けトタンを探して持ってきてくれたので、茉莉は自分で幸彦の小さな体を持ちあげた。

茉莉は勝士と清三とともに、父親と母親の体も、ひとかけらも残さないように手で掬《すく》い、指でつまんで、トタンの上にのせた。

朝比奈の家の焼け跡では、朝比奈の父が崩《くず》れた軒《のき》の下に横たわっていた。そして、朝比奈の母は最後にみつかった。倉の中にいたらしい。

「お母さん、わかってたのかな。茉莉ちゃんに二回もごはんを食べさせて」

勝士はどこへともなくつぶやいた。

勝士と清三が庭に穴を掘り、死体を穴に並べた。勝士が油をかけ、火をつけた布を投げると、ぽっと火がついて燃えあがった。

骨壺《こつぼ》はなかったが、白木の箱とそれを包む白い布は配られた。そのころ、焼け跡のあちこちで家族や親戚《しんせき》を荼毘《だび》に付す（遺体を焼くこと）煙が上がっていた。どこへ行っても10ヘイジでは耐《た》えられないほどの臭《にお》いに満ちていたが、いつのまにかだれもが慣れきっていた。

茉莉の両親と弟の骨はひとつにして、白木の箱に入れ、白い布で包んだ。

茉莉はそれを何度か見たことがあった。戦死した英霊《えいれい》（戦死者の魂をうやまっていう語）を迎えるときと同じ。初めて駅で見たとき、幼い茉莉は「兵隊さんはどうやってあんなに小さい箱に入るの？」と訊いて、両親を困らせたものだった。あのとき、茉莉たちは海水浴に出かけるところだった。まさか銃後の両親たちが同じ箱の中に入る日が来るとは、茉莉は思ってもみなかった。

それから茉莉は、勝士と清三とともに防空壕で雨をしのぎ、焼け跡で生活をした。

ただ、食べるものはなにもなかった。朝比奈の家も茉莉の家も焼き尽《つ》くされていた。そして、防空壕に入れてあったはずのものは奪われていた。配給はただではない。金がなくては、配給切符《きっぷ》があってもなにも買えないのだ。

「おふくろの大福もちが食べたいなあ」

焼け残った電信柱（当時は木でできていた）の真ん中の白いところを割って、噛《か》みながら清三がつぶやいた。茉莉はその言葉を聞いてようやく、自分の母親の永遠の不在を知った。死体を持ちあげて運び、焼いて骨にしたのに、それでもその不在が決定的なものとは、まだ思えていなかった。

もうおかあちゃまには会えない。

茉莉はやっと悟《さと》った。

もう二度と。

「靴《くつ》の底が焼けてするめみたいになってね、おいしそうだったんだよ」

茉莉はわらった。

勝士はその笑顔《えがお》をじっとみつめて言った。

「茉莉ちゃん、本当によく生きていたね。朝ごはんを二回食べたのがよかったのかな（空襲の日の朝、茉莉は自分の家と朝比奈の家のそれぞれで朝食をとった）」

「そういえばそうだったね」

清三がわらった。

「ぼくも食べてりゃよかったよ」

「かっちゃんはどこにいたの？」

「蒲田《かまた》に建物疎開《そかい》（空襲時の延焼を防ぐため、あらかじめ建物を取りこわすこと）に行っててね、横浜《よこはま》が焼けるのを見てた。真っ黒い煙《けむり》に、焦《こ》げた紙が蒲田まで飛んできてね、もう横浜は終わりだって言って、電車もみんな止まってるから歩いて帰ってきたんだ。家があんまり焼けてるから、きっと逃げてるんだろうと思って、5キュウゴショをあっちこっち、探して回ってた」

「ぼくは学校（清三は関東学院に通っていた）の兵器6コに避難《ひなん》してた。バケツリレーして本館が焼けるのを食いとめてね。院長先生は立派《りっぱ》なおひげを焼かれてしまわれたんだよ」

清三はおどけて言った。茉莉はわらった。

「清三は焼けだされた人たちを助けてたんだよ。それで学校のキュウゴショでやっと会えてね、それから二人で探したんだけど、でもどこへ行ってもいなくてね。黄金町《こがねちょう》の駅前の広場に死体の山ができてるからって、そこへ行って、筵《むしろ》（わらなどを材料にして編んだしき物）をめくって見てね、でもわからなくて。市電通りもトタンをかぶせてあるのをめくって見てね。久保山にも死んだ人が集められて山になってたから、見に行った。どうしてもわからないから、もういっぺんここを探してみようと思ったんだよ」

「茉莉はどこにいたの？」

「運動場の防空壕」

「茉莉ちゃんだけ？」

勝士に訊《き》かれ、茉莉はおずおずと頷いた。清三はすすと血に汚《よご》れた手で顔を覆《おお》った。

「そうか」

⑥けれども勝士は茉莉にわらって見せた。

「じゃあ、やっぱり、みんな、ここにいるね。みんなを探してあげないとね」

それから、茉莉は勝士と清三と一緒に家の焼け跡を手で掘った。焼けた瓦《かわら》をどかして、真っ黒に焼けた材木を持ちあげる。配給米を搗《つ》く（げん米を白米にすること）のに使っていた一升瓶《いっしょうびん》が、水飴《みずあめ》のようにとろりと溶《と》けて固まっていた。茉莉は白いごはんがすきだからと、母はいつも時間をかけ、丁寧《ていねい》に7セイハクしてくれた。

はじめにみつかったのは茉莉の父親だった。周りに白いタイルが散らばっていたので風呂場《ふろば》だとわかった。真っ黒に焦げていたが、ベルトの8トめ金はたしかに見覚えがあった。

よほどに気に入っていたのか、なにかいわれのあるものだったのか、茉莉がいくら非国民だと言っても、父親はわらって、金属回収（戦争のため国が金属を集めること）に出さなかったトめ金だった。

そこから周りを掘っていくと、近くにやはり真っ黒に焦げた死体があった。茉莉の母親だった。うつぶせになっていたのを勝士と清三でひっくり返すと、その下には弟の幸彦《ゆきひこ》がいた。お誕生前（一才の誕生日前）で外へ茉莉は歌った。空襲でひとりぼっちになって以来、初めて歌った歌だった。

すると、どこかから声がした。

「茉莉ちゃーん」

茉莉は目を開き、それまで自分が目をつむっていたことに気づいた。

「茉莉ー」

開いたばかりの茉莉の目に、勝士《かつじ》と清三《せいぞう》（朝比奈の家の息子たち）が運動場を走ってくるのが映った。

「茉莉ちゃん、生きてたんだねー」

二人とも、顔も国民服（戦争中に着用すべきとされた軍服に似た服）もすすで真っ黒だった。

茉莉は起きあがり、そのとき初めて、声を上げて泣いた。

「どこにいたの、茉莉は」

「ごめんね。茉莉ちゃん、みつけてあげられなくて」

勝士は茉莉を抱きしめて言った。

いくら泣いても、「茉莉ちゃんは歌が上手《じょうず》だねー」と褒《ほ》めてくれた朝比奈の母はもういない。

「死んじゃったと思ってたよ。よく生きていたね」

「おなかすいたろう。さあ、これ食べな」

勝士は手のひらに高粱《コーリャン》（穀物の一種）のまじったおむすびをのせてさしだしてきた。

「炊《た》き出しがあったんだよ」

「ぼくたちはもう食べたから」

茉莉はおずおずと手をのばした。久しぶりの食べ物に、頭は飢《う》えていたが、食べ方を忘れたように口が動かなかった。ゆっくりかみしめながらおむすびを食べている間、二人はうれしそうに茉莉が食べるのをみつめていた。

茉莉は満州《まんしゅう》（中国東北部の旧地域名、当時日本が進出していた）に行ったときのことを思いだした。

川べりの寺で、美子《よしこ》（満州でできた友達。こどもだけで遠出をして帰れなくなり、一晩を過ごしたことがあった。そのときの食べ物は、美子のおむすび一つであった）は、自分のおむすびを茉莉にくれた。茉莉はその手を思いだした。

はじめにわたしにくれた。わたしに一番大きいかたまりをくれた。わたしが一番おちびちゃんだったから。

あのとき、わたしはお礼を言っただろうか。

茉莉は思いだせなかった。

きっと言ってない。

これまで、茉莉はいつでもどこでも自分が一番大事にされるのが4トウゼンだと思っていた。お礼を言うほどのことでもなかった。

おぼえているのは、全くためらいなくさしだされた美子の手と、美子が自分をみつめていた優《やさ》しい顔だけだった。

⑤よっちゃんはなぜあんなことができたんだろう。

茉莉の手に、今はおむすびがあったが、力づくで指を開かれたその感触《かんしょく》は消えなかった。

わたしの手のひらからキャラメルを奪った人、防空壕を暴《あば》いてうちの物を取っていった人、おばあちゃまの畑のじゃがいもを掘り起こして食べた人、死んだ人の懐から財布を盗《ぬす》んだ人、この世界は、そんな人たちばかりなのに。

「食べるものがなくてね、ぼくたち、革靴《かわぐつ》の底の革を食べたんだよ。そしたらおなかをこわしちゃって」

清三が言った。

なにもかもが眩しくて、茉莉はもう目を開けていられなかった。

空襲から幾日《いくにち》たったのか、茉莉にはわからなかった。

どこにも行くあてがなく、猫を抱いて焼け跡をさまよっていた。焼け跡といってもなかなか火は消えず、まだぼこぼことあちこちで燃えていた。雨が降ると火は消えたが、しばらくすると、またぽっと火がついた。

茉莉は猫を抱き、暗闇《くらやみ》のあちこちで3フイにぽっぽっと火がつくのをみつめていた。自分が寝《ね》ている間に火がついて、焼けてしまうことをおそれていた。

茉莉はまだ生きのびるつもりだった。ひとりぼっちでも、たしかに、死ぬことをおそれていた。

道には黒こげになった死体がごろごろと転がっていた。それらの死体は初夏の日差しのもとで腐《くさ》りはじめており、軍や学徒動員（国が学生を強制的に働かせたこと）の学生たちがトラックで回収にやってきた。鳶口《とびぐち》（先の曲がった鉄製の長い棒状のもの）で死体を引っ掛《か》けては引き寄せ、二人一組で死体の手と足を持っては「一、二、三」と掛け声をかけて、死体をトラックの荷台に放りあげ、堆《うずたか》く積みあげていった。

「久保山に埋《う》めるらしい」

近所のおじさんやおばさんたちがその作業を眺《なが》めながら話していた。

茉莉は、大人たちの話し声を後ろに、そこを離れた。

学院の運動場に続く階段まで歩いていったが、そこで倒《たお》れて、動けなくなった。

茉莉は母や父たちが死んだということが、やっとわかりはじめていた。生きていれば茉莉のそばにいてくれるだろうし、茉莉に食べものもくれるだろうし、膝《ひざ》にのせてもくれるはずだった。

自分のそばにだれもいないということは、母も父もみんな死んだということ。そして自分は生きている。

道に倒れている人たちは死んでいた。踏《ふ》んづけてしまいそうになった、自分と同じくらいの年の女の子も死んでいた。おかあちゃまもおとうちゃまもみんな死んでいる。だからここにいない。

わたしだけは生きている。

④茉莉は初めて、自分がほかのだれともちがう存在であることを知った。死んでいる人たちと生きている自分はちがう人間。決してとりかえることはできない。

わたしはわたし。

茉莉には世界がちがって見えた。自分だけがいて、あとの人たちはみんな自分以外の人たち。たくさんの自分以外の人たちがいる。死んでいる人も生きている人も。数えきれないほど。

そして、生きている自分は、決して死にたくはなかった。

茉莉が階段に横たわっていると、雀《すずめ》が飛んできた。

見渡《みわた》す限り焼け野原となって緑がなくなった景色の中、茉莉が動かないので気づかないのか、雀たちは茉莉の目の前でぱたぱたと羽ばたきをした。

茉莉は雀たちをかわいいと思った。茉莉はいつでも、きれいなものとかわいいものがだいすきだった。

「ちいちいぱっぱ　ちいぱっぱ
雀の学校の先生は
むちを振《ふ》り振り　ちいぱっぱ」

のじゃがいもは白い花を咲《さ》かせていた。茉莉は花をむしってごはんにし、この石の上で遊んだ。朝比奈の母は茉莉を叱《しか》らず、ただ、「この白い花がおばあちゃまはだいすきなのよ」と言った。茉莉は皿のじゃがいもをぼうっと見ながら、そう言った朝比奈の母の顔を思いだしていた。

そのとき、隣《とな》りにすわっていた近所のおじさんが、自分の箸《はし》で、茉莉の皿のじゃがいもを突き刺《さ》して取って食べた。X茉莉は声を上げることもできなかった。その間に、もうひとつ、もうひとつ、と取って食べられ、茉莉の皿は空になった。

まだ鍋にはじゃがいもが残っていた。茉莉はそれを求める手段を知らなかった。これまで、求めなくても、いつも与《あた》えられてきた茉莉だった。茉莉は猫を抱き、朝比奈の家の庭を出た。

自分の家の焼け跡に戻《もど》ると、瓦礫《がれき》で見えなくなっていた防空壕《ぼうくうごう》（空襲時にひなんするために掘った穴）の入り口がいつの間にか片付けられ、入れるようになっていた。中は焼けていなかった。その晩はその中にもぐりこんで眠った。

翌朝、特別配給（食べ物などが配られること）があったらしく、町会の人たちがこどもたちにキャラメルを配りはじめた。こどもたちは喜んで歓声《かんせい》を上げた。だれもがキャラメルなんて、いつから食べていなかったのか忘れてしまうほどだった。茉莉はその声を聞いてそばに寄っていったが、白い割烹着《かっぽうぎ》を着たおばさんたちは茉莉にはくれなかった。茉莉はあきらめて、そこを離《はな》れた。

同じ隣組《となりぐみ》（戦時中に作られた地域住民の組織）の家の焼け跡の前を通り、その家の防空壕に、青い布団《ふとん》が引きこまれているのが見えた。その青い布地には見覚えがあった。弟の枕元《まくらもと》で母が2トいていた晴れ着の綸子地《りんずじ》（光たくのある布地）だ。思えば、茉莉の家の防空壕には布団の他にも、食糧《しょくりょう》や衣類など、いろいろなものがしまわれていたはずだった。父や母がせっせと運び入れていたのを、茉莉は見ていた。けれども、防空壕の入り口はいつの間にか開いて、いつの間にか中の物は失われていた。

B立ちすくみ、青い布団から目を離せないでいると、じゃがいもをくれたおばさんが後ろから追いかけてきた。

「茉莉ちゃん、もらってないんでしょう」

おばさんの声は隣組に気兼《きが》ねしているのか、ひそやかだった。茉莉が頷《うなず》くと、おばさんは、茉莉の手のひらに、キャラメルを一粒《ひとつぶ》のせてくれた。茉莉はおどろいておばさんを見上げた。

「落とさないでね。どこかで食べてね」

おばさんはそうささやくと、茉莉の小さな手をおばさんの大きな固い手で包みこんだ。茉莉が決して落とすことのないように、ぎゅっと。

おばさんがいなくなるのを見送ってから、茉莉は学院（関東学院という学校。茉莉はここの階段からよく景色をながめていた）の階段で食べようと歩きだした。そこへ別のおばさんが来て、茉莉の前に立ちふさがった。

おばさんは一言も話さず、茉莉が握《にぎ》らせてもらったばかりの小さな手の指を、その太い指で一本一本開かせ、キャラメルを奪《うば》った。そして、傍《かたわ》らにいた自分のこどもにそれをやった。

③茉莉は、おばさんの着ている白い割烹着が眩《まぶ》しくて、目がくらんだ。

おばあちゃまのすきだった白いじゃがいもの花。おかあちゃまがくれると約束してくれた空のように青いお布団。紫色《むらさきいろ》に膨《ふく》れあがった女の子の顔。道路に流れた赤い血。真っ黒に焼けた家。階段から見ていた空と海。空に浮《う》かんだ白い雲。

【国　語】（六〇分）〈満点：一二〇点〉

次の文章を読み、後の問いに答えなさい。ただし、問題の都合上、本文を一部改めた箇所《かしょ》があります。

――第二次世界大戦（日本が中国やアメリカと戦っていた戦争）の終わりの頃《ころ》、八才の茉莉《まり》は自分の家と近所に住む朝比奈《あさひな》の家の二つの家でかわいがられて育っていた。本文は、激しい空襲《くうしゅう》（飛行機からばくだんを落とし、工場や町を焼きはらうこと）を受けた後、みんなを探しながら茉莉が焼け跡《あと》を歩く場面から始まっている。

長く続く塀際《へいぎわ》には、幾人《いくにん》もの人がうずくまったまま、動かないでいた。外で空襲に遭《あ》ったときは塀に沿ってうずくまり、爆風《ばくふう》でやられないよう親指で耳をふさぎ、その他の指で目を押《お》さえるように教わっていた。動かない人たちは、茉莉もこれまで何度も練習した防空訓練通りの退避《たいひ》姿勢を取っていた。

久保山《くぼやま》（横浜市の地名、墓地がある）のほうから坂を降りてきた男が、うずくまる女の横で塀に背もたれて動かない男の懐《ふところ》に手を入れて、財布《さいふ》を抜《ぬ》き取った。茉莉が見ていることに気づくと、茉莉にむかってにやっとわらい、別の人のそばに行って、またその懐に手を突《つ》っこんだ。

①茉莉は踵《きびす》を返し、家のあった場所に駆《か》けもどった。

日が暮れると、黒い雨が降ってきた。茉莉は自分の家の焼け跡で、焼けた板の下に体を半分さしいれ、少しでも雨にぬれないようにして眠《ねむ》った。五月の末なのに寒く、猫《ねこ》を抱《だ》いてぬくもりにした。母はいつものら猫にえさをやっていたので、生き残った近所の猫たちはみな茉莉に馴《な》れていた。

破裂《はれつ》した水道管から水がちょろちょろ流れていた。茉莉は喉《のど》が渇《かわ》くと、猫と一緒《いっしょ》にぺちょぺちょとそれを飲んだ。その日、空襲の後で茉莉が口にできたものはそれだけだった。

あくる朝、茉莉が朝比奈の家の庭で猫を抱いてすわっていると、近所の人たちが十人ほど入ってきた。茉莉がいることに気づくと、だれもが見てはいけないものを見てしまったように目をそらした。茉莉は家によく来ていたおこじきさんを、そしておこじきさんを見た人の顔を思いだした。そういう風に見てはいけないと、茉莉の母はいつも言っていた。

おこじきさんだって、好きでしてるんじゃないんだよ。

②茉莉は母の言葉を思いだし、初めて、その言葉を本当に理解した。

近所の人たちは茉莉に声もかけずに庭を掘《ほ》りはじめた。そして、朝比奈の母が育てていた、まだ小さいじゃがいもを掘りかえし、庭で火を熾《おこ》して、鍋《なべ》で煮《に》はじめた。醬油《しょうゆ》と1サトウの香《こう》ばしいにおいがあたりに広がった。

煮っころがしができると、近所の人たちは、茉莉がいつもままごとをしていた阿波青石《あわあおいし》（徳島名産の青い石）の上に鍋を置き、小皿に取り分け、石の上に並べはじめた。

そのじゃがいもは、おばあちゃま（朝比奈家の母を茉莉はこう呼んでいた）のじゃがいもなのに。

茉莉は猫を下ろし、思わず石のそばに近寄った。文房具屋《ぶんぼうぐや》のおばさんが茉莉の前にじゃがいもをよそった皿を置いて言った。

「茉莉ちゃん。朝比奈さんも死んじゃったわね。茉莉ちゃんかわいがってもらってたから、茉莉ちゃんが一番にお上がりなさいよ」

近所の人たちはAめいめいに皿を取って、食べはじめた。空襲前、こ

MEMO

大切なことはメモしておこうネ！

平成29年度

解答と解説

《平成29年度の配点は解答用紙に掲載してあります。》

＜算数解答＞ 《学校からの正答の発表はありません。》

1 (1) 2017 (2) 120個 (3) 8通り (4) 解説参照

2 (1) ① 12.5cm² ② 5cm (2) (図) 解説参照 ① 25.12cm ② 91.075cm²

3 (1) ① $\frac{19}{29}$ ② $\frac{13}{15}$ (2) 224個 (3) $\frac{114}{435}$から$\frac{117}{435}$，$\frac{318}{435}$から$\frac{321}{435}$

4 (1) (図) 解説参照 (面積) 2cm² (2) ① 正六角形 ② 3：2 (3) 32cm³

＜算数解説＞

1 (四則計算，割合と比，立体図形，場合の数，論理)

基本 (1) $\frac{3}{4}\times\frac{1}{6}\times(7+\square)\div23=\frac{4}{7}\div\left(\frac{18}{77}\times\frac{2}{9}\right)=\frac{4}{7}\times\frac{77}{4}=11$ $\square=11\times23\times8-7=2017$

やや難 (2) 和が一定であり，5＋3＝8，3＋1＝4より，5：3が6：2になったので，比の3－2＝1が15個である。したがって，個数の合計は15×8＝120(個)である。

(3) 以下の8通りがある。…回転して同じになる立体は1通りとする。

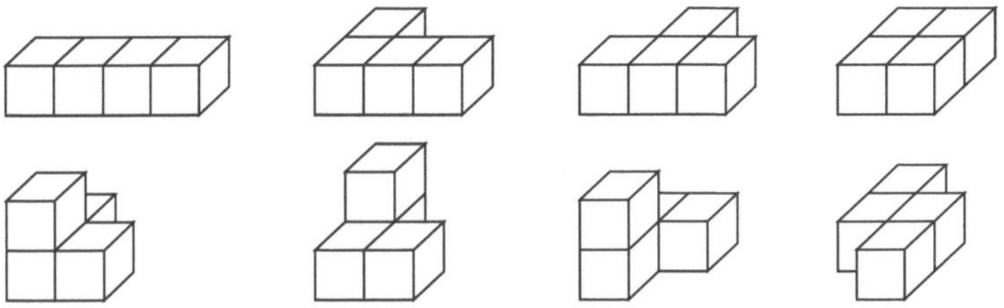

重要 (4) (解答例)
- 買い物をするとき，おつりで硬貨がふえないように計算してお金を払えた。
- 地図の縮尺を利用して，目的地までのおおよその距離を計算することができた。
- 平年かうるう年か区別するだけで，今年の誕生日に来年の誕生日の曜日を言えた。
- 1000mLのパックの容積が何cm³か，換算することができた。
- 50m走の時間から，自分が走る秒速がどれくらいか計算することができた。
- 2haの面積は，たて・横が何mずつの長方形の面積に相当するか計算できた。
- 消費税込の金額から，商品の定価を計算することができた。
- 出席番号が奇数で終わると中央の出席番号があるが，偶数で終わるとそれがない。
- 箱のなかに並んでいるお菓子の個数を数えるとき，かけ算ですぐに答えがでた。
- 植物の葉の位置が，茎の周についてフィボナッチ数の関係にあると聞いて感心した。

2 (平面図形，図形や点の移動)

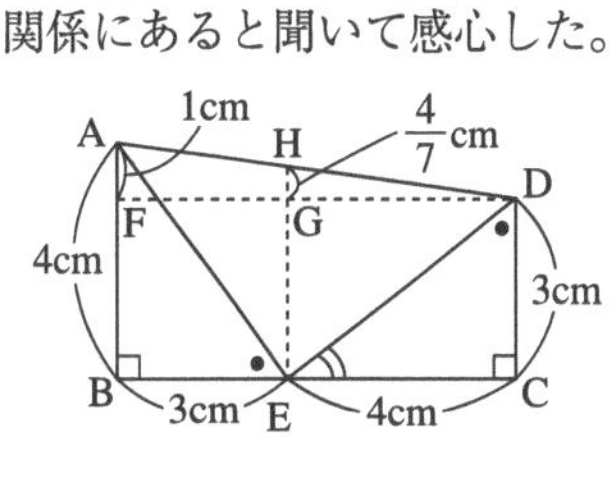

基本 (1) ① (3＋4)×7÷2－3×4＝12.5(cm²)

【別解】 右図において，三角形AFDとHGDは相似であり，HGは(4－3)÷(4＋3)×4＝$\frac{4}{7}$(cm)であるから，三角形AEDの面積は$\left(\frac{4}{7}+3\right)\times7\div2=12.5(\mathrm{cm}^2)$

② 三角形ABEとECDは合同であり，三角形AEDは直角二等辺三角形である。したがって，①より，AE×AE＝12.5×2＝25であり，AEは5cm…直角三角形ABEは3辺の長さが5：4：3の直角三角形である。

重要 (2) 線イは，下図のようになる。

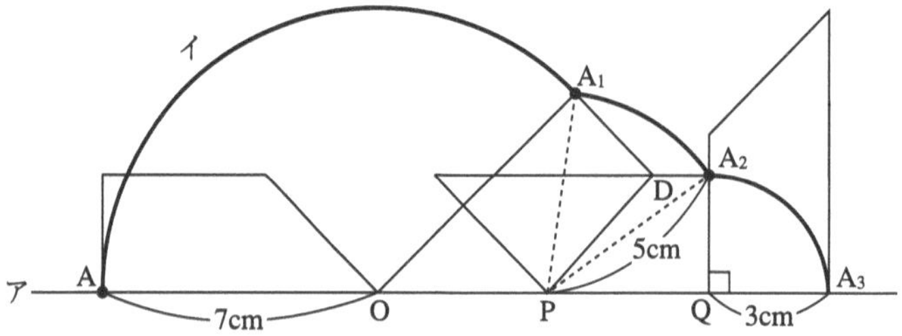

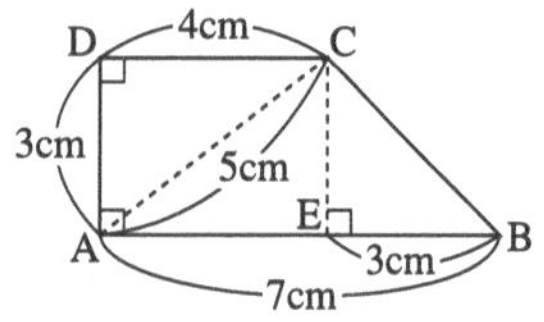

① 右図において，三角形CEBは直角二等辺三角形であり，角EBCは45度，三角形ACDの辺ACの長さは，(1)②より，5cmである。したがって，イの長さは7×2×3.14÷360×(180−45)＋5×2×3.14÷360×45＋3×2×3.14÷4＝(5.25＋1.25＋1.5)×3.14＝8×3.14＝25.12(cm)

…上図において，角A_1PA_2は角DPQに等しく180−(45＋90)＝45(度)である。

② 上図より，以下のように計算する。

おうぎ形AOA_1…7×7×3.14÷8×3＝147÷8×3.14(cm^2)

三角形OPA_1と三角形PQA_2…これらを組み合わせると台形ABCDになり，面積は(4＋7)×3÷2＝16.5(cm^2)

おうぎ形A_1PA_2…5×5×3.14÷8＝25÷8×3.14(cm^2)

おうぎ形A_2QA_3…3×3×3.14÷4＝9÷4×3.14(cm^2)

したがって，求める面積は{(147＋25)÷8＋9÷4}×3.14＋16.5＝23.75×3.14＋16.5＝91.075(cm^2)である。

3 (数の性質)

基本 (1) ① 435＝29×15，285＝19×15より，$\frac{19}{29}$

② ①と377＝29×13より，$\frac{13}{15}$

重要 (2) 435＝3×5×29である。

3の倍数の個数…435÷3＝145(個)　5の倍数の個数…435÷5＝87(個)

29の倍数の個数…435÷29＝15(個)

3・5の公倍数の個数…435÷15＝29(個)　3・29の公倍数の個数…435÷87＝5(個)

5・29の公倍数の個数…435÷145＝3(個)

3・5・29の公倍数の個数…1個

したがって，約分できる分数の個数は145＋87＋15−(29＋5＋3)＋1＝248−37＝211(個)，既約分数は435−211＝224(個)である。…435は3・5・29の公倍数であり，3組の公倍数の個数を引くと，435の1個分が消えてしまうので，式の最後に1個を加える。

やや難 (3) (2)より，3，5の最小公倍数15の倍数30と29から始めて，3，5，29の倍数が連続する場合を調べると以下のようになる。

27 $\boxed{29}$・30−　57・$\boxed{58}$ 60−　$\boxed{87}$ 90−　〈114・115・$\boxed{116}$・117 120〉

144・$\boxed{145}$ 147 150−　$\boxed{174}$・175 177 180−　$\boxed{203}$・204・205 207 210−

230・231・[232]　234・235　237　240－　260・[261]　264・265　267　270－
[290]・291　294・295　297　300－
〈318・[319]・320・321　324・325　327　330〉
[348]　350・351　354・355　357　360－
[377]・378　380・381　384・385　387　390－
405・[406]　408　410・411　414・415　417　420－

したがって，最も長く連続する並びは$\frac{114}{435}$から$\frac{117}{435}$，$\frac{318}{435}$から$\frac{321}{435}$である。

4　**（立体図形，平面図形，割合と比）**

基本　(1)「立体あ」の上面は図1の斜線部のようになり，この正方形の対角線は4－1×2＝2(cm)，面積は2×2÷2＝2(cm²)である。

重要　(2)　①　図2において，正三角形PQRの辺RPは面アイウ・エオカによって切り取られ，辺STが残る。同様に，他の辺も切り取られ，図3のように，「面い」は正六角形になる。

②　図3より，正三角形PQRと「面い」の正六角形との面積比は9：6＝3：2である。

図1

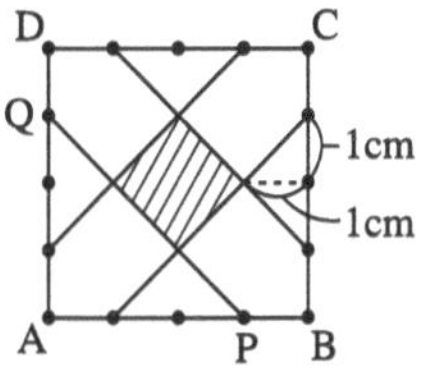

図2

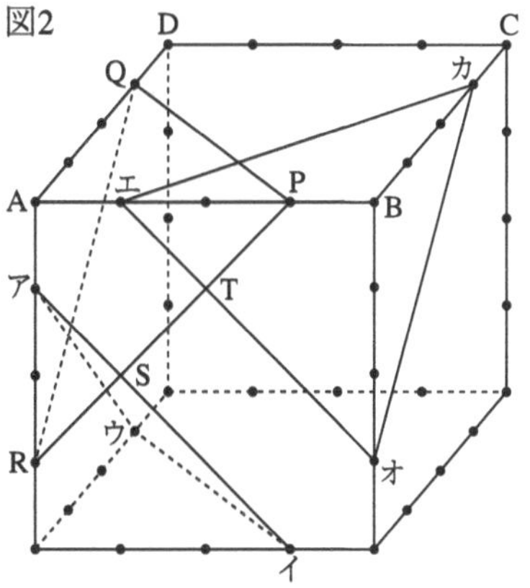

図3

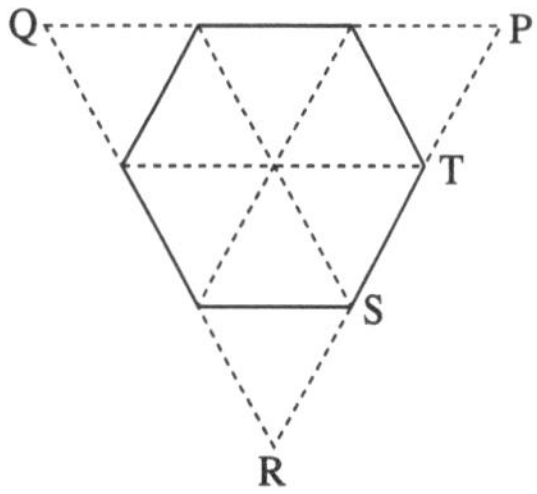

やや難　(3)　図4において，各部分の体積は以下の通りである。

全体の立方体…4×4×4＝64(cm³)

三角錐R－APQ…3×3÷2×3÷3＝4.5(cm³)

三角錐U－アRS…図5より，直角二等辺三角形アRSの面積は2×1÷2＝1(cm²)，面アRSから頂点Uまでの高さはAキの長さに等しく1cmであり，体積は1×1÷3＝$\frac{1}{3}$(cm³)

図4

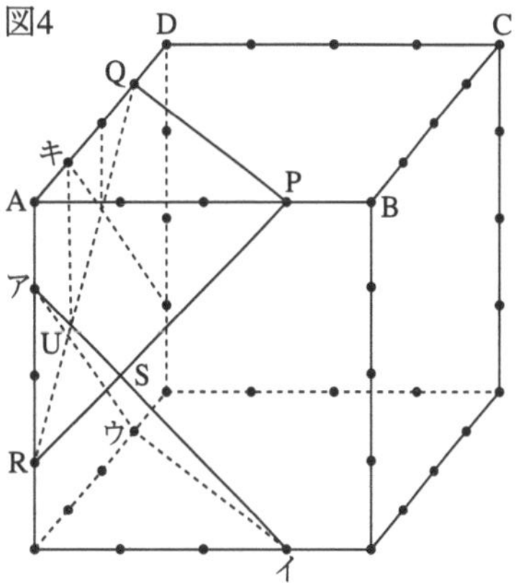

したがって，「立体あ」の体積は64－4.5×8＋$\frac{1}{3}$×12＝64－36＋4＝32(cm³)である。

→三角錐R－APQを含めてこれと合同な立体は，立方体の頂点の数に対応して8個あり，三角錐U－アRSを含めてこれと合同な立体は，立方体の辺の数に対応して12個あるが，全体の立方体から三角錐R－APQ8個分の体積を引くと，三角錐U－アRS12個分の体積を重複して引くことになるので，この12個分を式の最後に加える。

図5

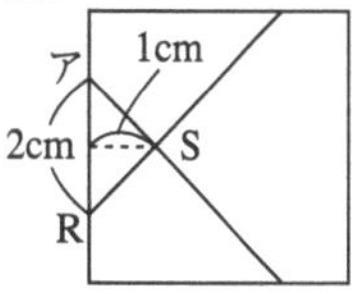

★ワンポイントアドバイス★

[1](3)「立体図形・場合の数」はミスしやすく，まず1段だけで何通りの立体ができるか集中しよう。(4)「実生活と算数」は貴重な問題であり，書けなければいけない。[3](3)「数の性質」，[4](3)「立体図形」も容易ではない。

＜理科解答＞《学校からの正答の発表はありません。》

[1] (1) エ　(2) ① ア，オ，ケ　② イ，カ　③ キ　(3) ウ→ア→イ→エ
(4) ① ア　② ア　(5) ① ウ　② イ，エ　(6) エ　(7) ウ

[2] (1) ア　(2) ① イ　② ウ　(3) ① カ　② ア　③ イ　④ オ
(4) ① ア　② カ　(5) カタバミは体内に，1日周期のリズムを持っているため。

[3] (1) エ　(2) ウ　(3) ア　(4) ア　(5) イ

[4] (1) 分解[消化]　(2) エ　(3) エ　(4) イ　(5) ウ
(6) 10gの酢Aと90gの水を，それぞれ上皿ばかりではかりとってから混ぜる。
(7) 酢は，ゼラチンの網を通過できること
(8) 変わらない。

[5] (1) ウ　(2) 小さ　(3) 右図
(4) 横軸の値が0のとき，たて軸の値が0になっていない　(5) スライド抵抗器以外のところに，長さ1cmぶんにあたる抵抗があるから。

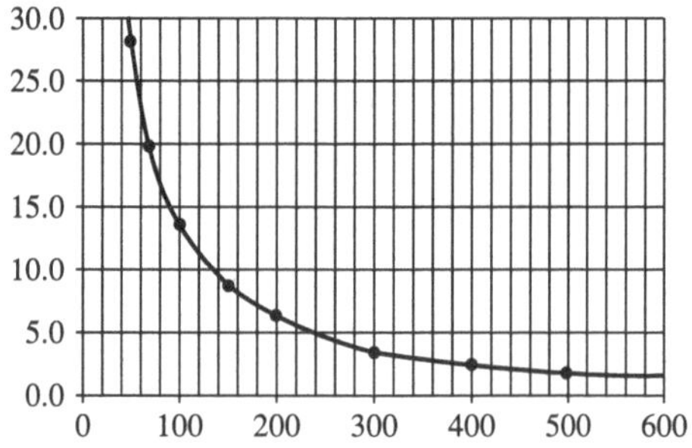

＜理科解説＞

[1] (総合ー小問集合)

基本 (1) 問題文の現象は，目に見えない気体の水蒸気が，目に見える液体の水滴である湯気に変化している。同様なのはエの結露であり．室内の空気中の水蒸気が，冷えた窓ガラスに冷やされて液体になる。ア，イ，カは，液体の水が気体の水蒸気になる蒸発，オは固体が気体になる昇華であり，ウは水溶液の凝固点が下がる現象である。

重要 (2) ア，オ，ケは，位置が変わっておらず，静止している。イでは加速，エでは減速しているが，ウではグラフが直線なので等速である。また，逆向きで，カは加速，キは等速，クは減速である。等速のウとキを比べると，ウは2秒間で距離7.5動いているが，キは2秒間で9.5動いており，キの方が速い。

(3) はじめは低倍率にあわせ，プレパラートを置く。横から見ながら対物レンズとプレパラートを近づけておき，接眼レンズをのぞきながら，対物レンズとプレパラートを離す向きに動かし，ピントを合わせる。

(4) アはクンショウモ，イはミジンコ，ウはゾウリムシである。アは植物プランクトン，イは動物プランクトンである。また，イとウは肉眼でも存在がわかる程度の大きさであるが，アは小さく見えない。

(5)　台風は，熱帯低気圧のうち，中心付近の最大風速が17.2m/秒以上のものをさす。暴風と大雨により様々な災害を起こす。ア，ウ，オは主に地震による災害である。台風によって海水面が上昇するのは高潮である。

(6)　鏡を角度Aだけ回転させると，入射角も反射角もAずつ変化するので，反射光の向きはAの2倍だけずれる。

(7)　川が曲がっているところでは，カーブの外側の流速が速く，侵食が激しい。

2　**(植物のはたらきーカタバミの就眠運動)**

基本　(1)　種子がはじけ飛ぶものには，カラスノエンドウやホウセンカなどがある。イは風で飛ばされる。ウは動物に食べられて運ばれる。エは動物のからだにくっついて運ばれる。

(2)　カタバミやツユクサ，イチゴなどは，地面をはうように「ほふく茎」を伸ばし，そのところどころから芽や根を出す。

(3)　夕方，開閉度が3.8になったのは，日なたで18：10過ぎ，日かげで18：00ごろで，いずれも明るさは500ルクス程度である。開閉度が1.5になったのは，日なたで18：50ごろ，日かげで19：00ごろで，いずれも明るさはほぼ0である。一方，朝，開閉度が1.5になったのは，日なたで5：00ごろ，日かげで5：00すぎで，いずれも明るさは100ルクス程度である。開閉度が3.0になったのは，日なたで5：30ごろ，日かげで5：50ごろで，いずれも明るさは400ルクス程度である。

(4)　問題文から日没が18：45で，(3)から葉を閉じ始めるのが18：10すぎだから，日没前に閉じ始めている。また，日の出が5：00で，葉がほぼ開くのは5：30ごろだから，日の出後に開いている。

(5)　ずっと明るい部屋に置いても，数日間であればほぼ同様に葉の開閉をおこなうのは，外からの刺激だけでなく，体内時計のような24時間周期のリズム(概日リズム)を持っていると考えられる。

3　**(太陽と月ー月から見た地球)**

(1)　明け方に見える月は，真南なら下弦の月だから，南東ならそれより細い月である。東側の地平線である左下側が明るい。

(2)　月の北極から見て，地球の右半分が明るく見えるには，月はウの位置になければならない。アなら左半分が明るく，イなら明るい部分は見えず，エなら地球の全体が明るく見える。

重要　(3)　北極側から見て，地球の自転や公転，月の自転や公転は，すべて左回り(反時計回り)である。ウのあとは，月はエの方へ動くので，地球の明るく見える部分は大きくなっていく。

(4)　地球と月の距離は，どちらから見ようと当然同じなので，両者の見かけの大小は，単純に地球と月の実際の大小で決まる。月の直径は地球の直径の約4分の1である。

やや難　(5)　(3)のとき，月の位置はウである。月の赤道からみて地球が地平線近くに見えるには，観測者は図のウの月面上の右端あるいは左端にいなければならない。このときの地球は，上半分あるいは下半分が明るく見えるはずであり，選択肢ではイのみが考えられる。

4　**(物質の性質ーゼラチンと寒天のゼリー)**

(1)　ヒトが食物を栄養分として利用するには，食物中の栄養分を分解し，小腸の柔毛の壁を通過できるくらいまで小さくしなければならない。このはたらきが消化である。問題文のように寒天が0kcalなのは，寒天の炭水化物がヒトには分解できないためである。ちなみに，寒天中の炭水化物のほとんどは食物繊維であり，ヒトはそれを分解する酵素を持っていない。

(2)　ア，イは，ゼラチンの実験結果から，加える量によって差が出ているので誤り。ウは実験の範囲ではその通りだが，ほかの温度でもいえるか不明である。エは，ゼラチンの実験結果から正しいといえる。

(3)　実験1では，3gのゼラチンで，20℃の水の場合，完全に固まってはいないため，20℃より低い温度で網ができると考えられる。一方，実験2では20℃では網はほどけておらず，20℃より高い温度で網がほどけると考えられる。

(4)　実験2の結果から，体温に近い40℃では，ゼラチンは時間しだいで溶けるが，寒天は溶けないので，しっかり歯ごたえがある。

(5)　実験3の結果から，ゼラチンの水は，食塩を置くことで動きやすくなる。寒天の場合は，水はほとんど流動していない。

基本　(6)　10倍にうすめるということは，元の水溶液の重さを1としたとき，9の重さの水を加えて，全体の重さを10にすることである。本問では，酢Bを100gつくるのだから，酢Aを10g，水を90gはかりとって混ぜればよい。はかりとる器具は，自動上皿ばかり，あるいは，上皿天びんなどを使えばよい。

(7)　実験の最初の段階では，ゼリーの網の中にBTB液があり，外側に酢Bがある。実験結果によると，ゼリーの網はほどけていないにもかかわらず，内部のBTB液の色が変化した。これは，酢が網をほどくことなく中へ浸透したことを意味している。

(8)　(7)と異なり，氷は一方的にとけていくので，液体の方はBTB液と酢が混ざり，黄色になる。しかし，酢は氷の中に入り込むことはできないので，氷の色は変わらない。

5　（電流と回路－抵抗の長さと電流）

基本　(1)　電流の予想がつかない場合，電流計の－端子は，はじめは値の大きな5A端子につなぐ。値の小さい端子につないで，大きい電流が流れてしまうと，針が振り切れ，電流計内部の配線が焼き切れて壊れてしまうおそれがある。

(2)　問題文にあるように，左端からスライドつまみの位置までの長さに比例して，抵抗の部分が長くなる。そして，図1のとおり，スライドつまみの位置までが長いと，電流は小さくなる。以上のことから，抵抗が長いほど電流は小さくなる。

(3)　1つ1つの測定値を，グラフ上にしっかりした点で取る。横軸の1目盛りが20mAであることに注意する。点が取れたら，多くの点の近くを通るような，なめらかな曲線で結ぶ。

(4)　もし位置と電流の大きさが反比例しているとすれば，右表のように，位置が2倍，3倍のとき，電流は2分の1，3分の1となり，(1÷電流)は，2倍，3倍になる。つまり，位置と(1÷電流)は比例するはずである。よって，図2のように位置を横軸，(1÷電流)を縦軸に取ったグラフをつくると直線になり，そのグラフを左下に伸ばすと，原点(0のとき0)を通るはずである。ところが，図2を見ると，直線ではあるが，原点を通っていない。これは位置と電流が反比例していないことを示している。

位置	2倍	3倍	4倍
電流	$\frac{1}{2}$倍	$\frac{1}{3}$倍	$\frac{1}{4}$倍
1÷電流	2倍	3倍	4倍

やや難　(5)　スライドつまみの位置に1cmを足すと，図3では，位置と(1÷電流)が原点を通る直線になり，図5では，位置と電流の積がいつも同じになることから，位置と電流が反比例の関係になると示される。では，この1cmは何かというと，スライドつまみを左端にくっつけたとしても，まだ存在する抵抗である。つまり，回路全体の中で，スライド抵抗器以外に存在する抵抗が，1cmに相当する分だけ存在しているのである。導線や器具は，完全に抵抗が0ではないので，その分が測定値に入ってしまったと考えられる。

★ワンポイントアドバイス★

実験結果をていねいに読み取り，その結果が意味するものは何かをよく考えて問題に取り組もう。

＜社会解答＞ 《学校からの正答の発表はありません。》

問1 (1) ウ (2) イ (3) 20 (4) a キ b ウ c カ d イ

問2 (1) エ (2) 価格が高い米や野菜，果物の自給率が高いため。 (3) 主食のご飯と野菜，魚などの少量のおかずの伝統的な日本食から，主食以外に肉や卵などの畜産物も含め様々な副菜を食べる西洋風な食事が普及し，米の消費は減り食糧の輸入が増え自給率が下がった。

問3 (1) オ (2) イ

問4 (1) イ (2) エ (3) (i) 火であぶったりゆでたりして加熱したあと乾燥させることで保存がきくようにするため。 (ii) 新井白石は長崎貿易で日本が輸入超過のために海外へ金銀が流出するのを抑えるために長崎貿易を制限するようになり，その後，中国相手に海産物の干物を輸出するようにして制限を緩和した。 (4) (i) 第一次世界大戦 (ii) 米騒動 (iii) ウ (iv) (あ) 主権 (い) 象徴 (記号) エ (5) イ

問5 (1) 最初の段階で，鶏のからあげを第1位か第2位で挙げている児童の合計数が最も多いから。 (2) 第1位か第2位でカレーライスを挙げている児童の合計数が最も多いということ。 (3) イ

＜社会解説＞

(食料に関連する歴史と地理，政治の総合問題)

基本 問1 (1) 設問の地図は千葉県の北西部が茨城県と埼玉県の間に細長く伸びているあたりで，Xが埼玉県，Yが千葉県，Zが茨城県。(あ)は京葉工業地域の特徴である素材中心の工業の説明，(い)は埼玉県南部の工業地域の説明，(う)は茨城県の鹿島臨海工業地域の説明になっている。

(2) ア 埼玉県の工業地域は主に鉄道や主要な幹線道路，高速道路沿いに伸びているが，千葉県の工業地域は主に海沿いの地域で発達。 ウ 地図中のZ県の水田は標高10mのあたり。 エ 河川と堤防の間は畑になっている。 (3) 25000分の1の地形図なので，500000(cm)÷25000＝20(cm)となる。 (4) a 茨城県の笠間市，かすみがうら市などが栗の主産地。 b 宮崎県のきゅうりは促成栽培のものが中心。 c 鹿児島県の豚は全国シェアの14％程を占める。 d 愛知県のキャベツは主に冬に出荷されるものが中心。

やや難 問2 (1) エ 野菜については，イギリスは国内供給量の半分以上は輸入だが，日本は国産が多い。

(2) 日本の米は主食のものとしては海外の小麦などと比べても価格が高いので，米の自給率が高いことで生産額ベースの自給率も高くなってくるというつながりがわかれば答えられる。

(3) 日本人の生活様式が1960年頃と比較すると，2010年ではかなり西洋化してきており，食事の内容もかつての伝統的な一汁一菜の和食の状態から，主食も米以外のパンなどの消費が増え，肉類や乳製品などの畜産物によるおかずなどの品数が多い西洋風の食事に変化してきたことで，自給率が高かった米の消費は減り，様々な食品の輸入が増えて自給率が低下している。

問3 (1) ア 世界の人口増加率は年々下がってはいるが2030年以後は人口が減るとは言えない。
イ コートジボワールやガーナは5歳未満児死亡率は日本より高いが，人口増加率も高い。
ウ ガーナとコートジボワールを比較すると，1人あたりGNIはコートジボワールの方が低いが，児童労働率はガーナの方が高い。 エ 開発途上国などの児童労働は家族と一緒のものではないケースも多いので家族労働を禁止しても解消はできない。 (2) ア 税金の使い道(予算)の承認は国会の仕事。 ウ 日本の国家予算は本来なら税金で全てを賄うべきだが，現状では国債に頼っている部分も大きい。 エ 人口の年齢別構成は予算を作成する際には大きな決定要因にはなりうるが，

その予算を作成する内閣の方針によっても大きく変化しうるので自動的に決まるものではなく，また世論が及ぼす影響も少なからずある。　オ　日本は国際連合発足時(1945年)からの加盟国ではなく1956年に80番目に加盟。

やや難 問4　(1)　史料1は山上憶良の貧窮問答歌のもの。　(2)　エの内容は平安時代に発生した田楽のもの。田楽の要素は後の能楽や猿楽に残されている。　(3)　(ｉ)　魚介類のような水分の多いタンパク質のものはすぐ傷みやすいので，熱を加えたり，塩などを使って傷みにくくして保存が利くようにする工夫がなされてきた。　(ii)　江戸時代の長崎貿易では日本からオランダ商人や清の商人に売るものよりも日本が買うものの方が多く，結果的に輸入超過の状態になっていたことと，欧米と日本とでは金銀の交換比率が異なっていたために，特に金が海外へ持ち出されていた。そのため新井白石は1715年に海舶互市新例を出して長崎貿易を制限した。その後，田沼意次の時代に蝦夷地の開発が積極的に行われ，そこで取れる海産物の干物を清へ輸出するようになり，長崎貿易の制限が緩和された。　(4)　(ｉ)　第一次世界大戦は1914年のサラエボ事件で始まる。日本は第一次世界大戦によりヨーロッパの国々からのアジアへの輸出が大幅に減少した中で代わりに輸出を伸ばし好景気になる。　(ii)　第一次世界大戦末期の1917年にロシア革命が起こり社会主義の国が誕生したことに対して，社会主義が広がるのを警戒した国々がロシア革命に干渉し，日本もシベリア出兵を行う。これを見越した米商人たちが米の買い占め・売り惜しみをしたことで米価が急騰し，1918年に富山で起こった暴動が各地に広がり米騒動が起こった。　(iii)　ウ　米騒動が起こったのは1918年だが，民衆の政治への様々な運動はその後もある。　(iv)　民主主義の本来の主権者は国民だが吉野作造の民本主義は天皇主権の当時の情勢に合わせた形になっていた。現在の日本国憲法では天皇の位置づけは国民の象徴，日本国民統合の象徴となっている。　記号　ア　衆参各院の総議員の3分の2以上の賛成が必要なのは憲法改正の際。　イ　特定の地域のみに限定されるような法律の制定の際には地域の住民による住民投票が行われるが国全体に関してはない。　ウ　選挙は国民の権利ではあるが投票は義務ではない。　(5)　イ　ハワイやブラジル，ドミニカなどへの移民は選択肢にあるような国民の生活を豊かにするためのものというよりは，移民先の労働力不足に対応する形で出稼ぎのような形で行われ，移民先でも半ば奴隷のような過酷な労働を強いられることが多かった。

重要 問5　(1)　表の数値と見比べて判断。上位5つのメニューの中では「鶏のからあげ」が第1位と第2位の児童数を足すと65人となり，次に多い「スパゲティミートソース」の36人とはかなりの差になっている。　(2)　「カレーライス」は第1位にはどの学年でもなってはいないが，第2位になっている学年は4学年と多く，その合計人数も91人と最多である。　(3)　ア　人口100万人以上の都市がない新潟県の方が神奈川県よりも1票の価値は低い。　ウ　衆議院，参議院の選挙が行われるたびに1票の重さの格差が違憲状態であるという裁判が起こされており，最高裁でも判断がくだされている。エ　2016年の参議院選挙から1票の重さの格差是正のために人口が少ない鳥取県と島根県，高知県と徳島県をそれぞれ合区として選挙区が設定された。

★ワンポイントアドバイス★

問題数は多くないが記述が多く，相当考えないと答えが出せない問題も多いので，自分なりの時間の配分をあらかじめ決めておいて解いていくことと，先に一通り目を通して手をつけられるものからやることが必要。

＜国語解答＞《学校からの正答の発表はありません。》

問1　1　砂糖　2　解　3　不意　4　当然　5　救護所　6　庫　7　精白　8　留　9　模様　10　平時　11　拾　12　生　13　発令　14　人気　15　手招
問2　A　ア　B　オ　問3　(例)　死者の懐から次々財布を抜き取る男を見て，恐ろしくなったから。　問4　オ　問5　エ　問6　ウ　問7　ウ　問8　(例)　茉莉が家族を失いつらい思いをしていると気づき，元気づけたいと思ったから。　問9　ウ　問10　(例)　他人のものを平気で盗むような人を憎んでいたが，清三が盗んできた弁当を見て食べられると喜んだ自分も泥棒と同じだと気づき，生きるためであっても盗むことが悪いようには思うが，盗まずに飢え死にした方がいいのか判断できなくなり，悩み始めているということ。　問11　(例)　娘一家の死を知って生きる気力をなくしてしまい，茉莉は助けたいが，自分は死のうと思っている。
問12　(例)　Xでは，求めなくてもいつも与えられてきた茉莉は何もできなかったが，家族の死を受け入れ，自分の力で生きのびる決意をしたことで，Yでは，生きるために必要なことは何でもやろうとしている。　問13　ア

＜国語解説＞

(物語文一主題・心情・理由・場面・細部表現の読み取り，記述，漢字の書き取り)

基本
問1　1　食品のさとうのことである。「糖」は，甘みのある炭水化物のこと。この言葉に関連して，「糖分」「糖質」「糖尿病」などの言葉がある。　2　文脈から，ほどいていたという意味だとわかる。「説(と)く」とまちがえないようにしたい。　3　思いがけないことという意味である。「突然」と同じ意味である。　4　そうあるべきという意味である。必ずそうなるという意味では「必然」という言葉がある。　5　「救護」とは，被災者・傷病者などを助けること。その場所が「救護所」である。　6　物をしまっておく箱などのこと。「金庫」「倉庫」「書庫」など，さまざまである。
7　ここでは，お米の外皮を取り，白くすることである。そうしてできるのが，白米になる。
8　「留め金」は物の合わせ目が離れないように留めておく金具という意味である。　9　ここでは，布などの表面の絵柄のこと。「模様」は，ありさま・ようすという意味もある。その意味で，「空模様」という言葉もある。　10　ここでは，戦争などない平和な時という意味である。戦争中は，「戦時」となる。　11　ここでは，落ちているものを手にすることの意味である。熟語にすると，「拾得」となる。　12　ここでは，植物が伸びてくることである。「芽生える」とも表せる。
13　法令や警報を出すことを意味する。命令が発せられたということである。　14　人のいる気配という意味。「人気」は，文脈によっては，にんきとも読む。　15　こちらに来るように手で合図することを意味する。

問2　A　「めいめいに」とは，一人一人，それぞれという意味である。　B　「立ちすくみ」とは，立ったまま動けなくなるという意味である。選択肢では，オの「驚きで足が動かず」があてはまる。

問3　「踵を返す」とは，引き返す，後戻りするという意味である。傍線①の直前の段落には，死者の懐から次々財布を抜き取る男の様子が描かれている。その男の不気味な様子を見て，恐ろしくなったために，茉莉は，踵を返したのである。記述の際には，「死者から財布を抜き取る男を見た」というできごとに，「恐ろしくなった」という茉莉の気持ちの部分をつけ加える。

問4　傍線部②が含まれる場面に着目して，解答する。空襲を受けた後の茉莉は，自分の家の焼け跡で猫を抱いて寝た。そして，傍線部②直前で，翌日家に来た近所の人たちの視線から，茉莉は「おこじきさんを見た人の顔」を思い出した。つまり，茉莉自身がおこじきさんのように見られたのだ。

まとめると，空襲後の状況の中で，茉莉自身が「見てはいけないものを見るような目」で見られたのだ。そこから茉莉は「おこじきさん」の立場を実感して，母の言葉を初めて本当に理解したのだ。解答はオになる。アは，近所の人たちの視線について全く記されていない。イの「のんきな子ども」という表現はおかしい。ウ，エに書かれた茉莉の心情はまちがっている。

問5　傍線部③よりも，かなり後の部分に「茉莉は母や父たちが死んだということが，やっとわかりはじめていた」とある。そのような部分と，この場面の茉莉の様子などから，傍線部3時点では，茉莉が状況を十分には理解していないことが読み取れる。状況の理解できていない茉莉が，手にしたキャラメルを奪われるという，日常ではなかなか体験できないことに直面したのである。茉莉の心の中に，混乱が生じていることは類推できる。解答は，「衝撃的な現実を目の当たり」「状況を受け入れきれず混乱」とある，エの選択肢になる。アの「うらやましい」は，誤答になる。イの「がっかりして生きる気力を失っている」は，混乱している様子とは異なる。ウの「怒り」，エの「悲惨さに心を痛める」も，混乱状況の茉莉の様子とは異なる。

重要 問6　傍線部④前後の表現に着目したい。傍線部④より少し前の，「茉莉は母や父たちが……わかりはじめていた」，傍線部④直前の「わたしだけは生きている」，傍線部④直後の「死んでいる人たちと生きている自分はちがう人間」という表現から，茉莉が家族の死と自分自身の生を実感し始めている様子が読み取れる。また，「わたしはわたし」という表現から，わたしの個というものを強く実感していることも読み取れる。解答は，「家族の死を理解しはじめ」「生きている自分を実感」「自分の存在は固有」とある，ウである。アは「前向き」，イの「すばらしい」，オの「幸運」はおかしい。この部分では，そのような気持ちになっていない。エは，「自分の存在は固有」という点まで説明しきれていない。

問7　傍線部⑤の時点で，茉莉は人の手から平気で物を奪っていく人々があふれている世の中にいる。そして，そのような中でやっと食料を口にできたとき，美子のことを思い出した。美子は，極めて厳しい状況の中，一つしかないおむすびをためらいもせずに茉莉に渡した。平気で奪う人と，ためらいもせずに人に差し出す人を比較して，茉莉は「なぜ」と感じたのだ。解答は，「他人のものを平気で奪うような身勝手な世の中」「迷わず自分のものをさしだす美子」「際立っている」とある，ウになる。アは「反省」とあるが，「反省」までの様子は，この場面では読み取れない。イの「偽善」はあやまり。エは，世間の人も見習うべきと書かれているが，文章中には述べられていない。オの自分をなぐさめようという気持ちも，文章からは読み取れない。

重要 問8　傍線部⑥直前のやり取りに着目する。「茉莉ちゃんだけ？」という勝士の質問に対して，茉莉はおずおず頷いている。その様子から，勝士は，茉莉の家族全員が亡くなり，茉莉がつらい思いをしていることに気づいたのである。その後の笑顔は，茉莉のつらい気持ちに対してのもの。「はげまそうとした」「元気づけようとした」という勝士の思いの表れである。記述の際には，「茉莉が家族全員を失いつらい」というできごとに対して，勝士の「はげましたい」「元気づけたい」という思いを加える。

問9　傍線部⑦前後の内容から，解答を考えることができる。少し前の部分に「もうおかあちゃまには会えない。茉莉はやっと悟った」とある。ここから，茉莉が母親の死を認識したことがわかる。そして，傍線部⑦直前の「約束しておけばよかった」に続くのだ。その約束の内容は「わたしのそばにずっといてくれること」である。生きていてほしかったという茉莉の思いが読み取れる。解答は「母が死んだ……理解」「母に生きていてほしかったという思いがわきあがっている」とある，ウである。アの「母の死を全く認めることができず」は，読み誤り。イ，エ，オには，母に生きていてほしかったという，茉莉の思いが書かれていない。

やや難 問10　傍線部⑧までの内容は，傍線部⑧より少し前にまとまっている。その部分を活用して，記述することができる。「死体の懐に手を入れたおじさん……」で始まる段落がある。この段落から茉莉のもともとの考えが読み取れる。茉莉は，平気で人のものを盗むような人を悪だと考え，憎んでいたのだ。ところが，傍線部⑦以降の部分から始まる場面では，清三が盗んできたお弁当を見て，茉莉は食べられることを喜んだ。その後，傍線部⑧より少し前には「人の弁当を見て食べられることを……泥棒だった」と書かれているように，また，傍線部⑧の直前に，「盗まないで，飢えて死んでしまうのはいいことなのだろうか」とあるように，盗むなどの悪いと思っていた行為が，そのまま悪いと思えなくなって，悩み始めるのだ。記述の際には，「盗むことを悪いと思っていた茉莉の様子」に，変化のきっかけともなる「盗んだお弁当を食べられると喜んだ茉莉の様子」を書き加え，「判断ができなくなっていること」をつけ加える。このような内容を中心にするとよい。

問11　傍線部⑨より少し前に書かれた「茉莉の祖母は，娘一家が茉莉だけを残して……一日を過ごすようになった」の部分から，祖母が，娘一家の死を知って，生きる気力をなくしていることがわかる。そして，空襲の中，傍線部⑨のように茉莉だけは逃げるようにうながして，自分は避難すらしないのである。つまり，茉莉は助けたいが，自分は死を決意したのだ。記述の際には，「生きる気力を失っている」という祖母の様子に加えて，「茉莉は助けたい」という気持ちと，「自分は死を決意した」という気持ちを加える。このような内容を中心にするとよい。

やや難 問12　Xの直後に，「茉莉はそれを求める手段を知らなかった……求めなくても，いつも与えられてきた」とある。そのような状態のため，Xでは，茉莉は何もできなかったのだ。ところが，Yに至るまでに，茉莉は家族の死を受け入れた。また，文章中に「まだ生きのびるつもりだった」「決して死にたくはなかった」「わたしは生きのびなくてはならない」とあるように，茉莉は生きていこうと決意した。Yで，茉莉は大声を出した。生きるためにすべきことは何でもやろうとしたのである。解答の際には，Xとして「求めなくてもいつも与えられてきた」という内容，変化した理由として「家族の死の受け入れ」と「生きのびる決意」という内容，そして，Yとして「生きるために必要なことは何でもしようとしている」という内容を書き，XとYとの違いを説明する。

問13　ア　戦争が終わり，人々が騒いでいる様子を冷静に見て，茉莉は批判的に述べているのだ。「冷静さを取り戻せない」とある。この選択肢が適切でないものになる。　イ　茉莉の批判は，戦争と戦争に関係する状況に向けられたもの。イは適切である。　ウ　玉砕するはずだったのである。しかも，茉莉は家族を失ったのである。そこから茉莉のやるせなさがわかる。ウは適切である。　エ　茉莉の疑問に誰も答えられない。茉莉は家族を失っているのである。だから，誰も答えられないことに，割り切れない思いを感じるのだ。エは適切である。　オ　茉莉は，生まれてからこの時期まで，常に戦争の中で暮らしてきた。そういう茉莉の状況と比較して，読み手に平和を特別なものに思わせるのである。オは適切である。

★ワンポイントアドバイス★

記述の際には，解答の手がかりを明確にして，設問の条件を正確に把握しながら取り組んで欲しい。手がかりになる部分を適切におさえることができれば，書ける記述問題も多い。

MEMO

大切なことはメモしておこうネ！

データ対応

収録から外れてしまった年度の
問題・解答解説・解答用紙を弊社ホームページで公開しております。
巻頭ページ＜収録内容＞下方のQRコードからアクセス可。

※都合によりホームページでの公開ができない内容については，
次ページ以降に収録しております。

して順ちゃんは私をどのように見ていますか。それを端的《たんてき》に表した一文を探し、はじめの七字を抜き出して答えなさい。

問8　――線部⑤「そら、きた！　と、私は思った」（28ページ）とありますが、なぜ私は「そら、きた！」と思ったのですか。その理由を三十字以内で説明しなさい。

問9　――線部⑥「頭をかっきりひっつめて、黒っぽい服を着て、おねえさんは、三十一になってしまった」（27ページ）とありますが、これはどういうことですか。その説明として最も適切なものを次の中から選び、記号で答えなさい。

ア　おねえさんはわざわざ男性の関心をひかないような格好を長年し続けてきた結果、実際の年齢《ねんれい》以上に老《ふ》けて見えるようになってしまったということ。

イ　わがままな妹を甘やかさずきびしくしつけようと、おねえさんはすきのない格好をし続けたために、男性に相手にされず結婚しそびれてしまったということ。

ウ　戦争や両親の死に対する悲しみを表す服や髪型を長年してきたことで、おねえさんは同世代より大人びて見えるようになってしまったということ。

エ　姉妹《しまい》二人だけの生活のなか、おねえさんは自分のことを後回しにし、おしゃれもせずに質素な生活を続け、恋愛《れんあい》もせずにいい年になってしまったということ。

オ　おねえさんは異性とおつき合いをする経験もなく、わき目もふらずに働いてきたために、本人の意志に反してかたくなな大人になってしまったということ。

問10　――線部⑦「グロテスク」（27ページ）とありますが、この言葉の意味として最も適切なものを次の中から選び、記号で答えなさい。

ア　軽薄《けいはく》だ　イ　非常識だ　ウ　不気味だ
エ　横暴だ　オ　下品だ

問11　――線部⑧「私は、腹いせのように、私の卒業論文に熱中した」（27ページ）とありますが、この時の私の心情を五十字以内で説明しなさい。

問12　――線部⑨「あたしったら、まるで清教徒に育てちゃって……」（27ページ）とありますが、これはどういうことですか。その説明として最も適切なものを次の中から選び、記号で答えなさい。

ア　まだ学生の妹に変なうわさがたたないように、自分も結婚せず、妹にも男性との交際をさせなかったということ。

イ　二人の生活を支えているのは自分の収入なので、学生の妹を自分のいいなりにして、がまんさせてきたということ。

ウ　両親を失い、日々の生活はきびしいので、妹に自分が決めた生活規則を守らせ、自由にさせなかったということ。

エ　学生の妹は卒業論文や就職活動でいそがしい様子だったのに、無理に家事の手伝いをさせてきてしまったということ。

オ　まだ子どもでわがままな妹に、立派に自分で生活できるようになるように、厳しい規則を課してきたということ。

問13　――線部⑩「だいじょうぶよ、あたし、やっとこれで小学は卒業しました」（26ページ）とありますが、これはどういうことですか。本文全体をふまえて、百字以上百二十字以内で説明しなさい。

次の中からそれぞれ選び、記号で答えなさい。

A 「有無を言わせず」

ア 厚かましく　イ 強引《ごういん》に　ウ 無言で

エ こっそりと　オ 気前よく

B 「間髪を入れず」

ア 即座《そくざ》に　イ 我慢《がまん》できず　ウ 大声で

エ 大喜びで　オ 髪を振《ふ》り乱《みだ》して

問3 ――線部①「ちょっと眉をよせてみせ、そのくせ、配達さんには、あいそよく笑って」（31ページ）とありますが、これはどういうことを示していますか。その説明として最も適切なものを次の中から選び、記号で答えなさい。

ア おねえさんは私に困ってしまったので、配達さんに同意を求めるように笑いかけているということ。

イ おねえさんは私にいらだちを感じたが、配達さんには姉妹の不和を悟《さと》られまいとしているということ。

ウ おねえさんは私のことをたしなめたが、他人への礼儀は忘れず、配達さんをねぎらっているということ。

エ おねえさんは私にうんざりしたので、気持ちを落ち着かせようと配達さんの方へ顔を背《そむ》けているということ。

オ おねえさんは私をにらみつけたが、配達さんのいたことに気がつき、あわててごまかしているということ。

問4 ――線部②「戦争がなかったら、私たちは、あれほど親しくならなかったかもしれない」（30ページ）とありますが、これはどのようなことをいっているのですか。その内容の説明として最も適切なものを次の中から選び、記号で答えなさい。

ア 戦争中の困難な状況で私の母がマミーを助け、その恩を返すように三宅家が戦後の困難な状況で私の家を助けるなかで、両家に特別な結びつきが生まれたということ。

イ 戦争中でもマミーたちはいつも勤勉で、苦しい生活にも全く不平を言わなかったので、私の家族は三宅家の人たちに、特別な敬意をはらうようになったということ。

ウ 戦時中、日本語が不自由だったマミーを私の母が助けたことが縁となって、戦後は私の姉が英語を教わり、言語の壁《かべ》をこえた相互《そうご》理解が生まれたということ。

エ 戦争に勝つためには、海外帰りの者であっても関係なく、一丸となって敵と戦う必要があったため、私たちと三宅家の間には強い協力関係が生まれたということ。

オ 戦争というものは、どんな立場の人間にも等しく食糧不足をもたらしたので、大変な状況を生《い》き抜《ぬ》くためには、隣人《りんじん》同士の助け合いが必要だったということ。

問5 ――線部③「何もかもが逆になった」（30ページ）とありますが、これはどういうことですか。マミーの立場に則して六十字以内で説明しなさい。

問6 本文中の［　］で囲まれた箇所（29～28ページ）の私の順ちゃんへの思いを八十字以内で説明しなさい。

問7 ――線部④「それまで勝手に順ちゃんを、私のプリンス・チャーミングにきめていたんだ。順ちゃんは、眠り姫の私の目をさましに、日本にやってくるはずだった」（28ページ）とありますが、これに対たの……」

私の目から、お湯のような涙がころがりおちはじめた。

「なんだか……あなたがきてから、かわったみたい……」

「なんだい、ぼくのせいにして！」

「でも、そうなんだもの。いままで、ふたりっきりで、まあ、あの子だいじにって育ててきたでしょ？　だのに、このごろは、のけ者って気がするんじゃないかしら？　今度、かぜなおったら、ダンスにでもさそってよ。」

また、ボリボリがはじまった。

「いや、これから、気をつけるよ。なんだか、まだ子どもみたいな気がしてしかたがないもんだから……」

「子どもったって、もう二十一よ。」

「……とも子、おどれるのかい？」

「じょうずらしいわよ。このごろは、体操の時間にやるんじゃない？」

「ふん、体操で？……」

私は、頭のなかがクルクルまわって、

「私のだいじな問題、カキモチたべながら論じないでよ！　同情なんかしないでちょうだい！」と、ふたりのところへどなりこんだ錯覚《さっかく》さえもった。

その晩から、私は高熱をだし、ひと月寝た。夜と昼の見さかいもつかない二、三日がすぎて正気にもどった時、私は、おねえさんの狂気《きょうき》じみた13カンビョウぶりに、びっくりしてしまった。おねえさんは、十年一日と守ってきた日課をかなぐりすてていた。会社も休んだし、乱費もした。ふしぎなことに、私は、十も年とったようなおだやかな気もちになって、そのおねえさんを見ることができた。「かわいそうなおねえさん。」私の病気を知ったマミーからは、毎日のように14コウクウビンがきて、枕《まくら》もとにたまっていた。それには、さりげなくニューヨーク郊外《こうがい》のおそい春のようすなどが書いてあったが、何か自分のむすこの心なしをわびているような調子があるような気がして、私にはしかたがなかった。

私、なにか、とんでもないこと、うわ言で言ったのかしら、私は思ったが、そんなこと、どうでもいいと思った。

はじめて、からだをおこした日、順ちゃんは私を抱《だ》いて、縁側の籐《とう》いすまでつれていってくれた。

一月ぶりの日光がしみわたって、からだがうきあがりそうだった。

「どんな？」おねえさんが聞いた。

「いい気もち……、このまま、天国までのぼっていきそうだ。」

「ばかね。」天国にいく私をひきとめるように、おねえさんは、わきに坐《すわ》って私の手をにぎっていた。

「もうすぐピンピンだよ。なおったらね、とも子、ダンスにでもいこうか。」順ちゃんが、わきからのぞきこみながら、言った。

「順ちゃんたら！」私は、ほんとにおかしくなってしまって、キャッキャッと笑いだした。「いやだわ、カキモチくらいで15バイシュウされて……、⑩だいじょうぶよ、あたし、やっとこれで小学は卒業しました。」

（石井桃子《いしいももこ》「春のあらし」）

問1　═線部1～15のカタカナを漢字に直しなさい。

問2　〰線部A「有無を言わせず」（30ページ）、B「間髪を入れず」（29ページ）とありますが、この言葉の意味として最も適切なものをら、私の細腕《ほそうで》で私たちの生活もちきれないわ。そのかわり、あなたが卒業して、自分で生活できるようになったら、あなたは、あなたの自由よ。責任もって、あなたらしく暮らしてちょうだい。だけど、それまでは、おねえさんの言うこと聞いてね。」と、おねえさんは言うのだ。

私のために青春をなげうってしまったとも言えるおねえさん。⑥頭をかっきりひっつめて、黒っぽい服を着て、おねえさんは、三十一になってしまった。「あなたといっしょに、私も結婚するわよ。」と、おねえさんは笑うのだけれど。

でも、なんとなく、私は、それがあたりまえの気がしていた。おねえさんは、私のためにあるような気がしていた。

それが、いま、完全にみそっかすなのは、私だった。順ちゃんは、形式的な板倉さんとの交渉《こうしょう》をめんどくさがって、朝に晩に裏からやってきて、「ヤス、ヤス」の12レンパツだった。理解者を得て、おねえさんが日に日に、明るくなり、若がえるのは、だれの目にだってわかった。

それにしても、順ちゃんも妙な人だった。ちっともアメリカ式じゃない。少くとも、私たちのいうドライじゃない。むしろ、古風だった。おねえさんに対するサービスなんかときたら。それは、おねえさんのコブである私にも、もちろん、やさしくはしてくれたけれど……、私がまん中になって歩いている時など、私の頭ごしにかわされる、たのしげな、したしげな会話を、私は何度がまんしなくちゃならなかったろう。私は、時どき、心の中でみにくい悪罵《あくば》（口汚くののしること）を二人になげつけたりした。

「三十一の女と二十六の男なんて、⑦グロテスクじゃないの！」

⑧私は、腹いせのように、私の卒業論文に熱中した。テーマは、「女子日《ひ》雇《やとい》労働者の労働状況《じょうきょう》。」それから、就職だって、自分の手で片づけてみせるから！　私は、寒い十二、一月を口数も少なく、かけまわった。

いく晩か徹夜《てつや》して、やっと卒論をしあげて、二、三日すると、私は身心ともからになって、くたくたという気がした。そして、とうとう、ある夕、ごはんもたべずに寝こんだ。ひと眠りして、汗《あせ》びっしょりかいて、夢ともうつつともなくうつらうつらしていると、茶の間に順ちゃんがきたらしい。

「とも子は？」

「寝たのよ。かぜらしいの。」おねえさんが言った。「ねむったから、しずかにしてね。ここしばらくむりがつづいたから疲《つか》れたんでしょ……、カキモチ焼く？」

「うん！」と少年のように。

カタコト、家庭的な音がして、やがて、ぷーんとおもちの焼けるにおいがしてきた。

おねえさんが、しんみりとはじめた。

「ね、順ちゃん、いつかあなたにお願いしようと思ってたんだけど、これから少し、とも子を外につれだしてよ。さっきアスピリン（薬品名）のましたら、すうすう寝こんじゃって、その寝顔見てたら、かわいそうになっちゃった。⑨あたしったら、まるで清教徒に育てちゃって……」

「なんだか、小さいころとずいぶんかわったね……」

「ちがうのよ！」おねえさんの声が、大きくなった。「焼けたわ。」

ボリボリ、カキモチをかじる音がおこった。

「少し前まで、もっと明るかったの。もっとわがままで……かわいかっ性の髪型）のおねえさんをさがしあてていた。

「ヤス！」順ちゃんは、私のわきをすりぬけて、おねえさんの手をとっていた。

みるみるうちに、おねえさんの目に、涙《なみだ》がいっぱいにたまった。

もちろん、私には……、その時、おねえさんの頭を去来した、いろんな思いが、わかった。戦争のこと、両親の死、それから三宅家のさしのべてくれたあたたかい手。

でも……、同時に私には……、この再会のシーンは、ショックだった。

おねえさんは笑って、すぐ涙を払《はら》うと、順ちゃんを、かれが、これから8ドウキョする板倉家の人たちに紹介《しょうかい》した。そして、私たちは、にぎやかに家に帰ってきた。

その晩、私はよく眠《ねむ》れなかった。

なんて思いがけない、へんてこなことになってしまったんだろ、と私は思った。私は、④それまで勝手に順ちゃんを、私のプリンス・チャーミング（おとぎ話でシンデレラと結婚する王子）にきめていたんだ。順ちゃんは、眠り姫《ひめ》（王子のキスで目をさますおとぎ話の主人公）の私の目をさましに、日本にやってくるはずだった。それなのに……ことによったら、あの時、十七だった順ちゃんには、二十二のおねえさんが、初恋《はつこい》の人だったんじゃないかな……。

つぎの朝、私はいつもの日曜日のように、十時には、おふろ場の裏にタライをもちだして、一週間分の洗濯《せんたく》をしていた。万事《ばんじ》、おねえさんのきめた時間割りどおりだった。順ちゃんが、首にスウェター（セーター）をひっかけるという9ケイソウで、木戸の上から顔をだしたのは、十時半ごろだった。

「ハァイ、とも子！」順ちゃんは、きげんのいい笑顔で言った。

「おはよ！」しかし、私は10ヒニクをとばさずにいられなかった。「けさは、まちがえなかったわね。よく眠れた？」

「うん、さっきまでぐっすり。だって、何十時間とんだんだ？」そして、木戸をあけてはいってくると、「日曜に洗濯かい？」

「だってきょうしなけりゃ、いつするの？」

私は泡《あわ》の上にうかんでいる下着類を、かれの目にとどかないところにつっこんだ。

「かわいそうに。」と、兄らしく言って、「ヤスは？」

⑤そら、きた！　と、私は思った。

「あっちよ。もうお掃除《そうじ》すんだでしょ。」

順ちゃんは、またあとでねというような目顔で、庭の方へまわっていった。たちまち、茶の間の方角から、おねえさんの明るい笑い声がおこった。

それから、ああ、私の世界に、なんという価値のテントウがおこったのだろう。

私は、それまで、私の家の中心だった。なるほど、おねえさんは万事、家の中をきりもりして、寝《ね》るも起きるも、おねえさんのさしずどおりではあった。

「だって、少しでも規則的にやってエネルギー11セツヤクしなかったもできたから、すぐ仕事が見つかった。そこで、家の一部を人に貸し、私は小学校から帰ると、夕方まで三宅家にあずけられるという生活の5セッケイも、マミーと姉の間でたてられた。

　戦後のひどいところを通って、また三宅家はアメリカに渡《わた》った。マミーや私の「理想の男性」順ちゃんを乗せた船がだんだん遠ざかっていくのを、十二の私は、泣いて見送った。

　すぐ帰るといって、家も売らずにいったのに、それから九年、三宅家では帰ってこなかった。順ちゃんは、大学を出て、ダディーの関係している日本の6ボウエキ会社にはいっていた。だから、今度の東京転勤になるというたよりに、私たちは歓声《かんせい》をあげた。

「ねえ、あのころ、私も若かったからわからなかったけど、あのダディーって人は、よっぽどがんこなんだわね。」姉は言った。

「どうしても自分の子を日本人にしようってのよ。」

　順ちゃんのつく日は、あいにく、霧《きり》がたちこめていた。爆音《ばくおん》が大きくなったと思うと、もうその大きな飛行機は、滑走路《かっそうろ》を私たちの方へすべってくるところだった。

　私は送迎《そうげい》所の手すりからのりだして、窓だけ明るい飛行機を、じっと立っていられない気もちで見つめていた。あの中に順ちゃんがとじこめられている！　すぐタラップが飛行機の胴《どう》中にくっついて、係員らしい人が、上ったりさがったりしてから、やっと乗客たちが、出口にあらわれた。一人出てくる毎《ごと》に、どこかで声があがった。十五、六人めに、うす水色に見えるコートに、あさ黒い顔の青年が、照明の中にうきあがった。

「わァ順ちゃんだ！」B間髪《かんはつ》を入れず、私はどなった。

「およしなさいよ、そんな声だすの。まだよくわからないじゃないの。」

　でも、私の声は、もうとまらなかった。だって、順ちゃんが、手をふったのだもの。

「順ちゃあん！」私も手をふった。

　姉も声をかけだした。いま、おとなりに住んでいる板倉さんの人たちも呼んだ。

　順ちゃんは、タラップをおりてくると、うれしそうに笑いながら、私たちの足下《あしもと》まで来て、手をふり、それから、税関の中へ消えた。私は、もうはァはァになって、姉の手をひっぱって、税関の出口の階段の上へまわった。

　ジリジリする二十分がすぎて、7ケンサのすんだ四、五人が出てきたが、その中に順ちゃんがいた！　まあ、ダディーにそっくり、と私は思った。順ちゃんは、階段をかけあがってくると、そこに立ちならぶ人垣にざっと目をさらし、笑顔《えがお》でまっすぐ私のところへやってきて、

「ヤス！……」

「あら、あたし、とも子よ！」私は、ぎょうてんして言った。私の耳にも、私の声が悲鳴にきこえた。

　順ちゃんは、正直にぱくっと口をあけ、

「え、とも子こんなに大きくなったの！」というまに、順ちゃんの目は、私のななめうしろに立っている、ひっつめ髪《がみ》（無造作にゆった女

の二世、ダディーとよんでいた三宅さんは、東北出身の会社員で、アメリカ勤めをしていたころ、結婚《けっこん》して、順ちゃんができた。三人は、アメリカや日本や濠洲《ごうしゅう》（オーストラリア）や満洲（中国東北部の旧地域名）を経めぐって、戦争が本格的になったころ、ダディーの希望で、また日本へもどってきた。

ひっこしてきたころ、マミーは、ふっくらした、かわいい感じのおばさんで、くるくるとじつによく働いた。

「あの人は、日本生まれより日本的だな。」

と、国文学の教師だった私の父が、よく言った。

「でも、あの御主人のサービスをごらんなさいよ。」と、母は、やり返した。

マミーも働き者だったが、ダディーの勤勉ぶりにも驚《おどろ》かされた。夏冬、朝は六時におきて、水道がなかったから、まずタンクに一日分の水をくむ。庭をひとまわり。枯《か》れ枝《えだ》を集めて、薪《たきぎ》の束をつくる。燃料も不足しはじめたころで、私たちはよく順ちゃんのたくおふろをもらいにいった。また、三宅家の2サイエンには、いつも青い物がたえなかった。

ダディーは若いころ、きっと好男子だったにちがいないと、母などよくうわさしたが、そのスマートの紳士《しんし》の口からズーズー弁（東北地方の方言を、その発音からこのように呼ぶ）出るので、私たちはおかしかった。

みょうな話だけれど、②戦争がなかったら、私たちは、あれほど親しくならなかったかもしれない。防空演習に出て、いじ悪い人たちのさし図で、マミーが屋根の上に乗せられ、よくまわらない口で、「敵機二機東方上空にあらわれ……」とやらされるのを見て、私の母はおこってしまった。マミーは3カイランバンも読めなかったから、隣《とな》り組（戦時中に作られた地域住民の組織）の組長になると、ほんとに難儀《なんぎ》（苦労すること）したが、

「だいじょうぶ、私がついてます。」と、母は姉のようにかばってやった。

たべ物がいよいよ乏《とぼ》しくなってくると、バタ（バター）やお砂糖で育ったマミーは、たちまち、梅ぼしのようにしなびはじめた。それは、子どもの私の目にもいたましい光景だった。それでも、マミーは、ダディーをおいて、いなかへいこうとしなかった。精神的なショックも手つだったのだろう。戦争のおわるころには、マミーの顔は、右半分がピクピクひきつっていた。私の父母を驚かしたのは、そのころでさえ、お隣りの三人の口からは、愚痴《ぐち》一つこぼれなかったことである。

「えらい人たちだな。」と、父は言った。

戦争がおわった。③何もかもが逆になった。もと町会長が小さくなって街を歩き、アメリカ軍人家族の自動車が三宅家の前に横づけになったりした。英語のできる人はひっぱりだこだったから、マミーは女中さんを雇《やと》って、働きに出るだろうと、家では話した。ところが、そのけはいもなかった。ただ一時、マミーはアメリカ軍人の家族にお花を教えはじめた。が、その時も、お礼をお金でなく食糧《しょくりょう》でもらったのは、ちょうど私の父が、病《や》みはじめたからにちがいないと、母は4スイリョウした。とにかく、マミーは、裏口からやってきては、バタだのお砂糖だの、A有《う》無《む》を言わせず、おいていってしまうのだった。

それから三年、私たちは、三宅家の人たちに支えられて生きてきたみたいだ。第一に、私の父が亡《な》くなった。その後二年で、姉が学校を卒業したら、がっくりしたように、母も父のあとから逝《い》った。私たちは二人になった。幸い姉は、マミーにしこまれて、英語もタイプ（タイプライター）

【国　語】（六〇分）〈満点：一二〇点〉

次の文章を読み、後の問いに答えなさい。ただし、問題の都合上、本文に一部改めた箇所《かしょ》があります。

待ちに待った順ちゃんからの電報がきた時、私たちは玄関《げんかん》にいた。おねえさんは会社へ、私は学校にいこうとして。

配達さんの手にあるのが、外国電報とわかったとたん、私は「わっ……」と声をあげた。

「おねえさん、来た！　順ちゃんからよ！」

おねえさんは、私がさわぎたてる時のくせで、①ちょっと眉《まゆ》をよせてみせ、そのくせ、配達さんには、あいそよく笑って、

「御苦労《ごくろう》さま！」

電文には、“Arriving Saturday. PAA Flight I. Jun.”（土曜日ＰＡＡフライトIで着く。順」の意）とあった。

「フライトIって、なんだろ。」と私はせきこんで言った。

「飛行機のナンバーよ。それで時間がわかるのよ。あたし、きょう、交通公社（旅行業務をあつかう公共企業）で聞いてみるわ。さあ、いよいよやってくるのね！」

静かな姉も、さすがに昂奮《こうふん》したように言って、私たちは、十月はじめのその朝、足どりも軽く駅にいそいだ。

その夕、おねえさんが帰って、順ちゃんの飛行機は午後十時十五分着とわかった。私には、それまでの二、三日が、ワクワクの連続だった。とにかく、順ちゃんといえば、私たちにとっては、まったくとくべつな存在だったから。

私が順ちゃんについてもっている、最初の記憶《きおく》は、私の六つの時のできごとだ。

私は、その時、夢中で生《い》け垣《がき》のすきまから、となりの家をのぞいていた。少し前まで空き地だったその場所に、新しい二階家がたって、そこへ奇妙《きみょう》な一族がひっこしてきたのだ。年とった（と私には思えた）男女と、一人の若者（これが、つまり、その時十一だった順ちゃん）であった。かれらは、私にわかる日本語でも話したけれど、突如《とつじょ》、異様な叫《さけ》び声《ごえ》に似たことばでしゃべりだすことがあった。また、やることがすべて、私の家とはかわって見えた。

私は、ひまさえあれば、裏の生け垣からその家の生活を監視《かんし》した。ある日、またまた熱心にのぞきこんでいると、縁側《えんがわ》に立っていた若者が、まっすぐ私を見つめはじめた。私の顔は、モジャモジャのムベ（植物名）のつるにかくれていたから、私は若者に私が見えるとは思わなかった。しかし、かれの目は、じっと私に注がれている。そのうち、かれは、「ピーキュー」というような叫び声をあげた。私は、こわくて動けなくなった。若者は、ゆっくり庭におりてくると、鼻のくっつくほど私に近づいて、

「なに見るんだ！」

私は、わっと泣きだして、うしろのドブにひっくりかえった。両方の家からおとながとびだしてきた。

これが、両家の1シンコウのはじまりだった！

もちろん、これから書くことは、私が大きくなるにつれて、だんだん知ったことだけれど、順ちゃんたちは長い外国生活から帰ってきた人たちだった。順ちゃんがマミーとよんでいた三宅《みやけ》夫人は、アメリカ生まれ

問9　――線部⑦「気もちの落とし穴」（27ページ）とありますが、それはどういうものですか。それを具体的に示した三十五字以内の部分を本文中から探し、初めと終わりの七字を抜《ぬ》き出《だ》して答えなさい。

問10　――線部⑧「どうしてアスパラはそういうものを見つけちゃうんだろう。」（27ページ）とありますが、「そういうもの」にあてはまるものを「鳥の死骸《しがい》」以外に本文中からもう一つさがして答えなさい。

問11　――線部⑨「きっとアスパラはへらへらわらっているにちがいない。」（26ページ）とありますが、「わたし」がこのように考えた理由の説明として、最も適切なものを次の中から選び、記号で答えなさい。

ア　三人でいると、お母さんが自分を残して出ていってしまったつらさをアスパラが感じずにいられるだろうと思ったから。

イ　アスパラがいつもやるようにパパの顔色をうかがって、自分の気持ちを言わないようにしているのだろうと思ったから。

ウ　家族で旅行などしたことがないアスパラは、突然《とつぜん》どこに行きたいかをたずねられてもとまどうだけだろうと思ったから。

エ　アスパラは子どもなので、様々なところへ連れていってもらえるうれしさをわかりやすく表現するだろうと思ったから。

オ　両親の優《やさ》しさにふれる機会のないアスパラは、親子のように話しかけられるのを照れくさく感じるだろうと思ったから。

問12　――線部⑩「～のだそうだ」（25ページ・四か所）とありますが、この表現に対する説明として最も適切なものを次の中から選び、記号で答えなさい。

ア　たった今事態が終了《しゅうりょう》したこととして繰《く》り返《かえ》し表現することで、利《り》香《か》もその現場にいたような臨場感を表現している。

イ　既《すで》に終わってしまったこととして表現することで、アスパラの無力さと自分のうかつさに対する利香の怒《いか》りを表している。

ウ　すべてが終了してしまったこととして表現することで、アスパラのお母さんの身勝手さに対する利香の強い憤《いきどお》りを示している。

エ　すべて伝え聞いたこととして繰り返し表現することで、予想外の出来事に対する子どもの利香の無力さを示している。

オ　まったく同じ文末表現を繰り返すことで、物事に動じず環境《かんきょう》の変化にすぐに適応できるアスパラの性格を暗示している。

問13　――線部⑪「何からかははっきりしないけれど、アスパラが泣いてしまうようなことから守りたい。」（25ページ）とありますが、このように言っている「わたし」の気持ちを百字以上百二十字以内で説明しなさい。

問3 〔A〕～〔C〕にあてはまることばとして最も適切なものを次の中からそれぞれ一つ選んで記号で答えなさい。

A 「油の上に手を〔 A 〕」（30ページ）

ア こまねいて
イ かざして
ウ 焼いて
エ つけて
オ 加えて

B 「耳を〔 B 〕」（29ページ）

ア 疑い
イ 傾《かたむ》け
ウ 貸し
エ おおい
オ そろえ

C 「胸に〔 C 〕」（27ページ）

ア 余る
イ 秘《ひ》める
ウ 刻む
エ 納める
オ しみる

問4 ――線部①「大人の考えていることはわからない」（31ページ）とありますが、「わたし」は誰《だれ》のどういう行為《こうい》が理解できないのですか。三十字以内で説明しなさい。

問5 ――線部②「大人の考えていることは、ほんとわからない。」（30ページ）とありますが、「わたし」がこのように感じた理由の説明として、最も適切なものを次の中から選び、記号で答えなさい。

ア おじいちゃんは、庭に穴を掘《ほ》られて困ったはずなのにアスパラを叱《しか》ることもせず、雑草を捨てることでその穴を役立てたから。
イ おじいちゃんが、いくら掘っても宝が見つからないアスパラを気の毒に思い、宝の代わりに雑草をたくさん穴に入れてあげたから。
ウ おじいちゃんは、冷たい言い方でアスパラに宝探しをやめさせたが、後で掘られた穴を雑草を捨てる場所として活用してあげたから。
エ おじいちゃんが、アスパラが宝探しを続けたがっていることに気づかないふりをして、雑草を捨て強引《ごういん》に宝探しをやめさせたから。
オ おじいちゃんが宝物を求めているアスパラの気持ちもおかまいなしに、アスパラの掘った穴を雑草を捨てる場所に利用したから。

問6 ――線部③「わたし、すごくいいお姉さんになる自信がある。」（29ページ）とありますが、「わたし」がそのように思うのはなぜですか。二十五字以内で説明しなさい。

問7 ――線部④「ね、わかるでしょ、という顔をわたしに向けた。」（29ページ）とありますが、この時の「ママ」の気持ちを五十字以内で説明しなさい。

問8 ――線部⑤「ママはまるでいいお話を聞いて胸が熱くなりました、みたいな言い方をした。」（28ページ）、――線部⑥「悲しい、とわたしは思った。」（28ページ）とありますが、「ママ」と「わたし」は、それぞれアスパラが子猫の飼い主をさがした理由についてどのように考えていますか。違《ちが》いがわかるように七十字以内で説明しなさい。

でも、アスパラと一緒に釣りに行くことはできなかった。

その週の木曜日に、おばあちゃんの家におばさん、つまりアスパラのお母さんがやってきて、アスパラを連れていってしまったのだ。

「あたしゃ、腹が立ってね。自分勝手もいいかげんにしてちょうだいって、言ってやったの」

ママに向かって、おばあちゃんが言った。

わたしはアスパラが持っていくのを忘れたらしい猫のぬいぐるみを机の下に見つけていた。

おばさんは今、バーで働いている⑩のだそうだ。アパートも借りている⑩のだそうだ。自分の車を運転してアスパラを迎えに来た⑩のだそうだ。アスパラはよろこんで車に乗《の》り込《こ》み、おばあちゃんに「さよならー」と手を振《ふ》った⑩のだそうだ。

アスパラ、きっとこんど暮らすことになるアパートにもすぐになじむだろうな、と思う。新しい学校にも、きっとなじむ。新しい学校の友だちとも仲良しになるだろう。

アスパラは迎えに来てくれたお母さんをにこにこ顔で迎えて、にこにこ顔でおばあちゃんに「さよなら」を言ったと思う。そうに決まっている。わたしにはわかる。だってアスパラは、にこにこする以外の方法を知らないんだから。「にこにこ」に、アスパラのぜんぶの気もちが入ってるんだから。

そんなことを考えながら猫のぬいぐるみをなでていたら、突然《とつぜん》、涙がでてきた。

アスパラはぜったい泣かなかった。

でも、アスパラもそのうち、わたしと同じ五年生くらいになったら、悲しいことで泣けるようになる、と思う。自分のことで泣けるようになる、と思う。

わたしはアスパラに大きくなってほしくない。大きくなると、きっと泣くぞ、と思う。悲しみがわかっちゃうぞ、と思う。

おばあちゃんとママはまだ話しこんでいる。

わたしはぬいぐるみを抱いて、15マドの外を見た。

風が吹《ふ》いているのがわかる。道のむこうのほうに並んでいる交通安全の幟《のぼり》がぱたぱたはためいている。よその家の軒下《のきした》に干された洗濯物《せんたくもの》がゆれている。

空を見あげると、かたまりになった雲が浮かんでいた。雲はゆっくりと流れていく。

アスパラが泣くとき、わたしはそばにいてあげたい、と思う。そこがどこであっても、アスパラのそばに飛んでいってあげたい、と思う。わたし、ぜったいそうする。わたしはアスパラを守りたい。⑪何からかははっきりしないけれど、アスパラが泣いてしまうようなことから守りたい。

守る。

雲を見ながら、わたしは自分に約束した。

（岩瀬成子《いわせせいこ》「アスパラ」）

問1　═線部1～15のカタカナの部分を漢字で書きなさい。

問2　[1]～[5]にあてはまることばとして最も適切なものを次の中からそれぞれ一つ選び、記号で答えなさい。

ア　あっさり　　イ　しげしげ

ウ　とうとう　　エ　おずおず

オ　だんだん

アスパラは卵の皿ばかりに手をのばした。

「なんで卵ばっかり?」とわたしは聞いた。わたしは自分が取ったイクラやウニやアナゴの皿から「食べなよ」と、一つをアスパラの皿に移してあげた。

「えー」と、そのたびに困ったように口の中で言ってから、アスパラは箸《はし》で［ 5 ］と寿司《すし》をつまみ、口に運んだ。食べ終えると、「うん、おいしい」と言った。

アスパラはにこにこわらった。

「いいんだよ。卵がそんなに好きなら、卵ばっかり食べたっていいんだよ。そこが回転寿司のいいところなんだから」

パパは、アスパラの前に卵がのっていた皿が重なっていくのを面白《おもしろ》そうに眺めながら言った。

アスパラはまた卵の皿を取り、それを食べ終えると、メロンを食べた。それから鶏《にわとり》のから揚《あ》げを取り、プリンでしめくくった。

「あー、とってもおいしかった」

アスパラはパパに言って、首をぐるっとまわし、へへっとわらった。

わたしたち三人はきっと親子に見えているだろうな、とわたしは思った。アスパラ、うちの子になればいいのに、とまた思った。アスパラはいい子だし。アスパラ、怒《おこ》ったことがないし。そう思ってから、あれっと思った。アスパラはどうして怒らないんだろう。いつもわらっている。だれにでもわらっている。

いまもわたしと目が合うと、わたしがわらうより先に、アスパラはわらった。アスパラ、いつもわらっている。なんで?

「行こうか」

パパが席を立った。

来週の日曜日も、三人でどっかへ行こうよ。わたしは、帰りの車の中でパパに言った。

「冬くん。行ってみたいところがあるの?」

パパは助手席のアスパラに聞く。

えー。アスパラは頭を右に左にうごかす。後ろからは見えないけれど、⑨きっとアスパラはへらへらわらっているにちがいない。

「動物園に行きたい」とわたしは言った。

「動物園ね」パパが言う。「冬くんはどう?」

うーん。アスパラの頭がまた右に左にうごく。

「釣《つ》りなんてのはどうだ」

パパがアスパラに聞く。

「うん」

アスパラがうなずく。

アスパラ、ほんとは動物園に行きたいんじゃないのかな、とわたしは思う。パパに合わせて、うんって返事したんじゃないのかな。そういう子だもん、アスパラって。

「よおし。じゃ、釣りに行こうぜ。そのかわり、朝早く出発するんだぞ」

パパは前を向いたまま言った。

「ママにお14ベントウを作ってもらおうか」とわたしは言った。

アスパラが顔を半分だけこっちに向けた。わたしを見ている。くりんとした目がわらっている。

情する気もちがわきかけたけれど、わたしはその落とし穴には落ちないように気をつけた。⑦気もちの落とし穴に。すぐに泣いたり、だれかをかわいそうに思うのは気もちの落とし穴で、罠《わな》みたいなもんだから、やすやすと罠にはまってしまってはいけない。いい人ぶるのは、いやだ。

おばあちゃんの家の前にアスパラは立っていた。

アスパラを助手席にすわらせて、わたしは後ろの席に移った。アスパラの髪《かみ》、寝《ね》ぐせがついている。

パパはだまって運転している。

「どこに行くの?」とわたしがたずねても、「うん」と言ったきりで、でも迷っているふうでもなくて、交差点を10オれたり、つぎは曲がらずに直進したりして、どこかに向かって運転をつづけている。

「子猫、もらってくれる人がいてよかったね」

わたしが言うと、アスパラは顔を半分だけこちらに向け、わたしを見た。その目がくりんと丸くてかわいい。

「猫をもらってくださいって、いろんな人に頼むのは、いやじゃなかった?」

「うーん」と、アスパラは頭をシートにもたせかけた。それから「でもね」と、また顔を半分こっちに向けて、わたしを見た。

「猫の気もちって、わかんないでしょ」とアスパラは言った。「猫を見た人はみんな、かわいいね、とか言うんだ。でも、もしかしたら、猫はそんなことをいちいち言われるのは迷惑《めいわく》かもしれないよ」

アスパラは前を向いて言った。空のほうを見ている。

「だよね」

アスパラの言葉がなんか胸に〔　C　〕。

パパは工場地帯を抜《ぬ》けたあと、海沿いの道を走って、防波堤《ぼうはてい》のそばに車を止めた。

車からおりて、コンクリートの防波堤の切れ目から砂浜《すなはま》におりる。

工場地帯の煙突《えんとつ》や工場が見える。白い煙《けむり》が何本も空にのぼっている。陽《ひ》ざしがきらきら海に11ハンシャして、なんか海に負けてしまいそうな気がする。自分がばかな小学生のような気がする。海よ、おまえはそんなに偉《えら》いのか、と心の中で言ってみる。

アスパラが砂の上に、かちんかちんになった鳥の死骸《しがい》を見つけている。⑧どうしてアスパラはそういうものを見つけちゃうんだろう。

「ウミウだな」と、パパがそばでアスパラに言っている。

離れたところに犬を散歩させている人がいる。12ハナされている犬はなんという種類かわからないけれど、あまりかっこよくない。砂浜をよたよた歩いているし。太っているし。

飼い主のおじさんは犬のことを忘れたみたいに、一人でむこうへ歩いていく。煙草《たばこ》を吸いながら。犬も、おじさんと来たことを忘れたみたいな顔で砂をほじくりかえしはじめた。それからしだいに13イキオいづいて、鼻を砂だらけにして、砂をぱっぱ、ぱっぱと掘っている。

パパがわたしを呼んだ。

走ってパパのそばに行き「なに?」とたずねると、

「昼ごはん、何を食べたい?」とパパは聞いた。

わたしは、犬のほうへそろそろと近づいているアスパラのところに行って、「昼ごはん、何が食べたい?」と聞いた。

アスパラはうーんと空を見て目を細め、空を見たまま「ぼくねえ、回転寿司《ずし》」と言った。

わたしが見つめているのに気づいて、ママは首をかしげてから、「あのね」と言った。それから、ちょっとわらった。

「子猫をひろったんだって、アスパラくん」とママは言った。

でも、おばあちゃんは、子猫は飼えないとアスパラに言い、ほかの人にもらってもらいなさい、と言《い》い渡《わた》したのだそうだ。アスパラは猫を抱《かか》えて出ていき、それっきり、暗くなっても家に帰ってこなかった。おばあちゃんは [2] 心配になって、[3] アスパラをさがしに出かけた。でも、どこに行ってしまったのか、近くの公園にも、学校にも、駅のまわりにも、アスパラはいなかった。疲《つか》れはてておばあちゃんが家に帰ると、アスパラは先にもどっていたのだという。

「で、猫は?」とわたしはママに聞いた。

ママはわらった。「アスパラくん、一軒《けん》一軒の家をたずねては、『この猫を飼ってくれませんか』って、おねがいして歩いたんだって。何軒も何軒もそうやってたずねて歩いて、どの家でも断られて、困りはてて電柱の下にしゃがんでいたら、自転車に乗った女の子が通りかかって、[4] 子猫をもらってくれたんだって」

アスパラが8ガイトウの下にしゃがんでいる姿が目に浮《う》かぶ。その自転車の女の子が自分じゃなくて、それがとても残念な気がする。

「やさしいのね、アスパラくん。感心しちゃった」と、⑤ママはまるでいいお話を聞いて胸が熱くなりました、みたいな言い方をした。

⑥悲しい、とわたしは思った。お母さんにもお父さんにも見捨てられたアスパラは子猫を見捨てることができなくて、知らない家を一軒一軒たずね歩いていたんだ。そう思うと、胸がざわざわして、それから胸の、9ホネとほねのあいだがぎゅうっと痛くなった。残酷《ざんこく》だよ、とわたしは思った。ざんこく、という言葉が頭の中でちかちか点滅《てんめつ》して、頭がちくちくしてきて、目の中が熱くなって、涙《なみだ》がぽろぽろ流れた。

「あら、どうしたの」とママは言った。

わたしは泣くのをやめられない。いますぐ走ってアスパラのところへ行きたいと思った。行って、「アスパラ、もうだいじょうぶだよ、わたしが来たからね」って言ってあげたい。アスパラを守るのは、やっぱりわたししかいない。そう思うと、涙は止まらなくなった。

「アスパラがかわいそうだよ」

泣きながら、わたしは言った。でも言ってしまってから、かわいそう、なんて言い方をすると、アスパラがもっとかわいそうになる、と気がついた。

「おばあちゃんはアスパラくんの世話だけでも大変だってことは、利香《りか》にだってわかるでしょ。猫の世話まではできないわよ。わかるでしょう?」

わたしは、子どもってなんて不幸なんだろう、と思う。猫一匹《ぴき》飼うことさえ自分で決めることができないんだから。

そう考えていたら、しだいに腹がたってきて、そしたら涙は止まっていた。

パパに「冬くんをさそってドライブにでも行こうか」と言われて、車でアスパラを迎《むか》えに行った。

電話で「ドライブに行こうよ」とアスパラに言うと、「ドライブって?」と、アスパラはドライブの意味さえ知らないみたいだった。アスパラは親にドライブに連れていってもらったこともないのかと、アスパラに同アスパラはコロッケを一つ入れては飛びのく、を繰《く》り返《かえ》し、そのあとはテーブルの椅子《いす》の上に立って、離《はな》れた場所から鍋の中を観察していた。

「ほうら、もう、こんがりきつね色になっちゃった」

おばあちゃんはどんどん無邪気《むじゃき》な声になって、得意げに油からコロッケを引きあげている。

「ねえ、これはぼくのコロッケ？　それとも、おばあちゃんのコロッケ？」とアスパラがたずねている。

「冬ちゃんのコロッケです。冬コロッケ」

おばあちゃんが言うと、アスパラはすごくうれしそうにわらった。

持ってきたアスパラはコロッケの[4]ツけ合わせにぴったりだった。

アスパラはどんな場所にもすうっとなじんじゃうんだな、とわたしは思う。だれとでも、なじむ。なんか、ずっと前からの友だちみたいに。わたしも、アスパラといるとアスパラの気もちが全部わかるような気がする。アスパラとわたしは大の仲良しなんだという気もちになる。アスパラが不満を言ったり、文句を言ったりするのをわたしは聞いたことがない。だれかの言葉に、いつも「うん、うん」うなずいている。

「アスパラのコロッケ、めっちゃおいしいよ」

わたしが言うと、アスパラはママの顔とおばあちゃんの顔を見て、それから「うん、うん」と、うれしそうにわらった。

ママが電話で話している相手はおばあちゃんのようだ。

「それで[5]ケッキョク、あの子、子猫《こねこ》をどうしたの？」とママが聞いている。おばあちゃんの言葉に耳を（　B　）、それから「そう」とうなずいている。アスパラの話をしているらしい。

わたしはママに「アスパラをうちの子にして」と頼んだ。アスパラがうちの子になったら、と考える。そしたら、③わたし、すごくいいお姉さんになる自信がある。アスパラも家族が四人になると、きっともうさみしくなくなるだろうし。

ママは「そうねえ」と、あいまいな返事をした。

「ダメな理由は、何？」わたしは聞いた。

「そんなに簡単なことじゃないのよ」

ママは、④ね、わかるでしょ、という顔をわたしに向けた。

この場合の「かんたん」って、どういう意味なのか、とわたしは考える。「簡単な算数の問題」というときの「かんたん」じゃないことはわかる。いろいろ[6]フクザツな事情があるってこと？　じゃあ、それは何？　だれか反対する人がいるってことだろうか。アスパラの両親はどっかへ行っちゃって反対どころじゃないし、おばあちゃんはきっと賛成してくれるはずだし。じゃ、だれ？　市役所の人？　まさかね。

ほんとうの理由をママはわたしに言いたくないだけなんだ、と思う。それはわたしが子どもだから？

わたし、ママの考えていることならわかってるんだよ、とママに言いたい。でも言わない。けんかになっちゃうから。

パパはアスパラのことをどう思ってるんだろう。パパは、ほんとは娘《むすめ》より息子がほしかったんじゃないだろうか。でも、そんなことは、いまはもうパパに聞けない。小五にもなって、そんなことは聞けない。

ママが[7]ジュワキを置いた。

だろうか。ああ、わかんない。大人の考えていることがわからない。

　アスパラは穴を掘りつづけた。しまいには穴の中におりて掘っていた。アスパラの膝《ひざ》ぐらいまでの深さになったとき、おじいちゃんが庭に出てきた。

「冬。なんか出てきたか?」

　おじいちゃんはのんびりした声でたずねた。

「まだだよ」

　穴の中からアスパラは答えた。

「そのくらいでやめなよ。そこには宝なんてなかったんだろ。もう出ておいで」

　おじいちゃんは、やはりなんでもないように言った。

　アスパラはすごくなごりおしそうな顔で穴から出てきた。そして、穴のふちに立って、自分の掘った穴を［ 1 ］と眺《なが》めていた。

　おじいちゃんはそのあとで、その穴を雑草を埋める穴に使った。②大人の考えていることは、ほんとわからない。子どもって、半分、大人にだまされてるのかな。

　でも、アスパラはそんなことも気にしていないみたいだった。かといって、べつの穴を新しく掘って、宝を探そうともしなかった。アスパラはわたしみたいに、すんでしまったことをあれこれ考えて、人を疑ったり、憎《にく》んだり、いじけたりもしないみたいだった。

　四十九日の法事（人の死後四十九日目に行う仏教の儀式（ぎしき））がすんで一週間すると夏休みになった。ママの車で、わたしはおばあちゃんの家に向かう。

玄関《げんかん》を入ると、家にはおいしそうな匂《にお》いがただよっていた。

「アスパラ。おみやげ」

　わたしは長方形の[2]ミッペイ容器を台所のテーブルに置いた。中にはグリーンアスパラガスがぎっしり詰《つ》まっている。わたしが「そうしようよ」と、八百屋でママにしつこく頼《たの》んで、五本ずつ束ねてあったグリーンアスパラガスを十束買ってもらったのだ。それを切らずにゆでて、詰めたのだ。

　アスパラは台所で腕《うで》まくりした手を[3]コナだらけにしていた。

　手を洗ってからアスパラは容器のふたをあけ、中身をたしかめた。

「や、や、や、や」

　アスパラはおじさんみたいな声を出した。でも顔がぱっと輝《かがや》いたのが、わたしにはわかった。よかった、とわたしは思った。わたしもアスパラも子どもで、子どもはわかりやすくて、それは子どものいいところだ、とわたしは思った。

　アスパラが作っていたのはコロッケだった。

　おばあちゃんはコンロの前で、鍋《なべ》のてんぷら油の上に手を（　Ａ　）温度をたしかめている。

「もう油に入れていい?」アスパラがたずねる。

「オッケー」

　おばあちゃんが答えている。おばあちゃん、なんだか楽しそうだ。

　アスパラが丸めたコロッケを油の中に入れる。ものすごく真剣《しんけん》な顔をしている。一個入れると、後ろに飛びのく。油がぴちぴちとはねる。

「だいじょうぶだってば」

　おばあちゃんはわらっている。

【国　語】（六〇分）〈満点：一〇〇点〉

次の文章を読み、後の問いに答えなさい。

「アスパラ」は、グリーンアスパラガスが好きないとこの冬二《ふゆじ》（小学校二年生）に「わたし」がつけたあだ名である。おじいちゃんのお葬式《そうしき》で、「わたし」はアスパラと再会したが、アスパラの離婚《りこん》した両親は姿を見せなかった。

おじいちゃんが生きていたころ、ママと一緒《いっしょ》に遊びに行くと、アスパラが一人で庭の隅《すみ》に穴を掘《ほ》っていたことがある。
「なに、してるの？」
近づいてから、わたしはたずねた。穴の深さは二十センチくらいだった。
「宝物を探してる」とアスパラは答えた。
「どういう宝物？」
「そりゃわからないよ。掘ってみなきゃ」
アスパラはスコップで土を掘りつづけた。そこに何か埋《う》められていることを1カクシンしているみたいな掘り方だった。
「だれが埋めたんだろ」
わたしはそばで穴の底を見つめていた。穴は、ただ穴だった。石ころが二つ三つ見えていた。アスパラは答えなかった。
「チロが掘った穴ぐらいになった」とアスパラは言った。
「チロって？」
「犬」
「飼ってたの？」
「うん」
アスパラは掘る手を休めずに言った。
ふうんと思った。アスパラが自分のことを話すのを聞くのははじめてだと思った。それまで、親子三人で暮らしていた時のことや、前に住んでいた家のことなどをアスパラが話すのを聞いたことがなかった。前はどんな小学校に行っていたのか、その学校には友だちはいたのか、その友だちとはどんな言葉でお別れを言ったのか。アスパラは何も言わない。
アスパラのお母さんは、アスパラと一緒にこの家にもどってきたあとしばらく、おじいちゃんとおばあちゃんと四人で暮らしていたのに、ある日、ふいとどこかへ行ってしまったのだ。アスパラを残したまま。行先も言わずに。そのまま帰ってこなかった。①大人の考えていることはわからない、とわたしは思う。それが入り組んだ事情なのか、なんでもない気まぐれなのか、それもわからない。わたし、もう五年生なのに、わからなくてくやしい。
おばさんはアスパラがじゃまだったのか、と考える。自分の息子《むすこ》なのに、アスパラのことが気にならないのか、とも考える。親って、何？と考える。
出ていったお母さんのことをどう思っているのか、アスパラに聞いてみたい気もするけれど、でも、わたしは聞けない。
ママは「昔は、あんな子じゃなかったんだけど」と、おばさんのことをパパに話していた。それはどういうこと、とわたしは考える。人間は、いつのまにか性格が変わってしまうんだろうか。前は思いやりがあったのに、時間がたつと、思いやりはその人の中から消えてしまうん度、した」（25ページ）とありますが、この行動からうかがえるまりもの気持ちを六十字以内で説明しなさい。

問10　――線部⑧「恥《は》ずかしさで死にそうだった」（22ページ）とありますが、まりもがこのような気持ちになった理由の説明として、最も適切なものを次の中から選び、記号で答えなさい。

ア　同じクラスのみんなは上手く馬を動かせなかったが、自分はそれどころか馬から落ちてしまったから。

イ　馬場では泣いてはいけないというのは分かっていながら、涙がこぼれ落ちそうになってしまったから。

ウ　早くみんなに平気な姿を見せたいのに、背中を打ったせいで声が出ず、横になっていることしかできないから。

エ　せっかく志渡が信頼《しんらい》して送り出してくれたのに、クラスのみんなの前で馬から落ちてしまったから。

オ　貴子に抱《だ》きかかえられている自分が小さな子どものようで、そんな姿を見られるのが我慢できなかったから。

問11　――線部⑨「めまいが、した。頭からすうっと血の気が引いていくのがわかった」（21ページ）とありますが、この時のまりもの様子の説明として、最も適切なものを次の中から選び、記号で答えなさい。

ア　石本博美に一度ならず二度までも自分の父親を侮辱《ぶじょく》され、気が遠くなってしまい、言い返す言葉も浮《う》かばずにいる。

イ　石本博美に父親が汚い格好《かっこう》をしていたことをみんなの前でばらされ、恥ずかしさのあまり頭が真っ白になっている。

ウ　言って良いことと悪いことをわきまえない石本博美のことを心から軽蔑《けいべつ》し、かえって冷静になっている。

エ　馬のウンチと父親の汚い格好を結び付けようとする石本博美の愚《おろ》かさにあきれ果て、目の前が真っ暗になっている。

オ　学校だけでなく、この牧場にまでやって来て自分を苦しめようとする石本博美への怒りからぼうぜんとしている。

問12　――線部⑩「あたしも、さっきので初めてスカッとしちゃって」（20ページ）とありますが、この時のまりもの気持ちを八十字以上、百字以内で説明しなさい。

問13　本文に登場する貴子はどのような人物として描《えが》かれていますか。その説明として最も適切なものを次の中から選び、記号で答えなさい。

ア　まりものためなら慣れない馬の世話であっても黙々《もくもく》とするような誠実で飾《かざ》り気のない人物。

イ　まりものことを気遣《づか》いつつも、困難から逃げそうになるとそれを注意するような厳しさも備えた人物。

ウ　まりもを立ち直らせようとするあまり、勝手にその機会を作ってしまうようなおせっかいな一面を持つ人物。

エ　馬の扱いに慣れているだけでなく、まりものことをいつもかげながら支える心優しい人物。

オ　看護師として落馬したまりもの応急処置を的確に行っているように、常に冷静で落ち着きのある人物。

B 「言いつのる」

ア 悲しみのあまり涙《なみだ》ぐみながら話す
イ 周囲の関心を引くように大きな声を出す
ウ 自分の主張が通るようにねばり強く説得《せっとく》する
エ 本当のことを言うまで厳しく問いただす
オ 調子に乗ってますます盛《さか》んにしゃべる

問3 ――線部①「まりもは目をこらし、次の瞬間《しゅんかん》、ぎょっとなった」（28ページ）とありますが、その理由を三十五字以内で説明しなさい。

問4 ――線部②「まりもは、黙《だま》って軍手をはずし、腹立ちまぎれに地面に叩《たた》きつけた」（28ページ）とありますが、この時のまりもの気持ちの説明として、最も適切なものを次の中から選び、記号で答えなさい。

ア 自分にとって大切な場所である牧場に、関わりたくない同じクラスの子が入ってくるのが許せず、いら立つ気持ち。
イ 自分だけが志渡《しど》と貴子《たかこ》に特別扱《あつか》いされていると思っていたのに、他の子も牧場に招かれたと知り、悔《くや》しく思う気持ち。
ウ 自分が嫌《きら》っている子を勝手に牧場に呼び、嫌《いや》なことを思い出させるようなことをする大人に我慢《がまん》ならない気持ち。
エ 自分は作業中で汚《きたな》い格好をしているのに、そのままみんなに会わせようとする志渡の鈍感《どんかん》さを不愉快《ふゆかい》に思う気持ち。
オ 自分がかつてクラスのみんなにされた仕打ちと、その時の不快な思いがよみがえり、我を忘れて落ち着かない気持ち。

問5 ――線部③「まりもは、下唇《したくちびる》をかみしめた」（27ページ）とありますが、この時のまりもの気持ちの説明として、最も適切なものを次の中から選び、記号で答えなさい。

ア 自分にさんざん嫌がらせをした石本博美《いしもとひろみ》と親しげにしている同じクラスのみんなの姿を目《ま》の当たりにして、もはやクラスに自分の居場所はないのだということを痛感して悲しくなっている。
イ 石本博美が、たいして仲が良くなかったはずの藤原奈々恵《ふじわらななえ》の誕生会に呼ばれているように、自分が学校に行っていない間に、クラス内の人間関係が変化しているのかと思い不安になっている。
ウ 自分にとって神聖な場所である牧場に気軽にやって来て、簡単に馬に乗れると思っている同じクラスのみんなやその両親の無神経さにやり場のない憤《いきどお》りを感じている。
エ 同じクラスのみんなだけでなく、その親までもが牧場に現れたのは、自分を無理矢理学校に連れ戻《もど》すきっかけにしようとたくらんでいるからではないかと思い、激しく動揺《どうよう》している。
オ 自分が学校に行けなくなった原因である石本博美といつの間にか仲良くなり、誕生会にまで招いた藤原奈々恵のことを許せず、腹立たしく思っている。

問6 ――線部④「□苦□苦」（25ページ）とありますが、□に当てはまる漢字をそれぞれ答えなさい。

問7 ――線部⑤「志渡の眉《まゆ》が、片方だけひょいと吊《つ》り上がる」（25ページ）とありますが、この時の志渡の気持ちを五十字以内で説明しなさい。

問8 ――線部⑥「志渡が、準備万端《ばんたん》という表情で目をあげた」（25ページ）とありますが、志渡の「準備」にはどのようなねらいがあったと考えられますか。八十字以内で説明しなさい。

問9 ――線部⑦「まりもは木箱から降りると、深呼吸をした。もう一んない冗談《じょうだん》が何より嫌《きら》いでな。だからこれは、正真正銘《しょうめい》の本気で言う。なあ、石本博美。この先いっぺんでも、さっきみたいなくだらねえことをほざいてみれ。お前の大好きな馬のウンコをその口いっぱいに詰《つ》めこんで、あの木のてっぺんから逆さまに吊《つる》してやるからな」

周りの全員が凍《こお》りついている中で、志渡はなおもしばらくの間、博美の頭をつかんだままでいた。

それからやがて手を放し、ひとつ息をついて言った。

「さあて、みんな。クラブハウスでおやつの時間だぞ」

周りが呆気《あっけ》にとられるくらい、もうすっかりいつもの志渡だった。

男の子たちは、今の一件で志渡を怖《こわ》がるようになるどころか、いっぺんに尊敬したらしい。我先にあとをついていく。その後ろに、女の子たちも続く。慰《なぐさ》めようもないので放っておかれた石本博美が、仏頂面のまま、間をあけてのろのろついていく。

藤原奈々恵の母親が、貴子と目を見合わせ、ほっとしたように苦笑《くしょう》した。

「ねえ大沢さん。正直なこと言っていいかい?」

「どうぞ」

「私、胸がスカッとしたわあ、あの人の啖呵《たんか》（するどく歯切れの良い言葉）聞いて」

啖呵、ですか、と貴子が笑いだす。

ブルルル、と鼻を鳴らしたメロディが、再びまりものほうへ鼻面を寄せてきた。今度は耳もとではなく、頬《ほほ》の匂いを嗅ぎ、べろんと舐《な》める。続いてあごの先も。

「あらららら……」

それに気づいたのは奈々恵の母親が先で、それから貴子だった。

貴子は、自分まで泣き笑いの顔で言った。

「馬って、しょっぱいものが好きだから」

そっと肩を抱き寄せられ、まりもは、貴子のおなかに顔を埋《うず》めるなりとうとう声をあげて泣きだした。安堵《あんど》したとたんに、それまでこらえていたものがすべて溢《あふ》れて、止めようとすればするほどよけいにしゃくりあげてしまう。

「どしたの、まりもちゃん。どっか痛いかい?」

後ろから心配そうに聞かれて、激しくかぶりをふる。打った背中はまだ痛いけれど、それで泣いているのじゃない。

「じゃあ、ひどいこと言われて辛《つら》かったのかい?」

そりゃあそうだよねえ、と言われて、もう一度かぶりをふる。

「そうじゃ、なくて——」まりもは貴子のシャツで涙を拭い、顔をあげた。「⑩あたしも、さっきので初めてスカッとしちゃって……そしたら急に」

女たち二人が顔を見合わせ、思わずといったふうに笑いだす。まりもも、なんだか釣《つ》られて笑ってしまった。

（村山由佳《むらやまゆか》「天翔《あまかけ》る」）

問1 ＝線部1～15のカタカナの部分を漢字で書きなさい。

問2 〰線部A「律儀《りちぎ》に」（26ページ）、B「言いつのる」（21ページ）の意味として最も適切なものを次の中から選び、それぞれ記号で答えなさい。

A「律儀に」
- ア 几帳面《きちょうめん》に
- イ 忠実に
- ウ 丁寧《ていねい》に
- エ 不思議そうに
- オ 真剣《しんけん》に

すると志渡が、すかさず朗《ほが》らかに言った。

「みんなー、馬のことで訊きたいことがあったら、まりもに訊けー。おじさんより詳《くわ》しいぞー」

ええとじゃあ、と大地が言いかけた時だ。メロディがゆっくりと尻尾《しっぽ》の付け根を掲《あ》げた。

「あ、ウンチするよ」

まりもが言うなり、ぼとぼとぼとっとボロが落下した。

深緑色の、そば饅頭《まんじゅう》くらいのかたまりが二十個ほど。かぐわしいと言えなくもない匂いがふわっと立ちのぼってあたりに漂《ただよ》い、子どもたちが一斉《いっせい》に顔をしかめる。だが、

「やだあ、汚《きたな》あーい！」

いちばんに叫んだのは石本博美だった。

あまりにも予想通りの反応に、まりもは怒るよりむしろあきれた。

「あのねえ、馬のボロは汚くなんかないんだよ」辛抱《しんぼう》強く、そう教えてやる。「人間と違って草しか食べてないんだから。この匂いだって慣れれば全然」

「うっそー、すっごい臭《くさ》いよ。岩館さんていつもここでこんなの掃除《そうじ》してんの？　あたしだったら絶対やだー。絶対さわれなーい」

「また始まったよ」と小林健一が言った。「やめれって、石本。また突き飛ばされても知らねえよ」

「だってほんとに臭いんだもん」

博美がなおもB言いつのる。馬で負かされたのがよほど悔しいらしい。

「学校も来ないで、こんなとこで遊んでばっかりいてさ。そりゃ毎日習ってれば、すぐあれくらい乗れるようになるしょ」

「そんなことないぞ」と、志渡が口をはさんだ。「最初の一回目から、まりもはきみたちの百倍は巧《うま》かった」

「そんなの最初だけだよ。あたしだって大地くんだって、ほんの何回か練習すればもっと巧く乗れるようになるもん」

べつに乗りたくもないけどさ、と付け加えるところがまた憎《にく》らしい。

「そういえば、うちの工事に来た岩館さんのお父さんも、汚いカッコしてたもんね。岩館さんもさ、だから馬のウンコとか汚いものが平気なんじゃないの？」

⑨めまいが、した。頭からすうっと血の気が引いていくのがわかった。息を吸いこんだものの、あまりの怒《いか》りに何を言っていいかわからない。思わず叫び出しそうになった時、いきなり日に灼《や》けた大きな手が伸《の》びていって、がしっと博美の後頭部をつかんだ。悲鳴をあげた博美が逃《のが》れようとしても、その手はびくともしなかった。

「石本博美っつったか、お前」

上目遣いで身をすくませている博美を見おろして、志渡はゆっくりと言った。

「さっきから聞いてりゃあ、ふざけた口ばっか叩きやがって。まりもの親父さんが何だって？　汚い、と言ったか？　笑わせるんじゃねえぞ、こら。汚いのは、お前の根性《こんじょう》のほうだろうが」

低い、冷たい声。子どもを相手にする時、ふつうの大人が絶対に出さない声だった。

「いいか。よく聞け。まりもはな、ここへ遊びに来てるんじゃない。朝から晩まで働いてるんだ。そうやって、お前たちが15タバになってかかったって足元にも及《およ》ばない経験をいっぱい積んでるんだ。俺は、つま

そう言いたいのに、声が出ない。息ができない。そっと横たえて、貴子が膝《ひざ》に頭をのせてくれる。まりもは口を大きく開けて身をよじった。

「かわいそうに、背中打ったんだね。大丈夫だから。体がびっくりしてロックがかかっちゃったの。よしよし、苦しいね、もうすぐ楽になってくるからね」

　胸やおなかをさすってくれる貴子のシャツを握りしめ、吸えない息を必死にたぐりよせながら、まりもは、苦しさよりも痛みよりも、⑧恥《は》ずかしさで死にそうだった。

　クラスのみんなが、少し遠巻きにして覗いているのがわかる。ああ、情けない。悔しい。せっかく〈お前ならできる〉と言ってもらったのに、こんなみっともないところを見せてしまうなんて。

　突然、掛《か》け金がはずれたように肋骨《ろっこつ》が開き、肺がふくらむ。どっと流れこんでくる酸素を吸いこむと、目尻《めじり》ににじんでいた涙《なみだ》がとうとうこぼれ落ちた。

　ああ、だめだ、馬場では泣いちゃいけないのに。唸《うな》りながら腕でぐいっと拭《ぬぐ》うと、志渡が、すぐそばに片膝をついた。

「大丈夫か、まりも」

　懸命にうなずく。

「ごめ、なさ……」

「なんで」

「あたし……落っこっ……」

「馬鹿、お前。誰にも真似《まね》できないくらい上手な落ち方だ。さすがは俺が見込んだだけのことはある」

　頭を撫《な》でてくれる志渡の手がむしょうに嬉《うれ》しくて、涙がもう一筋あふれる。

「泣いて、るんじゃないよ。これ、ちがうよ、ちがうの」

　志渡は笑った。

「わかってるって。いわゆる、心の汗《あせ》ってやつだよな」

　やがて志渡が立ちあがり、貴子がまりもをそっと抱《かか》え起こして座らせてくれると、まわりのみんなにようやくほっとした空気が流れた。

「すごいねえ、まりもちゃん」

　藤原奈々恵の母親が覗きこんで言った。

「あんなに上手に乗れるなんて、おばさんびっくりしたあ。これまでにも落ちたことってあるの?」

「……あります。二回くらい」

「なのに怖がらないでまた乗ろうとするってのが何より凄《すご》いよ」

　そう言ったのは父親のほうだった。

　動くと背中はまだ痛かったが、まりもがゆっくりと立ちあがり、地面に引きずっていた手綱を拾いあげると、メロディはまるで気遣《きづか》うかのように鼻面を寄せてきて耳のあたりの匂《にお》いを嗅いだ。ブルルル、と吹《ふ》きかけられた鼻息がくすぐったい。

「ごめんね、びっくりさせて」と、まりもは首を撫でながら囁《ささや》いた。「お前のせいじゃないよ。あたしがへたくそだから……」

「そんなことないって」

　ふり返ると、岸田大地だった。

「すげえなあ、岩館。オレ、マジで尊敬しちゃったもん。どれだけ難しいことやってるか、ちょっと乗せてもらった後だからわかるしよ。ほんとすげえよ」

歩きだしたところへさらに脚を入れると、速歩になる。常歩の〈パッカポッコ〉というリズムから、いきなり〈トットットットッ〉になり上下の反動が強くなったのに合わせて、まりもは、一拍《いっぱく》ごとにあぶみに立ち、鞍からお尻を浮《う》かせて反動を抜《ぬ》く乗り方に変えた。

ああ、気持ちいい、と思う。志渡から教わる中で、今いちばん気に入っているのがこの軽速歩《けいはやあし》のレッスンだ。

常歩と比べてスピードがぐんと上がったことに驚いた誰かが、「すげえ、走ってる」と言うのが聞こえた。

まだだよ、と胸のうちで呟く。まだこれからだよ。

「よーし次、駈歩《かけあし》！　手前（走る際に先に出る前脚）を考えれよ」

「はい！」

習ったことを思い起こし、全身で集中する。スピードが落ちてしまわないように脚の圧力を13キかせたままで、

（手綱はほんのちょっとだぞ、引くっていうより、それまでゆるく持ってた手を握りこぶしにするくらい、）

わずかに、ほんのわずかに手綱を引きながらも脚の圧はゆるめない。脚のせいで馬は前へ行きたいのに、手綱では堰《せ》き止められる、それによって馬体にぎゅうっと力がみなぎっていくのだ。一歩一歩がそれまでよりも力強い踏み込みになる。

今、メロディは馬場を大きく左回りにまわっていた。ということは、手前も左――。

まりもはタイミングを計り、

（今だ！）

ぽん、と右足の踵を入れて手綱を許した。

もう駈歩になっていた。リズムが〈パカラン、パカラン〉に変わる。馬の左の肩がまず前へ出ては地面を蹴る、左手前。なおも脚を入れていく。スピードがぐんぐん増す。耳のそばで風が鳴り始める。

「すっげー！　岩館のやつ、すっげー！」

岸田大地が大声で叫んでいる。それに、誰かの「かっこいい」の声。「怖《こわ》くないのかな」の声。藤原奈々恵の両親までが歓声《かんせい》を上げて拍手《はくしゅ》してくれている。たった一人、石本博美が仏頂面《ぶっちょうづら》でにらんでいるのを目の端に捉《とら》えて、まりもは思わずいい気分になった。

と、その時だ。左足が、あぶみからすっぽ抜けた。

あっと思った瞬間、体が左に傾《かし》いだ。とっさに右手で鞍の前橋《ぜんきょう》（前の部分）の突起《とっき》をつかんだものの支えきれず、走り続ける馬の反動に14チュウへ撥《は》ね上げられるようにして、まりもは転がり落ちた。地面と空が逆さになる。コマ送りみたいに落下していきながらも、左手にあるものをぎゅっと握りしめる。

（落ちても手綱だけは、）

放さずにいたおかげで、背中から砂に叩きつけられても頭だけは打たずにすんだ。人間を引きずっていることに気づいたメロディが驚いて横っ飛びし、なおも走り出しかけてから思い直したように止まった。

貴子と志渡が、そして藤原奈々恵の親たちが柵をくぐって駆け寄ってくる。その後ろからクラスのみんなまでがこちらへ来ようとしているのが見えて、まりもは慌てて手綱から手をほどき、もがくように起きあがろうとした。

「起きなくていい！」貴子が叫ぶ。「頭！　頭、打たなかった？」

「う……って、ない」

も、ものすごく意地悪な顔をしているのがわかる。まりもは懸命《けんめい》に顔をあげて近づいていった。
　そばまで行くと、志渡がまるで男同士みたいに肩《かた》を組んで、そっと耳打ちをした。
「いいか、まりも。俺の言う通りやれ。いいとこ見せようとか、いつもと違うことをしてやろうなんて考えなくていい。いつもどおりだ。大丈《だいじょう》夫《ぶ》、お前ならできる」
「……ほんとに、そう思う？」
　心細くて訊《き》いたのだが、志渡はいつものあの顔で不敵に笑った。
「お前、自分を誰だと思ってる？」
「え、わかんないよ」
「この俺が見込んだ唯一《ゆいいつ》の弟子《でし》だべ」
　目と目を見合わせる。まりもの喉《のど》が、勝手にごくりと鳴った。
「今、貴ちゃんがハミをつけてくれてる」
「あたし、メロディに乗りたい」
「当然でしょ」と、志渡は言った。「聞こえてたか。腹が減って動かないんだとよ」
「ん、聞こえてた。ばかみたい」
「だな。ほんとのメロディを見せてやれ」
「――はい！」
　まりもは、駆《か》けだした。
　角馬場の出入り口で、貴子が栗毛のメロディを押さえて待っていてくれた。ナイロン製の無口と手綱がわりのリードロープではなく、革《かわ》の頭《とう》絡《らく》（馬の頭部に付ける馬具）と革の手綱。それに、いつも乗っている鞍と、まりも専用のあぶみ（鞍から左右一対《いっつい》を吊り下げ、馬に乗る時に足を乗せる馬具）。
「頑張《がんば》って」と、貴子がささやく。「気持ちよく乗っといで」
　うなずくと、まりもはメロディを少し曳いていき、柵が馬の左側にくるように平行に止めた。下の横棒に右足をかけて踏み台にし、続いて左足をあぶみにかけて、ひょいと鞍にまたがる。手綱を取り、その場足踏みで向きを変えさせ、まっすぐ歩いて馬場の中央に立つ志渡のもとへ行く。柵の外側でみんなが息を呑《の》んで見つめているのがわかった。
　志渡は、両手をジーンズの尻ポケットにそれぞれつっこんだまま、メロディの顔越《かおご》しにまりもを見あげてきた。目が、呑気《のんき》そうに笑っている。
「常歩《なみあし》（馬術の馬の歩法の一つ）なんかもういいしょ。最初から速足《はやあし》（馬術の馬の歩法の一つ。常歩よりも速い）でいってみようか」
「はい！」
　声を張って返事をすると、まりもはメロディを柵に寄せ、まず手綱をゆるめておいて、それから脚《きゃく》の合図を出した。ふくらはぎをゆっくり締《し》めていく。いつもなら動きだすのに、メロディは無反応だ。ごく軽く踵を入れてみる。それでも駄目《だめ》だ。
　前に乗った人たちがみんなして馬をだらけさせてしまったのだった。背中の人間は調教師も同じだ、という志渡の言葉が、今になってつくづくと胸に落ちる。
「なんだよ、動かないじゃん」
　誰かの揶揄《やゆ》（からかい）の声を聞き流し、まりもは背筋を伸ばした。今度は、前よりしっかりと踵を入れる。とたんに、メロディは目が覚めたように動き始めた。

うに曳き馬で一周ずつしたところで、志渡が、腕組みをして言った。

「どうだった、みんな」

それぞれが口々に叫んだ。

「むずかしかった！」

「楽しかった！」

「乗ったら高くてびっくりした！」

石本博美だけが知ったふうな口調で言った。

「メロディはさ、おなかすいてるから動かなかったんだよ。ちゃんとゴハンもらってないんでないの？」

⑤志渡の眉《まゆ》が、片方だけひょいと吊《つ》り上がる。まりもはつぶやいた。

「あ。怒った」

顔は笑っていても、あれは志渡がちょっとカチンときた時の癖《くせ》だ。カンカンというほどではない、でも細い青筋が一本立ったくらいの感じ。

「そっかー、あいつ腹減ってたんかー」と、志渡は言った。「そりゃ気づかなかったわ。さっきまであーんな広い牧草地に放されてたのに、何にも食べてなかったんかなあ」

博美が、ふいっと横を向く。

「それはそうとなあ、みんな。俺《おれ》、じつはうっかりしててさあ。みんなにまずお手本を見せてやるのを忘れてたんだわ。誰だっていきなり初めての馬に乗せられて、さあ上手にやれって言われたって、難しくて当たり前だよな。ごめんごめん」

「そうだよ！」

と、みんなが図に乗って騒ぎだす。

「お手本を見してくんなきゃわかんないよ！」

⑥志渡が、準備万端《ばんたん》という表情で目をあげた。まりもはどきりとした。まるで、こちらがどこにいるかわかっているかのように、通風窓にぴたりと目を据《す》えて大声で呼ぶ。

「おーい、まりも！」

驚《おどろ》いた子どもたちが、みんなして厩舎をふり返った。

「そっちの作業はいいから、ちょっとこっち来て手伝ってくれ」

まりもは、通路に座《すわ》っているボーダーコリーを見やった。

「どうしよう、チャンプ」

犬が、黙って首をかしげる。

「まりもー、いるかー？」

みんなに会うのは嫌《いや》だったが、石本博美から逃げたと思われるのはもっと癪《しゃく》だった。

⑦まりもは木箱から降りると、深呼吸をした。もう一度、した。それから、思いきって厩舎の扉《とびら》を押し開け、外へ出て行った。

「おーう、邪魔《じゃま》してすまん」と、志渡が言った。「あのな、今この子たちをちょっと乗っけてやったんだけど、どうやったら上手に乗れるようになるのかお手本を見せて欲しいって言うんだわ。まりも、ちょっとやってみせてくんないか」

みんながざわめく。

「うそ。岩館、乗れんの？」

岸田大地が驚いたように言う。

「どうだろうなあ？」志渡は笑いながら言った。「まりも、こっち来てみな」

石本博美の強い視線が注がれているのを感じた。目を合わせなくてのいい小林健一《こばやしけんいち》だ。

志渡が、基本的なことを教える声が聞こえた。進め、の合図。止まれ、のサイン。自分に教えてくれたのと同じことを、あんなにあっけなく他の子たちにも教えるのかと思ったら、目の前が黄色くなる思いがした。けれど、奈々恵と健一は、しょっぱなから壁《かべ》にぶつかっていた。歩いてもまっすぐ進まずにあっちへこっちへ曲がってしまうメロディと、馬場の真ん中で立ち止まったまま遠くを見ているファルコンを相手に、二人とも④□苦□苦している。柵の外から、他《ほか》の子たちが口々にからかう。

ようやく馬場をよれよれと三周くらいしたところで交代になった。志渡が一人ひとり鞍から抱《だ》き下ろしているのを、まりもはあきれながら眺めた。あたしには、最初の時からひとりで飛び降りさせたのに。

「さあ、次は誰だ?」

「あたし乗る!」

手をあげたのは石本博美だった。まりもは思わず窓の木枠《きわく》を握《にぎ》りしめた。

もう一人は、岸田大地《きしだだいち》が名乗りを上げた。サッカーチームのキャプテンで、運動会のリレーでも必ず代表に選ばれる男子だ。

だが、今の今まで10ヤジを飛ばしていた彼らも、いざ乗ってみれば前の二人と同じだった。ただ馬を歩かせて角馬場の柵11ゾいに大きく一周するだけのことが、どうしてもうまくできない。

「あんなんじゃ、馬が混乱しちゃうよ」

小声で呟《つぶや》くと、クウン? とチャンプが問うような声をもらした。

「馬と人間の間には、ちゃんと取り決めがあるのにさ」

クウン、とチャンプがA律儀《りちぎ》に相づちを打つ。

見ているうちに、まりもはいらいらしてきた。あんなに強く手綱《たづな》を引きながら足で蹴《け》ろうとするなんて、ブレーキを握ったまま自転車をこぐようなものだ。それに、蹴るなら蹴るでもっと踵《かかと》を下げて内側に向ければ馬のおなかに届くわけがない。

大地が左の手綱だけ引っぱりすぎるものだから首がねじ曲がり、いやがるファルコンの尻《しり》が右へ逃げようとする。

「手綱をゆるめれ。腕《うで》を前に出せ」

志渡が何度も言っているのに、大地はうろたえてしまって聞いていない。馬が後ろへ下がるのを止めようと思うのか、慌《あわ》てるあまりよけいに手綱を引くせいでファルコンはさらに後ずさりを続け、とうとう志渡が手をのばして無口（馬の頭部に付ける馬具。手綱は付いていない）を押《お》さえ、止めた。まりもが最初に無口だけで乗ったように、ファルコンにもそうしていたからまだ良かったものの、これでハミ（馬を制御《せいぎょ》するために口にくわえさせる馬具）までかませていたなら馬はもっといやがって後肢立《こうしだ》ち（後ろ脚《あし》だけで立つこと）になってしまっていたかもしれない。大地が、体じゅうでほっと息をつくのがわかった。

同じくほっとしたまりもが、そういえば石本博美はと見ると、メロディはどうやら背中には誰も乗っていないことにしたらしい。馬場の隅《すみ》で立ち止まって首をにゅうっと伸《の》ばし、柵の外に生えている草をむしゃむしゃ食べているところだった。

誰に乗り替《か》わっても同じだった。器用か不器用かのわずかな違《ちが》いはあっても、馬をまっすぐに動かせる者は一人もおらず、結局は志渡と貴子にすべて12アズけ、曳《ひ》いてもらって馬場を何周かするのだった。

おしまいに藤原奈々恵の両親がみんなに勧《すす》められてまたがり、楽しそ

「敵前逃亡《とうぼう》ってやつか、うん？　お前はそれでいいのか」

「……おじいは、『逃げるが勝ちだ』って言ったもん」

「ああ、そうだってな、貴ちゃんから聞いた。したけどそれは、学校という場所からの話だろ。ここは、お前の縄張《なわば》りじゃないか。それともお前、あの女の子の前から逃げ出さなきゃならないような悪いことでもしたのか」

「してないよ！」まりもは叫《さけ》んだ。「なんでそんなこと言うの？」

「だよな。してないよな」

志渡は[4]ゴキを強めた。

「だったら、堂々としてろ」

まりもは、言葉も出なかった。どうして大好きな人たちが、わざわざ自分を苦しめるようなことを言うのか、するのか、わからなかった。縄張りどころか、ここは自分たちだけの楽園であり王国なのだ。そんな大事な場所へ、どうしてあんなよそ者を入れてやらなければならない？

向こうで貴子が、志渡のほうを見ながら手招きしている。

耐《た》えられなくて再び背中を向けようとすると、

「まりも！」

覆《おお》い被《かぶ》せるように、志渡は言った。

「――これから馬装（馬に乗るために馬具などを装着すること）して、あの子たちを馬場に連れてって[5]ジュンバンに乗せる。お前は、どこからでもいい、見てろ。いいな、ちゃんと見てろよ」

まりもは、答えずに歩きだした。

貴子と志渡が放牧地から連れだして馬装を[6]トトノえたのは、栗毛《くりげ》のメロディと、年寄りの白馬ファルコンだった。初めての子どもたちを乗せるので、中でもおとなしい二頭を選んだのだろう。

まりもは、厩舎の中からそれを見ていた。志渡に言われたとおりにするのは悔《くや》しかったが、やはり気になって、見ないではいられなかった。

通路のいちばん奥《おく》、高いところにあいた通風用の窓から覗《のぞ》けば、すぐ前の角馬場（柵《さく》で囲った馬場）が丸ごと見渡《みわた》せる。道具入れの木箱を踏《ふ》み台にしているまりもの運動靴《うんどうぐつ》を、いつのまにか戻《もど》ってきたチャンプがふんふん嗅《か》いだ。

同じクラスの子が全部で七人――男子が三人と女子が四人いて、あと一人だけ混じっている男の子はたしか藤原《ふじわら》さんの弟だった。見れば、貴子と親しげに話しているのも藤原さんのお母さんとお父さんだ。貴子が何やら、すまなそうに頭を下げている。

「なんもなんもー（何にも気にしないで）」藤原さんのおばさんは言った。「私らも楽しみにして来たんだわ。子どもらには誕生会が始まるまで内緒にしてたんだけどさ、お昼ごはんが[7]スんで、『これからみんなで馬に乗りに行くかい？』って言ったらそりゃあもう喜んじゃって。ここへ来る間もまあ、車の中が大騒《おおさわ》ぎで大変。したけど、大沢さんの言ってたとおりだったわ。こやって来てみると[8]アンガイ近いねえ」

③まりもは、下唇《したくちびる》をかみしめた。

藤原奈々恵《ななえ》は石本博美の子分ではなかったし、とくべつ仲がいいというほどでもないはずだ。なのにどうして、博美が奈々恵のお誕生会に呼ばれたりしているんだろう。それとも、自分が学校へ行かなくなってから、クラスの[9]セイリョク図に変化があったのだろうか。

今、メロディの鞍《くら》の上にはまず今日の主役である奈々恵が、そしてファルコンには男子の一人がまたがっている。奈々恵とは家が近所で仲

【国　語】（六〇分）〈満点：一二〇点〉

次の文章を読み、後の問いに答えなさい。

岩館《いわだて》まりもは、父親と祖父母の四人で暮らしていた。建築現場で働く父親はまりもの同級生である石本博美《いしもとひろみ》の家の改築を担当することとなったが、まりもは石本博美に父親のことを馬鹿《ばか》にされたため、衝動《しょうどう》的に彼女を突《つ》き飛ばしてしまった。それ以来、まりもは学校で石本博美のグループにいじめられるようになった。そして運悪く、作業現場での事故で父親は命を落としてしまう。学校にも行かずふさぎこんでいたまりもだったが、ひょんなことから知り合った看護師の大沢貴子《おおさわたかこ》に牧場に連れて行ってもらい、そこで牧場主である志渡《しど》という男に出会った。まりもは本気で乗馬を勉強したくなり、志渡と貴子の助けや祖父母の理解を得ながら牧場に週三日通う生活が始まって二ヶ月がたとうとしていた。

七月に入ってすぐの日曜日のことだった。

駐車場《ちゅうしゃじょう》に見慣れない普通車《ふつうしゃ》とワゴン車とが二台連なって入ってきた時、まりもは志渡と一緒《いっしょ》に放牧地で作業していた。

これだけ広いランチ(牧場)では、毎日必ずと言っていいほど何かが壊《こわ》れる。この日は折れかけていた横木を取りはずし、新しいものをビスで止めた上から針金で巻いて補強していた。まりもは針金をペンチで切る係だった。

1ライホウ者を確かめようと、チャンプが喜び2イサんで走っていく。

①まりもは目をこらし、次の瞬間《しゅんかん》、ぎょっとなった。

遠目に見ても、ぱらぱらと降りてきたのが月寒北《つきさむきた》小学校の六年生たちであることはわかった。それも同じクラスのみんな。おまけに、その中にはよりによって――。

3シンゾウがばらばらに脈打ち、胃の底がむかむかしてくる。クラブハウス(諸設備のある建物)から貴子が迎《むか》えに出て行き、誰《だれ》だろう、運転してきたお母さんの一人と何か話しながら笑いあっているのが見える。

「志渡さん」

呻《うめ》くように、まりもは言った。

「うん？　どした」

「なして(どうして)、あの子がここへ来るのさ」

「あの子って？」

「ねえ、なして？　志渡さんが呼んだの？　それとも貴ちゃん？」

ようやく針金の端《はし》を始末し終わった志渡は、体を起こしてまりもを眺《なが》めた。どういうふうに言って聞かせようかな、と考えているのが目に見えるようで、いらっとする。

「なしても何も、子どもたちを馬に乗せて欲《ほ》しいって、向こうから頼《たの》んできたんだわ。誰やらの誕生会なんだと。べつに、なんも変わったことはないしょ」

②まりもは、黙《だま》って軍手をはずし、腹立ちまぎれに地面に叩《たた》きつけた。志渡の前でそんなことをしたのは初めてだった。それくらい我慢《がまん》がならなかったのだ。くるっと背を向けて厩舎《しゅうしゃ》(牛や馬を飼う小屋)へ向かう。クラスの子になんか会いたくない、また心ないことを言われるのも、好奇《こうき》の目で見られるのもいやだ。と、背中に、

「逃《に》げるのか」

志渡の低い声が刺《さ》さった。

思わず足を止めてふり向くと、志渡はなおも言った。

エ　「僕」はウソをついた後ろめたさから「思い出したくないんだ」と言っているが、周りの子どもは「僕」が本当に「こぐり」での体験を怖がっていると思い、「僕」の話をますます信じるようになってしまったということ。

オ　「僕」はこれ以上ウソをつきたくないという思いから「思い出したくない」と言っているが、周りの子どもはウソがばれそうで苦しんでいる「僕」を困らせようと、ますますその話をするようになってしまったということ。

問12　――線部⑩『あれは絶対に弁天様の化身だったんだ』僕は弟に強く言った」(22ページ)とありますが、この時の「僕」の気持ちを八十字以上百字以内で説明しなさい。

問13　作品中で「僕」はカッチャンのことをどのように思っていますか。最も適切なものを次の中から選び、記号で答えなさい。

ア　「僕」に面白い体験をたくさんさせてくれる頼《たよ》りがいのある存在であるが、何をするときにも「カッチャンならどうするだろう」と考えすぎたあまり、本来の気弱な自分では片付けられない事態におちいり、カッチャンの偉大《いだい》さを感じる一方で、自分には手の届かない存在だと思うようになった。

イ　「僕」を冒険や探検に導き、何か決断するときの基準となってくれる存在であり、初めは面白いことをただただ追求する一面をカッチャンに見ていたが、よく考えるとカッチャンは周囲を楽しませるためにそうしているのではなく、興味のあることにひたすら没頭《ぼっとう》するまっすぐな人間だと気づくようになった。

ウ　「僕」をさえない学校生活から抜《ぬ》け出させ、クラスの人気者にしてくれた尊敬すべき存在であり、いつも「僕」はカッチャンに気に入られようとがんばっていたが、厳格なカッチャンは「僕」がしたあやまちを決して許してくれないだろうと思い、かえってカッチャンの怖さにおびえるようになった。

エ　「僕」の心の中心にいつもいる魅力《みりょく》的な存在であり、「僕」に不思議な体験をたくさんさせてくれるので、「僕」はカッチャンのようになりたいと努力していたが、カッチャンは周りのみんなに無関心で自分のやりたいことに集中してしまうため、寂しさがつのり、カッチャンの薄情《はくじょう》さを痛感するようになった。

オ　「僕」をいつも無茶なことに巻き込みながらも、危険なときは守ってくれる頼《たの》もしい存在であり、「僕」はそんなカッチャンにあこがれて自分もみんなにそう思われたいと願っていたが、カッチャンには「僕」のすることを全く認めてもらえなかったため、カッチャンは身勝手な人物だと思うようになった。

オ　みんなにバカにされている弟なのに、自分よりも不思議な体験をしているということに驚きと嫉妬《しっと》を感じている。

問5　――線部③「以来、僕は『ちょっと変わったやつ』と思われるようになった」（26ページ）とありますが、それ以前の「僕」を説明した部分を本文中から二十字以内で抜き出して答えなさい。

問6　――線部④「それが命取りになった」（26ページ）とはどういうことですか。四十字以内で説明しなさい。

問7　――線部⑤「思わず、走り出していた」（25ページ）とありますが、この時の「僕」の気持ちを三十五字以内で説明しなさい。

問8　――線部⑥「まず仲のよいマサトに話す」（24ページ）とありますが、「僕」がそのようにしたのはなぜですか。八十字以内で説明しなさい。

問9　――線部⑦「女の人がぼわっとかすむ」（23ページ）とありますが、それはなぜですか。最も適切なものを次の中から選び、記号で答えなさい。

ア　周囲に自分の話をなかなかわかってもらえずに、悔しさで目に涙《なみだ》があふれてきたから。

イ　女の人の服装まではっきり覚えていないことを相手に見すかされて、ひどく動揺《どうよう》したから。

ウ　女の人を見た時に怖いと思わなかったので、今ではその印象が薄《うす》れてきているから。

エ　女の人を見た時の恐怖《きょうふ》が一気によみがえってきて、その記憶《きおく》を消し去りたいと思ったから。

オ　見たつもりになっていた女の人の姿が、疑われることであやふやになってしまったから。

問10　――線部⑧「気色ばむ」（23ページ）の意味として最も適切なものを次の中から選び、記号で答えなさい。

ア　むっとして表情を変える

イ　かっとなって大声を出す

ウ　腹を立ててやけになる

エ　おびえて真っ青になる

オ　緊張《きんちょう》して顔がこわばる

問11　――線部⑨「『思い出したくないんだ』と正直に言ったが、それもまた同じ結果になった」（23ページ）とありますが、これはどういうことですか。最も適切なものを次の中から選び、記号で答えなさい。

ア　「僕」はウソをついたことを遠回しに伝えようと「思い出したくないんだ」と言っているが、周りの子どもはそんな「僕」の思いに気づくことなく、ますます幽霊ブームで盛り上がるようになってしまったということ。

イ　「僕」は「こぐり」で体験した恐《おそ》ろしさから「思い出したくないんだ」と言っているが、周りの子どもは「僕」がその場所を避《さ》けていることと合わせて、「僕」をますます臆病《おくびょう》だと思ってバカにするようになったということ。

ウ　「僕」はカッチャンにバカにされないかという不安から「思い出したくないんだ」と言っているが、周りの子どもは「僕」が本当に幽霊体験におびえていると思い、ますます面白がって話を広めるようになったということ。

僕はやっと心穏《おだ》やかな気分になって、図書館に行き、『日本の伝説』を読んでいた。もともと僕はこういう伝説、民話、昔話の類《たぐ》いがすごく好きだった。化け物や怪物もよく出てくるし、なによりも物語が面白い。そして、性懲《しょうこ》りもなく、文化祭の劇で使える話はないかと物色していた。

ところが、本を読んでいるうちに、「弁天様が白い蛇《へび》になって現れ、池の中を泳いでいく」という物語を見つけて仰天《ぎょうてん》した。

僕は何ヶ月か前、カッチャン軍団の仲間たちと又木弁天という神社に遊びに行った。そのとき、たまたま僕一人、みんなからちょっと遅《おく》れて歩いていたとき、神社脇《わき》の池で、真っ白い蛇が首だけ水面に出して、するするするっと社のほうに泳いでいき、すっと姿を消したのを目撃《もくげき》したのだ。

真っ白の蛇なんて初めて見た。でも蛇にはいろいろな種類があるから、変だとも思わなかった。「あー、蛇は泳ぎがうまいんだなあ」と単純に感心しただけで、わざわざカッチャン隊長に15ホウコクもしなかった。

「あれは、弁天様の化身《けしん》だったのか!?」

僕はすごいものを見てしまったのだ。興奮して、誰かに話したくなった。でも、この前、幽霊を見たとデマを流して、先生に注意されたばかりだ。それに弁天様の化身なんて、たぶんわかってもらえないだろう。

結局、学校では誰にも言わなかった。カッチャンにも言えない。幽霊話の件でどこか後ろめたかったし、カッチャンは今は超能力《ちょうのうりょく》に凝《こ》っているから聞く耳をもたないだろう。

しかたなく、お母さんに言ってみたが、「おまえも宇宙人が来たり、弁天様が来たり、人気者だねえ」と笑われただけだった。

どうしてこうなるんだ!

しかたなく、居間で『三冠王《さんかんおう》　王貞治《おうさだはる》物語』を熱心に読んでいるユーリンをつかまえ、話して聞かせた。

⑩「あれは絶対に弁天様の化身だったんだ」僕は弟に強く言った。わかったのかどうか知らないが、ユーリンは神妙《しんみょう》にうなずいていた。

（高野秀行《たかのひでゆき》「またやぶけの夕焼け」）

問1　＝線部1～15のカタカナの部分を漢字で書きなさい。

問2　[A]～[C]に当てはまる、体の一部を表す漢字一字をそれぞれ答えなさい。

問3　――線部①「僕は自分のところに宇宙人が来ていることを確信した」（28ページ）とありますが、なぜ「僕」はそのように「確信」したのですか。七十字以内で説明しなさい。

問4　――線部②「『飛行機かなんかだろ?』イライラして水を差してみた」（27ページ）とありますが、この時の「僕」の気持ちの説明として、最も適切なものを次の中から選び、記号で答えなさい。

ア　自分がいつも見下している弟の話をお母さんが本気で信じているようなので、あせりといらだちを感じている。

イ　わかりきったウソの話を「僕」に何度も聞かせた上、お母さんにもそれを話そうとする弟に怒《いか》りを覚えている。

ウ　自分の話でさえお母さんに取り合ってもらえないのに、信じてもらえるはずもない話をする弟に腹を立てている。

エ　お母さんに全く相手にされなかったことが悔《くや》しくて、腹立ちまぎれに弟を言い負かしてやろうと思っている。

人気者になったようで嬉しい。それに、何回も何回も繰り返し話しているうちに、自分がそれを見たことを確信するようになってきた。その女の人が着ていたコートの縫《ぬ》い目まではっきり目に浮かぶのだ。

だが中には、「阪野、ウソ言ってるんじゃねえの」と疑うやつもいる。そんなときにはギクッとした。一瞬《いっしゅん》にして、⑦女の人がぼわっとかすむ。

「ウソじゃねえよ、ほんとだよ！」僕が⑧気色《けしき》ばむとマサトが加勢してくれる。

「そうだよ、阪野がウソ言うわけねえだろ！　阪野はそんなやつじゃねえよ」

マサトはいいやつだ。それが今はなんだか重い……。

いや、僕が何か見たのはほんとうだ。でもそれが女の人だったのかどうかになると自信がない。なにより肝心《かんじん》の部分が「ダメ」だった。

怖くないのだ。もし僕がほんとうにそれを見た、あるいは見てないにしても「何か感じた」のなら怖いはずだ。僕は人一倍怖がりなのだ。でも怖くない。つまりそれは、見た見ないを超《こ》えて、「ほんとうじゃない」のだ。

こぐりのところを通るのが億劫《おっくう》になった。自分がウソをついたのを毎回思い出すからだ。一人のときはこっそり遠回りして、「いっけん」の森を通って家に帰った。ところがそれを見ていた子がいたらしい。

「阪野はあの幽霊の場所が怖くて、一人のときはすごく遠回りしてるぜ」なんていう話が広まって、ますます話が本物っぽくなってしまった。

僕はその幽霊話をしてくれとせがまれても、⑨「思い出したくないんだ」と正直に言ったが、それもまた同じ結果になった。

そうこうするうちに、わざわざ「こぐり」まで出かける連中が現れ、しかも「俺《おれ》もあそこで幽霊見た」「あたしも見た」という子が続出するようになった。

ウソつけ、みんな注目を13アびたいだけだろ！　と思ったが、もちろん何も言えない。僕のせいで、あろうことか、学年中に幽霊ブームが起こってしまった。

しまいには先生が「道徳」の時間に「オバケを見たとか、そういうデマを流すのはやめなさい」と言った。

僕は「デマ」という言葉にショックを受けた。ウソよりもっと性質の悪い、14ハンザイじみた臭《にお》いがしたのだ。もともとまじめでウソなんか嫌《きら》いな性格だった。それだけじゃない。

カッチャンならどうするかと考えて、「白いコートの女の人を見た」と無理に言い張ったが、よくよく考えると、カッチャンは同じ無理をするにしても、自分が信じていないことは言わないし、やらない。

まわりから見れば「どうかしてる」ということでも、カッチャン本人は心の底から信じてやっている。ウソとか何かをする「ふり」はカッチャンが最も嫌うものだ。

カッチャンは僕がウソをついたと知ったら、軽蔑《けいべつ》するだろうな……。

そう思うと、とめどもなく気がめいった。カッチャンがその頃、宇宙人に熱中していて、幽霊話にまったく関心を寄せなかったのがせめてもの救いだった。

先生の注意で、幽霊ブームは一段落ついた。幽霊話が多すぎて、みんな飽《あ》きてきたところでもあった。

⑥まず、仲のよいマサトに話すと、「え、あそこで？　ホントかよ！」と興奮していた。
「おい、阪野がさ、すげえもん、見たってよ！」とクラス中にふれまわった。僕が想像したとおりだ。でもみんながマサトのように素直《すなお》なわけじゃない。
「あんなとこに幽霊が出るか」と言ったのは、斉藤《さいとう》という子安三丁目の男子だった。学級委員をやっていて、頭がいい。
「幽霊っていうのはさ、誰か恨《うら》みをもって死んだ人の霊なんだぜ。だからその人が死んだところとか、その人の家とか、そういうところに出るんだ」
「………」僕は黙《だま》った。斉藤は追い討《う》ちをかけた。
「あそこは毎日、あんなにたくさん人が通ってるじゃん。なのに、今まで全然そんな話が出てないんだぜ。おかしいよ」
　斉藤の意見はむかつくことに10スジがよく通っていたから、他の連中も「そう言われればそうだよな」と［B］をひねり出した。僕は又木の子だし、最近は「変なやつ」になっている。犬釘とか巨大ノコとか物的証拠《しょうこ》を持っていったりマサトみたいな証人がいればともかく、僕一人の話だけでは信憑性《しんぴょうせい》（信用できる度合い）がないらしい。
「おめえさ、車のライトに影《かげ》かなんか11ウツったのを見間違えただけじゃねえのか？」ドスのきいた声でオトコンナズの坂口が言い放った。
僕はギクッとした。
「おめえはビビリだからな、なんでも幽霊に見えるんじゃねえの」坂口はとどめをさすように言い、相棒の古田が「ガハハハ」と勢いよく笑った。
「みんなが見てなくても、阪野には見えるってことはあるだろう」と純情なマサトが味方についてくれたが、それも逆12コウカだった。斉藤は笑い飛ばした。
「じゃあ、阪野が霊能者ってこと？　阪野、おまえ、今まで何度も幽霊を見てるのかよ？　そんな話、一回も聞いたことないけどな」
「霊なんか何度も見てるよ！」と言いたかったが、本質的にまじめで気弱な性格は直っていない。僕は［C］を尖《とが》らせたまま黙り込んだ。
　すでに教室の雰囲気《ふんいき》は一気に斉藤とオトコンナズの側に傾《かたむ》いた。そのとき、救世主が現れた。
「あたしは阪野君のことを信じるな」と長谷川《はせがわ》真理《まり》が言ったのだ。
「あたしのおじいちゃんに聞いたんだけど、昔あそこで若い女の人が交通事故で亡《な》くなったんだって。それであのお地蔵さんをつくったんだって」
「おお……」とクラスの連中はどよめいた。長谷川は又木の子だが、誰とも別《わ》け隔《へだ》てなく接する気さくな人柄《ひとがら》で、男子からも女子からも人気がある。僕なんかとは桁《けた》違いに信頼《しんらい》されている。
　しかも彼女はこぐりのすぐそばに住んでいて、そのおじいちゃんが言っているというのだ。僕だって、「えーっ」とのけぞった。あの地蔵の前の木をほじくりかえしてクワガタを捕ったりしていたからだ。知っていたら、そんな祟《たた》りが起きそうなことはしない。
　長谷川の強力な援護射撃《えんごしゃげき》で勝負はあっさり逆転、僕が勝ちをおさめた。話はあっという間にクラス中に広まったどころか、他のクラスにまで飛び火した。
「それ、ほんと？」と僕のところに直接やってくるやつもけっこういる。

雨がしょぼしょぼ8フり、空は薄暗《うすぐら》かった。車一台がやっと通れる細い道を抜《ぬ》けると、少し幅《はば》の広い場所に出る。ここはお父さんが子どものときには七日に一度市が立っていたとかで「七日市場」なんて呼ばれている。

七日市場を通って京王《けいおう》線のガード下である「こぐり」にさしかかった。ここは寂《さび》しい場所だ。こぐりをくぐる手前に色あせた赤い前掛《まえか》けをつけたお地蔵さんがある。お地蔵さんの前にはなぜか大きな木が丸太のように転がっている。もう朽《く》ちてボロボロだ。もっとも僕たちは前にその朽ちた木をほじくりかえして、冬眠中《とうみんちゅう》のクワガタを見つけたことがある。それを家に持って帰ったら、物知りのお父さんは「今日は啓蟄《けいちつ》だ。虫が起きる日に虫を捕まえてきたか」と喜んだ。

道の下は佐々木《ささき》鉄工所の資材置き場で、資材なのかゴミなのかわからない錆びた鉄の棒や部品が放置されていた。ここも僕たちカッチャン軍団の資材調達場だったが、一人で来ると薄気味悪い感じがする。

そしてこぐりのすぐ手前には前は美容院だった空き家があった。今でも壊《こわ》れた9カンバンがそのままで、にっこり微笑《ほほえ》んだ女の人が微笑んだまま顔が半分に割れている。

僕がこぐりにさしかかろうとすると、前から車が走ってきた。ヘッドライトに白いぼんやりしたものが浮《う》かんだような気がした。ちょうどこぐりの中だ。車が通り過ぎると、その白いものは消えた。僕が近寄ってみても、何もない。

あれはなんだったんだろう? 白っぽいものが浮かび上がった気がしたけど……。

こぐりは白いコンクリートでできているが、雨がしみてところどころ黒ずんでまだらになっていた。そこに車の光があたっただけかもしれない。もし、何か変なものが実際にあったとしても、ただ白っぽいものとしかいえない。

どうしよう、としばし考えた。「白っぽいもの」ではあまり面白くない。僕は、カッチャンならどうするだろうと思った。最近、僕の行動の基準はカッチャンである。

カッチャンは無理でも自分のやりたいことを押《お》し通す。「面白ければいいんだ」と言うにちがいない。

「よし」僕は決心した。「あの白っぽいものは女の人だったんだ。白いコートを着た女の人。それが車が通り過ぎた直後、すっと消えてしまった。そういうことにしよう!」

そう自分に言い聞かせると、なんだか本当に女の人を見たような気がしてきた。ついに僕も不思議体験だ。怖《こわ》いような、ワクワクするようなこの気分を誰かに伝えたい。⑤思わず、走り出していた。

けれど、うちに帰ってもお母さんやユーリンにはその話はできなかった。宇宙人のいたずら事件でバカにされたばかりだったから、また幽霊話をしても信じてもらえないような気がしたのだ。

言ったのは学校の教室である。

僕が仲のいい友だち数人に話すと、みんなは「え、うそお? こえー!」とのけぞった。僕たち又木《またき》の人間にとってはこぐりは毎日通っているところだが、子安の子どもたちにとってはちがう。あの小さくて暗いトンネルとその周辺は相当不気味に思えるのだ。僕はそれをよく知っていた。だから、まず学校の友だちに話したわけだ。

③以来、僕は「ちょっと変わったやつ」と思われるようになった。その後、休み時間にカッチャン軍団での数々の冒険《ぼうけん》や探検の話をしたり、作文に書いたりした。

僕の冒険や探検を大げさに言いふらすやつもいた。マサトだ。八幡様《はちまん》(神社の名)に一緒にノコ(ノコギリクワガタ)を捕《と》りに行ってから、マサトとは仲良しになっていた。

マサトは最初会ったときは無口で何を考えているのかわからないように見えたが、それは転校したてでクラスにとけ込んでなかっただけだった。今は子安の少年野球チーム「子安イーグルス」に入り、その並《なみ》外れたパワーで四年生の中心的存在になっていた。どこか素朴《そぼく》で、ちょっとしたことにすぐ驚いたり感動したりして、しかもそれをみんなに言って回る癖《くせ》があった。

マサトは僕らの冒険・探検話が大好きで、「この前、ユドノを片倉城《かたくらじょう》址《し》の向こうまで遡《さかのぼ》ってウグイ(魚の名)を捕ったぜ」なんて話も「すっげー！」と歓声《かんせい》をあげ、「おい、阪野《さかの》がさ、またすげえこと、やったんだぜー」とまわりの子に話して聞かせるのだった。

おかげで、僕は「ちょっと変なやつ」から「かなり変なやつ」に格上げだか格下げだかわからないが、とにかくそう思われるようになった。僕もみんなを驚かせることが楽しくなり、ますますカッチャン軍団でムチャなことをやるようになった。

だが、さすがに文化祭実行委員に選ばれたのにはびっくりした。うちの学校では十月に文化祭をやる。各クラスから男女二名が委員になり、クラスで何をやるのか、学年全体では何をやるのか、先生もまじえて集まって相談する。勉強ができる子が選ばれる学級委員とちがうが、こちらは休み時間にクラスのリーダーとして遊びを仕切るような子が選ばれる。

正直なところ、委員を選ぶときにマサトが「阪野君がいいと思います」と推薦《すいせん》し、その確信に5ミちた大声に他のみんなが圧倒《あっとう》されて、なんとなく決まってしまったのだが、それにしても驚きだ。

いちばんびっくりしたのはお母さんで、「おまえ、今度は何をしたの?」と言ったが、その口調はいつもの心配性《しんぱいしょう》とちがって、少し嬉しそうだった。

さて、委員会では、僕は「宇宙西遊記《さいゆうき》」という劇をやることを提案した。三蔵《さんぞう》法師や孫悟空《そんごくう》の一行がUFOに乗って宇宙のどこかにあるガンダーラ星を6メザすという、『宇宙戦艦《せんかん》ヤマト』と『西遊記』を足して二で割ったような話だ。

男子はだいたい「面白い」と言ってくれたが、女子には「くだらない」と7フヒョウだった。議論になったが、口では男子は女子に勝てない。特にうちのクラスの女子の委員である坂口が先生に向かって「テレビの真似はよくないと思います」と発言し、④それが命取りになった。

坂口は体がでかくてガサツな女子だ。相棒の古田という子とよくコンビを組んでおり、「オトコンナズ」と呼ばれていた。なぜ、そんなあだ名がついたかというと……。

まあ、いい。あんなむかつくやつらのあだ名の説明なんか。とにかく連中は最近、僕を目の仇《かたき》にしており、何かとケチをつける。そんなやつは前はいなかった。クラスで目立つと敵も出てくるのだ。

というわけで、僕は「くそっ、なんか面白くねえな」とつぶやきながら、家への道をとぼとぼ歩いていた。

ど、お母さんは初めてらしい。

「何かオレンジ色でぼーっと光る火の玉みたいなものがユドノ（川の名前）の上のほうを飛んでたよ。上にすーっと上がったり、下にすーっと落ちたりして、急に消えちゃった」

②「飛行機かなんかだろ?」イライラして水を差してみた。

「ちがうよ。飛行機はあんなふうに飛ばないよ。だいたい、全部が光ったりしないじゃん」

ユーリンはムキになって言い返した。

絶対星か何かを見間違《みまちが》えたんだ。まったくバカなやつだ。

お母さんがまた笑うだろうと思ったら、

「そういえばお母さんも火の玉、見たことがあるよ」と言い出すので驚《おどろ》いた。

昔、まだ山梨《やまなし》の実家に住んでいたとき、夕方近所の人や家族と一緒にお寺の掃除《そうじ》をしてぃたら、墓地の上に大きな赤い火の玉がゆらゆら飛んでいたのだという。

「それ、UFOじゃなくて霊じゃないの?」ユーリンが生意気なことを言った。

「そうね。あれは死んだ人の魂《たましい》かもしれないね」

えー、どうしてお母さんとユーリンは不思議なものについてちゃんと話をしてるのだ。僕だけ除《の》け者みたいじゃないか。

僕も何か不思議なものを見たい。意地でも見たい……。

そんなことばかり考えていた。

それから数日後、僕は夕暮れ時、学校から家の方に向かって一人で歩いていた。

いつもなら遅《おそ》くても三時には家に帰るのに、こんな時間になってしまったのは、文化祭実行委員会に出ていたからだ。

不思議といえば、僕が文化祭実行委員なんてやっていること自体が、UFOの飛来より不思議なことだった。

三年生まで、僕はとにかくおとなしくて目立たない子どもだった。野球やドッジボールもそんなにうまくないし、かといって、めちゃくちゃ3ヘタなわけでもない。学校の成績は、3と4がまだらになった感じ。通知表には担任の先生から「もう少し4セッキョク性がほしい」とか「まじめすぎる」と書かれた。クラスの友だちからも、いい意味でも悪い意味でも注目されることはなかった。

それが四年生になって変わった。理由はひとえにカッチャン軍団に参加し、妙《みょう》な活動を繰《く》り広げたせいである。またやぶけの探検（カッチャン軍団がかつてした探検）もそうだけど、いちやくクラスで有名になったのは例の鉄橋復しゅう事件だ。ストのとき（鉄道会社のストライキにより電車が運行していないとき）鉄橋を渡《わた》ろうとしてカッチャンが捕まり、僕らも先生に叱《しか》られた。それだけでも問題なのに、さらに「復しゅう」と称《しょう》して、鉄橋の橋げたに穴を空けた。

僕はその話をクラスの友だちにしただけでなく、赤錆《さ》びた犬釘《いぬくぎ》（レールを固定するための大きな釘）をわら半紙にくるんで学校に持って行き、みんなの前で机の上にゴロンと転がした。

そのときのクラスの連中の驚いた顔が忘れられない。みんな、犬釘自体見たことがなかったらしい。まるで殺人事件の凶器《きょうき》を見るように、目を真ん丸くして犬釘を見ていた。クラスの大多数は「町」である子安町《こやすちょう》の住人だから、なおさらだ。

【国　語】〈六〇分〉〈満点：一二〇点〉

次の文章を読み、後の問いに答えなさい。

夏休みが終わり、二学期が始まった。

カッチャン軍団でも学校でも「不思議な話」が流行《はや》っていた。

僕《ぼく》自身は『世界の不思議』に出てくる巨大《きょだい》ウミヘビとかアフリカ奥地《おくち》の怪獣《かいじゅう》なんかが好きだったが、残念ながらみんな遠くにいるものばかりだ。

その点、UFO（宇宙人）や幽霊《ゆうれい》はどこにでも出現する可能性がある。

宇宙人ものでは、「FBI（アメリカの調査機関）に捕《と》らえられた金星人」という写真が有名だった。やせた裸《はだか》の小学生みたいな金星人の手を二人の大きなアメリカ人が上からつかんでいる。

それを真似《まね》して、カッチャンと僕がユーリンを捕《つか》まえて「金星人だ！」とやった。ユーリンは両手をつかまれたまま足をばたばたさせて、「ぼく、金星人なんてイヤだよ～」と言うが、わりと嬉《うれ》しそうだ。

金星人ごっこは単なる遊びだが、ある日①僕は自分のところに宇宙人が来ていることを確信した。いつも筆箱に入れて学校に持っていく消しゴムに、まるでトタン屋根の断面のような波型の切れ込《こ》みが入っているのに気づいたのだ。ふつうにナイフで切ったらこうはならない。

世界には現代の科学でも解明できない謎《なぞ》がたくさんある。古代に宇宙人が来て文明を残していったのだという本を読んでいたから、僕の消しゴムもそうじゃないかと考えた。

この頃《ころ》僕は『世界の不思議』のほかに、シャーロック・ホームズも愛読していた。ホームズに習ったのは、「観察と理屈《りくつ》」である。ホームズの推理は直感ではない。よく見て、いちばん理屈に合う答えを探すというものなのだ。

だから消しゴムだけで即《そく》「宇宙人の仕業《しわざ》」説には飛びつかなかった。一つなら偶然《ぐうぜん》ということもありうる。でも、物置にしまっておいたカラーボールにも同じ波型の切れ込みを見つけたときには興奮した。

現代の科学で説明できないものが、たまたま二つ僕のところにあるわけがない。合理的な答えはただ一つ。

「宇宙人がうちに来ている」

それしかない。

台所で夕飯を作っているお母さんにそう言ったら、菜っ葉をザルでシャッシャとゆすぎながら、

「そんなの誰《だれ》か友だちが彫刻刀《ちょうこくとう》かなんかでいたずらしたんでしょ」とあっさり片付けた。

「でも、わざわざそんなことする友だちなんかいないよ」わからずやのお母さんに反論したら、

「わざわざそんなことする宇宙人なんかもっといないわよ」と［A］で笑われた。

グーの1ネも出ない。

「バカなこと言ってないで宿題やりなさい」

お母さんはそうきっぱり言って、菜っ葉をざくざくと切り始めた。まるで宇宙人より菜っ葉のほうが大事みたいな手際《てぎわ》のよさでますます面白《おもしろ》くない。

「僕もね、この前UFOを見たよ」台所のテーブルに一緒《いっしょ》に2スワっていた弟のユーリンが言い出した。僕はその話をもう何度も聞いているけ

いたから。

イ　いつもみんなのことをよく見ている早紀ちゃんには、いずれはわかってしまうことなので、隠《かく》しとおすことはできないと思っていたから。

ウ　いつもみんなのことをよく見ている早紀ちゃんに昨晩泣いたことがわかると、ほかのみんなにも伝わってしまうだろうと思っていたから。

エ　いつもみんなのことをよく見ている早紀ちゃんなら、ほかの子たちには言えない悩みも真剣《しんけん》に聞いてくれるだろうと思っていたから。

オ　いつもみんなのことをよく見ている早紀ちゃんには、「私」のだめなところまですべて知られてしまっているのではないかと思っていたから。

問11　【a】（24ページ）に入るものとして最も適切なものを次の中から選び、記号で答えなさい。

ア　ぴかぴかと　　イ　ぱちぱちと　　ウ　らんらんと

エ　きょろきょろと　　オ　くりくりと

問12　【b】（24ページ）に入るものとして最も適切なものを次の中から選び、記号で答えなさい。

ア　ちょっとうっとうしかった　　イ　なんだかくすぐったかった

ウ　すこしほろにがかった　　エ　なんとなくなつかしかった

オ　とてもまぶしかった

問13　――線部⑧「髪伸ばしたい？」（21ページ）とありますが、この時のお母さんの気持ちを五十字以内で説明しなさい。

問14　――線部⑨「四十一歳のお母さん」（21ページ）とありますが、この表現からは真美のどのような気持ちが読みとれますか。最も適切なものを次の中から選び、記号で答えなさい。

ア　長い間育ててくれたお母さんへのいたわり。

イ　お母さんの機嫌がなおったことに対する安心。

ウ　実際より老けて見えるお母さんへのとまどい。

エ　いつの間にか弱くなっていたお母さんへの同情。

オ　お母さんは重病なのではないかというおそれ。

問15　――線部⑩「日記を読む前と今とでは、自分の心の鮮度がぜんぜん違うように感じる」（21ページ）とありますが、どのように違うのですか。八〇字以上一〇〇字以内で説明しなさい。

イ　ちょっとてれくさい
ウ　心から幸せだ
エ　それほどいやでもない
オ　まったく予想通りだ

問4　――線部③「心にざらっとしたものが残る」（27ページ）とありますが、どういうことですか。五十字以内で説明しなさい。

問5　――線部④「編みものを教えてくれたおばあちゃんは、おととし死んでしまった」（27ページ）とありますが、真美のおばあちゃんへの思いを述べたものとして最も適切なものを次の中から選び、記号で答えなさい。

ア　「私」が得意としている編み物を教えてくれて、家族の中で一人だけ親切にしてくれたおばあちゃんに改めて感謝している。
イ　最近の機嫌の悪いお母さんよりも、いつも「私」にやさしいことばをかけてくれたおばあちゃんに親近感をいだいている。
ウ　「私」の得意な編み物を教えてくれ、ただ一人やさしく「私」をほめてくれたおばあちゃんを思い出して寂《さび》しく思っている。
エ　いつも「私」を認めてくれたおばあちゃんが死んでしまってからは、何をやってもてんでだめで申しわけなく思っている。
オ　おばあちゃんがせっかく編み物を教えてくれたが、いまの「私」にはなんの自慢にもならなくてとても残念に思っている。

問6　――線部⑤「雲行きがあやしくなってきた」（26ページ）とありますが、どういうことですか。具体的に二十字以内で説明しなさい。

問7　――線部⑥「冷たいかき氷を急に食べたときみたいに、耳から頬にかけてきゅうっとしぼんでいった」（25ページ）とありますが、これはどのような気持ちを表していますか。八十字以内で説明しなさい。

問8　……線部A「ぶーんと鼻をかんだら」（25ページ）と、……線部B「鼻をちんとかんで」（22ページ）とありますが、この二つの表現からうかがえる気持ちの違いを四十字以内で説明しなさい。ただし解答する際にはA・Bという記号を使って説明してもかまいません。

問9　お父さんについて説明したものとして、適切なものを次の中から二つ選び、記号で答えなさい。

ア　今の家が気に入っているので、新しい家を買うことには反対している。
イ　相手を喜ばせようと調子のいいおせじを言って、みんなにあきれられている。
ウ　家族のそれぞれのよいところをほめて、場を和《なご》ませようとしている。
エ　怒鳴ってばかりいるお母さんの扱《あつか》いに困り、いつもイライラしている。
オ　近ごろの真美の様子を心配し、元気を取りもどしてもらいたいと思っている。
カ　家事を任せっきりにしておきながら、お母さんに文句ばかり言っている。

問10　――線部⑦「やっぱり言われた」（24ページ）とありますが、真美がそう思ったのはなぜですか。最も適切なものを次の中から選び、記号で答えなさい。

ア　いつもみんなのことをよく見ている早紀ちゃんなら、自信がなくて目立たない「私」のことも気にかけていてくれるだろうと思ってでは伸《の》ばしてたけど、六年になってから、正確に言うとお母さんが働き始めてから、髪を短く切った。それまでは、お母さんが三つ編みにしてくれたり、編み込みにしてくれたり、お団子にしてくれたりしてたんだけど、15ツトめ出してからは朝が超忙《ちょういそが》しくて、それどころではなくなってしまった。自分だとなかなか上手《うま》く結べなくて、学校に着く頃《ころ》には不《ぶ》恰好《かっこう》になってしまうから、思い切って切ってしまったのだった。

「⑧髪伸ばしたい？」

頭のなかで考えていたことを聞かれて、思わずどきっとする。

「ううん。短いほうが楽ちんだよ」

そっか、とお母さんは言って「短いのも似合うよ」と言ってくれた。なんだか、あんまり元気がないみたい。

「お風呂洗っておいたよ。お米も研《と》いでおいた」

そう言うと、目をちょっと大きくして「ありがとうね」と言われた。

「真美がいるから本当に助かるわ。いつもありがとう。なんだかお母さん、ちょっと頭が痛いから、少し横になるわ」

そう言われてみると、確かに顔色が悪い。

「大丈夫？　買物行ってこようか」

スウェットに着替《きが》えているお母さんにたずねる。

「ああ、そうね。冷蔵庫からっぽだわ。じゃあ悪いけど、なにか夕飯のお惣菜《そうざい》買ってきてくれる？　なんでもいいわ、適当に。そこのお財布《さいふ》持ってって」

「風邪《かぜ》薬とかも買ってこようか？　頭痛薬とか」

お母さんは首を振って、大丈夫、ただの寝不足だと思うから。少し横になったらすぐ良くなるわよ、と言ってうすく笑った。

私は押し入れから布団《ふとん》を出して、和室に敷《し》いてあげた。お母さんはまた私の髪に触り、

「本当にありがとうね。助かるわ」と言ってから、横になった。

昨日あのあと、眠《ねむ》れなかったんだなと思った。それって私のせいだ。

昨夜のことを思い出すと、心がぎゅうっとしぼんでいくようだったけど、私は頭をぶるんと振って、その感情を振り飛ばした。

健介が七時過ぎに帰ってきて、そのあとすぐにお母さんが起きた。

「大丈夫？　お母さん」

髪が乱れているせいか、普段《ふだん》より老《ふ》けて見える。⑨四十一歳のお母さん。二十九歳のときから、時間がたくさん経《た》ったんだな。なんだか不思議な気持ちだった。

⑩日記を読む前と今とでは、自分の心の鮮度《せんど》がぜんぜん違うように感じる。ぴきん、と新しくなったような気さえする。

「大丈夫よ。寝たら元気になったわ。ありがとうね、真美」

用事があったらなんでも言ってね、と言うと、お母さんはやさしく微《ほほ》笑《え》んだ。

（椰月美智子《やづきみちこ》「ダリアの笑顔」）

問1　＝＝線部1～15のカタカナの部分を漢字で書きなさい。

問2　――線部①「だって早生まれは損だと思う」（28ページ）とありますが、この気持ちはあることばに出会うことで変化します。そのことばを二十字以内の一文で抜き出しなさい。

問3　――線部②「まんざらでもなさそうな」（28ページ）とありますが、「まんざらでもない」の意味として最も適切なものを次の中から選び、記号で答えなさい。

ア　何となく疑わしい

美」という名前になったのかなんて考えたこともなかったし、聞いたこともなかった。

真の心が美しい子に育つように。

こんなすばらしい意味があったなんて。B鼻をちんとかんで、ぱらぱらっとページをめくった。

前期のピンク色のノートは、最後の日付が9月25日で終わっている。半年間ってことだ。後期は9月26日から3月25日の一歳の誕生日まで。粉ミルクの会社からもらったノートらしく、うしろのほうには13センデン用のいろんな赤ちゃんフードが掲載《けいさい》されている。

日ごとに、14タテに24時間の数字が書いてあって、その横に、尿《にょう》・便・睡眠《すいみん》・その他という項目がある。その他のところには、ミルクや母乳や食べ物のことや、外出したことなどが書いてある。その下にはマスがあって、そこに今日の出来事を書くようになっている

はふーっ、ふうーっ

再度大きく深呼吸。ページをめくった。

平成9年3月25日（火）

時間軸《じく》、深夜1時10分、陣痛《じんつう》（出産時に起こる腹痛）開始。間隔《かんかく》が徐々《じょじょ》に狭《せば》まっていって、そして17時16分のところに、お誕生！　と記されていた。その日の時間軸にはそれだけしか書いてない。

その日の日記はこうだ。

「はじめての出産。陣痛はとても痛くて分娩《ぶんべん》（子どもを産むこと）もパニック状態だったけど、無事に生まれてくれて本当に良かった！　ありがとう真美ちゃん！

予定日より半月も早かったからどうなることかと思ったけど、2420グラムありました。早く会いたかったから、うれしいです。真美もママに早く会いたかったんだよね？　だから早く生まれてくれたんだよね！

性別はたぶん女の子、と言われていたとおりに女の子でした。女の子が欲《ほ》しかったからうれしい！　生まれたてのくしゃくしゃの真美の顔を見たら、涙が自然とぽろぽろとこぼれました。本当に生まれてきてくれてありがとう。私のところに来てくれてありがとう！　神様に心から感謝します」

［中　略］

読むたびに胸が熱くなって鼓動《こどう》が早くなって、ほとんど泣きそうだった。温かな安心と幸せが日記から充分に伝わってくる。生まれたての私と、ママになりたてのお母さん。

カギが開く音。時計は六時十分だ。

「ただいま」

お母さんのご帰館。

「おかえりなさい」

少しだけ緊張する。心臓が少しだけどきどきする。お母さんはいつもの疲《つか》れきった顔。機嫌がいいのか悪いのか、うまく読み取れない。私は十一年前のお母さんに、心のなかでお礼を言う。

「健介はまだ？」

「うん、まだ。試合が近いからちょっと遅くなると思うよ」

そう、と言って、お母さんは私の頭に手を置いて髪《かみ》を触《さわ》った。去年ま

それになにより！

手提げカバンのなかに入っている二冊のノート。資源ゴミに出しておいて、とお母さんに頼まれた紙類の束のなかから抜《ぬ》け落ちた『育児日記』二冊が、手提げカバンのなかにこっそり入ってる。

気にしないようにと忘れたふりをしてたけど、実は朝からずっと気になっていた。早く家に帰って、ゆっくりと見たい。私が生まれたときの、お母さんの育児日記。

一体どんなことが書いてあるの？

私が生まれたとき、お母さんはどんなことを思ってたの？

期待と不安でいっぱいだ。なんだか見るのがもったいないような気もして、それでいて早く見たくて、でもやっぱり不安で。いろんな思いが胸に押し寄せてくる。

少しでも時間を稼ごうとちょっと遠回りしたけど、いつのまにか汗《あせ》をかきながらダッシュしてる自分がいて、ばっかみたい、とおかしくなった。

たぶんまだ誰も帰ってきてない。私はカギを差し込み、少しばかり緊《きん》張《ちょう》して家に入った。「ただいま」と、いつものように自分と家に向かって言う。ランドセルをおろして、手を洗ってうがいして、自分の部屋へ入った。健介はリトルリーグの練習だからまだしばらくは帰ってこない。お母さんの帰りも、どんなに早くたって五時半過ぎだ。

椅子《いす》に座《すわ》って、手提げカバンから二冊のノートを取り出し、机の上に置いた。

大きく深呼吸する。胸が高鳴る。そっとページをめくる。朝、ざっと見た『わたしの育児日記　前期』の一ページ目をゆっくりと眺《なが》める。

おなまえ―綿貫真美（わたぬきまみ）

私の名前だ。十一年前、はじめて「私」という人間についた、私だけの名前。胸にじわじわっと感動の波が広がってゆく。私の名前。真新しい私の名前だ。

その次にお父さんとお母さんの名前、二十代だったお母さん。なんとなく今の私と年がちょっとだけ近いような気がして、親しみを覚える。

身長48センチ。胸囲29センチ、頭囲32センチ。あまりにもちっちゃくて想像ができない。私の今の身長は１４２センチだ。30センチものさしを取り出して、測ってみる。

「ひゃー、ちいさーい。なにこれ。前にディズニーランドで買ったチップとデールのぬいぐるみくらいじゃない？」

本棚《ほんだな》の上に並べて置いてあるチップ（デールは健介のものだ）を手に取る。このくらい？　へえー、っと思わず声に出る。

中橋産科・婦人科クリニックって、確か川の向こうの病院だ。次の項《こう》目《もく》は、生まれた日のお天気。快晴と記してある。

快晴。

それを見たら、急に鼻の奥《おく》がつんとした。そこに書いてある「快晴」という言葉に、その天気に、なんだかやけに感動してしまった。だって快晴だよ。快晴だなんて！　春になりたての一生懸命《いっしょうけんめい》な空を想像する。晴れわたっている空の日に、私は生まれたんだ。

その下に「名前の由来」とあって、「真の心が美しい子に育つように名づけました」と書かれている。そういえば今まで、どういう理由で「真

「あれ？　綿貫さん、目がいつもとちょっと違うみたい」

⑦やっぱり言われた。早紀ちゃんは本当にみんなのことよく見てるんだ。でも今は三時間目の家庭科の授業。三時間目のこの時間まで、他の誰も私の目なんて見てなかったってこと。それか、気付いても言ってくれる子は誰もいなかったってこと。

早紀ちゃんとは11ハンが一緒で、今はエプロン作製中。ミシンの下糸が終わってしまったので、ボビンケースを取り出して糸を巻きつける作業を一緒にやっていたところだった。

「寝不足《ねぶそく》？　寝すぎ？　それとも泣きすぎ？」

早紀ちゃんが笑顔で聞いてくる。昨夜お父さんとお母さんがケンカして、そのケンカの原因が私かもしれなくて、それが悲しくて泣きながら寝た、なんて理由、言えるわけない。私は、てへへっと笑ってごまかす。

こういうとき早紀ちゃんは、苦手な女子みたいにしつこく聞いてこない。私を励《はげ》ますような笑顔をしてみせるだけ。ダリアが咲《さ》き誇る前のつぼみみたいな笑顔で。

「エプロン作りなんてオワッテない？　だって今どきエプロンしてる人なんて見たことないよ。綿貫さんちのお母さんは、エプロンしてる？」

早紀ちゃんが聞いてくる。私は、ううんと首を振《ふ》る。エプロン12スガタのお母さんなんて、そういえばしばらく見たことない。ずうっと前、私が保育園のとき、猫《ねこ》のアップリケがついたエプロンをしてた気がするけど、記憶《きおく》が定かではない。友達のお母さんだったかもしれないし、親《しん》戚《せき》のおねえちゃんだったかもしれない。ただ、ポケットについてたアップリケがかわいくて覚えてるってだけ。

最近はお父さんとケンカばかりのお母さん。たまには、エプロンしているところ見てみたいな。

「だよね？　他の課題がよかったな。もっと実用的なもの。手提《てさ》げ袋《ぶくろ》とか、編みものでセーターとかさ」

早紀ちゃんがそんなことを言うから、「私、編みもの得意なんだ」とつい言ってしまった。言ってから、言わなければよかったと後悔《こうかい》した。だって早紀ちゃんとはそんなに仲いいってわけじゃないし、それに得意だなんて、なんか自慢っぽい。

それなのに早紀ちゃんは「えー、そうなの！　今度教えて」と、目を【　a　】輝《かがや》かせて言ってくれた。

「お兄ちゃんの誕生日が十二月なんだ。うちのお兄ちゃんって超《ちょう》ダサいから、ちょっとおしゃれなマフラーとかをプレゼントしたいの。自分で編めたらすっごくたのしいし、お兄ちゃんも喜ぶと思うし。それに毛糸ならお母さんが買ってくれそうだし。今からなら間に合うかな」

あと三ヶ月もある。ぜんぜん大丈夫《だいじょうぶ》。間に合うよ。と答えると、

「絶対教えてね、約束だよ」

と腕《うで》を取って、ぶんぶんと振られた。早紀ちゃんの大きな声に、何人かの女子がこっちを見た。ちょっと恥《は》ずかしかったけどうれしかった。

放課後、帰り際《ぎわ》にまた早紀ちゃんに「編みものの約束、絶対ね！」と笑顔で言われた。うん、と返事をすると、早紀ちゃんが小指をさし出してきて、二人で指きりげんまんをした。指きりなんて本当に久しぶりで、しかも相手が早紀ちゃんだから、【　b　】。

今日は一日中まぶたが重かったけど、いいことがあった日だった。早紀ちゃんとたくさん話せてうれしかったし、編みものを教えてあげる約束もできた。

たところだ。

「なんかいきなりすごい9テンカイになってんですけど？　なに、あの母ちゃんのすげえ声。みっともないなあ。俺《おれ》、もう寝《ね》るわ」

　そう言って、健介が二段ベッドの上にあがった。リビングからはまだ言い争いが聞こえる。

［中　略］

「うるさいっ」

　すごく大きなお父さんの声に、思わずびくっと肩《かた》が持ち上がった。

ドンッ

「なによなによ、なによお！」

　お母さんの声もひときわ響《ひび》く。もうやめて。ケンカしないで。

「いいかげんにしないか」

　ガッチャーンとなにかが割れる音がした。耳をふさぐ。もうやめてやめて。

「お前がそういうことをするから、真美があんななんだ」

　え？

　今、真美って言った？　お父さんの声がその部分だけ際立《きわだ》って私の耳に10トドく。

「お前がいつもガミガミ言って、大きな声や音を出すから真美がおびえるんだ。見てみろ、いつだっておどおどして、俺たちの顔色をうかがってるじゃないか。さっきだってそうだ。せっかく作ってくれた毛糸だって、もっとほめてやれよ。ビクビクしながらお前に渡してきたじゃないか」

⑥冷たいかき氷を急に食べたときみたいに、耳から頬《ほお》にかけてきゅうっとしぼんでいった。

　そのあと、思いきり背中を押《お》されて転ばされたように、膝ががくんとした。身体中の力がまったく入らなかった。

「私のせいじゃないわよ！　あなたが調子づいて健介をタウントピックスに載《の》せてもいいなんて言うからいけないのよ」

　教科書の文字が見えなくなった。ノートに涙《なみだ》がぼたぼたと落ちた。私のせいだ。全部私のせい。口をふさいで、ひっくひっくという嗚咽《おえつ》をこらえる。けれど涙はちっとも止まらなかった。ぬぐってもぬぐってもじゃんじゃんあふれてきて、鼻水までたくさん出てきた。

Aぶーんと鼻をかんだら、その音でまた悲しくなった。

　全部私のせいだ。お父さんとお母さんがケンカするのも、お母さんが機嫌悪いのも。全部全部私のせいなんだ。

「前はすごく明るい子だったのに、お前がしょっちゅう怒鳴《どな》ってばかりいるから萎縮《いしゅく》してしまうんだ。真美の気持ちも少しは考えてやってくれ。母親が毎日イライラしてたら、子どもに良くないに決まってるだろう。余裕《よゆう》がないなら仕事なんてやめたほうがいい。家なんて買わなくたって、このままで充分《じゅうぶん》だ」

　お父さんの怒《いか》りを含んだ抑《おさ》えた声のあと、お母さんのすすり泣く声が聞こえた。算数のノートは涙で濡《ぬ》れて、書こうと思ってもノートがふやけて字が書けなかった。私は濡れたページを破ってゴミ箱に捨てた。

　ベッドに入って目をつぶったけど、涙はまぶたをこじ開けてすき間からどんどん流れた。枕《まくら》が涙で濡れて、冷たかった。

［中　略］

七個だなんて。来年はきっと、私の背を越《こ》すだろうな。

今日はお父さんも早めに帰ってきて、私と健介がリビングでテレビを見ている間に、夕食を食べていた。

「お母さんの作る餃子は世界一だよな」

なんて言うから、健介と顔を見合わせた。まったく調子がいいんだから、とお母さんも呆《あき》れ顔だったけど、どことなくうれしそうだった。お父さんも健介に負けじと二十個の餃子を平らげた。こうしてみんなが仲良しなのはうれしい。毎日こういうのがいい。心があったかくなる。

私やっぱり新しい家なんていらないし、お母さんにも前みたいにパートに戻《もど》ってほしいな。それで、毎日おいしい夕飯を作ってほしい。

「これ、できたよ」

アクリル毛糸スポンジを部屋から持ってきて、お母さんに渡《わた》した。

「あらあ、かわいいわね。ありがとう」

お母さんは言って、それを見たお父さんは手にとって、「使うのもったいないな」と言った。ちょっとだけ誇《ほこ》らしかったし、うれしかった。

「6カンタンだから、もっと作っておくね」

そう言うと、お母さんは「お願いね」と私にウインクしてみせ、お父さんは「おこづかい増やさないとなあ」と笑った。

⑤雲行きがあやしくなってきたのは、私がお風呂《ふろ》からあがって、部屋で宿題を片付けていたときだった。ドアが開け放してあるせいか、お父さんとお母さんの声がよく聞こえた。

「なんで、あなたのところに連絡《れんらく》がいくのよ！」

「なんでって、7チョクセツ断りにくかったからだろう。向こうだって気をつかってるんだよ。あんまり知り合いに頼《たよ》るのはよせよ」

ドンッ

机を叩《たた》く音。

「なにするんだ」

お父さんのびっくりしたような声。

話の内容は、どうやら今日のお母さんの契約のことみたいだ。契約を確約した人から、お父さんに断りの連絡が入ったらしいのだ。

「私、知り合いとかそういうつもりじゃなくて、本当にいい8ショウヒンだから勧《すす》めたのよ。電話かけたら、ぜひ来てくださいって言うから行ったんじゃない！　無理やりじゃないわよ。なんでそんな言い方するのよ。それに青木さんも青木さんよ。なによ今さら。私、電話かけてみるわ」

「よせって、いいかげんにしろよ。みんな迷惑《めいわく》してるのがわからないのか」

「みんなって誰《だれ》よ！　第一なにさ。仕事して帰ってくるのはあなたと同じじゃない。それなのに私はご飯作って、掃除《そうじ》洗濯《せんたく》して。あなたなんてそうやって勝手なこと言うだけじゃない」

ドンッ

机を叩く音。思わず耳をふさぐ。

ドンッドンッ

「いいかげんにしないか。お隣《となり》に迷惑だろ」

「だから一軒家《いっけんや》を買うために働いてるんじゃない！　文句あるなら私が働かなくてもいいくらいに稼《かせ》いできなさいよ」

「なんっ……」

健介が足音を忍《しの》ばせて部屋に入ってきた。ちょうどお風呂からあがっ包むけど、お母さんみたいに、手早く上手にできない。よいしょ、よいしょって感じ。

「健介がいるから鼻が高いよ」

と言ってみる。もちろん本心で。だけど言ったそばから、③心にざらっとしたものが残るのはなぜだろう。お母さんは「そうね」と言って、うれしそうな顔をした。また少し心がざらっとした。

『編みもの大会優勝、綿貫真美さん最年少十一歳《さい》』

「第一回編みもの大会で、最年少十一歳の綿貫真美さんが優勝しました。今回はかぎ針編み限定。作品はあみぐるみのダリア。あみぐるみならではの温かいぬくもりを感じさせる作品。大きな口をあけて、たのしそうに笑っているダリアが審査員《しんさいん》の心をつかみました」

タウントピックスの記事。健介の次は、私が写真入りで記事になった。

なーんちゃって。

これは四月十日生まれの架空の綿貫真美の話。現実の三月二十五日生まれの綿貫真美は、お母さんに頼《たの》まれて、アクリル毛糸のスポンジを作っている最中。

ふうっ、一個出来上がり。少し休憩《きゅうけい》。健介はまだ帰ってきてない。お母さんは買物に出かけた。

出来上がったアクリル毛糸スポンジを掲《かか》げてみる。けっこうかわいい。近頃《ちかごろ》では図案を見ないでも新しい形を作れるようになった。今作ったのは、花のかたちにしてみた。お母さんは凝《こ》らなくていいって言うけど、ただの四角や丸じゃつまんないし、色だって二色以上は使いたい。

④編みものを教えてくれたおばあちゃんは、おととし死んでしまった。おばあちゃんだけは、いつでも私を「いちばん」だって言ってくれた。

真美ちゃんはほんとうにいい子だねえ。なんでもいちばん。いっとうしょう。

そう言って、膝《ひざ》に抱《かか》えていつも頭をやさしくなでてくれた。おばあちゃんに会いたいな。ちょっとだけセンチな（物事に感じやすくなみだもろい様子）気分になってしまう。

最近のお母さんの機嫌が悪いのは、私のせいかもしれないって少し思ってる。五年生のときの[4]セイセキも良くなかったし、夏休み明けの家庭[5]ホウモンでは先生に「もっと積極的に」「もっと明るく」「もっと自信をもって」などと、「もっと」の連発をされ、それを私に伝えるお母さんの言葉のはしばしには、しょうがない子ねえ、という言葉が含《ふく》まれてるような気がした。

健介はあんなに元気なのに。健介はあんなにスポーツが得意なのに。健介は学級委員をやっているのに。健介ははきはきと明るいのに。健介は勉強ができるのに。健介は絵が上手なのに。

それなのに、姉の私ときたら。てんでだめ。勉強もスポーツも音楽も図工も、なにをとったってふつう以下。編みものが得意だからって、そんなのなんの自慢《じまん》にもならない。

健介は餃子を二十七個食べた。すごい食欲だ。お母さんは慌《あわ》てて冷凍にしようと思った分から十五個ほど取り出した。餃子はうんとおいしくて、私もはりきって八個食べた。だってお母さんの作る餃子って中身がぎゅうっと詰《つ》まってて、けっこう食べでがある。それなのに健介、二十

【国　語】（六〇分）〈満点：一二〇点〉

次の文章を読んで、後の問いに答えなさい。

弟の健介《けんすけ》は五月一日生まれ。私《わたし》は三月二十五日生まれ。四年と六年で学年は二学年違《ちが》うけど、月日で計算したら、一年ちょっとだけしか違わない。私かもう少し遅《おそ》く生まれてたら、五年生だったってこと。

お母さんは予定日どおりに生まれてたらよかったのに、とたまに言う。予定日は四月十日だったそうだ。ちなみに早紀《さき》ちゃんの誕生日も四月十日。偶然《ぐうぜん》だけどなんだかうれしい。けど、実際に私が予定どおり四月十日に生まれてたら、早紀ちゃんより一学年下になるってこと。

私は架空《かくう》の五年生、四月十日生まれの綿貫真美《わたぬきまみ》を想像する。その子はきっと早紀ちゃんみたいに明るくて、ダリア(花の名前)みたいに笑う、クラスで人気者の女の子だ。自分の意見をはきはきと言って、弱いものいじめは許さなくて、いつだって正々堂々としてる。勉強ができてスポーツもできて、先生からの信頼《しんらい》も1アツい。家族からも愛されてて、いつだって笑顔《えがお》の女の子。

私は架空の綿貫真美をうらやましく思う。いいなあ、そういう子になりたかったなあ。なんで予定日まで、お母さんのお腹《なか》のなかにいなかったのかな。①だって早生まれは損だと思う。保育園ではいちばん身体《からだ》が小さくて、やること全部がとろくて、みんなと同じことができなくて、いつもあせっていたしおもしろくなかった。そしてそれは、六年生になった今でも変わらない。

早紀ちゃんや健介みたいになりたかったな、と時々思う。ダリアみたいに笑える子に。

会社の人が見ててね、ほめられちゃった。いいお子さんでうらやましいって。彼女《かのじょ》のところ、中学生の男の子がいるんだけど、不登校っていうか、引きこもりっていうの？　なんだか大変みたいなの。うちはよかったわ、ホントに。運動させなきゃダメよね、男の子は。

タウントピックス(地域の情報誌の名)の話だ。みんな意外と見てる。意外と気にしてる。

私は、いつもよりも早く仕事から帰ってきたお母さんと一緒《いっしょ》に、餃子《ギョーザ》を作っている。

「たくさん作って冷凍《れいとう》しておくわ。私が遅いときは、これを焼いてちょうだい」

「うん」

「健介は最近よく食べるから、これでも足りないかもね」

そう言って、お母さんはうれしそうに笑った。私も一緒に笑う。だって本当に最近の健介の食欲はすごいから。

「今日はちょっと鼻が高かったわよ」

お母さんの機嫌《きげん》がいい。ふふんと鼻歌まじり。健介のことをほめられて、2シンキのお客さんに契約《けいやく》を約束してもらったのだそう。お母さんは生命3ホケンの外交員だ。

「クラスの子にも健介のこと言われたよ。かわいい弟だね、だって」

あらそう？　お母さんが②まんざらでもなさそうな顔をする。

「四年生でピッチャーなんてすごいって」

「あらまあ。すっかり有名人ね、健介は」

餃子の皮に水をつけて、くっくと閉じる。私も同じように水をつけて

MEMO

大切なことはメモしておこうネ！

解答用紙集

○月×日　△曜日　天気（合格日和）

◆ご利用のみなさまへ
＊解答用紙の公表を行っていない学校につきましては、弊社の責任において、解答用紙を制作いたしました。
＊編集上の理由により一部縮小掲載した解答用紙がございます。
＊編集上の理由により一部実物と異なる形式の解答用紙がございます。

人間の最も偉大な力とは、その一番の弱点を克服したところから生まれてくるものである。　——カール・ヒルティ——

東京学参株式会社

駒場東邦中学校　2024年度

◇算数◇

※ 145%に拡大していただくと，解答欄は実物大になります。

1

(1) ①　個　②　ウ　エ　オ

(2)

(3) ①　通り　②　通り　③　通り

(4) ①　三角形AGD：三角形GEC＝　：

(4) ②（説明）

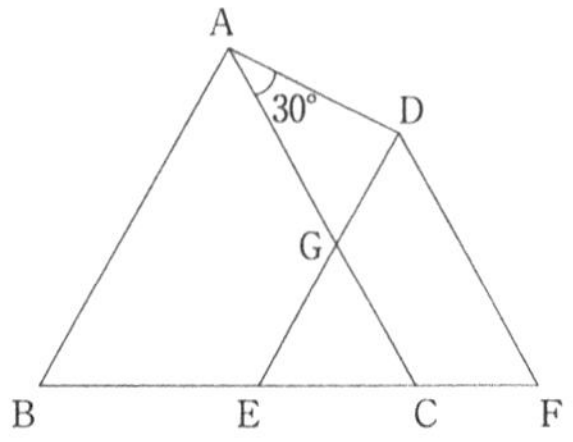

2

(1)　度

(2)　cm

(3)　答　の方が　cm^2 大きい

(3)（答えの出し方）

3

(1)　個

(2)　個

(3) ②　個

(3) ①

4

(1) ア　イ　ウ

(2)

(3)（答えの出し方）

答

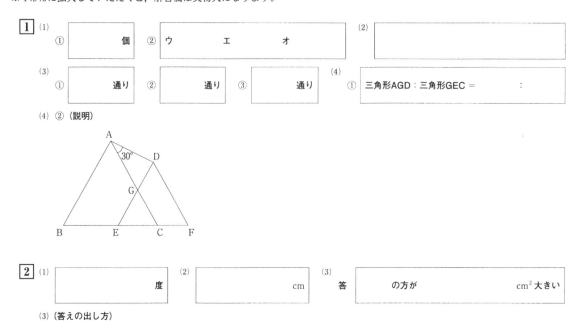

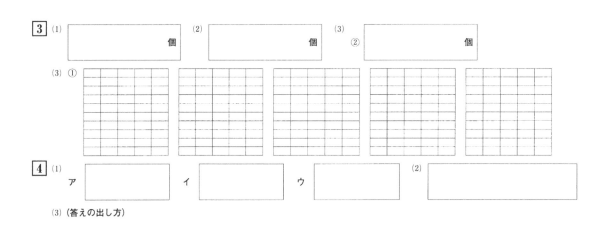

駒場東邦中学校　2024年度

◇理科◇

※ 132％に拡大していただくと，解答欄は実物大になります。

1

(1)	a		b		c		(2)		(3)	
(4)			(5)						

2

(1)		(2)					
(3)		(4)	東		西		(5)	
(6)		(7)					

3

(1)	①	②		③	
(2)		(3)		(4)	
(5)					
(6)	(3)・(4)	理由			

4

(1)				
(2)	①		②	
(3)	〈a〉		〈b〉	
(4)				
(5)				
(6)				

(3)　グラフ

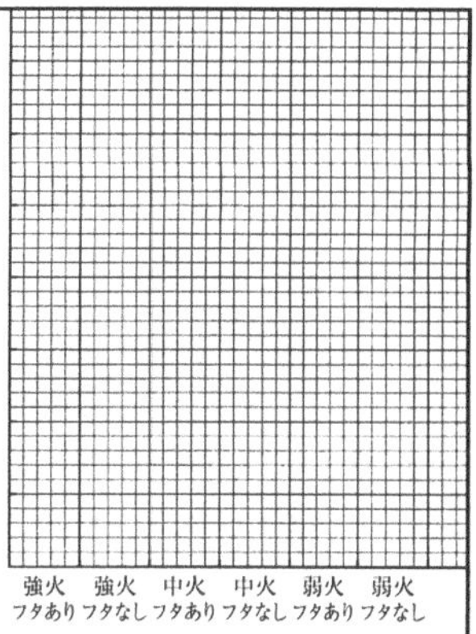

図　湯が沸くガスの量

5

(1)							
(2)							
(3)		(4)		(5)		(6)	
(7)							
(8)							

駒場東邦中学校　2024年度

◇社会◇

※ 135%に拡大していただくと，解答欄は実物大になります。

問 1			
問 2			
問 3	(1)	(2)①	
	(2)②		
問 4	(1)		
	(2)		
問 5	A	B	
問 6			
問 7	(1)		
	(2)		
	(3)	(4)	(5)
問 8	(1)	(2)	
	(3)		
問 9	(1)		
	(2)		
問10			

◇国語◇

駒場東邦中学校　２０２４年度

※１４９％に拡大していただくと，解答欄は実物大になります。

注意：『、』『。』『「』『」』も一字に数えます。

問1

1	6	11
2	7	12
3	8	13
4	9	14
5	10	15

問2

A

B

C

問3

問4

問5

問6

問7

問8

問9

問10

100

120

問11

問12

駒場東邦中学校　2023年度

◇算数◇

※ 145％に拡大していただくと，解答欄は実物大になります。

1

(1) 答

(2) ①答 cm²　②答 cm²

(3) ①答 個，　②答 ア　イ

2

(1)

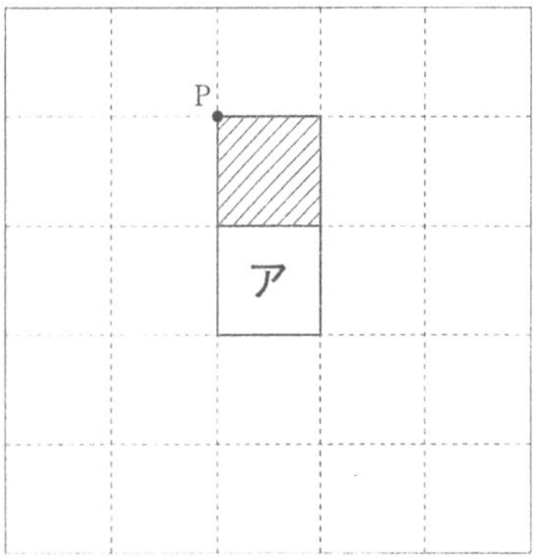

(2)

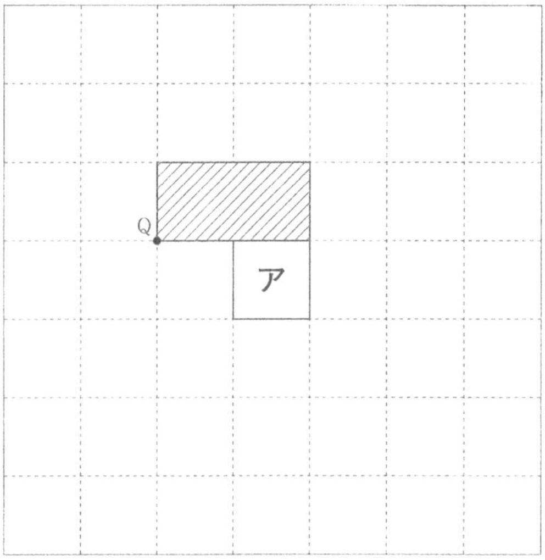

(1) 答 cm²

(2) 答 cm²

3

(1) 答

(2) 答

(2) (答えの出し方)

4

(1)

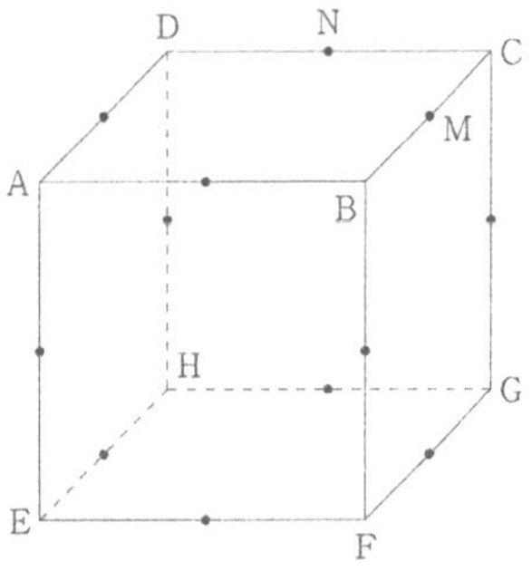

(2)

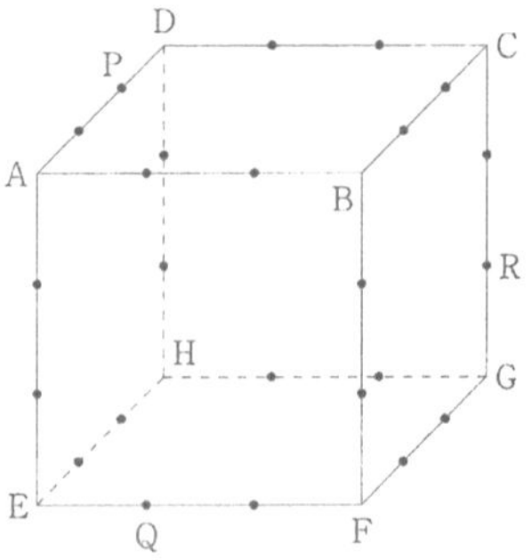

(2) (答えの出し方)

答 cm³

答 cm³

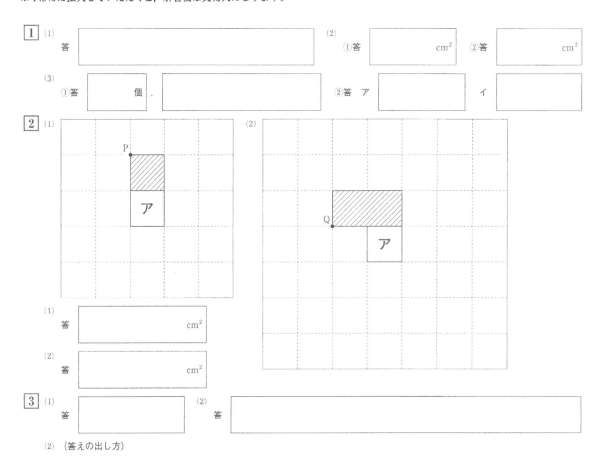

駒場東邦中学校　2023年度　◇理科◇

※ 132%に拡大していただくと，解答欄は実物大になります。

1

(1)	①	A		B		C					
	②	B		C		D		(2)		(3)	
(4)		(5)	①		②		(6)		(7)	cm	

2

(1)		(2)					
(3)		(4)	A		C		D
(5)	①		②				

3

(1)		(2)		(3)		(4)		(5)	
(6)									
(7)	1								
	2								
	3								

4

(1)		(2)		(3)	
(4)					
(5)					
(6)					

5

(1)	①	cm	②	(2)	
(3)	秒後				
(4)					
(5)	図5		図6		

駒場東邦中学校　2023年度

◇社会◇

※ 135％に拡大していただくと，解答欄は実物大になります。

問 1	
問 2	
問 3	問 4
問 5	(1)
	(2)
	(3)
問 6	(1)　　(2)
	(3)【1　　】は【2　　】を決める大切な情報なので，敵国に知られてはならないから。
	(4)
問 7	(1) 条約を結ぶ：　　条約を認める：
	(2)　　と　　(3)
	(4)
問 8	
問 9	(1) パレスチナの人々のイスラエルへの【1　　】の方法が，石を投げるという原始的なやり方で，石と戦車は両勢力の【2　　】の差を象徴している。
	(2) A　　B
問10	

◇国語◇

駒場東邦中学校　２０２３年度

※１４１％に拡大していただくと、解答欄は実物大になります。

注意：『、』『。』『「』『」』も一字に数えます。

問1

1	2	3	4	5
6	7	8	9	10
11	12	13	14	15

問2

A	B

問3

問4

問5

問6

問7

問8

問9

100

120

問10

問11

問12

駒場東邦中学校　　2022年度

◇算数◇

※ 149％に拡大していただくと，解答欄は実物大になります。

1 (1)　　(2)　　個　(3) (a) ア　　イ　　ウ

(3) (b)

(4) (a) ア　　イ　　(b) ウ　　エ

2 (1)

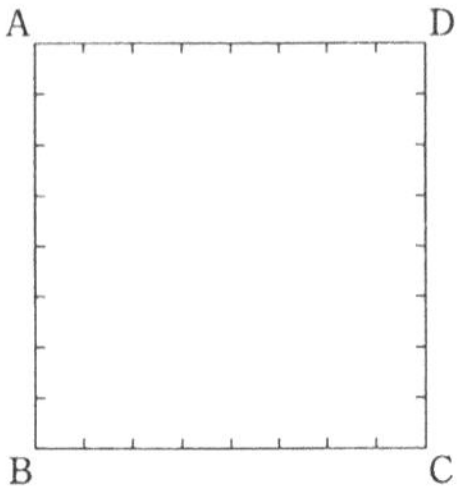

(答えの出し方)

cm

(2)

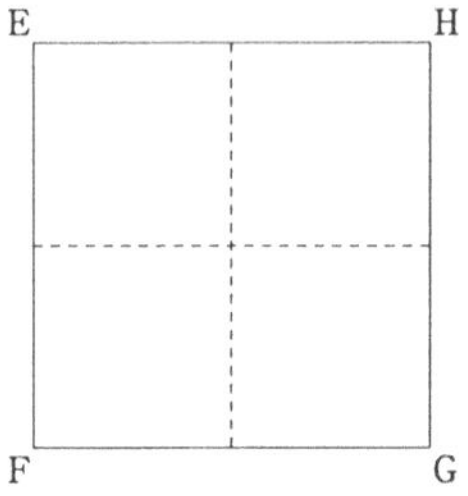

(答えの出し方)

cm^2

3 (1)

最後に到達する整数は

1の真向かいに並んでいる数は

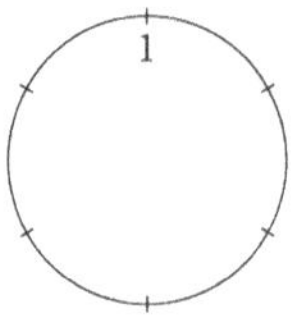

(2) **(理由)**

(3)

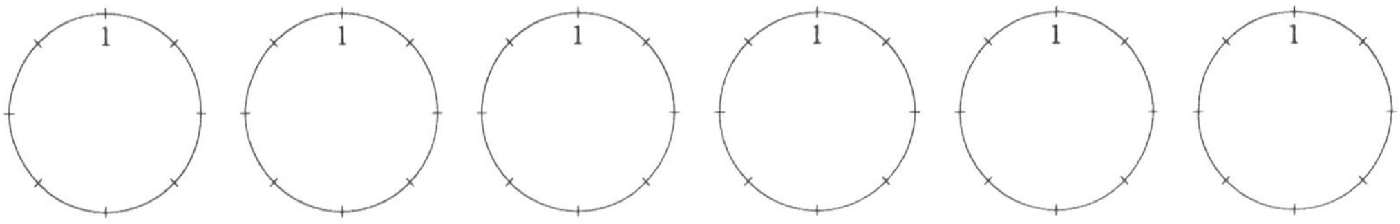

4 (1)　X　　個　　Y　　個

(3) **(答えの出し方)**

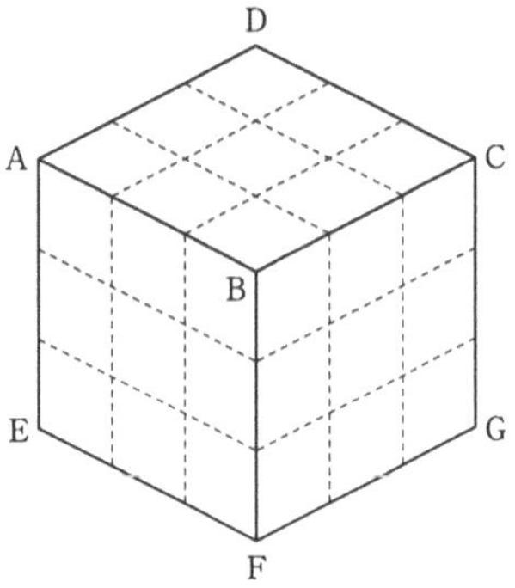

個

(2) **(答えの出し方)**

個

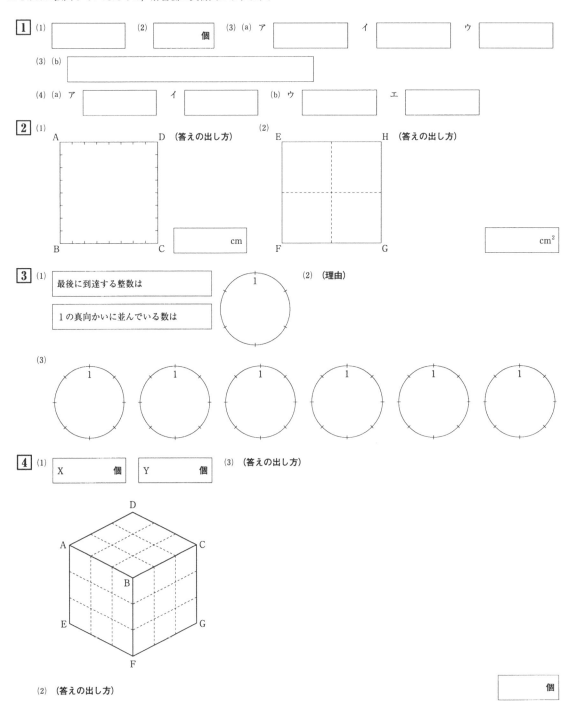

駒場東邦中学校　2022年度　　◇理科◇

※ 133％に拡大していただくと，解答欄は実物大になります。

1

(1)		(2)		(3)			
(4)	実験Ⅰ		実験Ⅱ		(5)		(6)
(7)	①		②		③		(8)

2

(1)		(2)		(3)		(4)	
(5)		(6)					
(7)							

3

(1)		(2)		(3)	
(4)					
(5)					
(6)					
(7)					
(8)					

4

(1)					
(2)					
(3)	①		②		
	③		④		(4)
(5)	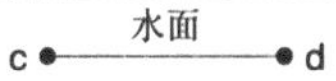				
		(6)	（ Ⅰ ）→（　　）→（　　）→（　　）→（　　）→（ Ⅱ ）		

5

(1)	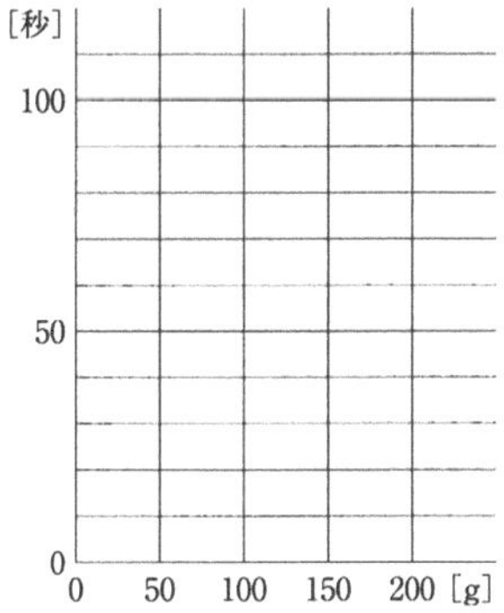	(2)	①		②
		(3)			
		(4)	④		⑤
		(5)			

駒場東邦中学校　2022年度

◇社会◇

※ 137％に拡大していただくと，解答欄は実物大になります。

問 1	(1)
	(2)
問 2	
問 3	(1)　(2)　(3)
問 4	
問 5	(1) 1つ目
	2つ目
	(2)　(3)
問 6	(1)
	(2)
問 7	(1)　(2)　(3)
問 8	(1)　(2)
問 9	(1)
	(2)
	(3)

◇国語◇

駒場東邦中学校　２０２２年度

※１４７％に拡大していただくと、解答欄は実物大になります。

注意：『、』『。』『「』『」』も一字に数えます。

問1

1	2	3	4	5
6	7	8	9	10
11	12	13	14	15

問2

A	B	C

問3

問4

問5

問6　問7　問8

問9

30　40

問10

問11

問12

110　130

問13

駒場東邦中学校　2021年度

◇算数◇

※ 154%に拡大していただくと，解答欄は実物大になります。

1

(1) 答

(2) 答　面積　cm^2

(3) 答　NEW

(4) 答　< 199 > = 　，< 2021 > =

(5) 答　①　種類，②　種類

2

(1) 答　通り

(2) 答　通り

(3) （答えの出し方）

答　①　通り，②　通り

3

(1) 答　$S:T=$　：

(2) （答えの出し方）

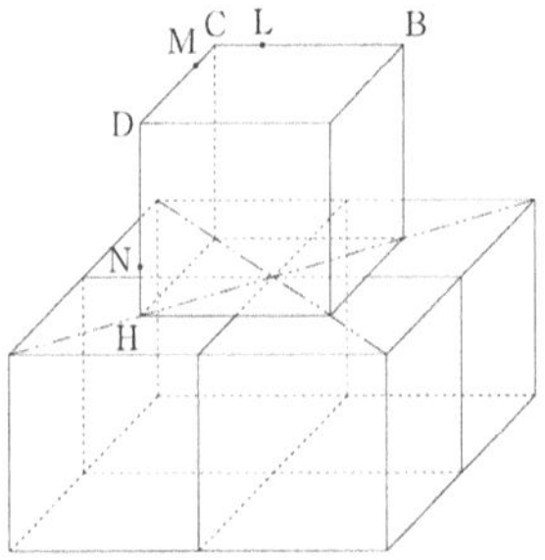

答　$S:U=$　：

4

(1) 答　個

(2) 答

(3) （答えの出し方）

答

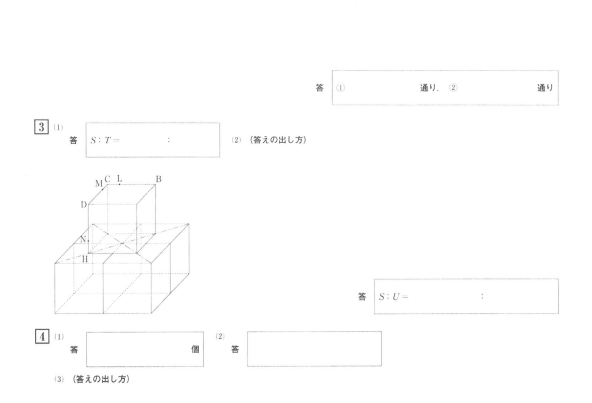

駒場東邦中学校　2021年度

◇理科◇

※ 139%に拡大していただくと，解答欄は実物大になります。

1

(1)　(2)

(3)　色

理由

(4)　(5)

(6)　図 3　図 4　図 5

2

(1)

(2)　(i)　①　②　(ii)　③　⑤

(iii)　④

(3)

(4)　と　と

試験管と接している水の面積が大きい方が,

(5)　①　②　③

④　⑤

3

(1)　(2)　(3)

(4)

(5)

(6)

(7)

4

(1)　①　②

(2)　①　②　③　④　⑤　⑥

(3)　①　②

駒場東邦中学校　　2021年度

◇社会◇

※ 141％に拡大していただくと，解答欄は実物大になります。

問 1			
問 2			
問 3			
問 4	(1)	(2)	
問 5	(1)	(2)	
	(3)	A	
		B	
問 6	(1)		
	(2)		
	(3)	(4) E	G
問 7	(1)		
	(2)		
	(3)		
	(4)	(i)	(ii)
		(iii)	
問 8	(1)	(2) A	B
	(3)		
問 9			

◇国語◇

駒場東邦中学校　２０２１年度

※１４７％に拡大していただくと，解答欄は実物大になります。

注意：『、』『。』『「』『」』も一字に数えます。

問1

1	2	3	4	5
6	7	8	9	10
11	12	13	14	15

問2　A　B

問3

問4

問5

問6

問7

問8

ようにも感じた。

問9

問10

問11

110

130

問12

問13

駒場東邦中学校　2020年度

◇算数◇

※ 147％に拡大していただくと，解答欄は実物大になります。

1

(1) 答 ［　　　］

(2) 答 長さ　　　cm

(3) 答 BP：PQ：QA＝　　：　　：

(4) ① 答 ［　　　］　② 答 ［　　　］

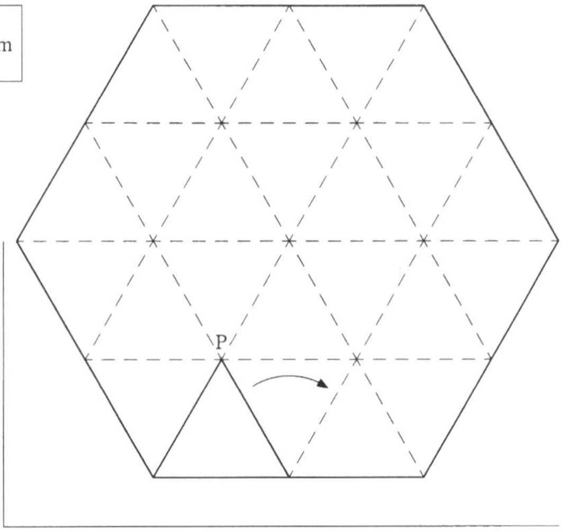

2

(1) 答 〈1 ÷ 101〉＝

〈40 ÷ 2020〉＝

(2) (答えの出し方)

答 ［　　　］

3

(1) 答　　　m

(2) 答　　　m

(3) (答えの出し方)

答 1位　　　君，2位　　　君，3位　　　君

4

(1) 答 (ア)の色　　　，1辺の長さ　　　cm

(2) (答えの出し方)

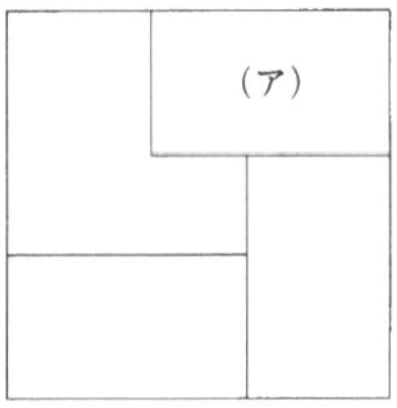

答 下から順に　，　，　，

(3) 答 下から順に　，　，　，　｜面積　　　cm^2

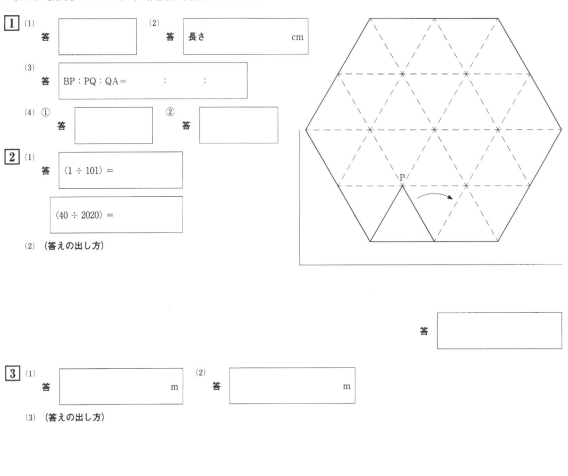

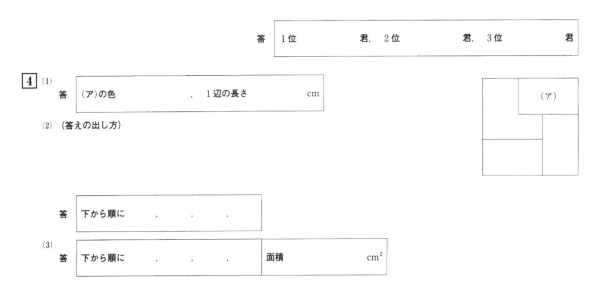

駒場東邦中学校　2020年度

◇理科◇

※ 137％に拡大していただくと，解答欄は実物大になります。

1

(1)	①		②		(2)		(3)		
(4)	①		②		(5)	→ → → →			
(6)	③		④						
(7)	①	最小　g から　最大　g まで	②						

2

(1)	燃やす前		燃やした後					
(2)								
(3)								
(4)	番号		白い煙は　でできている					
(5)		(6)	①		②		③	

3

(1)		(2)	A		B		(3)	
(4)	①		②		(5)			
(6)	選んだ骨格							
	違い	チンパンジーは，						
		ヒトは，						

4

(1)		(2)		(3)		(4)		(5)	

5

(1)	$1\,cm^3$ あたり　g	記号		(2)	＞　＞			
(3)		(4)	①		②	③	④	
(5)	氷がはやくとける液体							
	理由							

駒場東邦中学校　2020年度　　◇社会◇

※ 136％に拡大していただくと，解答欄は実物大になります。

問 1			
問 2	(1)		
	(2)		
問 3	(1)	(2)	(3)
問 4	(1)	(2)	
問 5	(1)	(2)	
問 6	(1)	(2)	(3)
	(4)		
問 7	(1)		
	(2)		
	(3)		
問 8	（1つ目）		
	（2つ目）		
問 9	(1)		
	(2)	(3)	

◇国語◇

駒場東邦中学校　２０２０年度

※１４０％に拡大していただくと、解答欄は実物大になります。

注意：『、』『。』『「』『」』も一字に数えます。

問1

1	2	3	4	5
6	7	8	9	10
11	12	13	14	15

問2

A	B

問3

問4

問5

問6

問7

問8

問9

問10

問11

問12

100

120

問13

駒場東邦中学校　2019年度

◇算数◇

※この解答用紙は146%に拡大していただくと，実物大になります。

1

(1) 答

(2) 答 　　個

(3) ① 答 AD：DP＝　　：　　　QB：BC＝　　：

② 答 FH：HB＝　　：　　　FI：IC＝　　：

③ 答 　　倍

2

(1) (答えの出し方)

(2)

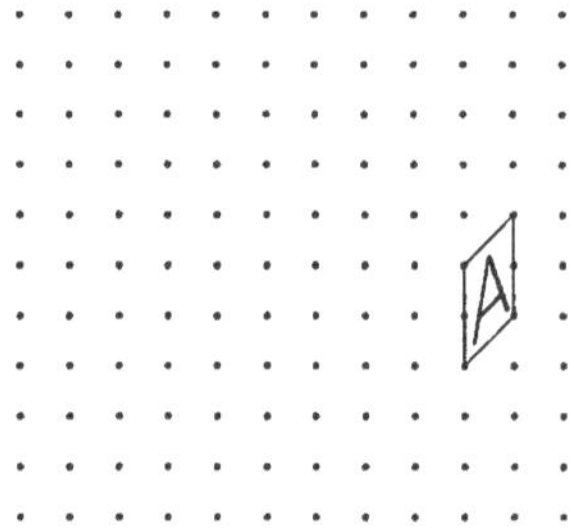

答 6時　　分　　秒 から 6時　　分　　秒

3

(1) 答 　　個

(2) (答えの出し方)

答 　　個

(3) (答えの出し方)

答 　　個

4

(1) (答えの出し方)

答 　　m^2

(2) 答 　　m^2

(3) 答 　　m

駒場東邦中学校　2019年度

◇理科◇

※この解答用紙は135％に拡大していただくと，実物大になります。

1

(1)	方位		形		(2)
(3)				(4)	mg
(5)	①		②		(6)
(7)		(8)			

2

(1)	雲	(2)		(3)		(4)	
(5)							

3

(1)	mL	(2)	記号	mL
(3)	[物質名] と反応させると [変化のようす] する方が㋐である。			
(4)		(5)		

4

(1)		(2)		(3)		(4)	
(5)	[チョウ・ガの名前] と [食草・食樹の名前]						
(6)		(7)					
(8)							

5

(1)					
(2)					
(3)	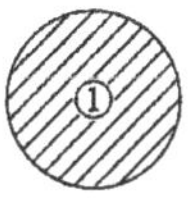	(4)		(5)	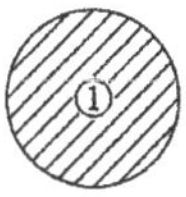
(6)					

駒場東邦中学校　2019年度

◇社会◇

※この解答用紙は135％に拡大していただくと，実物大になります。

問 1	(1)
	(2)
問 2	
問 3	
問 4	(1)
	(2)
問 5	
問 6	
問 7	
問 8	(1) (i)
	(ii)
	(2)
問 9	(1)
	(2) (i)
	(ii)
	(iii)
	(3)
問10	(1)
	(2)
	(3)
	(4)
	(5)

◇国語◇

駒場東邦中学校　２０１９年度

※この解答用紙は１４５％に拡大していただくと、実物大になります。

注意：『、』『。』『「』『」』も一字に数えます。

問1

1	2	3	4	5
6	7	8	9	10
11	12	13	14	15

問2

問3　A　B

問4

問5

問6

問7

問8

問9

問10

問11

問12

問13

問14

100

120

駒場東邦中学校　平成30年度

◇算数◇

※この解答用紙は146%に拡大していただくと，実物大になります。

1 (1) 答 [　　　円]　(2) 答 [　　　]　(3) 答 [　　　cm^3]

(4) 答 (　,　), (　,　), (　,　), (　,　)

2 (1) ① 答 ①　　②　　cm

(2) ①

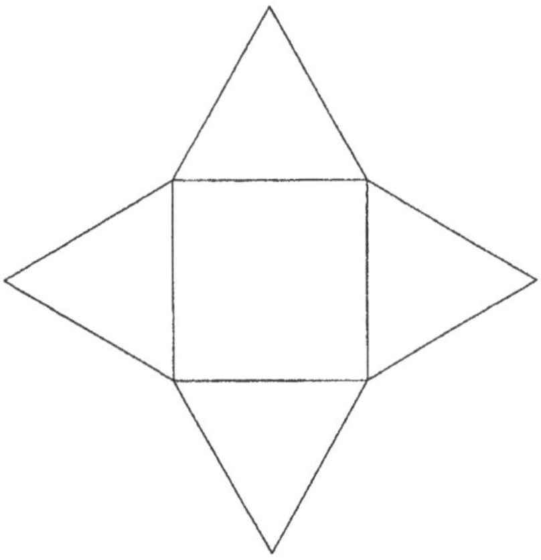

② （答えの出し方）

答 [　　　cm^2]

(3)（答えの出し方）

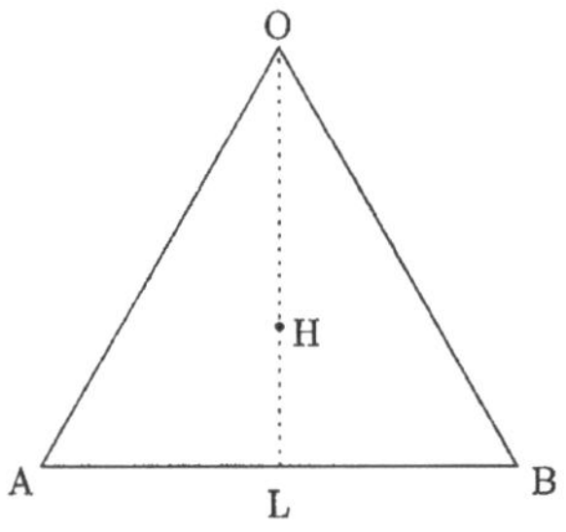

答 [　　　倍]

3 (1) 答

a	1	2	3	4	5	6	7	8	9	10
7△aの十の位										

(2) 答 [　　　]

(3)（答えの出し方）

(3) 答 [　　　]

(4) 答 [　　　通り]

4 (1) 答 [　　　通り]

(2)（答えの出し方）

(3) 答 [　　　通り]

1	6	11	15	20
2	7	12	16	21
3	8	■	17	22
4	9	13	18	23
5	10	14	19	24

○推定配点○　各6点×20（3(1)完答）　計120点

／120

駒場東邦中学校　平成30年度　　◇理科◇

※この解答用紙は143％に拡大していただくと，実物大になります。

1

(1)	図1		図2
(2)			
(3)			
(4)	mL		
(5)			
(6)			
(7)	g		
(8)	②		

(8) ①

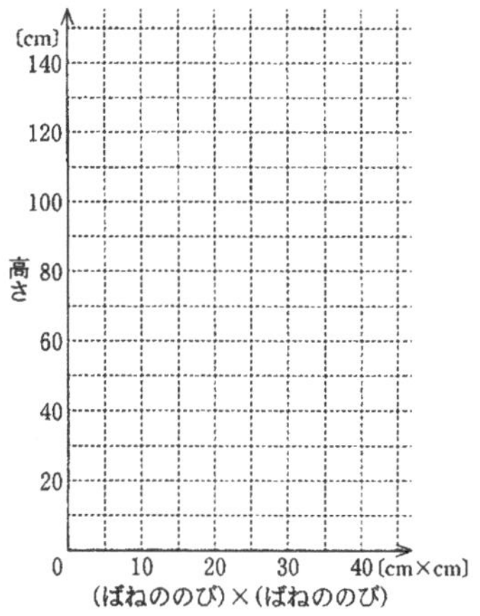

2

(1)		(2)	
(3)	理由	(4)	g

3

(1)	a	b	c	(2)	a	b	c
(3)	f1		f2			

4

(1)		(2)			
(3)					
(4)		(5)		(6)	

5

(1)

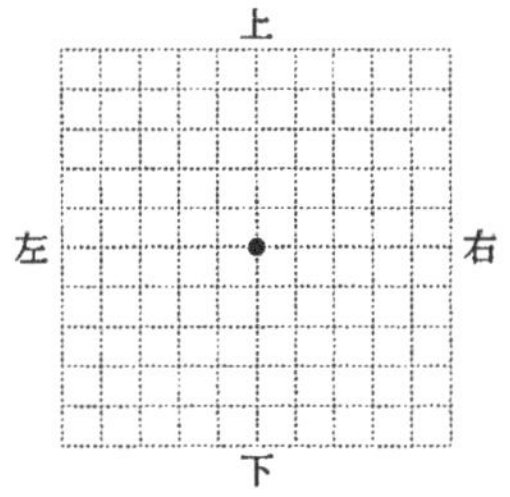

(3)

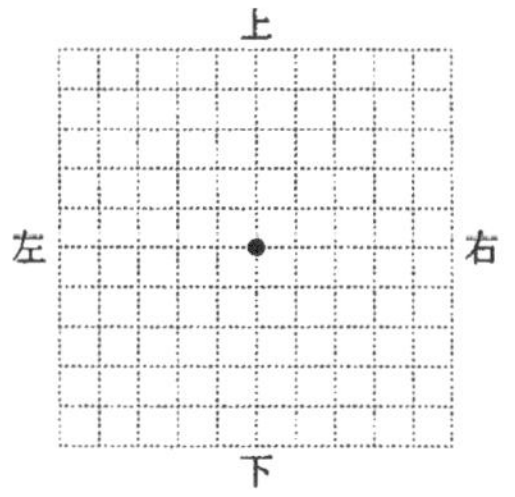

(4)

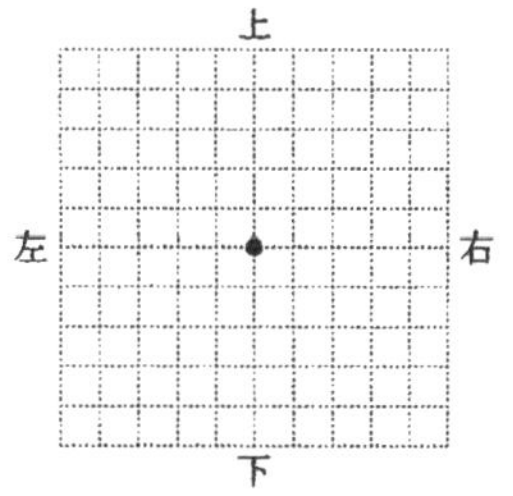

(2)

○推定配点○　1　(1)〜(7)　各2点×8　(8)　各3点×2　2　各4点×4((3)は完答)
3　(1)・(2)　各1点×6　(3)　各4点×2　4　各2点×6
5　各4点×4　計80点

／80

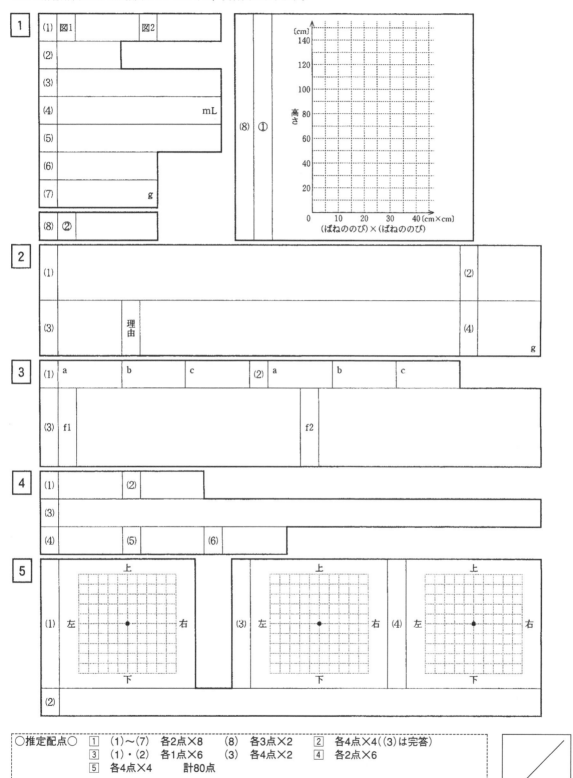

駒場東邦中学校　　平成30年度

◇社会◇

※この解答用紙は135％に拡大していただくと，実物大になります。

問 1	(1) a	b	c	d	(2)
	(3)				
問 2					
問 3	(1)	(2)	(3)		
問 4	(1)				
	(2)				
問 5					
問 6	(1)				
	(2) (i)	(ii)			
	(3)				
問 7					
問 8	(1) あ	い	(2)		
	(3)				
	(4) う	え	お		
問 9					

○推定配点○　問1　(1)　各2点×4　(2)　2点　(3)　4点　問2　6点
問3　(1)　3点　(2)・(3)　各2点×2　問4　(1)　6点　(2)　2点
問5　2点　問6　(1)　4点　(2)　(i)　3点　(ii)　2点　(3)　6点
問7　2点　問8　(1)　各3点×2　(2)　2点　(3)　6点　(4)　各2点×3
問9　6点　計80点

／80

駒場東邦中学校　平成30年度

◇国語◇

※この解答用紙は156%に拡大していただくと、実物大になります。

注意：『、』『。』『「』『」』も一字に数えます。

問1　1　2　3　4　5　6　7　8　9　10　11　12　13　14　15

問2　A　B

問3　(15)　(20)

問4

問5

問6

問7

問8

ものになった。

問9

問10

問11

問12　(100)　(120)

問13

○推定配点○

問1　各1点×15　問2・問11　各3点×3　問4・問8　各10点×2

問10・問12　各20点×2　他　各6点×6　計120点

／120

駒場東邦中学校　平成29年度

◇算数◇

※この解答用紙は165％に拡大していただくと，実物大になります。

1 (1) 答　　　(2) 答　　　個　　(3) 答　　　通り

(4) 答

2 (1) ① 答　　　cm^2

② 答　　　cm

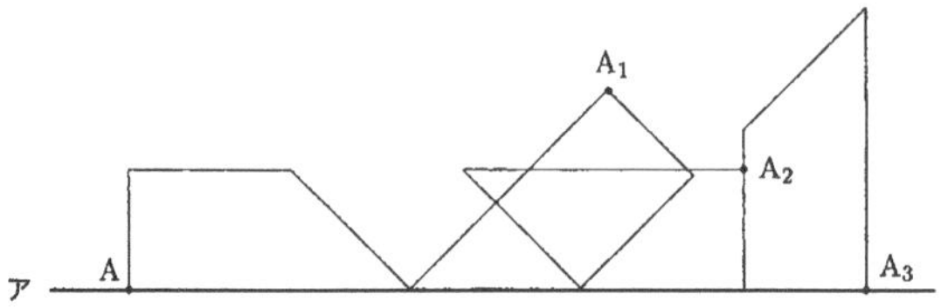

(2) ①（答えの出し方）

答　　　cm

②（答えの出し方）

答　　　cm^2

3 (1) ① 答　　　② 答

(2)（答えの出し方）

答　　　個

(3) 答

4 (1)

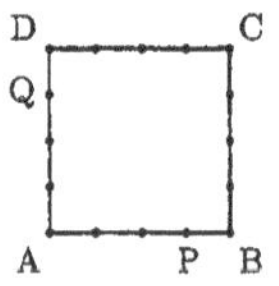

答　　　cm^2

(3)（答えの出し方）

答　　　cm^3

(2) ① 答　　　② 答

○推定配点○　1，2(1)　各6点×6　　他　各7点×12（2(2)図，3(3)各完答）　　計120点

／120

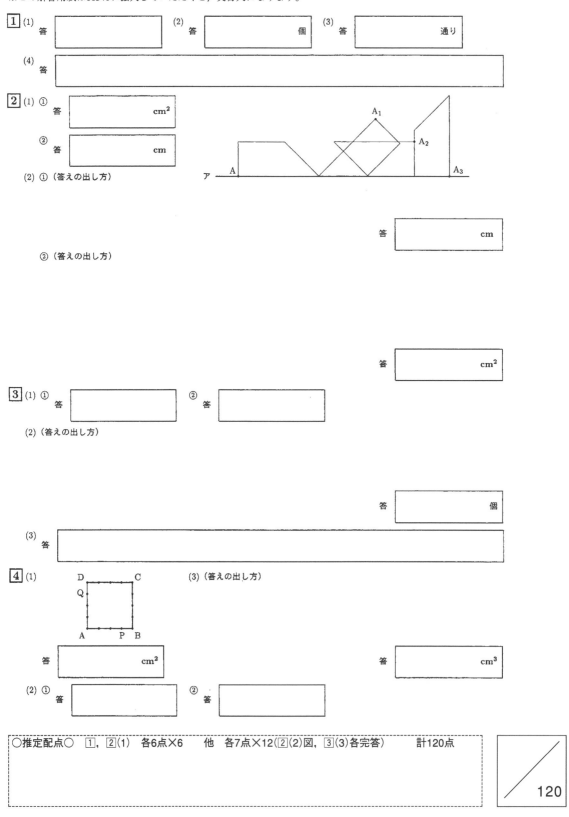

駒場東邦中学校　　平成29年度

◇理科◇

※この解答用紙は159％に拡大していただくと，実物大になります。

1

(1)	(2)						(3)
	①		②		③		

(4)				(5)				(6)	(7)
①		②		①		②			

2

(1)	(2)				(3)							
	①		②		①		②		③		④	

(4)				(5)
①		②		

3

(1)	(2)	(3)	(4)	(5)

4

(1)	(2)	(3)	(4)	(5)

(6)

(7)

(8)

5

(1)	(2)

(4)

(3)

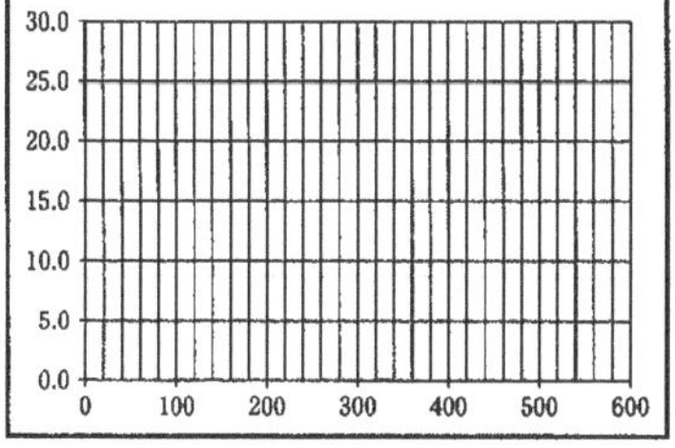

(5)

○推定配点○　1　各1点×11　　2　各2点×10　　3　各3点×5
4　(1)～(5)　各2点×5　　(6)～(8)　各3点×3　　5　各3点×5　　計80点

／80

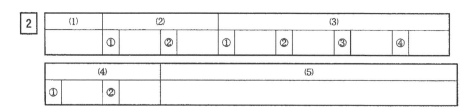

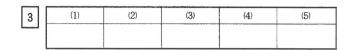

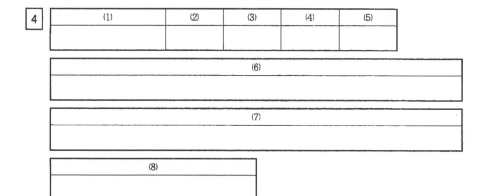

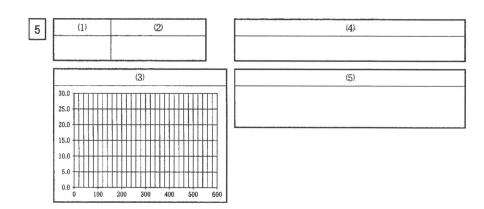

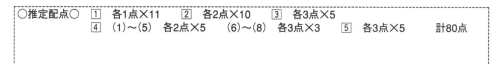

駒場東邦中学校　平成29年度　◇社会◇

※この解答用紙は135％に拡大していただくと，実物大になります。

問 1	(1)	(2)	(3)		センチメートル(cm)
	(4) a	b	c	d	
問 2	(1)				
	(2)				
	(3)				
問 3	(1)	(2)			
問 4	(1)	(2)			
	(3) (i)				
	(ii)				
	(4) (i)	(ii)	(iii)		
	(iv) (あ)	(い)	記号	(5)	
問 5	(1)				
	(2)				
	(3)				

○推定配点○　問1　各2点×7　問2　(1)　2点　(2)　5点　(3)　8点　問3　各3点×2
問4　(1)・(2)　各3点×2　(3)(ｉ)　5点　(3)(ii)　8点　(4)　各2点×7
問5　(3)　2点　他　各5点×2　計80点

／80

※この解答用紙は158%に拡大していただくと、実物大になります。

駒場東邦中学校　平成29年度

◇国語◇

注意：『、』『。』『「』『」』も一字に数えます。

問1
1　2　3　4　5
6　7　8　9　10
11　12　13　14　15

問2
A　B

問3

問4　問5　問6　問7

問8

問9

問10
120
140

問11

問12

問13

○推定配点○
問1 各1点×15　問2 各3点×2　問3・問8 各8点×2
問10 20点　問11 12点　問12 15点　他 各6点×6　計120点

/120

MEMO

大切なことはメモしておこうネ！

MEMO

大切なことはメモしておこうネ！

東京学参の

高校別入試過去問題シリーズ

＊出版校は一部変更することがあります。一覧にない学校はお問い合わせください。

東京ラインナップ

あ　愛国高校(A59)
青山学院高等部(A16)★
桜美林高校(A37)
お茶の水女子大附属高校(A04)
か　開成高校(A05)★
共立女子第二高校(A40)★
慶應義塾女子高校(A13)
啓明学園高校(A68)★
国学院高校(A30)
国学院大久我山高校(A31)
国際基督教大高校(A06)
小平錦城高校(A61)★
駒澤大高校(A32)
さ　芝浦工業大附属高校(A35)
修徳高校(A52)
城北高校(A21)
専修大附属高校(A28)
創価高校(A66)★
た　拓殖大第一高校(A53)
立川女子高校(A41)
玉川学園高等部(A56)
中央大高校(A19)
中央大杉並高校(A18)★
中央大附属高校(A17)
筑波大附属高校(A01)
筑波大附属駒場高校(A02)
帝京大高校(A60)
東海大菅生高校(A42)
東京学芸大附属高校(A03)
東京実業高校(A62)
東京農業大第一高校(A39)
桐朋高校(A15)
都立青山高校(A73)★
都立国立高校(A76)★
都立国際高校(A80)★
都立国分寺高校(A78)★
都立新宿高校(A77)★
都立墨田川高校(A81)★
都立立川高校(A75)★
都立戸山高校(A72)★
都立西高校(A71)★
都立八王子東高校(A74)★
都立日比谷高校(A70)★
な　日本大櫻丘高校(A25)
日本大第一高校(A50)
日本大第三高校(A48)
日本大第二高校(A27)
日本大鶴ヶ丘高校(A26)
日本大豊山高校(A23)
は　八王子学園八王子高校(A64)
法政大高校(A29)
ま　明治学院高校(A38)
明治学院東村山高校(A49)
明治大付属中野高校(A33)
明治大付属八王子高校(A67)
明治大付属明治高校(A34)★
明法高校(A63)
わ　早稲田実業学校高等部(A09)
早稲田大高等学院(A07)

神奈川ラインナップ

あ　麻布大附属高校(B04)
アレセイア湘南高校(B24)
か　慶應義塾高校(A11)
神奈川県公立高校特色検査(B00)
さ　相洋高校(B18)
た　立花学園高校(B23)
桐蔭学園高校(B01)
東海大付属相模高校(B03)★
桐光学園高校(B11)
な　日本大高校(B06)
日本大藤沢高校(B07)
は　平塚学園高校(B22)
藤沢翔陵高校(B08)
法政大国際高校(B17)
法政大第二高校(B02)★
や　山手学院高校(B09)
横須賀学院高校(B20)
横浜商科大高校(B05)
横浜市立横浜サイエンスフロンティア高校(B70)
横浜翠陵高校(B14)
横浜清風高校(B10)
横浜創英高校(B21)
横浜隼人高校(B16)
横浜富士見丘学園高校(B25)

千葉ラインナップ

あ　愛国学園大附属四街道高校(C26)
我孫子二階堂高校(C17)
市川高校(C01)★
か　敬愛学園高校(C15)
さ　芝浦工業大柏高校(C09)
渋谷教育学園幕張高校(C16)★
翔凜高校(C34)
昭和学院秀英高校(C23)
専修大松戸高校(C02)
た　千葉英和高校(C18)
千葉敬愛高校(C05)
千葉経済大附属高校(C27)
千葉日本大第一高校(C06)★
千葉明徳高校(C20)
千葉黎明高校(C24)
東海大付属浦安高校(C03)
東京学館高校(C14)
東京学館浦安高校(C31)
な　日本体育大柏高校(C30)
日本大習志野高校(C07)
は　日出学園高校(C08)
や　八千代松陰高校(C12)
ら　流通経済大付属柏高校(C19)★

埼玉ラインナップ

あ　浦和学院高校(D21)
大妻嵐山高校(D04)★
か　開智高校(D08)
開智未来高校(D13)★
春日部共栄高校(D07)
川越東高校(D12)
慶應義塾志木高校(A12)
さ　埼玉栄高校(D09)
栄東高校(D14)
狭山ヶ丘高校(D24)
昌平高校(D23)
西武学園文理高校(D10)
西武台高校(D06)
た　東京農業大第三高校(D18)
は　武南高校(D05)
本庄東高校(D20)
や　山村国際高校(D19)
ら　立教新座高校(A14)
わ　早稲田大本庄高等学院(A10)

北関東・甲信越ラインナップ

あ　愛国学園大附属龍ヶ崎高校(E07)
宇都宮短大附属高校(E24)
か　鹿島学園高校(E08)
霞ヶ浦高校(E03)
共愛学園高校(E31)
甲陵高校(E43)
国立高等専門学校(A00)
さ　作新学院高校
(トップ英進・英進部)(E21)
(情報科学・総合進学部)(E22)
常総学院高校(E04)
た　中越高校(R03)＊
土浦日本大高校(E01)
東洋大附属牛久高校(E02)
な　新潟青陵高校(R02)
新潟明訓高校(R04)
日本文理高校(R01)
は　白鷗大足利高校(E25)
ま　前橋育英高校(E32)
や　山梨学院高校(E41)

中京圏ラインナップ

あ　愛知高校(F02)
愛知啓成高校(F09)
愛知工業大名電高校(F06)
愛知みずほ大瑞穂高校(F25)
暁高校(３年制)(F50)
鶯谷高校(F60)
栄徳高校(F29)
桜花学園高校(F14)
岡崎城西高校(F34)
か　岐阜聖徳学園高校(F62)
岐阜東高校(F61)
享栄高校(F18)
さ　桜丘高校(F36)
至学館高校(F19)
椙山女学園高校(F10)
鈴鹿高校(F53)
星城高校(F27)★
誠信高校(F33)
清林館高校(F16)★
た　大成高校(F28)
大同大大同高校(F30)
高田高校(F51)
滝高校(F03)★
中京高校(F63)
中京大附属中京高校(F11)★
中部大春日丘高校(F26)★
中部大第一高校(F32)
津田学園高校(F54)
東海高校(F04)★
東海学園高校(F20)
東邦高校(F12)
同朋高校(F22)
豊田大谷高校(F35)
な　名古屋高校(F13)
名古屋大谷高校(F23)
名古屋経済大市邨高校(F08)
名古屋経済大高蔵高校(F05)
名古屋女子大高校(F24)
名古屋たちばな高校(F21)
日本福祉大付属高校(F17)
人間環境大附属岡崎高校(F37)
は　光ヶ丘女子高校(F38)
誉高校(F31)
ま　三重高校(F52)
名城大附属高校(F15)

宮城ラインナップ

さ　尚絅学院高校(G02)
聖ウルスラ学院英智高校(G01)★
聖和学園高校(G05)
仙台育英学園高校(G04)
仙台城南高校(G06)
仙台白百合学園高校(G12)
た　東北学院高校(G03)★
東北学院榴ヶ岡高校(G08)
東北高校(G11)
東北生活文化大高校(G10)
常盤木学園高校(G07)
は　古川学園高校(G13)
ま　宮城学院高校(G09)★

北海道ラインナップ

さ　札幌光星高校(H06)
札幌静修高校(H09)
札幌第一高校(H01)
札幌北斗高校(H04)
札幌龍谷学園高校(H08)
は　北海高校(H03)
北海学園札幌高校(H07)
北海道科学大高校(H05)
ら　立命館慶祥高校(H02)

★はリスニング音声データのダウンロード付き。

都道府県別 公立高校入試過去問シリーズ

- 全国47都道府県別に出版
- 最近数年間の検査問題収録
- リスニングテスト音声対応

公立高校入試対策問題集シリーズ

- 目標得点別・公立入試の数学(基礎編)
- 実戦問題演習・公立入試の数学(実力錬成編)
- 実戦問題演習・公立入試の英語(基礎編・実力錬成編)
- 形式別演習・公立入試の国語
- 実戦問題演習・公立入試の理科
- 実戦問題演習・公立入試の社会

高校入試特訓問題集シリーズ

- 英語長文難関攻略33選(改訂版)
- 英語長文テーマ別難関攻略30選
- 英文法難関攻略20選
- 英語難関徹底攻略33選
- 古文完全攻略63選(改訂版)
- 国語融合問題完全攻略30選
- 国語長文難関徹底攻略30選
- 国語知識問題完全攻略13選
- 数学の図形と関数・グラフの融合問題完全攻略272選
- 数学難関徹底攻略700選
- 数学の難問80選
- 数学　思考力―規則性とデータの分析と活用―

〈ダウンロードコンテンツについて〉

本問題集のダウンロードコンテンツ、弊社ホームページで配信しております。現在ご利用いただけるのは「2025年度受験用」に対応したもので、**2025年3月末日**までダウンロード可能です。弊社ホームページにアクセスの上、ご利用ください。
※配信期間が終了いたしますと、ご利用いただけませんのでご了承ください。

中学別入試過去問題シリーズ
駒場東邦中学校　2025年度
ISBN978-4-8141-3155-6

[発行所] 東京学参株式会社
〒153-0043　東京都目黒区東山2-6-4

書籍の内容についてのお問い合わせは右のQRコードから　⇒

※書籍の内容についてのお電話でのお問い合わせ、本書の内容を超えたご質問には対応できませんのでご了承ください。

2024年4月5日　初版